国家出版基金项目
NATIONAL PUBLICATION FOUNDATION

2017 年度国家社科基金重大项目

"秦汉时期的国家构建、民族认同与社会整合研究"丛书

总主编　李禹阶

第五卷

汉代国家视域下的
社会阶层演变

崔向东　等著

齐鲁书社

·济南·

图书在版编目（CIP）数据

汉代国家视域下的社会阶层演变 / 崔向东等著. ——
济南：齐鲁书社, 2024.6
（"秦汉时期的国家构建、民族认同与社会整合研究"
丛书 / 李禹阶总主编；第五卷）
ISBN 978-7-5333-4843-4

Ⅰ. ①汉… Ⅱ. ①崔… Ⅲ. ①社会阶层 – 社会变迁 –
研究 – 中国 – 秦汉时代 Ⅳ. ①D691.7

中国国家版本馆CIP数据核字(2024)第079089号

选题策划　傅光中
责任编辑　李军宏
装帧设计　亓旭欣

"秦汉时期的国家构建、民族认同与社会整合研究"丛书

李禹阶　总主编

汉代国家视域下的社会阶层演变　第五卷
HANDAI GUOJIA SHIYU XIA DE SHEHUI JIECENG YANBIAN DIWUJUAN

崔向东　等著

主管单位	山东出版传媒股份有限公司
出版发行	齐鲁书社
社　　址	济南市市中区舜耕路517号
邮　　编	250003
网　　址	www.qlss.com.cn
电子邮箱	qilupress@126.com
营销中心	（0531）82098521　82098519　82098517
印　　刷	山东新华印务有限公司
开　　本	720mm×1020mm　1/16
印　　张	31.5
插　　页	8
字　　数	500千
版　　次	2024年6月第1版
印　　次	2024年6月第1次印刷
标准书号	ISBN 978-7-5333-4843-4
定　　价	189.00元

撰稿情况说明

本丛书系 2017 年度国家社科基金重大项目 (17ZDA180)，2023 年获得国家出版基金资助，项目负责人李禹阶为丛书总主编。项目子课题负责人崔向东（渤海大学）为本卷负责人，负责本卷书稿的章节设计、全卷统稿等工作。按章节先后排序，本卷著者依次为：

钟良灿（重庆师范大学）：第一章至第三章。

慕容浩（重庆大学）：第四章至第七章。

崔向东（渤海大学）：第八章至第十章。

车马过桥画像砖（汉代，四川成都新都区杨升庵博物馆藏）

车马临阙图（汉代，江苏徐州出土）

建筑车骑画像石（汉代，山东滕州采集）

辎车画像砖（东汉，四川成都出土）

制车轮画像石（东汉，山东嘉祥洪山村采集）

山东兰陵墓室亭长持盾迎接车马行列画像

三进陶院落
（西汉，河南周口淮阳区于庄汉墓出土）

庭院图
（东汉，山东曲阜城关镇旧县村出土）

陶楼
（东汉，河北阜城桑庄村东汉墓出土）

四层彩绘通体陶仓楼
（西汉，河南焦作白庄村汉墓出土）

绿釉陶楼
（东汉，山东高唐固河镇出土）

陶城堡
（东汉，广东广州东郊麻鹰岗出土）

水榭图
（东汉，山东微山两城镇出土）

纺织图
（东汉，江苏徐州博物馆藏）

舂米图
（东汉，四川成都新都区出土）

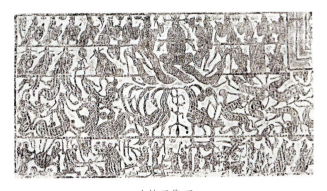

冶铁画像石
（东汉，中国国家博物馆藏）

酿酒图（东汉，四川成都新都区出土）

双牛曳犁画像石
（东汉，陕西米脂官庄村墓出土）

收获渔猎画像砖
（东汉，四川成都出土）

河南洛阳朱村汉墓壁画男墓主
生活场面（东汉）

庖厨饮宴图
（东汉，江苏睢宁张圩村出土）

庖厨画像图
（手绘，山东诸城前凉台村出土，
诸城博物馆藏）

燕享、庖厨图
（东汉，江苏徐州博物馆藏）

迎宾乐舞图中的重阁楼道画像石
（汉代，江苏睢宁墓山出土）

杂技马戏画像砖（汉代，河南新野出土）

沽酒图（东汉，四川成都新都区文物保护所藏）

壁画《车马出行图》
（河北安平逯庄村出土）

壁画《牧马图》（摹本）
（原壁画于内蒙古和林格尔出土）

登仙壁画
（新莽，陕西靖边新莽墓出土）

车马出行壁画
（东汉，陕西定边四十里铺村墓出土）

执锸石俑
（东汉，四川博物院藏）

部曲陶俑
（汉代，四川崖墓出土）

击鼓说唱俑
（东汉，四川成都天回山出土）

说唱陶俑
（东汉，四川绵阳出土）

楚王墓兵马俑
（汉代，江苏徐州狮子山楚王墓随葬坑出土）

直立男俑
（西汉，陕西扶风纸白墓出土）

五铢钱铜范
（西汉，山东寿光出土）

山阳郡铁器陶范
（西汉，山东滕州出土）

大铁铧和装有鐴土的铁铧
（西汉，分别于辽宁辽阳和陕西咸阳出土）

铁耙
（西汉，福建武夷山崇安汉城遗址出土）

陶匏壶
（西汉，广东广州龙生岗出土）

建武二十一年（45）斛
（东汉，四川成都出土）

丝缕玉衣（汉代，广东广州南越王墓出土）

甘肃金塔肩水金关汉简

西汉简册
（汉代，甘肃金塔肩水
金关遗址出土）

帛书信札
（西汉，甘肃敦煌悬泉
置遗址出土）

甘肃敦煌汉简

湖北江陵张家山汉简

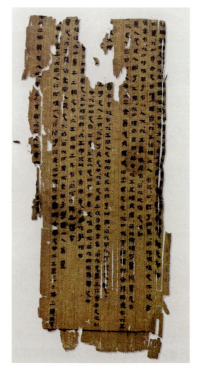

《周易》帛书
（汉代，湖南长沙马王堆3号墓出土）

总　序

　　秦汉是古代中国自夏商周三代以来天翻地覆的时代。秦汉统一国家的建立，是中国统一王朝国家与汉民族形成的新起点，是由宗法分封制国家政体和以"诸夏"为标志的早期华夏民族向统一的君主集权制国家和统一的汉民族转化的枢纽期。它使统一的王朝国家和汉民族在产生、发展的进程中，进入到一种新的国家建构与民族认同的自觉状态，一种对各区域社会的政治、经济、文化、宗教状况的整合，因此具有划时代的里程碑意义。

　　但是，这种国家构建与民族认同、社会整合的历程并不是直线发展的，而是经历了一个曲折往复的过程。秦汉亘古未有之变局，实质是以新的国家大一统政治、经济、文化、法律的力量对过去分散的区域社会进行全面融汇、整合的重构。它对长期处于宗法血缘等级尊卑制中的关东六国社会的贵族及民众，有一个身份变化、族群认同的转换问题，也存在一个战国以来华夷交错的各区域不同族群、民族向统一的汉民族转型的问题。它使秦汉时代的国家在对各个区域（如秦统一后的关东六国）的民族融合与社会整合中，出现了具有诸多新因素的政治与社会形态。而这种新的政治与社会形态，是在国家、族群、地方社会的矛盾、冲突、博弈，以及作用力与反作用力中展开的。也正是这种矛盾、冲突与博弈，使中国古代国家、民族与社会不断走向新的阶段，并使国家、民族、文化的认同不断趋于一致。

一

从历史唯物主义观点看，世界文明史上的任何一种文明形态，包括政治制度、思想文化、治理模式、社会整合、民族融合等，都不是某个单一要素或单项因果作用的结果，而是若干要素通过合力作用，并以一定形式联系而构成的具有某种新功能的有机整体的演进。在这种动态的系统演进中，各要素之间相互联系，相互制约，相互作用，并产生出某种单个要素在孤立状态下所不能产生出的新要素及其内涵、特征。正是这种新的系统功能性特点，促进了整个社会组织的发展。而在这种社会组织发展中，系统内各要素的博弈、冲突、互补、平衡亦是其最基本的运动状态和特征。它告诉我们，任何政治国家与社会组织，包括民族共同体的建构，都不是平面的或线性的孤立发展的结果，而是呈现着多因素、多线条并相互融通的发展态势。因此，在探讨、分析中国古代的政治国家或社会组织的演进时，我们应该注意这种国家制度、社会结构、民族融合的多要素的合力及其相互间的作用。

从先秦至秦汉时期，中国古代的国家、民族、社会的演变，实际上经历了两大阶段，即通过春秋战国的历史进程，而形成与西周封建制不同的战国时代的新型国家体制，也就是由西周时代的王权与治权分离的政治体制向王权与治权相互合一的君主集权的官僚政治体制的转换。正是这种转换建构着大一统的秦汉帝制国家的政治制度，亦在东亚内大陆形成了一种全新的，具有国家、民族、文化上三位一体的同一性特征的统一王朝。其后，庞大的秦王朝虽然历经二世即轰然坍塌，但是其兴灭忽焉的历史教训，使西汉王朝在国家体制建构中，既注重对秦代君主集权的官僚体制的扬弃，又根据古代中国关东、关西，黄河、长江流域等不同地域的生态环境、风土人情，而通过采用周代宗法礼仪制度，重新构建着新兴的"汉家制度"。实际上，从国家制度、民族关系、社会整合、文化认同等各方面看，秦汉之际都发生了一种巨大的转变。这种否定之否定的转变，奠定了此后数千年中国古代国家、民族、文化的基本格局。

　　本书即以先秦、秦汉时期的演变历程为主线，以秦汉时代的国家建构、民族认同、社会整合的问题意识为出发点，从纵向与横向两个方面阐释几者之间错综复杂、既对立又统一的关系，由此把握几者在结构、功能、要素等方面的动态演变及其内在原因。应该看到，从西周经春秋、战国而至秦汉，通过王朝权力转移而逐渐诞生出一种新的社会形态，这种新社会形态则对此后几千年的中国古代社会起着重要作用。自平王东迁，昔日赫赫的西周王朝就失去了对"天下"诸侯的号召力，它使周代标志等级分层的礼乐秩序迅速瓦解，一种新型国家体制则在这种"礼崩乐坏"中萌芽、发展。严格来说，这种新型国家体制的产生，既是一种历史和时势的偶然，同时也蕴含着历史与逻辑的必然。从历史与时势的偶然性看，西周"王畿—分封"的政治体制的崩坏，导致了传统的宗法血缘"亲""尊"制度内的上下陵替。它形成了一个诸侯无统、会盟不信的时代。这个时代使各诸侯国之间，不得不在竞争、冲突、博弈的态势下，为了保持自己的利益而重构一种新型的列国之间互惠、平衡的内外秩序，由此塑造了后西周时代各诸侯国之间一种新的国家间的关系。同时，由于西周王室权力的削弱，导致了从王室至大小诸侯的礼仪秩序的瓦解。它使过去以宗法血缘尊卑等级秩序来规范天下诸侯、公卿、封君、贵戚的外在束缚力量消失，由此触发了各诸侯国内部公室、卿族、大夫、陪臣等阶层间的权力斗争。正是在这种大小相侵的阶层斗争中，新起的权贵大权在握，形成了上下僭替、权臣执政的局面，并最终导致三家分晋、田氏代齐等国家权力的更替。这种权力的更替、转移，虽然是出自统治阶级的贪欲与权力欲，但是它也代表了当时统治阶级中适应社会历史发展的一股新兴力量。正是这种权力转移，产生了对古代中国几千年历史进程影响甚大的国家体制与政治制度，即夺权卿族鉴于权臣当国的史鉴，为了不重蹈覆辙，而产生了对本国旧贵、封君的遏制欲望，并为此而建立了具有抑制意义的系统性政治、军事制度和措施。这种主观欲望与客观的制度、举措，使这些新兴诸侯国逐渐告别旧的封建体制，而形成一种新型的以国君集权为核心的官僚体制以及相应的制度范式。这种新型国家体制与制度范式的出现，为战国时代以"国家本位"为中心的政治体制建构奠定了基础。

二

从历史与逻辑的必然性看，春秋战国时期新型国家体制的产生，既与东亚内大陆的地理生态环境有关，也是中国文明与国家发展的必由之路。东亚内大陆的生态环境，依山带水，西、北至草原、大漠，东及大海，南连百越，西南至滇黔，形成一个相对封闭的广袤区域。在这个广阔地域内，有黄河、长江、淮河、珠江等大河流域相互联系。尤其在中原地区，虽然山川相连，但是在山水相间中又有着开阔的盆地，而各山脉及盆地间有大河或其支流蜿蜒其中，"使这些山间盆地既相对独立，又能通过河流与外界交往，十分便利于古人类的生活"①。这种地理形势既使该地区成为联结黄河、江淮等流域和北方区域的四通八达的文化长廊，同时其深厚的黄土堆积层和河流冲积层也为古代中国的农耕社会提供了适宜耕作的沃土。而在这广袤的大地上，当距今 5000—4000 年时，在史前"满天星斗"似的区域文化向以中原为中心的多元一体的夏、商、周广域王权国家演进时，作为一个政治文化与制度范式的"中国"，便成为最具吸引力的政治社会形态。实际上，早期"中国"概念的流行，正得益于当时中原王朝这种制度及文化的先进性，以及容纳天下万邦"有容乃大"的特征。故在古人眼中，早期中国第一王朝"夏"即有着大、中心、华美的典型文化特征。《尚书·武成》孔安国云："冕服采章曰华，大国曰夏。"《正义》引《释诂》："夏，大也……夏，谓中国也。"② 王念孙《读书杂志》："雅读为夏，夏谓中国也。"故夏之朝代、族群得名，有同一地域（"中"国）、同一心理（"大"邦）、同一文化（"雅"）的意义。③ 因此，"早期中国"应是一个政治文化与制度范式的观念，而非单纯的地理概念。它之所以被推崇，是由于内蕴着一种政治机制、礼仪文化及价值理念。它通过由启发

---

① 张海：《中原核心区文明起源研究》，上海：上海古籍出版社，2021 年，第 15 页。
② 孔安国传，孔颖达疏：《尚书正义》卷一一《武成》，李学勤主编：《十三经注疏》，北京：北京大学出版社，1999 年，第 292 页。
③ 王念孙：《读书杂志》，南京：江苏古籍出版社，1985 年，第 647 页。

端的"夏"国家，逐步形成由商及周、从"中土""土中"向四方延伸的"家"—"国"—"天下"的分封式的方国（诸侯国）制度与文化理念。这种制度结构及礼乐文明，既是早期华夏民族、国家、文化的核心组成部分，又成为区别"夷夏"界限的标志。而在周人看来，这种中原王朝的制度范式与文化特色正是其时最具大国文采和生命力的政治社会象征，故武王有"惟我文考，若日月之照临，光于四方，显于西土。惟我有周，诞受多方"①的说法。从某种角度看，这种国家形态显然适应了古代中国广袤大地上具有"同质化"趋向的小农经济与宗法血缘制度。它在古代中国独特的生态与人文环境中，以一种内在的、连续的向心力不断地将王畿周边的方国、小邦联结起来，形成山川同贯、文化相系的广域王权国家。它解决了"同质化"小农经济生产方式所渴望的强大国家政权的护佑问题，故其具有趋向中心的统一性与连续性特征。正是这种国家体制，在西周王朝的礼仪制度失序后，迅速进行了华夏界域内新的政治秩序的重构。这种重构既是在春秋时期的血火交融、刀光剑影中进行，也是在政治理性的利益权衡考量中形成的新的国家关系与政治文化。故春秋二百四十二年，"诸侯无统，会盟不信，征伐屡兴，戎、狄、荆楚交炽……然实开大夫执政之渐，嗣后晋六卿、齐陈氏、鲁三家、宋华向、卫孙宁交政，中国政出大夫，而春秋遂夷为战国矣"②。正是在春秋时代的政治风云中，西周时期的"多邦"逐渐演化为战国时代的十余国，呈现出一种统一趋势。战国是一个兼并战争激烈的时代。它不仅加速了春秋时期萌芽的以"国家本位"为中心的新型国家体制的发展，同时也呈现出由"多"趋"一"的大一统的势头。秦的大一统君主集权的官僚体制的建立，意味着一个新兴时代的开端。它既是在东亚这片古老土地上政治体建构逐渐趋一的必然，也为统治这片广袤的土地提供了一套政治文化与制度范式。可以说，秦王朝的大一统，正是顺应了古代中国的生态、人文环境以及小农生产方式而形成的

---

①　孔安国传，孔颖达疏：《尚书正义》卷一一《泰誓下》，李学勤主编：《十三经注疏》，北京：北京大学出版社，1999 年，第 281 页。

②　顾栋高辑，吴树平、李解民点校：《春秋大事表》，北京：中华书局，1993 年，第32 页。

国家体制和社会结构。

　　所以，从春秋战国的时代演变看，它不仅是一种国家体制、政治制度的变革，更重要的还是通过这种统一性政治国家的建构，以政治力量推动了古代中国各区域的族群融合、民族会聚、社会整合及文化认同。这既是由历史与逻辑的必然性所致，也是历史与时势的各种因素相互作用、共同合力的结果。如果我们再对此进行深入分析，就可以看出，当后西周时代陡然失去"周制"内含的政治等级与礼仪秩序的时候，失去"天子"权威制约的各大小诸侯国，内则"征伐屡兴"，外则戎、狄、蛮、夷侵扰"交炽"，使春秋时期成为中国先秦史上十分特殊的时期。这种特殊性表现在政治、民族、文化三方面的互动：其一是后西周时代"礼制"失序，各诸侯国内的公室、卿族、大夫、陪臣等上下阶层的权力斗争，导致西周旧的封君、贵族制向新型官僚体制转化；其二是西周时期各封国乃至边缘区域的华夏族群，亦在这种地缘性国家的建构中，在大小诸侯国的相兼互并中，不断由分散的诸夏向统一的华夏民族形态演进；其三则是在春秋时期的新文化思潮中，开创了一种华夏礼乐文化的新形态、"霸主"政治演绎下的新文化格局。这里尤其要提及的是，春秋时诸侯之间的会盟、礼聘等，通过改革、扬弃西周传统宗法文化，重塑着一种新的国家交往的外交规则和礼仪秩序。更加重要的是，这种新文化风潮通过扬弃西周宗法文化，使周代宗法文化中强调尊卑、等级的刻板而形式化的祭祀、赐命、冠婚、朝觐、迎宾、丧葬等文化形式转为具有文情性、雅致性的诗、礼的朝、觐、聘、享等文化形式，并以优雅的贵族风格形塑了以《诗》、《书》、礼仪等为主的贵族与士阶层的修养和气质，具备"极优美、极高尚、极细腻雅致"①的华夏文化气质。这种文化气质在各诸侯国内外激烈的斗争中，在旧贵身份下移、士阶层兴起的时代浪潮中，使过去由贵族阶层所垄断的《诗》、《书》、礼仪逐渐普及化，使昔日的周代礼仪文化包括贵族习用的"六艺"教育下至民间，普及士人，开创了一种具有趋同性的新文化格局。

---

① 钱穆：《国史大纲》，北京：商务印书馆，1996年，第68页。

　　所以，对春秋战国时代的国家建构、民族认同、社会整合等各方面演进历程的理性认知，既对我们深入认识秦汉时代的大一统原因有着重要价值，也提供了我们进一步认知中国古代的国家、民族、社会、文化等发展的前提与基础。秦王朝的大一统，既是对春秋战国时代政治、经济、文化、民族关系的总结，也是中国统一的王朝国家和汉民族形成的起点。秦王朝在短短十余年中所做的关于维护统一的诸多措施，例如书同文、车同轨、统一度量衡、修建直道、筑长城以拒外敌、凿灵渠以通水系等，都是这种强化国家统一、民族认同、社会整合的举措。但是，秦王朝毕竟诞生于战国时代的列国兼并战争中，它所建构的国家体制、思想文化、郡县制与编户齐民制度，都带有战争时代军事体制的痕迹，可以说承载着战争时代的时势与惯性。尤其是秦国的二十等军功爵制度，经过上百年战争的洗礼，对强化秦国的战争机器及维持民众的“农战”热情有着异乎寻常的重要作用。但是势随时变，当国家承平，在“居马上得之，宁可以马上治之乎”①的时代转型中，秦王朝并没认识到这种时势演变的特征，仍然为南征北伐，修建宫殿、陵墓等进行着庞大的民众动员，使渴望统一的人民依然不能享受大一统带来的安居乐业的益处。正是民众对其的深深失望，注定了它兴灭忽焉的命运。

三

　　秦汉相续，既是一次王朝的更替，更是一种国家政治体制、思想文化的更新与转型。清人赵翼指出：“盖秦、汉间为天地一大变局。”②其所谓“变”，不仅在于汉初布衣将相之局及对秦亡教训的借鉴，更在于时势相异，使西汉统治者不得不在继承秦的基本政治体制的基础上，杂以“周文”而进行大范围的改革、更化。正如熊十力先生所谓：“汉以后二千余

---

　　① 司马迁：《史记》卷九七《郦生陆贾列传》，北京：中华书局，1959 年，第 2699 页。

　　② 赵翼著，王树民校证：《廿二史札记校证》，北京：中华书局，1984 年，第 36 页。

年之局，实自汉人开之。凡论社会、政治，与文化及学术者，皆不可不着重汉代也。"① 它开创了一种崭新的"汉家制度"。而这种制度的建构，却是"秦制"与"周制"的有机结合。"汉家制度"的开创并非一帆风顺，而是通过汉代上层统治集团中的冲突、博弈、互融而达成平衡的结果，并在统治者的权力欲与客观政治时势的交汇互融中达到一种新的境界。"汉家制度"适应了中国古代的大一统局面，使汉代的国家、民族、社会、文化逐渐趋于稳定，走向一致性认同，由此奠定了其后两千多年帝制时代的基本政治格局。

其实，周、秦制度的结合，解决了中国古代社会的一个重要问题，即权力的分离问题。从西周到秦汉，古代中国呈现了两次权力的分离现象。第一次是西周王朝分封制中表现的王权与治权的分离。西周分封制虽然适合了其时的政治大势，但是因为这种上下权力的分割，从一开始就蕴含着地方"邦""国"对中央王朝的离心力，而随着时势变化，最终使西周王朝逐渐走向分崩离析。而秦所建构的君主集权的官僚政治体制，虽然能够克服西周国家体制中呈现的政治离心力问题，却带来了在剥削阶级的私有制社会中国家体制通常内蕴的第二个分离趋势，即皇权与行政权、支配权的分离。由于秦代官僚体制科层结构的刚性特点及所带来的僵化性、脆弱性，尤其是作为国家各级政治、经济权力代理者的各级官吏，由于所有权与受益权的分离，极易出现滥行职权、以权谋私、权力寻租现象。严格来说，自商鞅变法后建立的秦国的官僚体制，尽管破除了封闭的世卿世禄封君制，任用流官作为各级官吏，对于加强社会上下阶层的流动，提高吏、民的作战、务农的积极性有着重要意义，可是由于秦国与西周分封制在所有权上的差异，秦国官僚、吏员仅仅是官僚系统中享受俸禄的权力行使者、代理者，他们尽管有着冲破阶层隔阂而不断上升的自我价值实现感，但是又缺乏西周各级贵族、封君在封地中"权"与"利"相结合的获得感、满足感。这正如韩非所谓："故君臣异心。君以计畜臣，臣以计事君。

---

① 熊十力：《读经示要》，萧萐父主编：《熊十力全集》第三卷，武汉：湖北教育出版社，2001年，第766页。

君臣之交，计也。害身而利国，臣弗为也；害国而利臣，君不为也。臣之情，害身无利；君之情，害国无亲。君臣也者，以计合者也。"① 故其履行职权的责任心、主动性往往与他们的信仰、道德的素质相关。这就使帝国官僚体制必须注重意识形态领域的建构，注重伦理道德的建设，注重对尚"德"、贤能之士的选拔。刘邦君臣正是看到了这个问题，故汉初政治制度的改革中心，是以大力发展伦理道德为内涵的尚"德"崇"礼"为主的，通过儒家对西周礼制的改造及其教化机制，而提升活跃在这种科层机制中官僚、士人的为"天下"理念并达到至"公"的"圣贤"境界。正是这第二个分离，直接导致了汉代思想意识形态领域的改革：一方面通过汉"以孝治天下"而在思想意识形态领域倡导儒家的"仁义""礼制"。特别在基层社会中，为了克服大一统国家对乡里社会的直接控制所导致的资源不足的矛盾，它必须通过重建乡里社会的宗法制度，利用血缘宗法这个中介来实行对乡里基层社会的间接控制，由此导致汉代的国家—社会的二元化趋向；另一方面，通过汉代选官制度的改革，建立以"孝""廉"为内涵的察举、荐举制度推选官员，由此转变秦代"以法为教""以吏为师"的选官制度。这种重视"仁政"、"德治"和"选贤与能"的思想，是一种为了克服流官体制的弊病而进行的系统性、制度性改革，是试图通过道德、伦理的力量来克服剥削阶级社会中的人性之"恶"，通过儒家教化与"治国平天下"的理念，使在这种科层机制中的官僚、士人能够饱含"平天下"的理念而达到"至公"的境界，故它并不是单纯的权宜之计，更不是可有可无的帝王心血来潮之举。汉文帝时期，青年谋士贾谊所谓"变化因时""攻守异术"，正蕴含着对秦汉之际"武"（秦制）、"文"（礼文）转换的深刻思想。所以，西汉初期"汉承秦制"与"汉家法周"，其制度建构虽以秦制为基础，但是许多重要制度来自由儒家学者所改造的周代礼制，由此形成法儒交融的"汉家制度"。这种政治体制重构了汉代国家的治理机制与意识形态，并奠定了我国两千年帝制时代的政治制度基础。

---

① 王先慎撰，钟哲点校：《新编诸子集成·韩非子集解》卷五《饰邪》，北京：中华书局，1998 年，第 128 页。

汉代国家对思想意识形态的改造，使历史又走了一个否定之否定的轮回。传统的"周文"经过儒家学者的改造而重新回到国家上层政治生活中。汉初刘邦、惠、吕时期，鉴于秦亡教训，对于各种政治思想及学术争论抱持比较开放的态度，这就给一直寻求实现自己政治抱负的儒家士人以极大的鼓舞，形成一股儒家的复兴潮流。而儒家学者也深知秦制弊端，故通过对儒家思想的改革、倡扬，即通过汉初颇具热情的"立典"（立"经典"）与"建制"（建"礼制"），而希望获得在王朝里的正统性与合法性。汉武帝时采用公孙弘、董仲舒之议，"罢黜百家，表章六经"就是其结果。值得注意的是，汉帝国除了借助思想文化的"德""礼"建构，还积极通过"天人合一""天人感应"等理论，构筑帝国所需的思想意识，实现对民众的思想统治。《左传》云"国之大事，在祀与戎"，汉代亦是这样。统治者充分利用自史前便有的祭祀与天文相结合的对小农社会农耕产业有着重要作用的公共服务功能，通过对天文、历法的告溯颁历，而获得王朝的正统性与合法性。汉文帝时贾谊提倡的"悉更秦之法"，改正朔，易服色，法制度，定官名，兴礼乐，革故鼎新，以及从西汉至新莽、东汉统治者对明堂、辟雍与灵台的重视①，都是帝制王朝试图获得"君权神授"的天眷与王朝合法性的政治手段。同时，地大物博的古代中国，由于各地特色的不同，民间诸神亦成为乡里社会的信仰对象。在秦统一前，山川阻隔，言语不通，阻碍着不同地域的文化交流，也使各区域的民间诸神信仰呈现出各自的特点。秦统一后，秦始皇巡游海滨甚至泛舟于海上，迷信方士，追求长生不死，均与燕、齐神仙信仰密不可分。然而，政治权力以维护国家一统及君主权威为己任，追求治理手段的简洁、高效与多样化，必然会通过对地方文化与民间诸神信仰的整合，来塑造、推广更符合统治需要的秦汉文化。例如汉代民间信仰的两大主题：宇宙论、生死观。各地不同的信仰群体而衍生出相异的信仰行为，各地大都以宇宙论、生死观为中

---

① 在汉代文献之中，明堂、辟雍与灵台也被称为"三雍"或者"三宫"，如《汉书·终军传》说："建三宫之文质，章厥职之所宜，封禅之君无闻焉。"颜师古注引服虔曰："三宫，明堂、辟雍、灵台也。"郑氏曰："于三宫班政教，有文质者也。"

轴，辅之以时间和空间问题，由此形成对人的自我价值的思考。这些问题虽然来自汉代"天道"的基本维度，但是从时间和空间的层面对宇宙、生死问题进行解构，使这些问题乃至汉代民间信仰从整体上都带上了"天人合一"的属性，最终达到对"君权神授"的皇权合法化。所以，摆脱肉身—升仙等思想的发展，不仅是一种宇宙论、生死观的价值信念，也是对"天人"关系以及在"天"庇护下的皇权合法性的延伸。中国古代并非没有本土的信仰，只是这种精神信念被分解，并融入到国家政治与社会民众的世俗性的日常中去。它与儒学的"天人合一""天人感应"学说一起，相互渗透、相互作用，构成了中国本土的文化特色。

自秦转汉，古代基层乡里社会及民众生活亦发生了重要变化。这种变化的实质正如前述，它是在秦汉相继中产生的国家—社会的二元关系，并在这种关系裂变中形成的新因素。秦时商鞅变法以"分异令"强行将民间自然形成的"家"拆分成以父母和未成年子女为主构成的核心小家庭，其目的在于增加国家的"户赋"收入，强化对乡里社会成员的管理、控制，由此以国家力量直接进入到基层乡里民众的公、私生活中。但是当实现大一统时，这种在小农经济上建构的国家—社会的一体化整合方式所存在的显明的政治、经济资源的不足，使汉代统治者希望通过对"周制"的仿效，利用乡里社会既有的宗法资源作为联系中介，来重新构建国家与社会的二元格局。故从西汉起，由秦代的"长序"为先改变为"齿序"与"长序"并重的局面，并使它们成为推动乡里社会整合的两种力量。这种社会整合方式对克服秦政弊病固然有效，但是它又面临另一个问题，即在社会经济发展中，过去实行的分户析产的"小家"制度必然会向"大家"（大家庭、家族）发展、演变，由此破坏承担国家赋税、力役、军役的小农经济基础。尤其是西汉中期以后，社会上的工商业者开始深刻认识到权力对保护财富的重要性，逐渐产生进入官僚系统的强烈愿望，部分商人开始积极与政府合作进入官僚体系，使其政治、经济实力不断膨胀，而导致"大家"（大家庭、家族）的加速发展。这种情况最终导致汉初的"小家"向"豪富大家"的加速蜕变，致使基层社会中编户齐民群体发生了分化，引起从西汉中后期至东汉一代"豪民"向"豪族"的变迁。尤其是东汉察举、征辟的选官制度，以及经学成为重要的政治、文化资源，大批以明经入仕而形成的文化世代传承的经学世家，通过婚姻及师生僚属等关系，在权力资源与文化资源的交互循环中形成世代官宦、累世重权的社会关系网络，使汉代"大家"最终走上士族化的道路，并成为东汉政权分崩离析的催化因素。

秦汉时期的政权建构及其交替，亦使先秦诸夏族群在政治力量的推动和中原先进文化的吸附下，不断形成新的、更大的民族国家，也由此产生了以"诸夏"为标志的早期华夏民族向统一的汉民族的转化。战国时代的诸夏尽管同服、同制、同文、同种，但是齐、秦、魏、楚等列国的"国人"意识使彼此隔阂，虽然同处于一种政治、文化、礼乐制度中，但它毕竟是一种加持了列国认同的"诸夏"意识，是一种诸夏—华夏的"二重认同模式"。但是，从战国至秦代的统一趋势，使东西列国之间占主导地位的"秦人"与"非秦人"的族群区分得到弥合，原来以姬周为核心而展开的"夷夏之辨"的圈层型族群认同格局，被以"秦人"为核心的"华夏"统一的民族认同所取代。直至汉代，齐秦文化的交融，楚汉风俗的聚汇，在民族、文化的认同意义上进一步发展，促进了汉民族的互融、互化、互汇的局面。所以，随着西汉政治、文化的推进，武帝时的政治一统、文化一统、民族一统，形成其后几千年来的中华民族多元一体的格局。直到汉末，"华夏化"浪潮汹涌澎湃，尽管由于汉帝国政治体的盈缩带来了各民族之间复杂交错的情形，但族属和文化意义上的"汉人"已经成为带有开放包容性的稳固的民族共同体，它使华夏一体的国家、民族认同意识更加凸显。

四

从全球史角度看，周秦汉时期正是世界文明发展与繁荣的时期。在此期间，人类早期的几个文明（古希腊文明、古波斯文明、古代印度文明和古代中国文明）不约而同地出现了一个辉煌的文化繁荣时期。德国的卡尔·雅斯贝斯将公元前800年到公元前200年的历史时段称为"轴心时代"。在这个历史时期，中国、印度与希腊等几大地区先后建立起世界历史中既向多元性开放又能维系普遍历史构思的新的思想文化尺度。"这个时代产生了直至今天仍是我们思考范围的基本范畴，创立了人类仍赖以存活的世界宗教之源端。无论在何种意义上，人类都已迈出了走向普遍性的步伐。"① 这个时代发生的文化精神的变革，使世界各早期文明逐渐确立起不同的宗教—伦理价值系统，并且在其后又都实现了文明形态的自我更新，产生了对德性和理性的尊崇与肯定，对人类自身力量和智慧的自信等。正是在这种时代进步中，古希腊、古中国、古印度等文明共同形成并确认了一些重要的人类普遍原则。在轴心时代之后，东方与西方都进入了一个重要的统一时期，例如在欧亚大陆上先后诞生了强盛一时的罗马帝国、帕提亚帝国、贵霜帝国、汉帝国等。所以，从世界史的视野来看，秦汉国家的发展，正处于世界文明由"轴心时代"向其后的帝国时代发展的一个重要历史阶段。但是，这个时代的中国走出了自己独特的历史演进道路。通过周秦、秦汉的两次国家体制与社会结构的裂变，既使传统中国开创了新的历史进程，又通过全国大一统和民族大融合而导致文明形态的自我更新。

因此，由周至汉，中华文明的递嬗，通过否定之否定的螺旋式上升，而进入到一个新的发展阶段，并具有重要的世界意义。它使世界文明的发展、演变更具有多样性、互鉴性。尤其是在思想文化方面，春秋战国时代以儒家、道家等为代表的文化学派，使中国传统社会的伦理精神得以确立，并培育了一种专注于道德修养和经世致用的现实精神，它不仅对于中国古代思想史，而且对于整个世界文明，都具有颇具东方特征的重要意义。而在政治体制上，春秋战国时期的阶级、阶层的大动荡、大分化，使得远在西隅的秦国迅速崛起，通过商鞅变法而建构了较为完备的君主集权的官僚政体。这种新型国家体制是对周代分封制的否定，从某种角度看，它有效地克服了西周分封制的离心力，使传统中国进入到一种政治一统、

---

① 卡尔·雅斯贝斯著，魏楚雄、俞新天译：《历史的起源与目标》，北京：华夏出版社，1989 年，第 9 页。

民族融合、社会整合的状态。自秦转汉，汉帝国通过"汉承秦制"与"汉家法周"的改革、"更化"，建构起新的儒法相融的"汉家制度"。由于汉代国家体制适应了传统中国的小生产者渴望强大国家保护的要求，适应了民族格局中多元一体的现实状况，适应了传统中国广袤大地中不同文化区域的风土、人情、习俗的多样性与共融性，故它的儒法相融的政治体制蕴含着内在的统一性、连续性、包容性的特质与力量，并成为其后二千多年中国历代王朝效法的制度范式。所以，当其后腐朽的罗马帝国为四面八方涌入的其他民族所淹没，截断了国家与民族的历史发展进程时，中国则在不断发展，并加快着华夏民族与国家的一体化进程。这说明中国内部有着十分强大的自我调节和应付挑战的机制。

世界历史上不乏一个民族长久地分为多个国家的情形。但是在中国，人们往往将国家作为民族的象征，以民族作为国家的基石，甚至将国家、民族的双重统一看作完成自身生命价值的崇高目标取向。在这里要注意的是，由于国家在民族安全性上所承担的义务和职责，它也被作为华夏（汉）民族价值观的重要组成部分，国家认同甚至常常被作为民族价值观的核心、根本问题来看待。"长驱蹈匈奴，左顾凌鲜卑。弃身锋刃端，性命安可怀"，"捐躯赴国难，视死忽如归"。[1] "英雄未肯死前休，风起云飞不自由。杀我混同江外去，岂无曹翰守幽州。"[2] 民族危难就是国难，在解决民族的危机中，国家认同常常会达成空前一致，并成为人们愿为之赴汤蹈火的生命价值取向。因此，尽管中国古代历史上的分与合常相伴而行，但分总是暂时的，合则是长久的。每一次"分"往往为其后更大的"合"奠定基础，导致更为强大的统一国家和民族共同体的出现。而在这种由冲突向融合转化的必然性背后，一个最为重要的原因就在于我们民族意识中所积淀下来的深层价值结构，即国家认同、民族认同、文化认同的同一性。所以，从全球史的意义看，秦汉国家构筑的民族、国家、文化的三位

---

① 曹植：《白马篇》，傅亚庶注译：《三曹诗文全集译注》，长春：吉林文史出版社，1997年，第671页。

② 文天祥：《纪事》，《文天祥全集》，北京：中国书店，1985年，第315页。

一体认同，使中华文明有着极强的生命力。正是在这种"分久必合，合久必分"的历史进程中，华夏（汉）民族始终保持了国家的统一、民族的团结、文化的连绵不断，由此铸就了一个具有悠久文化传统的久经考验的民族，也造就了一个人口众多、幅员辽阔的泱泱大国。这种情形，正是与秦汉国家的制度构建、民族认同、社会整合分不开的。

以上是本丛书讨论的一些基本问题，也是本丛书的作者对春秋战国暨秦汉递嬗时期政治、经济、文化、社会、民族等问题的探索、研究的心得。事实上，对春秋战国暨秦汉国家、社会、民族之递嬗所形成的剧烈变化，诸多通史著作都已进行了富于特色的研究。本丛书则是在前代学者研究的基础上，通过历史时序与问题意识的结合，特别是通过对问题的阐释、解读而揭示出先秦秦汉时期历史与逻辑演进的因应关系，以更深入地了解、认识中国古代诸多历史问题的本质特征。本丛书的作者群体，既有秦汉史领域的资深学者，也有本世纪成长起来的青年学人。值得欣喜的是，这些经过严格学术训练，颇具学识的一代青年学人，朝气蓬勃，勇于创新，富有探索精神，对先秦秦汉时期的诸多历史问题有自己的独到见解，由此为本丛书的内容增添了生气。

本丛书系 2017 年度国家社科基金重大项目（17ZDA180），2023 年获得国家出版基金项目资助。丛书由总主编李禹阶教授进行指导思想、写作目标、各卷内容的总体设计，并对丛书各卷进行最后的通稿。本丛书共分为六卷，依据时序和内容，分别为：《秦国的国家建构、民族认同和社会整合》（第一卷）；《秦汉时期的民族融合与汉民族认同——中华民族共同体的形塑时代》（第二卷）；《西汉王朝的国家建构与社会整合》（第三卷）；《秦汉国家的思想、信仰与皇权政治》（第四卷）；《汉代国家视域下的社会阶层演变》（第五卷）；《"礼"与"刑"：汉代礼法及其制度建构》（第六卷）。各卷分别由李禹阶、尤佳、徐卫民、刘力、崔向东、汪荣负责具体章节设计、统稿与修改等工作。尤其需要说明的是，在丛书撰写中，得到了王子今、卜宪群、孙家洲、吕宗力、杨振红、李振宏、臧知非、晋文、王煜辉、晁天义、邬文玲等教授、研究员的关心、支持，他们对其中的诸多内容提出了颇具建设性的意见与建议，在此特别要对他们予以衷心感谢。丛书的出版，特别得力于齐鲁书社原总编辑傅光中先生的慧眼识珠，辛勤努力，并对丛书内容提供了十分中肯、宝贵的建议；丛书各卷的编辑老师严谨认真，一丝不苟，为丛书的高质量面世提供了保证。没有齐鲁书社诸位老师的辛勤劳动，本丛书的出版是不可能的。在此亦对以上各位编辑、朋友的帮助表示衷心感谢。

李禹阶

2024 年 5 月 12 日

前　　言

　　秦汉是中国历史发展演变的一个极其重要的时期，清代学者赵翼称其为"天地一大变局"。秦汉时期的历史"变局"主要体现在国家构建、民族认同与社会整合等方面。李禹阶先生认为："秦至汉几百年历史，是统一的国家建构、民族认同、社会整合开启并稳定、发展的历史，也是一种有别于周代分封制的新的国家与民族、社会的整合、认同的互塑、互动关系的历史。"这一见解对从更深层次重新认识秦汉历史具有重要意义。弄清秦汉时期国家与社会的互动关系，探讨皇权支配下国家在社会结构演进和社会阶层变迁中的功能、作用，有助于准确地把握秦汉时期政治、经济、文化、制度及诸多社会问题的本质。

　　秦汉时期，国家与社会的互动互塑成为贯穿秦汉历史的重要线索，秦汉国家建构、社会整合、制度变迁、文化认同等都是围绕这一线索展开的，构成错综复杂的历史内容。从国家层面看，秦汉时代是新型统一国家对传统社会进行控制、整合发展时期。它通过新的国家体制的构建以实现对社会全面的渗透、控制和整合，进而重塑国家与社会的内在结构。

　　在秦汉国家与社会的互动、互塑关系中，最重要的是国家对各个社会阶层的控制与整合。国家对社会的支配、整合依靠的是强力、制度和观念，这种整合决定了社会阶层的变化。从社会阶层看，秦汉时代的社会整合就是各个社会阶层社会地位、社会身份和社会关系的重组，各社会阶层被纳入到新的社会秩序中，实现国家与社会的内在同一性。

　　本书以编户齐民、民间工商业者和豪族为考察对象，论述秦汉社会各阶层在国家控制、整合下的发展演变。从具体的阶层变迁过程中认识秦汉国家构造与社会控制本质，认识秦汉社会各阶层变迁与社会发展走向，从而为理解秦汉诸多问题提供一个新的视角。

　　本书分为上、中、下三编。上编考察秦汉的编户齐民。所谓编户者，"言列次名籍也"，就是以"户"为单位按一定顺序登录户内人员的"名籍"。"从名籍到户籍的过程就是绝大的事变。"[1]"名籍"是因一定用途而编在一起的，它的对象是部分特定的人与物；而"户籍"则是以"户"为单位对所有"齐民"所进行的登记，其登记内容与一般"名籍"决然不同。"户"的出现，一开始即体现出统治政权政策性的一面，即它是统治者为某些政策需求而制作的，这一点不同于作为社会自然单位的"家"。在秦汉中央集权帝国之下，编户只是途径和手段，齐民才是目的和实质。所以编户齐民最终还要落实到"齐民"上。东汉时人高诱注齐民曰"凡民"，也就是普通民众。《史记集解》引如淳曰："齐等无有贵贱，故谓之齐民。若今言'平民'矣。"又引晋灼曰："中国被教之民也。"[2]曹魏时期的如淳和晋人晋灼都认为"齐民"指的是"无有贵贱"的一般"平民"，所谓"中国被教之民"，也就是政府控制下的编户民。从这个意义上讲，秦汉时期的"编户齐民""齐民""编户民"所指大概就是法律身份上没有贵贱等级之分的著录于国家户籍之上的一般民众，有时也可称之为"吏民"。

　　编户齐民是在郡县制逐步取代封建制的过程中产生并发展壮大的。所谓"齐民"之齐，"仅就基本政治社会结构而言"，至于"齐中的不齐"，当有"财富、权势和气力"等因素影响。[3]"编户齐民"或说"吏民"，其群体十分庞大，它囊括了除皇室、官僚贵族之外的广大民众。这其中，既

---

　　① 杜正胜：《编户齐民：传统政治社会结构之形成》，台北：联经出版事业股份有限公司，2014年，第2页。

　　② 司马迁：《史记》卷三〇《平准书》，北京：中华书局，1959年，第1417页。

　　③ 杜正胜：《编户齐民：传统政治社会结构之形成》，台北：联经出版事业股份有限公司，2014年，第47页。

有普通官吏，也有拥有爵位的普通民众，既包括经济上处于中上阶层的"大家""中家"，也包括生活贫困的"小家""贫民"乃至从事贱业、不得为吏的贱民。这一群体是国家统治的基础，也是国家赋税的来源。

商鞅变法时以"分异令"政策强行将民间自然形成的"家"拆分成以父母和未成年子女为主要构成的核心小家庭，其目的既在于增加国家的"户赋"收入，也在于强化对户内每个成员的管理与控制。从传世文献和出土文献的记载来看，秦及汉初较为严格地推行了商鞅所确立之"分异令"政策，"民有二男以上不分异者，倍其赋"，从而使得以一夫一妻外加未成年子女组成的核心家庭成为社会的主流家庭形态。但是，秦汉时期的家庭结构和规模有无变化？主要原因为何？这些问题都有待进一步深入研究。

本书中编考察民间工商业者阶层。与秦汉编户的发展同步，其时的工商业者也获得快速发展。故而本书以秦汉时期的民间工商业者作为其时社会阶层的第二个考察对象。中国古代工商业者可以分为两类：一类是官营工商业者，可以视之为官府的附庸；另一类为民间工商业者，也可称为私营工商业者。本书探讨的对象正是后者，书中的"工商业者"皆指民间工商业者。春秋战国以来，随着"工商食官"制度的瓦解与社会经济的发展，工商业者逐渐积累了大量财富，渐趋摆脱了对官府的依附，成为一个独立的阶层，进而开始利用财力试图在政治上有所作为。战国、秦汉时期，工商业者在经营方面积累了巨额财富，同时获得了巨大的政治影响力。

中央集权制度之下，要求"生产者空间位置的凝固化，生产成员之间，生产部门之间自由的横向关系的杜绝，自然经济统治地位的保持，以及各种经济结构的稳定不变等"①。而私营工商业活动所带来的经济与社会的影响和中央集权制度存在尖锐对立。私营工商业活动必然带来如下三方面的影响：第一，人口流动性增强。私营工商业的发展割裂了劳动力与土

---

① 刘泽华、汪茂和、王兰仲：《专制权力与中国社会》，长春：吉林文史出版社，1988年，第182页。

地的联系，迫使劳动力脱离土地，摆脱国家的户籍控制，进而冲击了国家的编户齐民政策。第二，社会经济一体性增强。私营工商业者打通了各独立的生产部门，以市场为中心，个人逐渐进入到互相依存的共同经济体系中，自然经济遭到破坏。第三，形成以财富分配为中心的社会权力结构。工商业者凭借经济实力，形成政治权力支配秩序之外的经济支配秩序，进而获得人身支配权，获取大量依附人口。上述影响之下，工商业者可以建立皇权之外的独立统治秩序，即所谓"私威"，进而成为无官爵封邑而权力与财富不下封君的"素封"。

商鞅变法以来，如何将工商业者整合进中央集权的统治秩序中，一直是秦政府政策探索的重要内容。尽管推行了"重农抑商"政策，但是工商业者只是受到一定程度的打压，依然游离于统治秩序之外，直至秦帝国灭亡，这一问题都没有得到有效解决。西汉前期采取放任的工商业政策，工商业者势力空前膨胀，财力与社会影响力大幅上升，对西汉的统治秩序构成较大威胁。"七国之乱"的解决与武帝时期"推恩令"的施行，彻底改变了诸侯国势力过大威胁中央的局面，自此工商业者就上升为对中央统治构成较大威胁的主要群体。以解决政府财政危机为契机，汉武帝开始对工商业政策展开调整，对工商业者推行了一系列强硬措施。其核心是对工商业领域厉行干预，国家垄断重要资源，将私营工商业者挤出关系国家命脉的经济领域。于是，工商业者遭到前所未有的打击，势力陡降，特别是告缗政策广泛开展之后，旧的工商业者一蹶不振。工商业者开始深刻认识到权力对保护财富的重要性，开始对进入官僚系统表现出强烈的愿望。通过汉武帝一系列政策的引导，部分商人开始积极与政府合作，进入官僚体系，参与官营经济的管理与地方治理。昭、宣之后，汉政府的抑商政策趋于松弛，工商业者势力再度膨胀，但是与西汉前期表现出较大的差异。这一时期的工商业者对于购置土地尤为热衷，同时呈现出官商合流的趋势，呈现出官僚、商人、地主多身份融合的新形态。这与西汉前期的工商业者有了根本性的差异，此时的工商业者群体已经嵌入了西汉统治秩序中，不再是一个对皇权构成一定威胁的具有离心力的势力。这一时期的工商业者根植于地方乡土，拥有地方上的政治话语权，事实上成为地方上的豪强。

随着西汉末年新莽之乱，很多工商业者进一步投资政治，支持刘氏宗室，成为东汉的建国功臣，进入了汉代的核心统治圈。至此，秦汉以来统治者对工商业者群体整合问题得以完成。

本卷下编则以汉代的豪族为探讨对象。关于豪族社会阶层，中外学术界已有很多成果，涉及豪族阶层各个方面。对于"豪族"的界定，由于着眼点不同，学者们的看法并不一致，有的侧重豪族的阶级、经济属性，有的则强调豪族的政治与社会属性。对豪族界定的差异，直接影响了对豪族阶层的形成、特点和形态演变的认识。从现有相关研究成果看，一般多将汉代各种社会势力笼统地称之为豪族，但显然，这一界定未能明确区分诸种社会势力与豪族的差异，所以并不准确。豪族虽与各种社会势力有着千丝万缕的联系，但不能将其简单地等同于各种社会势力。豪族是各种社会势力演变的结果，如将各种社会势力笼统地称为豪族，不仅容易造成概念上的混乱，而且会忽视豪族的形成过程与形态演变，这是界定豪族时尤其需要加以注意的。

在汉代国家整合、控制社会的大背景下，各种社会势力自身都发生了转变，总的趋势是由单一的社会势力演变为集官僚、地主、士人和宗族首领等多种身份于一体的"多位一体"的社会阶层。这种"多位一体"的社会阶层已经不同于原来单一的社会势力，而是一个新的社会阶层，我们把这样的社会阶层称为豪族。豪族概念不应是对各种社会势力的一个简单总称，而应是对一个新的社会阶层的概括。我们使用"豪族"概念，正是突出这一新的社会阶层所兼有的政治属性（权力、强力）和社会属性（家族、宗族），能够从国家和社会两个方面揭示豪族这一新的社会阶层的特征和本质。

西汉建立后，中央集权国家面临着对社会各方面的整合，确立以皇权为中心的国家与社会秩序。这需要解决两个问题：一是社会势力与国家的分离，二是地方与中央的分权。这两个问题密切联系，相互影响，决定着汉代国家与社会关系。"汉承秦制"，但由于汉初特殊的历史背景，国家对社会的控制、整合尚未完成。各种社会势力十分活跃，以其拥有的政治、经济实力和强力、暴力形成多元支配秩序，由此形成游离于皇权一元支配的社会秩序，所谓"豪杰役使""豪强并兼""武断于乡曲"等。各种社会势力普遍发展，形成与国家秩序相游离甚至完全对立的局面，造成皇权支配的削弱和国家控制的混乱。"大一统"是专制君主的追求，"大一统"不仅指疆土一统，更重要的是权力一统和社会控制一统。汉代以皇权为代表的国家要对社会进行整合、控制，建立国家秩序与社会秩序的内在联系，从而实现"天下辐辏"，各种社会势力也在国家整合社会的过程中发生了形态演变。

汉代国家采取各种手段、方式对社会势力或打击、限制，或引导、教化。限制、打击主要表现为以下几个方面：继续推行"迁豪""徙民"政策；任用酷吏，以暴力手段打击游侠、豪杰；设置刺史，控制封国，强干弱枝，打击地方豪强；限制打击诸侯王，加强皇权对社会的控制；不得族居；用政治权力干预经济，控制资源，进行财产剥夺，抑制"豪强并兼之家"。引导和教化主要体现在开放权力体系，通经入仕，以察举选官制度沟通国家与社会，使社会势力成为国家政权的社会基础；以儒家思想整合社会，"经明行修"，社会势力由武质向文质转化。因此，豪族并不是自然形成的，而是皇权支配的结果。从时间节点上看，这一新的社会阶层大体在西汉武帝到昭、宣帝时期形成，此后不断发展壮大。昭、宣帝以后，豪族与权力的结合日益密切，在两汉政治、经济和文化中的地位日益重要。

豪族是"多位一体"的社会阶层，从其形成和演变过程看，应具备如下四个特征：一是拥有权力，豪族家族不断保持与权力的结合，官僚化和世官化是豪族的本质特征。二是大地产性，豪族拥有大量的土地和财富。三是儒学化，拥有家族文化优势，并不断士族化。四是宗族依托，豪族以个人、家族为核心，组合成一个以宗族为依托的社会单位。豪族集权力—土地—文化—宗族等于一体，具有国家与社会双重属性。

文化与权力的互动和再生产是豪族形态演变的动力。豪族在其发展过程中不断儒化进而士族化，不断官僚化进而世官化。豪族在"通经入仕"的引导下，一方面不断儒化，另一方面与权力相结合，"通经入仕""学以居位"，将儒化、官僚化联系在一起，世代保持文化优势，则"累世经学"造成"累世公卿"。从文化角度看，豪族士人习儒通经而儒化，家族世代习儒通经进而士族化。从权力角度看，豪族加入国家权力体系成为官僚，家族世代为官则不断世族化。士族强调的是文化，世族侧重的是权力，无论士族或世族，都是文化与权力互动循环的结果。就此而言，士族即世族，二者很难截然分开。文化与权力互动，士人与宗族结合，家族文化优势与权力占有不断再生产，豪族逐渐士族（世族）化。士人与权力、宗族结合，形成经久不衰的士族化豪族。诸多贯穿于两汉的豪族家族，很好地说明了这一点。

豪族经历了单一社会势力—豪族—士族化豪族这一演化过程，其发展的最高形态是门阀士族的形成。东汉时期出现的相关称谓，反映了士族化豪族向门阀士族的转变。东汉中期，门阀士族已见雏形，其在东汉末年已经形成。东汉豪族士族化，演变为门阀士族，其标志有多方面：包括豪族家族世官化；"阀阅"门第观念的形成，出现"高门""甲族""冠族"与"寒门""单门""小家"之别；豪族阶层内部进一步出现等级分化，产生门第高低区分；修撰官谱、家谱、族谱、世颂、私传等，强调与标榜家族、宗族的门第、官阀、族势、令德和家风；豪族婚姻重视门第，强调"门当户对"等。所有这些，都标志着东汉时期豪族不断向门阀士族演进。

从东汉豪族士族化来看，门阀士族在东汉后期已经形成。就社会阶层演变的整体而言，从汉代豪族到魏晋士族是一种历史的延续。至魏晋时期，门阀士族成为最有影响的社会阶层。论魏晋门阀士族渊源，不能只限于魏晋，而应上溯到东汉，这样才能找到魏晋门阀士族发展的历史源头和内在逻辑。

目　　录

中编　民间工商业者

下编　豪族的形成与演变

上编

秦汉的编户民之家

第一章
秦汉编户民之家的形成

　　清人赵翼指出："盖秦、汉间为天地一大变局。"[1] 其所谓"变"，在于汉初布衣将相之局的出现。先秦世卿世禄的封建贵族制，一变而为编户齐民的郡县制，并由此奠定两千年帝制社会的根基。层层分封的贵族分崩瓦解，专制君主皇权加强，通过郡县制和编户制建立起一个皇权直接支配下的"齐等无贵贱"社会，从而使得传统政治社会结构得以形成。[2]

　　郡县制和编户制无疑是实现这一社会巨变的主要措施，郡县制的展开和编户制的推进，是"齐民"社会出现的重要基础。郡县化和编户化过程息息相关，前者是后者的基础，而后者是前者深化的结果。[3] 二者共同作用，使得编户齐民社会在秦汉时期得以最终形成。对于这一编户齐民社会，学者或从户籍制度入手，或从"齐民"身份出发，相关研究向称宏富。当然，也并非"题无剩义"，如从家庭这一角度入手，探讨编户齐民

---

　　① 赵翼著，王树民校证：《廿二史札记校证》，北京：中华书局，1984 年，第 36 页。

　　② 参杜正胜：《编户齐民：传统政治社会结构之形成》，台北：联经出版事业股份有限公司，2014 年，第 34-47 页。

　　③ 参钟良灿：《东汉时期南方诸蛮的编户化与反编户化——以〈后汉书·南蛮西南夷列传〉为中心的考察》，待刊稿。

社会出现及其历史意义的研究则尚不多见。

以往家庭史研究，其取向十分广，"它可以是社会史的一环，也与国家权力脱离不了关系；它在礼教引导下运作，也无处不受法律的规范；伦理思想安排它的身分秩序，亲情与互动则丰富它的生命力"①。也正因如此，导致研究者侧重点不一，众多研究之间彼此关联不足，使得传统家庭史研究难以走向综合。传世文献中"家"和"族"概念的模糊与不确定性，更是造成研究意见分歧的主要原因之一。因此，欲理解编户齐民社会的历史意义，需对编户民之家的形成有清晰的认识。

第一节 秦汉时期的"家"

众所周知，家庭是社会最基本的构成单位，很多学者称其为"社会的细胞"。家庭制度本身的演变与时代发展、社会进步息息相关。因此，古代家庭研究对于我们认识传统社会结构及时代变迁都有很大帮助。古代家庭统称为"家"，春秋及以前，"家"指的是卿大夫的采邑，所谓"卿大夫称家"。② 战国以降，一般庶民家庭亦可称"家"。秦汉时期的编户民之家因其奠定了中国传统社会诸多形态的"家"的基础而尤为重要。系统梳理秦汉时期编户民之家的形成过程，有助于加深我们对编户齐民社会结构的认识。

一、"家"的含义及其演变

许慎《说文解字》释"家"曰："家，凥也。从宀，豭省声。"③ 许慎认为最早的"家"为居处，从"宀"说明了这一点，而"豭省声"说明

---

① 罗彤华：《同居共财：唐代家庭研究》，台北：政大出版社，2015 年，第 18 页。
② 朱凤瀚：《商周家族形态研究》，北京：商务印书馆，2022 年，第 550 页。
③ 许慎撰，段玉裁注：《说文解字注》，上海：上海古籍出版社，1988 年，第 337 页。

最早的"家"与祭祀有关。①

　　"家"作居处解，传世文献中不乏其例，如《周易·大畜》"大畜，利贞。不家食吉，利涉大川"②。清人惠栋《周易述》曰：

　　　　［注］：二称家，体颐养居外，是不家食吉而养贤……［疏］：……体颐养已下，郑义也。三至上体颐，颐者养也，而在外卦，是不家食吉而养贤。言人君有大畜积，不唯与家人食之而已，当与贤者共之，故得吉也。③

所引［注］［疏］作者分别为汉末的王弼和唐代的孔颖达，所谓"体颐养居外""言人君有大畜积，不唯与家人食之而已"，都说明汉唐时人对"家食"之"家"的理解是一致的："家"相对"外"而言，显然指的是居处。《尚书·梓材》曰：

　　　　惟曰："若稽田，既勤敷菑，惟其陈修，为厥疆畎；若作室家，既勤垣墉，惟其涂塈茨；若作梓材，既勤朴斫，惟其涂丹雘。"④

---

　　① 对于"从宀"这点，历来注家多无疑问，而对于"豭省声"则引起歧义：家之本义为人之居还是豕之居？元人周伯琦《六书正讹》一书中最早指出："家与牢同意。豕居，故从宀从豕，后人借用为室家之家。"［转引自苏宝荣：《释"家"》，《河北师范大学学报（社会科学版）》，1992 年第 2 期，第 24 页。］这一观点为清人段玉裁所发挥，段氏认为："窃谓此篆本义乃豕之尻也，引申假借以为人之尻。"（见许慎撰，段玉裁注：《说文解字注》，上海：上海古籍出版社，1988 年，第 337 页。）由此又引发很多对"家"字本义的探讨。［参苏宝荣：《释"家"》，《河北师范大学学报（社会科学版）》，1992 年第 2 期。］其实，将豕理解为呈于"宀"内祭祀祖先之物，则许慎所说"从宀，豭省声"都可得到合理解释。（参郑杰祥：《释"家"兼论我国家庭的起源》，《中州学刊》，1987 年第 2 期。）

　　② 《周易正义》卷三《大畜》，阮元校刻：《十三经注疏》，北京：中华书局，2009 年，第 80 页。

　　③ 惠栋：《周易述》，北京：中华书局，2007 年，第 77 页。

　　④ 《尚书正义》卷一四《梓材》，阮元校刻：《十三经注疏》，北京：中华书局，2009 年，第 442 页。

"若作室家，既勤垣墉，惟其涂墍茨"，孔颖达疏曰："若人为室家，已勤力立其垣墉，又当惟其涂而墍饰茨盖之，功乃成也。"① 以人筑"室家"之事喻国君为政之事，此"家"所指亦为居处。《诗经·绵》："古公亶父，陶复陶穴，未有家室。"唐孔颖达疏曰："室内曰家。未有寝庙，亦未敢有家室。"② "室内曰家"，"家"所指自是居处无疑。还有治水大禹"过家门而不入"③ 的故事，其中的"家"显然也是取居所义。

此外，段玉裁由《尔雅·释宫》的解释引申出家的另一含义，即"大夫曰家"④。大抵秦汉以前，文献中所见之"家"多取此义。《左传·桓公二年》载："故天子建国，诸侯立家，卿置侧室，大夫有贰宗，士有隶子弟，庶人工商各有分亲，皆有等衰。""诸侯立家"，乃指诸侯可下立卿大夫，因此杜预注曰"卿大夫称家臣"⑤。《孟子·梁惠王上》孟子与梁惠王对话中，提到"万乘之国弑其君者，必千乘之家；千乘之国弑其君者，必百乘之家"⑥，"家"与"国"对应，显然是一个政治单位⑦，即卿大夫之家。又如《尚书·皋陶谟》"日宣三德，夙夜浚明有家"，郑玄注曰："卿

---

① 《尚书正义》卷一四《梓材》，阮元校刻：《十三经注疏》，北京：中华书局，2009年，第443页。

② 《毛诗正义》卷一六《大雅·绵》，阮元校刻：《十三经注疏》，北京：中华书局，2009年，第1095页。

③ 大禹治水，三过家门而不入，其故事为世所周知。其事之真假，亦为世所疑。最早记载这一事件的文献是《孟子》。《孟子·滕文公上》载："（孟子曰：）'禹疏九河，瀹济漯，而注诸海；决汝汉，排淮泗，而注之江，然后中国可得而食也。当是时也，禹八年于外，三过其门而不入，虽欲耕，得乎？'"大禹三过之门当为"家门"。见朱熹：《四书章句集注》，北京：中华书局，1983年，第259页。《史记·夏本纪》则曰："禹伤先人父鲧功之不成受诛，乃劳身焦思，居外十三年，过家门不敢入。"见司马迁：《史记》卷二《夏本纪》，北京：中华书局，1959年，第51页。又《史记·河渠书》记载："《夏书》曰：禹抑洪水十三年，过家不入门。"考之《尚书·夏书》无此内容，故此事真实性颇受后人质疑。

④ 许慎撰，段玉裁注：《说文解字注》，上海：上海古籍出版社，1988年，第337页。

⑤ 《春秋左传正义》卷五《桓公二年》，阮元校刻：《十三经注疏》，北京：中华书局，2009年，第3786页。

⑥ 朱熹：《四书章句集注》，北京：中华书局，1983年，第201页。

⑦ 杜正胜：《传统家族试论》，黄宽重、刘增贵主编：《家族与社会》，北京：中国大百科全书出版社，2005年，第1页。

大夫称家。"①《礼记·曲礼下》："凡家造：祭器为先，牺赋为次，养器为后。"关于"家造"，郑玄注曰："大夫称家，谓家始造事。"②又《礼记·郊特牲》："祭称'孝孙''孝子'，以其义称也。称曾孙某，谓国家也。"孔颖达疏曰："国谓诸侯，家谓卿大夫。"③从汉代郑玄到西晋杜预乃至唐代孔颖达，都认为"卿大夫称家"，说明"家"最初是封建制下的产物，是卿大夫阶层专享的称谓。

《诗经·羔羊》曰："羔羊之皮，素丝五紽。退食自公，委蛇委蛇。"④关于"退食自公"，清人马瑞辰引《朱子集传》曰："退食，退朝而食于家也。"并加按语曰：

> 宝应刘履恂据春秋襄二十八年《左传》"公膳日双鸡"，杜注"卿大夫之膳食"，释为公家供卿大夫之常膳，以"退食自公"谓自公食而退，较《集传》以退食为退朝而食于家为善。古者卿大夫有二朝，鲁语所云"合官职于外朝，合家事于内朝"也。⑤

且不论"退食自公"是"退朝而食于家"还是"自公食而退"，此"家"为"卿大夫之家"，似无疑义。由此不难看出，对于秦汉以前的"家"主要为"卿大夫采邑""卿大夫称家"这些认识，似为后世学者之一般常识。

这种以"家"称实封贵族的用法，一直延续到两汉。汉代实封贵族有

---

① 《尚书正义》卷四《皋陶谟》，阮元校刻：《十三经注疏》，北京：中华书局，1962年，第291页。

② 《礼记正义》卷四《曲礼下》，阮元校刻：《十三经注疏》，北京：中华书局，1962年，第2724页。

③ 《礼记正义》卷二六《郊特牲》，阮元校刻：《十三经注疏》，北京：中华书局，1962年，第3159页。

④ 《毛诗正义》卷一《召南·羔羊》，阮元校刻：《十三经注疏》，北京：中华书局，1962年，第607页。

⑤ 马瑞辰撰，陈金生点校：《毛诗传笺通释》卷三《召南·羔羊》，北京：中华书局，1989年，第87—88页。

家臣，如《汉书·百官公卿表》载"詹事，秦官，掌皇后、太子家，有丞。属官有太子率更、家令丞"①，可知皇后、太子都可称"家"，家臣有令有丞。又如《续汉书·百官志》载：

> 每国置相一人，其秩各如本县。本注曰：主治民，如令、长，不臣也。但纳租于侯，以户数为限。其家臣，置家丞、庶子各一人。本注曰：主侍侯，使理家事。列侯旧有行人、洗马、门大夫，凡五官。中兴以来，食邑千户已上置家丞、庶子各一人，不满千户不置家丞，又悉省行人、洗马、门大夫。②

东汉诸王、食邑千户以上的列侯，其家臣均有家丞，可见诸王、列侯亦可称"家"。又如西汉时宗正属官有"诸公主家令、门尉"③，则知公主亦可称"家"。汉高祖刘邦之父刘太公有"太公家令"。凡此都说明汉代的实封贵族可以称"家"。④

两汉天子也可称"家"，如《汉书·百官公卿表》载太仆属官有"大厩、未央、家马三令，各五丞一尉"。颜师古注"家马"曰："家马者，主供天子私用，非大祀戎事军国所须，故谓之家马也。"⑤ 天子私用之马称"家马"，天子之私家显然亦可称"家"。汉代天子又可称为"天家"⑥、"汉家"⑦。

---

① 班固：《汉书》卷一九《百官公卿表》，北京：中华书局，1962年，第734页。

② 司马彪：《续汉书·百官志》，见范晔：《后汉书·志第二十八·百官五》，北京：中华书局，1965年，第3630-3631页。

③ 班固：《汉书》卷一九《百官公卿表》，北京：中华书局，1962年，第730页。

④ 可参傅举有：《汉代的"家"和家吏》，《考古与文物》，1984年第3期；张超：《汉代"家"称谓的研究》，河北师范大学硕士学位论文，2005年。

⑤ 班固：《汉书》卷一九《百官公卿表》，北京：中华书局，1962年，第729页。

⑥ 《后汉书·宦者列传》载郎中梁人审忠上书指斥宦官朱瑀等"车马服玩拟于天家"，所谓"天家"，也就是天子之家。见范晔：《后汉书》卷七八《宦者列传·曹节》，北京：中华书局，1965年，第2526页。

⑦ "汉家"为当时习用语，汉宣帝曾训斥太子曰："汉家自有制度，本以霸王道杂之，奈何纯〔任〕德教，用周政乎！""汉家"显系自称。见班固：《汉书》卷九《元帝纪》，北京：中华书局，1962年，第277页。

蔡邕《独断》曰："天家，百官小吏之所称。天子无外，以天下为家，故称天家。"① 蔡邕认为天子以天下为家，所以称"天家"。②

汉代贵族之"家"与编户民之"家"，性质有所不同。③ 相较于两汉时期的编户民之"家"，实封贵族之"家"毕竟是少数。

又有一种意见，认为"家谓妻子"。郑珍《亲属记》卷下"家"条载：

> 家　《周官·媒氏》"司男女之无夫家者而会之"。夫、家对文，家谓妻也。《诗·苤楚》："乐子之无家。"《左传》桓公十八年："男有家，女有室，毋相渎也。"又，僖公十五年"侄其从姑"。六年"其逋逃归其国，而弃其家"，杜注："家谓之围妇怀嬴。"④

考《周礼·媒氏》"司男女之无夫家者而会之"条，郑玄注曰："司，犹察也。无夫家，谓男女之鳏寡者。"⑤ 郑珍的"夫、家对文，家谓妻也"之说，显然是承郑玄注而来，从《周礼》文意上看，应是正解。然而，郑珍所引《左传·桓公十八年》"男有家，女有室，毋相渎也"显然有误，当作"女有家，男有室，毋相渎也"⑥。

由此看来，"家""室"都有指代"妻"之含义。《说文》："室，实

---

① 蔡邕：《独断》卷上"天家"条，《四部丛刊》影印本，北京：中国书店，2020年。

② 有关汉代"家国一体"的讨论，以日本学者守屋美都雄和尾形勇二氏的研究为代表。他们由"家族"（"家庭"）出发，探讨的却是中国古代帝国统治秩序及其结构，一定程度上反映出"家国一体"观念的深入人心。参守屋美都雄著，钱杭、杨晓芬译：《中国古代的家族与国家》，上海：上海古籍出版社，2010年；尾形勇著，张鹤泉译：《中国古代的"家"与国家》，北京：中华书局，2009年。

③ 傅举有：《汉代的"家"和家吏》，《考古与文物》，1984年第3期。

④ 郑珍：《亲属记》卷下，北京：中华书局，1996年，第546页。

⑤ 《周礼注疏》卷一四《媒氏》，阮元校刻：《十三经注疏》，北京：中华书局，2009年，第1580页。

⑥ 《春秋左传正义》卷七《桓公十八年》，阮元校刻：《十三经注疏》，北京：中华书局，2009年，第3819页。

也。从宀，至声。室屋皆从至，所止也。"段玉裁注曰："古者前堂后室。《释名》曰：室，实也，人物实满其中也。引伸之则凡所居皆曰室。《释宫》曰：宫谓之室，室谓之宫，是也。"① 可见，"室"本义亦指居处，由此引申，"家""室"都可指代"妻"，则无疑问。②

从文献记载看，"室"作"妻"解，其文例似远较"家"作"妻"解多。如《礼记·曲礼上》"人生十年曰幼，学；二十曰弱，冠；三十曰壮，有室"，郑玄注曰："有室，有妻也，妻称室。"③《孟子·滕文公下》载孟子曰：

> 丈夫生而愿为之有室，女子生而愿为之有家。父母之心，人皆有之。不待父母之命、媒妁之言，钻穴隙相窥，逾墙相从，则父母国人皆贱之。古之人未尝不欲仕也，又恶不由其道。不由其道而往者，与钻穴隙之类也。④

孟子以男女结合应以礼来论述士之仕宦亦应由其道，否则会如男女之钻穴隙相窥，为人所贱。值得注意的是，孟子所谓"丈夫生而愿为之有室，女子生而愿为之有家"，此处"室"与"家"，显然指向"妻"与"夫"。

郑珍《亲属记》"室"条：

> 室　《诗·芃楚》："乐子之无室。"《内则》："三十而有室，始理男事。"注："室犹妻也。"《左传》哀公十一年："卫人使太叔遗室

---

① 许慎撰，段玉裁注：《说文解字注》，上海：上海古籍出版社，1988年，第338页。
② 谢维扬认为室有三种含义：配偶、居住单位、财产。作为居住单位时，室与家有相同的含义。应该看到，正是因"室""家"都有居住单位这一含义，才能引申出配偶之含义。因此，谢维扬认为室的三种含义是有内在联系的。谢说甚确。同理，家的多种含义也有内在的联系。谢说见谢维扬：《周代家庭形态》，北京：中国社会科学出版社，1990年，第218页。
③ 《礼记正义》卷一《曲礼上》，阮元校刻：《十三经注疏》，北京：中华书局，2009年，第2665页。
④ 朱熹：《四书章句集注》，北京：中华书局，1983年，第266-267页。

孔婤。"①

郑珍释"家"和"室"均引《诗·苌楚》为例证，考《诗·桧风·隰有苌楚》：

> 隰有苌楚，猗傩其枝，夭之沃沃。乐子之无知。
> 隰有苌楚，猗傩其华，夭之沃沃。乐子之无家。
> 隰有苌楚，猗傩其实，夭之沃沃。乐子之无室。②

郑玄笺曰："无家谓无夫妇室家之道。"孔颖达正义曰："桓十八年《左传》曰'男有室，女有家'，谓男处妻之室，女安夫之家。夫妇二人共为家室，故谓夫妇家室之道为室家也。"③ 可知"室"与"家"乃分从男女角度而言，合言之则为"室家"，或称"家室"。④ 因此，郑珍在"室家"

---

① 郑珍：《亲属记》卷下，北京：中华书局，1996 年，第 546 页。

② 《毛诗正义》卷七《桧风·隰有苌楚》，阮元校刻：《十三经注疏》，北京：中华书局，2009 年，第 814-815 页。

③ 《毛诗正义》卷七《桧风·隰有苌楚》，阮元校刻：《十三经注疏》，北京：中华书局，2009 年，第 814-815 页。

④ 《诗·桃夭》："之子于归，宜其家室。"郑玄笺即曰："家室犹室家也。"可见"家室"与"室家"有时所指一致，可互换。参《毛诗正义》卷一《国风·周南·桃夭》，阮元校刻《十三经注疏》，北京：中华书局，2009 年，第 586 页。然"家室"与"室家"有时所指不一，"家室"更多时候侧重"家"。如《管子·立政》："行乡里，视宫室，观树蓺，简六畜，以时钧修焉，劝勉百姓，使力作毋偷，怀乐家室，重去乡里，乡师之事也。"所谓"怀乐家室"，是使百姓安家居，以达"重去乡里"之效。因此，这里的"家室"显然不是单指妻室，而是整个"家"。参黎翔凤撰，梁运华整理：《管子校注》卷一《立政》，北京：中华书局，2004 年，第 73 页。《史记·项羽本纪》载项羽彭城大败刘邦，刘邦侥幸逃脱，"欲过沛，收家室而西；楚亦使人追之沛，取汉王家；家皆亡，不与汉王相见"。一称"家室"，一称"家"，可见这里的"家室"也就是指"家"，即指刘邦的家属。参司马迁：《史记》卷七《项羽本纪》，北京：中华书局，1959 年，第 322 页。"家室"一词在出土简牍材料中亦可见，如居延新简"具书曰挽力家室毋它叩头叩头文叔"（EPT65：314），从内容看应该是一封私人书信。所谓"挽力家室"，当为"勉力家室"，这里的"家室"，其侧重点也是在"家"。居延新简释文见张德芳主编，韩华著：《居延新简集释（6）》，兰州：甘肃文化出版社，2016 年，第 300 页。

条解释如下：

> 室家　《诗·小序·中谷有蓷》："闵周也。夫妇日以衰薄，凶年饥馑，室家相弃尔。"①

这里的"室家"是相对"夫妇"连称而言。

又清人马瑞辰释《诗·卫风·有狐》"之子无裳"加按语曰：

> 序言"男女失时，丧其妃耦"，诗本兼男女言。左氏《传》言"男有室，女有家"，是知《传》言"之子，无室家者"，实合下章言之，亦兼男女言。②

"室家"兼言男女，当无疑义。此应为"室家"的初始义，后则逐渐侧重"室"义，主要偏指女方，即妻子。如《诗·卫风·竹竿》载"籊籊竹竿，以钓于淇"，郑玄笺曰："钓以得鱼，如妇人待礼以成为室家。"③ 所谓"成为室家"，显然是指成为男方的妻子。又《汉书·平当传》载上欲封当，当以病笃不应召，其室家劝其为子孙计，室家显指平当之妻。④ 再如《汉书·贡禹传》载贡禹上书说到"诸侯妻妾或至数百人，豪富吏民畜歌者至数十人，是以内多怨女，外多旷夫"，颜师古注"旷夫"曰："旷，空也。室家空也。"⑤ "室家空也"乃指夫没有妻子，不能立家室，此处"室家"显然也是指妻子。"室家"单指妻子，在出土简牍中也得到了印证，如《敦煌汉简》载：

---

① 郑珍：《亲属记》卷下，北京：中华书局，1996年，第546页。
② 马瑞辰撰，陈金生点校：《毛诗传笺通释》卷六《卫风·有狐》，北京：中华书局，1989年，第223页。
③ 《毛诗正义》卷三《卫风·竹竿》，阮元校刻：《十三经注疏》，北京：中华书局，2009年，第687页。
④ 班固：《汉书》卷七一《平当传》，北京：中华书局，1962年，第3051页。
⑤ 班固：《汉书》卷七二《贡禹传》，北京：中华书局，1962年，第3071-3072页。

难念杞男室家未定博卿以为忧当即尽上愿也（162）①

此简应出自一封私人书信，其中的"室家未定"，当是指尚未娶妻室，故而此处"室家"，应是单指妻子。

"室"和"家"常连称，有时甚至可以互换，说明二者本义可能相通。谢维扬即指出，"家"和"室"有时之所以能互换，原因即在于二者本义均为一种居住单位。② 与之语义相似者又有"户"。《说文》释"户"曰："户，护也。半门曰户，象形。"③ 所谓"半门曰户"，说明"户"的本义也是居住单位的一部分。

文献中常见"家""户"互指、互换之例。如《淮南子·泰族训》：

> 四海之内，莫不仰上之德，象主之指，夷狄之国，重译而至，非户辩而家说之也，推其诚心，施之天下而已矣。④

所谓"户辩而家说之也"，"户"与"家"所指为一，可以互换。又如《史记·高祖功臣侯者年表》所载"天下初定，故大城名都散亡，户口可得而数者十二三，是以大侯不过万家，小者五六百户"⑤，"家""户"显然可以互换。《后汉书·赵典列传》载赵典兄子赵温见疑于李傕，温与李傕书："公前托为董公报仇，然实屠陷王城，杀戮大臣，天下不可家见而户说也。"⑥ 所谓"家见而户说"，与前引《淮南子》"户辩而家说"同。

《后汉书·郎𫖮传》载郎𫖮上书提到"数年以来，谷收稍减，家贫户

---

① 甘肃省文物考古研究所编：《敦煌汉简》，北京：中华书局，1991年，第226页。

② 谢维扬：《周代家庭形态》，北京：中国社会科学出版社，1990年，第217-219页。

③ 许慎撰，段玉裁注：《说文解字注》，上海：上海古籍出版社，1988年，第586页。

④ 刘安等著，何宁撰：《淮南子集释》卷二〇《泰族训》，北京：中华书局，1998年，第1383页。

⑤ 司马迁：《史记》卷一八《高祖功臣侯者年表》，北京：中华书局，1959年，第877页。

⑥ 范晔：《后汉书》卷二七《赵典列传》，北京：中华书局，1965年，第950页。

馑，岁不如昔"①，"家贫户馑"，"家""户"显然是同义。类似的记载还有"家给户赡"②，"家为空户"③。《后汉书·东夷列传》载三韩"大者万余户，小者数千家"④，其文例与上引《史记·高祖功臣侯者年表》同。类似例子又有《晋书·四夷列传》载马韩"凡有小国五十六所，大者万户，小者数千家，各有渠帅"⑤。《魏书·蛮列传》："又有冉氏、向氏者，陬落尤盛，余则大者万家，小者千户，更相崇僭，称王侯，屯据山峡，断遏水路，荆、蜀行人至有假道者。"⑥

"户"作"居处"解，是伴随着编户齐民制度的建立而出现的。"户"的出现，一开始即体现出统治政权政策性的一面，它是统治者为某些政策需求而制作的，这一点不同于作为社会自然单位的"家"。⑦

由"居处"本义，很自然引申出"家"的另一含义：家庭。家庭是现代社会学术语，古代统称为"家"。史籍所见秦汉时期的"家"，多数指现代意义上的家庭，少数则指范围更为广泛的家族，有学者称前者为"家"的狭义概念，后者为"家"的广义概念。⑧狭义的"家"与"户"一样，是随着战国时期编户齐民制度的建立而出现的。

综上可知，"家"之本义与居住单位有关；由居住单位又引申出所居之人，所谓"卿大夫称家""男有室，女有家"。在封建时代，"家"是封建贵族的实封采邑，是卿大夫独享之称谓。春秋战国以降，随着封建制的逐渐解体，"家"不再是卿大夫专享之称谓，一般编户民也可称"家"。

---

① 范晔：《后汉书》卷三○下《郎顗襄楷列传》，北京：中华书局，1965年，第1060页。

② 陈寿：《三国志》卷四八《吴书·孙休传》，北京：中华书局，1982年，第1158页。

③ 陈寿：《三国志》卷六一《吴书·陆凯传》，北京：中华书局，1982年，第1406页。

④ 范晔：《后汉书》卷八五《东夷列传》，北京：中华书局，1965年，第2818页。

⑤ 房玄龄等：《晋书》卷九七《四夷列传》，北京：中华书局，1974年，第2533页。

⑥ 魏收：《魏书》卷一○一《蛮列传》，北京：中华书局，1974年，第2248页。

⑦ 罗彤华：《"诸户主皆以家长为之"——唐代户主之身分研究》，收入氏著：《同居共财：唐代家庭研究》，台北：政大出版社，2015年，第49页。

⑧ 罗彤华：《同居共财：唐代家庭研究》，台北：政大出版社，2015年，第1页。

二、从"食邑之家"到"编户之家"

"编户之家"最早见于《魏书·高宗文成纪》和平二年（461）春正月乙酉诏：

> 刺史牧民，为万里之表。自顷每因发调，逼民假贷，大商富贾，要射时利，旬日之间，增赢十倍。上下通同，分以润屋。故编户之家，困于冻馁；豪富之门，日有兼积。为政之弊，莫过于此。①

文成帝此诏，针对的社会问题是刺史与富商大贾勾结，致使"编户之家"日益困顿。"编户之家"与"豪富之门"对言，显然是指国家控制下的普通编户民群体。此类群体，史籍中更常见之称谓为"编户齐民"。

"编户齐民"最早见于《淮南子·齐俗训》：

> 且富人则车舆衣纂锦……贫人则夏被褐带索……故其为编户齐民无以异，然贫富之相去也，犹人君与仆虏，不足以论之。②

"编户"一词，史籍常见，颜师古注《汉书》曰："编户者，言列次名籍也。"③ 所谓列次名籍，乃指按一定顺序著录于名籍之上，这种以户为单位的名籍即为户籍。④《汉书·梅福传》载梅福上书，内有"今仲尼之庙不出阙里，孔氏子孙不免编户，以圣人而歆匹夫之祀，非皇天之意也"⑤，颜师古注"编户"曰"列为庶人"。则知此处"编户"即"编户齐民"。

---

① 魏收：《魏书》卷五《高宗文成纪》，北京：中华书局，1974年，第119页。

② 刘安等著，何宁撰：《淮南子集释》卷一一《齐俗训》，北京：中华书局，1998年，第822-823页。

③ 班固：《汉书》卷一下《高帝纪》，北京：中华书局，1962年，第80页。

④ 颜师古注《汉书》卷五七下《司马相如列传下》"非编列之民"之"编列"曰："编列，谓编户也。"（班固：《汉书》，北京：中华书局，1962年，第2579页。）可见编列、列次即户籍的一种著录方式，因此成为户籍的一种别称。

⑤ 班固：《汉书》卷六七《梅福传》，北京：中华书局，1962年，第2925页。

"齐民"一词最早见于《管子·君臣》：

> 君子食于道，小人食于力，分民……君子食于道，则义审而礼明……
> 齐民食于力，作本。本作者众，农以听命。①

有学者指出，《君臣》篇非齐国法家著作，其思想倾向吸收了法家、道家
学说而以儒家学说为主导。②"君子""齐民"对称，"齐民食于力"，此齐
民似是战国时期开始出现的编户齐民。《庄子·渔父》载：

> 子路未应，子贡对曰："孔氏者，性服忠信，身行仁义，饰礼乐，
> 选人伦，上以忠于世主，下以化于齐民，将以利天下。此孔氏之所
> 治也。"③

一般认为，《庄子》整体成书大概不晚于战国末年，而其中《杂篇》为庄
子后学所增益④，《渔父》篇成书极有可能晚至西汉。其中，伪托子路、子
贡对话，所说"齐民"，也极可能是汉代之"编户齐民"。《吕氏春秋·有
始览》载："诸众齐民，不待知而使，不待礼而令。"⑤ 知秦已有"齐民"
之说，东汉高诱注曰："齐民，凡民。"⑥ 至两汉时期，"齐民"已为一习
见称谓。关于"齐民"，颜师古注《汉书》曰：

---

① 黎翔凤撰，梁运华整理：《管子校注》卷一一《君臣》，北京：中华书局，2004
年，第584页。
② 吴显庆：《论〈霸言〉〈五辅〉〈君臣上〉〈形势解〉篇的成书年代和学派倾向——
与〈管子新探〉作者商榷》，《南京师大学报（社会科学版）》，2000年第2期，第35页。
③ 郭庆藩辑，王孝鱼整理：《庄子集释·杂篇·渔父》，北京：中华书局，1961年，
第1025页。
④ 王锺陵：《〈庄子〉的成书与版本》，《光明日报》，2016年7月29日第08版。
⑤ 吕不韦等著，许维遹撰，梁运华整理：《吕氏春秋集释·有始览》，北京：中华书
局，2009年，第297页。
⑥ 吕不韦等著，许维遹撰，梁运华整理：《吕氏春秋集释·有始览》，北京：中华书
局，2009年，第297页。

如淳曰："……齐，等也。无有贵贱，谓之齐民，若今言平民矣。"晋灼曰："中国被教齐整之民也。"师古曰："……齐等之义，如说是也。"①

颜师古肯定了如淳的观点，其实晋灼的解释虽有迂曲之嫌，但对"齐民"内涵的把握大体不差。所谓"中国被教齐整之民"，即在国家户籍之上的政治、法律身份"无有贵贱"的"平民"。换言之，"齐民"的前提是"编户"，"编户"为手段，"齐民"才是目的。②

在两汉史籍记载中，"编户齐民"常省称为"编户""编户民""编户之民"，其所指就是政治、法律身份没有贵贱等级之分的、著录于国家户籍之上的一般民众，亦可称之为"吏民"。③

从先秦"食邑之家"到秦汉"编户之家"，户籍制度的建立和推进是关键。编户齐民是宗法制瓦解、郡县制出现，郡县制逐步取代封建宗法制这一过程中所产生的必然结果。战国时期是这一转变的关键时期，各国为适应这一历史潮流，都进行了程度不同的变法改革。其中，秦国的变法比较彻底，而商鞅变法正是秦国走向富国强兵的一个重要起点。商鞅变法的核心是农战兴国，蒋礼鸿在《商君书锥指》一书中即指出："商君之道，农战而已矣。"④《史记》中也说到"卫鞅说孝公变法修刑，

---

① 班固：《汉书》卷二四下《食货志下》，北京：中华书局，1962 年，第 1171-1172 页。
② 刘敏：《秦汉编户民问题研究——以与吏民、爵制、皇权关系为重点》，北京：中华书局，2014 年，第 10 页。
③ 有学者对"吏民"与"编户齐民"进行辨析，认为秦汉时期的吏民是一个专门的词汇，它是秦汉时期的一个特定社会等级。见刘敏：《秦汉编户民问题研究——以与吏民、爵制、皇权关系为重点》，北京：中华书局，2014 年，第 11 页。笔者同意作者关于"吏民"一词较"编户齐民"更具政治法律制度规范性，故在皇帝诏令和法令等文献中，多见"吏民"称谓。但认为"吏民"是一个严格的社会等级，而"编户齐民"则不具有这一等级身份，笔者颇存疑问。在"吏民"与"编户民"的关系上，笔者赞同黎虎的意见，认为二者是"一而二，二而一的"，"吏民"通常所指，也就是"编户齐民"。参见黎虎：《论"吏民"即编户齐民——原"吏民"之三》，《中华文史论丛》，2007 年第 2 期。
④ 蒋礼鸿：《商君书锥指》卷一《农战》，北京：中华书局，1986 年，第 19 页。

内务耕稼，外劝战死之赏罚"①。《商君书》中反复提及"国之所以兴者，农战也""国待农战而安，主待农战而尊"②，将商鞅变法以农战兴国的用意表露无遗。

农战兴国的基础是个体小农，因此，加强对个体小农的控制和管理成为这一政策胜利实施的根本保障。户籍制度就是政府加强对个体小农控制的一个重要手段。正如杜正胜所指出的："只记录个人的名籍和全家男女皆录、老幼靡遗的户籍制度最大的差别是在彻底控制人力，以保证'有人此有土，有土此有财'的国家结构稳固完善。"③商鞅变法更进一步，实行"民有二男以上不分异者，倍其赋"④的政策，以"分异令"强行将民间自然形成的"家"拆分成以父母和未成年子女为主要构成的核心小家庭，其目的既在于增加国家的"户赋"收入，也在于强化对户内每个成员的管理与控制。从汉初的贾谊猛烈抨击商鞅变法"遗礼义，弃仁恩"这一点看，商鞅变法对民间家庭的改造是相当成功的，核心家庭一直以来都是中国古代传统社会的主流。⑤

综上所述，可知"家"的本义为居处，然其衍生义较多，其中采邑之说在封建时代较为流行。卿大夫之采邑曰"家"，此时的"家"为卿大夫的专称。然而，随着封建制的解体、卿大夫等贵族阶层消亡，"家"为郡县制下一般民众所使用。由封建而郡县，血缘团体内经济生活单位变小，

---

① 司马迁：《史记》卷五《秦本纪》，北京：中华书局，1959年，第203页。

② 蒋礼鸿：《商君书锥指》卷一《农战》，北京：中华书局，1986年，第20、22页。

③ 杜正胜：《编户齐民：传统政治社会结构之形成》，台北：联经出版事业股份有限公司，2014年，第22页。

④ 司马迁：《史记》卷六八《商君列传》，北京：中华书局，1959年，第2230页。杜正胜认为"民有二男"指的是家内有两个成年男子，进而认为这种分异政策导致"只允许未成年子女与父母同居"的结论。曾宪礼、李根蟠则认为这里的"男"指的是成年儿子，笔者赞同成年儿子之说。参杜正胜：《传统家族试论》，黄宽重、刘增贵主编：《家族与社会》，北京：中国大百科全书出版社，2005年，第18页；曾宪礼：《"民有二男以上不分异者倍其赋"意义辨》，《中山大学学报（哲学社会科学版）》，1990年第4期；李根蟠：《从秦汉家庭论及家庭结构的动态变化》，《中国史研究》，2006年第1期。

⑤ 钟良灿：《"移风易俗，天下向道"：贾谊对商君变法后秦俗的批判》，《中国矿业大学学报（社会科学版）》，2016年第6期，第32页。

血缘内凝聚力范围也变小①，它反映的是一个时代的巨变。这种小型经济生活单位被称为"户"，它的出现，既是社会发展的必然结果，也是郡县制下国家权力扩张的结果。

户是国家为控制、管理赋役人口而创设之经济生活单位，户内之成员也全部被纳入到国家的统治、管理之下，成为郡县制下新政府的社会基础。②秦自商鞅变法时期实行"分异令"，使得这种小型生产、生活单位——户得以成型。这种小型的"家""户"，正是现代社会一般"家庭"的原型。如果说编户齐民的出现与成型标志着传统政治社会结构的形成，那么，这种社会经济单位的出现与成型，则预示着古代传统家庭结构的形成。

这种小型的"家""户"，常被称为个体小家庭。毫无疑问，秦汉时期是个体小家庭逐步确立并成为社会主要基本构成单位的重要时期。谢维扬认为个体小家庭始于对偶婚的出现，固定夫妻关系开始确立，此时的"家"已成为共同的生活、生产单位。③然而，春秋以前庶民的"家"依附于氏族、宗族，未能成为一个独立的社会生产、生活单位。④春秋战国时期，社会急剧变革，一般庶民之家得以从封建依附之中独立出来，逐步成为社会的主要生产、生活单位。顾炎武曾指出，"战国以下之人，以氏为姓"这一趋势⑤，秦汉时期的姓、氏合一，普通编户民广泛拥有自己的姓氏，正是这一变革的体现。因此，尾形勇从"姓"与"家"的结合看秦汉时期"一般庶民的有姓化"过程，进而认为"'一般庶民的有姓化'，

---

① 管东贵：《周人"血缘组织"和"政治组织"间的互动与互变》，收入氏著：《从宗法封建制到皇帝郡县制的演变：以血缘解纽为脉络》，北京：中华书局，2010年，第31页。

② 杜正胜：《编户齐民：传统政治社会结构之形成》，台北：联经出版事业股份有限公司，2014年，第34页。

③ 谢维扬：《周代家庭形态》，北京：中国社会科学出版社，1990年，第264页。

④ 杜正胜：《传统家族试论》，黄宽重、刘增贵主编：《家族与社会》，北京：中国大百科全书出版社，2005年，第11页。

⑤ 顾炎武著，黄汝成集释，栾保群、吕宗力校点：《日知录集释（全校本）》卷二三"姓"条，上海：上海古籍出版社，2006年，第1276页。

正是被置于秦汉帝国形成和建立这样一个重大历史发展过程中的"。① 换言之，一般庶民的姓氏化与编户化进程大体是一致的，是秦汉帝国统治推进的结果，也是秦汉帝国统治的根基所在。

第二节　从"家人"含义变迁看秦汉时期编户民之家的定型

秦汉时期，史籍常见"家人"称谓，其含义颇值得辨析。前文已述，编户齐民制度出现之前，"家"是卿大夫的采邑，只有卿大夫才可称"家"。随着战国时期编户齐民的出现，一般庶民亦可称"家"。这时的"家"显然不再是卿大夫的专属称谓，而成为皇权直接统治之下的编户之家。随着"家"的含义变化，"家人"的含义理应发生相应变化。

有学者指出："秦汉'家人'有三种含义：一指同居或同宗的亲人，一指家丁和奴婢等附属成员，一指庶人。"② "家人"的第一、第二义侧重同居，或可称之为"一家之人"；而"家人"的第三义则意在强调其普通编户民身份，或可称之为"编户之人"。由此可见，秦汉时期的"家人"含义与这一时期编户民之家的发展与定型息息相关。

一、"家人"：编户之人

"家人"之一义即为"编户之人"。《史记·栾布列传》载："栾布者，梁人也。始梁王彭越为家人时，尝与布游。"司马贞《史记索隐》注"家人"曰："谓居家之人，无官职也。"③《汉书·栾布传》与《史记》记载同，颜师古注"家人"曰："家人，犹言编户之人也。"④ 同为唐人，司马贞和颜师古对秦汉时期的"家人"一词理解一致，所谓居家无官职之人就

① 尾形勇著，张鹤泉译：《中国古代的"家"与国家》，北京：中华书局，2009年，第88页。

② 文霞：《秦汉"家人"之辨析》，《石家庄学院学报》，2012年第2期，第26页。

③ 司马迁：《史记》卷一〇〇《栾布列传》，北京：中华书局，1959年，第2733页。

④ 班固：《汉书》卷三七《栾布传》，北京：中华书局，1962年，第1980页。

是编户之人。

这种居家之人、编户之人又被称为庶人。《汉书·惠帝纪》载惠帝二年"春正月癸酉，有两龙见兰陵家人井中，乙亥夕而不见。陇西地震"①。《汉书·郊祀志》载成帝"初罢甘泉泰畤作南郊日，大风坏甘泉竹宫，折拔畤中树木十围以上百余"，"天子异之，以问刘向"，刘向对曰："家人尚不欲绝种祠，况于国之神宝旧畤！"② 两处的家人，颜师古都认为是"庶人之家也"。秦汉时期的"庶人"是一个法律专有术语，指的是介于奴隶和自由民之间的阶层。③ 颜师古所说的"庶人"，实即"庶民"。如《汉书·外戚传》载昭帝时期上官桀、上官安父子欲谋反：

> 或曰："当如皇后何？"安曰："逐麋之狗，当顾菟邪！且用皇后为尊，一旦人主意有所移，虽欲为家人亦不可得，此百世之一时也。"事发觉，燕王、盖主皆自杀。④

颜师古注"家人"曰："家人，言凡庶匹夫。"在颜师古眼中，"庶人"与"庶民"实为一义。但是，正如钱大昕所指出的，唐以前的"庶人"与"庶民"有别，"庶人"是法律概念，而"庶民"则是泛指一般平民。⑤ 在唐代，"庶人"与"庶民"为一义，为避唐太宗李世民讳，"庶民"一律称"庶人"。唐人所说的"庶人"，实为"庶民"。

"家人"指无官职的编户民，"家人子"也就用来指代庶民之子了。如冯唐曾提到边地"士卒尽家人子"，司马贞《史记索隐》注"家人子"

---

① 班固：《汉书》卷二《惠帝纪》，北京：中华书局，1962 年，第 89 页。
② 班固：《汉书》卷二五下《郊祀志下》，北京：中华书局，1962 年，第 1258 页。
③ 参见曹旅宁：《秦汉法律简牍中的"庶人"身份及法律地位问题》，《咸阳师范学院学报》，2007 第 3 期；收入氏著：《秦汉魏晋法制探微》，北京：人民出版社，2013 年，第 150 页。
④ 班固：《汉书》卷九七《外戚传》，北京：中华书局，1962 年，第 3959 页。
⑤ 钱大昕著，方诗铭、周殿杰校点：《廿二史考异》卷一〇《后汉书·光武帝纪下》，上海：上海古籍出版社，2004 年，第 188 页。

曰："谓庶人之家子也。"① 颜师古注《汉书》曰："家人子，谓庶人之家子也。"② "家人子"又可指代从庶民之家选进宫而暂时无名号者。《汉书·外戚传》载汉代宫中侍女之号，有"上家人子、中家人子视有秩斗食云"的记载，颜师古注"家人子"曰："家人子者，言采择良家子以入宫，未有职号，但称家人子也。"③ 又如《汉书·广陵厉王刘胥传》载："胥既见使者还，置酒显阳殿，召太子霸及子女董訾、胡生等夜饮，使所幸八子郭昭君、家人子赵左君等鼓瑟歌舞。"④ 颜师古注曰："家人子，无官秩者也。"《史记·刘敬列传》载高祖平城败归，与匈奴和亲，"上竟不能遣长公主，而取家人子名为长公主，妻单于"⑤。这里的"家人子"应该就是颜师古所说良家子未有职号者。以"家人子"称入宫无号之女的例子还有戾太子之子史皇孙的妻妾，史载"皇孙妻妾无号位，皆称家人子"⑥。汉元帝之后王政君刚入宫时，其身份也是"家人子"，后来被从"家人子"中选出侍奉太子（元帝），才有机会出人头地。⑦ 又《汉书·佞幸传》载：

> 闳为贤弟驸马都尉宽信求咸女为妇，咸惶恐不敢当，私谓闳曰："董公为大司马，册文言'允执其中'，此乃尧禅舜之文，非三公故事，长老见者，莫不心惧。此岂家人子所能堪邪！"闳性有知略，闻咸言，心亦悟。⑧

颜师古注曰："家人犹言庶人也，盖咸自谓。"⑨ 萧咸自称"家人"，其女自

---

① 司马迁：《史记》卷一〇二《冯唐列传》，北京：中华书局，1959年，第2759-2760页。

② 班固：《汉书》卷五〇《冯唐传》，北京：中华书局，1962年，第2315页。

③ 班固：《汉书》卷九七《外戚传》，北京：中华书局，1962年，第3935-3936页。

④ 班固：《汉书》卷六三《广陵厉王刘胥传》，北京：中华书局，1962年，第2762页。

⑤ 司马迁：《史记》卷九九《刘敬列传》，北京：中华书局，1959年，第2719页。

⑥ 班固：《汉书》卷九七《外戚传》，北京：中华书局，1962年，第3961页。

⑦ 班固：《汉书》卷九八《元后传》，北京：中华书局，1962年，第4015页。

⑧ 班固：《汉书》卷九三《佞幸传》，北京：中华书局，1962年，第3738页。

⑨ 班固：《汉书》卷九三《佞幸传》，北京：中华书局，1962年，第3738页。

然是"家人子"。由此可见,"家人子"的身份主要由"家人"的身份决定。萧咸此时为"中郎将",并非无官职者,其自称"家人",当有自谦成分。

一般编户民居家,其所从事的生产被称为"家人生产作业""家生产""家人居业",如汉高祖刘邦为泗水亭长前"不事家人生产作业"①。又如陈平游学,"不视家生产"②。再如光武帝之兄齐武王刘縯,亦"不事家人居业"③,乃至非笑"性勤于稼穑"的光武帝刘秀,"比之高祖兄仲"④。至如西汉名将、名臣如李广⑤、董仲舒⑥、朱买臣⑦等,都有"不治产业"的记载。

史籍记载中的"生产作业""居业""生产"所指为何?《史记·陈丞相世家》载:

> 陈丞相平者,阳武户牖乡人也。少时家贫,好读书,有田三十亩,独与兄伯居。伯常耕田,纵平使游学。平为人长大美色。人或谓陈平曰:"贫何食而肥若是?"其嫂嫉平之不视家生产,曰:"亦食糠核耳。有叔如此,不如无有。"伯闻之,逐其妇而弃之。⑧

陈平与已成家的兄嫂居,其兄"纵平使游学",而自己则是"常耕田"。由此看来,"其嫂嫉平之不视家生产",就是嫉平之不耕田。又《史记·苏

---

① 司马迁:《史记》卷八《高祖本纪》,北京:中华书局,1959年,第342页。

② 司马迁:《史记》卷五六《陈丞相世家》,北京:中华书局,1959年,第2051页。"不视家生产",《汉书》作"不亲家生产",见班固:《汉书》卷四〇《陈平传》,北京:中华书局,1962年,第2038页。

③ 范晔:《后汉书》卷一四《宗室四王三侯列传·齐武王縯》,北京:中华书局,1965年,第549页。

④ 范晔:《后汉书》卷一《光武帝纪》,北京:中华书局,1965年,第1页。

⑤ 《汉书·李广传》载:"(李广)家无余财,终不言生产事。"见班固:《汉书》卷五四《李广传》,北京:中华书局,1962年,第2446-2447页。

⑥ 《史记·儒林列传》载董仲舒:"至卒,终不治产业,以修学著书为事。"见司马迁:《史记》卷一二一《儒林列传》,北京:中华书局,1959年,第3128页。

⑦ 《汉书·朱买臣传》载朱买臣:"家贫,好读书,不治产业。"见班固:《汉书》卷六四《朱买臣传》,北京:中华书局,1962年,第2791页。

⑧ 司马迁:《史记》卷五六《陈丞相世家》,北京:中华书局,1959年,第2051页。

秦列传》载：

> （苏秦）出游数岁，大困而归。兄弟嫂妹妻妾窃皆笑之，曰："周人之俗，治产业，力工商，逐什二以为务。今子释本而事口舌，困，不亦宜乎！"苏秦闻之而惭，自伤，乃闭室不出，出其书遍观之。①

由苏秦兄弟嫂妹取笑苏秦的言语不难看出，苏秦本应"治产业，力工商，逐什二以为务"，却"释本而事口舌"。然苏秦终因"事口舌"而"并相六国"，荣经故里，其嫂对其卑躬屈膝，苏秦乃感叹道："且使我有雒阳负郭田二顷，吾岂能佩六国相印乎！"②从苏秦的感慨中不难得知，苏秦困厄时嫂妹批评的不治产业，就是不从事农业生产。

《史记·高祖本纪》载汉高祖得天下后，在一次宴会上，对太公自诩己之功业，说道：

> 始大人常以臣无赖，不能治产业，不如仲力。今某之业所就孰与仲多？③

关于"无赖"，《史记集解》引晋灼曰："许慎曰'赖，利也'。无利入于家也。或曰江淮之间谓小儿多诈狡猾为'无赖'。"颜师古注《汉书》，肯定了晋灼的说法。④从"无利入于家"这一角度看，"无赖"指的就是刘邦所说的"不能治产业"。可能正是刘邦的不务正业，才会如苏秦一样，为家人所取笑、厌恶：

> 始高祖微时，尝辟事，时时与宾客过巨嫂食。嫂厌叔，叔与客来，嫂详为羹尽，栎釜，宾客以故去。已而视釜中尚有羹，高祖由此

---

① 司马迁：《史记》卷六九《苏秦列传》，北京：中华书局，1959年，第2241页。
② 司马迁：《史记》卷六九《苏秦列传》，北京：中华书局，1959年，第2262页。
③ 司马迁：《史记》卷八《高祖本纪》，北京：中华书局，1959年，第387页。
④ 班固：《汉书》卷一下《高帝纪》，北京：中华书局，1962年，第66页。

怨其嫂。及高祖为帝，封昆弟，而伯子独不得封。①

"巨嫂"即"大嫂"，也就是刘邦长兄刘伯的妻子。刘邦"微时"，"时时与宾客过巨嫂食"，从而为嫂所厌。这种情况，想是一般吏民之家的正常情态。高祖因此"怨其嫂"，乃至长期不封刘伯子，也是一般民众的正常心理。

　　光武帝刘秀"性勤于稼穑"，被其兄比作刘仲，可知刘仲的"产业"主要就是"稼穑"。勤于稼穑，正是一般编户民之家致富的主要途径，也是政府所鼓励的致富之道。②《史记·孝武本纪》载李少君事：

> 少君者，故深泽侯入以主方。匿其年及所生长，常自谓七十，能使物，却老。其游以方遍诸侯。无妻子。人闻其能使物及不死，更馈遗之，常余金钱帛衣食。人皆以为不治产业而饶给，又不知其何所人，愈信，争事之。③

李少君靠着"能使物及不死"，骗了不少财物，而不知详情的民众皆以为其能"不治产业而饶给"，又争事之。可见在民众眼中，"不治产业而饶给"是一件不可思议的事情。

　　正常情况下，只有勤治产业，才能饶给。于是，劝民务农成为汉代循吏富民所能采取的最主要手段：

> （龚）遂见齐俗奢侈，好末技，不田作，乃躬率以俭约，劝民务农桑，令口种一树榆、百本薤、五十本葱、一畦韭，家二母彘、五鸡。

---

　　① 司马迁：《史记》卷五〇《楚元王世家》，北京：中华书局，1959 年，第 1987 页。

　　② 在重农抑商的古代社会，勤劳本事而致富无疑是政府积极引导、鼓励的行为，即使是对工商业自由发展持肯定态度的太史公，也曾认为"本富为上，末富次之，奸富最下"。所谓"本富"，当是力农而富；"末富"自是从事工商而富；"奸富"则应是太史公所说的"弄法犯奸而富"。见司马迁：《史记》卷一二九《货殖列传》，北京：中华书局，1959 年，第 3272 页。

　　③ 司马迁：《史记》卷一二《孝武本纪》，北京：中华书局，1959 年，第 453－454 页。

> 民有带持刀剑者，使卖剑买牛，卖刀买犊，曰：“何为带牛佩犊！”春夏不得不趋田亩，秋冬课收敛，益蓄果实菱芡。劳来循行，郡中皆有畜积，吏民皆富实。狱讼止息。①

龚遂的做法具有一定代表性，其成效也明显：“郡中皆有畜积，吏民皆富实。”

《汉书·杨恽传》载：

> （杨）恽既失爵位，家居治产业，起室宅，以财自娱。岁余，其友人安定太守西河孙会宗，知略士也，与恽书谏戒之，为言大臣废退，当阖门惶惧，为可怜之意，不当治产业，通宾客，有称誉。②

杨恽“家居治产业”而为友人所谏，是因为其“废退大臣”的身份，这也从侧面说明了一般吏民“家居治产业”是正常现象。一般吏民之家，尤其是其中的“小家”，家居而不治产业，很容易走向贫困。如前述之苏秦、陈平，又如朱买臣：

> 朱买臣字翁子，吴人也。家贫，好读书，不治产业，常艾薪樵，卖以给食，担束薪，行且诵书。其妻亦负戴相随，数止买臣毋歌呕道中。③

朱买臣“不治产业”，“常艾薪樵，卖以给食”，其家贫是难以避免的。朱买臣妻子的离去，也是因为家贫。一般吏民从事“家人生产作业”，为的是养家糊口，从而免于饥饿贫困；再有能力则是为了家给人足，甚至家有余资、家累千金。

“家人”作“庶民”解，有时所指，就是“居家之人”，它是相对在朝

---

① 班固：《汉书》卷八九《循吏传》，北京：中华书局，1962年，第3640页。

② 班固：《汉书》卷六六《杨恽传》，北京：中华书局，1962年，第2894页。

③ 班固：《汉书》卷六四《朱买臣传》，北京：中华书局，1962年，第2791页。

为官而言的。《续汉书·礼仪志》载东汉斋祀制度，李贤注引魏文帝诏书曰：

> 汉氏不拜日于东郊，而旦夕常于殿下东面拜日，烦亵似家人之事，非事天交神之道也。①

魏文帝将汉帝"殿下东面拜日"比作"家人之事"，此"家人"乃相对朝廷而言，所指即为居家的普通庶民。从这一角度出发，可见"家人"与"处士"有着相同的特点：同是不官于朝而居家者。颜师古注"处士"曰："处士谓不官于朝而居家者也。"② 李贤注则认为："处士，有道蓺而在家者。"③ 显然，"居家""在家"是处士的显著特征。④

二、"家人"：一家之人

"家人"的另一义即指"一家之人"。前文已述，秦汉时期民众普遍建立家庭，成为政府的编户之民。秦汉时期的编户之家，哪些家庭成员可称之为"家人"？

首先当为有血缘关系的家庭成员。有学者指出，汉代常用"室家"表示"家人"。⑤ 这是因为"室家"最初所指即配偶⑥，所谓"室家至亲"⑦，

① 司马彪：《续汉书·礼仪志》，见范晔：《后汉书·志第四·礼仪志》，北京：中华书局，1965年，第3104页。
② 班固：《汉书》卷一三《异姓诸侯王表》，北京：中华书局，1962年，第364页。
③ 范晔：《后汉书》卷二五《刘宽列传》，北京：中华书局，1965年，第887页。
④ 参见王子今：《从"处士"到"议士"：汉代民间知识人的参政路径》，《河北学刊》，2007年第5期；收入氏著：《秦汉称谓研究》，北京：中国社会科学出版社，2014年，第553页。
⑤ 参见文霞：《秦汉"家人"之辨析》，《石家庄学院学报》，2012年第2期，第27页。
⑥ 程俊英、蒋见元注《桃夭》所谓"宜其室家"，即认为"室家，指配偶、夫妻"。参程俊英、蒋见元：《诗经注析》卷一五《国风·周南·桃夭》，北京：中华书局，1991年，第17页。
⑦ 韩康伯注《周易·家人》"家道穷必乖"条谓："室家至亲，过在失节，故家人之义，唯严与敬。乐胜则流，礼胜则离，家人尚严，其敝必乖也。"见王弼撰，楼宇烈校释：《周易注　附周易略例》，北京：中华书局，2011年，第388页。

配偶显然是一个家庭最核心的"家人"之一。《汉书·平当传》载：

> 哀帝即位，征当为光禄大夫诸吏散骑，复为光禄勋，御史大夫，至丞相。以冬月，赐爵关内侯。明年春，上使使者召，欲封当。当病笃，不应召。室家或谓当："不可强起受侯印为子孙邪？"①

平当以病笃不应诏，室家劝其为子孙计强起，这里的"室家"应是平当之妻。又如《汉书·韦贤传》载：

> 初，玄成兄弘为太常丞，职奉宗庙，典诸陵邑，烦剧多罪过。父贤以弘当为嗣，故敕令自免。弘怀谦，不去官。及贤病笃，弘竟坐宗庙事系狱，罪未决。室家问贤当为后者，贤恚恨不肯言。②

此处"室家"也应是韦贤之妻。《后汉书·周燮传》李贤注引谢承《后汉书》曰："燮居家清处，非法不言，兄弟、父子、室家相待如宾，乡曲不善者皆从其教。"③"室家"与父子、兄弟并称，显然是指妻无疑。又《后汉书·方术传》李贤注引谢承《后汉书》曰："（李）昺字子然，鄡人也，笃行好学，不羡荣禄。习鲁诗、京氏易。室家相待如宾。"④ 由"室家相待如宾"记载不难看出，"室家"即李昺之妻。

《后汉书·方术传》载王真、郝孟节故事：

> 王真年且百岁，视之面有光泽，似未五十者。自云："周流登五岳名山，悉能行胎息胎食之方，嗽舌下泉咽之，不绝房室。"孟节能含枣核，不食可至五年十年。又能结气不息，身不动摇，状若死人，

① 班固：《汉书》卷七一《平当传》，北京：中华书局，1962年，第3051页。
② 班固：《汉书》卷七三《韦贤传》，北京：中华书局，1962年，第3108页。
③ 范晔：《后汉书》卷五三《周燮列传》，北京：中华书局，1965年，第1742页。
④ 范晔：《后汉书》卷八二《方术列传》，北京：中华书局，1965年，第2722页。

可至百日半年。亦有室家。①

王真、郝孟节都是得道之人，而王真"不绝房室"，郝孟节"亦有室家"，显然二人只是居家好道之人。郝孟节"亦有室家"，应该是相对王真"不绝房室"而言，"室家"指妻室。《后汉书·列女传》载："安定皇甫规妻者，不知何氏女也。规初丧室家，后更娶之。"② 这里的"室家"，其义更明，指的就是皇甫规之妻。

然而，从史籍记载来看，"室家"所指多与"家人"含义相同③，指的是"一家之人"。如《汉书·高帝纪》载高祖起义时射书寄沛县父老曰："天下同苦秦久矣。今父老虽为沛令守，诸侯并起，今屠沛。沛今共诛令，择可立立之，以应诸侯，即室家完。不然，父子俱屠，无为也。"④ 所谓"室家完"，指的是家人得以保全，"室家"显然与"家人"含义相同。又如汉文帝时期"尽除收帑相坐律令"，颜师古注引应劭曰："秦法，一人有罪，并其室家。今除此律。"⑤ 此处的"室家"，显然也是指家人。又《汉书·匈奴传》说到贰师将军出击匈奴时：

> 会贰师妻子坐巫蛊收，闻之忧惧。其掾胡亚夫亦避罪从军，说贰师曰："夫人室家皆在吏，若还不称意，适与狱会，郅居以北可复得见乎？"⑥

---

① 范晔：《后汉书》卷八二《方术列传》，北京：中华书局，1965年，第2750-2751页。

② 范晔：《后汉书》卷八四《列女列传》，北京：中华书局，1965年，第2798页。

③ 杨树达先生即认为"室家乃家人之意"，在一定程度上，这一认识是正确的，其所援引的《后汉书·独行列传·李业》故事所说的"室家"确为家人。然《汉书·韦贤传》所谓"室家"，当是韦贤的妻子，杨先生似未区分"室家"指代妻子与家人的不同情况，而有"知室家为汉人恒语"的认识。参见杨树达：《汉书窥管》，上海：上海古籍出版社，2007年，第574-575页。

④ 班固：《汉书》卷一《高帝纪》，北京：中华书局，1962年，第9页。

⑤ 班固：《汉书》卷四《文帝纪》，北京：中华书局，1962年，第110-111页。

⑥ 班固：《汉书》卷九四《匈奴传》，北京：中华书局，1962年，第3779页。

所谓"夫人室家"与"妻子"对言，室家当指夫人之外的家人。"夫人室家"连称，又见《后汉书·祭遵列传》，祭遵死后，光武帝"车驾复临其坟，存见夫人室家"①。

《后汉书·独行列传》载李业故事：公孙述征李业，李业不从，公孙述乃令尹融持毒酒威吓李业。尹融见劝李业无效，乃说"宜呼室家计之"，而李业却回答道："丈夫断之于心久矣，何妻子之为？""遂饮毒而死。"②从这个故事可以看出，这里的"室家"指的就是"妻子"，也就是李业的家人。《后汉书·宦者列传》载宦者吕强上灵帝疏，内提及议郎蔡邕为人所构陷，"陛下回受诽谤，致邕刑罪，室家徙放，老幼流离"③。很明显，这里的"室家"是包括老幼在内的"家人"。

"家人"除指妻子外，也可指父母。史载汉高祖即位后曾"五日一朝太公，如家人父子礼"④，太公被家令劝阻，由家人父子礼改为君臣礼。从这个故事可以看出，一般编户民之家，用的是"家人父子之礼"。由此可知，父母是包含在家人之内的。除了父母，兄弟也是包含在家人之内的，如史载汉惠帝与其兄齐王刘肥宴饮，用的是家人礼，从而导致吕后暴怒，欲诛齐王。《史记索隐》释曰："谓齐王是兄，不为君臣礼，而乃亢敌如家人兄弟之礼，故太后怒。"⑤颜师古注《汉书》曰："以兄弟齿列，不从君臣之礼，故曰家人也。"⑥同样的例子还有汉景帝宴请其弟梁孝王刘武，史称"燕昆弟饮"，颜师古注曰："序家人昆弟之亲，不为君臣礼也。"⑦

"家人"除指代一家之内的亲属外，尚可包括各种非血缘关系的依附人口。如《汉书·曹参传》载：

---

① 范晔：《后汉书》卷二〇《祭遵列传》，北京：中华书局，1965年，第742页。
② 范晔：《后汉书》卷八一《独行列传》，北京：中华书局，1965年，第2670页。
③ 范晔：《后汉书》卷七八《宦者列传》，北京：中华书局，1965年，第2531页。
④ 司马迁：《史记》卷八《高祖本纪》，北京：中华书局，1959年，第382页。
⑤ 司马迁：《史记》卷五二《齐悼惠王世家》，北京：中华书局，1959年，第1999页。
⑥ 班固：《汉书》卷三八《高五王传》，北京：中华书局，1962年，第1988页。
⑦ 班固：《汉书》卷五二《窦婴传》，北京：中华书局，1962年，第2375页。

萧何薨，参闻之，告舍人趣治行，"吾且入相。"居无何，使者果召参。①

关于"舍人"，颜师古注曰："舍人犹家人也，一说私属官主家事者也。"②颜师古之所以认为"舍人犹家人"，就是因为"舍人"是曹参的私属官，是长期跟着曹参，主管曹参家事的人。③曹参当时的身份是齐相，自非一般编户民所能比，一般编户民家中最主要的依附人口，多数情况下可能是奴婢。

《史记·陈涉世家》载陈王手下大将周文兵十万至戏：

秦令少府章邯免郦山徒、人奴产子生，悉发以击楚大军，尽败之。④

所谓"人奴产子"，《集解》引服虔曰："家人之产奴也。"《史记索隐》曰："按：《汉书》无'生'字，小颜云'犹今言家产奴也'。"⑤裴骃认为"人奴产子"就是"家人之产奴"，这里的"家人"自然也是奴。司马贞引颜师古的说法，认为是"家产奴"。唐人所言"家产奴"，其实就是"家人之产奴"。东汉人服虔的解释反映出当时人是以"奴婢"为家人的。

《史记·绛侯周勃世家》载周勃免相归家之后：

岁余，每河东守尉行县至绛，绛侯勃自畏恐诛，常被甲，令家人

---

① 班固：《汉书》卷三九《曹参传》，北京：中华书局，1962年，第2018页。
② 班固：《汉书》卷三九《曹参传》，北京：中华书局，1962年，第2018页。
③ "舍人"最早出现在战国时期，其形成之初即带有家臣性质，后来被纳入国家官职体系。参见沈刚：《战国秦汉时期舍人试探》，《南都学坛（南阳师范学院人文社会科学学报）》，2004年第5期；廖基添：《论汉唐间"舍人"的公职化——"编任资格"视角下的考察》，《中国史研究》，2012年第3期。
④ 司马迁：《史记》卷四八《陈涉世家》，北京：中华书局，1959年，第1954页。
⑤ 司马迁：《史记》卷四八《陈涉世家》，北京：中华书局，1959年，第1954页。

持兵以见之。①

此处"家人"可以随时武装起来，数量当不少；其主力应该是周勃家私属，其中应包括私家奴婢。② 与之类似的又有东汉时窦景家人击伤市丞的故事③，其家人可能也是窦景的家奴。

武帝时大将军卫青，早年身份是"侯家人"。卫青为其父郑季与平阳侯妾私通所生，所谓"侯家人"，指的当是平阳侯家的家奴。史载卫青："少时归其父，其父使牧羊。先母之子皆奴畜之，不以为兄弟数。"④ 先母就是郑季的嫡妻，卫青虽归其父，却未能摆脱"侯家人"的身份。史载有人曾相其面，认为他有贵人之相，"官至封侯"，而卫青的回答是："人奴之生，得毋笞骂即足矣，安得封侯事乎!"⑤

《汉书·五行志》载汉成帝好微行出游，大臣谷永劝谏，曾提到：

今陛下弃万乘之至贵，乐家人之贱事；厌高美之尊称，好匹夫之卑字。⑥

所谓"好匹夫之卑字"，颜师古注引如淳曰："称张放家人，是为卑字。"颜师古又补充道："为微行，故变易姓名。"⑦ 如淳注当出自《汉书·五行志》记载：

---

① 司马迁：《史记》卷五七《绛侯周勃世家》，北京：中华书局，1959 年，第 2072 页。

② 参见文霞：《秦汉"家人"之辨析》，《石家庄学院学报》，2012 年第 2 期，第 27 页。

③ 范晔：《后汉书》卷四五《张酺列传》，北京：中华书局，1965 年，第 1531 页。

④ 司马迁：《史记》卷一一一《卫将军骠骑列传》，北京：中华书局，1959 年，第 2922 页。

⑤ 司马迁：《史记》卷一一一《卫将军骠骑列传》，北京：中华书局，1959 年，第 2922 页。

⑥ 班固：《汉书》卷二七《五行志》，北京：中华书局，1962 年，第 1368 页。

⑦ 班固：《汉书》卷二七《五行志》，北京：中华书局，1962 年，第 1368 页。

　　成帝时童谣曰："燕燕尾涎涎，张公子，时相见。木门仓琅根，燕飞来，啄皇孙，皇孙死，燕啄矢。"其后帝为微行出游，常与富平侯张放俱称富平侯家人，过阳阿主作乐，见舞者赵飞燕而幸之，故曰"燕燕尾涎涎"，美好貌也。张公子谓富平侯也。①

　　"弃万乘之至贵，乐家人之贱事"，乃指成帝为微行而自称张放的"家人"，这里的"家人"显为家奴。成帝以皇帝之尊而自称他人家奴，无怪乎谷永当面力谏。

　　关于"家人"之贱，辕固生与窦太后对话的例子亦可参考。史载辕固生称《老子》一书为"家人"言，引得窦太后大怒，称儒家经典为"司空城旦书"。② 这里的"家人"，学者多认为指的就是"庶人"，也就是一般编户民。③ 但颜师古所谓"家人言僮隶之属"④ 的意见仍值得重视。"司空城旦"与"家人"对言，从"司空城旦"的受刑人身份看，"家人"作"僮隶之属"解似乎更合文意。

　　又《汉书·张骞传》载：

　　　　自骞开外国道以尊贵，其吏士争上书言外国奇怪利害，求使。天子为其绝远，非人所乐，听其言，予节，募吏民无问所从来，为具备人众遣之，以广其道。⑤

所谓"募吏民无问所从来"，颜师古解释道："不为限禁远近，虽家人私隶

　　① 班固：《汉书》卷二七《五行志》，北京：中华书局，1962年，第1395页。
　　② 参司马迁：《史记》卷一二一《儒林列传》，北京：中华书局，1959年，第3123页；班固：《汉书》卷八八《儒林传》，北京：中华书局，1962年，第3612页。
　　③ 杨树达先生就认为这里的"家人"就是"庶人"；劳榦先生也认为"'家人'指的是一般编户齐民也就是一般平民的身分"。参见杨树达：《汉书窥管》，上海：上海古籍出版社，2007年，第697页；劳榦：《论"家人言"与"司空城旦书"》，收入氏著：《古代中国的历史与文化》，北京：中华书局，2006年，第220页。
　　④ 班固：《汉书》卷八八《儒林传》，北京：中华书局，1962年，第3613页。
　　⑤ 班固：《汉书》卷六一《张骞传》，北京：中华书局，1962年，第2695页。

并许应募。"① 在颜师古眼中，"家人"与"私隶"并称，可见其地位十分接近。② 颜师古注《汉书》，强调"翼赞旧书，一遵轨辙"③，主张从旧书原义出发。"家人私隶"之说，应是颜师古理解的《汉书》题中之义。

出土法律文献中亦可见"家人"称谓，如《睡虎地秦墓竹简·法律答问》：

> "家人之论，父时家罪殹（也），父死而蒲（甫）告之，勿听。"可（何）谓"家罪"？"家罪"者，父杀伤人及奴妾，父死而告之，勿治。④

整理小组译为：

> "对家属的论处，如系父在世时的家罪，父死后才有人控告，不予受理。"什么叫"家罪"？家罪即父杀伤了人以及奴婢，在父死后才有人控告，不予处理。⑤

显然，整理小组认为简文中的"家人"就是"家属"。秦政权专门对"家罪"进行定义，因秦法有连坐之罪，为了不使"家人"无端受牵连，才有对"家属"处罚的限制。这里为父所杀伤的"人以及奴婢"，应该都是包含在"家人"之内的。对"家罪"的理解，可供参考的简例还有：

---

① 班固：《汉书》卷六一《张骞传》，北京：中华书局，1962 年，第 2695 页。
② 参见文霞：《秦汉"家人"之辨析》，《石家庄学院学报》，2012 年第 2 期，第 27 页。
③ 颜师古：《汉书叙例》，参见班固：《汉书》卷首，北京：中华书局，1962 年，第 3 页。
④ 睡虎地秦墓竹简整理小组编：《睡虎地秦墓竹简》，北京：文物出版社，1990 年，第 118 页。
⑤ 睡虎地秦墓竹简整理小组编：《睡虎地秦墓竹简》，北京：文物出版社，1990 年，第 118 页。

　　　　可（何）谓"家罪"？父子同居，杀伤父臣妾、畜产及盗之，父
　　已死，或告，勿听，是胃（谓）"家罪"。①

这里明确提到"父子同居"，其犯罪主体是子，这种也是在父死之后才控
告的，政府不予处理。看来，对于"同居"的家庭关系问题，不管是父对
子及奴婢的伤害，还是子对父之奴婢、财产的伤害，只要是在父死之后才
提出控告的，政府一律视为"家罪"，不予处理。

　　从上引文可知，秦时的"家人"可包括同居的奴婢在内。那么，什么
是"同居"呢？《睡虎地秦简·法律答问》曰：

　　　　"盗及者（诸）它罪，同居所当坐。"可（何）谓"同居"？·户
　　为"同居"，坐隶，隶不坐户谓殹（也）。②

所谓"同居所"，整理小组认为就是"同居"。这条简文针对的是一般吏
民犯盗及其他罪的连坐问题，所谓"户为'同居'"，指的应是以同户籍
为依据。由此看来，所谓的"一家之人"，指的可能就是同户籍的家庭
成员。

　　综上所述，可知秦汉文献中的家人主要有二义：其一指一般编户之人
亦即庶民，其二指"一家之人"，也就是以同户籍为依据的"同居"之
人，其中既包括有血缘关系的家属，也包括无血缘关系的依附人口如奴
婢等。

　　"家人"的第一义应是从"公家"与"私家"的对立而来，"家人"
更多指的是区别于"公家"的庶民之家。如前所述，"家"的含义在春秋
战国至秦汉有一个巨大的变化：由卿大夫称家到一般庶民亦可称家。这是
因为，随着春秋战国各国变法的逐步展开，分封制逐渐向郡县制转变，原

---

　　① 睡虎地秦墓竹简整理小组编：《睡虎地秦墓竹简》，北京：文物出版社，1990年，
第119页。
　　② 睡虎地秦墓竹简整理小组编：《睡虎地秦墓竹简》，北京：文物出版社，1990年，
第98页。

有的封建贵族阶层逐渐消亡。秦始皇一统宇内，废分封行郡县，实现了皇帝对庶民的直接人身控制。这时的"公家"与"私家"的对立，不再是春秋战国以前的"王室"与"私室"的对立，而是皇家与庶民之家的对立。换言之，皇帝控制下的编户之民，出仕朝廷，就是为服务"公家"，否则就是"不官于朝而居家者"。秦及汉初的"家人"多取"编户之人"或"庶民"之义，是因为这一时期是编户民之家的最终确立期。

而"家人"第二义应是从"家"的本义衍生而出："家"作为居住单位，同居在一处者即为"家人"。"家人"作"一家之人"解，是以同居为范围的。所谓"一家之人"，指的是记载在同一户籍之下的家庭成员，其中既包括血缘亲属，也包括无血缘关系的依附人口。西汉中期以降，尤其是东汉时期，"家人"之义多取第二义：一家之人。这其中，除了与当时语言由上古语向中古语过渡有关①，还应该与"家"的最终成型有关。此时的编户民之家已然成为社会的最基本单位，"家人"所指，自然是"一家之人"。由于这个时期"家人""同居"等概念也早已深入人心，因此史书在使用"家人"概念时，不再刻意强调"同居"。但这并不表示东汉时期"家人"的范围有所变化，"同居"仍是"家人"的基本范围。

---

① 参见王子今：《说秦汉"婴儿"称谓》，《南都学坛（南阳师范学院人文社会科学学报)》，2010 年第 2 期；收入氏著：《秦汉称谓研究》，北京：中国社会科学出版社，2014 年，第 297 页。

第二章
秦汉编户民之家的主要形态

通过前文对秦汉时期"家""家人"概念及其变迁的梳理，可知秦汉时期是编户民之家的重要形成时期。秦汉编户民之家的最终成型，奠定了后世帝制时代的社会基石，成为影响千年的重要社会力量。就此而言，秦汉时期编户民之家的主要形态尤为重要。

一般认为，秦汉时期主流家庭为个体小家庭。所谓个体小家庭，其主体可能就是一夫一妻外加未成年子女组成的核心家庭。长期以来，围绕秦汉时期个体家庭的结构和规模，学界展开了持续的讨论，未能取得一致的看法。①

---

① 关于秦汉的家庭规模，多数学者认可五口之家的说法。如许倬云：《汉代家庭的大小》，收入氏著：《求古编》，北京：新星出版社，2006 年；喻长咏：《西汉家庭结构和规模初探》，《社会学研究》，1992 年第 1 期；杜正胜：《传统家族试论》，黄宽重、刘增贵主编：《家族与社会》，北京：中国大百科全书出版社，2005 年；李根蟠：《从秦汉家庭论及家庭结构的动态变化》，《中国史研究》，2006 年第 1 期；管东贵：《战国至汉初的人口变迁》，收入氏著：《从宗法封建制到皇帝郡县制的演变：以血缘解纽为脉络》，北京：中华书局，2010 年；等等。然而，也有学者表示不同意见，如韩国学者尹在硕以睡虎地秦简《日书》所见"室"的结构来探讨战国末期秦的家庭规模，认为"日书作为战国时期秦民间生活指针，反映了当时人立足于生活的共同的思维结构，在此基础上得出的'室'之家族结构——三世同堂家族类型，就是当时民间最为普遍的家族形态，也是当时人们所认同和向往的家族类型"。这里家族即家庭，可见尹在硕认为一般所认为以"五口之家"的小家庭为标准家族（家庭）类型存有很多局限性。参见尹在硕：《睡虎地秦简〈日书〉所见"室"的结构与战国末期秦的家族类型》，《中国史研究》，1995 年第 3 期。

近年来，随着出土文献的不断出现和整理的逐步深入，相关认识也渐次清晰。例如简牍中反复出现的"同居"一词，为我们了解秦汉时期编户民之家的具体家庭形态提供了帮助。此外，在明确了"家人"定义的前提条件下，系统梳理史籍记载及出土文献中编户民之家的核心家庭成员，无疑有助于加深我们对秦汉时期编户民家庭结构和规模的认识。

第一节　从"同居"看秦汉时期编户民之家的结构及其变迁

"同居"是秦汉时期一个重要的法律术语，也是后世家庭法中一个专业术语。清代学者沈家本《历代刑法考》中有《同居考》，对历代的法律术语"同居"进行了辨析。[①] 睡虎地秦简出土后，"同居"一语再次引起学者的关注；而随着张家山汉简、里耶秦简等简牍资料的公布，对这一问题的探讨也逐渐深入。[②]

何谓"同居"？睡虎地秦简《法律答问》中说到"户为同居"，即同户籍就意味着同居。但在具体的法律案件中，"同居"有时又是排除同户籍的妻子、奴婢的。而且，在民众实际生活中，也确实存在着同籍别居和同居别籍的现象。[③]

---

① 沈家本撰，邓经元、骈宇骞点校：《历代刑法考·同居考》，北京：中华书局，1985 年，第 1325 页。

② 相关研究主要有，张世超：《秦简中的"同居"与有关法律》，《东北师大学报》，1989 年第 3 期；唐刚卯：《封建法律中同居法适用范围的扩大——略论唐宋时期"随身"、"人力"、"佃客"、"雇工人"的法律地位》，《中国史研究》，1989 年第 4 期；彭年：《秦汉"同居"考辨》，《社会科学研究》，1990 年第 6 期；王辉：《汉律中"同居"及相关问题考订》，《甘肃联合大学学报（社会科学版）》，2012 年第 1 期；贾丽英：《秦汉律简"同居"考论》，《石家庄学院学报》，2013 年第 2 期；伊强：《秦汉法律术语"同居"与"同居数"考辨》，《长江文明》，2015 年第 1 期；薛洪波：《从"同居"论战国秦代家庭结构》，《吉林师范大学学报（人文社会科学版）》，2017 年第 4 期；李亚光：《再论"室人"与"同居"——以简牍为核心看战国秦汉时期的农业家庭》，《安徽农业大学学报（社会科学版）》，2018 年第 6 期；等等。

③ 贾丽英：《秦汉律简"同居"考论》，《石家庄学院学报》，2013 年第 2 期，第 27 页。

那么，这是否意味着法律术语"同居"与民众实际生活中所使用的"同居"一词，已经出现了龃龉？这涉及学界对"同居"及其核心内涵的不同理解。因此，笔者欲从编户民家庭的实际同居范围角度出发，去重新探讨秦汉时期的"同居"。在此基础上，进一步分析秦汉时期编户民之家的基本形态及其变迁轨迹。

一、法律术语"同居"

"同居"作为秦汉时期的一个法律术语，其所指究为何义？其义在各时期有无变化？这些问题无疑值得不断深入辨析。

《汉书·惠帝纪》载汉惠帝即位之初所颁诏书，内有：

> 吏所以治民也，能尽其治则民赖之，故重其禄，所以为民也。今吏六百石以上父母妻子与同居，及故吏尝佩将军都尉印将兵及佩二千石官印者，家唯给军赋，他无有所与。①

对于这里的"同居"，学者有不同的理解。韩树峰将中外学者的不同意见概括为四种，并对每种观点都作了详尽的辨析。② 韩树峰对上引"同居"的理解，是建立在对"同居"一词所指向的具体成员的分析这一基础上的，正如有的学者所指出的，"这种先确定'同居所指的具体对象'再来解释'今吏六百石以上父母妻子与同居'的做法，我们觉得很值得讨论"③。从汉惠帝诏书内容看，其所针对的对象为"吏"似无疑问。所谓"今吏六百石以上父母妻子与同居"，从文义上看，"与"作介词，"同居"作动词，似更合理。换言之，惠帝诏书所谓"今吏六百石以上父母妻子与同居"，针对的是"父母妻子与之同居"的"吏六百石以上"者。因此，

---

① 班固：《汉书》卷二《惠帝纪》，北京：中华书局，1962年，第85–86页。
② 韩树峰：《汉魏法律与社会——以简牍、文书为中心的考察》，北京：社会科学文献出版社，2011年，第181–183页。
③ 伊强：《秦汉法律术语"同居"与"同居数"考辨》，《长江文明》，2015年第1期，第4页。

韩树峰所引日本学者楠山修作的观点应为正解。①

　　"同居"作动词解，其义为"共同居住"，史书中不乏其例。如《史记·张释之列传》载张释之"有兄仲同居"②，"同居"就是"共同居住"，应是动词。《汉书》就直接写作"与兄仲同居"③，其义十分明晰。这种"与同居"的用法又见《后汉书·蔡邕列传》："（蔡邕）与叔父从弟同居，三世不分财，乡党高其义。"④ 睡虎地秦简中亦可见这种"与同居"的例子：

　　　　士五（伍）甲毋（无）子，其弟子以为后，与同居，而擅杀之，当弃世。⑤

这里的"与同居"，"与"显然是作介词，"同居"为动词，"与同居"也就是"与之同居"之省称，其义即为"与之共同居住"⑥。

　　这种用法可追溯至先秦时期，如《周易》中"二女同居，其志不同行"⑦，"二女同居，其志不相得曰革"⑧，"同居"即作动词解。又如《仪礼·丧服》："继父不同居也者，必尝同居。皆无主后，同财而祭其祖、祢，为同居；有主后者为异居。"⑨《礼记·檀弓上》："所识，其兄弟不同

　　① 楠山修作：《更赋与军赋》，转引自永田英正著，张学锋译：《居延汉简研究（下）》，桂林：广西师范大学出版社，2007年，第430页。
　　② 司马迁：《史记》卷一〇二《张释之列传》，北京：中华书局，1959年，第2751页。
　　③ 班固：《汉书》卷五〇《张释之传》，北京：中华书局，1962年，第2307页。
　　④ 范晔：《后汉书》卷六〇《蔡邕列传》，北京：中华书局，1965年，第1980页。
　　⑤ 睡虎地秦墓竹简整理小组编：《睡虎地秦墓竹简》，北京：文物出版社，1990年，第110页。
　　⑥ 伊强：《秦汉法律术语"同居"与"同居数"考辨》，《长江文明》，2015年第1期，第3页。
　　⑦ 李道平撰，潘雨廷点校：《周易集解纂疏》卷五《下经第五·暌》，北京：中华书局，1994年，第356页。
　　⑧ 李道平撰，潘雨廷点校：《周易集解纂疏》卷六《下经第六·革》，北京：中华书局，1994年，第436页。
　　⑨ 孙希旦撰，沈啸寰、王星贤点校：《礼记集解》卷三三《丧服小记》，北京：中华书局，1989年，第884页。

居者皆吊。"①《吕氏春秋·应同》："勤者同居则薄矣。"② 正因如此，日本学者平中苓次和永田英正甚至认为"同居"作名词解，"在当时是找不到实例的"③。当然，正如韩树峰所批评的，这种说法显然是错误的。"同居"作为"典型法律术语，主要以名词形式出现"④。

作为法律术语，"同居"一词在睡虎地秦简中多次出现，如《秦律十八种·金布律》：

> 官啬夫免，复为啬夫，而坐其故官以赀赏（偿）及有它责（债），贫窭毋（无）以赏（偿）者，稍减其秩、月食以赏（偿）之，弗得居；其免殹（也），令以律居之。官啬夫免，效其官而有不备者，令与其稗官分，如其事。吏坐官以负赏（偿），未而死，及有罪以收，抶出其分。其已分而死，及恒作官府以负责（债），牧将公畜生而杀、亡之，未赏（偿）及居之未备而死，皆出之，毋责妻、同居。（金布）⑤

整理小组注"同居"曰：

> 同居，秦简《法律答问》："何为同居，户为同居。"《汉书·惠帝纪》注："同居，谓父母、妻子之外，若兄弟及兄弟之子等，见与同居业者。"⑥

---

① 孙希旦撰，沈啸寰、王星贤点校：《礼记集解》卷九《檀弓上》，北京：中华书局，1989 年，第 235 页。

② 许维遹撰，梁运华整理：《吕氏春秋集释》卷一三《有始览》，北京：中华书局，2009 年，第 287 页。

③ 永田英正著，张学锋译：《居延汉简研究（下）》，桂林：广西师范大学出版社，2007 年，第 430 页。

④ 韩树峰：《汉魏法律与社会——以简牍、文书为中心的考察》，北京：社会科学文献出版社，2011 年，第 182 页。

⑤ 睡虎地秦墓竹简整理小组编：《睡虎地秦墓竹简》，北京：文物出版社，1990 年，第 39-40 页。

⑥ 睡虎地秦墓竹简整理小组编：《睡虎地秦墓竹简》，北京：文物出版社，1990 年，第 40 页。

整理小组引《汉书·惠帝纪》颜师古注，是将"同居"作法律名词解。颜注其实还有一句重要的解释："若今言同籍及同财也。"① 颜师古的这一观点早为清人沈家本所批评：

> 按："同居"二字，始见于此诏，《汉律》之名词也，汉人如何解释，已不可考。小颜唐人，乃不本《唐律》为说，而漫云同籍同财，《疏议》明言同居不限籍之同异，岂得以同籍为同居之限哉？自当以《疏议》之说为断。②

"同居"确为"《汉律》之名词"，但如前文所述，《汉书·惠帝纪》中所载诏书提及之"同居"，实为动词而非名词。从这一角度看，颜师古与沈家本的解释都不可取。但值得注意的是，颜师古所说"同居"即"同籍及同财"，沈家本认为当以《唐律》为断，即同财但不必同籍。有意思的是，身为唐人的颜师古，为什么"不本《唐律》为说"，"而漫云同籍同财"？恐怕是因为颜师古认为汉代的法律术语"同居"与唐时不同，指的就是"同籍及同财"。

整理小组的注中又引秦简《法律答问》，今录于下：

> "盗及者（诸）它罪，同居所当坐。"可（何）谓"同居"？·户为"同居"，坐隶，隶不坐户谓殹（也）。③

所谓"同居所"，整理小组认为就是"同居"。④ 这条简文针对的是一般吏民犯盗及其他罪的连坐问题，"户为'同居'"，指的应是以同户籍为依

---

① 班固：《汉书》卷二《惠帝纪》，北京：中华书局，1962 年，第 88 页。
② 沈家本撰，邓经元、骈宇骞点校：《历代刑法考·同居考》，北京：中华书局，1985 年，第 1325 页。
③ 睡虎地秦墓竹简整理小组编：《睡虎地秦墓竹简》，北京：文物出版社，1990 年，第 98 页。
④ 睡虎地秦墓竹简整理小组编：《睡虎地秦墓竹简》，北京：文物出版社，1990 年，第 98 页。

据。《法律答问》对"同居"又有相关规定：

> 可（何）谓"室人"？可（何）谓"同居"？"同居"，独户母之
> 谓殹（也）。•"室人"者，一室，尽当坐罪人之谓殹（也）。①

"独户母"，整理小组释为"一户中同母的人"。② 正如有的学者指出的，
这一解释与前引"户为'同居'"明显难以自圆其说。③ 日本学者富谷至
将"户母"解释为"户戍（牡）"，即门闩之义。"独户母"亦即"独户
牡"，指的是同一居所之义。④ 若此说不误，则这里的"室人"与"同居"
实为一义，其所强调的都是同居一室之内。

"同居"有时又作"同居数"，如张家山汉简《二年律令•置后
律》载：

> 诸死事当置后，毋父母、妻子、同产者，以大父，毋大父以大母
> 与同居数者。⑤

整理小组注"同居数"为"同一名籍"，也就是同一户籍。《二年律令•
置后律》中有"同产子代户，必同居数"⑥ 的规定。《二年律令•置后律》
又有：

---

① 睡虎地秦墓竹简整理小组编：《睡虎地秦墓竹简》，北京：文物出版社，1990年，
第141页。
② 睡虎地秦墓竹简整理小组编：《睡虎地秦墓竹简》，北京：文物出版社，1990年，
第142页。
③ 韩树峰：《汉魏法律与社会——以简牍、文书为中心的考察》，北京：社会科学文
献出版社，2011年，第183页。
④ 富谷至著，柴生芳、朱恒晔译：《秦汉刑罚制度研究》，桂林：广西师范大学出版
社，2006年，第155-156页。
⑤ 张家山二四七号汉墓竹简整理小组编：《张家山汉墓竹简〔二四七号墓〕（释文修
订本）》，北京：文物出版社，2006年，第59页。
⑥ 张家山二四七号汉墓竹简整理小组编：《张家山汉墓竹简〔二四七号墓〕（释文修
订本）》，北京：文物出版社，2006年，第60页。

夫同产及子有与同居数者，令毋贸卖田宅及入赘。①

所谓"夫同产及子有与同居数者"，也是强调同一户籍。

综上可知，"室人"和"同居"，其义确有重叠之处。然而，"室人"与"同居"同时出现在秦简法律文书中，二者应有所区别。② 也许"室人"强调的是同一居住单位，而"同居"强调的则是同一户籍。③ 因为大部分时期，这两者是统一的，故而两者之义有时可互换。然而，正如有的学者所指出的，"同居"本身就包含两层含义："同居数"与"同居非数"。而"同居数"又包括"同籍同居"和"同籍别居"两种不同情况。④ 在"同籍别居"的情况下，"同居"和"室人"所指，其义自是不同，故而又有区分之必要。

二、"同居"的实际范围

秦汉法律术语中的"同居"，其所指的具体对象有哪些？首先回到汉惠帝即位诏，颜师古注"同居"曰："谓父母妻子之外若兄弟及兄弟之子等见与同居业者。"⑤ 不难看出，颜师古认为秦汉法律术语中的"同居"是排除父母、妻子的。按颜师古的理解，汉惠帝的诏书所谓"父母妻子与同居"，"与"是连词，"父母""妻子""同居"三者是并列关系。从颜师

---

① 张家山二四七号汉墓竹简整理小组编：《张家山汉墓竹简〔二四七号墓〕（释文修订本）》，北京：文物出版社，2006年，第61页。

② 在岳麓秦简中，可以多次看到"同居"与"室人"并列出现的情况，如简1016正提到舍匿罪，有"同居、室人、典老、伍人见其挟舍匿之"之语，其中"同居"与"室人"所受刑罚同等，"典老""伍人"所受刑罚同等，可见"同居"与"室人"既相关又有所区别。简文见陈松长主编：《岳麓书院藏秦简 伍》，上海：上海辞书出版社，2017年，第45页。

③ 李亚光即认为，"室人"与"同居"的区别在于一个从建筑空间角度定义，一个从户籍、血缘角度界定。见李亚光：《再论"室人"与"同居"——以简牍为核心看战国秦汉时期的农业家庭》，《安徽农业大学学报（社会科学版）》，2018年第6期，第102页。

④ 贾丽英：《秦汉律简"同居"考论》，《石家庄学院学报》，2013年第2期，第27页。

⑤ 班固：《汉书》卷二《惠帝纪》，北京：中华书局，1962年，第88页。

古所谓"同居""若今言同籍及同财也"的思路看，"兄弟及兄弟之子等""见与同居业者"才算"同居"。

颜师古这一解释，如有的学者所说，确实"是对诏书的字面解读"①。但从颜师古的解读来看，与其说他将父母、妻子排除在"同居"范围之外，毋宁说他自认为在民众实际生活中，父母、妻子本就理所应当地在"同居"范围之内。而"若兄弟及兄弟之子等"是"同居"与否两可的，故而要加以限定。

颜师古认为汉惠帝的诏书是针对"六百石以上"家属的优待，其中包括父母、妻子以及"与同居业"的"兄弟及兄弟之子等"。抛开对汉惠帝诏书的理解是否正确不提，从颜师古对民众实际生活中"同居"范围的认识来看，其说有一定可取之处。张家山汉简《二年律令·亡律》载：

> 奴婢亡，自归主，主亲所智（知），及主、主父母、子若同居求自得之，其当论畀主，或欲勿诣吏论者，皆许之。②

这里的"若"作"或者"解③，"主父母""子""同居"三者并列，与颜师古所理解的惠帝诏情况相似，"同居"指的也应是"兄弟及兄弟之子等"。

一般编户民在实际生活中的"同居"范围，其所指是否如颜师古所说，是排除父母、妻子而专指"与同居业"的"兄弟及兄弟之子等"呢？

首先，"同居"是否可以包括父母在内？答案应是肯定的。睡虎地秦简《法律答问》载：

---

　①　韩树峰：《汉魏法律与社会——以简牍、文书为中心的考察》，北京：社会科学文献出版社，2011年，第182页。

　②　张家山二四七号汉墓竹简整理小组编：《张家山汉墓竹简〔二四七号墓〕（释文修订本）》，北京：文物出版社，2006年，第30页。

　③　鲁家亮：《张家山汉简〈二年律令〉所见"及""若""或""与"诸词含义与用法研究》，收入武汉大学简帛研究中心编：《简帛（第五辑）》，上海：上海古籍出版社，2010年，第373-376页。

律曰"与盗同法",有(又)曰"与同罪",此二物其同居、典、伍当坐之。云"与同罪",云"反其罪"者,弗当坐。·人奴妾盗其主之父母,为盗主,且不为?同居者为盗主,不同居不为盗主。[1]

当主人之奴妾窃取主人父母的财物,这种行为是否是"盗主",主要看主人与其父母是否同居。由此看来,父母可以在"同居"范围之内。

然而,从前引张家山汉简《二年律令·亡律》所载"主、主父母、子若同居"以及颜师古对汉惠帝诏书的理解来看,"同居"似乎是排除父母的。这是否说明汉初的情况与秦代已有所不同?按秦时商鞅变法规定,"民有二男以上不分异者,倍其赋"[2],这里的"二男"指的是两个成年儿子[3]。秦自商鞅变法之后,实行分异令,民户家有两个成年儿子的,必须为其分家,但父母应该是可以和一个成年儿子"同居"的。前引睡虎地秦简《法律答问》很明显地反映了这一点。

从张家山汉简《二年律令·亡律》"同居"排除父母的情况看,似乎汉初政府有意淡化父子异居的事实。[4] 从汉惠帝的诏书以及汉初贾谊对秦俗的批判来看[5],汉初社会虽然沿袭了秦的家庭风俗,但已引起统治上层

---

① 睡虎地秦墓竹简整理小组编:《睡虎地秦墓竹简》,北京:文物出版社,1990年,第98页。

② 司马迁:《史记》卷六八《商君列传》,北京:中华书局,1959年,第2230页。

③ 杜正胜认为"民有二男"指的是家内有两个成年男子,进而认为这种分异政策导致"只允许未成年子女与父母同居"的结论。曾宪礼、李根蟠则认为这里的"男"指的是成年儿子,笔者赞同成年儿子之说。参杜正胜:《传统家族试论》,收入黄宽重、刘增贵主编:《家族与社会》,北京:中国大百科全书出版社,2005年,第18页;曾宪礼:《"民有二男以上不分异者倍其赋"意义辨》,《中山大学学报(哲学社会科学版)》,1990年第4期,第71-77页;李根蟠:《从秦汉家庭论及家庭结构的动态变化》,《中国史研究》,2006年第1期,第3页。

④ 张金光认为秦律"把父子也列为同居关系,这是秦汉'同居'概念的最大不同点",言下之意认为汉代同居关系是排除父母的。张先生又进一步指出汉初父子分异虽是承秦而来的一种趋势,但政府已不加提倡,所见甚为独到。参张金光:《商鞅变法后秦的家庭制度》,《历史研究》,1988年第6期,第76页。

⑤ 贾谊对秦俗的批判,更多的是对汉初家庭风俗的不满,因此,其批判更多的是儒、法治国理念冲突的表现。参钟良灿:《"移风易俗,天下向道":贾谊对商君变法后秦俗的批判》,《中国矿业大学学报(社会科学版)》,2016年第6期,第31页。

的关注。这或许是汉代政府有意强调父子同居，在律文中淡化父子异居的事实，从而将父母排除在律文"同居"范围之外的原因。汉武帝以后，随着政府"罢黜百家，表章六经"①，儒家思想在统治上层得到迅速发展，儒家伦理也逐渐渗透到一般民众的生活之中。

其次，妻子（子指未成年子女）是否是属于"同居"范围？答案更是肯定的。许倬云曾根据汉明帝永平八年（65）十月诏书认为"同居共籍的基本亲属圈子，恐怕仍是配偶与未成年子女"②，所见甚为卓识。今录诏书于下：

> 诏三公募郡国中都官死罪系囚，减罪一等，勿笞，诣度辽将军营，屯朔方、五原之边县；妻子自随，便占著边县；父母同产欲相代者，恣听之。③

从这个诏书确实可以看出：父母、同产是否与之同居，在两可之间④；而妻子必然包括在"同居"之内，即所谓"妻子自随"。

汉明帝这一政策为后代所沿袭。我们看到，汉章帝及汉安帝时期都有类似针对死罪者减罪徙边的诏书，如章帝建初七年（82）九月诏书载：

> 诏天下系囚减死一等，勿笞，诣边戍；妻子自随，占著所在；父母同产欲相从者，恣听之；有不到者，皆以乏军兴论。⑤

又孝安帝时期诏书曰：

---

① 班固：《汉书》卷六《武帝纪》，北京：中华书局，1962年，第212页。
② 许倬云：《汉代家庭的大小》，收入氏著：《求古编》，北京：新星出版社，2006年，第389页。
③ 范晔：《后汉书》卷二《显宗孝明帝纪》，北京：中华书局，1965年，第111页。
④ 许倬云：《汉代家庭的大小》，收入氏著：《求古编》，北京：新星出版社，2006年，第389页。
⑤ 范晔：《后汉书》卷三《肃宗孝章帝纪》，北京：中华书局，1965年，第143页。

> 诏郡国中都官系囚减死一等，勿笞，诣冯翊、扶风屯，妻子自随，占著所在；女子勿输。①

这里没有提到"父母同产"，或为有所省略。总之，政府针对这类死囚是以减死徙边的方式进行优抚的，其要求是"妻子自随"，而"父母同产"可自行选择。这就充分说明妻子是必然属于同居的，而父母、同产则可同居，也可不同居。②

睡虎地秦简《法律答问》载：

> 削（宵）盗，臧（赃）直（值）百五十，告甲，甲与其妻、子智（知），共食肉，甲妻、子与甲同罪。③

甲为什么要告诉自己的妻、子有关赃物并与之共同使用赃物？恐怕还是因为妻、子是甲必然同居，甲不得不使之知晓。妻子显然是一个编户民家庭中同居的最核心家属，因而妻子又被称为"累重"④。

正因为妻子必然包括在"同居"范围之内，所以以"同居"指妻子确实没有必要。⑤ 这也是史书中不见妻子"同居"之说的根本原因。在秦汉律法中，"同居"也是排除妻子的，如前引《秦律十八种·金布律》中提到"毋责妻、同居"，显然是将妻排除在"同居"之外。又如前引《二

---

① 范晔：《后汉书》卷五《孝安帝纪》，北京：中华书局，1965 年，第 224 页。

② 参见钟良灿：《西北汉简所见吏卒家属研究》，收入邬文玲主编：《简帛研究 二〇一七春夏卷》，桂林：广西师范大学出版社，2017 年。

③ 睡虎地秦墓竹简整理小组编：《睡虎地秦墓竹简》，北京：文物出版社，1990 年，第 98 页。

④ 颜师古注"累重"，一曰"累重谓妻子也"；（班固：《汉书》卷六九《赵充国传》，北京：中华书局，1962 年，第 2991 页。）一曰"累重谓妻子资产也"；（班固：《汉书》卷九四《匈奴传》，北京：中华书局，1962 年，第 3778 页。）一曰"累重谓妻子家属也"。（班固：《汉书》卷九六《西域传》，北京：中华书局，1962 年，第 3912 页。）可见，妻子是"累重"的最核心部分。

⑤ 韩树峰：《汉魏法律与社会——以简牍、文书为中心的考察》，北京：社会科学文献出版社，2011 年，第 184 页。

年律令·亡律》，"主、主父母、子若同居"，"同居"显然也是排除"子"
（未成年子女）的。

再次，"兄弟及兄弟之子等"，亦即史书中所说"同产及同产子"，这
些人是否属于"同居"范围？睡虎地秦简《法律答问》载：

> 士伍甲母子，其弟子以为后，与同居，而擅杀之，当弃市。①

这里的"弟子""与同居"，是以"为后"即过继的形式实现的，虽属同
居，却有其特殊性。而在张家山汉简《二年律令·置后律》中，确实可见
"同产"与之同居的例子：

> 同产相为后，先以同居，毋同居及以不同居，皆光以长者。其或
> 异母，虽长，先以同母者。②

同产为后，有"同居"和"不同居"两种，其为后的顺序是不同的，显
然，同产可以"同居"也可以"不同居"。再如"同产子"，《二年律令·
置后律》规定："同产子代户，必同居数。"③ 也同样说明"同产子"是否
同居，在两可之间。

最后，还需说明的是奴婢是否属于"同居"。从户籍登录来看，奴婢
是注入家籍，附于户人家口之下的。如里耶秦简户版 K27：

第一栏：南阳户人荆不更蛮强
第二栏：妻曰嗛

---

① 睡虎地秦墓竹简整理小组编：《睡虎地秦墓竹简》，北京：文物出版社，1990 年，
第 110 页。
② 张家山二四七号汉墓竹简整理小组编：《张家山汉墓竹简〔二四七号墓〕（释文修
订本)》，北京：文物出版社，2006 年，第 60 页。
③ 张家山二四七号汉墓竹简整理小组编：《张家山汉墓竹简〔二四七号墓〕（释文修
订本)》，北京：文物出版社，2006 年，第 60 页。

第三栏：子小上造□

第四栏：子小女子驼

第五栏：臣曰聚

　　　　伍长①

这里的"臣"就是家奴。由此可以看出，奴婢是计入户籍口数的。这点在走马楼吴简"户籍簿"中也有清晰的反映：

宜阳里户人公乘许绍年卅五真吏（壹·9129）

绍户下奴寋年十三（壹·9383）

绍户下婢退年六十（壹·9372）

绍户下婢易年廿三刑左足（壹·9168）

绍户下婢心年廿二苦腹心病（壹·9320）

绍户下婢意年十六（壹·9370）

右绍家口食十一人……（壹·9231）②

所谓"户下"，意即附于户人户口之下。③ 从上引简文看，奴婢是附记在户人之下并计入"家口食"的。吴简整理者最先注意到"户下奴""户下

① 湖南省文物考古研究所编著：《里耶发掘报告》，长沙：岳麓书社，2007年，第203页。

② 走马楼简牍整理组编著：《长沙走马楼三国吴简·竹简〔壹〕》，北京：文物出版社，2003年，第1083-1088页。

③ 陈爽：《走马楼吴简所见奴婢户籍及相关问题》，北京吴简研讨班编：《吴简研究（第一辑）》，武汉：崇文书局，2004年，第161页。王子今先生另辟新义，认为"户下"或与"灶下"语意相近，"指示其劳作场所，亦说明其生存空间的位置"。王先生之说颇具启发，使我们对私奴婢的实际生活多有省思。但以"户下"对应"灶下"，似显证据不足。"户下"作"附于户人户口之下"解似乎更合理，因此笔者暂采陈说。王说见王子今：《走马楼吴简所见未成年"户下奴""户下婢"》，长沙简牍博物馆、北京大学中国古代史研究中心、北京吴简研讨班编：《吴简研究（第三辑）》，北京：中华书局，2011年，第127页；收入王子今：《秦汉称谓研究》，北京：中国社会科学出版社，2014年，第127-128页。

婢"的记载与汉王褒《僮约》中的"户下髯奴"的关系，并由此认为
"吴承汉制"。① 陈爽认可这一说法，并由此认为"'户下奴'和'户下婢'
应当是两汉至孙吴时期私奴婢在官方或正式文书中的称谓"②。里耶秦简户
版中在户人家口之下记载"臣某"，应该是这种"户下奴""户下婢"记
载方式的最早渊源。

荆州高台汉墓出土的木牍 M18：35 丙载：

> 新安户人大女燕关内侯寡
> 大奴甲
> 大奴乙
> 大奴妨　家优　不算不颗③

整理者认为这是死者大女燕徙安都所携之"名数"，也就是户籍，可能是
模仿地上的，所以并不完整。④ 上引木牍应该是照着人间的户籍简抄录的，
它与户籍有着密切的联系。大奴甲、乙等也是附记于户人之下。整理者指
出，这批文书大体属于汉文帝时期。从家内奴婢附记于户人之下可知，汉
初的户籍制度也是承秦而来。

综上不难看出，从秦一直到三国孙吴时期，奴婢都是记入户人家口
的，他们既是户人的财产，也是户人的"家人"⑤，是"同居"的必然
范围。

---

① 王素、宋少华、罗新：《长沙走马楼简牍整理的新收获》，《文物》，1995 年第 5
期，第 33 页。
② 陈爽：《走马楼吴简所见奴婢户籍及相关问题》，北京吴简研讨班编：《吴简研究
（第一辑）》，武汉：崇文书局，2004 年，第 161 页。
③ 湖北省荆州博物馆编著：《荆州高台秦汉墓：宜黄公路荆州段田野考古报告之一》，
北京：科学出版社，2000 年，第 224 页。
④ 湖北省荆州博物馆编著：《荆州高台秦汉墓：宜黄公路荆州段田野考古报告之一》，
北京：科学出版社，2000 年，第 226-227 页。
⑤ 参见钟良灿：《秦汉时期的"家人"义再辨》，待刊稿。

三、"同居"范围的变迁：从"父子异居"到"兄弟同居"

由上述还可看出，秦汉时期一般编户民之家的"同居"范围似有扩大趋势。秦自商鞅变法实行分异令之后，父母虽可与一个成年子男共同生活，但以一夫一妻外加未成年子女组成的核心家庭无疑是当时主流的家庭形态。汉承秦制，西汉之初基本延续了秦时的家庭制度，因此，贾谊在上文帝《治安策》中曾大力抨击秦及汉初的父子别居的现象。汉初陆贾的例子就是父子异居的生动反映：

> （陆贾）有五男，乃出所使越得橐中装卖千金，分其子，子二百金，令为生产。陆生常安车驷马，从歌舞鼓琴瑟侍者十人，宝剑直百金，谓其子曰："与汝约：过汝，汝给吾人马酒食，极欲，十日而更。所死家，得宝剑车骑侍从者。一岁中往来过他客，率不过再三过，数见不鲜，无久慁公为也。"①

陆贾高祖时曾出使南越，功拜太中大夫。孝惠帝时陆贾"病免家居"，此后不曾出仕。陆贾以千金中分五子，"令为生产"，说明五子业已组建家庭，单独过活。从陆贾与其子约的内容看，作为父亲的陆贾，并没有选择与五子中的一子共同生活，而是以"十日"为限，轮流去诸子家吃住。死在哪个儿子家，宝剑、车骑、侍从则归谁所有。所谓"一岁中往来过他客，率不过再三过，数见不鲜，无久慁公为也"颇为费解，《汉书·陆贾传》作"一岁中以往来过它客，率不过再过，数击鲜，毋久溷女为也"②。颜师古注曰："非徒至诸子所，又往来经过它处为宾客，率计一岁之中，每子不过再过至也。"③颜师古的解释应该是正确的，由此看来，陆贾一年大部分时间都不在五子处居住生活。正因如此，陆贾才要求

---

① 司马迁：《史记》卷九七《陆贾列传》，北京：中华书局，1959 年，第 2699-2700 页。
② 班固：《汉书》卷四三《陆贾传》，北京：中华书局，1962 年，第 2114 页。
③ 班固：《汉书》卷四三《陆贾传》，北京：中华书局，1962 年，第 2115 页。

到儿子家时，需"数击鲜"。所谓"数击鲜，毋久溷女为也"，颜师古解释为："言我至之时，汝宜数数击杀牲牢，与我鲜食，我不久住，乱累汝也。"①

当然，陆贾之例有多大普遍性还存有疑问。秦自商鞅变法以来，都是允许父母和一个成年儿子同居的。像陆贾这样的行事风格，应该是个特例，但也不难看出汉初父子异居的风气之盛。其实，从汉惠帝对吏六百石与父母同居者的优抚中可以看出，汉初的统治者已经注意到父子异居背后隐藏的家庭伦理问题。

在儒家理想状态下的五口之家，或者如孟子所说的八口之家中，均包含父母妻子在内。"一夫一妇，受田百亩，以养父母妻子，五口为一家。"②这是儒家的理想家庭生活的景象。孟子在论述"八口之家"问题时曾经提到：

> 是故明君制民之产，必使仰足以事父母，俯足以畜妻子，乐岁终身饱，凶年免于死亡。然后驱而之善，故民之从之也轻。③

所谓"仰足以事父母，俯足以畜妻子"，可知孟子所谓"八口之家"是包括父母妻子在内的。

长沙尚德街东汉简牍中有一枚木牍，载有汉灵帝光和四年（181）的诏书，内有"庶人不与父母居者，为什伍，罚作官寺一年"④的记载。所

① 班固：《汉书》卷四三《陆贾传》，北京：中华书局，1962 年，第 2115 页。
② 何休注《春秋公羊传》宣公十五年"古者什一而藉"条，又晋范宁注《春秋谷梁传》宣公十五年"古者什一"条则谓："一夫一妇，佃田百亩，以共五口，父母妻子也。"二者实同。分别参见阮元校刻：《十三经注疏》，北京：中华书局，2009 年，第 4965、5242 页。
③ 朱熹：《四书章句集注·孟子集注》卷一《梁惠王章句上》，北京：中华书局，1983 年，第 211 页。
④ 长沙市文物考古研究所编：《长沙尚德街东汉简牍》，长沙：岳麓书社，2016 年，第 220 页。

谓"仕伍",一般认为是对夺爵者、无爵者的称谓。[1] 这里的庶人可能与庶民同义,泛指一般平民。[2] 对于不与父母同居的一般民众,国家以诏令的形式惩处之:有爵者要夺爵为士伍,并罚其在官署劳作一年。这一诏令意义重大,它是曹魏"除异子之科,使父子无异财"[3] 的先声。根据这一诏令,父母在而兄弟分异的现象是不允许出现的。然而,在民众实际生活中,这一诏令的施行情况如何,不得不令人存疑。应该说,在东汉末,国家以诏令形式提出庶人必须与父母居,从侧面也反映出当时一般民众与父母别居现象的普遍存在。[4] 尽管如此,这一诏令毕竟表现出国家对规范民众家庭伦理的决心,它是儒家伦理渗透到民众生活的具体体现。由秦到汉,父母逐渐成为编户民之家中"同居"的主要成员。

"同居"范围的逐步扩大,主要表现在兄弟累世同居现象在东汉的逐步流行。秦及西汉,成年兄弟同居的例子并不多见,它反映出"分异令"在这一时期执行得较为彻底。民有二男以上者,可能大多都会选择分家。如汉武帝时期的卜式,据《史记·平准书》载:

---

① 三国时人如淳认为"尝有爵而以罪夺爵,皆称士伍"。(司马迁:《史记》卷五《秦本纪》,北京:中华书局,1959 年,第 217 页。)《汉书·景帝纪》明确提到吏犯罪时"夺爵为士伍,免之",可见如淳之说有一定的依据。(班固:《汉书》卷五《景帝纪》,北京:中华书局,1962 年,第 140 页。)《汉旧仪》又提到"无爵为士伍",可知士伍所指,大抵为没有爵位的成年男子。(孙星衍等辑,周天游点校:《汉官六种》,北京:中华书局,1990 年,第 53 页。)日本学者宫宅洁不同意这一传统观点,认为士伍的身份实态还有待重新考察。(宫宅洁著,杨振红等译:《中国古代刑制史研究》,桂林:广西师范大学出版社,2016 年,第 176 页。)宫宅洁没有进一步论证,从已有资料看,传统观点仍不宜轻易否定。

② 关于庶人的身份、地位及来源的研究众多,从清人钱大昕开始,就把庶人作为一种专有的法律身份,认为其为介于奴婢与自由民之间的一种阶层,这种认识为大多学者所接受。但也有学者表示怀疑,认为庶人还是一个泛称,是"百姓""平民"的意思。相关讨论参陶安:《秦汉律"庶人"概念辨正》,武汉大学简帛研究中心主编:《简帛(第七辑)》,上海:上海古籍出版社,2012 年。

③ 房玄龄等:《晋书》卷三〇《刑法志》,北京:中华书局,1974 年,第 925 页。

④ 晋人葛洪在《抱朴子》中对汉末灵、献之世的社会风气有所批判,其中提到汉末时人的谚语:"举秀才,不知书;察孝廉,父别居。"孝廉尚且父子异居,一般民众则更甚了。见葛洪著,杨明照校笺:《抱朴子外篇校笺》卷一五《审举》,北京:中华书局,1991 年,第 393 页。

> 初，卜式者，河南人也，以田畜为事。亲死，式有少弟，弟壮，式脱身出分，独取畜羊百余，田宅财物尽予弟。式入山牧十余岁，羊致千余头，买田宅。而其弟尽破其业，式辄复分予弟者数矣。①

卜式父母早亡，有一少弟，卜式应该是与少弟同居。"弟壮，式脱身出分"，说的是卜式在弟弟成年后与之分家，卜式只带走了百余头羊，其余家产全给了弟弟。从"其弟尽破其业，式辄复分予弟者数矣"的记载中可以看出，卜式虽与弟弟分家，但仍继续关照弟弟的生活，不时给予援助。卜式的例子说明，同居的兄弟一旦成年，一般都会有人"出分"。换言之，兄弟同居的前提一般是弟未成年。

东汉时期，这种兄弟成年不分家而同居的例子逐渐增多。如东汉孝子薛包，父母亡后，与弟子等同居。后来弟子提出分家请求，"包不能止，乃中分其财"②。可见薛包与其弟以前一直是同居状态，并未分家。薛包的弟弟可能早亡，因之才有与弟子分家的情况出现。长沙五一广场东汉简2010CWJ1①:96载：

> 父母虽产子不成人妻与　若和奸及华取钱衣物亡　以华海相与俱居有通财义
> 不应盗废即华从弟废　虽送华道宿庐华奸　时废得卧出不觉件不知情③

此简涉及和奸案和同居盗财案，从简文内容看，华与废为从兄弟（即堂兄弟）。所谓"华海相与俱居有通财义""不应盗废"，似表明华有盗取同居

---

① 司马迁：《史记》卷三〇《平准书》，北京：中华书局，1959年，第1431页。

② 范晔：《后汉书》卷三九《薛包列传》，北京：中华书局，1965年，第1294–1295页。《后汉纪·孝章皇帝纪》"薛包"作"薛苞"，见袁宏撰，张烈点校：《后汉纪·孝章皇帝纪上卷》，北京：中华书局，2002年，第208页。

③ 长沙市文物考古研究所、清华大学出土文献研究与保护中心、中国文化遗产研究院、湖南大学岳麓书院编：《长沙五一广场东汉简牍 壹》，上海：中西书局，2018年，第200页。

从弟废之财物（所谓相）的行为。据整理组意见，长沙五一广场东汉简的时代"主要为东汉中期和帝至安帝时期"①，反映出东汉中期长沙地区已有从兄弟同居通财的史实。

史载明确为兄弟成年后仍同居的例子有东汉崔瑗：

> 初，瑗兄章为州人所杀，瑗手刃报仇，因亡命。会赦，归家。家贫，兄弟同居数十年，乡邑化之。②

崔瑗"兄弟同居数十年"，其结果是"乡邑化之"，可见这种行为为时所提倡，这与秦及西汉时的情形迥然不同。与之相似的例子又有姜肱兄弟，史称：

> 姜肱字伯淮，彭城广戚人也。家世名族。肱与二弟仲海、季江，俱以孝行著闻。其友爱天至，常共卧起。及各娶妻，兄弟相恋，不能别寝，以系嗣当立，乃递往就室。③

姜肱兄弟三人是"友爱天至，常共卧起"，即使各自婚娶之后，仍"不能别寝"，其兄弟三人自是同居无疑。所谓"以系嗣当立，乃递往就室"，说的是他们分室而睡，而非分居。此外又有李充：

> 李充字大逊，陈留人也。家贫，兄弟六人同食递衣。妻窃谓充曰："今贫居如此，难以久安，妾有私财，愿思分异。"充伪酬之曰："如欲别居，当酤酒具会，请呼乡里内外，共议其事。"妇从充置酒宴客。充于坐中前跪白母曰："此妇无状，而教充离间母兄，罪合遣

---

① 长沙市文物考古研究所、清华大学出土文献研究与保护中心、中国文化遗产研究院、湖南大学岳麓书院编：《长沙五一广场东汉简牍 壹·前言》，上海：中西书局，2018年，第2页。

② 范晔：《后汉书》卷五二《崔瑗列传》，北京：中华书局，1965年，第1722页。

③ 范晔：《后汉书》卷五三《姜肱列传》，北京：中华书局，1965年，第1749页。

斥。"便呵叱其妇，逐令出门，妇衔涕而去。①

李充"兄弟六人同食递衣"，从李充所谓"教充离间母兄"来看，李充显然上有兄。李充兄弟六人肯定是同居关系，从李充妻子"分异"的提议来看，大概兄弟六人均已成年或成家，因此才有分异的可能。李充所说"如欲别居，当酤酒具会，请呼乡里内外，共议其事"，反映出一般民众分异之时可能要"酤酒具会"，公开讨论分异之事，并要有乡亲在场作证。李充的妻子"置酒宴客"，并没有怀疑李充的用意，也说明民众分家之时"酤酒具会"是一种普遍行为。李充最终当众逐妇，应与一般常人选择不同。也正因如此，其行为得到史家褒奖，入《独行列传》。

在肯定东汉时期兄弟同居现象增多的同时，也应看到：史书记载这些兄弟同居的行为，显然是为表彰其"孝行""友爱"，这也从侧面反映出这种行为在社会上毕竟还是少数。李充的例子尤其表明，一般民众在兄弟成年之后，因为家贫，可能选择分家。如东汉缪肜兄弟：

> （缪肜）少孤，兄弟四人，皆同财业。及各娶妻，诸妇遂求分异，又数有斗争之言。肜深怀愤叹，乃掩户自挝曰："缪肜，汝修身谨行，学圣人之法，将以齐整风俗，奈何不能正其家乎！"弟及诸妇闻之，悉叩头谢罪，遂更为敦睦之行。②

缪肜"兄弟四人，皆同财业"，显然是同居共财关系。"及各娶妻，诸妇遂求分异，又数有斗争之言"，说的就是兄弟各自成家后的生活状况。"诸妇遂求分异"，与李充之妻的想法一致。不同的是，缪肜是以道德感化弟及诸妇，而李充则是当众弃妇。李充和缪肜兄弟最后的结果都未分家，但其

① 范晔：《后汉书》卷八一《独行列传·李充》，北京：中华书局，1965年，第2684页。

② 范晔：《后汉书》卷八一《独行列传·缪肜》，北京：中华书局，1965年，第2685-2686页。

妻子、诸妇的"分异"诉求，是真实存在的。

《后汉书·循吏列传》载许荆祖父许武的故事：

> 许荆字少张，会稽阳羡人也。祖父武，太守第五伦举为孝廉。武以二弟晏、普未显，欲令成名，乃请之曰："礼有分异之义，家有别居之道。"于是共割财产以为三分，武自取肥田广宅奴婢强者，二弟所得并悉劣少。乡人皆称弟克让而鄙武贪婪，晏等以此并得选举。①

许武为二弟邀名，在分家时自取肥田广宅奴婢，由此为乡里所鄙，而二弟并得以选举。许武受乡人指责，并非因其主张分家，而是因其"贪婪"。值得注意的是，许武提出分家的理由之一是"礼有分异之义"，唐人李贤注之曰：

> 《仪礼》曰"父子一体也，夫妇一体也，昆弟一体也。故父子手足也，夫妇判合也，昆弟四体也。昆弟之义无分焉，而有分者，则避子之私也。子不私其父，则不成为子。故有东宫，有西宫，有南宫，有北宫。异居而同财，有余则归之宗，不足则资之宗"也。②

李贤所引出自《仪礼·丧服》，说的是父子、夫妇、兄弟本为一体，为手足四肢，是不可分者。然而，现实中确有兄弟相分者，其原因在于"避子之私"。何谓"避子之私"？唐人贾公彦疏曰："使昆弟之子各自私朝其父。"③兄弟之所以要分，是为了使其子各私其父，因为"子不私其父，则不成为子"。

---

① 范晔：《后汉书》卷七六《循吏列传·许荆》，北京：中华书局，1965 年，第 2471 页。

② 范晔：《后汉书》卷七六《循吏列传·许荆》，北京：中华书局，1965 年，第 2471 页。

③ 《仪礼注疏》卷三〇《丧服》，阮元校刻：《十三经注疏》，北京：中华书局，2009 年，第 2391 页。

然而，《仪礼》里所谓的分，指的是异居而同财，因而虽有东宫、西宫、南宫、北宫，兄弟之间却无私财，因此才有"有余则归之宗，不足则资之宗"的规定。可以看出，《仪礼》里所谓兄弟相分与东汉时人许武的兄弟分家显然不同：一个是别居共财，一个是别居异爨。许武组织兄弟分家，而强引《仪礼》里性质不同的分家之义为依据，可见东汉时期儒家伦理对民众生活的渗透之剧。从许武的例子可看出，东汉时期兄弟分家应是社会的常态；从许武分家引《仪礼》为据，又可看出当时兄弟分家虽为社会现实，但儒家伦理的观念已开始影响民众尤其是深受儒家礼教浸染的士人的实际生活。

许武的这种为弟求名的方式反映出当时兄弟让财之风是十分流行的，许武反其道而行之，达到了他预期的效果。东汉时期盛行的这种兄弟让财之风，也表明兄弟成年后分家是社会的主流形态。应劭在《风俗通义·过誉》篇评汝南戴幼起让财与兄事曰：

> 何有让数十万，畏人而不知，欲令皦皦，乃如是乎……凡同居，上也；通有无，次也；让其财，下耳。[1]

应劭认为让财乃沽名钓誉之举，在应劭心中，"凡同居，上也""通有无，次也""让其财，下耳"。以儒者的眼光看，兄弟让财自然不如兄弟同居共财；兄弟分家而能互通有无，也比兄弟让财为上。然而在现实生活中，对于一般民众而言，分家则意味着"各自一家"，恐怕很难再在经济上互通有无。

赵翼《陔余丛考》卷三九《累世同居》篇云：

> 世所传义门，以唐张公艺九世同居为最，然不自张氏始也。《后汉书》：樊重三世共财。缪肜兄弟四人，皆同财业。及各娶妻，诸妇遂求分异。肜[肜]乃闭户自挞，诸弟及妇闻之，悉谢罪。蔡邕与叔

---

① 应劭撰，王利器校注：《风俗通义校注》，北京：中华书局，2010年，第200页。

父从弟同居，三世不分财，乡党高其义。又陶渊明《诫子书》云：颖
川韩元长，汉末名士，八十而终，兄弟同居，至于没齿。济北氾幼
春，七世同财，家人无怨色。是此风盖起于汉末。①

　　樊重，史载"重性温厚，有法度，三世共财，子孙朝夕礼敬，常若公
家"②。樊重为光武外祖父，其所谓"三世共财"，当属特例。蔡邕，"与
叔父从弟同居，三世不分财，乡党高其义"③。所谓"乡党高其义"，指的
是其"三世不分财"的义行。至于陶渊明《诫子书》所说汉末名士韩元
长、晋时操行之人氾幼春，他们的兄弟同居行为为陶翁所推崇，这是因为
当时的江南风俗是兄弟异爨，兄弟情谊疏阔。④ 赵翼认为累世同居之风起
于汉末，这种说法并不准确。从缪肜、李充等人的例子看，这种累世同居
的行为一直为时所提倡。到了东汉末，名士品评之风盛行，一定程度上也
加速了对累世同居行为的褒扬，因而累世同居之风才显得更盛。如《隶
释》所收《灵台碑阴》载工师仇福事，提到："仇福字仲渊，累世同居，
州里称述。"⑤ 成阳灵台碑建于汉建宁五年（172），已属汉末。仇福身为
工师，而碑传之评价却是对其"累世同居"的褒奖，可见累世同居之风在
汉末极为盛行。加之东汉末社会动荡，世家大族势力得到发展，累世同居
行为较之前渐次增多。

　　综上可知，尽管东汉时期累世同居的现象还不普遍，但因统治者的提
倡以及儒家伦理的影响，东汉时期的"同居"范围较秦及西汉，明显呈扩
大趋势。其最主要的表现是：之前在同居与否两可之间的"父母"和"同
产及同产子"逐渐成为"同居"的必然对象。法律的变化一般滞后于社会
的变化，所以直至曹魏时期"除异子之科，使父子无异财"规定的出现，

① 赵翼：《陔余丛考》卷三九《累世同居》，北京：中华书局，2019 年，第 1101 页。
② 范晔：《后汉书》卷三二《樊宏列传》，北京：中华书局，1965 年，第 1119 页。
③ 范晔：《后汉书》卷六〇《蔡邕列传》，北京：中华书局，1965 年，第 1980 页。
④ 唐长孺：《读陶渊明赠长沙公诗序论江南风俗》，《唐长孺文集·山居存稿续编》，
北京：中华书局，2011 年，第 111 页。
⑤ 洪适：《隶释　隶续》，北京：中华书局，1985 年，第 16 页。

累世同居行为才最终得到法律上的认可；南北朝时期"别籍异财法"确立，父祖在，子孙不得"别籍异财"；自《唐律疏议》以来，"别籍异财法"臻于完备。①

据上所述，"同居"是秦汉时期的一个法律术语。政府在使用"同居"这一法律概念时，考虑的是其概念的明晰和使用的方便。按"户为同居"的规定，妻子与未成年子女以及奴婢在登录户籍时必然录于户人之下，因此，他们是必然的同居者。政府在使用法律术语的"同居"时，通常也就将他们排除在外。换言之，政府在法律文书中使用的"同居"通常是指那些既可"同居"也可"不同居"的群体，主要包括户人的父母、同产及同产子等。

法律意义上的"同居"与民间用语的"同居"还存在着差距，需要仔细辨别。法律意义上的"同居"有时只适用于涉及民事、刑事纠纷时权责的判断，因此它与民众实际生活中的"同居"是不能等同的。因为户人的父母、同产及同产子是在同居与否两可之间者，所以法律术语的"同居"有时排除父母、同产及同产子，有时又将其包含在内，这就是我们在秦汉法律文书中看到"同居"范围有不同解释的主要原因。因为法律条文有具体的语境，在不同的语境下，其概念的适用有所不同。法律的解释权在政府，所谓"以吏为师"，一般民众未必了解这些法律术语的概念及其适用范围。

对于一般民众而言，"同居"所指可能就是"共同居住"，这些共同居住的人被他们称之为"一家之人"，亦即"家人"。从这个意义上看，"家人"的主要范围就是"同居"的主要范围，它除必然包括户人之妻子、奴婢外，还可包括户人之父母、同产及同产子等。

通过对秦汉时期"同居"范围的梳理，不难发现一条清晰可见的变迁轨迹：从"父子异居"到"兄弟同居"。秦及西汉，受"分异令"影响，编户民之家的"同居"范围较小，多以妻子为主；父母可以选择与一个成

---

① 尹成波：《传统社会家庭成员户籍与财产法律变迁——从"分异令"到"别籍异财法"的历史考察》，《河南师范大学学报（哲学社会科学版）》，2014年第3期，第51页。

年子男生活，对于出分的子男而言，则是父母异居。随着儒家思想在汉代社会的影响加剧，政府开始提倡与父母同居，甚至是兄弟累世同居，编户民之家的"同居"范围也逐步开始扩大。但是，伦理教化毕竟是一个漫长的过程，对于东汉时期的"累世同居"现象不宜做夸大的理解。降至东汉末，因社会动荡以及世家大族势力的发展，兄弟累世同居逐渐成为一个普遍现象。直至曹魏时期最终废除"分异令"，累世同居才得以具有法律依据。

透过"同居"及其范围的变迁，我们大致可以勾勒出秦汉时期编户民之家的结构：整体而言，秦汉时期以妻子、未成年子女组成的核心家庭是主流，但也有一定的伸缩性，上可包含父母，下可延及同产，构成主干家庭或联合家庭。不过，秦及西汉，核心家庭为主，东汉以降，主干家庭、联合家庭开始逐渐增多。种种变化反映出儒家伦理在民众实际生活中的影响加剧，是法律儒家化的体现。①

第二节　秦汉时期编户民之家的核心"家人"

通过上文对"同居"概念及其范围的分析不难看出：父母、妻子、同产是编户民之家最核心的"家人"，同时也是可同居的主要对象。汉初贾谊在给文帝上的《治安策》中说道：

> 建久安之势，成长治之业，以承祖庙，以奉六亲，至孝也；以幸天下，以育群生，至仁也；立经陈纪，轻重同得，后可以为万世法程，虽有愚幼不肖之嗣，犹得蒙业而安，至明也。②

何谓六亲？东汉学者应劭认为："六亲，父母兄弟妻子也。"③ 对于六亲具

---

① 尹成波：《传统社会家庭成员户籍与财产法律变迁——从"分异令"到"别籍异财法"的历史考察》，《河南师范大学学报（哲学社会科学版）》，2014 年第 3 期，第 54 页。
② 班固：《汉书》卷四八《贾谊传》，北京：中华书局，1962 年，第 2231 页。
③ 班固：《汉书》卷四八《贾谊传》，北京：中华书局，1962 年，第 2232 页。

体所指，历来众说纷纭。① 应劭的观点未必符合贾谊原意②，但仍具有一定的影响。曹魏时期的王弼注《老子》"六亲不和"之"六亲"，谓"父子、兄弟、夫妇"③，应是受应劭的影响。值得注意的是，东汉的应劭与曹魏的王弼都认为六亲是与"父母、兄弟、妻子"有关，而"父母、兄弟、妻子"又被称为三族。

　　秦汉时期，法有"三族之罪"④。何谓三族？颜注《汉书》引张晏曰："父母兄弟妻子也。"⑤ 日本学者守屋美都雄对汉代家族三族制说进行了不断反思，但也肯定了张晏所说"父母兄弟妻子"就是汉代的三族。⑥ 张晏以"父母兄弟妻子"解"三族之罪"的"三族"，应该是正确的。⑦

　　《汉书·孔光传》记载执政大臣讨论淳于长案中的连坐问题：淳于长

---

① 王先谦《汉书补注》引王先恭的说法，对"六亲"诸说进行了分析，参王先谦：《汉书补注》影印本，北京：中华书局，1983 年，第 1055 页。

② 该篇收入贾谊的《新书·数宁》，钟夏《新书校注》加案语曰："《汉书补注》另有说，文长不录。此当以谊之所言为据，谓自祖以下六代子孙。详本书《六术》。"考《新书·六术》云："人之戚属，以六为法。人有六亲，六亲始曰父；父有二子，二子为昆弟；昆弟又有子，子从父而昆弟，故为从父昆弟；从父昆弟又有子，子从祖而昆弟，故为从祖昆弟；从祖昆弟又有子，子从曾祖而昆弟，故为从曾祖昆弟；从曾祖昆弟又有子，子为族兄弟，备于六，此之谓六亲。"钟夏之说可从。见贾谊著，阎振益、钟夏校注：《新书校注》，北京：中华书局，2000 年，第 35、317 页。

③ 王弼著，楼宇烈校释：《王弼集校释》，北京：中华书局，1980 年，第 43 页。

④ 《史记·秦本纪》载秦文公二十年，"法初有三族之罪"。（司马迁：《史记》卷五《秦本纪》，北京：中华书局，1959 年，第 179 页。）《后汉书·崔骃列传》载崔寔《政论》，其中提到"昔高祖令萧何作九章之律，有夷三族之令"。（范晔：《后汉书》卷五二《崔骃列传》，北京：中华书局，1965 年，第 1729 页。）《后汉书稽疑》引《太平御览》曰："高帝作九章之律，高后深三族之罪。"（曹金华：《后汉书稽疑》卷五二《崔骃列传》，北京：中华书局，2014 年，第 677 页。）则知三族之罪就是夷三族之罪。

⑤ 班固：《汉书》卷一《高帝纪》，北京：中华书局，1962 年，第 67 页。

⑥ 守屋美都雄著，钱杭、杨晓芬译：《中国古代的家族与国家》，上海：上海古籍出版社，2010 年，第 235 页。

⑦ 张晏的说法，得到很多学者的支持，如清代学者杜贵墀《汉律辑证》持此说，又如近代学者程树德《九朝律考·汉律考》亦从张晏之说。关于"三族"，有不同的理解，除了张晏的"父母兄弟妻子"说外，还有如淳的"父族、母族、妻族"说，还有郑玄的"父、子、孙"说及"父昆弟、己昆弟、子昆弟"说；参见沈家本撰，邓经元、骈宇骞点校：《历代刑法考·夷三族》，北京：中华书局，1985 年，第 71 页。王克奇、张汉东：《论秦汉的参夷法》，《山东师大学报（社会科学版）》，1988 年第 6 期，第 43 页。

的小妻乃始等人在淳于长案发前已弃去或改嫁，这些人是否应连坐。孔光
主张不当坐，其议提到：

> 大逆无道，父母妻子同产无少长皆弃市，欲惩后犯法者也。
> 夫妇之道，有义则合，无义则离。长未自知当坐大逆之法，而弃
> 去乃始等，或更嫁，义已绝，而欲以为长妻论杀之，名不正，不
> 当坐。①

孔光认为：按律法，妻本在连坐范围，但夫妇之道本以义合，乃始等
在淳于长事发前已"弃去"，夫妇之义早绝，所以不当坐。从史书记载
来看，"大逆无道"者，"父母妻子同产无少长皆弃市"，实为三族之
刑。如《汉书·晁错传》载景帝时吴楚之乱爆发，景帝接受爰盎的建
议，给晁错安的罪名便是"大逆无道"，于是"错当要斩，父母妻子
同产无少长皆弃市"②。曹魏时期，魏少帝高贵乡公因不满司马氏之专
政而起兵反抗，为司马氏手下成济等所杀。司马昭在给太后的上书中
说道："科律大逆无道，父母妻子同产皆斩。济凶戾悖逆，干国乱纪，
罪不容诛。辄敕侍御史收济家属，付廷尉，结正其罪。"③ 如淳注《汉
书》"大逆无道"即曰："律，大逆不道，父母妻子同产皆弃市。"④ 可见
司马昭所说的"科律"就是汉律。所谓"家属"，主要指的就是"父母妻
子同产"。

一、父母妻子

前文说到"家属"，在一个编户民家庭中，其最核心的家属首先肯定
是其妻子。正因妻子是最核心的家属，因而又被称为"累重"。所谓"累

---

① 班固：《汉书》卷八一《孔光传》，北京：中华书局，1962 年，第 3355 页。
② 班固：《汉书》卷四九《晁错传》，北京：中华书局，1962 年，第 2302 页。
③ 陈寿：《三国志》卷四《魏书·三少帝纪第四·高贵乡公髦》，北京：中华书局，
1982 年，第 146 页。
④ 班固：《汉书》卷五《景帝纪》，北京：中华书局，1962 年，第 142 页。

重",颜师古注曰"谓妻子也"①,又"谓妻子家属也"②。一称"妻子",一称"妻子家属",可见在颜师古眼中,妻子就是最主要的家属。《东观汉记·彭宠传》载:

> 彭宠故旧渤海赵宽妻子家属依托宠居,宽仇家赵伯有好奴,以赇宠。宠贪之,为尽杀宽家属。宠之教德不仁贪狼如此。③

一称"妻子家属",一称"家属",可见二者并无实质区别,"妻子家属"也就是"家属",具体所指则为妻子。

在西北汉简中,也可见这种"妻子"与"家属"连称的现象:

> (1) 校尉苞□□度远郡益寿塞徼召余十三人当为单乎(于)者苞上书谨□□为单乎(于)者十三人其一人葆塞稽朝候咸妻子家属及与同郡房智之将业(2000ES9SF4:10)④
>
> (2) 居摄三年六月丙子朔丙子张掖……
> 吏妻子家属夕客如牒谒移(73EJT24:75A)
> 如律令敢言之(73EJT24:75B)⑤

简文中的"妻子家属",似乎意在强调妻子。这可能与边塞吏卒家属随军状况有关:边塞吏卒的随军家属可能是"妻子自随"。妻子是家属的最主要的构成,这也是西北汉简中所见吏卒家庭以一夫一妇及未成年子女构成的核心家庭为主的主要原因。

---

① 班固:《汉书》卷六九《赵充国传》,北京:中华书局,1962年,第2991页。
② 班固:《汉书》卷九六下《西域传下》,北京:中华书局,1962年,第3912页。
③ 刘珍等撰,吴树平校注:《东观汉记校注》卷八《彭宠传》,北京:中华书局,2008年,第279页。
④ 孙家洲:《额济纳汉简释文校本》,北京:文物出版社,2007年,第85页。
⑤ 甘肃简牍保护研究中心、甘肃省文物考古研究所、甘肃省博物馆、中国文化遗产研究院古文献研究室、中国社会科学院简帛研究中心编:《肩水金关汉简(贰)》(中册),上海:中西书局,2013年,第287页。

如前所述，关于汉代家庭的规模问题，多数学者认可五口之家的说法。"五口之家"是否为汉代编户民之家的普遍形态似乎还可讨论①，但在儒家理想状态下的五口之家，或者如孟子所说的八口之家，都是包含父母妻子在内的。秦自商鞅变法实行分异令之后，父母可与一个成年子男共同生活，"'父母妻子'式的'五口之家'成为最完整的理想的家庭形态"②。"父母妻子"也是家属的主要构成，是家人的主要成员。

楚汉彭城之战，刘邦大败，家室为项羽所掳。《史记·高祖本纪》记载项羽"乃取汉王父母妻子于沛，置之军中以为质"③。同书《项羽本纪》载项羽与刘邦划鸿沟而治时，"即归汉王父母妻子"④，可知汉王被项羽所掳走的"家室"就是其"父母妻子"。又《史记·项羽本纪》载秦将章邯降项羽后，秦吏卒乃窃言曰：

> 章将军等诈吾属降诸侯，今能入关破秦，大善；即不能，诸侯虏吾属而东，秦必尽诛吾父母妻子。⑤

章邯属下秦吏卒家在关中，父母妻子是其家属。秦吏卒之所以担心事败家属被诛，可能与其父母妻子作为"质"拘于"保宫"有关。⑥ 有学者指出，这种家属的"质"与族刑是形式不同的控制手段，其目的都是保证当事人对君主的忠诚。⑦ 这种说法不无道理，之所以以父母妻子为"质"，就

---

① 李根蟠：《战国秦汉小农家庭规模及其变化机制——围绕"五口之家"的讨论》，收入张国刚主编：《家庭史研究的新视野》，北京：生活·读书·新知三联书店，2004年，第17—21页。

② 李根蟠：《战国秦汉小农家庭规模及其变化机制——围绕"五口之家"的讨论》，收入张国刚主编：《家庭史研究的新视野》，北京：生活·读书·新知三联书店，2004年，第22页。

③ 司马迁：《史记》卷八《高祖本纪》，北京：中华书局，1959年，第371页。

④ 司马迁：《史记》卷七《项羽本纪》，北京：中华书局，1959年，第331页。

⑤ 司马迁：《史记》卷七《项羽本纪》，北京：中华书局，1959年，第310页。

⑥ 王子今：《汉代军队中的"卒妻"身份》，《南都学坛（南阳师范学院人文社会科学学报）》，2009年第1期，第5页。

⑦ 小仓方彦撰，徐世虹译：《围绕族刑的几个问题》，收入杨一凡、寺田浩明主编：《日本学者中国法制史论著选·先秦秦汉卷》，北京：中华书局，2016年，第320页。

是因为他们是吏卒的主要家属，"质"的目的在于控制吏卒，一旦控制失败，则以族刑惩罚之。《史记·张耳列传》载贯高等因高祖对赵王张敖不敬，欲谋高祖，事泄牵连赵王张敖。贯高力证赵王不知情，乃有言曰："人情宁不各爱其父母妻子乎？"① 父母妻子是一般人的主要家人，因此贯高从一般人情出发，论述自己所言非虚。

汉元帝初元三年（前46）六月，曾下诏曰：

> 永惟烝庶之饥寒，远离父母妻子，劳于非业之作，卫于不居之宫，恐非所以佐阴阳之道也。其罢甘泉、建章宫卫，令就农。②

元帝提到宫卫"远离父母妻子，劳于非业之作，卫于不居之宫"，"非所以佐阴阳之道"，于是乃令甘泉、建章宫卫回家就农。由此可知，一般编户民是与父母妻子居于家，从事家人生产作业的，这才是佐阴阳之道。

因为妻子注家籍，这就决定了妻子是必然的"同居"对象。而父母可以选择和一个成年子男共同生活，也可以独自生活。在"民有二男以上"的情况下，父母的选择及其影响因素颇值得注意。

先看刘邦的例子。刘邦兄弟四人，长兄伯、次兄仲是刘邦同父同母兄弟，少弟交是刘邦同父异母弟。③ 刘邦之母刘媪可能早卒，刘邦之父太公应该是跟着刘邦一家生活。正因如此，太公才在彭城之战后与吕后、鲁元、孝惠一道为项羽所捕，被常置军中以为质。刘邦上有两个哥哥，而且均已成家，太公为何会选择与刘邦一家生活？按史书记载，刘邦长兄伯早卒，遗有妻（即刘邦之巨嫂）、子（刘信）。从刘邦微时常从巨嫂食的故事来看，刘邦之巨嫂一家当与太公分家别居。刘邦的次兄仲在高祖称帝后

---

① 司马迁：《史记》卷八九《张耳陈余列传》，北京：中华书局，1959年，第2584页。

② 班固：《汉书》卷九《元帝纪》，北京：中华书局，1962年，第284页。

③ 按《史记·楚元王世家》载刘交为刘邦"同母少弟"，《史记集解》引徐广曰："一作'父'。"《史记索隐》则曰："《汉书》作'同父'。言同父者，以明异母也。"今按《汉书·楚元王传》正作"同父少弟"，应以《汉书》记载为确。

被封为代王，后降为合阳侯，有子濞，后封为吴王。刘仲大概勤于稼穑，因此常为太公所称赞。刘邦不事"家人"之业，太公常拿其与刘仲比，说其"不如仲力"，可能这时刘邦、刘仲都是与太公一起生活，并未分家。刘邦为沛公时，"使仲与审食其留侍太上皇，交与萧、曹等俱从高祖见景驹"①。刘交为少弟，让其留侍太公似乎更合常理。刘邦却使仲留侍，而将交留在身边，可能是因为这时的刘邦是与父太公、少弟交同居。因为交年幼，无法照顾父亲生活，故而将此任务交给已分家的刘仲。笔者推测，刘仲应该是在刘邦成年后就分异出去了。可作为补充的是，在刘邦与项羽争天下时，项羽捕刘邦家属，其中未见"留侍太公"的刘仲。刘仲之子刘濞在高帝十一年时"二十岁"，可反推刘邦起义之初，刘濞已有数岁。因此，刘邦使仲留侍太公的主要原因可能是一直与父亲同居的刘邦此时已不能承担养亲之责任，故而将这一任务转交给业已分家的刘仲。看来，刘邦与太公同居的情况大致是这样形成的：太公长子伯可能在成家之后就分异出去了，后来次子刘仲也成家别居，剩有太公与成年子男刘邦、未成年子男刘交共同生活。从刘邦一家的情况看，秦时可能是严格执行了"民有二男以上不分异者，倍其赋"②的政策的。

刘邦之父选择与一成年子男生活在一起，而汉初的陆贾却选择独居。陆贾之事迹见前文，此不赘述。当然，陆贾的家庭观念颇为独特，行为也比较洒脱。陆贾有五子而独处，可能是比较另类的。大部分编户民家庭，父母可能会选择与一个成年子女共同生活。如汉相韦贤之例，韦贤有四子，韦玄成为少子。曾有相工相韦贤"当至丞相"，又相其子韦玄成曰："此子贵，当封。"对此，韦贤的回答是："我即为丞相，有长子，是安从得之？""后竟为丞相，病死，而长子有罪论，不得嗣，而立玄成。"③所谓"长子有罪"的"长子"指的是韦贤的第二子韦弘，因为长子方山早终，所以韦弘也就成了"长子"。韦贤第三子韦舜，"留鲁守坟墓"④。按

①　班固：《汉书》卷三六《楚元王传》，北京：中华书局，1962年，第1921页。
②　司马迁：《史记》卷六八《商君列传》，北京：中华书局，1959年，第2230页。
③　司马迁：《史记》卷九六《张丞相列传》，北京：中华书局，1959年，第2686页。
④　班固：《汉书》卷七三《韦贤传》，北京：中华书局，1962年，第3107页。

《汉书·韦贤传》载：

> 初，玄成兄弘为太常丞，职奉宗庙，典诸陵邑，烦剧多罪过。父贤以弘当为嗣，故敕令自免。弘怀谦，不去官。及贤病笃，弘竟坐宗庙事系狱，罪未决。室家问贤当为后者，贤恚恨不肯言。于是贤门下生博士义倩等与宗家计议，共矫贤令，使家丞上书言大行，以大河都尉玄成为后。①

韦贤长子早终，次子韦弘为太常丞，三子韦舜在鲁守坟墓，少子韦玄成为大河都尉，可见与韦贤在长安生活的只有韦弘。从常理推测，韦弘应该是与其父韦贤同居，照顾年迈的父母。韦贤病笃，韦弘坐事系狱，使得韦贤在立嗣问题上恚恨不语。韦玄成在外被立为嗣，是韦贤门下生与宗家"矫令"的结果。韦贤选择与次子韦弘同居，可能还是因其"太常丞"身份使得他能留侍左右。对于官宦之家，像韦贤诸子出仕多地的情况下，作为父母，其同居选择多采取就近原则。这点也可从晁错的例子看出，晁错为颍川人，景帝时为御史大夫，"请诸侯之罪过，削其地""诸侯皆喧哗疾晁错"②。晁错的父亲闻此，专门从颍川跑来劝说晁错，而晁错不听，错父遂饮药死。晁错所犯之罪为"大逆无道"，"错当要斩，父母妻子同产无少长皆弃市"③。可知晁错在颍川老家当有"同产"兄弟照顾父母。

再看万石君石奋的例子，万石君有四子，长子建，少子庆，余子失其名，四子均官至二千石，故号称"万石君"。史载："万石君家以孝谨闻乎郡国，虽齐鲁诸儒质行，皆自以为不及也。"④ 据《史记·万石君列传》载：

> 建老白首，万石君尚无恙。建为郎中令，每五日洗沐归谒亲，入

① 班固：《汉书》卷七三《韦贤传》，北京：中华书局，1962年，第3108页。
② 司马迁：《史记》卷一〇一《晁错列传》，北京：中华书局，1959年，第2747页。
③ 班固：《汉书》卷四九《晁错传》，北京：中华书局，1962年，第2302页。
④ 司马迁：《史记》卷一〇三《万石列传》，北京：中华书局，1959年，第2764页。

子舍，窃问侍者，取亲中裙厕牏，身自浣涤，复与侍者，不敢令万石君知，以为常。①

其时万石君尚居长安中戚里。所谓"子舍"，《史记索隐》曰："案：刘氏谓小房内，非正堂也。小颜以为诸子之舍，若今诸房也。"② 考《汉书·石奋传》颜注"入子舍"曰："入诸子之舍，自其所居也，若今言诸房矣。"③ 按颜师古说，万石君可能与诸子同居；从上引石建的故事看，石建可能与其父同居。从"万石君家以孝谨闻"的故事中也可看出，万石君家与一般官宦之家不同，可能是诸子共居。也正因如此，才有所谓"虽齐鲁诸儒质行，皆自以为不及"的说法。石建为郎中令，与父同居中戚里，此时的石奋为内史，可能也与其父同居。这点从《史记·万石列传》所载的石庆故事也可看出：

> 万石君徙居陵里。内史庆醉归，入外门不下车。万石君闻之，不食。庆恐，肉袒请罪，不许。举宗及兄建肉袒，万石君让曰："内史贵人，入闾里，里中长老皆走匿，而内史坐车中自如，固当！"乃谢罢庆。庆及诸子弟入里门，趋至家。④

"陵里"，《史记索隐》和《史记正义》都认为是"茂陵邑中里"。⑤ 石庆为内史，醉归里而不下车，为其父所训。从庆"肉袒请罪""举宗及兄建肉袒"等情况看，似乎万石君的宗族都居住在陵里，石建和石奋更不例外。看来万石君诸子成年之后并未分家，因其家"孝谨"，而为时所称许。万石君的例子终究是个例，还很难说这种诸子同居的现象具有多大普遍性。

---

① 司马迁：《史记》卷一〇三《万石列传》，北京：中华书局，1959年，第2765页。
② 司马迁：《史记》卷一〇三《万石列传》，北京：中华书局，1959年，第2765页。
③ 班固：《汉书》卷四六《石奋传》，北京：中华书局，1962年，第2195页。
④ 司马迁：《史记》卷一〇三《万石列传》，北京：中华书局，1959年，第2766页。
⑤ 司马迁：《史记》卷一〇三《万石列传》，北京：中华书局，1959年，第2766页。

《汉书·枚皋传》载枚乘之子枚皋故事：

> 皋字少孺。乘在梁时，取皋母为小妻。乘之东归也，皋母不肯随乘，乘怒，分皋数千钱，留与母居。年十七，上书梁共王，得召为郎。①

枚皋之母可能是寡居，因而才被枚乘娶为小妻。枚乘东归，枚皋与其母本应跟着一同前往。但是，枚乘的母亲不肯随乘，从而导致分居的出现。结果是枚乘给了枚皋数千钱，"留与母居"。枚乘走后，枚皋与母一起生活并承担养家责任。也正因如此，枚皋在十七岁即上书梁王，早年出仕为郎或与养家有关。枚皋与母同居，父亲犹在世，这种情况比较特殊。一般情况下，父亲去世，作为成年的儿子，有义务和责任承担起养母的重任。

《汉书·孙宝传》载：

> 会宝遣吏迎母，母道病，留弟家，独遣妻子。司直陈崇以奏宝，事下三公即讯。宝对曰："年七十悖眊，恩衰共养，营妻子，如章。"宝坐免，终于家。②

哀帝时，孙宝被免为庶人，直至哀帝崩、王莽执政，才被征为光禄大夫。也就是说，孙宝被免之后家居，是与母、妻子同居的。孙宝被征至长安，才有遣吏迎母、妻子的事发生。孙宝母留弟家、独遣妻子，被认为是"恩衰共养，营妻子"，终坐免，可见供养母亲在当时社会是一个最基本的道德底线。汉宣扬以孝治天下，对于官员的孝养问题自是十分重视。

代汉称帝的王莽，早年"事母及寡嫂，养孤兄子，行甚敕备"③，其孝行无疑也是其博得大名的主要原因之一。再如窦融，早年虽"以任侠为

---

① 班固：《汉书》卷五一《枚皋传》，北京：中华书局，1962年，第2366页。
② 班固：《汉书》卷七七《孙宝传》，北京：中华书局，1962年，第3263页。
③ 班固：《汉书》卷九九上《王莽传上》，北京：中华书局，1962年，第4039页。

名"，"然事母兄，养弱弟，内修行义"。① 又如后汉"巨孝"江革，早年丧父，独与母居。史载江革"巨孝"之名由来：

> 建武末年，与母归乡里。每至岁时，县当案比，革以母老，不欲摇动，自在辕中挽车，不用牛马，由是乡里称之曰"江巨孝"。②

为担心母老而坐车摇动，江革"自在辕中挽车"，前往县里参加案比，其行为也为其博得"江巨孝"之美名。

约与江革同时期的周磐，早年"居贫养母，俭薄不充"；后就孝廉之举，出仕为官；不久便因思母，"弃官还乡里"；母殁服终，"遂庐于冢侧"，终身不仕。③ 又周磐同郡蔡顺，"亦以至孝称"：

> 顺少孤，养母……母年九十，以寿终。未及得葬，里中灾，火将逼其舍，顺抱伏棺枢，号哭叫天，火遂越烧它室，顺独得免。太守韩崇召为东阁祭酒。母平生畏雷，自亡后，每有雷震，顺辄圆冢泣，曰："顺在此。"崇闻之，每雷辄为差车马到墓所。后太守鲍众举孝廉，顺不能远离坟墓，遂不就。年八十，终于家。④

蔡顺少孤养母，从其"号哭叫天"的故事以及从"太守鲍众举孝廉，顺不能远离坟墓，遂不就"的记载来看，蔡顺的孝当出于天性，而非为举孝廉而伪为之者。东郡赵咨，夜遇盗，恐母惊惧，乃开门迎盗，并谢曰："老母八十，疾病须养，居贫，朝夕无储，乞少置衣粮。"⑤ 可见赵咨也是一个居贫养母的孝子。刘茂"少孤，独侍母居。家贫，以筋力致养，孝行著于

---

① 范晔：《后汉书》卷二三《窦融列传》，北京：中华书局，1965年，第795页。
② 范晔：《后汉书》卷三九《江革列传》，北京：中华书局，1965年，第1302页。
③ 范晔：《后汉书》卷三九《周磐列传》，北京：中华书局，1965年，第1311页。
④ 范晔：《后汉书》卷三九《周磐列传》，北京：中华书局，1965年，第1312页。
⑤ 范晔：《后汉书》卷三九《赵咨列传》，北京：中华书局，1965年，第1313页。

乡里"①。韩棱"四岁而孤，养母弟以孝友称"②。可见父亲早亡，养家的重任一般落在长子身上。然而，也有特殊情况，如班超：

> 永平五年，兄固被召诣校书郎，超与母随至洛阳。家贫，常为官佣书以供养。③

所谓"为官佣书以供养"，也就是班固说的"为官写书，受直以养老母"④。因为班固为校书郎，不能居家养母，故而班超顶替了其兄的责任。

二、同产

首先，这里需对"同产"作一说明。颜师古注《汉书》，认为"同产"指兄弟，但也承认姊妹是"同产"。⑤从史书中所见"同产姊"⑥、"同产妹"⑦等称谓看，"同产"除指兄弟外，也可包括姊妹在内。出土简牍材料亦证明秦汉时期的"同产"包含兄弟姊妹在内，如张家山汉简《二年律令·置后律》载：

> □□□□为县官有为也，以其故死若伤二旬中死，皆为死事者，令子男袭其爵。毋爵者，其后为公士。毋子男以女，毋女以父，毋父以母，毋母以男同产，毋男同产以女同产，毋女同产以妻。诸死事当置后，毋父母、妻子、同产者，以大父，毋大父以大母与同居

---

① 范晔：《后汉书》卷八一《独行列传·刘茂》，北京：中华书局，1965 年，第 2671 页。

② 范晔：《后汉书》卷四五《韩棱列传》，北京：中华书局，1965 年，第 1534 页。

③ 范晔：《后汉书》卷四七《班超列传》，北京：中华书局，1965 年，第 1571 页。

④ 范晔：《后汉书》卷四七《班超列传》，北京：中华书局，1965 年，第 1571 页。

⑤ 颜师古注《汉书》之《元帝纪》《龚胜传》《循吏传》，"同产"都认为是兄弟，但在注《广川王刘越传》刘越之子齐"与同产奸"时，指出此处"同产""谓其姊妹也"。可见颜师古的注是针对具体情况而言，并不是如有的学者所说，将姊妹排除在同产之外。

⑥ 司马迁：《史记》卷五九《五宗世家》，北京：中华书局，1959 年，第 2099 页。

⑦ 班固：《汉书》卷一四《诸侯王表》，北京：中华书局，1962 年，第 409 页。

数者。①

这里明确提到"男同产""女同产""同产",且所谓"毋父母、妻子、同产者"中的"同产",显然包括"男同产"与"女同产"。

关于同产,又有所谓"同父"与"同母"之争。《汉书·元后传》载:

> 河平二年,上悉封舅谭为平阿侯,商成都侯,立红阳侯,根曲阳侯,逢时高平侯。五人同日封,故世谓之"五侯"。太后同产唯曼蚤卒,余毕侯矣。②

颜师古注"同产"引三国魏人张晏的说法,认为:"同父则为同产,不必同母也。上言唯凤、崇同母也。"③ 显然,张晏的说法符合《元后传》的记载。然而,唐人李贤注《后汉书·显宗孝明帝纪》"爵过公乘,得移与子若同产、同产子"谓:"同产,同母兄弟也。"④ 李贤的这一说法为元人胡三省所接受,胡三省在注《资治通鉴·汉纪》平帝元始元年"又令诸侯王公、列侯、关内侯无子而有孙若同产子者,皆得以为嗣"条,谓:"同产子,同母兄弟之子。"⑤ 这一观点在今天仍有很大影响,有的学者认为汉人的同产是以母亲为中心的称谓,它是春秋时同母兄弟的遗风。⑥ 然而,《汉书·元后传》的例证说明李贤的认识是错误的,同父异母显然也可称同产。同母异父,正如有的学者所指出的,"可称兄弟""却不属同产范畴"⑦。

---

① 张家山二四七号汉墓竹简整理小组编:《张家山汉墓竹简〔二四七号墓〕(释文修订本)》,北京:文物出版社,2006年,第59页。

② 班固:《汉书》卷九八《元后传》,北京:中华书局,1962年,第4018页。

③ 班固:《汉书》卷九八《元后传》,北京:中华书局,1962年,第4018页。

④ 范晔:《后汉书》卷二《显宗孝明帝纪》,北京:中华书局,1965年,第96-97页。

⑤ 司马光:《资治通鉴》卷三五《汉纪》,北京:中华书局,1956年,第1131页。

⑥ 阎爱民:《汉晋家族研究》,上海:上海人民出版社,2005年,第190页。

⑦ 孙闻博:《秦汉简牍中所见特殊类型奸罪研究》,《中国历史文物》,2008年第3期,第67页。

所举《汉书·外戚传》甚能反映这一事实：

> 傅太后父同产弟四人，曰子孟、中叔、子元、幼君……太后同母
> 弟郑恽前死，以恽子业为阳信侯，追尊恽为阳信节侯。郑氏、傅氏侯
> 者凡六人，大司马二人，九卿二千石六人，侍中诸曹十余人。[①]

傅太后"父同产"也就是其同父弟，"同母弟"郑恽是其同母异父弟。这
里的"父同产弟"与"同母弟"分述，显然有别，"同母弟"显然不属于
"同产"范畴。由此可见，张晏的注是正确的，所谓同产，是以同父为条
件的，而不必同母。[②]

综上可知，所谓同产，指同父所生之同姓兄弟姊妹。[③] 前文已述，父
母妻子同产是三族的范围，也是同居的范围。妻子是最核心的家属，其次
则是父母，再次应是同居之同产。秦自商鞅变法以后，实行分异令，"民
有二男以上不分异者，倍其赋"[④]，造成"秦人家富子壮则出分，家贫子壮
则出赘"[⑤]。贾谊批评秦的分异政策，但也承认其分异的前提是"子壮"。
换言之，秦人家庭不得有两个及以上成年儿子与父母同居。这就意味着一
般编户民家庭似乎不存在成年兄弟同居的现象。然而，现实生活未必如法
律规定一般整齐划一。

先看战国晚期周人苏秦的例子。苏秦早年不治产业，出游于外却一事
无成，大困而归：

> 兄弟嫂妹妻妾窃皆笑之，曰："周人之俗，治产业，力工商，逐

---

①　班固：《汉书》卷九七《外戚传·孝元傅昭仪》，北京：中华书局，1962 年，第
4002 页。

②　邢义田：《张家山汉简〈二年律令〉读记》，收入氏著：《地不爱宝：汉代的简
牍》，北京：中华书局，2011 年，第 192 页。

③　孙闻博：《秦汉简牍中所见特殊类型奸罪研究》，《中国历史文物》，2008 年第 3
期，第 67 页。

④　司马迁：《史记》卷六八《商君列传》，北京：中华书局，1959 年，第 2230 页。

⑤　班固：《汉书》卷四八《贾谊传》，北京：中华书局，1962 年，第 2244 页。

什二以为务。今子释本而事口舌，困，不亦宜乎！"苏秦闻之而惭，自伤，乃闭室不出，出其书遍观之。①

　　从其"兄弟嫂妹妻妾"等窃笑看，苏秦可能是与其兄弟嫂妹等同居。所谓"闭室不出"，室指的可能是其卧室。后来，苏秦终于凭着"口舌"之力而飞黄腾达，其"昆弟妻嫂侧目不敢仰视，俯伏侍取食"，使得苏秦大为感叹："且使我有雒阳负郭田二顷，吾岂能佩六国相印乎！"② 按《史记·苏秦列传》载："苏秦之弟曰代，代弟苏厉，见兄遂，亦皆学。"③ 乃至太史公叹曰："苏秦兄弟三人，皆游说诸侯以显名，其术长于权变。"④ 前述苏秦困归，兄弟嫂妹妻妾皆笑之，则知苏秦上有兄，下有弟、妹，其家庭成员可谓众多，与秦所谓"子壮出分"的情况似有不同。苏秦的例子表明，周人之俗似乎没有像秦人那样，实行分异之令。

　　再看秦的情况。前面说到秦时刘邦家族的情况，刘邦兄弟四人，太公与刘邦一家同居，而其他诸子显然是分异出去了。从刘邦的例子可以看出，秦时应严格执行了商鞅变法以来所施行的"分异令"政策。然而，秦末的陈平与兄同居：

　　　　陈丞相平者，阳武户牖乡人也。少时家贫，好读书，有田三十亩，独与兄伯居。伯常耕田，纵平使游学。平为人长大美色。人或谓陈平曰："贫何食而肥若是？"其嫂嫉平之不视家生产，曰："亦食糠核耳。有叔如此，不如无有。"伯闻之，逐其妇而弃之。⑤

从"独与兄伯居"的记载来看，陈平兄弟应该是父母已亡。当然，未成年的陈平与成年兄长居，似乎符合秦法规定。我们不清楚陈平在成年后是否

_____

① 司马迁：《史记》卷六九《苏秦列传》，北京：中华书局，1959 年，第 2241 页。
② 司马迁：《史记》卷六九《苏秦列传》，北京：中华书局，1959 年，第 2262 页。
③ 司马迁：《史记》卷六九《苏秦列传》，北京：中华书局，1959 年，第 2266 页。
④ 司马迁：《史记》卷六九《苏秦列传》，北京：中华书局，1959 年，第 2277 页。
⑤ 司马迁：《史记》卷五六《陈丞相世家》，北京：中华书局，1959 年，第 2051 页。

还是与其兄嫂居，但从"其嫂嫉平之不视家生产"的情况看，陈平当时是有能力从事"耕田"等生产的。由此推测，这时的陈平年龄可能已经不小了，但似乎还未成年。按《史记·陈丞相世家》载：

> 及平长，可娶妻，富人莫肯与者，贫者平亦耻之。久之，户牖富人有张负，张负女孙五嫁而夫辄死，人莫敢娶。平欲得之。邑中有丧，平贫，侍丧，以先往后罢为助。张负既见之丧所，独视伟平，平亦以故后去。负随平至其家，家乃负郭穷巷，以毕席为门，然门外多有长者车辙……卒与女。为平贫，乃假贷币以聘，予酒肉之资以内妇。负诫其孙曰："毋以贫故，事人不谨。事兄伯如事父，事嫂如母。"平既娶张氏女，赍用益饶，游道日广。①

所谓"及平长，可娶妻"，说明在此之前记载的都是陈平未成年之前的事迹。陈平娶妻的过程中，未见其兄任何活动事迹。张负还曾亲自考察过陈平家，这时的陈平已然与兄伯分居。张负告诫其女孙要"事兄伯如事父，事嫂如母"，这种告诫只能看作教育晚辈要孝顺长辈，却不能直接得出陈平婚后还是与兄嫂同居的结论。笔者推测，陈平成年之后，应该是与其兄分居了。娶张氏女之后，更不可能与兄嫂再同居，所谓"平既娶张氏女，赍用益饶"，说的是陈平的家境由此变好了，却没有提到其兄嫂的生活是否有所改善。直到陈涉起事，"陈平固已前谢其兄伯，从少年往事魏王咎于临济"②。所谓"前谢其兄伯"，《史记集解》引《汉书音义》曰："谢语其兄往事魏。"③ 可以看出，陈平虽与兄分居，但兄长毕竟是其唯一之亲人，因此在其投军时，要向兄长告别。陈平之谢兄伯，可能也是为了将新

---

① 司马迁：《史记》卷五六《陈丞相世家》，北京：中华书局，1959 年，第 2051-2052 页。

② 司马迁：《史记》卷五六《陈丞相世家》，北京：中华书局，1959 年，第 2052-2053 页。

③ 司马迁：《史记》卷五六《陈丞相世家》，北京：中华书局，1959 年，第 2053 页。

妇托付于兄长照顾。① 从这种托付也可看出，此时的陈平与其兄伯属于分异别居的状态。但是陈平早期毕竟多年与兄嫂同居，因此才有"盗嫂"之冤。②

汉初的张释之也是与其兄同居，史载：

> 有兄仲同居。以訾为骑郎，事孝文帝，十岁不得调，无所知名。释之曰："久宦减仲之产，不遂。"欲自免归。③

张释之与兄仲同居，以訾为骑郎，事文帝十年不得调，可见这时的张释之应该早已成年。从"久宦减仲之产"的记载来看，张释之与其兄应是同籍共财的关系。张释之成年后还与其兄同居，这与秦法所谓"民有二男以上不分异者，倍其赋"④ 的规定显然不相容。当然，从张释之"以訾为骑郎"的故事看，张释之家境还是不错的，可能也不是太在乎"倍赋"的惩罚。

再如前引汉初的万石君诸子，显然也是同居共财。然而，正如笔者前述，万石君家的例子毕竟是特例。所谓"虽齐鲁诸儒质行，皆自以为不及也"⑤，连齐鲁诸儒都自以为不及，一般民众更可想而知了。汉武帝时期的东方朔，在上书中自称"少失父母，长养兄嫂"⑥。所谓"长养兄嫂"，可能是其兄嫂年纪已大。"少失父母"的东方朔，应该是与陈平一样，为兄嫂所养大。也正因如此，在其成年后，要承担起"养兄嫂"的责任。这与

---

①　许倬云即推测陈平投军时，其新妇张氏可能是托其兄伯代为照顾的。这种推测合情合理，符合当时的实际情况。参许倬云：《汉代家庭的大小》，收入氏著：《求古编》，北京：新星出版社，2006 年，第 393 页。

②　陈平为高祖所重用，遭到大臣绛侯、灌婴等诋毁，说其居家时盗嫂。见司马迁：《史记》卷五六《陈丞相世家》，北京：中华书局，1959 年，第 2054 页。

③　司马迁：《史记》卷一〇二《张释之列传》，北京：中华书局，1959 年，第 2751 页。

④　司马迁：《史记》卷六八《商君列传》，北京：中华书局，1959 年，第 2230 页。

⑤　司马迁：《史记》卷一〇三《万石列传》，北京：中华书局，1959 年，第 2764 页。

⑥　班固：《汉书》卷六五《东方朔传》，北京：中华书局，1962 年，第 2841 页。

张负告诫其女孙"事兄伯如事父，事嫂如母"一样，所谓"养"，未必需要同居。因此，东方朔的情况应该与陈平有些相似。至于前文所述武帝时期的卜氏，在弟未成年时与之同居，待其成年后则选择"出分"。

综上可知，秦及西汉，成年兄弟同居的例子并不多见，它反映出"分异令"在这一时期执行得比较彻底，民有二男以上者，可能大多会选择分家。东汉时期，兄弟成年而同居的例子逐渐增多。前文在讨论秦汉时期"同居"范围扩大的问题时，已举出不少东汉时期兄弟同居的具体实例。但是，从总体上看，东汉时期累世同居的现象还不普遍，所谓"礼有分异之义，家有别居之道"。

此外，至于女同产与兄弟的同居情况，大概不外乎女同产未出嫁之时。如战国时期聂政的故事，聂政初与母、姊同居，因母老、姊未嫁，故而未答应严仲子的请求。在姊嫁人、母去世之后，聂政才去刺杀韩相，以报严仲子的知遇之恩。[1] 再如秦末汉初万石君的例子，万石君初从高祖，高祖问其家人，万石君答曰："有母，不幸失明。家贫。有姊，能鼓瑟。"[2]可知万石君与聂政一样，是与母、未出嫁姊同居。

至于一辈子不嫁而与娘家一直同居的情况，现实生活中应当不少，但这种行为受到政府的打压。西汉初期，惠帝曾下令："女子年十五以上至三十不嫁，五算。"[3] 颜师古注曰：

> 应劭曰："《国语》越王勾践令国中女子年十七不嫁者父母有罪，欲人民繁息也。汉律人出一算，算百二十钱，唯贾人与奴婢倍算。今使五算，罪谪之也。"孟康曰："或云复之也。"师古曰："应说是。"[4]

应劭提到汉律贾人与奴婢倍算的情况，与之相比，"年十五以上至三十不嫁"的女子是五算，惩罚可谓相对严厉。十五是女子一生中一个重要的年

---

[1] 司马迁：《史记》卷八六《刺客列传》，北京：中华书局，1959 年，第 2525 页。
[2] 班固：《汉书》卷四六《石奋传》，北京：中华书局，1962 年，第 2193 页。
[3] 班固：《汉书》卷二《惠帝纪》，北京：中华书局，1962 年，第 91 页。
[4] 班固：《汉书》卷二《惠帝纪》，北京：中华书局，1962 年，第 91 页。

龄段，所谓"女子年十五，毋敢不事人"①。汉初的"五算"之令，可能有其特殊原因：因秦汉之际战乱的影响，人口锐减，惠帝的诏书用意与勾践一样，旨在"人民繁息"。动乱结束，人民安居之后，对于不出嫁之女子，是否还有"五算"的重惩，可能还是一个问题。尽管如此，两汉时期的任何时段，人口的繁息都是地方吏员政绩考核的主要内容，因此，对于已成年而不出嫁的行为，恐怕还是以"罪谪"为主。这也是我们在史书记载中，很少见成年女子居家不嫁的主要原因。

根据上述，秦汉时以父母、妻子、同产为中心的所谓三族无疑是一般编户民之家最主要的"同居"范围。其中，妻子自然是编户民家庭中最核心的家人。体现在户籍管理上，妻子必然注家籍；体现在民众生活中，妻子又被称为"累重"。妻子而外，一般编户民家庭中较重要的家人则为父母。"一夫一妇，受田百亩，以养父母妻子，五口为一家"是儒家的理想家庭生活景象。对于户人而言，上养父母，下畜妻子，是其基本的责任和义不容辞的义务。父母妻子由此也构成一般编户民家庭的主要家属。

秦自商鞅变法以后，施行"分异令"，"民有二男以上不分异者，倍其赋"，使得成年兄弟分异别居成为普遍现象。从秦及汉初的例子看，"分异令"执行得较为彻底。东汉以降，由于儒家伦理的渗入，兄弟同居的例子逐渐增多。尽管如此，"礼有分异之义，家有别居之道"仍为社会主流思想，兄弟成年后分异别居仍为时代主流。

---

① 吴毓江撰，孙启治点校：《墨子校注》卷六《节用上》，北京：中华书局，2006年，第248页。

第三章
秦汉编户民之家的分化

　　秦汉时期，国家统治基础是除皇家宗室、官僚贵族等特殊群体之外的广大吏民群体，又称编户齐民。编户齐民政治、法律身份齐等无贵贱，然其经济身份因人而异。从经济角度而言，有所谓大家、中家与小家之分。大家、中家与小家均为国家编户齐民，是国家赋役的主要来源。然因大家常倚经济优势而兼役中小之家，甚而由此武断乡曲，对地方社会产生重要影响。中小之家因豪富大家转嫁赋役而压力骤增，最终走向破产、流亡。

　　值得深思的是，在政治上本是"齐民"身份的大中小家，为何会向着"不齐"的方向发展？这其中，经济因素自然是关键因素。编户齐民自身的分化，是因其自身的经济力量的发展变化所致：豪强大家因经济实力雄厚，可以兼役中小之家；中小之家在经济破产的同时，无法完成国家赋役，只能投身豪强大家寻求庇护。

　　经济因素之外，似乎也不能忽视其他因素的影响。秦晖即指出，"中国历史上所谓的'兼并'在本质上并不是经济行为而是权力行为"[1]，而"兼并"正是编户民之家分化的一个重要因素。汉武帝之后，豪富大家兼

---

　　① 秦晖：《中国经济史上的怪圈："抑兼并"与"不抑兼并"》，收入氏著：《传统十论：本土社会的制度、文化及其变革》，太原：山西人民出版社，2019年，第44页。

役小民的情况日趋严重，"抑兼并"遂成为统治者的一个重要话题。在"抑兼并"与"不抑兼并"之间，两汉政权也常争议不断。但从整体历史而言，"抑兼并"成为两汉政权所能想到的解决社会分化危机的主要手段，然其收效常常有限。因此，系统梳理秦汉时期编户民之家的分化、演变过程及其主要影响因素，有助于加深对秦汉编户民之家的实际状态及其与国家、社会关系的认识。

第一节　汉代的大家、中家与小家

前文已述，学界一般认为秦汉时期的主流家庭结构和规模为以核心家庭为主的五口之家。尽管如此，在经济形态上，汉代社会仍有所谓大家、中家、小家之分。① 大家、中家、小家之说在汉代十分流行，是一个深入人心的概念。其实，这种因经济因素造成的大小家的划分，早在编户民之家出现之初就已存在，在先秦文献中即可见大家、小家的相关记载。如《管子·山国轨》曰："田轨之有余于其人食者，谨置公币焉。大家众，小家寡。"② "大家""小家"是相对而言的，所谓"大家众，小家寡"，应是交"公币"的多寡大小家有别，其划分依据应该是资产。

《管子》一书中还多次出现"巨家"与"小家"之对比，如《山国轨》载桓公与管子对话：

> "吾欲立轨官，为之奈何？"管子对曰："盐铁之策，足以立轨官。"桓公曰："奈何？"管子对曰："龙夏之地，布黄金九千。以币赀金，巨家以金，小家以币。周岐山至于峥丘之西塞丘者，山邑之田也，布币称贫富而调之。周寿陵而东至少沙者，中田也，据之以币，

---

① 参冉昭德：《汉代的大家、中家和小家》，收入杨倩如编：《冉昭德文存》，济南：山东大学出版社，2014 年，第 178 页。

② 黎翔凤撰，梁运华整理：《管子校注》卷二二《山国轨》，北京：中华书局，2004 年，第 1284 页。

巨家以金，小家以币。"①

所谓"巨家"实即"大家"②，其与"小家"的划分标准仍是资产。类似记载，同篇又有"巨家重葬其亲者，服重租。小家菲葬其亲者，服小租。巨家美修其宫室者，服重租。小家为室庐者，服小租"③。

《管子》一书非一人一时之作，已为学界共识。④上引《管子·山国轨》出自《管子·轻重》篇，据马非百考证，《轻重》篇成于汉人之手。⑤从《山国轨》里对大家（巨家）、小家的记载来看，或可印证马非百之说。但是，即便如此，仍不能排除这里的大家（巨家）、小家的称谓在先秦时期业已出现的可能。

《墨子》一书里亦明确出现"大家""小家"的记载，并表现出著者对"大家"之乱"小家"现象的痛恨，如《墨子·兼爱》载：

> 子墨子言曰：仁人之事者，必务求兴天下之利，除天下之害。然当今之时，天下之害孰为大？曰：若大国之攻小国也，大家之乱小家也，强之劫弱，众之暴寡，诈之谋愚，贵之敖贱，此天下之害也。⑥

---

① 黎翔凤撰，梁运华整理：《管子校注》卷二二《山国轨》，北京：中华书局，2004年，第1293-1294页。

② 马非百即指出"大家"即"巨家"，并认为"大家""巨家"与"小家"二者贫富差距明显。参马非百：《管子轻重篇新诠》卷七《山国轨》，北京：中华书局，1979年，第274页。

③ 黎翔凤撰，梁运华整理：《管子校注》卷二二《山国轨》，北京：中华书局，2004年，第1297页。

④ 黎翔凤撰，梁运华整理：《管子校注·序论》，北京：中华书局，2004年，第15页。

⑤ 马非百：《论管子轻重上——关于管子轻重的著作年代》，收入氏著：《管子轻重篇新诠》，北京：中华书局，1979年，第3-50页。

⑥ 吴毓江撰，孙启治点校：《墨子校注》卷四《兼爱下》，北京：中华书局，2006年，第175页。

"大家之乱小家"，有时又作"大家篡小家"①，"大家即伐小家"②。

《墨子》与《管子》一样，也非成于一时一家之手。据吴毓江考证，上引《兼爱》，盖为墨子弟子后学记墨子之言论、学说，或加以阐发而成者。③ 因此，以上记载反映的是大家、小家之说在战国的流行。

成书于汉武帝时期的《淮南子》一书，其有关"大家""小家"之说，即承自先秦诸子。如《淮南子·说山训》载"大家攻小家则为暴，大国并小国则为贤。小马非大马之类也，小知非大知之类也"④。《淮南子集释》引陈直之说，认为"大中小三家为汉时之口头语"，实则在汉之前，大小家之说已十分普遍。

一、大家、中家和小家的划分标准

那么，这些大中小家的资产划分标准是多少呢？

首先，关于中家，论者一般都注意到汉文帝时期的一段材料。⑤ 按《史记·孝文本纪》载：

> （帝）尝欲作露台，召匠计之，直百金。上曰："百金中民十家之产，吾奉先帝宫室，常恐羞之，何以台为！"⑥

"中民"，《汉书》作"中人"，指的就是中家。按汉文帝的说法，中家资

---

① 吴毓江撰，孙启治点校：《墨子校注》卷七《天志上》，北京：中华书局，2006年，第296页。

② 吴毓江撰，孙启治点校：《墨子校注》卷八《非乐上》，北京：中华书局，2006年，第380页。

③ 吴毓江撰，孙启治点校：《墨子校注》附录《墨子各篇真伪考》，北京：中华书局，2006年，第1034页。

④ 刘安等著，何宁撰：《淮南子集释》卷一六《说山训》，北京：中华书局，1998年，第1130页。

⑤ 参冉昭德：《汉代的大家、中家和小家》，收入杨倩如编：《冉昭德文存》，济南：山东大学出版社，2014年，第181页；刘敏：《秦汉编户民问题研究——以与吏民、爵制、皇权关系为重点》，北京：中华书局，2014年，第117页。

⑥ 司马迁：《史记》卷一〇《孝文本纪》，北京：中华书局，1959年，第433页。

产为"十金"（十万钱）。刘敏指出，汉人"常用'十金'来说人说事"①。其实在汉以前，"十金"也是一个重要数字。如《史记·田敬仲完世家》载齐威王时期事：

> 三十五年，公孙阅又谓成侯忌曰："公何不令人操十金卜于市，曰'我田忌之人也。吾三战而三胜，声威天下。欲为大事，亦吉乎不吉乎'？"卜者出，因令人捕为之卜者，验其辞于王之所。田忌闻之，因率其徒袭攻临淄，求成侯，不胜而奔。②

公孙阅说到"令人操十金卜于市"，这一故事与商鞅变法初徙木立信的故事颇为相似。据《史记·商君列传》载：

> 令既具，未布，恐民之不信，已乃立三丈之木于国都市南门，募民有能徙置北门者予十金。民怪之，莫敢徙。复曰"能徙者予五十金"。有一人徙之，辄予五十金，以明不欺。卒下令。③

商鞅用徙木立信的方法为法令的发布与施行创造群众基础，其募民徙木之金起初为"十金"，后因无人应而加至"五十金"。为什么时人首先想到的是"十金"？恐怕"十金"也是当时中家的一个标准资产。

正因如此，所以汉人常以家产"十金"来形容一些官吏、社会名流或清廉或轻财重义的品行。如西汉游侠剧孟，史载其"母死，自远方送丧盖千乘"，可见其社会影响之巨。而当剧孟死时，"家无余十金之财"④。太史公的记载，显然是为了凸显剧孟重义轻财的"侠"的一面。又如汉末扬

---

①　刘敏：《秦汉编户民问题研究——以与吏民、爵制、皇权关系为重点》，北京：中华书局，2014 年，第 117 页。

②　司马迁：《史记》卷四六《田敬仲完世家》，北京：中华书局，1959 年，第 1893 页。

③　司马迁：《史记》卷六八《商君列传》，北京：中华书局，1959 年，第 2231 页。

④　司马迁：《史记》卷一二四《游侠列传》，北京：中华书局，1959 年，第 3184 页。

雄，"家产不过十金，乏无儋石之储，晏如也"①，充分体现出扬雄"少耆欲，不汲汲于富贵，不戚戚于贫贱"②的品行。扬雄在其所著《法言·序》中，追述自己的家世，提到其五世祖扬季"官至卢江太守，有田一廛，有宅一区，世世以农桑为业，家产不过十金"③。可知扬雄的不求富贵，有家世的影响。东汉祭彤，"在辽东十余年，无十金之资，天子知其清"④。

"十金"为中家的标准资产，对于一般吏民，其重要性不言而喻。也正因"十金"这一数目比较重要，故而汉代有"主守盗十金罪"⑤。如《汉书·陈咸传》载翟方进为丞相，奏咸之罪，其一即为"主守盗"⑥。颜师古注引如淳曰："律，主守而盗直十金，弃市。"⑦ "主守盗十金"即"弃市"，惩处可谓相当严苛。⑧

"十金"（十万钱）应是中家的资产下限，这一数字应该是早已形成的通行于世的普遍观念。应该看到，这一数字有一定的稳定性。有的学者

① 班固：《汉书》卷八七《扬雄传》，北京：中华书局，1962年，第3514页。
② 班固：《汉书》卷八七《扬雄传》，北京：中华书局，1962年，第3514页。
③ 汪荣宝撰，陈仲夫点校：《法言义疏》卷二《学行卷》疏引《扬子云集序》，北京：中华书局，1987年，第38页。
④ 袁宏撰，张烈点校：《后汉纪》卷一〇《孝明皇帝纪下》，北京：中华书局，2002年，第192页。
⑤ 关于"主守盗"，颜师古注引孟康曰："法有主守盗，断官钱自入己也。"（班固：《汉书》卷八三《薛宣传》，北京：中华书局，1962年，第3388页。）又《汉书·刑法志》有"守县官财物而即盗之"罪，颜师古注曰："即今律所谓主守自盗者也。"（班固：《汉书》卷二三《刑法志》，北京：中华书局，1962年，第1100页。）则知汉唐均有"主守盗"罪。沈家本认为："主守并在官任用之人，守之正以防盗，乃他人不盗而自盗之，其情节实较他盗为重。汉法十金即弃市，虽重，亦不为过。《唐律》三十匹绞，尚遵用汉法，不为贪吏开幸门也。"见沈家本撰，邓经元、骈宇骞点校：《历代刑法考·汉律摭遗》卷二《盗律》，北京：中华书局，1985年，第1397-1398页。
⑥ 班固：《汉书》卷六六《陈咸传》，北京：中华书局，1962年，第2902页。
⑦ 班固：《汉书》卷六六《陈咸传》，北京：中华书局，1962年，第2902页。
⑧ 《汉书·冯奉世传》和《翟方进传》都记载了"主守盗十金"的实例，其惩处都相当严格，可见这一律令得以实际施行。参班固：《汉书》卷七九《冯奉世传》，北京：中华书局，1962年，第3302页；班固：《汉书》卷八四《翟方进传》，北京：中华书局，1962年，第3425页。

根据汉景帝后二年的诏书将为吏之訾由十算（十万）改为四算（四万），进而认为中家的资产数额，"汉景帝以前大约是十万，以后大约是四万"①。今按景帝诏书曰：

> 人不患其不知，患其为诈也；不患其不勇，患其为暴也；不患其不富，患其亡厌也。其唯廉士，寡欲易足。今訾算十以上乃得宦，廉士算不必众。有市籍不得宦，无訾又不得宦，朕甚愍之。訾算四得宦，亡令廉士久失职，贪夫长利。②

值得注意的是颜师古引应劭的注："古者疾吏之贪，衣食足知荣辱，限訾十算乃得为吏。十算，十万也。贾人有财不得为吏，廉士无訾又不得宦，故减訾四算得宦矣。"③ 在应劭看来，"訾十算"才能"衣食足"，"十算"显然指的是中家之产。从"限訾十算乃得为吏"看来，在景帝下诏之前，汉代任官为吏的家资标准确实是以中家的家产作为衡量的。

景帝令"訾算四得宦"，当然是降低了为吏的资产标准，但这是否说明中家的资产下限也跟着降低了呢？笔者以为，第一，中家资产在"十金"以上，这是民间社会长期以来形成的一种认识，汉统治者似乎很难以一道诏令改变这一根深蒂固的观念。第二，从汉景帝的诏书以及应劭的注来看，汉景帝的减訾为吏为的是给廉士创造更多的出仕机会。将"訾算十以上乃得宦"改为"訾算四得宦"，为的是扩大为吏者的范围，这也从另一个角度说明景帝的诏书是给中家以下的吏民也就是小家以出仕的机会。第三，从景帝以后的历史记载来看，"十万钱"似乎仍是当时社会认可的中家家资的下限。如汉哀帝即位之初，天灾不断，哀帝下诏抚恤受灾民众：

① 刘敏：《秦汉编户民问题研究——以与吏民、爵制、皇权关系为重点》，北京：中华书局，2014年，第118页。
② 班固：《汉书》卷五《景帝纪》，北京：中华书局，1962年，第152页。
③ 班固：《汉书》卷五《景帝纪》，北京：中华书局，1962年，第152页。

乃者河南、颍川郡水出，流杀人民，坏败庐舍。朕之不德，民反
蒙辜，朕甚惧焉。已遣光禄大夫循行举籍，赐死者棺钱，人三千。其
令水所伤县邑及他郡国灾害什四以上，民赀不满十万，皆无出今年
租赋。①

哀帝的优抚，针对的是受灾地区的"赀不满十万"的民众。这些"赀不满
十万"的民众，指的应该就是资产不够中家的小家。在自然灾害面前，他
们遭受的打击更大，更易于破产。政府免除他们一年租赋，是为了帮助这
些小家渡过难关，以免他们因破产而导致流亡，成为政府"编户"之外的
群体。

类似的例子又有汉平帝时期：

郡国大旱，蝗，青州尤甚，民流亡。安汉公、四辅、三公、卿大
夫、吏民为百姓困乏献其田宅者二百三十人，以口赋贫民。遣使者捕
蝗，民捕蝗诣吏，以石斗受钱。天下民赀不满二万，及被灾之郡不满
十万，勿租税。②

政府的优抚对象主要有二：其一是"天下民赀不满二万"者，其二是"被
灾之郡不满十万"者。笔者以为，这里"天下民赀不满二万"者就是
"贫民"。其作为优抚对象，似乎与灾情无关，只是因其家资有限，挣扎在
贫困线上，所以在"民流亡"的大背景下，为稳定民心，不得不对他们进
行安抚。所谓"被灾之郡不满十万"者，当然指的是受灾地区的小家了，
他们相对"赀不满二万"的贫民，虽然家资相对充裕，但遭遇灾变，也是
易于"流亡"的群体，因此政府也不得不对他们进行安抚。

由此看来，小家所指，大抵是家资上不及十万而下逾两万的编户家
庭。而中家家资的下限是十万，那么它的上限又是多少呢？

---

① 班固：《汉书》卷一一《哀帝纪》，北京：中华书局，1962 年，第 337 页。
② 班固：《汉书》卷一二《平帝纪》，北京：中华书局，1962 年，第 353 页。

中家家资的上限，其实就是大家家资的下限。关于大家，笔者同意这样一种观点，即认为大家也是编户民中的一部分，它是不包括政治上的特权阶层也就是贵族官僚阶层的。① 大家的家资下限，似可从汉代历次迁徙豪富实陵的运动中推测一二。

《汉书·武帝纪》载汉武帝元朔二年：

　　夏，募民徙朔方十万口。又徙郡国豪杰及訾三百万以上于茂陵。②

茂陵为武帝自作之陵，武帝徙民实陵，是继承了乃父的传统，景帝前元五年夏曾"募民徙阳陵，赐钱二十万"③。迁徙郡国豪杰，是秦汉以来的政治传统。秦始皇统一六国之初，即"徙天下豪富于咸阳十二万户"④。汉高祖时期刘敬建议"徙齐诸田，楚昭、屈、景，燕、赵、韩、魏后，及豪杰名家居关中"，高祖称"善"，"乃使刘敬徙所言关中十余万口"⑤。迁徙六国贵族于都城，对于刚一统中原的帝王秦始皇、汉高祖而言，无疑具有十分重大的政治意义。

秦始皇、汉高祖徙民都城的对象，其中不乏家资不菲的大家，但当时徙民似乎并没有绝对的资产限制。而汉武帝徙民实陵的对象，除郡国豪杰外，是明确有资产限制的，"訾三百万以上"者，绝对是当时的大家无疑。

汉宣帝本始元年（前 73）春，有"募郡国吏民訾百万以上徙平陵"⑥的行动。这里的"訾百万以上"的郡国吏民，应该也是大家。从《汉书·平当传》"（平当）祖父以訾百万，自下邑徙平陵"的记载来看⑦，汉宣帝

---

① 参黄金山：《论汉代家庭的自然构成与等级构成》，《中国史研究》，1987 年第 4 期，第 86 页；刘敏：《秦汉编户民问题研究——以与吏民、爵制、皇权关系为重点》，北京：中华书局，2014 年，第 116 页。

② 班固：《汉书》卷六《武帝纪》，北京：中华书局，1962 年，第 170 页。

③ 班固：《汉书》卷五《景帝纪》，北京：中华书局，1962 年，第 143 页。

④ 司马迁：《史记》卷六《秦始皇本纪》，北京：中华书局，1959 年，第 239 页。

⑤ 司马迁：《史记》卷九九《刘敬列传》，北京：中华书局，1959 年，第 2720 页。

⑥ 班固：《汉书》卷八《宣帝纪》，北京：中华书局，1962 年，第 239 页。

⑦ 班固：《汉书》卷七一《平当传》，北京：中华书局，1962 年，第 3048 页。

的这次徙民行动是严格施行了的。同是宣帝时期，"元康元年春，以杜东
原上为初陵，更名杜县为杜陵。徙丞相、将军、列侯、吏二千石、訾百万
者杜陵"①。"訾百万者"与丞相、将军、列侯、两千石并列，为徙陵的对
象之一，自然也是大家。值得一提的是，上述并列关系似乎也反映出大家
是区别于贵族官僚群体的。

汉成帝鸿嘉二年（前19），仍有"徙郡国豪杰訾五百万以上五千户于
昌陵"②的行动。这里的"郡国豪杰"应该就是"郡国吏民"，"訾五百万
以上五千户"，说明汉成帝的这次徙民实陵针对的对象不是全体大家，而
是大家中的豪富阶层。汉武帝徙"訾三百万以上"者茂陵的行为，其所针
对的也应是大家中的豪富者。这点亦可从郭解的故事中看出，按《史记·
游侠列传》载：

> 及徙豪富茂陵也，解家贫，不中訾，吏恐，不敢不徙。卫将军为
> 言："郭解家贫不中徙。"上曰："布衣权至使将军为言，此其家不
> 贫。"解家遂徙。诸公送者出千余万。轵人杨季主子为县掾，举徙解。
> 解兄子断杨掾头。由此杨氏与郭氏为仇。③

所谓"不中訾"，《史记索隐》曰"訾不满三百万已上为不中"④。从上引
可知，郭解被徙茂陵，主要可能是因其在地方影响太大。但是从"不中
訾"及卫青说解"家贫"等记载来看，郭解的被"举徙"，表面上还是以
家资为依据的。因此可以认为郭解徙茂陵，是以"訾三百万以上"者的身
份而非以"郡国豪杰"的身份参与的。如此，则所谓"徙豪富茂陵"与
徙"訾三百万以上于茂陵"实为一事。可见在太史公的认识里，所谓"訾
三百万以上"者就是"豪富"。

---

①　班固：《汉书》卷八《宣帝纪》，北京：中华书局，1962年，第253页。

②　班固：《汉书》卷一○《成帝纪》，北京：中华书局，1962年，第317页。

③　司马迁：《史记》卷一二四《游侠列传》，北京：中华书局，1959年，第3187-
3188页。

④　司马迁：《史记》卷一二四《游侠列传》，北京：中华书局，1959年，第3188页。

综上可知，家资"百万"应是大家的资产下限。① 也就是说，汉代中家的家资上限是百万。由此可以得知汉代大中小家的资产划分依据：百万以上为大家，百万以下至十万以上为中家，十万以下、两万以上为小家，两万以下为小家中的贫穷者，亦即贫民。

二、从"礼忠简"与"徐宗简"看汉代的中家与小家

在此基础上，再看居延汉简中为学者所熟知的"礼忠简"：

候长觻得广昌里公乘礼忠年卅

小奴二人直三万	用马五匹直二万	宅一区万
大婢一人二万	牛车二两直四千	田五顷五万
轺车二乘直万	服牛二六千	●凡訾直十五万 （37·35）②

礼忠家资十五万，包括奴婢、田亩、牛车等，显然是个中家。礼忠的爵位为公乘，说明他是普通吏民；其为候长职务，以家资而论，应该是足以胜任的。

---

① 刘敏曾根据班固《汉书》卷一一八《淮南衡山列传》中伍被向淮南王建议的"可伪为丞相御史请书，徙郡国豪杰任侠及有耐罪以上，赦令除其罪，产五十万以上者，皆徙其家属朔方之郡，益发甲卒，急其会日"记载，认为汉代大家的资产标准在五十万以上。（见刘敏：《秦汉时期的社会等级结构》，载冯尔康主编：《中国社会结构的演变》，郑州：河南人民出版社，1994 年，第 334 页。）作者后来放弃了这一观点，主张大家的资产下限还应在百万以上。（见刘敏：《秦汉编户民问题研究——以与吏民、爵制、皇权关系为重点》，北京：中华书局，2014 年，第 116 页。）关于伍被的计划，不仅不能证明大家的资产下限在五十万以上，反而从侧面映证了其下限就应在百万以上。按：伍被的计划是为使"民怨"，天下骚动，从而为淮南王的谋反创造机会。而徙资产五十万以上者之所以会造成社会骚动，民怨沸腾，原因在于徙民的对象中已将社会的主体中家也包括在内了。这说明汉代政府的徙民在百万以上是有原因的，它针对的是郡国吏民大家，而不是社会的主体中家。汉人安土重迁，所谓"民之于徙，甚于伏法"，无缘无故将社会中坚——中家徙边，当然会造成社会混乱。关于这点，可参邢义田：《从安土重迁论秦汉时期的徙民与迁徙刑》，收入氏著：《治国安邦：法制、行政与军事》，北京：中华书局，2011 年。

② 谢桂华、李均明、朱国炤：《居延汉简释文合校》，北京：文物出版社，1987 年，第 61 页。

　　从礼忠简看，汉景帝之后的"以訾为吏"似乎还是以中家为标准的。然而，在居延汉简里，我们还可看到家资一万三千的隧长徐宗：

三燧隧长居延西道里公乘徐宗年五十　　　　　　　　　　　　（24·1A）
三燧隧长居延西道里公乘徐宗年五十　　徐宗年五十
　妻妻　　　　　宅一区直三千　妻　　　妻一人
　　子男一人　　田五十亩直五千　男子一人　子男二人
　　男同产二人　用牛二直五千　　　　　子女二人
　　女同产二人　　　　　　　　　　　男同产二人
　　　　　　　　　　　　　　　　　　女同产二人　（24·1B）①

陈直根据居延汉简所见"三燧隧长徐宗，自言故霸胡亭长宁，就舍钱二千三百卅四，数责不可得"② 及"隧长徐宗，自言责故三泉亭长石延寿茭钱，少二百八十，数责不可得"③，认为徐宗有隐匿资产不报的嫌疑。④ 这里有一个重要问题需要指出：从简文内容看，徐宗简显然是一枚习字简，而不是一份正式文书。⑤ 据日本学者永田英正复原，徐宗简的本来面貌应为：

　　三燧隧长居延西道里公乘徐宗年五十
　　妻　　　　　宅一区直三千

---

　　① 谢桂华、李均明、朱国炤：《居延汉简释文合校》，北京：文物出版社，1987 年，第 34—35 页。按"中研院"历史语言研究所通过红外扫描，新释出不少字，通过新释文可知，A 面可能是私人书信，A、B 面都有习字的存在。因新释文对徐宗简内容本身影响不大，故引文暂从《居延汉简释文合校》。新释文可参简牍整理小组编：《居延新简（壹）》，台北："中研院"历史语言研究所，2014 年，第 72 页。
　　② 简 3·4，见谢桂华、李均明、朱国炤：《居延汉简释文合校》，北京：文物出版社，1987 年，第 1 页。
　　③ 简 3·6，见谢桂华、李均明、朱国炤：《居延汉简释文合校》，北京：文物出版社，1987 年，第 1 页。
　　④ 陈直：《居延汉简研究》，北京：中华书局，2009 年，第 31 页。
　　⑤ 日本学者永田英正早已敏锐地指出了这一点，见永田英正著，张学锋译：《居延汉简研究（下）》，桂林：广西师范大学出版社，2007 年，第 422 页。

　　子男一人　　田五十亩直五千

　　男同产二人　用牛二直五千

　　女同产二人①

　　邢义田先生指出，永田英正复原的这五段内容都是练习者根据"其他簿籍的内容和形式进行抄写"②的。因此，徐宗简本身是否完整尚难确定，其所反映的家资自然也不能确定为徐宗家的全部资产。

　　但是，从田、宅资产的记载看，徐宗的家资可能比礼忠家要少不少。因此推测，徐宗与礼忠不同，可能出身小家。③徐宗和礼忠的身份也值得注意，礼忠为候长，是部的长官，徐宗是隧长，是部下属的最底层吏。居延新简中有不少因贫寒而被罢休的隧长，却少见候长之例。④可见，隧长较候长更易走向贫寒。学者多认为这种"贫寒罢休"的制度应与汉代的訾选有关。⑤从出土简牍资料可以看出，汉代社会确实施行了限訾为吏的制度，如肩水金关汉简中有这样一条简文：

　　①　邢义田通过红外观察，认为永田英正的五段为先后书写这一说法不确，五段应为"一人一时所书"。但是，邢义田也肯定永田英正的"复原构想仍然成立，而且仍然有参考价值"。永田英正的复原见永田英正著，张学锋译：《居延汉简研究（下）》，桂林：广西师范大学出版社，2007年，第423页；邢义田意见见邢义田：《从居延简看汉代军队的若干人事制度》，收入氏著：《治国安邦：法制、行政与军事》，北京：中华书局，2011年，第565-566页。

　　②　邢义田：《从居延简看汉代军队的若干人事制度》，收入氏著：《治国安邦：法制、行政与军事》，北京：中华书局，2011年，第566页。

　　③　冉昭德即认为徐宗家产不可能超出十万，其家应是一个小家。见冉昭德：《汉代的大家、中家和小家》，收入杨倩如编：《冉昭德文存》，济南：山东大学出版社，2014年，第182页。

　　④　钟良灿：《〈居延新简〉所见"寒吏"》，《南都学坛（南阳师范学院人文社会科学学报）》，2015年第2期，第10-11页。

　　⑤　参邢义田：《从居延简看汉代军队的若干人事制度》，收入氏著：《治国安邦：法制、行政与军事》，北京：中华书局，2011年，第548-553页；李天虹：《居延汉简所见候官少吏的任用与罢免》，《史学集刊》，1996年第3期，第71页；孟志成：《候长、隧长的任用和奖惩》，西北师范大学文学院历史系、甘肃省文物考古研究所编：《简牍学研究》第三辑，兰州：甘肃人民出版社，2002年，第214-215页；韩华：《从汉简资料看两汉基层官吏的选拔和调动》，《丝绸之路》，2011年第20期，第27页。

　　☑汤　　以訾家为吏迎事礫得☑（73EJT1：57）①

　　这里的"汤"就是以"訾家为吏"的。以家资而论，礼忠家产在十万以上，是一个典型的中家；徐宗家资虽不明确，但极可能是低于十万的小家。礼忠与徐宗同为边塞基层小吏，说明汉景帝的"减訾为吏"政策确实得到了施行，家产在十万以下的小家也有出仕为吏的机会。但是，礼忠和徐宗虽同为小吏，候长和隧长的身份之差，也表明中家和小家在为吏时仍受资产限制。

　　居延新简中有一条简文涉及"小家子"：

　　☐☐荣小未傅为译骑皆小家子贫急不能自给实☑（E. P. T58:30）②

　　邢义田先生断为"☐☐荣小未傅，为译骑，皆小家子，贫急不能自给，实"③。"小未傅"是一种身份，在张家山汉简《二年律令》中常见，指的是荣等的年龄未到傅籍年龄。"译骑"是"骑置"下负责传递文书的卒，有时也写作"驿骑"。④ "小家子"显然指的是小家之子。"贫急不能自给"，"贫急"在居延汉简中屡见，所谓"部吏多贫急"，反映的是边地低级官吏的经济情况十分恶劣。⑤ 荣等的职务是"译骑"，是卒而非吏，所谓"贫急不能自给"反映出其经济状况之差，较之贫急的部吏有过之而无不及。尚未傅籍的小家子，出任"骑驿"，是否是因家境贫寒而采取

---

　　① 甘肃简牍保护研究中心、甘肃省文物考古研究所、甘肃省博物馆、中国文化遗产研究院古文献研究室、中国社会科学院简帛研究中心编：《肩水金关汉简（壹)》下册，上海：中西书局，2011年，第4页。

　　② 张德芳主编：《居延新简集释（四)》，兰州：甘肃文化出版社，2016年，第517页。

　　③ 邢义田：《读居延汉简札记》，收入氏著：《地不爱宝：汉代的简牍》，北京：中华书局，2011年，第104页。

　　④ 张经久、张俊民：《敦煌汉代悬泉置遗址出土的"骑置"简》，《敦煌学辑刊》，2008年第2期，第73页。

　　⑤ 邢义田：《从居延简看汉代军队的若干人事制度》，收入氏著：《治国安邦：法制、行政与军事》，北京：中华书局，2011年，第551页。

的谋身手段？该简文残缺，"实"后的内容不得而知，但有一点可以肯定："小家子"与"贫急不能自给"有着密切的联系。通过该简文，可以加深我们对汉代小家的经济条件和生活实况的了解。所谓"贫急不能自给"，说明这样的小家连温饱都很难解决，一遇他故，走向破产是极正常的事。

徐宗虽为小家，但绝不是贫民，贫民是难以出任隧长的。家贫而不能为吏，使人联想到韩信的例子，史载韩信"贫无行，不得推择为吏"①。"无行"应该是韩信不得为吏的原因之一②，但"贫"肯定也是一个重要因素。又《后汉书·贾复列传》载贾复子贾宗为朔方太守时：

> 旧内郡徙人在边者，率多贫弱，为居人所仆役，不得为吏。宗擢用其任职者，与边吏参选，转相监司，以擿发其奸，或以功次补长吏，故各愿尽死。匈奴畏之，不敢入塞。③

这里的"内郡徙人在边者"，其不得为吏的原因当有"贫弱"的因素在。贾宗参用其中的任职者，"或以功次补长吏"，可谓破格提拔，因此才能得其死力。这也从侧面反映出这些"贫弱"者一般是没有机会为吏，更不可能"以功次补长吏"的。

《汉书·贡禹传》载贡禹上疏致仕，提到自己身世：

> 臣禹年老贫穷，家訾不满万钱，妻子糠豆不赡，裋褐不完。有田百三十亩，陛下过意征臣，臣卖田百亩以供车马。④

若贡禹所说属实，其家实属小家中的贫穷者，如此而能出仕，当属特例。

---

① 司马迁：《史记》卷九二《淮阴侯列传》，北京：中华书局，1959 年，第 2609 页。
② 钟良灿：《〈居延新简〉所见"寒吏"》，《南都学坛（南阳师范学院人文社会科学学报）》，2015 年第 2 期，第 12 页。
③ 范晔：《后汉书》卷一七《贾复列传》，北京：中华书局，1965 年，第 667 页。
④ 班固：《汉书》卷七二《贡禹传》，北京：中华书局，1962 年，第 3073 页。

贡禹为上所征，"卖田百亩以供车马"，可见为吏是需要自备车马的。这项
支出甚大，也许是基层小吏走向贫寒的一个重要因素。[①]

三、汉代政府对大中小家的态度

两汉政权绵延四百年，其对待大中小家的态度如何？

首先，从相关的史料记载看，汉初政府对大家的态度是比较放任的，
这与当时的形势有关。史载：

> 汉兴，接秦之弊，丈夫从军旅，老弱转粮饷，作业剧而财匮，自
> 天子不能具钧驷，而将相或乘牛车，齐民无藏盖。于是为秦钱重难
> 用，更令民铸钱，一黄金一斤，约法省禁。而不轨逐利之民，蓄积余
> 业以稽市物，物踊腾粜，米至石万钱，马一匹则百金。[②]

因为历经秦末及楚汉战争，国家经济受重创，"齐民无藏盖"。在这种情况
下，一切以休养生息为原则，对于"不轨逐利之民"，也未见有明确的处
置措施。

本着以农为本的原则，对商人的限制在汉初即已存在。"高祖乃令贾
人不得衣丝乘车，重租税以困辱之。孝惠、高后时，为天下初定，复弛商
贾之律，然市井之子孙亦不得仕宦为吏。"[③] 汉高祖是从社会身份上打击商
贾，而到了孝惠、高后时期，也只是以政治身份限制商贾的仕宦。"复弛
商贾之律"说明在孝惠、高后时期，商贾的社会地位并不低下，只是不得
为吏罢了。

汉初政府虽对商贾身份有所限制，但是由于工商业阶层仍然是汉代政
府赋税来源的重要部分，因此对于商贾身份的限制虽然仿效秦制，可是并
未有像秦那样的严格。这种现象从汉初延续到汉文帝时期，社会上已逐渐

---

① 邢义田：《从居延简看汉代军队的若干人事制度》，收入氏著：《治国安邦：法制、行政与军事》，北京：中华书局，2011年，第551页。

② 司马迁：《史记》卷三〇《平准书》，北京：中华书局，1959年，第1417页。

③ 司马迁：《史记》卷三〇《平准书》，北京：中华书局，1959年，第1418页。

出现民背本趋末的现象。① 在贾谊、晁错的进谏下，文帝才开始格外重视农本问题，"务劝农桑"②。文帝之后，景帝也曾多次下诏劝农，汉武帝晚年也曾"悔征伐之事"，认为"方今之务，在于力农"。③

太史公曾提到民致富的三条路径：本富、末富、奸富。所谓"本富"，当是力农而富；"末富"自是从事工商而富；"奸富"则应是太史公所说的"弄法犯奸而富"。太史公认为"本富为上，末富次之，奸富最下"④。然而，太史公《货殖列传》所载大抵为"末富"者，所谓"用贫求富，农不如工，工不如商"⑤。汉初政府虽然大力倡导务农，但因对末富乃至奸富者的相对放任，导致晁错所说"今法律贱商人，商人已富贵矣；尊农夫，农夫已贫贱矣"⑥ 现象的出现，民众"背本趋末"也是自然选择。

因此，太史公在《货殖列传》里总结的一段话，颇能代表汉初政府对待大中小家的态度。太史公曰："贫富之道，莫之夺予，而巧者有余，拙者不足。"⑦ 所谓"莫之夺予"，也就是《史记索隐》所说的"贫富自由，无予夺"⑧，它正是汉初政府执行的无为而治政策的一种体现。在这种情况下，国家经济得到恢复的同时，豪富大家也开始逐渐涌现。

至迟至汉武帝时期，豪富大家已然形成一个阶层，大量的豪富大家开始涌现。这其中，主要是太史公所说的"末富"与"奸富"者。

这些人或被称为"豪富"，如《史记·平准书》说到汉武帝时期经济形势好转，"当此之时，网疏而民富，役财骄溢，或至兼并豪党之徒，以武断于乡曲。宗室有土公卿大夫以下，争于奢侈，室庐舆服僭于上，无限度"⑨。《史记索隐》注"武断"曰："谓乡曲豪富无官位，而以威势主断

① 班固：《汉书》卷二四上《食货志上》，北京：中华书局，1962年，第1127页。
② 班固：《汉书》卷二四上《食货志上》，北京：中华书局，1962年，第1142页。
③ 班固：《汉书》卷二四上《食货志上》，北京：中华书局，1962年，第1138页。
④ 司马迁：《史记》卷一二九《货殖列传》，北京：中华书局，1959年，第3272页。
⑤ 司马迁：《史记》卷一二九《货殖列传》，北京：中华书局，1959年，第3274页。
⑥ 班固：《汉书》卷二四上《食货志上》，北京：中华书局，1962年，第1133页。
⑦ 司马迁：《史记》卷一二九《货殖列传》，北京：中华书局，1959年，第3255页。
⑧ 司马迁：《史记》卷一二九《货殖列传》，北京：中华书局，1959年，第3255页。
⑨ 司马迁：《史记》卷三○《平准书》，北京：中华书局，1959年，第1420页。

曲直，故曰武断也。"① 司马贞认为所谓"兼并豪党之徒"就是"乡曲豪富无官位"者。司马贞的理解无疑是正确的。所谓"网疏而民富，役财骄溢"，说的都是无官位的"乡曲豪富"，他们是以资产而武断乡里的豪富大家。

这些人或被称为"豪民"，如《史记·平准书》说到汉武帝时通西南夷，"悉巴蜀租赋不足以更之，乃募豪民田南夷，入粟县官，而内受钱于都内"②。这里的"豪民"，所指应该就是豪富大家。这些"豪民"有时又被称作"豪右"，如《汉书·宣帝纪》说到告发霍云谋反的魏郡豪李竟，颜师古注引文颖的说法，认为这里的"豪"就是"有权势豪右大家"。③ 如果说李竟的"豪"可能更多的是指其"有权势"，那么《后汉书·显宗孝明帝纪》所载"滨渠下田，赋与贫人，无令豪右得固其利"④ 里的"豪右"，李贤直接认为就是"大家"。⑤ 从汉明帝的诏书看，"豪右"相对"贫民"言，应该是根据其家资而非权势而言，李贤的注是准确的。

这些人有时也被称为"豪强之家"，如《盐铁论校注（定本）》附录载"桓宽《盐铁议》"一文，内提及御史大夫桑弘羊对贤良、文学之士关于"罢民盐、铁、酒榷、均输官"的诘难：

> 往者，豪强之家，得管山海之利，采石鼓铸煮盐，一家聚众，或至千余人，大抵尽流放之人，远去乡里，弃坟墓，依倚大家，相聚深山穷泽之中，成奸伪之业。家人有宝器，尚匣而藏之，况人主之山海乎？夫权利之处，必在深山穷泽之中，非豪民不能通其利。⑥

---

① 司马迁：《史记》卷三〇《平准书》，北京：中华书局，1959 年，第 1420 页。
② 司马迁：《史记》卷三〇《平准书》，北京：中华书局，1959 年，第 1421 页。
③ 班固：《汉书》卷八《宣帝纪》，北京：中华书局，1962 年，第 252 页。
④ 范晔：《后汉书》卷二《显宗孝明帝纪》，北京：中华书局，1965 年，第 116 页。
⑤ 范晔：《后汉书》卷二《显宗孝明帝纪》，北京：中华书局，1965 年，第 117 页。
⑥ 桓宽著，王利器校注：《盐铁论校注（定本）》附录二《记事·桓宽〈盐铁议〉》，北京：中华书局，1992 年，第 650 页。

"一家聚众，或至千余人"，这里的"家"就是文中的"豪强之家""大家""豪民"。"豪强之家"，《盐铁论·复古》里又作"豪强大家"①，可知两者实无区别。

这些豪富大家是无官位的"乡曲豪富"，他们因家富于财，常常"武断乡曲"，成为社会稳定的一大障碍。对于这些豪富大家，汉武帝及以后之西汉政权，也曾采取主动打压政策。首先，徙豪富于关中乃至新作陵园，这一政策可以看作秦始皇"徙天下豪富于咸阳十二万户"政策的延续，它既可以加强对这些豪富者的控制，也可以瓦解这些豪富的地方基础。《汉书·昭帝纪》记载汉昭帝元凤六年"夏，赦天下"，昭帝诏书曰：

> 夫谷贱伤农，今三辅、太常谷减贱，其令以叔粟当今年赋。②

颜师古注引应劭曰："太常掌诸陵园，皆徙天下豪富民以充实之，后悉为县，故与三辅同赋。"③可知诸陵园是移民而为县，其主要居住者即为"天下豪富民"，这些人多是訾三百万乃至五百万以上的大家。

迁徙之外，对于违制之地方豪右，政府也是大力打压。汉武帝时期设立巡行刺史，以"六条问事"，其中两条涉及地方豪右：第一条，"强宗豪右田宅逾制，以强凌弱，以众暴寡"；第六条，"二千石违公下比，阿附豪强，通行货赂，割损正令也"④。第一条是直接针对强宗豪右，第六条虽是针对地方二千石，但主旨还在防止豪强与地方官员的勾结。

尽管汉武帝对豪富大家采取打压措施，但因敛财的需要，汉武帝政权不可能从根本上消灭豪富大家阶层。实际上，汉武帝以后，这种豪富大家阶层反而愈发壮大，成为社会难题之一。

---

① 桓宽著，王利器校注：《盐铁论校注（定本）》卷一《复古》，北京：中华书局，1992年，第78页。

② 班固：《汉书》卷七《昭帝纪》，北京：中华书局，1962年，第232页。

③ 班固：《汉书》卷七《昭帝纪》，北京：中华书局，1962年，第232页。

④ 班固：《汉书》卷一九上《百官公卿表上》，北京：中华书局，1962年，第742页。

《汉书·食货志》载汉哀帝时期大臣师丹向哀帝建言：

> 古之圣王莫不设井田，然后治乃可平。孝文皇帝承亡周乱秦兵革之后，天下空虚，故务劝农桑，帅以节俭。民始充实，未有并兼之害，故不为民田及奴婢为限。今累世承平，豪富吏民訾数巨万，而贫弱俞困。盖君子为政，贵因循而重改作，然所以有改者，将以救急也。亦未可详，宜略为限。①

民田和奴婢是一个编户民家庭的重要财富，限田限奴之议在西汉中后期被反复提及，可见这一问题的严重性。从师丹的话可以看出，汉初因承"兵革之后，天下空虚"，民"未有并兼之害"，故而"不为民田及奴婢为限"。事实上，不仅汉初不抑兼并，整个西汉时期，兼并都未得到有效控制。师丹所说"今累世承平，豪富吏民訾数巨万，而贫弱俞困"，就反映了西汉后期的"并兼之害"。限田限奴在哀帝时期没能解决，王莽代汉后一度施行，但最后也是不了了之。

师丹建言的背景是哀帝时"诸侯王、列侯、公主、吏二千石及豪富民多畜奴婢，田宅亡限，与民争利，百姓失职，重困不足"②。这里的"豪富民"与"诸侯王""列侯""公主""吏二千石"并列，其身份显然是指吏民中的豪富大家。从他们"多畜奴婢，田宅亡限"的情况看，其家资当甚巨。这些人"与民争利"，导致"百姓失职，重困不足"，严重影响统治者的统治根基，因而才受到统治者的重视。

豪富阶层的崛起，伴随而来的是小民被役使与侵陵。小民被侵陵直至破产为"奸"，一直是西汉社会的一个隐患。王莽代汉之后，曾历数西汉政权不恤小民之弊：

> 汉氏减轻田租，三十而税一，常有更赋，罢癃咸出，而豪民侵

---

① 班固：《汉书》卷二四上《食货志上》，北京：中华书局，1962年，第1142页。
② 班固：《汉书》卷一一《哀帝纪》，北京：中华书局，1962年，第336页。

陵，分田劫假。厥名三十税一，实什税五也。父子夫妇终年耕芸，所得不足以自存。故富者犬马余菽粟，骄而为邪；贫者不厌糟糠，穷而为奸。①

王莽所指"豪民"，就是所谓"富者"，他们是相对细民、贫者而言的，可见这里的"豪民"就是大家中的豪富者。豪民侵陵小民，是导致小民"穷而为奸"的主要因素。

这样的小民，又被称为"细民"，西汉细民生活之艰，还可从《盐铁论·未通》里载"文学曰"中看出：

> 往者，军阵数起，用度不足，以訾征赋，常取给见民，田家又被其劳，故不齐出于南亩也。大抵逋流，皆在大家，吏正畏惮，不敢笃责，刻急细民，细民不堪，流亡远去；中家为之绝出，后亡者为先亡者服事；录民数创于恶吏，故相仿效，去尤甚而就少愈者多。②

这里提到"大家""中家""细民"，显然"细民"就是小家。③ 所谓"中家为之绝出"，王利器认为"谓细民既去，中家继之承担所有支出也"④。从"文学"的话中可以看出：本来大中小家都是国家的赋税承担者，但因大家"逋流"，而吏畏惧大家，便将其所逋负的转移到细民也就是小家身上。细民不堪，只能流亡，这样负担又转移到中家身上，从而导致中家易于衰败成小家，进而也走向流亡之路。这样的结果是"田地日荒，城郭空虚"⑤，

① 班固：《汉书》卷九九中《王莽传中》，北京：中华书局，1962年，第4111页。

② 桓宽著，王利器校注：《盐铁论校注（定本）》卷三《未通》，北京：中华书局，1992年，第191-192页。

③ 刘敏：《秦汉编户民问题研究——以与吏民、爵制、皇权关系为重点》，北京：中华书局，2014年，第119页。

④ 桓宽著，王利器校注：《盐铁论校注（定本）》卷三《未通》，北京：中华书局，1992年，第200页。

⑤ 桓宽著，王利器校注：《盐铁论校注（定本）》卷三《未通》，北京：中华书局，1992年，第192页。

严重影响国家赋税收入的同时，也使统治者感到危机的存在。

由上可知，小民的稳固是国家赋税收入和统治稳固的重要条件之一，保护小民是历来统治者都必须重视的一个现实问题。王莽批评西汉政权不恤小民之艰，实际上，西汉政权也一直重视对小民的保护。这点可从居延汉简中的一条记载中看出：

> 狼田以铁器为本北边郡毋铁官印器内郡令郡以时博卖予细民毋令豪富吏民得多取贩卖细民 （E. P. T52：15）①

"细民"与"豪富吏民"对言，当指小家无疑。② 这条记载没有年份，从居延汉简所载历史主体为西汉中后期这一事实推测③，这条简文可能反映的是西汉中后期的史实。"毋令豪富吏民得多取贩卖细民"，可见政府对细民保护之用意。

然而，由于西汉长期以来不抑兼并，随着豪富阶层的发展壮大，政府对小民的保护也显得力不从心。东汉之初，承王莽、更始动乱之后，如何保护小民、稳固统治秩序，是一个十分现实的问题。光武帝时期，曾多次放免奴婢，又进行度田，并因度田不实而惩处了不少地方大员。这些措施可以看作是对豪民侵陵小民的一种回应。

光武帝之后的初期政权，对豪民侵陵小民问题也比较重视。《后汉书·肃宗孝章帝纪》载建初元年（76）春正月章帝诏书：

> 方春东作，恐人稍受禀，往来烦剧，或妨耕农。其各实核尤贫者，计所贷并与之。流人欲归本者，郡县其实禀，令足还到，听过止

---

① 张德芳主编：《居延新简集释（三）》，兰州：甘肃文化出版社，2016 年，第 598 页。

② 刘敏：《秦汉编户民问题研究——以与吏民、爵制、皇权关系为重点》，北京：中华书局，2014 年，第 119 页。

③ 李均明：《居延汉简编年——居延编》，台北：新文丰出版公司，2004 年，第 279-281 页。

官亭，无雇舍宿。长吏亲躬，无使贫弱遗脱，小吏豪右得容奸妄。诏
书既下，勿得稽留，刺史明加督察尤无状者。①

诏书所针对的是"三州郡国"的贫弱者。从诏书内容看，小吏豪右是相对
贫弱而言的，统治者关注的是其对贫弱的优抚为小吏豪右所侵，故而特别
声明郡县"长吏亲躬"。豪右与小吏并言，则知其为"布衣豪民"。② 统治
者之所以反复强调地方的督查，乃因其优抚贫弱的实惠容易为地方豪右得
去。如《后汉书·和帝纪》载永元五年（93）二月丁未诏书：

　　去年秋麦入少，恐民食不足。其上尤贫不能自给者户口人数。往
者郡国上贫民，以衣履釜鬶为赀，而豪右得其饶利。诏书实核，欲有
以益之，而长吏不能躬亲，反更征召会聚，令失农作，愁扰百姓。若
复有犯者，二千石先坐。③

关于"往者郡国上贫民，以衣履釜鬶为赀，而豪右得其饶利"，李贤解释
道："贫人既计釜甑以为资财，惧于役重，多即卖之，以避科税。豪富之
家乘贱买，故得其饶利。"④ 可见，这些豪右在李贤看来，就是豪富之家，
他们利用贫人"惧于役重"的心理，从中饶利。正因如此，统治者反复强
调"长吏亲躬"。

　　东汉政权对贫民的优恤不少，如和帝永元五年二月戊戌，"诏有司省

① 范晔：《后汉书》卷三《肃宗孝章帝纪》，北京：中华书局，1965年，第132页。
② 王充《论衡·商虫篇》说："时或白布豪民、猾吏被刑乞贷者，威胜于官，取多于
吏，其虫形象何如状哉？"刘盼遂认为"'白布'，连绵字，凶横恣纵之意，与跋扈、拂戾
诸词，盖同一声韵之转"。马宗霍认为此说牵强，认为"此文'白布'二字疑当作'布
衣'，'白'字盖涉上文两'白'字而误衍"。笔者以为马说较合文义。"布衣豪民"是与
"猾吏"并列者，一个是编户民中的豪富大家，一个是猾吏，在王充眼里，他们都是民之
蠹虫。刘说见王充著，黄晖撰：《论衡校释》卷一六《商虫篇》，北京：中华书局，1990
年，第714页；马说见王充著，马宗霍撰：《论衡校读笺识》卷一六《商虫篇》，北京：中
华书局，2010年，第223页。
③ 范晔：《后汉书》卷四《孝和帝纪》，北京：中华书局，1965年，第175页。
④ 范晔：《后汉书》卷四《孝和帝纪》，北京：中华书局，1965年，第175页。

减内外厩及凉州诸苑马。自京师离宫果园上林广成囿悉以假贫民，恣得采捕，不收其税"①。然而，因为地方小吏豪右的从中饶利，贫民有时未必能从中得到实惠，反倒有"征召会聚，令失农作，愁扰百姓"的情况发生。如《后汉书·刘般列传》所载：

> 帝（明帝）曾欲置常平仓，公卿议者多以为便。般对以"常平仓外有利民之名，而内实侵刻百姓，豪右因缘为奸，小民不能得其平，置之不便"。帝乃止。②

又如《后汉书·刘隆列传》载建武时期的度田，"诏下州郡检核其事，而刺史太守多不平均，或优饶豪右，侵刻羸弱，百姓嗟怨，遮道号呼"③。政府对这些地方豪富者的打击往往是与保护小民、贫民联系在一起的。

《隶释》所收《樊毅复华下民租田口筭碑》载弘农太守樊毅上书尚书事：

> 谠又书言：县当孔道，加奉尊岳，一岁四祠，养牲百日，常当充肥，用谷槁三千余斛。或有请雨斋祷，役费兼倍。每被诏书，调发无差。山高听下，恐近庙小民，不堪役赋，有饥寒之窘，违宗神之敬。乞差诸赋，复华下十里以内民租田口筭，以宠神灵，广祈多福，隆中兴之祚。④

洪适案语说："盖毅到郡即遣官属缮治庙宇，县令以地当孔道，一岁四祠，有养牲之费、调发之劳，故为华下十里之内希丐恩恤……则知已从其请矣。"⑤ 此碑提到光和二年（179），显系汉末之事。碑文虽说的是地方官

---

① 范晔：《后汉书》卷四《孝和帝纪》，北京：中华书局，1965年，第175页。
② 范晔：《后汉书》卷三九《刘般列传》，北京：中华书局，1965年，第1305页。
③ 范晔：《后汉书》卷二二《刘隆列传》，北京：中华书局，1965年，第780页。
④ 洪适：《隶释　隶续》，北京：中华书局，1985年，第28页。
⑤ 洪适：《隶释　隶续》，北京：中华书局，1985年，第28页。

及国家对小民的恩恤，但从小民"不堪役赋"之状，也可看出汉末小民生活之艰。

东汉后期，豪民侵陵小民的问题仍十分严重，随着统治危机的加深，统治者的对策也显得苍白无力了。《后汉书·仲长统列传》载仲长统《昌言·理乱篇》里提到当时的并兼问题仍十分严重。仲长统指出，当时一些富商大贾"连栋数百，膏田满野，奴婢千群，徒附万计。船车贾贩，周于四方；废居积贮，满于都城。琦珞宝货，巨室不能容；马牛羊豕，山谷不能受。妖童美妾，填乎绮室；娼讴妓乐，列乎深堂。宾客待见而不敢去，车骑交错而不敢进……此皆公侯之广乐，君长之厚实也。苟能运智诈者，则得之焉；苟能得之者，人不以为罪焉。源发而横流，路开而四通矣"。①为此，仲长统提出打击工商豪强，恢复古代井田制，反对土地兼并，加强农耕等措施，并提出十六条救世政务纲领，即：

> 明版籍以相数阅，审什伍以相连持，限夫田以断并兼，定五刑以救死亡，益君长以兴政理，急农桑以丰委积，去末作以一本业，敦教学以移情性，表德行以厉风俗，核才蓺以叙官宜，简精悍以习师田，修武器以存守战，严禁令以防僭差，信赏罚以验惩劝，纠游戏以杜奸邪，察苛刻以绝烦暴。②

十六条政务纲领的根本要旨是将儒家平均主义与法家的国家经济干涉主义相结合，向往建构一个将封建政治等级秩序与小生产自然经济相合一的宗法性的农业社会。这正是董仲舒思想的继承。而仲长统建议的所谓"限夫田以断并兼"③，唐人李贤认为："并兼谓豪富之家以财埶并取贫人之田而

---

① 范晔：《后汉书》卷四九《仲长统列传》引《理乱篇》，北京：中华书局，1965年，第1648页。

② 范晔：《后汉书》卷四九《仲长统列传》引《损益篇》，北京：中华书局，1965年，第1653页。

③ 范晔：《后汉书》卷四九《仲长统列传》，北京：中华书局，1965年，第1653页。

兼有之。"① 李贤将"豪富之家"与"贫人"对言，限田显然是为了保护"贫人"不受"豪富之家"的兼并侵夺。仲长统之所以有"限夫田以断并兼"的提议，是因为当时社会：

> 豪人货殖，馆舍布于州郡，田亩连于方国。身无半通青纶之命，而窃三辰龙章之服；不为编户一伍之长，而有千室名邑之役。荣乐过于封君，埶力侔于守令。财赂自营，犯法不坐。刺客死士，为之投命。至使弱力少智之子，被穿帷败，寄死不敛，冤枉穷困，不敢自理。虽亦由网禁疏阔，盖分田无限使之然也。②

所谓"身无半通青纶之命""不为编户一伍之长"，说明这些豪人的身份是普通编户民。李贤注"不为编户一伍之长，而有千室名邑之役"即指出："言豪强之家，身无品秩，而强富比于公侯也。"③ 这些未出仕却以财货横行乡里的豪人就是编户民中的豪富大家。仲长统对他们的劣行多有批判，并从根源上认为是"网禁疏阔"与"分田无限"造成的。基于此，仲长统主张"限夫田以断并兼"，并兼之途断则豪富大家不再役使小家，社会才能趋于稳定。

然而，在地方豪强势力飞速发展的汉末，仲长统的"限田"之议显然无法施行。加之汉末政治腐朽黑暗，豪强之家对中小之家肆意侵陵，政府也只能是束手无策。在这种情况下，遇有战乱、天灾，中小之家极易破产，或选择流亡，或选择依附豪强之家。中小之家对豪富大家的依附性逐渐增强，也就意味着国家控制人口的急剧下降，东汉政权的统治也就在风雨飘摇中变得岌岌可危了。

综上所述，可以看到：汉代的大中小家之分，是以家资为依据的。首

---

① 范晔：《后汉书》卷四九《仲长统列传》，北京：中华书局，1965 年，第 1654 页。

② 范晔：《后汉书》卷四九《仲长统列传》引《损益篇》，北京：中华书局，1965 年，第 1651 页。

③ 范晔：《后汉书》卷四九《仲长统列传》，北京：中华书局，1965 年，第 1652 页。

先应该看到，所谓大中小家，都是政府的编户齐民，其政治身份是"齐"的。大家是不包括官僚贵族之家的，其身份是吏民。

其次，大中小家的划分依据是家资，大家为百万以上家资者，中家为十万至百万之间者，小家为十万以下者，贫民大致是家资在两万以下者。需要说明的是，这一划分标准应是编户制度下社会逐渐形成的一种固有观念，而不是国家强制划分的。从两汉史料记载来看，一般民众对大中小家的认识似乎并未随着社会经济的变迁而有大的变动，这也说明传统农业社会财富集聚之路具有一定的稳定性。

再次，国家对待大中小家的态度是既要鼓励大家的力农致富，又要保护中小之家。而对于太史公所说的"奸富"者，国家一直是采取打压政策的；对于"末富"也就是富商大贾，也不断有压制的意图。但实际效果可能正如晁错所言，"今法律贱商人，商人已富贵矣；尊农夫，农夫已贫贱矣"。大家中的豪富者，往往是这些富商大贾，他们"兼役小民"，从而导致小家破产流亡，影响国家赋税来源和国家统治根基，故而为统治者所重视。而统治者对大家中的豪右的打击，更多的是从维护乡里统治秩序的角度考虑，防止地方势力武断乡曲局面的出现。因此，一般大家从来不是国家打击的主要对象。对中小之家的保护，关乎国家的赋税来源和统治根基，历来为统治者所特别重视。

从两汉历史来看，自汉武帝以后，豪富大家兼役小民的情况日趋严重，"抑兼并"遂成为统治者的一个重要话题。顺利解决这一问题，是国家长治久安的保障。两汉政权包括王莽政权在内，对这一问题都有长期的关注与不断的尝试，但结果多不如人意。在打击豪富大家与保护小民之间，似乎缺乏行之有效的制度保障。这也是两汉社会小民破产流亡、社会动荡不安现象发生的主要原因之一。

第二节　从豪富到豪民——秦汉时期豪富大家的演变

通过上文的梳理可以发现，随着汉初经济的恢复以及汉初政权对经济发展的放任自由，至迟至汉武帝时期，以从事工商业为主的豪富阶层已然出现。这些豪富阶层因其经济优势而役使中小之家中的贫民，使其脱离国家编户管控而为其所用。因从事盐铁等暴富行业，这些豪商富贾控制了大量的社会财富。汉武帝因"外事四夷，内兴功利"，造成国库空虚，急需社会财富以支撑其内外功业。在募民"佐赋"失败的情况下，汉武帝采取了几项重要措施，打击豪富阶层：其一，盐铁官营，将豪民从事的盐铁之业收归中央，以断其并兼之财路；其二，实行算缗与告缗政策，直接聚敛富商大贾之财富，致使"商贾中家以上大率破"①。

经此打击，主要由富商大贾构成的豪富阶层进而转向广大农村，逐渐向以土地并兼为业的豪民转化。这些因经营土地而再度致富的豪民，经过世代发展，最终跻身豪族之列，成为地方豪族之一员。从豪富大家到豪族，可以观察"渐渐发展起来的"地方豪族势力的发家轨迹；进而可探讨在这一历史过程中国家、社会以及民众三者之间的相互关系。

一、"用贫求富，农不如工，工不如商"

对富贵的追求，是千百年来各社会阶层不懈努力的方向。秦汉时人对于富贵的热切追求，反映了当时文化"闳放""毫不拘忌"的风格②，这样一种文化风格与社会意识当源自战国。《汉书·食货志》即指出："陵夷至于战国，贵诈力而贱仁谊，先富有而后礼让。"③ 班固的批评，虽站在"仁谊""礼让"等儒家伦理角度思考，却也客观指出了这样一种"贵诈力""先富有"的社会风气形成在战国时期。汉末政论家仲长统在《昌言》中也指出："井田之变，豪人货殖，馆舍布于州郡，田亩连于方国。"④ 所谓"井田之变"，乃指战国时期各国变法运动，尤以商鞅在秦变法为剧："（秦）用商鞅之法，改帝王之制，除井田，民得卖买。"⑤ "及秦

---

① 司马迁：《史记》卷三〇《平准书》，北京：中华书局，1959年，第1435页。
② 王子今：《秦汉人的富贵追求》，《浙江社会科学》，2008年第3期，第92页。
③ 班固：《汉书》卷二四上《食货志上》，北京：中华书局，1962年，第1124页。
④ 范晔：《后汉书》卷四九《仲长统列传》，北京：中华书局，1965年，第1651页。
⑤ 班固：《汉书》卷二四上《食货志上》，北京：中华书局，1962年，第1137页。

孝公用商君，坏井田，开仟伯。"①

司马迁在《史记·货殖列传》中写道：

> 凡编户之民，富相什则卑下之，伯则畏惮之，千则役，万则仆，物之理也。夫用贫求富，农不如工，工不如商，刺绣文不如倚市门，此言末业，贫者之资也。②

太史公之论，乃深谙编户民社会心理者。"末业，贫者之资"，为求富贵，"舍本求末"无疑是最快之捷径。"富者木土被文锦，犬马余肉粟，而贫者裋褐不完，唅菽饮水。其为编户齐民，同列而以财力相君，虽为仆虏，犹亡愠色。"③ 富者与贫者社会地位的不同，是编户民追求富贵的主要动因，也是一种自然现象。"夫千乘之王，万家之侯，百室之君，尚犹患贫，而况匹夫编户之民乎！"④ 求富贵、耻贫困是战国秦汉社会一个重要的文化风貌。也有学者指出，至迟至春秋晚期，民间因经营商业而家累千金的巨富已大量涌现，并开始在政治舞台上崭露头角。⑤ 此种势力的崛起，直接与西周工商食官制度的打破有关，其大背景则是春秋战国时代封建贵族逐渐解体、编户齐民渐次出现。此种势力，被司马迁命为"素封"："今有无秩禄之奉，爵邑之入，而乐与之比者，命曰'素封'。"⑥ 所谓"素封"，《史记索隐》曰："谓无爵邑之入，禄秩之奉，则曰'素封'。素，空也。"《史记正义》曰："言不仕之人自有园田收养之给，其利比于封君，故曰

① 班固：《汉书》卷二四上《食货志上》，北京：中华书局，1962年，第1126页。

② 司马迁：《史记》卷一二九《货殖列传》，北京：中华书局，1959年，第3274页。

③ 班固：《汉书》卷九一《货殖传》，北京：中华书局，1962年，第3682页。

④ 司马迁：《史记》卷一二九《货殖列传》，北京：中华书局，1959年，第3256页。

⑤ 王彦辉：《汉代豪民研究》，长春：东北师范大学出版社，2001年，第7页。按《汉书·货殖传》载："陵夷至乎桓、文之后……于是商通难得之货，工作亡用之器。"（班固：《汉书》卷九一《货殖传》，北京：中华书局，1962年，第3682页。）是则班固亦认为春秋时期商人阶层涌现于社会中。

⑥ 司马迁：《史记》卷一二九《货殖列传》，北京：中华书局，1959年，第3272页。

'素封'也。"① 可知"素封"是指因拥有巨大社会财富而比于"封君"的庶民，其本质是经济实力雄厚的编户民，亦即大家中的豪富阶层。

司马迁择其"贤人所以富者"，为其作传，以"令后世得以观焉"。② 不难看出，对于这种起于民间的豪富势力，司马迁多持赞许态度。《货殖列传》所载"素封"，有蜀郡卓氏：

> 蜀卓氏之先，赵人也，用铁冶富。秦破赵，迁卓氏。卓氏见虏略，独夫妻推辇，行诣迁处。诸迁虏少有余财，争与吏，求近处，处葭萌。唯卓氏曰："此地狭薄。吾闻汶山之下，沃野，下又蹲鸱，至死不饥。民工于市，易贾。"乃求远迁。致之临邛，大喜，即铁山鼓铸，运筹策，倾滇蜀之民，富至僮千人。田池射猎之乐，拟于人君。③

卓氏本赵国豪富，以冶铁致富。秦破赵，"徙天下豪富于咸阳十二万户"④，卓氏以豪富的身份被迁至蜀。卓氏因世代冶铁，颇具商人眼光和头脑，主动选择远迁至临邛。案《汉书·地理志》载临邛"有铁官、盐官"⑤。《华阳国志·蜀志·临邛县》较为详细地记载了临邛铁矿资源及铁官来历："有古石山，有石矿，大如蒜子。火烧合之，成流支铁，甚刚。因置铁官。有铁祖庙祠。"⑥ 正因临邛有丰富的铁矿资源，卓氏"致之临邛，大喜"，随即重操旧业，再次发家，成为"拟于人君"的豪富大家。"倾滇蜀之民"的记载说明卓氏这样的私营大工商业者，其发家致富建立在役使普通编户民的基础之上；"富至僮千人"则说明私营大工商业者对普通编户民有一种破坏力，使其脱离国家户籍管控，成为依附人口。

---

① 司马迁：《史记》卷一二九《货殖列传》，北京：中华书局，1959年，第3272页。
② 司马迁：《史记》卷一二九《货殖列传》，北京：中华书局，1959年，第3277页。
③ 司马迁：《史记》卷一二九《货殖列传》，北京：中华书局，1959年，第3277页。
④ 司马迁：《史记》卷六《秦始皇本纪》，北京：中华书局，1959年，第239页。
⑤ 班固：《汉书》卷二八上《地理志上》，北京：中华书局，1962年，第1598页。
⑥ 常璩撰，任乃强校注：《华阳国志校补图注》卷三《蜀志·临邛》，上海：上海古籍出版社，1987年，第157页。

又如宛孔氏：

> 宛孔氏之先，梁人也，用铁冶为业。秦伐魏，迁孔氏南阳。大鼓铸，规陂池，连车骑，游诸侯，因通商贾之利，有游闲公子之赐与名。然其赢得过当，愈于纤啬，家致富数千金，故南阳行贾尽法孔氏之雍容。①

孔氏经历大致与卓氏相似，唯其所迁之南阳，除富于铁矿资源外，既适合农业生产，又有便利的商业交通。因此，孔氏"大鼓铸，规陂池""通商贾之利"，同时进行冶铁铸造、农业生产与商业贸易。孔氏更因经济优势而交通诸侯，所谓"连车骑，游诸侯"。"有游闲公子之赐与名"，《史记索隐》谓"通赐与于游闲公子，得其名"②。"然其赢得过当，愈于纤啬"，《史记索隐》谓"孔氏以资给诸侯公子，既已得赐与之名，又蒙其所得之赢过于本资，故云'过当'，乃胜于细碎俭啬之贾也"。《史记正义》曰："言孔氏连车骑，游于诸侯，以资给之，兼通商贾之利，乃得游闲公子交名。然其通计赢利，过于所资给饷遗之当，犹有交游公子雍容，而胜于悭吝者也。"③ 按，《正义》释义较绕，不如《索隐》直接明了。孔氏交通诸侯，不吝巨资赐予，因得诸侯公子之美名；诸侯公子之美名又为孔氏赢得更大的经济收入，此乃"赢得过当"之义。从孔氏的发家事迹不难看出，交游权贵能获得更多经济利益，其所获远比"纤啬之贾"要大得多。在王权支配社会，社会财产的分配和再分配中，政治原则要高于经济原则。④

再如宣曲任氏：

> 宣曲任氏之先，为督道仓吏。秦之败也，豪杰皆争取金玉，而任

---

① 司马迁：《史记》卷一二九《货殖列传》，北京：中华书局，1959年，第3278页。
② 司马迁：《史记》卷一二九《货殖列传》，北京：中华书局，1959年，第3278页。
③ 司马迁：《史记》卷一二九《货殖列传》，北京：中华书局，1959年，第3279页。
④ 刘泽华著，南开大学历史学院编：《刘泽华全集·中国的王权主义》，天津：天津人民出版社，2019年，第28页。

氏独窖仓粟。楚汉相距荥阳也，民不得耕种，米石至万，而豪杰金玉
尽归任氏，任氏以此起富。富人争奢侈，而任氏折节为俭，力田畜。
田畜人争取贱贾，任氏独取贵善。富者数世。然任公家约，非田畜所
出弗衣食，公事不毕则身不得饮酒食肉。以此为闾里率，故富而主上
重之。①

宣曲，《史记索隐》谓其地"当在京辅"，《史记正义》曰"合在关内"②，
要之当在京师附近。任氏先人为秦"督道仓吏"，从"秦之败也，豪杰
皆争取金玉，而任氏独窖仓粟"的记载来看，任氏应该也是地方豪杰之
一。任氏发家，在于乱世囤积粮食，成为大粮商。然与一般富人奢侈享
受不同，任氏在富贵之后能"折节为俭，力田畜"，显然属于司马迁所
说"以末致财，用本守之"的典型代表。正因如此，任氏之富贵传数世
而不衰。任氏虽富数世，却秉持亲持农事的家约而成为闾里率，并为主
上所重。在重农抑商的秦汉时代，任氏因商而"起富"，因农而"富者
数世"，充分说明司马迁所谓"富无经业，则货无常主，能者辐凑，不
肖者瓦解"③。

司马迁在《货殖列传》中总结道：

此其章章尤异者也。皆非有爵邑奉禄弄法犯奸而富，尽椎埋去
就，与时俯仰，获其赢利，以末致财，用本守之，以武一切，用文持
之，变化有概，故足术也。若至力农畜，工虞商贾，为权利以成富，
大者倾郡，中者倾县，下者倾乡里者，不可胜数。④

"皆非有爵邑奉禄弄法犯奸而富"的说法提示我们，司马迁在《货殖列

① 司马迁：《史记》卷一二九《货殖列传》，北京：中华书局，1959 年，第 3280 页。
② 司马迁：《史记》卷一二九《货殖列传》，北京：中华书局，1959 年，第 3280 页。
③ 司马迁：《史记》卷一二九《货殖列传》，北京：中华书局，1959 年，第 3282 页。
④ 司马迁：《史记》卷一二九《货殖列传》，北京：中华书局，1959 年，第 3281 -
3282 页。

传》中所载豪富大家，其本质上均为编户齐民，其致富之道在于"与时俯仰，获其赢利"。"以末致财，用本守之"的记载表明，在农本时代，惟有守本方能延续财富。司马迁认为致富之路有三：本富、末富、奸富，"本富为上，末富次之，奸富最下"①。司马迁这一认识既有个人的思考，也代表了国家立场。从国家立场看，编户齐民勤力本业是国家赋役稳定的根本保障。然而从编户民立场看，"夫用贫求富，农不如工，工不如商"②，"背本趋末"是编户民快速发家致富的自然选择。在本富与末富之间，面对诸如卓氏、孔氏等以冶铁发家的豪富大家，编户民很容易做出自己的判断和选择。司马迁虽以本富为上，然其《货殖列传》所载大抵为末富者，此尤能反映战国至汉武帝时期贫富分化的真实面貌。

一方面，自战国始，各国实行变法，普遍采取重农抑商国策。商鞅主持变法时规定：

> 僇力本业，耕织致粟帛多者复其身。事末利及怠而贫者，举以为收孥。③

以法律手段对"僇力本业"进行奖励并对"事末利"进行惩处，充分反映出秦的重农抑商国策。商鞅虽因变法而遭受酷刑，然其变法之策基本延续下来，至秦统一之后仍坚持"上农除末"。④ 推行重农抑商政策，以法律手段打击商人，应是战国时期各国较为普遍的情况。睡虎地秦简《为吏之道》后附《魏户律》曰：

> 廿年闰再十二月丙午朔辛亥，〇告相邦：民或弃邑居野，入人孤寡，徼人妇女，非邦之故也。自今以来，叚（假）门逆吕（旅），赘婿后父，勿令为户，勿鼠（予）田宇。三枼（世）之后，欲士

---

① 司马迁：《史记》卷一二九《货殖列传》，北京：中华书局，1959年，第3272页。
② 司马迁：《史记》卷一二九《货殖列传》，北京：中华书局，1959年，第3274页。
③ 司马迁：《史记》卷六八《商君列传》，北京：中华书局，1959年，第2230页。
④ 司马迁：《史记》卷六《秦始皇本纪》，北京：中华书局，1959年，第245页。

（仕）士（仕）之，乃（仍）署其籍曰：故某虑赘婿某叟之乃（仍）孙。魏户律。①

又有《魏奔命律》载：

　　廿五年闰再十二月丙午朔辛亥，〇告将军：段（假）门逆闾（旅），赘婿后父，或率民不作，不治室屋，寡人弗欲。且杀之，不忍其宗族昆弟。今遣从军，将军勿恤视。享（烹）牛食士，赐之参饭而勿鼠（予）肴。攻城用其不足，将军以埋豪（壕）。魏奔命律。②

二十五年为魏安釐王二十五年（前252），这两条魏律出现在秦墓之中，反映出秦律对魏律的承袭。③《魏户律》对商人的打击十分严酷：经济上假门逆旅，勿令为户，也就剥夺了商人接受国家授田的权利；政治上商人不得仕宦，即使三世之后欲仕，仍要注明其商人之后的身份。《魏奔命律》对商人的打击则更为残酷：商人被遣从军，在军中不但待遇最差，攻城之时乃至沦为炮灰，被用来"埋豪（壕）"。

　　战国时期各国为了富国强兵，多重视耕战；奖励耕织，打击商人，其目的在于稳固和扩大国家编户民群体。国家积极推行授田制，欲将农民束缚在土地上，使其"地著"，此即班固所谓"理民之道，地著为本"④。如何使编户民安于地著，使民力与地力得到最大程度的开发，从而保障国家

---

　　①　睡虎地秦墓竹简整理小组编：《睡虎地秦墓竹简》，北京：文物出版社，1990年，第174页。

　　②　睡虎地秦墓竹简整理小组编：《睡虎地秦墓竹简》，北京：文物出版社，1990年，第175页。

　　③　杨宽认为，墓主人喜生前曾担任基层司法小吏，其之所以要抄录这两条魏律，是因为这两条魏律与秦律基本相同。见杨宽：《云梦秦简所反映的土地制度和农业政策》，收入氏著：《杨宽古史论文选集》，上海：上海人民出版社，2003年，第19页。尹成波认为，秦律的相关法律很有可能源于魏律。见尹成波：《秦国赘婿法律地位辨疑》，《齐鲁学刊》，2012年第5期，第64页。

　　④　班固：《汉书》卷二四上《食货志上》，北京：中华书局，1962年，第1119页。

赋役稳固增长，是国家政权时刻关心的一个问题。前文已述，站在编户民角度看，相较于"务农"，"务末"是迅速脱离贫穷的捷径。然而，将编户民束缚在土地上，使之普遍成为"农民"，则"是在农本思想转化为统治政策后，经过国家与官府长期的制度规范与教化才形成的"①。此即晁错所言"民者，在上所以牧之，趋利如水走下，四方亡择也"②。这种"以农为本"的统治思想经战国至秦汉，逐步化为统治实践，成为立国之策。③即使是主张经济自由发展的司马迁④，也认为"本富为上，末富次之，奸富最下"⑤，认为"务农"致富优于工商发家。

重农抑商，对于战国各国的富强确实起到了积极作用。商鞅变法尤为彻底，为秦始皇的大一统奠定了基础，个体小农也成为秦帝国的统治根基。然而另一方面，随着战国时期城市和商品经济的发展，在重农抑商政策下，商业仍有较大发展，商人也在社会生活乃至政治生活中有重要的表现。大商人如吕不韦，因介入秦人嗣统之争而最终步入秦最高政坛。此外，诸如大畜牧家乌氏倮，"畜至用谷量马牛"，秦始皇时"比封君，以时与列臣朝请"。⑥巴寡妇清，"其先得丹穴，而擅其利数世，家亦不訾"，"秦皇帝以为贞妇而客之，为筑女怀清台"。⑦司马迁由此感叹："夫倮鄙人牧长，清穷乡寡妇，礼抗万乘，名显天下，岂非以富邪？"⑧　"上农除末"的政策并未影响商业和商人的发展。

---

① 侯旭东：《渔采狩猎与秦汉北方民众生计》，《历史研究》，2010年第5期；收入氏著：《近观中古史：侯旭东自选集》，上海：中西书局，2015年，第55页。

② 班固：《汉书》卷二四上《食货志上》，北京：中华书局，1962年，第1131页。

③ 侯旭东：《渔采狩猎与秦汉北方民众生计》，收入氏著：《近观中古史：侯旭东自选集》，上海：中西书局，2015年，第55页。

④ 司马迁在《货殖列传》中说道："贫富之道，莫之夺予，而巧者有余，拙者不足。"所谓"莫之夺予"，也就是《史记索隐》所说的"贫富自由，无予夺"。见司马迁：《史记》卷一二九《货殖列传》，北京：中华书局，1959年，第3255页。

⑤ 司马迁：《史记》卷一二九《货殖列传》，北京：中华书局，1959年，第3272页。

⑥ 司马迁：《史记》卷一二九《货殖列传》，北京：中华书局，1959年，第3260页。

⑦ 司马迁：《史记》卷一二九《货殖列传》，北京：中华书局，1959年，第3260页。

⑧ 司马迁：《史记》卷一二九《货殖列传》，北京：中华书局，1959年，第3260页。

二、从商人并兼到豪民并兼

在秦帝国统治稳固时期，个体小农较为稳固，农业和农民仍是秦立国之本。然因其横征暴敛，个体小农不堪重负，多有逃亡编户身份者，秦帝国也迅速土崩瓦解。汉兴，与民休息，统治者采取无为而治策略，经济发展较为自由，商业及商人再次活跃，"汉兴，海内为一，开关梁，弛山泽之禁，是以富商大贾周流天下，交易之物莫不通，得其所欲"①。经济放任发展的背景是汉初经济的凋零，"自天子不能具钧驷，而将相或乘牛车，齐民无藏盖"②。"藏盖"，苏林注曰："无物可盖藏也。"③ 可见汉初编户民之家（齐民）普遍贫困。政府"开关梁，弛山泽之禁"，导致"不轨逐利之民"投身商业而发家致富。

汉初政权继续执行重农抑商政策，高祖时"令贾人不得衣丝乘车"④，打击商人的社会地位；惠帝、吕后时期，虽"复弛商贾之律"，但在政治上仍打击商人，"市井之子孙亦不得仕宦为吏"⑤。然而，政治和社会身份上的打击并没有对商人势力的发展构成直接威胁。孝惠、吕后时期"复弛商贾之律"的记载说明，汉初政权对商人的打击逐渐退出社会身份领域，而只限制在政治领域。由此出现晁错所批评的一个怪现象："今法律贱商人，商人已富贵矣；尊农夫，农夫已贫贱矣。"⑥ 政治法律身份上的"贱"并未影响商人在社会生活中实际地位的"贵"，其原因大抵在于太史公所谓"凡编户之民，富相什则卑下之，伯则畏惮之，千则役，万则仆，物之理也"⑦。对于编户民而言，经济生活上的"富贵"远比政治、法律身份

---

① 司马迁：《史记》卷一二九《货殖列传》，北京：中华书局，1959 年，第 3261 页。
② 司马迁：《史记》卷三〇《平准书》，北京：中华书局，1959 年，第 1417 页。
③ 司马迁：《史记》卷三〇《平准书》，北京：中华书局，1959 年，第 1417 页；"无物可盖藏"句，又见班固：《汉书》卷二四上《食货志上》，北京：中华书局，1962 年，第 1127 页。
④ 司马迁：《史记》卷三〇《平准书》，北京：中华书局，1959 年，第 1418 页。
⑤ 司马迁：《史记》卷三〇《平准书》，北京：中华书局，1959 年，第 1418 页。
⑥ 班固：《汉书》卷二四上《食货志上》，北京：中华书局，1962 年，第 1133 页。
⑦ 司马迁：《史记》卷一二九《货殖列传》，北京：中华书局，1959 年，第 3274 页。

上的"尊宠"吸引力大。因此，尽管文帝反复强调农本问题，"务劝农桑"①，而实际上，编户民皆有"背本趋末"②的倾向。

文帝时期的贾谊和晁错均认识到民皆"背本趋末"的危害，并主张政府积极干预。贾谊主张"殴民而归之农，皆著于本，使天下各食其力，末技游食之民转而缘南亩，则畜积足而人乐其所矣"③。贾谊将"积贮粮食"作为"为富安天下"的重要国策提出，受到文帝的重视，史称"上感谊言，始开籍田，躬耕以劝百姓"④。晁错对编户民之家的实际生计情况有较为深刻的认识：

> 今农夫五口之家，其服役者不下二人，其能耕者不过百亩，百亩之收不过百石。春耕夏耘，秋获冬臧，伐薪樵，治官府，给繇役；春不得避风尘，夏不得避暑热，秋不得避阴雨，冬不得避寒冻，四时之间亡日休息；又私自送往迎来，吊死问疾，养孤长幼在其中。勤苦如此，尚复被水旱之灾，急政暴赋，赋敛不时，朝令而暮改。当具有者半贾而卖，亡者取倍称之息，于是有卖田宅鬻子孙以偿责者矣。而商贾大者积贮倍息，小者坐列贩卖，操其奇赢，日游都市，乘上之急，所卖必倍。故其男不耕耘，女不蚕织，衣必文采，食必粱肉；亡农夫之苦，有仟伯之得。因其富厚，交通王侯，力过吏势，以利相倾；千里游敖，冠盖相望，乘坚策肥，履丝曳缟。此商人所以兼并农人，农人所以流亡者也。⑤

不难看出，晁错对编户民五口之家的生存状况有清晰的认识，对其生活之艰辛有具体而又不乏同情之了解。个体小农生活之不易，在晁错笔下变得形象与深刻。值得注意的是，晁错将小农生活之艰与商人生活之优进行了

① 班固：《汉书》卷二四上《食货志上》，北京：中华书局，1962年，第1142页。
② 班固：《汉书》卷二四上《食货志上》，北京：中华书局，1962年，第1127页。
③ 班固：《汉书》卷二四上《食货志上》，北京：中华书局，1962年，第1130页。
④ 班固：《汉书》卷二四上《食货志上》，北京：中华书局，1962年，第1130页。
⑤ 班固：《汉书》卷二四上《食货志上》，北京：中华书局，1962年，第1132页。

对比，并将二者对立化：商人生活之优是兼并小农的结果，是建立在小民破产、流亡的基础之上的。现实生活中小农与商人生计的鲜明对比，是小农"背本趋末"的根本原因。对于农人贫困的根源，晁错虽一定程度上指出国家方面的"急政暴赋，赋敛不时，朝令而暮改"等问题，但更多地将矛头指向了商人阶层，体现了其一贯的国家立场。

尽管晁错与贾谊一样，站在国家"重农抑商"的角度去思考农人流亡问题，但因其对编户民之家的生活艰辛有深刻的认识，从而能较贾谊更进一步，指出了具体的"驱民务农"的办法：

> 欲民务农，在于贵粟；贵粟之道，在于使民以粟为赏罚。今募天下入粟县官，得以拜爵，得以除罪。如此，富人有爵，农民有钱，粟有所渫。夫能入粟以受爵，皆有余者也；取于有余，以供上用，则贫民之赋可损，所谓损有余补不足，令出而民利者也。顺于民心，所补者三：一曰主用足，二曰民赋少，三曰劝农功……以是观之，粟者，王者大用，政之本务。令民入粟受爵至五大夫以上，乃复一人耳，此其与骑马之功相去远矣。爵者，上之所擅，出于口而亡穷；粟者，民之所种，生于地而不乏。夫得高爵与免罪，人之所甚欲也。使天下人入粟于边，以受爵免罪，不过三岁，塞下之粟必多矣。[①]

晁错"欲民务农"的措施，在"贵粟"二字，具体办法则为"入粟以受爵"。通过用"出于口而亡穷"之"爵"来换取"民之所种，生于地而不乏"之"粟"。如此，则可达到三种功用："一曰主用足，二曰民赋少，三曰劝农功。"从历史效果看，晁错的"贵粟"政策确实起到了国用足而民赋少、驱民务农的实效。史载至武帝初期，"国家无事，非遇水旱之灾，民则人给家足，都鄙廪庾皆满，而府库余货财。京师之钱累巨万，贯朽而

---

① 班固：《汉书》卷二四上《食货志上》，北京：中华书局，1962年，第1133-1134页。

不可校。太仓之粟陈陈相因，充溢露积于外，至腐败不可食"①。当然，晁错"贵粟"政策最大的功绩是使得国富。编户民之家的生活虽有一定改善，然其"人给家足"的前提是：第一，"国家无事"；第二，"非遇水旱之灾"。个体小农生计的脆弱性与不稳定性并未得到根本改善。②

然而，在发展的过程中，"兼并"问题也开始突出，逐渐成为一个影响社会稳定的重要问题："当此之时，网疏而民富，役财骄溢，或至兼并豪党之徒，以武断于乡曲。"③ 所谓"武断"，司马贞曰"谓乡曲豪富无官位，而以威势主断曲直"④，颜师古曰"恃其饶富，则擅行威罚也"⑤。乡曲豪富因经济"威势"而享有"主断曲直"的政治特权，编户民之家的分化不再是一个纯粹的经济问题。这一时期的乡曲豪富，多是由汉初以来富商大贾发展而来；具体而言，多为以盐铁为业的大工商业者。史载："而富商大贾或蹛财役贫，转毂百数，废居居邑，封君皆低首仰给。冶铸煮盐，财或累万金，而不佐国家之急，黎民重困。"⑥

武帝初期，仍行"不抑兼并"之策，盐铁私营，在"网疏"的背景下，豪富势力得以迅速发展壮大。《盐铁论·复古》载大夫对此的批评：

> 往者，豪强大家，得管山海之利，采铁石鼓铸，煮海为盐。一家聚众，或至千余人，大抵尽收放流人民也。远去乡里，弃坟墓，依倚大家，聚深山穷泽之中，成奸伪之业，遂朋党之权，其轻为非亦大矣！⑦

---

① 司马迁：《史记》卷三〇《平准书》，北京：中华书局，1959 年，第 1420 页。
② 刘泽华认为小农经济特点是简单再生产，简单再生产"一方面使小农缺乏周旋的能力，容易走向破产，另一方面也有使其顽强存在的作用"。见刘泽华著，南开大学历史学院编：《刘泽华全集·中国的王权主义》，天津：天津人民出版社，2019 年，第 40 页。
③ 司马迁：《史记》卷三〇《平准书》，北京：中华书局，1959 年，第 1420 页。
④ 司马迁：《史记》卷三〇《平准书》，北京：中华书局，1959 年，第 1420 页。
⑤ 班固：《汉书》卷二四上《食货志上》，北京：中华书局，1962 年，第 1136 页。
⑥ 司马迁：《史记》卷三〇《平准书》，北京：中华书局，1959 年，第 1425 页。
⑦ 桓宽著，王利器校注：《盐铁论校注（定本）》卷一《复古》，北京：中华书局，1992 年，第 78–79 页。

这些编户民大抵因"贫弱"不得不"远去乡里，弃坟墓，依倚大家"，成为国家编户控制之外的"放流人民"。"一家聚众，或至千余人"的记载说明依附豪强大家的流民数量之巨。豪强大家（豪民）对普通编户民尤其是"贫弱"（亦即小家、细民）的役使，使得贫富分化愈加严重；国家编户数量控制下降，影响国家赋役收入；加之豪强大家"以威势主断曲直"，影响基层社会管理。种种问题在武帝时期得以凸显，豪强大家对中小之家的兼并已影响到国家的统治根基。

"豪强大家，得管山海之利"，正是汉初不抑兼并、盐铁私营的结果。盐、铁等行业并非普通编户民之家所能从事，往往为豪强大家所占据。王莽在设置五均六筦时已指出：

> 夫盐，食肴之将；酒，百药之长，嘉会之好；铁，田农之本；名山大泽，饶衍之臧；五均赊贷，百姓所取平，卬以给澹；铁布铜冶，通行有无，备民用也。此六者，非编户齐民所能家作，必卬于市，虽贵数倍，不得不买。豪民富贾，即要贫弱，先圣知其然也，故幹之。[1]

王莽所述六项，尤以盐、铁为重，为所有编户民生活、生产所需。盐、铁等物质"非编户齐民所能家作，必卬于市"的性质，使得普通编户民（"贫弱"）不得不接受"豪民富贾"的盘剥（"要"）。正因盐、铁等行业需要大量人力、物力与财力，豪强大家往往凭借其经济优势役使普通编户民从事生产。

随着武帝"外事四夷，内兴功利"[2]，国家财政出现危机；而这些以盐、铁等业发家的富商大贾"财或累万金，而不佐国家之急"。对于这些"浮淫并兼之徒"[3]，国家开始采取强抑手段。首先，政府将铸币钱收归中

---

① 班固：《汉书》卷二四下《食货志下》，北京：中华书局，1962年，第1183页。
② 班固：《汉书》卷二四上《食货志上》，北京：中华书局，1962年，第1137页。
③ 司马迁：《史记》卷三〇《平准书》，北京：中华书局，1959年，第1425页。

央，以此"摧浮淫并兼之徒"。然而，铸币权收归中央，实行新币，并未能遏止民间的盗铸行为，史称"盗铸诸金钱罪皆死，而吏民之盗铸白金者不可胜数"①。于是，汉武帝政权又实行盐铁官营，"以东郭咸阳、孔仅为大农丞，领盐铁事"②。武帝设盐、铁官，其目的在于打击以盐铁为业的富商大贾。

有意思的是，帮助政府实施这一政策的恰是出身经营盐铁之业的富商大贾东郭咸阳和孔仅："咸阳，齐之大煮盐，孔仅，南阳大冶，皆致生累千金。"③ 从这一矛盾现象或可看出，武帝这一系列政策的目的在于迅速敛财，而非出自传统"重农抑商"的国策需要。④ 因此也就不难理解，孔仅和东郭咸阳"除故盐铁家富者为吏"⑤ 的行为。

任用"盐铁家富者"出任地方盐、铁官吏，能迅速地控制和接手地方盐、铁之业。东郭咸阳和孔仅指出：

> 山海，天地之藏也，皆宜属少府，陛下不私，以属大农佐赋。愿募民自给费，因官器作煮盐，官与牢盆。浮食奇民欲擅管山海之货，以致富羡，役利细民。其沮事之议，不可胜听。敢私铸铁器煮盐者，釱左趾，没入其器物。郡不出铁者，置小铁官，便属在所县。⑥

国家设立盐、铁官，负责铸铁煮盐，其表面目的在于抑制"浮食奇民欲擅管山海之货，以致富羡，役利细民"，而真实意图则在于敛财"佐赋"，以便应对"外事四夷，内兴功利"所造成的财政饥荒。

因此，在盐铁官营之后不久，汉武帝又直接向商人征敛财富：

---

① 司马迁：《史记》卷三〇《平准书》，北京：中华书局，1959年，第1427页。
② 司马迁：《史记》卷三〇《平准书》，北京：中华书局，1959年，第1428页。
③ 司马迁：《史记》卷三〇《平准书》，北京：中华书局，1959年，第1428页。
④ 参薛振恺：《试论汉武帝的敛财政策》，《北京师范大学学报（社会科学版）》，1997年第4期，第84页。
⑤ 司马迁：《史记》卷三〇《平准书》，北京：中华书局，1959年，第1429页。
⑥ 司马迁：《史记》卷三〇《平准书》，北京：中华书局，1959年，第1429页。

商贾以币之变，多积货逐利。于是公卿言："郡国颇被菑害，贫民无产业者，募徙广饶之地。陛下损膳省用，出禁钱以振元元，宽贷赋，而民不齐出于南亩，商贾滋众。贫者畜积无有，皆仰县官。异时算轺车贾人缗钱皆有差，请算如故。诸贾人末作贳贷卖买，居邑稽诸物，及商以取利者，虽无市籍，各以其物自占，率缗钱二千而一算。诸作有租及铸，率缗钱四千一算。非吏比者三老、北边骑士，轺车以一算；商贾人轺车二算；船五丈以上一算。匿不自占，占不悉，戍边一岁，没入缗钱。有能告者，以其半畀之。贾人有市籍者，及其家属，皆无得籍名田，以便农。敢犯令，没入田僮。"①

实施算缗和告缗的直接背景是"郡国颇被菑害"，出现大量流民；政府需要巨资来安置脱离编户的流民，而国家财库因而大空。如元狩四年（前119）：

山东被水菑，民多饥乏，于是天子遣使者虚郡国仓廥以振贫民。犹不足，又募豪富人相贷假。尚不能相救，乃徙贫民于关以西，及充朔方以南新秦中，七十余万口，衣食皆仰给县官。数岁，假予产业，使者分部护之，冠盖相望。其费以亿计，不可胜数。于是县官大空。②

此次山东水灾，受灾面甚广，朝廷赈灾、假贷犹不能相救，乃徙七十万余贫民于关西及新秦中。③ 武帝一朝的实际徙民行动，以此次为剧，其结果是"县官大空"，朝廷财政出现严重危机。④ 徙民给国家带来的巨大财政负担由此可见一斑，乃至在此之后，再难见有大规模国家组织的徙民行动。

---

① 司马迁：《史记》卷三〇《平准书》，北京：中华书局，1959年，第1430页。
② 司马迁：《史记》卷三〇《平准书》，北京：中华书局，1959年，第1425页。
③ 《汉书·武帝纪》载："（元狩）四年冬，有司言关东贫民徙陇西、北地、西河、上郡、会稽凡七十二万五千口。"（班固：《汉书》卷六《武帝纪》，北京：中华书局，1962年，第178页。）则知实际徙民数为七十二万五千，所徙之地除北部边境外，尚有会稽郡。
④ 罗彤华：《汉代的流民问题》，台北：台湾学生书局，1989年，第26页。

"元封四年中，关东流民二百万口，无名数者四十万，公卿议欲请徙流民于边以适之。"① 此次关东郡国出现流民二百万口，其中有四十万甚至已脱离国家户籍，形势十分严峻。以石庆为首的执政大臣仍欲行旧策，主张徙民，遭到汉武帝的反对："今流民愈多，计文不改，君不绳责长吏，而请以兴徙四十万口，摇荡百姓，孤儿幼年未满十岁，无罪而坐率，朕失望焉。"② "民之于徙，甚于伏法"③，徙民对于百姓及社会的危害不言而喻。但武帝此时放弃徙民之策，更多原因则在于徙民所费过大。元狩四年，七十万徙民已令"县官大空"，如今二百万流民之徙，国家财富无以为继。《汉书·武帝纪》载：

> （元狩）四年冬，有司言关东贫民徙陇西、北地、西河、上郡、会稽凡七十二万五千口，县官衣食振业，用度不足，请收银锡造白金及皮币以足用。初算缗钱。④

"初算缗钱"的记载在元狩四年冬徙民之后，可知算缗的直接背景是因徙民而造成的国库空虚。

算缗与告缗政策的实行，直接目的就是从"积货逐利"的富商大贾手中征敛财富。算缗和告缗成果显著：

> 卜式相齐，而杨可告缗遍天下，中家以上大抵皆遇告。杜周治之，狱少反者。乃分遣御史廷尉正监分曹往，即治郡国缗钱，得民财物以亿计，奴婢以千万数，田大县数百顷，小县百余顷，宅亦如之。于是商贾中家以上大率破，民偷甘食好衣，不事畜藏之产业，而县官

---

① 司马迁：《史记》卷一〇三《万石列传》，北京：中华书局，1959 年，第 2768 页。
② 班固：《汉书》卷四六《万石卫直周张传·石庆》，北京：中华书局，1962 年，第 2198 页。
③ 王符著，汪继培笺，彭铎校正：《潜夫论笺校正》卷五《实边》，北京：中华书局，1985 年，第 281 页。
④ 班固：《汉书》卷六《武帝纪》，北京：中华书局，1962 年，第 178 页。

有盐铁缗钱之故，用益饶矣。①

"中家以上大抵皆遇告"与"商贾中家以上大率破"的记载表明：第一，算缗和告缗针对的是商贾之家；第二，告缗和算缗针对面较广，中家以上的商贾之家都遭受重创；第三，国家得以收敛巨大财富的同时，商贾之家贫富分化一时不再明显。汉武帝对商贾之家算缗与告缗的打击，使得社会财富积聚手段发生变化，不少富商大贾不再从事"畜产之业"，而是转向经营土地。此即司马迁所谓"以末致财，用本守之"②。

以从事盐铁为业的豪富大家转向购置土地，"用本守之"，反映的是社会财富上的重大转向，其开始时间至关重要。王彦辉认为，欲解决此问题，需解决两个前提条件："一是土地私有事实上'合法'的时代；二是工商豪民冲破自身法律上的限制，何时开始插手土地买卖。"③关于土地私有与买卖问题的讨论，学界一般常引用武帝时期董仲舒的意见，认为战国以来政府即已承认土地私有和自由买卖：

> 至秦则不然，用商鞅之法，改帝王之制，除井田，民得卖买，富者田连仟伯，贫者亡立锥之地……或耕豪民之田，见税什五。故贫民常衣牛马之衣，而食犬彘之食……汉兴，循而未改。④

"汉兴，循而未改"的提法说明董仲舒是借秦讽汉，其所批评的秦土地私有、卖买的情况，可能与汉武帝时期的历史事实更相符合。从出土文献的整理及研究成果来看，战国至汉初实行的是一种国家授田制，即所谓"名田制"，土地卖买的情况或有出现，但不是这一时期的历史主流。⑤土地兼

---

① 司马迁：《史记》卷三〇《平准书》，北京：中华书局，1959 年，第 1435 页。
② 司马迁：《史记》卷一二九《货殖列传》，北京：中华书局，1959 年，第 3281 页。
③ 王彦辉：《汉代豪民研究》，长春：东北师范大学出版社，2001 年，第 29 页。
④ 班固：《汉书》卷二四上《食货志上》，北京：中华书局，1962 年，第 1137 页。
⑤ 相关研究可参杨振红：《秦汉"名田宅制"说——从张家山汉简看战国秦汉的土地制度》，《中国史研究》，2003 年第 3 期。

并情况的严重化，始于汉武帝时期，至此成为长期困恼两汉政权的一个重要社会问题。战国以来的豪富阶层从盐、铁等工商业转向购置土地，"用本守之"的主要时间，应在汉武帝时期。① "或耕豪民之田，见税什五"的情况或发生在汉武帝实行算缗、告缗之后，豪民将积聚的财富从工商业转向土地。武帝时期盐铁官营，"桑弘羊为治粟都尉，领大农"，在京师置平准。史称"大农之诸官尽笼天下之货物，贵即卖之，贱则买之。如此，富商大贾无所牟大利，则反本，而万物不得腾踊。故抑天下物，名曰'平准'"②。平准设置的目的是打击富商大贾的投机倒把、平抑物价，"富商大贾无所牟大利，则反本"的记载也暗示了在平准设置之后，很多富商大贾会将目光转向农业生产。也正因如此，汉武帝对富商大贾的打击并未解决民田兼并的问题，反而使问题更加严重化。③《汉书·食货志》总结道："是后，外事四夷，内兴功利，役费并兴，而民去本。"④ 对此，董仲舒的解决办法是回归井田制："古井田法虽难卒行，宜少近古，限民名田，以澹不足，塞并兼之路。盐铁皆归于民。"⑤ 恢复井田制与盐铁重归于民，二者皆不切实际，无法施行。由于武帝时期豪富大家的这一治产转向，土地兼并在此后愈演愈烈，成为西汉中后期乃至东汉时期的一个重要社会问题。

从史料记载来看，正是在武帝时期，"豪民"（豪人）一词开始频频出现，逐渐取代"豪富"，用以指称那些编户民中的富裕阶层。《史记·平准书》载武帝时期开西南夷："悉巴蜀租赋不足以更之，乃募豪民田南夷，入粟县官，而内受钱于都内。"⑥ "募豪民田南夷"，是豪富阶层进入土地

---

① 王彦辉认为这一时间在秦末汉初，并以宣曲任氏为例。见王彦辉：《汉代豪民研究》，长春：东北师范大学出版社，2001 年，第 35 页。笔者以为，宣曲任氏在秦末汉初囤积粮食而致富，并能"非田畜所出弗衣食"，做到"用本守之"，确实是比较早将治产领域从商业拓展到农业的典型。但宣曲任氏的发家之路并非普遍案例，而是个例，也正因如此，才成为闾里表率，受到统治者重视。

② 司马迁：《史记》卷三〇《平准书》，北京：中华书局，1959 年，第 1441 页。

③ 王彦辉：《汉代豪民研究》，长春：东北师范大学出版社，2001 年，第 37 页。

④ 班固：《汉书》卷二四上《食货志上》，北京：中华书局，1962 年，第 1137 页。

⑤ 班固：《汉书》卷二四上《食货志上》，北京：中华书局，1962 年，第 1137 页。

⑥ 司马迁：《史记》卷三〇《平准书》，北京：中华书局，1959 年，第 1421 页。

领域，进行生产作业的较早记录。前引董仲舒所谓"或耕豪民之田，见税什五"之语，也反映出武帝时期豪民从事土地经营的事实。在昭帝时的盐铁会议上，面对文学对盐、铁官营的批评，大夫即指出罢盐、铁的危害：

> 夫权利之处，必在深山穷泽之中，非豪民不能通其利……今放民于权利，罢盐铁以资暴强，遂其贪心，众邪群聚，私门成党，则强御日以不制，而并兼之徒奸形成也。①
>
> 县官设衡立准，人从所欲，虽使五尺童子适市，莫之能欺。今罢去之，则豪民擅其用而专其利。决市闾巷，高下在口吻，贵贱无常，端坐而民豪，是以养强抑弱而藏于跖也。强养弱抑，则齐民消；若众秽之盛而害五谷。②

因盐铁官营，豪富阶层将目光转向农村，以经营土地为主业，由此形成新的豪民阶层。此时若罢盐铁官营，则豪民将重操旧业，最终将导致商人并兼农人、农人流亡的旧事重演。昭帝时期尹翁归治理东海郡：

> 翁归治东海明察，郡中吏民贤不肖，及奸邪罪名尽知之。县县各有记籍。自听其政，有急名则少缓之；吏民小解，辄披籍。县县收取黠吏豪民，案致其罪，高至于死……东海大豪郯许仲孙，为奸猾，乱吏治，郡中苦之。二千石欲捕者，辄以力势变诈自解，终莫能制。翁归至，论弃仲孙市，一郡怖栗，莫敢犯禁。东海大治。③

"东海大豪郯许仲孙"，即郯县之豪民；虽为吏民（编户民），但因经济优

---

① 桓宽著，王利器校注：《盐铁论校注（定本）》卷一《禁耕》，北京：中华书局，1992年，第67页。

② 桓宽著，王利器校注：《盐铁论校注（定本）》卷一《禁耕》，北京：中华书局，1992年，第68页。

③ 班固：《汉书》卷七六《尹翁归传》，北京：中华书局，1962年，第3207—3208页。

势而"为奸猾，乱吏治"，成为地方循吏打击的对象。从尹翁归治东海豪民的故事也可看出，武帝之后的豪民阶层日益壮大，连二千石的郡守有时也"终莫能制"，尤可见其在地方社会的势力和影响。

王莽执政时期，曾经批评汉政不恤民力：

> 汉氏减轻田租，三十而税一，常有更赋，罢癃咸出，而豪民侵陵，分田劫假，厥名三十，实什税五也。[1]

关于"分田劫假"，颜师古注曰："分田，谓贫者无田而取富人田耕种，共分其所收。假亦谓贫人赁富人之田也。劫者，富人劫夺其税，侵欺之也。"[2] 学界对于"分田劫假"意见不一，尤其是对"分田"之"分"和"劫假"之"假"的理解。[3] 王彦辉认为"分田劫假"为"劫假分田"之倒装，乃豪民劫夺国家"假民公田"之"田"，然后再租佃给贫民，以收取什五之税，获得暴利。[4] 笔者赞同这一解释，豪民正是利用其"武断乡曲"的一面，将国家假予贫民的福利，变成自己剥削的资本。

也正因此，我们看到东汉之初的政权特别注意国家对小民的优抚有无被豪民侵夺的情况。如《后汉书·肃宗孝章帝纪》载建初元年（76）春正月章帝诏书：

> 方春东作，恐人稍受禀，往来烦剧，或妨耕农。其各实核尤贫者，计所贷并与之。流人欲归本者，郡县其实禀，令足还到，听过止

---

① 班固：《汉书》卷二四上《食货志上》，北京：中华书局，1962年，第1143页。《汉书·王莽传》作："汉氏减轻田租，三十而税一，常有更赋，罢癃咸出，而豪民侵陵，分田劫假。厥名三十税一，实什税五也。"见班固：《汉书》卷九九中《王莽传中》，北京：中华书局，1962年，第4111页。

② 班固：《汉书》卷二四上《食货志上》，北京：中华书局，1962年，第1144页。

③ 相关讨论参王彦辉：《汉代豪民研究》，长春：东北师范大学出版社，2001年，第121—122页。

④ 王彦辉：《汉代豪民研究》，长春：东北师范大学出版社，2001年，第122—123页。

官亭，无雇舍宿。长吏亲躬，无使贫弱遗脱，小吏豪右得容奸妄。诏书既下，勿得稽留，刺史明加督察尤无状者。①

政府统计、核实乡里"尤贫者"，并在诏书中特别强调"长吏亲躬"，其原因在于乡里社会易为"小吏豪右"所把控。豪右与小吏的勾结，使得政府对贫弱的抚恤难以落到实处。《后汉书·孝和帝纪》载永元五年（93）二月丁未诏书：

> 去年秋麦入少，恐民食不足。其上尤贫不能自给者户口人数。往者郡国上贫民，以衣履釜鬵为赀，而豪右得其饶利。诏书实核，欲有以益之，而长吏不能躬亲，反更征召会聚，令失农作，愁扰百姓。若复有犯者，二千石先坐。②

"往者郡国上贫民，以衣履釜鬵为赀，而豪右得其饶利"一句，李贤解释道："贫人既计釜甑以为资财，惧于役重，多即卖之，以避科税。豪富之家乘贱买，故得其饶利。"③ 这些豪右在李贤看来，就是豪富之家，他们利用贫人"惧于役重"的心理，从中饶利。"豪右得其饶利"，当有地方小吏的帮助。正因如此，统治者才反复强调"长吏亲躬"。

东汉政权正是有鉴于王莽所批评的西汉弊政，企图防止国家福利为地方豪民所垄断。然因地方小吏豪右的从中饶利，贫民有时未必能从中得到实惠，反倒有"征召会聚，令失农作，愁扰百姓"的情况发生。如《后汉书·刘般列传》所载：

> 帝（明帝）曾欲置常平仓，公卿议者多以为便。般对以"常平仓外有利民之名，而内实侵刻百姓，豪右因缘为奸，小民不能得其平，

① 范晔：《后汉书》卷三《肃宗孝章帝纪》，北京：中华书局，1965 年，第 132 页。
② 范晔：《后汉书》卷四《孝和帝纪》，北京：中华书局，1965 年，第 175 页。
③ 范晔：《后汉书》卷四《孝和帝纪》，北京：中华书局，1965 年，第 175 页。

置之不便"。帝乃止。①

国家对小民、贫弱的优抚往往落不到实处，其根源在于汉代基层行政重心在乡②，户籍制作和正本藏乡，而正是因乡在小吏与豪民的控制之下，故国家权力较难直接掌控。

要言之，自武帝时期打击富商大贾，实行盐铁官营、平准均输等政策，汉初以来以大家富商大贾而形成的豪富阶层不得不将目光从工商之业转向土地经营。这种转变使得豪民经济结构发生重大变化，同时也对汉代社会变迁产生重要影响。

三、豪民的转向与豪族的形成

论者多注意到这样一个现象：自汉武帝之后，豪民阶层开始逐渐融入到国家权力之中③，在与权力不断结合的过程中逐渐向豪族转变，进而由豪族向士族转化。④ 从相关历史记录看，武帝之后豪民阶层的经济转向确实对其政治和社会身份的转变造成了很大的影响。由汉初以经营工商业为主的豪富大家向武帝以后以经营土地为主的豪民的转变，使得豪富阶层开始渗入乡里社会，其中不少成员开始向政治权力靠拢，成为乡里、郡县乃至中央政权中的重要组成部分。豪民的形态由纯经济型身份开始向集经济、政治、文化等多位一体方向发展，最终成为豪族中的一员。

汉代的豪族是一个重要的社会阶层，在两汉尤其是在东汉社会，有着重要的历史表现和影响。有学者甚至认为，"在一定意义上，可以说两汉的历史是围绕豪族的发展演变而展开的"⑤。正因如此，学界对豪族的关注

---

① 范晔：《后汉书》卷三九《刘般列传》，北京：中华书局，1965年，第1305页。
② 参张荣强：《简纸更替与中国古代基层统治重心的上移》，《中国社会科学》，2019年第9期，第191页。
③ 王彦辉：《汉代豪民研究》，长春：东北师范大学出版社，2001年，第204页。
④ 崔向东：《汉代豪族研究》，武汉：崇文书局，2003年，第12页。
⑤ 崔向东：《汉代豪族研究》，武汉：崇文书局，2003年，第1页。

持续不断，研究成果也向称宏富。① 然而，因豪族在史籍记载中名称不一，导致学界对豪族的概念与内涵的界定往往模糊不清，甚而相互抵牾。尽管如此，关于豪族的构成，学界意见较为统一。杨联陞研究东汉豪族，将其分为两大类：其一为"凭借中央势力而突然得意的，即宗室、外戚与宦官"，其二则为"自己渐渐发展起来的，即一般高官及地方豪族"。② 此分类从豪族得势凭借出发，虽失之精细，但总体上较为符合历史事实。杨联陞认为：

> 有些豪族，是先有了政治地位，然后建树起经济势力。有的则是先有了经济势力，再取得政治地位，这政治地位又帮助了经济势力的发展。③

上述文字进行了简短的概括，却将豪族发家过程中经济与政治的关系表露无遗。因此，笔者认为，从政治与经济角度看，也可将豪族之来源分为两大类：一类为依托经济势力而崛起者，一类是倚恃政治地位而发家者。汉代的豪族由各种社会势力转化而来，其来源之复杂向无疑义。本文所述之豪族，乃编户民中依托经济势力而崛起者，不涉及诸如宗室、外戚、宦官、高级官僚等凭借政治势力而取得经济优势者。豪族与豪民的关系较为复杂，有重合的一面，也有不同的一面。王彦辉认为"豪民是商品经济发展到一定阶段的产物，是伴随封建私有制经济的不断深化而兴起的一个新生社会阶层"，豪民是"民之富者、民之豪者"。④ 笔者赞同这一认识，豪民首先是编户民中的富者，其次是因经济优势而称豪乡里者。汉末仲长统

---

① 相关学术史综述可参马彪：《秦汉豪族社会研究》，北京：中国书店，2002 年，第3-4 页；崔向东：《汉代豪族研究》，武汉：崇文书局，2003 年，第 19-29 页；尹建东：《两汉魏晋南北朝时期关东豪族研究》，成都：四川大学出版社，2007 年，第1-5 页；营思婷：《日本汉代豪族研究学术史述评》，渤海大学硕士学位论文，2017 年。

② 杨联陞：《东汉的豪族》，北京：商务印书馆，2017 年，第 11 页。（原载《清华学报》，1936 年第 4 期。）

③ 杨联陞：《东汉的豪族》，北京：商务印书馆，2017 年，第 10 页。

④ 王彦辉：《汉代豪民研究》，长春：东北师范大学出版社，2001 年，第 5 页。

《昌言》载：

> 汉兴以来，相与同为编户齐民，而以财力相君长者，世无数焉。①

豪民正是仲长统所说的"以财力相君长"的编户齐民。而关于豪族，前文已述，因其来源复杂，很难准确定义。崔向东认为，"一个典型的豪族应具备如下四个方面的基本特征，即权力、宗族、地产、文化"②。从东汉历史尤其是汉末历史看，这种集权力、宗族、地产、文化特征为一体的豪族确实较为普遍。因此，笔者认为，豪民是豪族的一个重要来源，尽管两汉时期史籍记载中不乏豪民与豪族混用、概念混淆的例子。如果说典型的豪族集经济、政治、文化等身份为一体，那么豪民就是豪族的非典型形态。③仲长统《昌言》概括汉代豪民的典型特征：

> 井田之变，豪人货殖，馆舍布于州郡，田亩连于方国。身无半通青纶之命，而窃三辰龙章之服；不为编户一伍之长，而有千室名邑之役。荣乐过于封君，执力侔于守令。财赂自营，犯法不坐。刺客死士，为之投命。至使弱力少智之子，被穿帷败，寄死不敛，冤枉穷困，不敢自理。虽亦由网禁疏阔，盖分田无限使之然也。④

"井田之变，豪人货殖，馆舍布于州郡，田亩连于方国"，此即明示豪民（豪人）是因井田制废除、经营土地而发家致富的编户民；"馆舍布于州郡，田亩连于方国"表明其经济实力。"身无半通青纶之命，而窃三辰龙章之服；不为编户一伍之长，而有千室名邑之役"，说明豪民的政治身份

---

①　范晔：《后汉书》卷四九《仲长统列传》，北京：中华书局，1965年，第1648页。
②　崔向东：《汉代豪族研究》，武汉：崇文书局，2003年，第11页。
③　崔向东将豪族多种相对单一的形态称之为豪族的前期形态，把继续向士族演变的豪族称为士族化豪族。见崔向东：《汉代豪族研究》，武汉：崇文书局，2003年，第11页。
④　范晔：《后汉书》卷四九《仲长统列传》，北京：中华书局，1965年，第1651页。

是普通编户民，而不是政府公职人员（半通青纶之命指百石之吏①，编户一伍之长指乡里小吏②）。但是在实际生活中，豪民享受着高级官员所拥有的待遇（三辰龙章之服指汉代高级官员官服）。《后汉书》即指出：“言豪强之家，身无品秩，而强富比于公侯也。”③ “荣乐过于封君，执力侔于守令”，表明豪民在乡里社会的实际经济、政治地位很高，甚至远超封君与郡守县令。而“财赂自营，犯法不坐。刺客死士，为之投命。至使弱力少智之子，被穿帷败，寄死不敛，冤枉穷困，不敢自理”，反映的是豪民“武断乡曲”、控制乡里社会的一些表现。因此，王彦辉将汉代的豪民总结为“善于治产、富甲一方，兼并役使、骄横不法，社会活动能量极大的庶民地主”④。

豪民在经济生产上由经营工商业为主转向经营土地为主，前文已有论述。而豪民与汉代政权权力关系的变化，也主要始于武帝时期。汉初承秦之制，“高祖乃令贾人不得衣丝乘车，重租税以困辱之”⑤，在经济和社会身份方面积极打击商人。在惠帝和吕后时期，虽一度“复弛商贾之律，然市井之子孙亦不得仕宦为吏”⑥，政治身份上的打击一直未曾放弃。然“复弛商贾之律”也透露出这样一种信息：政府对商人社会身份的限制和打击逐渐削弱。在文帝时期，晁错提出“贵粟”主张，积极推行入粟拜爵政策，以达到“损有余补不足”⑦ 之功效。所谓“损有余补不足”，乃损商人之余以补编户民之不足，以期达到国与民俱富的目标。然而，从豪民角度看，虽损失了经济利益，但获得了国家爵位，社会地位也得到了前所未有的提高。⑧

---

① 王彦辉：《汉代豪民研究》，长春：东北师范大学出版社，2001年，第6页。
② 王彦辉认为“不为编户一伍之长”的说法未免言过其实，豪民出任乡官的例子不少。见王彦辉：《汉代豪民研究》，长春：东北师范大学出版社，2001年，第6页。
③ 范晔：《后汉书》卷四九《仲长统列传》，北京：中华书局，1965年，第1652页。
④ 王彦辉：《汉代豪民研究》，长春：东北师范大学出版社，2001年，第8页。
⑤ 司马迁：《史记》卷三〇《平准书》，北京：中华书局，1959年，第1418页。
⑥ 司马迁：《史记》卷三〇《平准书》，北京：中华书局，1959年，第1418页。
⑦ 班固：《汉书》卷二四上《食货志上》，北京：中华书局，1962年，第1133页。
⑧ 王彦辉：《汉代豪民研究》，长春：东北师范大学出版社，2001年，第209页。

又汉初社会有"赀选"入仕传统，据《汉书·景帝纪》载：

> 人不患其不知，患其为诈也；不患其不勇，患其为暴也；不患其
> 不富，患其亡厌也。其唯廉士，寡欲易足。今赀算十以上乃得宦，廉
> 士算不必众。有市籍不得宦，无赀又不得宦，朕甚愍之。赀算四得
> 宦，亡令廉士久失职，贪夫长利。①

颜师古引应劭注曰："古者疾吏之贪，衣食足知荣辱，限赀十算乃得为吏。
十算，十万也。贾人有财不得为吏，廉士无赀又不得宦，故减赀四算得宦
矣。"② 应劭所谓古者，或许起于战国。限赀十算（十万钱）乃得为吏的
规定，在汉初社会得以延续。景帝将赀选金额由十算降为四算，当然是为
了使更多家境贫寒一些的编户民也能入仕。王彦辉指出，尽管有"有市籍
不得宦"的规定，但现实生活中工商豪民凭借其经济优势，因赀选为郎的
人也不在少数。③ 如文帝时期的张释之与武帝时期的桑弘羊。

尽管在武帝之前商人的社会、政治地位已有所提升，但较为重大的转
折还是在武帝时期。前文已述，武帝时期实行盐铁官营，任用以盐铁为业
的大工商业者孔仅和东郭咸阳为大农丞，负责相关事务。史载：

> 使孔仅、东郭咸阳乘传举行天下盐铁，作官府，除故盐铁家富者
> 为吏。吏道益杂，不选，而多贾人矣。④

孔仅和东郭咸阳丝毫没有避讳任用商人为吏，打破了汉初商人不得仕宦的
限制。"吏道益杂""而多贾人"的记载表明：武帝之后商人开始积极从
政，商贾之家逐渐融入到政治权力之中。当然，武帝时期工商豪民的政治

---

① 班固：《汉书》卷五《景帝纪》，北京：中华书局，1962年，第152页。
② 班固：《汉书》卷五《景帝纪》，北京：中华书局，1962年，第152页。
③ 王彦辉：《汉代豪民研究》，长春：东北师范大学出版社，2001年，第214页。
④ 司马迁：《史记》卷三〇《平准书》，北京：中华书局，1959年，第1429页。

地位的改变也是相对的。① 从两汉历史主流看，重农抑商，商人不得仕宦是基本国策。因此，在武帝之后，工商豪民主要转向乡里，由此开始摆脱市籍束缚，"从操纵乡里政权入手，再出仕郡县右职，进而与士大夫集团合流"②。

　　在武帝盐铁官营、均输平准、告缗算缗等一系列政策的打击下，"商贾中家以上大率破"③，工商豪民或破产，或转向乡里，成为乡里豪民。"宣、元以后，乡里豪民成为豪民阶层的主体。"④ 在经济上，他们兼役中小之家，鱼肉乡里；在政治上，他们因经济优势而出仕乃至控制地方；在社会生活上，他们享受着封君和守令般的高品质生活。《后汉书·党锢列传》载："时太守出自权豪，多取货赂，慈遂弃官去。"⑤ "权豪"之称，又见同卷《范滂列传》："后诏三府掾属举谣言，滂奏刺史、二千石权豪之党二十余人。"⑥ "权豪"称谓，尤见豪民与政治权力的结合。东汉时期豪民不但控制乡里，甚至能出仕郡县乃至中央，可见豪民势力的发展。随着豪民与政权结合日久，豪民的宗族化加强，由此向豪族乃至士族方向发展。⑦ 随着东汉政权的土崩瓦解，豪族势力或发展为魏晋士族，或成为地方割据势力。豪族势力的发展与东汉政权相始终。

四、小结

　　战国秦汉时期实行重农抑商政策，将土地和农民捆绑在一起，从而为国家的农、战提供源源不断的供给。我们同时也发现，在战国至汉初这一

---

　　① 王彦辉：《汉代豪民研究》，长春：东北师范大学出版社，2001 年，第 215 页。

　　② 王彦辉：《汉代豪民研究》，长春：东北师范大学出版社，2001 年，第 215 页。

　　③ 司马迁：《史记》卷三〇《平准书》，北京：中华书局，1959 年，第 1435 页。

　　④ 王彦辉：《汉代豪民研究》，长春：东北师范大学出版社，2001 年，第 229 页。

　　⑤ 范晔：《后汉书》卷六七《党锢列传·宗慈》，北京：中华书局，1965 年，第 2202-2203 页。

　　⑥ 范晔：《后汉书》卷六七《党锢列传·范滂》，北京：中华书局，1965 年，第 2204 页。

　　⑦ 王彦辉与崔向东均作过专门研究，可参王彦辉：《汉代豪民研究》，长春：东北师范大学出版社，2001 年，第 229-241 页；崔向东：《汉代豪族研究》，武汉：崇文书局，2003 年，第 134-147 页。

历史时期，城市、商业、商人得到了极大发展。这看似矛盾的背后，实际反映出民众对自由经济发展规律的正确认识和遵循。太史公总结为"夫用贫求富，农不如工，工不如商"，从事商业生产和销售等活动，无疑是普通编户民迅速实现脱贫致富的最有效捷径。战国时期百家争霸，抑商之策很难真正实行；秦一统之后虽"上农除末"，但统治者的需求反促使商业进一步发展；汉初承战乱之后，百业凋敝，政府只能选择无为而治、与民休息，因此对商业、商人的打击也显得软弱无力。不难看出：不抑兼并，任由经济自由发展，是这一时期城市、商业、商人得到重要发展的主要原因。

至汉武帝时期，国家经济得到很大恢复和发展，国家和社会财富均大量集聚，社会上由此出现一个因经济影响而崛起的"豪富阶层"。这个豪富阶层多为富商大贾，以从事盐铁等行业而发家，成为影响地方的重要势力。豪富阶层聚敛财富的手段之一是兼役小农。因小农经济的不稳定性，最终出现民皆"背本趋末"，乃至为富商大贾兼并、奴役的现象。因武帝"外事四夷，内兴功利"的需要，这个豪富阶层遂成为武帝重点打击的对象。通过盐铁官营及算缗与告缗等一系列措施的实行，以工商业致富的豪富阶层迅速瓦解，"商贾中家以上大率破"。武帝的这一系列措施使得当时的社会发生了深刻变化，以从事工商业为主的豪富阶层一转而为以经营土地为中心的豪民阶层，汉初以来的"商人兼并"问题发展为西汉中后期的"豪民兼并"。农村土地迅速分化、集中，大量中小之家破产，或成为豪民的依附民，或成为"亡人""流民"，影响西汉政权的稳固与安定。

武帝之后的豪民转向，不仅在经济领域而且在政治、社会和文化等领域带来了巨大的变化。首先，豪民阶层开始逐步融入到国家权力之中，进而逐步向豪族、士族方向转化，从而成为影响地方乃至中央的重要政治力量。其次，豪民兼并小民，"武断乡曲"，因经济实力而影响甚至控制地方。豪民"荣乐过于封君，執力侔于守令"，在地方享有极高的威望。最后，豪民阶层中也有不少向儒学世家转化，成为拥有文化影响力的地方乃至中央势力。这些变化都为东汉末豪族的发展以及魏晋士族的形成奠定了一定的基础。

从豪富到豪民，再由豪民到豪族、士族，我们发现以经济起家的豪富阶层最终在与权力的斗争与融合中完成了自身的转变。而这一转变对国家政权而言，也产生了深远的影响。豪富阶层在国家经济放任的环境中成长壮大，在武帝的经济管制与攫取中濒于瓦解，最终又在融入国家权力的过程中发展成为集经济、政治、文化等为一体的豪族、士族阶层。两汉政权从起初的放任到打压再到利用、控制，乃至东汉末最终失去管控，无不凸显出其对社会、地方控制力的强弱。从豪富到豪民的变迁，可以观察民众与社会、国家三者之间的复杂关系：国家在对民众、社会进行管控的同时，也受到民众与社会的反作用力影响。豪民问题始终是困扰两汉政权的一个重要问题，随着豪民阶层融入政权，国家对这一问题的解决方案也难以真正落到实处。

上编结语

　　秦汉时期是传统编户齐民社会的正式形成期，对编户齐民社会的考察有多种路径，或从郡县制度入手，或从户籍制度出发，或从家庭制度切入。以上所举诸多路径，学界研究成果均较宏富，然而缺少综合研究。其实，编户齐民社会的形成，与封建制瓦解、郡县制产生、户籍制度的出现和推广、个体小家庭的独立等息息相关。进言之，随着西周以来层层分封贵族体制的瓦解、战国秦汉以来君主专制体制的出现，政治与法律身份上齐等无贵贱的编户齐民群体才得以形成。换言之，编户齐民社会的形成，与君主专制国家对社会各阶层的控制与整合直接相关。因此，从编户民之家的形成与发展角度梳理和认识编户齐民社会的形成，可对相关问题做一综合思考，也可对这一"天地一大变局"提出新的思考。

　　本编第一部分即讨论编户民之家的出现与定型。首先对于先秦两汉时期"家"的含义及其演变进行梳理，进而指出从"卿大夫称家"到编户之家变化背后的时代巨变，从而探讨秦汉时期"家"与"户"的关系。秦汉时期"家"与"户"均是经济生活单位，所不同者在于前者为国家人为所制，而后者为自然发展之结果。家的本义为居处，然其衍生义则较多，其中采邑之说在封建时代较为流行。卿大夫之采邑曰家，此时的家为卿大夫的专称。然而，随着封建制的解体、卿大夫等贵族阶层消亡，家为郡县制下一般民众所使用。这种小型经济生活单位被称为"户"，它的出现，既是社会发展的必然结果，也是郡县制下国家权力扩张的结果。户是国家为控制、管理赋役人口而创设之经济生活单位，户内之成员也全部被纳入到国家的统治、管理之下，成为郡县制下新政府的新的社会基础。"户"一开始即体现出统治政权政策性的一面，即它是统治者为某些政策需求而出现的，这一点不同于作为社会自然单位的"家"。

秦汉时期的"家人"主要有二义：其一指一般编户之人亦即庶民，其二指"一家之人"，也就是以同户籍为依据的"同居"之人，其中既包括有血缘关系的家属，也包括无血缘关系的依附人口如奴婢等。"家人"的第一义应是从"公家"与"私家"的对立而来。秦始皇一统宇内，废分封行郡县，实现了皇帝对庶民的直接人身控制。此时"公家"与"私家"的对立，不再是春秋战国以前的"王室"与"私室"的对立，而是皇家与庶民之家的对立。换言之，皇帝控制下的编户之民，出仕朝廷，即为"公家"办事，否则就是"不官于朝而居家者"。秦及汉初"家人"多取"编户之人"或"庶民"之义，乃因此时期是编户民之家的最终确立期。而"家人"第二义应是从"家"的本义衍生而出："家"作为居住单位，同居在一处者即为"家人"。"家人"作"一家之人"解，是以同居为范围的。"家人"的第二义——"一家之人"的说法在西汉中期以后尤其是东汉时期，开始变得普遍起来。这其中，除了与当时语言由上古语向中古语过渡有关外，还应该与"家"的最终成型有关。

编户民之家的主要形态是本编探讨的第二个问题。秦汉时期的家庭结构与规模问题一直以来聚讼不已，梳理秦汉时期法律术语和民众实际生活用语"同居"一词，或有助于深化对这一问题的认识。秦汉时期法律术语的"同居"多指可同居亦可不同居的亲属，如父母、同产及同产子等；而民众实际生活中的"同居"乃指共同居住的"一家之人"，既可包括血缘亲属，也可包括奴婢等依附人口。秦及西汉，政府严格实行"分异令"，"同居"范围较小；随着儒家伦理的影响深入，与父母同居乃至兄弟累世同居开始受到政府褒奖；降至东汉末，兄弟累世同居现象逐渐普遍。当然，这是一个渐进的过程。就整个秦汉时期而言，以一夫一妇外加未成年子女构成的核心小家庭应为主流。妻与子是编户民之家的最核心"家人"，其次则是在同居与否两可之间的父母和同产。

不难看出，秦汉时期个体小家庭的流行，与国家对社会的控制和整合有直接关联；而东汉末以来对核心小家庭的冲击，则与儒家伦理对社会的影响加剧桴鼓相应。因此静态上看，两汉社会编户民之家的主流家庭形态是个体小家庭；但从动态上看，也能清晰地看到这样一条发展趋势：两汉家庭形态逐渐由父子分居的小家庭向亲缘性甚至非亲缘性的大家庭过渡，从而出现汉末乃至魏晋时期的豪族势力的崛起。这其中，社会经济的自然发展、家庭经济的自然分化无疑是一个重要因素。从两汉家庭结构的变迁中，可以看出国家、社会、民众三者之间的博弈与妥协乃至无奈。

本编最后一部分讨论秦汉时期编户民之家的分化问题。秦汉时期编户齐民在政治、法律身份上是齐等的，在经济地位上则因经济力量不一而有大家、中家、小家之分。大家中的豪富者往往是那些富商大贾，他们"兼役小民"，从而导致小家破产流亡，影响国家赋税来源和国家统治根基，故而为统治者所重视。值得深思的是，在政治上本是"齐民"身份的大中小家，为何会向着"不齐"的方向发展？这其中，经济因素自然是关键。换言之，编户齐民自身的分化，是因其自身的经济力量的发展变化所致：豪强大家因经济实力雄厚，可以兼役中小之家；中小之家在经济破产的同时，无法完成国家赋役，只能投身豪强大家寻求庇护。国家在其中所处的位置则显得较为尴尬：豪强大家本来也是国家的赋役对象，但因其经济实力雄厚从而"武断乡曲"，将自身的赋役转嫁到中小之家头上，使得中小之家经济负担加重；中小之家经济负担长期加重的后果之一是因破产或者转而投身豪强大家，或者转向流亡。这样所导致的直接结果是国家控制下的赋役人口下降，社会动荡不安。由此，国家与豪强大家的关系由统治与被统治的关系逐渐演变成争夺编户人口的对立关系。在这一背景下，就不难理解汉武帝以后直至东汉灭亡，两汉政权在打击豪富与保护中小之家中间所做的努力与无奈。

编户民之家的分化一般发生在经济领域，但也会影响到其政治、法律身份和地位。汉武帝时期的太史公总结战国以来的经济活动，有"用贫求富，农不如工，工不如商"之语，可见从事商业生产和销售等活动，无疑是普通编户民迅速实现脱贫致富的最有效捷径。战国至西汉初期，因政府不抑兼并，社会上出现大量因经营工商业而致富的"豪富之家"；至汉武帝时期打击富商大贾，以工商业发家的豪家转而开始经营农村土地，成为武断乡曲的豪民。汉武帝时期，这些豪富阶层多为从事盐铁等行业而发家的富商大贾，其聚敛财富的手段之一是兼役小农。因受对富贵的追求心理以及小农经济的不稳定性因素影响，汉初以来出现的民皆"背本趋末"的现象更为严重。武帝因"外事四夷，内兴功利"的需要，通过国家管制经济，打击豪富阶层，致使"商贾中家以上大率破"。国家力量对经济活动的干预，最终导致西汉社会发生重大变化：汉初以来以从事工商业为主的豪富阶层由此一转而为西汉中后期至东汉时期以经营土地为中心的豪民阶层，"商人兼并"社会问题也由此变成"豪民并兼"、土地兼并等社会问题。也正因这一转变，经济领域的豪富开始向政治、经济、文化领域都拥有极大影响力的豪族势力过渡。

中编

民间工商业者

第四章
先秦工商业的发展
与秦工商业政策的演变

第一节　先秦工商业者的发展状况

一直以来，工商业都是中国古代经济的重要组成部分，工商业者则是中国古代社会的主要阶层之一。所谓"士农工商"，在社会分工不精细的情况下，手工业者与商人关系密切。"手工业者与商人往往兼于一人之身，卖者就是制者"[1]，商品往往从生产到销售是同一批人完成的，因此手工业者与商人经常合称为"工商业者"，这本身也符合当时的社会经济状况。战国时期，中国历史发生重大变革，大量独立于官府控制的自由工商业者走上了历史舞台，作为一种独立的社会群体影响着社会与政治局势的变动。

工商业古已有之。西周时期，工商业者直接隶属于官府，即"工商食官"。《国语·晋语四》载：

---

① 童书业著，童教英校订：《中国手工业商业发展史》，北京：中华书局，2005年，第41页。

> 公属百官，赋职任功。弃责薄敛，施舍分寡。救乏振滞，匡困资
> 无。轻关易道，通商宽农。……公食贡，大夫食邑，士食田，庶人食
> 力，工商食官，皂隶食职，官宰食加。[①]

西周时期的工商业者从事生产经营非以盈利为目的，最终为的是服务社会
上层。《国语·周语上》："庶人、工、商各守其业，以共其上。"[②] 这说明
西周的工商业者是一种有别于从事农业生产的普通民众的群体。但是这一
时期的工商业者又不脱离于农业生产，《汉书·食货志》："士工商家受田，
五口乃当农夫一人。"[③] 他们也会被官府授田，作为劳动报酬。因此"工商
食官"制度下的工商业者是需要居乡耕种的。

　　自由工商业者产生于春秋时期。这一时期，诸侯争霸愈演愈烈，诸侯
国对提高本国人力物力的需求变大，需要工商业更多参与到物资的生产和
分配中来。于是，旧有的"工商食官"制度因完全不能满足社会的需求而
逐渐解体，部分原隶属于官府的工商业者脱离旧有关系，成为民间工商业
者。同时，随着井田制瓦解，一部分人口彻底脱离农业，自由从事工商
业。一时间，手工行业、商业均呈现出快速扩张趋势。新的工商业者类型
也在这一时期出现，即中国第一批民间工商业者出现在人们的视野中。
《国语·晋语八》中有载"绛之富商……能行诸侯之贿"[④]，可见，春秋时
期，这些自由工商业者已有一定程度的财富积累。

　　伴随着春秋时期的积累，工商业在战国时期真正迎来了自己的兴盛阶
段。自由工商业者也迎来了发展的良机。受社会需求的多样化和工商业发
展影响，民间工商业者种类不断丰富，并且不论哪一行业、行业大小、获
利多少均在战国时期获得了长足的发展。获利多的是从事盐铁行业经营的

---

① 徐元诰撰，王树民、沈长云点校：《国语集解·晋语四》，北京：中华书局，2002
年，第349-350页。

② 徐元诰撰，王树民、沈长云点校：《国语集解·周语上》，北京：中华书局，2002
年，第33页。

③ 班固：《汉书》卷二四上《食货志上》，北京：中华书局，1962年，第1120页。

④ 徐元诰撰，王树民、沈长云点校：《国语集解·晋语八》，北京：中华书局，2002
年，第436页。

工商业者，如《史记·货殖列传》中所记载的赵国卓氏"用铁冶富"①、邯郸郭纵"以铁冶成业"②、魏国孔氏"用铁冶为业"③、鲁国猗顿"用盬盐起"④。从事盐铁行业的生产、贩卖，是战国时期收益最为显著的工商业部门，其中的佼佼者成为青史留名的存在。获利较少的如编织行业：《孟子·滕文公上》中载有"其徒数十人皆衣褐，捆屦、织席以为食"⑤，人们可以依靠贩卖手工编织用品如屦、席来获得基本的温饱，谋求生存；《韩非子·说林上》中也有"鲁人身善织屦，妻善织缟，而欲徙于越"⑥。可见，社会上尝试通过编织获取生存依凭的现象已经比较常见了，盈利较少的小手工业也能够供给人们的日常生活。随着技术的发展，手工业与商业结合，奠定了早期自由手工业者的生存形态，不同类型的工商业都有所发展，大小工商业者都在生产和经营中确立了自己生存的位置。

随着工商业的发展、市场规模的扩大和需求的增多，脱离生产领域，单纯从事商业活动的工商业者也开始出现，战国时期服务于不同商业区域之间物资往来的"贩运商人"就是主要的群体之一。《管子·禁藏》中提及贩运商人"倍道兼行，夜以续日"⑦，单靠在各地穿梭贩卖物品，也能获得较大利益。除贩运商人外，囤积商人也单纯依靠商业行为、活动赚取利润。"囤积商人"，顾名思义，指的就是靠在货物价低时买入，在货物价高时卖出，赚取差价的商人。在正常的市场中，由于政府严厉打击和物价的相对稳定，囤积商人也是政治打击的主要对象，很难获得很大的利益。但是战国时期，正逢社会乱局，政府根本无力控制商人和稳定市场价格，甚

①　司马迁：《史记》卷一二九《货殖列传》，北京：中华书局，1959 年，第 3277 页。

②　司马迁：《史记》卷一二九《货殖列传》，北京：中华书局，1959 年，第 3259 页。

③　司马迁：《史记》卷一二九《货殖列传》，北京：中华书局，1959 年，第 3278 页。

④　司马迁：《史记》卷一二九《货殖列传》，北京：中华书局，1959 年，第 3259 页。

⑤　杨伯峻译注：《孟子译注》卷五《滕文公章句上》，北京：中华书局，2010 年，第 112 页。

⑥　王先慎撰，钟哲点校：《韩非子集解》卷七《说林上》，北京：中华书局，1998 年，第 180 页。

⑦　黎翔凤撰，梁运华整理：《管子校注》卷一七《禁藏》，北京：中华书局，2004 年，第 1015 页。

至出现需要依靠商人转运物资才能度过某些危机。这种局势给了囤积商人囤货居奇、谋求利润的空间。《史记·货殖列传》中就载有白圭"人弃我取，人取我与"①的商业经营理念，他通过"夫岁孰取谷，予之丝漆；茧出取帛絮，予之食"②的手段，即在货物盛产的时候购买，在货物稀缺的时候卖出，在实现货物资源的合理调配的同时，获得利润。

工商业者最大的目的都是获得利润，那么利润的用途就成为工商业者应该思考的重要命题。自然有人将获得的利润用于扩大工商业规模；也有用来奢侈享受，比如购置衣服、车马、饮食等；还有人尝试通过经营土地和放高利贷，将自己从工商业中获得的利润固化下来，以谋取进一步升值的空间。当然也有一部分工商业者试图将利润投入政治领域，希望以此获得更大的利益。与此同时，战国时期的各国统治者、政治参与者也希望借用新的力量解决国内外的问题，获得竞争的优势。两者相合，工商业者在战国时期的政治参与就变得尤为突出。

战国时期，工商业者有很多与政治联系的方式。一种方式是凭借财力直接出仕，如孔子的学生子贡，"常相鲁卫，家累千金，卒终于齐"③。子贡利用自身的财力在诸侯国之间形成广泛的影响力，"子贡结驷连骑，束帛之币以聘享诸侯，所至，国君无不分庭与之抗礼"④。由于子贡的财力与政治势力，春秋时诸国的君主均对子贡极为看重，子贡也充分发挥了其优势，在各国间纵横捭阖，"故子贡一出，存鲁，乱齐，破吴，强晋而霸越。子贡一使，使势相破，十年之中，五国各有变"⑤，以一己之力影响着国际局势。这一类商人往往富可敌国，战国时期吕不韦以商人身份得以扶持一个弱势的秦国公子即位，主政秦国，依靠的也是自身的

---

① 司马迁：《史记》卷一二九《货殖列传》，北京：中华书局，1959 年，第 3258-3259 页。
② 司马迁：《史记》卷一二九《货殖列传》，北京：中华书局，1959 年，第 3259 页。
③ 司马迁：《史记》卷六七《仲尼弟子列传》，北京：中华书局，1959 年，第 2201 页。
④ 司马迁：《史记》卷一二九《货殖列传》，北京：中华书局，1959 年，第 3258 页。
⑤ 司马迁：《史记》卷六七《仲尼弟子列传》，北京：中华书局，1959 年，第 2201 页。

财富。

买官、买爵也是商人参与政治、获得社会地位的主要方式。诸侯国的爵位体系设立的目的一般非鼓励商业，而是鼓励耕战等富国强兵的行为。秦国的二十等军功爵制和楚国的军爵均是在这一要求下被创造的。但在实践领域中，这些制度具有很大灵活性。在一些特殊情况下，或者是特殊时间段中，工商业者就有了借助国家爵位体系而参与政治的机会。《韩非子·五蠹》非常直接地指出："官爵可买则商工不卑也矣。"[①] 可见，官爵的买卖最终只会提高工商业者的地位，给予他们参与政治的上升途径，使他们获得爵位体系后附加的种种特权。

除买官之外，工商业者也会努力寻求一些政府的许可或者特殊政策，影响政府对其商业经营的管理和收税，从中获得更大的利益。1961 年安徽省寿县东郊丘家花园出土的鄂君启节就是最好的证明。鄂君启节是楚怀王颁发给鄂君启的水陆两路运输货物的免税通行证，具体规定了节主运输货物的水路和陆路交通路线，使用的运输车船大小和数量，以及禁止运输的货物类型及某些免税特权。通过鄂君启节可以看到，经营相关领域的工商业者通过和政权达成某种联系，就可以需求到某种过关特权，以降低自己在运输经营中要付出的成本。如鄂君启节中规定的"夏（得）其金节则母（毋）政（征）……不夏其金节则政"[②]，即运输途中持有金节则可以免征税款，但是如果没有就需要征税。显然，这种免税特权能明显降低工商业者的经营成本。虽然"鄂君启"指的应该是战国时期楚怀王之子，是封地在今湖北鄂城的封君，不是绝对意义上的民间工商业者，但是鄂君启的存在至少证明了工商业者有获得如此特权的可能。

除了上面两种合法途径之外，工商业者也往往采取一些非法途径，通过行贿等方式来解决一些自己在商业经营中遇到的具体问题，进而影响某些政治决定的出台与实施。因此，官员收受贿赂的情况屡见不鲜。《睡虎

---

① 王先慎撰，钟哲点校：《韩非子集解》卷一九《五蠹》，北京：中华书局，1998年，第 455 页。

② 于省吾：《"鄂君启节"考释》，《考古》，1963 年第 8 期，第 442 页。

地秦简》中的《为吏之道》有"临材（财）见利，不取句（苟）富"①，
特别强调官吏的义利观问题。可见官员收受贿赂的行为确实存在。《岳麓
书院藏秦简（伍）》中有"自今以来，治狱以所治之故，受人财及有卖买
焉而故少及多其贾（价），虽毋枉殹（也），以所受财及其贵贱贾（价），
与【盗】【同】法"②的法律规定，即显示有人通过赠送钱物，有人通过
和官吏达成商业交易，并且故意多交或者少交钱的方式，来实现行贿的目
的。这无疑与市场中的工商业者有所关联。

综上可知，随着春秋战国以来的社会大变革，战国的工商业者也发生
了重要变化。从原本西周时期的"工商食官"制度下的非自由的工商业
者，逐渐转化为民间工商业者，以逐利为经营的最终目的，并且产生了很
多种不同的细分形态。其中，部分工商业者也凭借其经商获得的物质优
势，通过买官等手段，一举改变自己的社会地位，增强了自己与政治的联
系，甚至直接参与到战国政局中去。可以说，战国时期的工商业已经成为
一股无法被忽视的势力，逐渐登上了历史舞台，深刻影响了战国时期的政
治局势。

第二节　秦工商业政策的演变

关中沃野千里，适合发展农业，周人对农业多有倚重。"公刘适邠，
大王、王季在岐，文王作丰，武王治镐，故其民犹有先王之遗风，好稼
穑，殖五谷。"③秦人与周人风俗迥异，热衷从事商贾之事，这与关中所处
的地理位置密切相关。尽管秦所处的关中较于东方各诸侯国之地，偏居西
陲，但是秦地交通并不闭塞，西南接巴蜀，西北通陇右，东临三晋，东南
通江汉。关中周围地区均物产丰富。"巴蜀亦沃野，地饶巵、姜、丹沙、

---

① 睡虎地秦墓竹简整理小组编：《睡虎地秦墓竹简》，北京：文物出版社，1990 年，
第 167 页。

② 陈松长主编：《岳麓书院藏秦简（伍）》，上海：上海辞书出版社，2017 年，第 144-
145 页。

③ 司马迁：《史记》卷一二九《货殖列传》，北京：中华书局，1959 年，第 3261 页。

石、铜、铁、竹、木之器。南御滇僰，僰僮。西近邛笮，笮马、旄牛。然四塞，栈道千里，无所不通，唯褒斜绾毂其口，以所多易所鲜。天水、陇西、北地、上郡与关中同俗，然西有羌中之利，北有戎翟之畜，畜牧为天下饶。"①秦国是多条商路的汇集点，来自四面八方的货物很容易向秦国汇集，再以秦国为中心向各地转运。这一过程蕴含着巨大的商机，因此秦人有好贾的习俗，"及秦文、德、缪居雍，隙陇蜀之货物而多贾。献公徙栎邑，栎邑北却戎翟，东通三晋，亦多大贾"②。从春秋时期开始，就有大批商人活跃于秦国境内。

1. 秦国的抑商之策

正如前述，战国时代的各国对于工商业的地位、作用有着不同认知。例如东方齐国，濒临海滨，有着鱼盐之利，但是"区区之齐在海滨"的齐国，其濒海区域的土壤大多是被海水碱化的"潟卤之地，五谷不生"，不利于发展农业生产。因此，自齐立国者姜太公起，就"因其俗，简其礼，通商工之业，便鱼盐之利，而人民多归齐，齐为大国"③，这使齐国由原来地薄人少的小国发展成百业兴旺的富国、强国。春秋时代，齐国疆域虽然已扩大到"南至于岱阴，西至于济，北至于河，东至于纪酅"，农业耕地面积大大增加。但是，工商业仍然是齐国赋税中的重要部分。因此，在齐桓公重用管仲，进行政治、经济等改革时，"连五家之兵，设轻重鱼盐之利，以赡贫穷，禄贤能，齐人皆说"④；"管仲既任政相齐，以区区之齐在海滨，通货积财，富国强兵，与俗同好恶。故其称曰：'仓廪实而知礼节，衣食足而知荣辱，上服度则六亲固。'"⑤。据《国语·齐语》和《管子·小匡》记载，管仲不仅在经济上提出了"士、农、工、商"四民为国家经济支柱并分业定居的管理思想，还设计了"三其国而伍其鄙"的社会管理

---

①　司马迁：《史记》卷一二九《货殖列传》，北京：中华书局，1959年，第3261-3262页。

②　司马迁：《史记》卷一二九《货殖列传》，北京：中华书局，1959年，第3261页。

③　司马迁：《史记》卷三二《齐太公世家》，北京：中华书局，1959年，第1480页。

④　司马迁：《史记》卷三二《齐太公世家》，北京：中华书局，1959年，第1487页。

⑤　司马迁：《史记》卷六二《管晏列传》，北京：中华书局，1959年，第2132页。

体制，保证了工商业的发展。① 管仲并且实行"官山海"政策，主张对以盐铁为主的山海资源的开发经营，允许民间生产包括盐铁在内的山海之利，但产品由国家统购统销。管仲实行的这些政策，使齐国一反之前的颓势，国力迅速强盛起来。战国时期的齐国，不仅工商致富的观念已深入人心，而且齐国政府为了军赋、税收，采取了更有利于工商业发展的措施。例如田齐政权就通过减免关税、建立完善的驿传制度等措施来提供优质的营商环境，其结果是极大地发展了工商业。例如齐国都临淄，"甚富而实，其民无不吹竽鼓瑟，弹琴击筑，斗鸡走狗，六博蹋鞠者。临菑之涂，车毂击，人肩摩，连衽成帷，举袂成幕，挥汗成雨，家殷人足，志高气扬"②。齐国经济社会的特征，注定了齐国的改革不能像西秦那样进行全面的政治、经济及社会的改革，其富靡的风俗、文化难以使国家进入西秦式的战争军事轨道。它使齐国在国家、社会的治理中不能采取单一的"农战"政策。故战国中后期的齐国仍然依循着管仲变法所开启的"四民"政策，采取着一种较为温和、宽松的行政管理制度。在三晋的魏国，除了重视农业以外，对于工商业也十分看重。魏国地处中原的交通要道上，随着农业、手工业生产的发展，社会分工的扩大，工商业的出现势在必然。例如魏国洛阳，作为政治、经济的中心，工商业的发展有着悠久的历史。春秋战国时期，洛邑的商业贸易繁荣。据《史记·货殖列传》载："洛阳街居在齐秦楚赵之中，贫人学事富家，相矜以久贾，数过邑不入门。"又载："天下熙熙，皆为利来；天下壤壤，皆为利往。"《张仪列传》说："争名者于朝，争利者于市。今三川、周室，天下之朝市也。"这充分说明洛邑不仅是政治、文化中心，还是全国性商贸中心。当时有名的富商巨贾弦高、白圭、吕不韦都曾往来、活动于洛阳。特别是战国时期的大商人白圭，梁（魏）惠王时在魏国为相，这期间施展治水才能，解除了魏都城大梁的黄

———————

① 所谓"三其国而伍其鄙"，即指把齐都临淄分为二十一乡。其中，工商之乡又分为三族和三乡，设官职进行管理，并规定从事工、商之人不服兵役。同时，还在乡村设商贸集市，"方六里，命之曰暴，五暴命之曰部，五部命之曰聚。聚者有市，无市则民乏"。（见姜涛：《管子新注·乘马》，济南：齐鲁书社，2009年，第32页。）

② 司马迁：《史记》卷六九《苏秦列传》，北京：中华书局，1959年，第2257页。

河水患，后弃政从商。《汉书》中说他是经营贸易发展生产的理论鼻祖。他经常深入市场，了解情况，对城乡谷价了如指掌，奉行"人弃我取，人取我与"的经营方法，成为著名的大商人和理财家。由于魏国在赋税、军赋等方面仍需要依靠工商业者，因此魏国在"国家本位"体制的建构中也比较注重工商业的作用。

秦地处西方僻远之地，其赋税、军赋主要依靠农业，所以商鞅变法中将农战作为全国"壹治"之法。秦孝公时，秦变法的目的在于富国强兵。为了保证全国资源用于战争，以保证战争所需的粮草、力役，故商鞅在变法中强调的工商业管理政策核心只有一个，即重农抑商。

正如前述，商鞅等法家人物在经济思想上的一个重要特征，是强调国家对民间工商业厉行干预。以商、韩为代表的法家人物，为维护秦国官僚政治体制及相应的军功爵制，极力主张国家对经济领域实行超经济干预政策，反对秦国自由工商业的快速发展，希望通过由国家全面控制、垄断经济资源的举措，达到富国强兵的目的。这种经济干预和资源控制思想的具体表现，便是大力提倡"重农贱商""崇本抑末"。这是因为在残酷的兼并战争中，秦国实行二十等军功爵制度，社会财富的分配主要在这一系统内通过军功赏赐进行。而随着民间工商业发展及商人财富的积聚，秦国的工商业者却逐渐形成与军功爵制相离异的另一财富分配渠道。在商鞅等人看来，工商业者不事农战，获利却高于农夫和战士，且生活安逸，挟资千金，由此形成二弊。其一，败坏社会风气，使农夫和战士无励志农战之心，官吏则易形成权钱交易之乱俗。"今境内之民皆曰农战可避而官爵可得也，是故豪杰皆可变业……事商贾，为技艺；皆以避农战。……民以此为教者，其国必削。"[1] "民有私荣则贱列卑官，富则轻赏"[2]，不利于政治稳定。其二，扰乱政治等级和社会秩序。在商鞅看来，商人挟利，率性而为，"挟重资，归偏家"，与存异心的宗法权贵混为一体。一些大商人、大手工业主勾结官吏，横行乡里，"民资重于身，而偏托势于外"，形成尾大

---

① 蒋礼鸿：《商君书》卷三《农战》，北京：中华书局，1982年，第20-21页。
② 蒋礼鸿：《商君书》卷二〇《弱民》，北京：中华书局，1982年，第124页。

不掉的局面，将导致"尧、舜之所难"的情况，致使基层社会的整合和控制失序。因此，商鞅提出："故为国者，边利尽归于兵，市利尽归于农。边利归于兵者强，市利归于农者富。故出战而强，入休而富者王也。"① 故商鞅变法中，力主国家全面控制经济。② 为此，商、韩提出国家干预经济这一社会控制思想，强烈主张国家对经济领域实行全面控制，垄断全国自然与人力资源，将之用于农战。"治法明，则官无邪。国务壹，则民应用。事本抟，则民喜农而乐战。"③《史记·商君列传》有诸多抑制工商业的记载，例如"事末利及怠而贫者，举以为收孥"④。这里所谓的"末"，应并非单指从事工商业者。《商君书·算地》言：

> 故事诗、书谈说之士，则民游而轻其君；事处士，则民远而非其上；事勇士，则民竞而轻其禁；技艺之士用，则民剽而易徙；商贾之士佚且利，则民缘而议其上。故五民加于国用，则田荒而兵弱。⑤

商鞅学派认为"谈说之士""处士""勇士""技艺之士""商贾之士"五民为从事"末业"之民。"谈说之士"周游天下宣传仁义道德，"处士"隐匿于乡野妄议国事，"勇士"争强斗狠、违法乱纪，"技艺之士"在各国间流窜、难以稳定，"商贾之士"崇尚利益使得百姓依附、妄议君主。这五民都是国家动荡的根源，也是危害农战的罪魁祸首。商贾之士作为五民之一，若既不能有利于国家稳定农战又无法致富自身，最终和

---

① 蒋礼鸿：《商君书》卷二一《外内》，北京：中华书局，1982 年，第 129 页。

② 这种法家经济思想亦为战国后期的法家人物韩非等进一步发展。在韩非看来，让民众安心于农、战，就必须防止民众通过国家政治等级和军功爵制以外的渠道取得富贵地位，才能使之一心一意追随国家赏赐和国家利益。"国有无功得赏者，则民不外务当故斩首，内不急力田疾作，皆欲行货财、事富贵、为私善、立名誉以取尊官厚俸。故奸私之臣愈众，而暴乱之徒愈胜，不亡何待？"（《韩非子·奸劫弑臣第十四》）韩非还认为，财富积存私家，会削弱国力，威胁国家稳定，"公家虚而大臣实""群臣之太富，君主之败也"（《韩非子·爱臣》）。因此，终秦之世，秦国重农抑商的政策仍然在厉行实施。

③ 李禹阶：《法家开启重本抑末先河》，《中国社会科学报》2016 年 2 月 1 日。

④ 司马迁：《史记》卷六八《商君列传》，北京：中华书局，1959 年，第 2230 页。

⑤ 蒋礼鸿：《商君书锥指》卷六《算地》，北京：中华书局，1986 年，第 46–47 页。

怠惰、不事劳作之人一样陷于贫困，那么按照商鞅变法的规定，就应该连同其家收没为孥。[①]

商鞅学派的"重农抑商"政策，其目的并不是全然打击工商业，追根究底是将全部国家力量集中到农战之上，以保证国家整体实力的提升。秦国为了厉行耕战政策，势必对工商业者采取限制措施，但是又不得不有所顾忌——秦国经济疲弱，商人从东方诸国贩卖来大量物资，切实增强了秦国的国力，创造了数量可观的财富；同时，国内正常的经济运转也离不开商人。一旦对商人采取严厉的措施，秦国的商人就可能向东方各诸侯国流动，财富也会随之转移。而一旦各诸侯国的商人畏惧入秦，来自东方的物资就会随之断绝，这也是秦国所不能承受的。因此，商鞅对于"抑商"采取了极为审慎的态度，尽管统一六国前，秦就已经开始奉行"重农抑商"政策，但秦国的抑商政策具有灵活性，故"抑商"政策之下秦国的工商业经济依然得到了切实的发展。

秦统一六国前对工商业的管理基本遵从了商鞅变法的全局布置。在强调"重农抑商"的基础上，垄断了山林川泽、盐铁、粮食等重要国家资源，加强对工商业的管理，以期在保证农业生产的前提下，促进国家经济的发展。

首先是国家对山林川泽、盐铁等重要资源的垄断。《商君书·垦令》中的"壹山泽"[②]，指的就是要对境内的名山大泽进行统一管理，不许私人经营，其目的在于"恶农、慢惰、倍欲之民无所于食。无所于食则必农，农则草必垦矣"[③]。国家对名山大泽的管控，一则如上所言，是为了迫使更多百姓从事农业生产以务本，保证国家核心的农战政策；二则由于名山大泽中资源丰富，尤其是盐铁资源，这些资源一本万利，若被私人控制，则会动摇乃至危害国家政权统一。睡虎地秦简《秦律杂抄》中有对开采矿山的具体规定，简 21+22+23：

---

① 臧知非：《"事末利及怠而贫者举以为收孥"试析——兼谈秦的"抑末"政策》，《徐州师范学院学报（哲学社会科学版）》，1983 年第 3 期。

② 蒋礼鸿：《商君书锥指》，北京：中华书局，1986 年，第 12 页。

③ 蒋礼鸿：《商君书锥指》，北京：中华书局，1986 年，第 12 页。

采山重殿，赀啬夫一甲，佐一盾；三岁比殿，赀啬夫二甲而法（废）。殿而不负费，勿赀。赋岁红（功），未取省而亡之，及弗备，赀其曹长一盾。大（太）官、右府、左府、右采铁、左采铁课殿，赀啬夫一盾。①

国家开采矿产，若连续两次被评为下等，将处罚啬夫一甲、佐一盾；连续三年被评为下等，将处罚啬夫二甲，并撤职永不续用。虽然在评比中评为下等，但是收支相抵、没有亏欠的，可以不加惩罚。收取每年规定的开采产品，在尚未验收时产品就丢失的以及产品不足数的，要惩罚曹长一盾。太官、右府、左府、右采铁、左采铁在考核中评为下等，都要罚其啬夫一盾。由此可见，国家对名山大川中的资源获取有着明确而详细的规定，并没有因为所掌控资源数量巨大而忽视管理。官府对其掌握的资源的数量、产出以及相关管理吏员都有严格的控制和考评。

秦政府不仅严控矿业开采，还对铸币加以控制，根据睡虎地秦简《封诊式》：

□□ 【爰】书：某里士五（伍）甲、乙缚诣男子丙、丁及新钱百一十钱、容（镕）二合，告曰："丙盗铸此钱，丁佐铸。甲、乙捕索（索）其室而得此钱、容（镕），来诣之。"②

根据此处爰书记载，某里士伍甲、乙捆送丙、丁两男子以及新钱一百一十个、钱范两套到官府，控告丙、丁二人私自铸钱。可知此时秦官府已经不再允许私人铸钱了。

秦政府对于商人参与粮食贸易采取了坚决打击的政策。商鞅变法中，

① 睡虎地秦墓竹简整理小组编：《睡虎地秦墓竹简》，北京：文物出版社，1990年，第84-85页。
② 睡虎地秦墓竹简整理小组编：《睡虎地秦墓竹简》，北京：文物出版社，1990年，第151页。

秦政府规定"商无得籴，农无得粜"①，禁止私营工商业者进入粮食流通领域，同时限缩百姓买粮的途径。商人本性逐利，若是放任私商进入粮食市场，很容易造成囤积居奇，影响粮价稳定，使国家失去对粮食市场的控制。因此商鞅主张禁止私商参与粮食交易，这样"商无得籴，则多岁不加乐。多岁不加乐，则饥岁无裕利"②。由于不准买入粮食，那么商人到了丰收年就不能靠卖粮谋利，而饥荒之年也无利可图，私商自然就退出了粮食市场。秦国对于粮食输出的国际贸易也予以坚决打击。《商君书·去强》："金一两生于竟内，粟十二石死于竟外。粟十二石生于竟内，金一两死于竟外。国好生金于竟内，则金粟两死，仓府两虚，国弱。国好生粟于竟内，则金粟两生，仓府两实，国强。"③ 一两黄金输入国境，则会有十二石粮食流出国境。若国家喜欢在境内积聚黄金，那么黄金和粮食都会丧失，粮仓和金库都会空虚，国家就会弱小。因此，秦国禁绝了私商参与粮食贸易，也就变相禁绝了粮食流向国外。

　　其次，官府加强了对从事工商业者的管理。对工商业者实行市籍管理政策是自西周以来的传统，秦自然也继承了这一传统。④ 将商人单独列籍，是为了控制、管理从事工商业的百姓，并能更好地征收商业税目。秦官府出于抑制工商业发展的目的，加重了对工商业的税收，以便提高从商的负担，促使获利不多的小型工商业者回归到农业生产之中。除了对私营工商业进行严格管理外，秦官府也大力发展官营手工业，系统地管理官营手工业者，严格把控官营手工业的产品品质。

　　秦官府对工商业者管理的重要手段之一就是统一度量衡。根据睡虎地秦简《效律》简3+4+5+6+7：

　　　　衡石不正，十六两以上，赀官啬夫一甲；不盈十六两到八两，赀

①　蒋礼鸿：《商君书锥指》卷一《垦令》，北京：中华书局，1986年，第8页。
②　蒋礼鸿：《商君书锥指》卷一《垦令》，北京：中华书局，1986年，第8页。
③　蒋礼鸿：《商君书锥指》卷一《去强》，北京：中华书局，1986年，第33-34页。
④　张弘：《战国秦汉时期商人和商业资本研究》，济南：齐鲁书社，2003年，第364-365页。

一盾。甬（桶）不正，二升以上，赀一甲；不盈二升到一升，赀一盾。

　　斗不正，半升以上，赀一甲；不盈半升到少半升，赀一盾。半石不正，八两以上；钧不正，四两以上；斤不正，三朱（铢）以上；半斗不正，少半升以上；参不正，六分升一以上；升不正，廿分升一以上；黄金衡赢（累）不正，半朱（铢）【以】上，赀各一盾。①

从此处对度量衡器具的详细规定以及核验可以看出，秦官府对度量衡的把控之严。若度量衡器具有误差，则需要根据误差大小给予不同的惩罚。故由此得知，秦官府对度量衡的管理已经形成了较为规范而严格的体系。

　　最后，除了对工商业者的管理外，秦官府还通过法令完善了对工商业市场的管理，在维系工商业正常活动的同时，也加大了官府的监管力度。秦的市场是由官府设立的，有市就要设亭，用亭来维持市的治安，管理市场交易。设立亭啬夫、市丞、市吏等协助亭对市场进行严格的管理，监督市场交易，维持市场秩序，严格市税征收。② 秦官府对在市场内的本国工商业者按"列肆"编入市籍，对外国工商业者发放"符"。根据睡虎地秦简《法律答问》简184"'客未布吏而与贾，赀一甲。'可（何）谓'布吏'？·诣符传于吏是谓'布吏'"③，秦官府把外邦客商城东通行证的官吏称为"布吏"，可知对外邦客商的管理比本国客商更加严格。

　　若有商人走私物品，秦官府也有具体的规定，睡虎地秦简《法律答问》简140：

　　　"盗出朱（珠）玉邦关及买（卖）于客者，上朱（珠）玉内史，

---

　　① 睡虎地秦墓竹简整理小组编：《睡虎地秦墓竹简》，北京：文物出版社，1990年，第69-70页。
　　② 黄今言：《秦代租赋徭役制度研究》，《江西师院学报（哲学社会科学版）》，1979年第3期。
　　③ 睡虎地秦墓竹简整理小组编：《睡虎地秦墓竹简》，北京：文物出版社，1990年，第137页。

内史材鼠（予）购。"·可（何）以购之？其耐罪以上，购如捕它罪人；赀罪，不购。[1]

如有本国人将珠玉偷运出境、卖给外邦客商的，应将珠玉上交内史，内史应给予相应奖赏。如被捕犯人应处以耐罪以上的刑罚，则和捕获其他罪犯同样奖赏；若捕获的犯人仅应处以赀罪，那么就不给予奖赏。这是为了保证市场交易的合法、有序进行。

总体来看，尽管秦国奉行"重农抑商"政策，但考虑到实际国情，秦统治者并没有采取一种粗暴管理的形式，将工商业完全压制，而是更强调管控：一方面限制工商业者的经营领域，在重要经济部门由官府直接经营，增强政府的经济控制能力，规避风险；另一方面制定严谨的工商业管理制度，将工商业者置于政府完全的监管之下。

二、秦政府与工商业者的合作

但是，工商业毕竟是一个国家的重要经济命脉，秦人也深刻认识到了这一点，所以尽管在商鞅变法及其以后履行抑商政策，可是有一些极为重要的物资并不能自给自足，这就使秦国仍然需要与东方诸国保持密切的贸易关系。这种贸易关系，从李斯的《谏逐客书》中可以比较清晰地看出：

> 今陛下致昆山之玉，有随、和之宝，垂明月之珠，服太阿之剑，乘纤离之马，建翠凤之旗，树灵鼍之鼓。此数宝者，秦不生一焉，而陛下说之，何也？必秦国之所生然后可，则是夜光之璧不饰朝廷，犀象之器不为玩好，郑、卫之女不充后宫，而骏良駃騠不实外厩，江南金锡不为用，西蜀丹青不为采……夫物不产于秦，可宝者多；士不产于秦，而愿忠者众。[2]

---

① 睡虎地秦墓竹简整理小组编：《睡虎地秦墓竹简》，北京：文物出版社，1990年，第126页。

② 司马迁：《史记》卷八七《李斯列传》，北京：中华书局，1959年，第2543-2545页。

李斯上谏的目的固然是强调秦国不应驱逐六国之客，但其言也直接说明了秦在统一六国前各国珍宝齐聚秦国，秦与东方六国经济交往之频繁的状况。

秦国物产丰饶，但是有一些极为重要的物资尚不能自给自足，《史记·货殖列传》载：

> 夫山西饶材、竹、谷、纑、旄、玉石；山东多鱼、盐、漆、丝、声色；江南出楠、梓、姜、桂、金、锡、连、丹沙、犀、玳瑁、珠玑、齿革；龙门、碣石北多马、牛、羊、旃裘、筋角；铜、铁则千里往往山出棋置：此其大较也。[①]

秦国盛产竹、旄、玉石，缺乏金、锡、连、丹沙等矿物，尽管产铁，但是生产技术落后，远远落后于三晋。秦国不得不通过贸易自三晋、楚国等地购买铜、铁、盐等战略物资。因此，秦国对于跨国贸易十分依赖，对于参与贸易的商人多有倚重。

秦惠文王攻占巴蜀后，秦政府开始开发巴蜀的资源。巴蜀物产丰富，铜、铁、盐均有产出，但是多分布于巴蜀未开发的地区，地势偏僻，运输不便；且秦政府也没有足够的生产技术与经验，没有足够的资金与人力直接主导开采。而工商业者恰恰在这一方面拥有优势，资金雄厚，技术成熟，特别是来自六国的原本从事冶炼业的工商业者，技术尤为先进。有鉴于对铜、铁等资源的大量需求，秦政府不得不借助这些工商业者，而所谓"颍川泽之利，管山林之饶"[②]，并不是一条绝对的政令。秦国除了对拥有市籍的商人给予法律上的保护，同时也在矿产、牧业等领域允许部分商人参与经营，这就为巨贾的产生提供了绝佳的温床。秦国境内的富商大贾并不鲜见，甚至在政治领域，像吕不韦这样的大商人亦可以活跃其中。

---

① 司马迁：《史记》卷一二九《货殖列传》，北京：中华书局，1959 年，第 3253-3254 页。

② 班固：《汉书》卷二四上《食货志上》，北京：中华书局，1962 年，第 1137 页。

秦国的工商业政策呈现出多元的一面,"抑商"固然存在,但是工商业者依然存在不依靠王权而获取财富的途径与可能,"这意味着社会成员经济及社会地位的改变不必以直接依属并为君主服务为唯一条件"[1]。尽管商鞅在变法过程中力图构建一个以爵位为中心的等级社会,但是秦国境内"以布衣而富侔国"群体的存在,导致经济地位与爵级倒挂现象的产生,"简单地以爵制等级去看秦国的社会,并不能得到完整的概念"[2]。即便在严厉的耕战政策之下,秦国境内依然出现了"凭借工商业扩张个人势力与王权相抗衡的社会力量"[3]。在战国中后期频繁而高烈度的灭国战争中,相对于可控的工商业者势力的增强,商贸活动给秦国带来的利益受到统治者更多的看重。因此,奉行"抑商"理念的秦统治者在对待工商业者问题上也采取了一定的妥协政策,体现出怀柔的一面。

三、秦帝国工商业政策的转变

秦统一后,随着政府面临的主要问题发生变化,秦对待工商业者的态度也随着转变。秦统一六国之前,"抑末"的主要目的是服务于"耕战"政策;而统一之后,秦始皇"收天下之兵聚之咸阳,销锋镝,铸以为金人十二"[4],以示天下兵戈已息。秦政府最重要的任务是如何消化战果,加强对东方六国故地的统治。其中,如何将工商业者彻底纳入统治秩序是其考量的内容之一,秦政府对此针对性地出台了一系列政策,主要手段是迁豪、谪戍。

秦统一后曾多次迁豪,其中咸阳人数最多,巴蜀、晋代与南阳地区数量次之。关中是秦的腹心之地,始皇二十六年(前222),"徙天下豪富于咸阳十二万户"[5],其中部分是六国贵族之后,部分是地方豪强,还有相当一部分是家资雄厚的工商业者。蜀地在惠文王时期并入秦国,至秦始皇即

---

① 邵鸿:《商品经济与战国社会变迁》,南昌:江西人民出版社,1995年,第316页。
② 李学勤:《东周与秦代文明》,上海:上海人民出版社,2016年,第194页。
③ 邵鸿:《商品经济与战国社会变迁》,南昌:江西人民出版社,1995年,第316页。
④ 司马迁:《史记》卷四八《陈涉世家》,北京:中华书局,1959年,第1963页。
⑤ 司马迁:《史记》卷六《秦始皇本纪》,北京:中华书局,1959年,第239页。

位，已经统治百年之久，但蜀地面积辽阔，地广人稀，不少地域尚处于待开发状态，蜀地是秦始皇时期徙豪的重要地区。《华阳国志·蜀志三》载："然秦惠文、始皇，克定六国，辄徙其豪侠于蜀。"①蜀地大贾卓氏在迁蜀者中最为著名，"蜀卓氏之先，赵人也，用铁冶富。秦破赵，迁卓氏"②。上述均是迁蜀的记载。另有迁晋代与南阳的案例，"秦末世，迁不轨之民于南阳"③。孟祥才先生指出，徙豪"不外乎秦地或据秦地较近的地方。南阳、湖阳、晋代、陇西等地，基本上是处于以咸阳为中心的圆周之上"④。秦政府如此处置，主要基于这些地域距离秦核心区域近，徙民易于控制的考量。在秦的迁豪政策下，东方六国大量工商业者被"连根拔起"，其与地方盘根错节的关系被斩断，其在地方的影响力完全丧失，同时巨额财富也从地方抽离。诚如晋文先生所言："秦的迁豪乃是严重摧残原六国地区的工商业为条件的。它的实施极大地打击了这些地区的工商业。"⑤而这些工行业者的财富，官府会剥夺大半，如"蜀卓氏之先，赵人也，用铁冶富。秦破赵，迁卓氏。卓氏见虏略，独夫妻推辇，行诣迁处。诸迁虏少有余财"⑥卓氏本是赵国依靠冶铁起家的豪富，秦迁豪过程中，卓氏夫妻仅推辇而行，十分窘迫，其他人也"少有余财"。可见在迁豪政策之下，秦政府确实沉重打击了六国部分工商业者。

"谪戍"是秦政府打击工商业者的另一项政策。所谓"谪戍"，《汉书·晁错传》载：

> 臣闻秦时北攻胡貉，筑塞河上，南攻杨粤，置戍卒焉。其起兵而攻胡、粤者，非以卫边地而救民死也，贪戾而欲广大也，故功未立而天下乱。且夫起兵而不知其势，战则为人禽，屯则卒积死。夫胡貉之

---

① 常璩撰，任乃强校注：《华阳国志校补图注》卷三《蜀志》，上海：上海古籍出版社，1987年，第148页。

② 司马迁：《史记》卷一二九《货殖列传》，北京：中华书局，1959年，第3277页。

③ 司马迁：《史记》卷一二九《货殖列传》，北京：中华书局，1959年，第3269页。

④ 孟祥才：《先秦秦汉史论》，济南：山东大学出版社，2001年，第204页。

⑤ 晋文：《也谈秦代的工商业政策》，《江苏社会科学》，1997年第6期，第105页。

⑥ 司马迁：《史记》卷一二九《货殖列传》，北京：中华书局，1959年，第3277页。

地，积阴之处也，木皮三寸，冰厚六尺，食肉而饮酪，其人密理，鸟兽毳毛，其性能寒。杨粤之地少阴多阳，其人疏理，鸟兽希毛，其性能暑。秦之戍卒不能其水土，戍者死于边，输者偾于道。秦民见行，如往弃市，因以谪发之，名曰“谪戍”。[1]

“谪戍”名为戍边，实为流放，九死一生，在需要“谪戍”的人群中，商贾的位置十分靠前，“先发吏有谪及赘婿、贾人，后以尝有市籍者，又后以大父母、父母尝有市籍者，后入闾，取其左”[2]。商贾与赘婿并列，曾经有市籍的人，以及其近亲，也在“谪戍”的序列中。

秦统一之前，文献中并未见工商业者“谪戍”的明确记载，曾经有学者认为《睡虎地秦简·为吏之道》文末所附《魏奔命律》中涉及了相关问题。《魏奔命律》：

廿五年闰再十二月丙午朔辛亥，〇告将军：叚（假）门逆吕（旅），赘婿后父，或率民不作，不治室屋，寡人弗欲，且杀之，不忍其宗族昆弟。今遣从军，将军勿恤视。享（烹）牛食士，赐之参饭而勿鼠（予）肴。攻城用其不足，将军以堙豪（壕）。魏奔命律[3]

最初学者们认为“叚（假）门逆吕（旅）”中，“叚（假）门”指商贾[4]，现在学界对该词的解读进行了重新阐释，多倾向于认为指的是“游民”或者“流民”。[5] 可见，这条律文并不涉及工商业者，总体上可以认

---

① 班固：《汉书》卷四九《爰盎晁错传》，北京：中华书局，1962 年，第 2283-2284 页。

② 班固：《汉书》卷四九《爰盎晁错传》，北京：中华书局，1962 年，第 2284 页。

③ 睡虎地秦墓竹简整理小组编：《睡虎地秦墓竹简》，北京：文物出版社，1990 年，第 175 页。

④ 参于豪亮：《秦律丛考》，收入氏著：《于豪亮学术文存》，北京：中华书局，1985 年，第 139-140 页；吴荣曾：《监门考》，《中华文史论丛》第三辑，上海：上海古籍出版社，1981 年，第 131 页。

⑤ 臧知非：《“叚门逆旅”新探》，《中国史研究》，1997 年第 4 期，第 36 页。

为秦统一之前的"谪戍"并没有将工商业者作为一个特别针对的群体。

秦政府将工商业者"谪戍"的主要目的地是新占领的边疆，主要有两个地区，一是北部的新秦中，上文《汉书·晁错传》中已经述及；二是岭南，《史记·秦始皇本纪》载："（始皇）三十三年（前214），发诸尝逋亡人、赘婿、贾人略取陆梁地，为桂林、象郡、南海，以适遣戍。"①

尽管秦统一后对工商业者的政策趋于严厉，但是也有妥协与合作的一面，据《史记·货殖列传》记载，秦始皇对乌氏、巴寡妇清等边地的大工商业者给予了很大的礼遇：

> 乌氏倮畜牧，及众，斥卖，求奇缯物，间献遗戎王。戎王什倍其偿，与之畜，畜至用谷量马牛。秦始皇帝令倮比封君，以时与列臣朝请。而巴寡妇清，其先得丹穴，而擅其利数世，家亦不訾。清，寡妇也，能守其业，用财自卫，不见侵犯。秦皇帝以为贞妇而客之，为筑女怀清台。夫倮鄙人牧长，清穷乡寡妇，礼抗万乘，名显天下，岂非以富邪？②

由此可见，秦始皇似乎对大工商业者有一定的优待，但诸如乌氏、巴寡妇清等大工商业者的优待属于极少数。这些大工商业者身处边地，很难对中央政权造成强大威胁，秦始皇给予其"比封君""筑女怀清台"等优待，意在拉拢边地富商大贾而非抬高所有工商业者的身份地位，也并不是在国策层面上取消重农抑商。

秦官府将大批关东富商大贾和六国贵族一起迁徙至他地，从政治上来讲是为了毁坏地方势力，防止六国贵族、地方富商大贾与豪强结合，形成强大的离心力，威胁中央统治。对边地富商大贾的优待则是为了拉拢鞭长莫及的边境力量，巩固中央在边地的管理。原来六国的大工商业者拥有资金与技术，可以帮助秦帝国开发边疆。因此，秦统一后对六国工商业者的政策体现了怀柔的一面，没有赶尽杀绝，这些工商业者依然能够重操旧业，东山再起。《华阳国志·蜀志》载："然秦惠文、始皇，克定六国，辄徙其豪侠于蜀；资我丰土。家有盐铜之利，户专山川之材，居给人足，以富相尚。故工商致结驷连骑，豪族服王侯美衣，娶嫁设太牢之厨膳，归女有百两之徒车，送葬必高坟瓦椁，祭奠而羊豕夕牲，赠襚兼加，赗赙过礼。"① 因此，秦统一后，对于工商业者的政策体现出较大的灵活性。

　　总体而言，秦统一之后主要施政的着眼点在于将东方六国旧地并入秦的统治秩序中，无论"书同文""车同轨""行同伦"，还是统一货币与度量衡，均是基于这一考量。就工商业者群体而言，秦迁豪政策的主要目的是削弱六国的地方势力，而"谪戍"的目的是增加边疆的人口。事实上，这些政策均不是针对工商业群体专门制定的，工商业者只是政策的目标群体之一。对于秦政府而言，经过"迁豪"与"谪戍"之后，六国的工商业者群体实力确实被明显削弱，已不再是秦帝国最为主要的不稳定因素，因此工商业者群体也没有排在秦政府需整合群体的前列位置。直到秦朝灭亡，秦政府也没有形成一个系统性的政策，解决如何将工商业者特别是六国工商业者这个具有影响力与离心倾向的群体整合进秦帝国统治秩序的问题。秦帝国对于工商业者的整合是不彻底的，其"不仅进行着工商业经营，而且在大搞政治活动。残留在齐、鲁一带的盐铁工商业主，他们无疑会利用秦末农民起义的机会，趁机恢复经济实力，并从政治上附和六国旧贵族，企图恢复分裂割据的局面"②。秦二世而亡之后，工商业者迅速恢复生机、再次壮大成为一种必然。

---

① 常璩撰，任乃强校注：《华阳国志校补图注》卷三《蜀志》，上海：上海古籍出版社，1987 年，第 148 页。

② 高敏：《秦汉史论集》，郑州：中州书画社，1982 年，第 170 页。

第五章
西汉前期工商业者的发展

第一节　西汉前期工商业者的勃兴

西汉初年，高祖刘邦延续了秦代迁徙富豪的做法，同时立法以降低商人的地位。但是面对百业凋敝的现状，解决工商业者的问题远不及恢复社会经济重要。随着"与民休息"政策的开展，西汉政府对工商业者的管制空前放松，不但废除"山泽之禁"，还开放了盐铁、铸钱等官营产业，时人大量涌入相关产业，将工商业发展推进到一个空前的繁荣时期，其间涌现了大量的豪民巨富。这一时期的工商业者特征较为明显，多起家于生产领域，而不是流通领域，财富积累后不是大肆土地兼并，而是扩大生产，或是在流通领域大肆囤积居奇。

汉初宽松的商业政策使政府承担了较大风险。首先，六国旧势力不少原本就有一定资本与经商经验，更容易在汉初的商业经营中脱颖而出。他们积极从事工商业经营，积累经济实力，并从事政治活动，附着诸侯国，形成与中央相抗衡的离心势力。七国之乱中多见这些人的身影。其次，工商业者从事生产、商业活动需要大量劳动力，特别是从事矿产、盐铁经营的工商业者尤甚。于是这些需要劳动力的工商业者与国家展开人口争夺，致使很多编户民脱离户籍，进入到这些实力强大的工商业者的庇护之下。"采铁石鼓铸，煮海为盐。一家聚众，或至千余人。"① "聚深山穷泽之中，成奸伪之业。"② 对于这些脱籍的百姓而言，商人之"私威"重于国家之律法，这对政府的威严形成极大挑战。再次，工商业者利用其经济力量囤积居奇，干扰经济秩序，"商贾大者积贮倍息，小者坐列贩卖，操其奇赢，日游都市，乘上之急，所卖必倍"③，物价大幅波动导致农民破产，威胁社会稳定。概而言之，汉初的经济政策壮大了工商业者的实力，政府对其控制事实上被显著削弱，就社会地位而言，亦出现"今法律贱商人，商人已富贵矣；尊农夫，农夫已贫贱矣"④ 的局面，这与政府的初衷背道而驰。

当然，西汉政府亦试图通过推行"入粟拜爵""以訾为郎""以财贾官"等笼络的政策，将部分工商业者吸收到统治阶层中，既达到对这一群体加强控制，又可借助其财力巩固国家统治。但是通过这些政策加入官僚系统的工商业者的规模并不大，且获得爵位、官职，工商业者的地位实质性地提高了，使得政府对其控制起来更为棘手。

一、商人地位的提升

西汉王朝建立之初，汉政府对工商业者采取了限制与打击政策，主要表现有二：一是通过大规模的徙陵，打击包括大量工商业者在内的豪富的势力；二是制定具有针对性的政策，打压商人的社会地位。

汉承秦制，秦代的迁豪政策在汉代得到了延续，这一时期主要以徙陵政策呈现。高祖时期就有两次大的徙陵。汉初关中空虚，娄敬对刘邦进言："臣愿陛下徙齐诸田，楚昭、屈、景，燕、赵、韩、魏后，及豪杰名家，且实关中。无事，可以备胡；诸侯有变，亦足率以东伐。此强本弱末

① 桓宽著，王利器校注：《盐铁论校注（定本）》卷一《复古》，北京：中华书局，1992年，第78页。
② 桓宽著，王利器校注：《盐铁论校注（定本）》卷一《复古》，北京：中华书局，1992年，第78页。
③ 班固：《汉书》卷二四上《食货志上》，北京：中华书局，1962年，第1132页。
④ 班固：《汉书》卷二四上《食货志上》，北京：中华书局，1962年，第1133页。

之术也。"① 刘邦采纳了这一建议，于高祖九年（前198）十一月"徙齐楚大族昭氏、屈氏、景氏、怀氏、田氏五姓关中，与利田宅"②。具体迁徙的位置，据《汉书·地理志》："汉兴，立都长安，徙齐诸田，楚昭、屈、景及诸功臣家于长陵。"③ 次年，因太上皇崩，刘邦在栎阳北原建万年邑，《文献通考》引《汉旧仪》："太上皇万年邑千户。徙天下民赀三百万以上，与田宅，守陵。"④ 此后徙陵成为定制，"后世世徙吏二千石、高訾富人及豪桀并兼之家于诸陵"⑤。

汉初徙陵的群体中，六国贵族占有一定比例，对地方拥有巨大影响力的富商大贾也是汉政府的重点迁徙对象，"民赀三百万以上"者，显然这类人占了很大部分。徙陵具有强制性，迫使各地的大工商业者与长期经营的地方脱离，失去了原来的政治影响力，但是统治者并没有采用极端的政策，如没收财产、强制劳役等，这些徙陵者到陵邑后反而被优待，政府授予较好的田宅，即所谓"利田宅"。因此，徙陵政策对于工商业者的直接打击有限，主要起到了限制的作用，避免其依靠雄厚的财力与巨大的政治影响力，成为地方的动荡因素。

除了徙陵，西汉政府主要打压商人的社会地位，以限制其经济、政治影响力与人数规模的扩张。主要措施有三种：第一，阻止商人"仕宦为吏"，杜绝商人进入统治阶层，获得政治权力；第二，重赋税，压缩商人的经营利润；第三，限制商人的穿着、用度种类，降低商人的社会地位。

西汉政府对于商人的打压措施在高祖、吕后时期尤为严厉，之所以如此，主要是因为这一时期部分商人的不轨逐利行为干扰了新生帝国的经济秩序，甚至部分商人直接勾结诸侯王私通匈奴，严重威胁了国家安全。

秦末战争导致正常的生产活动难以开展，"丈夫从军旅，老弱转粮饷，

---

① 班固：《汉书》卷四三《娄敬传》，北京：中华书局，1962年，第2123页。
② 班固：《汉书》卷一下《高帝纪下》，北京：中华书局，1962年，第66页。
③ 班固：《汉书》卷二八下《地理志下》，北京：中华书局，1962年，第1642页。
④ 马端临：《文献通考》卷一二四《王礼考》，北京：中华书局，1986年，第1115页。
⑤ 班固：《汉书》卷二八下《地理志下》，北京：中华书局，1962年，第1642页。

作业剧而财匮"①。到了汉初，经历了楚汉战争之后，社会经济萧条，人口锐减，"天下初定，故大城名都散亡，户口可得而数者十二三"②。上自皇室公卿，下至黎民百姓，均不富足，"自天子不能具钧驷，而将相或乘牛车，齐民无藏盖"③。面对社会物资匮乏的情况，部分有一定资本的工商业者，开始利用手中的财富囤积居奇，"蓄积余业以稽市物，物踊腾粜"④，导致物价飞涨，米每石涨至万钱，马一匹高达百金。汉初脆弱的经济社会条件下，物价的剧烈波动容易引起新的社会动荡，对于地方统治秩序的重建与百姓休养生息极为不利。自楚汉战争结束，"天下初定"，恢复生产成为汉政府的当务之急，汉高祖颁布一系列政令，如"兵皆罢归家"⑤，"复故爵田宅"⑥，"什五而税一"⑦ 等，商人的投机活动无疑站在了政府的对立面，挑衅了政府的权威。因此，汉政府对商人采取经济打压的政策，颁布《商贾律》收取重税，不得仕宦为吏。

汉初边患严重，匈奴屡次犯边，韩王信与陈豨叛逃匈奴，在这一过程中部分商人游走于匈奴与诸侯王之间以图利，甚至勾结匈奴，策反诸侯王，领兵对抗西汉中央政府。商人勾结诸侯王私通匈奴的行为无疑触动了帝国的核心利益，鉴于此，汉政府颁布一系列《商贾律》，对商人予以打击，《史记·平准书》："高祖乃令贾人不得衣丝乘车，重租税以困辱之。"⑧《汉书·高祖纪》"八年（前199）"条载，"贾人毋得衣锦绣绮縠絺纻罽，操兵，乘骑马"⑨。另外，《史记·平准书》中提及，惠帝吕后时期，"市井之子孙亦不得仕宦为吏"⑩。商人的子孙仍然不能仕宦为吏，既

① 司马迁：《史记》卷三〇《平准书》，北京：中华书局，1959年，第1417页。
② 司马迁：《史记》卷一八《高祖功臣侯者年表》，北京：中华书局，1959年，第877页。
③ 司马迁：《史记》卷三〇《平准书》，北京：中华书局，1959年，第1417页。
④ 司马迁：《史记》卷三〇《平准书》，北京：中华书局，1959年，第1417页。
⑤ 司马迁：《史记》卷八《高祖本纪》，北京：中华书局，1959年，第380页。
⑥ 班固：《汉书》卷一下《高帝纪下》，北京：中华书局，1962年，第54页。
⑦ 班固：《汉书》卷二四上《食货志上》，北京：中华书局，1962年，第1127页。
⑧ 司马迁：《史记》卷三〇《平准书》，北京：中华书局，1959年，第1418页。
⑨ 班固：《汉书》卷一下《高帝纪下》，北京：中华书局，1962年，第65页。
⑩ 司马迁：《史记》卷三〇《平准书》，北京：中华书局，1959年，第1418页。

然是"仍然",可见这是一个既有政策,应该在高祖时期就已经制定。综上,高祖时期打击商人的律条主要有三项:其一,穿戴、用度方面的限制,即不能穿"锦绣绮縠絺纻罽",不能拥有兵器与骑马;其二,收取重税;其三,不得仕宦为吏。

上述措施事实上算不得特别激烈,没有出现直接剥夺商人私产的行为,也没有对商人实施下狱、流放等极端政策。同时,汉初商人正常的经商活动并没有被政府干预,未出现特定工商业领域被政府垄断的情况,所谓对商人的打压主要停留在对经济利润与身份地位的层面。

吕后执政后,匈奴问题相对缓和,异姓诸侯王问题也基本解决,出于恢复社会生产的需要,"复弛商贾之律"①。汉政府取消了对于商人的重税政策,对衣着、车辆使用的相关限制也一并解除,唯独对商人入仕依然限制,"市井之子孙亦不得仕宦为吏"②。

总体来看,西汉初年对待工商业者的政策较为缓和,尽管对商人存在限制与打击的成分,但是主要以"轻商"与"贱商"为主,来压制商人的地位,阻断商人入仕的途径,避免商人进入统治层,另收取重税压缩商人的利润空间,并没有对商人的财产进行粗暴的侵夺,商人的财产是得到保护的。同时,汉政府对商人的正常经商活动与经商范围并没有干预,这与汉武帝时期开始的垄断盐铁生产与贸易,通过"均输、平准"强势介入流通领域,形成鲜明对比。高祖、吕后时期对待商人的政策主要体现为压制商人却不压制商业,这是这一时期显著的时代特点。

尽管西汉文景之后对商人征收重税,限制衣式、出行方式等规定逐渐废除,但是禁止商人入仕的政策一直延续到汉武帝初期。《汉书·贡禹传》:"孝文皇帝时……贾人、赘婿及吏坐赃者皆禁锢不得为吏。"③ 在文帝时期,商人禁止入仕的规定依然十分明确。有学者指出,汉景帝时期商人不得入仕的政策发生改变,途径是訾选入仕,所依据的史料为景帝颁发

① 司马迁:《史记》卷三○《平准书》,北京:中华书局,1959年,第1418页。
② 司马迁:《史记》卷三《平准书》,北京:中华书局,1959年,第1418页。
③ 班固:《汉书》卷七二《贡禹传》,北京:中华书局,1962年,第3077页。

的"重廉士诏"。

"重廉士诏"于景帝后元二年（前142）发布，全文为：

> 人不患其不知，患其为诈也；不患其不勇，患其为暴也；不患其不富，患其亡厌也。其唯廉士，寡欲易足。今訾算十以上乃得宦，廉士算不必众。有市籍不得宦，无訾又不得宦，朕甚愍之。訾算四得宦，亡令廉士久失职，贪夫长利。①

景帝在诏书中指出，汉初"訾选"的门槛过高，需要资产达訾算十以上，这一制度的初衷是保障通过"訾选"途径所出的官吏可以廉洁，但是断绝了廉洁而资产不足者的为官之路，同有市籍的商人一样也不可以为官，这种制度无疑不合理。因此景帝降低了"訾选"的门槛，訾算四以上即可参加"訾选"，根据文意，商人显然不在此列。服虔注："贾人有财不得为吏，廉士无訾又不得宦，故减訾四算得宦矣。"② 西汉政府想解决的是廉士无财无法入仕的问题，而不是给本就有财的商人降低入仕的资产标准。有学者认为，此政策给商人入仕带来了便利，"大批商人因其经济力量雄厚而在訾选中占有绝对优势。显然，这是景帝给富商大贾再次大开仕宦之门"。③ 这一解释并不符合诏书的内容。另有学者指出，"诏令虽然规定'有市籍不得宦'，但实际推行中，仍有商人凭借其富资而进身官场，当时以訾选为郎的人不少"④。是否在推行过程中，有商人借机进入官场，并没有见到史料的支持；但即使有，也是政策执行过程中出现的问题，至少在政策层面上，终文景之世，商人在入仕一途一直受到政府的抑制。也正是由于西汉前期商人难以入仕，史书才会称富商大贾为"素封"。

尽管入仕受限，但是并不意味着商人的社会地位一直没有改变。西汉

---

① 班固：《汉书》卷五《景帝纪》，北京：中华书局，1962年，第152页。

② 班固：《汉书》卷五《景帝纪》，北京：中华书局，1962年，第152页。

③ 赖华明：《西汉商人社会地位的演进》，《四川师范大学学报（社会科学版）》，1992年第6期，第63页。

④ 黄今言：《秦汉商品经济研究》，北京：人民出版社，2005年，第341页。

前期，一个人的社会地位更多表现在爵位的高低，爵位高则意味着享受一系列政治、经济特权。汉初的爵位或沿袭自秦代的爵位，得益于高祖时期的"复故爵田宅"政策，或在汉初凭借军功获得，商人如果没有足够的军功，很难获得爵位。从惠帝时，爵位的获取政策发生调整，商人可以通过购买爵位免罪。《汉书·惠帝纪》载，惠帝元年（前194）"民有罪，得买爵三十级以免死罪"。① 当然，这实质上相当于入钱免罪，并不是真正购得爵位，但是至少在名义上，爵位是可以购买的。

购买爵位到了文帝时期真正得以施行。文帝前元十二年（前168），晁错向文帝进言，主张推行"入粟拜爵"：

> 方今之务，莫若使民务农而已矣。欲民务农，在于贵粟；贵粟之道，在于使民以粟为赏罚。今募天下入粟县官，得以拜爵，得以除罪。如此，富人有爵，农民有钱，粟有所渫。夫能入粟以受爵，皆有余者也；取于有余，以供上用，则贫民之赋可损，所谓损有余补不足，令出而民利者也。顺于民心，所补者三：一曰主用足，二曰民赋少，三曰劝农功……令民入粟受爵至五大夫以上，乃复一人耳，此其与骑马之功相去远矣。爵者，上之所擅，出于口而亡穷；粟者，民之所种，生于地而不乏。夫得高爵与免罪，人之所甚欲也。使天下人入粟于边，以受爵免罪，不过三岁，塞下之粟必多矣。②

为了推行重农政策，实现国家财政的富足，晁错认为可以通过入粟拜爵的方式达到目的。"于是文帝从错之言，令民入粟边，六百石爵上造，稍增至四千石为五大夫，万二千石为大庶长，各以多少级数为差。"③ 粮食足够多，甚至可以拜大庶长，距关内侯仅一步之遥。

其后，晁错进一步向文帝进言，"陛下幸使天下入粟塞下以拜爵，甚

① 班固：《汉书》卷二《惠帝纪》，北京：中华书局，1962年，第88页。

② 班固：《汉书》卷二四上《食货志上》，北京：中华书局，1962年，第1133-1134页。

③ 班固：《汉书》卷二四上《食货志上》，北京：中华书局，1962年，第1134页。

大惠也。窃恐塞卒之食不足用大渫天下粟。边食足以支五岁，可令入粟郡县矣；足支一岁以上，可时赦，勿收农民租。如此，德泽加于万民，民俞勤农。时有军役，若遭水旱，民不困乏，天下安宁；岁孰且美，则民大富乐矣"[1]。为了解决政府向边塞运输粮食成本过高的问题，晁错主张通过拜爵的方式，鼓励商贾自行向边塞运粮，边塞足用五年，可再运至郡县仓。文帝再一次采纳了晁错的建议。

"入粟拜爵"政策旨在重农，但是普通农民不可能拥有大量粮食，拥有较强财力的王侯卿相没有强烈的拜爵需求，反而是社会地位低的商人有强烈的拜爵愿望，且具有"入粟"的雄厚财力支持。这必然导致大批商人通过"入粟拜爵"的方式进入有爵者群体，政治地位得到明显提高。最终的结果就是"今法律贱商人，商人已富贵矣；尊农夫，农夫已贫贱矣。故俗之所贵，主之所贱也；吏之所卑，法之所尊也。上下相反，好恶乖迕，而欲国富法立，不可得也"[2]。这显然不是西汉统治者想要看到的。

二、宽松的工商业政策

1. 启关梁

春秋战国时期，由于诸侯割据，战乱频仍，各国之间基于防守与增加税收的目的，在边防地区与境内重要关塞设立关卡，检查过往百姓的身份和所流通的货物。过关者凭借"符传"，经过关吏核实身份，并缴纳关税后，方可通行。秦统一后，为了加强政府对各地的控制，秦始皇下令拆除了内郡的关塞、堡垒，并大规模修建统一规格的道路，实现"车同轨"。但是关禁制度并没有废止，关市之税依然存续，秦政府"重关税之赋"的政策并没有改变。

西汉建立以后，高祖、吕后时期，中央政府对于直接控制区与各地诸侯国之间的人员、物资、马匹出入津关做了多方面的规定。人员流动方

---

[1]　班固：《汉书》卷二四上《食货志上》，北京：中华书局，1962 年，第 1134–1135 页。

[2]　班固：《汉书》卷二四上《食货志上》，北京：中华书局，1962 年，第 1133 页。

面，《二年律令·津关令》规定：

> 御史言，越塞阑关，论未有令。·请阑出入塞之津关，黥为城旦
> 舂；越塞，斩左止（趾）为城旦；吏卒主者弗得，赎耐；令、丞、令
> 史罚金四两。智（知）其请（情）而出入之，及假予人符传，令以
> 阑出入者，与同罪。（简488+489）①
>
> 诸诈袭人符传出入塞之津关，未出入而得，皆赎城旦舂；将吏智
> （知）其请（情），与同罪。（简496）②

但凡出入津关，必须使用符传。除了人员流动，西汉政府对于黄金、铁器
与铜的流通也做了限制。

> 其令扜关、郧关、武关、函谷【关】、临晋关，及诸其塞之河津，
> 禁毋出黄金、诸奠黄金器及铜。（简492）③
>
> 其令诸关，禁毋出私金器、铁。其以金器入者，关谨籍书。出，
> 复以阅，出之。（简493）④

黄金、铁、铜均是战略物资。黄金是贵金属，执行着货币的职能，铜可以
用来铸钱，二者均代表着财富，铁与兵器密切相关，均不宜流向各诸侯国
及少数民族地区。马也是战略物资，是军备的一种，《津关令》共18条，
有多条与马匹相关，其中最核心的内容就是限制马匹流出汉政府直辖区。
《二年律令·津关令》规定：

---

① 彭浩、陈伟、工藤元男主编：《二年律令与奏谳书：张家山二四七号汉墓出土法律
文献释读》，上海：上海古籍出版社，2007年，第311页。
② 彭浩、陈伟、工藤元男主编：《二年律令与奏谳书：张家山二四七号汉墓出土法律
文献释读》，上海：上海古籍出版社，2007年，第311页。
③ 彭浩、陈伟、工藤元男主编：《二年律令与奏谳书：张家山二四七号汉墓出土法律
文献释读》，上海：上海古籍出版社，2007年，第307页。
④ 彭浩、陈伟、工藤元男主编：《二年律令与奏谳书：张家山二四七号汉墓出土法律
文献释读》，上海：上海古籍出版社，2007年，第309页。

　　禁民毋得私买马以出扞关、郧关、函谷、武关及诸河塞津关。其买骑、轻车马、吏乘、置传马者，县各以所买名匹数告买所内史、郡守，内史、郡守各以马所补名为久久马，为致告津关，津关谨以籍、久案阅出。诸乘私马入而复以出，若出而当复入者，出，它如律令。①（简 506+507）

汉政府在直属郡县的各津关设置关卡，各诸侯国应该也执行类似政策，故人员与物资的流动就会受到严重限制。尽管管控的只有人口、黄金、铁、铜与马匹，但是行商的移动被限制，大宗物资经过津关也需要层层检查，故正常的商业活动必然受到干扰，特别是从事贩运行业的工商业者难以扩大经营规模。

　　从文帝开始，政府的政策发生重大变化，实行"开关梁"，即免征关税的政策。文帝前元十二年（前 168），"除关无用传"②，同时进出关需检查"符传"的制度一并取消，极大地便利了商业流通。景帝四年（前153），因吴楚七国之乱，"复置津关，用传出入"③，但是免征关税的政策没有改变。汉武帝即位后，建元元年（前 140）再次废除了通关检查"符传"的制度。《史记·魏其武安侯列传》载："魏其、武安俱好儒术，推毂赵绾为御史大夫，王臧为郎中令。迎鲁申公，欲设明堂，令列侯就国，除关，以礼为服制，以兴太平。"④《史记索隐》将"除关"解释为"除关门之税"，据此有学者认为"关卡税的实行，应在武帝以前便有了"⑤。王先谦补注《汉书·田蚡传》引服虔曰：除关，"除关禁也"。王先谦指出，"官本注文'《索隐》谓除关门之税'八字，后人误加"⑥。因此，文帝开

---

①　彭浩、陈伟、工藤元男主编：《二年律令与奏谳书：张家山二四七号汉墓出土法律文献释读》，上海：上海古籍出版社，2007 年，第 316—317 页。

②　班固：《汉书》卷四《文帝纪》，北京：中华书局，1962 年，第 123 页。

③　司马迁：《史记》卷一一《孝景本纪》，北京：中华书局，1959 年，第 442 页。

④　司马迁：《史记》卷一〇七《魏其武安侯列传》，北京：中华书局，1959 年，第 2843 页。

⑤　高敏：《秦汉史论集》，郑州：中州书画社，1980 年。

⑥　王先谦：《汉书补注》，北京：中华书局，1959 年，第 3862 页。

始实施免除关税的政策应是无误的。

"开关梁"切实便利了货物流通,"是以富商大贾周流天下,交易之物莫不通"①,促进了商业发展。不少商人通过贩运商品积累了财物,成为巨贾。

2. 弛山泽之禁

秦代奉行"颛川泽之利,管山林之饶"②的政策。汉兴以来,民生凋敝,本着与民休息的出发点,汉政府"弛山泽之禁"③,彻底放开了对山川园林的管制,听由百姓开发,政府只收取一定比例的赋税。《二年律令·金布律》载:

> 诸私为菌〈菌(卤)〉盐煮济汉,及有私盐井盐者,税之,县官取一,主取五。采银租之,县官给橐,银十三斗为一石,□石县官税□银三斤。其□也,牢橐,石三钱。租其出金,税二钱。租卖穴者,十钱税一。采铁者五税一;其鼓销以为成器,有(又)五税一。采铅者十税一。采金者租之,人日十五分铢二。民私采丹者租之,男子月六斤九两,女子四斤六两。(《金布律》简436-438)④

从简文可以看出,无论是盐、铁还是银、铅、黄金、丹砂等矿物,均允许民间开发,只是税率有所差别罢了。《二年律令》所载律令至迟制定于吕后初年,简牍材料所反映的"弛山泽之禁"时间与传世文献是一致的。《盐铁论·错币》载"文帝之时,纵民得铸钱、冶铁、煮盐"⑤,此处所载史事有所杂糅。首先,汉初禁止私铸钱币,文帝时改变政策,允许民间铸钱;其次,冶铁、煮盐并非文帝时的新政策,而是吕后时期政策的延续。

---

① 司马迁:《史记》卷一二九《货殖列传》,北京:中华书局,1959年,第3261页。
② 班固:《汉书》卷二四上《食货志上》,北京:中华书局,1962年,第1137页。
③ 司马迁:《史记》卷一二九《货殖列传》,北京:中华书局,1959年,第3261页。
④ 彭浩、陈伟、工藤元男主编:《二年律令与奏谳书:张家山二四七号汉墓出土法律文献释读》,上海:上海古籍出版社,2007年,第256页。
⑤ 桓宽著,王利器校注:《盐铁论校注(定本)》卷一《错币》,北京:中华书局,1992年,第57页。

盐、铁等资源的开发与经营可获取暴利，而这些产业需要技术与大量资金，非普通百姓所能及。《汉书·食货志》载："铁，田农之本……铁布铜冶，通行有无，备民用也。……非编户齐民所能家作，必仰于市。"① 而大商贾借由自身的技术与资金优势，快速投入到山林川泽的开发，并积累了巨额财富。

3. 开放关市

关市是设于边关与周边政权进行商品交换的定期或长期的市集。秦汉之际由于战乱，关市贸易断绝。汉初，随着政局的逐渐稳定，汉政府"与民无禁"②，开放边市主要面向两个方向，北边为匈奴，南边为南越。

高祖时期，西汉开放关市。高祖九年（前198），汉政府派遣娄敬前往匈奴，"使刘敬往结和亲约"③，与匈奴"约为昆弟"④。随着北边的局势逐渐稳定，关市贸易也恢复起来。文帝前元十二年（前168），下诏撤销关卡的检查，"通关梁，不异远方"⑤，同时通关市。《汉书·匈奴列传下》载：

> 昔和亲之论，发于刘敬。是时天下初定，新遭平城之难，故从其言，约结和亲，赂遗单于，冀以救安边境。孝惠、高后时遵而不违，匈奴寇盗不为衰止，而单于反以加骄倨。逮至孝文，与通关市，妻以汉女，增厚其赂，岁以千金。⑥

之后汉朝与匈奴关系产生反复，一度关市关闭，景帝时期和亲重启，景帝四年（前153），"复与匈奴和亲，通关市，给遗匈奴，遣公主，如故

---

① 班固：《汉书》卷二四下《食货志下》，北京：中华书局，1962年，第1183页。
② 班固：《汉书》卷一〇〇上《叙传上》，北京：中华书局，1962年，第4197页。
③ 司马迁：《史记》卷九九《刘敬叔孙通列传》，北京：中华书局，1959年，第2719页。
④ 司马迁：《史记》卷一一〇《匈奴列传》，北京：中华书局，1959年，第2895页。
⑤ 司马迁：《史记》卷一〇《孝文本纪》，北京：中华书局，1959年，第436页。
⑥ 班固：《汉书》卷九四下《匈奴传下》，北京：中华书局，1962年，第3830-3831页。

约"①。汉武帝即位初期延续了文景以来的政策，"明和亲约束，厚遇关市，饶给之"②。由于关市的开放，边关塞下的贸易十分繁荣，匈奴"皆亲汉，往来长城下"③。其后尽管发生了政策波动，汉匈关系渐趋紧张，但是汉政府依然没有关闭关市，《史记·匈奴列传》载："匈奴贪，尚乐关市，嗜汉财物，汉亦尚关市不绝以中之。"④ 在对待关市的问题上，汉政府与匈奴取得了一定的默契，双方均支持开关市的政策。

西汉与南越的关市贸易始于高祖时期，高祖即位后，"立佗为南越王，与剖符通使，和集百越"⑤。刘邦去世后，"有司请禁南越关市铁器"⑥，吕后决定推行"别异蛮夷，隔绝器物"⑦ 的政策，"出令曰'毋予蛮夷外粤金铁田器；马牛羊即予，予牡，毋予牝'"。⑧ 为此南越王赵佗极为恼怒，称"高帝立我，通使物，今高后听谗臣，别异蛮夷，隔绝器物，此必长沙王计也，欲倚中国，击灭南越而并王之，自为功也"⑨。于是赵佗自立为南越武帝，并发兵攻汉。文帝即位后，双方关系趋于和缓，双方经济联系更为密切。《史记·货殖列传》中提到了商人程郑，"山东迁虏也，亦冶铸，贾椎髻之民，富埒卓氏"⑩。《索隐》曰："魋结之人。上音椎髻，谓通贾南越也。"⑪ 郑程通过与南越的贸易成为巨富。《汉书·地理志》云："中国往商贾者多取富焉。"⑫ 说明汉王朝与南越的关市给商贾创造了致富的机会。

4. 放铸

汉初的货币铸造政策有所反复，高祖时期一度允许民间铸钱："汉

---

① 司马迁：《史记》卷一一〇《匈奴列传》，北京：中华书局，1959年，第2904页。
② 班固：《汉书》卷九四上《匈奴传上》，北京：中华书局，1962年，第3765页。
③ 司马迁：《史记》卷一一〇《匈奴列传》，北京：中华书局，1959年，第2904页。
④ 司马迁：《史记》卷一一〇《匈奴列传》，北京：中华书局，1959年，第2905页。
⑤ 司马迁：《史记》卷一一三《南越列传》，北京：中华书局，1959年，第2967页。
⑥ 司马迁：《史记》卷一一三《南越列传》，北京：中华书局，1959年，第2969页。
⑦ 司马迁：《史记》卷一一三《南越列传》，北京：中华书局，1959年，第2969页。
⑧ 班固：《汉书》卷九五《南越传》，北京：中华书局，1962年，第3851页。
⑨ 司马迁：《史记》卷一一三《南越列传》，北京：中华书局，1959年，第2969页。
⑩ 司马迁：《史记》卷一二九《货殖列传》，北京：中华书局，1959年，第3278页。
⑪ 司马迁：《史记》卷一二九《货殖列传》，北京：中华书局，1959年，第3278页。
⑫ 班固：《汉书》卷二八下《地理志下》，北京：中华书局，1962年，第1670页。

兴，接秦之弊，丈夫从军旅，老弱转粮饷，作业剧而财匮……于是为秦钱重难用，更令民铸钱，一黄金一斤，约法省禁。"① 高祖后期或是吕后初期开始禁止民间私铸，《二年律令·钱律》中有一系列关于禁止民间铸钱的律令：

> 盗铸钱及佐者，弃市。同居不告，赎耐。正典、田典、伍人不告，罚金四两。或颇告，皆相除。尉、尉史、乡部官啬夫、士吏、部主者弗得，罚金四两。（简 201+202）②
>
> 智人盗铸钱，为买铜、炭，及为行其新钱，若为通之，与同罪。（简 203）③
>
> 捕盗铸钱及佐者死罪一人，予爵一级。其欲以免除罪人者，许之。捕一人，免除死罪一人，若城旦舂、鬼薪白粲二人，隶臣妾、收人、司空三人以为庶人。其当刑未报者，勿刑，有复告者一人，身毋有所与。诇告吏，吏捕得之，赏如律。（简 204+205）④
>
> 盗铸钱及佐者，智人盗铸钱，为买铜、炭，及为行其新钱，若为通之，而能颇相捕，若先自告、告其与，吏捕颇得之，除捕者罪。（简 206+207）⑤
>
> 诸谋盗铸钱，颇有其器具未铸者，皆黥以为城旦舂。智为及买铸钱具者，与同罪。（简 208）⑥

---

① 司马迁：《史记》卷三〇《平准书》，北京：中华书局，1959 年，第 1417 页。

② 彭浩、陈伟、工藤元男主编：《二年律令与奏谳书：张家山二四七号汉墓出土法律文献释读》，上海：上海古籍出版社，2007 年，第 170 页。

③ 彭浩、陈伟、工藤元男主编：《二年律令与奏谳书：张家山二四七号汉墓出土法律文献释读》，上海：上海古籍出版社，2007 年，第 171 页。

④ 彭浩、陈伟、工藤元男主编：《二年律令与奏谳书：张家山二四七号汉墓出土法律文献释读》，上海：上海古籍出版社，2007 年，第 171 页。

⑤ 彭浩、陈伟、工藤元男主编：《二年律令与奏谳书：张家山二四七号汉墓出土法律文献释读》，上海：上海古籍出版社，2007 年，第 172 页。

⑥ 彭浩、陈伟、工藤元男主编：《二年律令与奏谳书：张家山二四七号汉墓出土法律文献释读》，上海：上海古籍出版社，2007 年，第 172 页。

从上述律令内容来看，西汉政府对于禁止民间铸钱的态度极为坚决，打击力度十分大。

文帝即位以后开始对铸币政策进行调整，《史记·汉兴以来将相名臣年表》载：汉文帝前元五年（前175）"除钱律，民得铸钱"①。《汉书·文帝纪》载，文帝前元五年（前175），"夏四月，除盗铸钱令。更造四铢钱"。应劭注："听民放铸也。"② 此处的"钱律""盗铸钱令"应该是与《二年律令·钱律》相同或者内容相近的律令。

文帝放铸实行的是一种"私铸官验"制度③，政府对民间的铸钱质量进行监管，《汉书·食货志下》载："法使天下公得顾租铸铜锡为钱，敢杂以铅铁为它巧者，其罪黥。"④ 西汉政府的出发点是，"希望借铸钱之合法化，使希望取得正当利润的商人，参加铸钱。这些人如果真能按照政府规定之形制铸钱，使所铸出的钱在重量、成色、形状等方面都符合政府规定之标准，则钱币形制混乱的情形，自然改善"⑤。

从放铸政策实施的结果来看，部分目标达成了，货币数量明显增加，消除了通货紧缩的现象，在统一货币形制这一点上也有一定程度的效果。但是放铸政策的负面影响，是西汉政府始料未及的。

首先，放铸政策导致政府财权旁落，动摇统治秩序。在文帝放铸政策施行之初，贾山就曾进言反对放铸政策："钱者，亡用器也，而可以易富贵。富贵者，人主之操柄也，令民为之，是与人主共操柄，不可长也。"⑥ 财权的丧失会动摇中央集权，但是文帝并没有采纳其建议，其后通过"吴楚七国之乱"可以看到，放铸政策极大地增强了诸侯国的财力。《盐铁论·错币》载："大夫曰：'文帝之时，纵民得铸钱、冶铁、煮盐。吴王擅鄣海泽，邓通专西山。山东奸猾，咸聚吴国，秦、雍、汉、

---

① 司马迁：《史记》卷二二《汉兴以来将相名臣年表》，北京：中华书局，1959年，第1126页。

② 班固：《汉书》卷四《文帝纪》，北京：中华书局，1962年，第121页。

③ 王雪农、刘建民：《半两钱研究与发现》，北京：中华书局，2005年，第48页。

④ 班固：《汉书》卷二四下《食货志下》，北京：中华书局，1962年，第1153页。

⑤ 宋叙五：《西汉货币史》，香港：香港中文大学出版社，2002年，第63页。

⑥ 班固：《汉书》卷五一《贾山传》，北京：中华书局，1962年，第2337页。

蜀因邓氏。'"① 而禁铸的意义在于："禁御之法立而奸伪息，奸伪息则民不期于妄得而各务其职不反本何为？故统一，则民不二也，币由上，则下不疑也。"② 唯有国家控制铸币权，才能够上下统一，百姓不疑。

其次，放铸政策严重削弱了政府的财富分配能力，大量工商业者借此致富，社会贫富分化问题加剧。放铸政策施行后，理论上人人可以铸钱，但是实际情况并非如此。第一，铸钱需要鼓铸设备，更需要人力、技术与资金的投入，而平民百姓根本不具备这样的条件。第二，铸钱需要原材料铜，汉代经济分工粗疏，市场上不可能有足量铜矿石原料流通，铸钱者必须自己采铜，这并非平民百姓单打独斗可以完成的了，更何况中国是贫铜国，铜矿的分布不广，绝不可能控制在普通民众手中。《盐铁论·禁耕》载："大夫曰：'……夫权力之处，必在深山穷泽之中，非豪民不能通其利。'"③ 铜矿远在深山之中，只有具有开采能力的豪民才有能力开发获利。此处的豪民除了地方的王侯、邓通这样为官府所支持的贵族，绝大多数指的是中产以上财力雄厚的工商业者。在私铸的过程中，百姓只能作为被雇佣者。贾谊在《谏铸钱疏》中提及，"今农事弃捐而采铜者日蕃，释其耒耨，冶镕炊炭"④，平民百姓参与铸钱与铜矿开发，必然脱离土地与农业，脱离户籍，成为以工商业者为代表的"豪民"的依附民。换而言之，放铸背景之下，铸币的利益是独占性的，公开大规模开发铜矿、冶铸钱币，基本由王侯、贵族与工商业者独占，特别是一大批工商业者借此成为巨富，铸钱越多，对社会财富的支配权也明显增大。

放铸政策下，"豪民"通过铸钱获利的另一种方式是"毁杂为巧"⑤，即铸造劣币。《二年律令·钱律》中对于钱的使用有专门的规定：

---

① 桓宽著，王利器校注：《盐铁论校注（定本）》卷一《错币》，北京：中华书局，1992年，第57页。
② 桓宽著，王利器校注：《盐铁论校注（定本）》卷一《错币》，北京：中华书局，1992年，第57页。
③ 桓宽著，王利器校注：《盐铁论校注（定本）》卷一《禁耕》，北京：中华书局，1992年，第67页。
④ 班固：《汉书》卷二四下《食货志下》，北京：中华书局，1962年，第1155页。
⑤ 班固：《汉书》卷二四下《食货志下》，北京：中华书局，1962年，第1153页。

> 钱径十分寸八以上，虽缺铄，文章颇可智，而非殊折及铅钱也，皆为行钱。金不青赤者，为行金。敢择不取行钱、金者，罚金四两。（简 197+198）①

为了规范经济秩序，汉律禁止对质量略有缺损的钱进行选择性使用，于是"豪民"铸造出海量"缺斤短两"的货币投放市场，牟取暴利，最终的结果必然是劣币驱逐良币。由于劣币流通数量太大，百姓即便可以择取使用，也很难得到合规的货币，反而是手中的良币随着商品买卖都变成了劣币，导致劣币驱逐良币情况的出现。诚如《盐铁论·错币》所言："择钱则物稽滞，而用人尤被其苦。"② 其最终的结果是百姓利益受损，宋叙五先生对此有精准的论述：

> 贫民不但在换取钱币之时蒙受经济损失，即不换取钱币，亦因他人铸钱之行为，在不知不觉之中，使自己对社会财富的支配权减弱。如此，贫者愈贫，富者愈富，悬殊之象日益严重。③

汉景帝在"七国之乱"平定后，开始对货币政策进行调整，景帝中元六年（前144），"定铸钱伪黄金弃世律"，西汉政府再次收回了铸币权，严禁民间私铸币，只保留郡国的铸币权。自此，汉初几十年的放铸政策彻底终结，此后汉代的铸币权一直由国家垄断。尽管景帝对铸币政策进行了纠偏，但是已经造成的影响是无法挽回的，特别是一大批工商业者通过这一政策成为巨富，在当时的社会发挥出难以忽视的影响力。

---

① 彭浩、陈伟、工藤元男主编：《二年律令与奏谳书：张家山二四七号汉墓出土法律文献释读》，上海：上海古籍出版社，2007年，第168页。

② 桓宽著，王利器校注：《盐铁论校注（定本）》卷一《错币》，北京：中华书局，1992年，第58页。

③ 宋叙五：《西汉货币史》，香港：香港中文大学出版社，2002年，第68页。

第二节　西汉前期工商业者群体的构成

一、工商业者群体的来源

(一) 六国贵族后裔

经过秦国的打击与楚汉战争的冲击，六国贵族核心势力受到极大摧残，直系王侯卿相所剩无几，诚如班固对六国后裔的命运所感慨的那般："周室既坏，至春秋末，诸侯耗尽，而炎黄唐虞之苗裔尚犹颇有存者。秦灭六国，而上古遗烈埽地尽矣。楚汉之际，豪桀相王，唯魏豹、韩信、田儋兄弟为旧国之后，然皆及身而绝。横之志节，宾客慕义，犹不能自立。"[①] 西汉建立以后，刘邦对于六国宗师后裔依然十分忌惮，对于不安分者，采取血腥镇压的方式，以三晋后裔为例，《汉书·地理志》载："太原、上党又多晋公族子孙，以诈力相倾，矜夸功名，报仇过直，嫁取送死奢靡。汉兴，号为难治，常择严猛之将，或任杀伐为威。"[②]

尽管西汉建立后对于六国贵族后裔的打压较为严厉，但是只要安分守己，六国后裔的支脉疏属依然可以在工商业领域有所作为。在汉初宽松的政策与蓬勃发展的经济氛围之下，六国贵族后裔发展工商业有一定的有优势。首先，他们多手头握有一定的财富，作为起家的资本。迁豪政策并不是要将被迁徙者剥夺财产，赶尽杀绝。因此，这些六国后裔贵族在迁徙过程中会保留一部分财产，参与各类经营均可有所依仗，原六国的田氏就是这种情况。楚汉战争中，田儋、田横、田荣、田假、田角等人依靠强大的宗族势力，投入到反秦的大军中，西汉建立后，他们被迁徙到关中，很快通过经营工商业而发家致富。《史记·货殖列传》载："关中富商大贾，大抵尽诸田，田啬、田兰。韦家栗氏，安陵、杜杜氏，亦巨万。"[③] 还有一类

---

① 班固：《汉书》卷三三《韩王信传》，北京：中华书局，1962 年，第 1858 页。
② 班固：《汉书》卷二八下《地理志下》，北京：中华书局，1962 年，第 1656 页。
③ 司马迁：《史记》卷一二九《货殖列传》，北京：中华书局，1959 年，第 3281 页。

六国贵族后裔迁徙边疆以避祸，也借此保存了财力。如班固的祖先就是如此。

> 班氏之先，与楚同姓，令尹子文之后也。……秦之灭楚，迁晋、代之间，因氏焉。始皇之末，班壹避墬于楼烦，致马牛羊数千群。值汉初定，与民无禁，当孝惠、高后时，以财雄边。[①]

其次，六国贵族后裔拥有良好的商业传统，或是掌握工商业的技艺。韩国原处于中原辐辏之地，商业文化盛行，韩国贵族的后裔均热衷于商业。《汉书·地理志》记载了韩国后人的状况，"韩自武子后七世称侯，六世称王，五世而为秦所灭。秦既灭韩，徙天下不轨之民于南阳，故其俗夸奢，上气力，好商贾渔猎，藏匿难制御也"[②]，其中明确谈到韩国贵族后裔喜好商贾的风俗。

六国贵族后裔转型工商业者之后，积累了大量财富，但是就社会身份而言，是富而不贵。脱离了故土，改变了身份，六国贵族对于现状显然不满，特别是祖上曾经的荣耀让他们并不安分，试图凭借财物有所作为。因此，具有六国后裔背景的工商业者是西汉前期工商业者中离心力最强的一部分人。直到汉武帝严厉打击工商业者之后，六国贵族身上的旧有属性才被完全冲洗干净，彻底被整合，融入汉帝国之中。

（二）六国迁豪后裔

迁豪是西汉建国以来就实行的政策。被迁徙者中，六国贵族只是其中很少一部分，而绝大部分是东方诸国的地方豪强。尽管这些豪强被强制迁徙后，失去了旧有的地方影响力，但是他们与六国贵族后裔一样，掌握着技术，部分人还带着一定的家资迁徙，因此这些豪强到了新的地方，很容易看到商机，并再次崛起。

---

① 班固：《汉书》卷一〇〇上《叙传上》，北京：中华书局，1962年，第4197-4198页。

② 班固：《汉书》卷二八下《地理志下》，北京：中华书局，1962年，第1654页。

迁豪后裔成一方巨富者，主要经营的产业是冶铁，这与他们原来就从事冶铁密切相关，而冶铁本身具有暴利，因此他们能在背井离乡之处重新开拓出新的局面，具有一定的必然性。史料中可以见到很多这样的案例，如蜀中的卓氏与程氏：

> 蜀卓氏之先，赵人也，用铁冶富。秦破赵，迁卓氏。卓氏见虏略，独夫妻推辇，行诣迁处。诸迁虏少有余财，争与吏，求近处，处葭萌。唯卓氏曰："此地狭薄。吾闻汶山之下，沃野，下有蹲鸱，至死不饥。民工于市，易贾。"乃求远迁。致之临邛，大喜，即铁山鼓铸，运筹策，倾滇蜀之民，富至僮千人。田池射猎之乐，拟于人君。①
> 程郑，山东迁虏也，亦冶铸，贾椎髻之民，富埒卓氏，俱居临邛。②

南阳的孔氏也是如此：

> 宛孔氏之先，梁人也，用铁冶为业。秦伐魏，迁孔氏南阳。大鼓铸，规陂池，连车骑，游诸侯，因通商贾之利，有游闲公子之赐与名。然其赢得过当，愈于纤啬，家致富数千金，故南阳行贾尽法孔氏之雍容。③

六国迁豪后裔身份特殊，对于西汉政权认同度低，又掌握先进技术，诸侯王十分愿意招揽，《盐铁论·错币》载："文帝之时，纵民得铸钱、冶铁、煮盐。吴王擅鄣海泽……山东奸猾，咸聚吴国。"④"山东奸滑"中，很多人都属于六国迁豪后裔，他们更容易成为诸侯王的坚定支持者。

---

① 司马迁：《史记》卷一二九《货殖列传》，北京：中华书局，1959年，第3277页。
② 司马迁：《史记》卷一二九《货殖列传》，北京：中华书局，1959年，第3278页。
③ 司马迁：《史记》卷一二九《货殖列传》，北京：中华书局，1959年，第3278页。
④ 桓宽著，王利器校注：《盐铁论校注（定本）》卷一《错币》，北京：中华书局，1992年，第57页。

（三）汉初军功阶层

汉初军功阶层不少人参与到了工商业领域，后文"工商业者与军功阶层的关系"一节将详尽探讨，此处不赘述。

（四）普通市籍商人

此处的市籍商人特指汉代"坐列贩卖"且入市籍的商人，西汉前期市籍商人在工商业者群体中比例最高。曾延伟先生指出："富商大贾不在市上设店铺，而在市外囤集货物批发给市内'坐列贩卖'的中小商贾，出现的真正的富贾大贾并无'市籍'，有'市籍'的只是不得不在市上经营的中、小商贾。"[1]

市籍商人经营的领域不涉及盐铁等暴利行业，也无法参与商品贩运，一般都是在政府划定的"市"中进行一些小本经营，以自产自销为主，主要商品均与百姓日常生活密切相关。例如，《史记·货殖列传》中所提及的各种生活物品，有酿酒、木材、粮食、猪牛马羊、漆器、皮革、蔬菜、水果、丝帛等，一般利润不高，而真正靠此发家者寥寥，如"贩脂，辱处也，而雍伯千金。卖浆，小业也，而张氏千万"[2]。像雍伯、张氏这样依靠贩卖生活用品而成巨富的，可谓凤毛麟角。

市籍商人数量庞大，汉代每一个城市均设有"市"，"天下百郡千县，市邑万数"[3]。而在工商业发达的地区，一些大城市工商业者就有数万人，如巫蛊之祸中，太子刘据"敺四市人凡数万众，至长乐西阙下，逢丞相军，合战五日，死者数万人"[4]。以此类推，同时期的洛阳、南阳、成都、邯郸、临淄、彭城等大城市，工商业者至少有万数以上。做一个估算，西汉前期鼎盛时，天下的市籍商人可能有数十万之众。

在相对严密的"市籍"管理制度之下，市籍商人被政府牢牢控制，而其经营的行业分散，不似盐铁、铸钱不但暴利且关系国计民生，因此这一

---

① 曾延伟：《两汉社会经济发展史初探》，北京：中国社会科学出版社，1989 年，第139 页。

② 司马迁：《史记》卷一二九《货殖列传》，北京：中华书局，1959 年，第 3282 页。

③ 范晔：《后汉书》卷四九《王符传》，北京：中华书局，1965 年，第 1633 页。

④ 班固：《汉书》卷六六《刘屈氂传》，北京：中华书局，1962 年，第 2881 页。

群体对于统治者而言威胁较小，不是需要重点打击的对象。

二、工商业者的分层

西汉前期工商业者来源驳杂，数量庞大，伴随着"用贫求富，农不如工，工不如商，刺绣文不如倚市门，此言末业，贫者之资也"社会思想的广泛传播，更多的民众涌入到工商业者的队伍中。依据经商规模，西汉前期的工商业者分为大工商业者与中、小工商业者两个群体。一般认为，从事贩运、盐铁、囤积、农林畜牧等行业、拥有百万巨额家财者为大商人，其余则为中、小商人。[①] 在整个工商业者群体中，中、小工商业者在数量上占据优势，但论及财富、地位与影响力，中、小工商业者很难与大工商业者相提并论；相应地，中、小工商业者对于中央集权的威胁较之大工商业者也小得多。

（一）大工商业者

西汉前期，大工商业者通过经商积累了巨额财富，尽管仍处于士农工商的最底层，但已在社会上拥有了较强势力，形成了"法律贱商人，商人已富贵矣"[②] 的局面。根据《史记·货殖列传》所言：

> 通邑大都，酤一岁千酿，醯酱千瓨，浆千甔，屠牛羊彘千皮，贩谷粜千钟，薪稿千车，船长千丈，木千章，竹竿万个，其轺车百乘，牛车千两，木器髤者千枚，铜器千钧，素木铁器若卮茜千石，马蹄躈千，牛千足，羊彘千双，僮手指千，筋角丹沙千斤，其帛絮细布千钧，文采千匹，榻布皮革千石，漆千斗，糵曲盐豉千笞，鲐鲞千斤，鲰千石，鲍千钧，枣栗千石者三之，狐貂裘千皮，羔羊裘千石，旃席千具，佗果菜千钟，子贷金钱千贯，节驵会，贪贾三之，廉贾五之，

① 参见李剑农：《先秦两汉经济史稿》，北京：生活·读书·新知三联书店，1957年，第213–219页；张弘：《战国秦汉时期商人和商业资本研究》，济南：齐鲁书社，2003年，第19页。

② 班固：《汉书》卷二四上《食货志上》，北京：中华书局，1962年，第1133页。

此亦比千乘之家，其大率也。佗杂业不中什二，则非吾财也。①

这些形形色色的大工商业者穿梭于各大都市，每年经手销售的商品数额巨大，盈利甚多。他们无孔不入、无业不从，在推动西汉前期社会经济发展的同时，形成了一股不容忽视的社会力量，通过财帛加持，将自身的力量深深扎根于基层社会之中。

比如《汉书·地理志》所言：

> 汉兴，立都长安，徙齐诸田，楚昭、屈、景及诸功臣家于长陵。后世世徙吏二千石、高訾富人及豪桀并兼之家于诸陵。盖亦以强干弱支，非独为奉山园也。是故五方杂厝，风俗不纯。其世家则好礼文，富人则商贾为利，豪桀则游侠通奸。②

高訾富人与六国后裔、二千石高官、豪桀兼并之家同为当时四股重要的社会势力，这里的高訾富人也就是通过经营工商业而积累了巨额财富的工商业者。所谓巨额财富的标准，随着时间不断变化，"从西汉规定的迁徙豪富的资产数额看……有赀百万以上、赀三百万以上、赀五百万以上三种情况。我们以最低的标准算，私人工商业豪富的资产数额至少应在百万以上"③。

大商人成势的关键在于经商途径，显然百万巨富很难通过小商品售卖完成积累，经营铁、铜、池盐、农林畜牧等重要物资更容易积攒足够的财富。

> 蜀卓氏为战国末年赵国人，祖辈即从事冶铁，为当地富豪。秦统一六国后迁往蜀地，延续祖业，"铁山鼓铸，运筹策，倾滇蜀之民，

---

① 司马迁：《史记》卷一二九《货殖列传》，北京：中华书局，1959 年，第 3274 页。
② 班固：《汉书》卷二八下《地理志下》，北京：中华书局，1962 年，第 1642 页。
③ 崔向东：《汉代豪族研究》，武汉：崇文书局，2003 年，第 89 页。

富至僮千人。田池射猎之乐，拟于人君"①。

富商大贾通过铸铜、冶铁、池盐、畜牧、赀贷等行业起家，有学者将之归类为"素商"，认为这些富商大贾是依靠自身努力而获得了巨额财富。② 但通过史籍对其发家经历的记载可知，这些从事社会支柱产业经营的大商人早在西汉建国之前就已经拥有了数额较大的家族财富，如蜀卓氏、宛孔氏等早在秦代就已经成为豪富。虽然史籍中没有关于程郑、边塞桥姚、无盐氏等大商人家族背景的记载，但不难推知，想要从事赀贷、冶铁、畜牧等行业，是需要大额经商本钱的，这些大商人若无早期大量财帛积累，几乎不可能涉及这些前期投入巨大的支柱型产业。

除以上行业外，也有秦扬以"农田掘业"、田叔以"掘冢"、桓发以"博戏"、雍乐成以"行贾"、雍伯以"贩脂"、张氏以"卖浆"、郅氏以"洒削"、浊氏以"胃脯"、张里以"马医"而富。此九人所从事并非盐铁、畜牧等重要行业，而是从事居奇、有独特技能，积累了巨额财富。在某种程度上说，这种情况的财富积累具有极强的偶然性，很难广泛应用，但此九人确与前文提及的蜀卓氏等在身份上具有一致性，成为富商大贾的一员。

大工商业者依凭巨额财富与王侯将相相交，"礼抗万乘，名显天下"③，被称为"素封"④。由此可见其钱财之丰、权势之大，亦可知富商大贾缘何可与六国后裔、二千石高官、豪桀兼并之家同为可以左右社会局面的巨大力量。这些大工商业者在社会经济活动中占据重要位置，甚至左右市场，控制大批人口，在积累大量财帛后转而兼并土地，对西汉统治造成了巨大威胁。随着大工商业者势力的膨胀，他们必然成为西汉统治者的眼中钉，其财富也会被统治者所觊觎，一旦条件成熟，这些大工商业者就会被西汉

---

① 司马迁：《史记》卷一二九《货殖列传》，北京：中华书局，1959 年，第 3277 页。
② 严清华、方小玉：《先秦两汉商人分层之变迁及其政策分析》，《武汉大学学报（人文科学版）》，2009 年第 3 期，第 346-347 页。
③ 司马迁：《史记》卷一二九《货殖列传》，北京：中华书局，1959 年，第 3260 页。
④ 司马迁：《史记》卷一二九《货殖列传》，北京：中华书局，1959 年，第 3272 页。

政府严厉打击。

(二) 中、小工商业者

与大工商业者不同，中、小工商业者受制于经营规模、影响力度，很难在史籍记载中留下痕迹。尽管史籍资料阙如，但从《史记·平准书》中看，西汉初年政府根据财富，明显将工商业者的中、小商人与大工商业者分离对待，根据算缗令所言："异时算轺车贾人缗钱皆有差，请算如故。诸贾人末作贳贷卖买，居邑稽诸物，及商以取利者，虽无市籍，各以其物自占，率缗钱二千而一算。诸作有租及铸，率缗钱四千一算。"① 如淳将"诸作"解释为"以手力所作而卖之"②，也就是中、小商人。中、小商人每缗钱四千向官府交一百二十钱，比之大商人缗钱二千交一百二十钱少了一半。可见汉代官府在税收上将中、小商人与大商人分割开来，表面看似对中、小商人有一定的优待。

但通过对大商人的论述不难推知，大商人充当了基层社会中的主要经济支柱。小商人尽管数量众多，但在实际基层社会经济活动中并未占据主导地位，力量微薄。需要注意的是，尽管先秦秦汉时期，大多工商业者在行商的同时也从事该行业的实际生产工作，但诸如纺织布匹贩卖的农家女、收获农作物贩卖的农民等，虽然参与了工商业活动，却没有市籍，这些人只能算作生产者而不应被划归到中、小商人的范畴中。事实上，拥有市籍的中、小商人应多为濒临或已经破产的个体小农，他们没有大工商业者的早期家族财富资本，仅能以手工业品、倒买倒卖或自身独有的技能（如酒削、医疗牲畜）作为"贫者之资"③，从事工商业经营活动，以期获得商业利润，维系生计。

根据张家山汉简《二年律令》简 260 记载："市贩匿不自占租，坐所匿租臧（赃）为盗，没入其所贩卖及贾钱县官，夺之列。"④ 从此条律文

① 司马迁：《史记》卷三〇《平准书》，北京：中华书局，1959 年，第 1430 页。
② 司马迁：《史记》卷三〇《平准书》，北京：中华书局，1959 年，第 1431 页。
③ 司马迁：《史记》卷一二九《货殖列传》，北京：中华书局，1959 年，第 3274 页。
④ 张家山二四七号汉墓竹简整理小组编：《张家山汉墓竹简〔二四七号墓〕（释文修订本）》，北京：文物出版社，2006 年，第 44 页。

看，在日常商业活动中有"列"作为专门场所，正常缴纳"租"则可以在"市"中贩卖物品。可见西汉初年日常中、小型商业活动已形成固定规则。

西汉初年，商业恢复繁荣，民间行商之风盛行，这从贾谊、晁错等人上书请旨强调重农抑商这一侧面反映当时中、小商人数量之巨。此时"商贾……小者坐列贩卖"[①]，在汉初的宽松政策下，百姓"背本趋末"[②]、"商贾滋众"[③]，基层社会中、小型商业活动应已渐成常态，直接影响了西汉官府的日常运作，对社会产生了一定影响。但这并不是说中、小商人的经济状况远远强于普通从事农业的百姓。

尽管数量众多，但和大商人相比，中、小工商业者多由贫困乃至破产农家组成，经济地位较低，同时受到重农抑商政策影响最大，政治地位十分低下。由于没有大额钱财，也就没有"入粟拜爵"的机会，位于政治中的最底层。中、小工商业者们既无钱财与官吏相交，也无能力改变自身政治地位，前有秦"先发吏有谪及赘婿、贾人，后以尝有市籍者，又后以大父母、父母尝有市籍者，后入闾，取其左"[④]，后有汉武帝发"七科谪"[⑤]，西汉初年中、小工商业者恐怕是此类重农抑商政策的最大受害对象。他们"或列肆贩卖，或负货求售，或者兼为小手工业者自制自销，或者以车僦载收取运费……受大商人左右、控制、盘剥，受官府剥削，缴纳不堪负荷的租税，负担沉重的徭役，无法突破抑商法令的限制，不能摆脱'谪发'的命运"[⑥]。虽然从数量上看，中、小工商业者是商业活动的主体，但从占有财富比例上看，中、小工商业者恐怕只能是西汉初期工商业中的点缀。

概而言之，西汉前期，工商业在先秦以来的基础上不断发展，在手工

---

① 班固：《汉书》卷二四上《食货志上》，北京：中华书局，1962年，第1132页。
② 班固：《汉书》卷七四《魏相传》，北京：中华书局，1962年，第3137页。
③ 司马迁：《史记》卷三〇《平准书》，北京：中华书局，1959年，第1430页。
④ 班固：《汉书》卷四九《晁错传》，北京：中华书局，1962年，第2284页。
⑤ 张晏曰："吏有罪一，亡命二，赘婿三，贾人四，故有市籍五，父母有市籍六，大父母有市籍七，凡七科也。"参见班固：《汉书》卷六《武帝纪》，北京：中华书局，1962年，第205页。
⑥ 熊铁基：《秦汉文化史》，北京：新世界出版社，2018年，第52页。

业水平、工商业活动规模方面都有了显著提升。在重农抑商的大背景下，西汉初期大工商业者受到"入粟拜爵"等政策的影响，得以在积累财富的同时获得一定的政治地位，同时以财帛结交、依附将相王侯，获得巨大的经济影响力。但这种政治上的"翻身"对中、小工商业者而言毫无意义。中、小工商业者一方面受到大商人垄断工商业主要行业的压迫，一方面又受到重农抑商政策的影响，经济、政治地位都较为低下。尽管看上去在算缗令中官府对中、小工商业者有一定优待，但显然在这种优待政策下也鲜有中、小工商业者成长为富商大贾。总体而言，中、小工商业者的生活情况并不理想。

从工商业者的身份组成上看，西汉前期，尽管富商大贾与中、小工商业者一样政治地位较低，但自"入粟拜爵"等政策实施以后，大商人可以通过积累财帛获取更高的政治地位，并通过政治特权取得更高的经济利润，从而实现经济、政治乃至社会地位的多重提升。而中、小工商业者多由原本出于破产边缘乃至已经破产的个体组成，没有资本染指盐铁等利润较高的行业。虽然偶有凭借奇淫巧技获得巨额财富晋升为富商之人，但绝大多数中、小商人在政治上处于最低地位，在经济上也未必强于农耕之家很多，整体生活水平不高，更有甚者，商业再度破产后，只能沦为流民庸工。

第三节　西汉前期工商业者的经营状况

司马迁在《史记·货殖列传》里对西汉前期工商业者的典型人物如蜀卓氏"富至僮千人。田池射猎之乐，拟于人君"[1]、宛孔氏"家致富数千金，故南阳行贾尽法孔氏之雍容"[2]、鲁曹邴氏"富至巨万……贳贷行贾遍郡国"[3] 等巨富之状及从业之广进行了较为详细的描述。总结起来，西汉

---

[1]　司马迁：《史记》卷一二九《货殖列传》，北京：中华书局，1959 年，第 3277 页。
[2]　司马迁：《史记》卷一二九《货殖列传》，北京：中华书局，1959 年，第 3278 页。
[3]　司马迁：《史记》卷一二九《货殖列传》，北京：中华书局，1959 年，第 3279 页。

前期工商业者的经营领域十分广泛。

一、工商业者经营的主要行业

（一）盐铁业

秦汉时期制盐业与铸造业并称为盐铁，因其利甚大，故往往将两者放到一起讨论。早至战国，已有很多大商人以盐铁起家，诸如蜀卓氏、程郑等世代经营盐铁，这些大商人到西汉前期依然财富显赫。除了盐铁售卖价格较高外，两者的原料充足也是盐铁业发展的重要原因。《史记·货殖列传》载："铜、铁则千里往往山出棋置。"可见铜、铁作为铸造业的原料矿藏之丰。与铜、铁往往出于山中不同，当时的食盐种类繁多，如池盐、海盐、井盐、岩盐等，不甚枚举。在种类繁多的同时，食盐的分布也十分广泛，所谓"山东食海盐，山西食盐卤，领南、沙北固往往出盐"[①]。盐铁业不仅有丰富的资源，据《盐铁论·复古》篇所载，"往者，豪强大家，得管山海之利，采铁石鼓铸，煮海为盐，一家聚众，或至千余人，大抵尽收放流人民也"[②]。由此可知，从事盐铁业的富商大贾往往役使流放之民，生产成本极低。丰富的资源、极广的需求、极低的生产成本共同促成了盐铁业的巨大经营利润。另外需要注意的是，盐铁业中隐含了一项重要的、一本万利的分支——铸钱。《史记·吴王濞列传》有言："吴有豫章郡铜山，濞则招致天下亡命者盗铸钱……以故无赋，国用富饶。"[③] 西汉前期，吴王刘濞所辖豫章郡内有铜山，因以铸钱，郡国无赋而富。更遑论吴王刘濞所用铸钱之人均为流亡者，基本没有生产成本。故最后达到了"吴邓钱布天下"的局面。

（二）酒业

自秦代以来，官府屡屡限制民间沽酒行为，但百姓饮酒之风屡禁不

[①] 司马迁：《史记》卷一二九《货殖列传》，北京：中华书局，1959年，第3269页。

[②] 桓宽著，王利器校注：《盐铁论校注（定本）》卷一《复古》，北京：中华书局，1992年，第78页。

[③] 司马迁：《史记》卷一〇六《吴王濞列传》，北京：中华书局，1959年，第2822页。

止，往往有因酒醉而打架斗殴的事件出现。西汉前期，为缓和战争带来的经济损伤，未将酒设为官营产业，而是允许民间百姓从事酿酒业。其中，最有名的就是卓文君、司马相如当垆卖酒的记载，由此可见西汉早期酒业是较为常见的。

（三）贩运业

实际上，贩运是所有商人都具备的特性，《国语》中对商人有一个较为广泛的定义，所谓"负、任、担、荷，服牛轺马，以周四方，以其所有，易其所无，市贱鬻贵"①。这是由于地域广大，各地物产不同，需要商人来往贩运，互通有无。随着商业的逐步发展，需要更多熟悉交通、专门从事贩运业的商人。再者，秦统一六国后，修驰道，统一路轨，修建河渠等，交通状况较之春秋战国有了较大改善。② 各类商业的发展及交通状况的好转使得西汉前期出现了诸如师史等从事贩运业的商人，他们"转毂以百数，贾郡国，无所不至"③。虽然盈利或不如囤积居奇后再转运他地的商人，但专门从事贩运业的商人也不必担心收购、贩卖渠道，专职运输，成本和风险都相对较小。

（四）囤积业

囤积商人依靠囤积居奇、贱买高卖而获利。从春秋战国到西汉早期，战争频发，随之而来的是物价波动甚大。以粮价为例，楚汉相争时"民不得耕种，米石至万"④。此外，自然灾害、官府经济政策变动等都会造成极大的物价波动。⑤ 尽管郡国并行制的实施使得中央官府可以完全掌控的区域有所缩减，但整体国家幅员辽阔，物产差别巨大，各地物资交流并不充分，囤积商人便借此在丰年低价囤货，待到物价上涨时售出。这些从事囤

---

① 徐元诰撰，王树民、沈长云点校：《国语集解》，北京：中华书局，2002 年，第 220 页。

② 张弘：《战国秦汉时期商人和商业资本研究》，济南：齐鲁书社，2003 年，第 24–26 页。

③ 司马迁：《史记》卷一二九《货殖列传》，北京：中华书局，1959 年，第 3279 页。

④ 司马迁：《史记》卷一二九《货殖列传》，北京：中华书局，1959 年，第 3280 页。

⑤ 张弘：《战国秦汉时期商人和商业资本研究》，济南：齐鲁书社，2003 年，第 42–45 页。

积业的商人一方面借物价波动而获利，另一方面也通过囤积业加剧了商业市场的物价动荡。囤积商人因此被称为"不轨逐利之民"，他们"蓄积余业以稽市物，物踊腾粜，米至石万钱，马一匹则百金"。①

（五）畜牧业

中国古代一直是以农耕为主的国家，畜牧业区域有限，但这并不代表西汉早期畜牧业没有发展。西汉早期边塞桥姚便起家于畜牧业，家业"马千匹，牛倍之，羊万头，粟以万钟计"②。仅说家产数目，或许很难真正了解畜牧业的发展状况。根据《史记·货殖列传》的类比"陆地牧马二百蹄，牛蹄角千，千足羊，泽中千足彘，水居千石鱼陂"③ 可与"千户侯"等可知，西汉早期从事畜牧业的富商大贾家财远超千户侯。畜牧业的发展也与传统种植业不同，发展速度较快。例如河南卜式在父亲去世后，放弃了农耕，"独取畜羊百余""十余岁，羊致千余头"④，由此成为当地巨富。但从事传统种植业，想要获得巨额财富，就需要更漫长的时间积累。

（六）种植业

种植业本身既包括种植农作物，也包含种植树木。种植业本身生产周期较长，"居之一岁，种之以谷；十岁，树之以木"⑤，而且销售价格相对较低，最终导致"用贫求富，农不如工，工不如商，刺绣文不如倚市门"⑥的局面。尽管种植业在累积财富上有所不足，却一直是中国古代社会经济中最重要的部分。中国古代绝大多数人从事的是种植业，西汉初年已有"安邑千树枣；燕、秦千树栗；蜀、汉、江陵千树橘；淮北、常山已南，河济之间千树萩；陈、夏千亩漆；齐、鲁千亩桑麻；渭川千亩竹；及名国万家之城，带郭千亩亩钟之田，若千亩卮茜，千畦姜韭"⑦ 的景象，若能累世积攒到此等家财，也可与"千户侯"比肩了。事实上，很多从事其他

---

① 司马迁：《史记》卷三〇《平准书》，北京：中华书局，1959 年，第 1417 页。
② 司马迁：《史记》卷一二九《货殖列传》，北京：中华书局，1959 年，第 3280 页。
③ 司马迁：《史记》卷一二九《货殖列传》，北京：中华书局，1959 年，第 3272 页。
④ 司马迁：《史记》卷三〇《平准书》，北京：中华书局，1959 年，第 1431 页。
⑤ 司马迁：《史记》卷一二九《货殖列传》，北京：中华书局，1959 年，第 3271 页。
⑥ 司马迁：《史记》卷一二九《货殖列传》，北京：中华书局，1959 年，第 3274 页。
⑦ 司马迁：《史记》卷一二九《货殖列传》，北京：中华书局，1959 年，第 3272 页。

行业的商人在累积了足够的财富后，仍然会选择将积累下来的银钱用于购入土地，最终从事种植业。这与中国古代一直以来的"重农贱商"传统联系紧密。

（七）高利贷业

随着商业的不断发展，西汉早期高利贷行业也渐渐兴起，当时将专门从事高利贷的商人称为"子钱家"。有些家族早期通过其他行业积累了巨额财富，后以钱生钱，从事高利贷行业。如曹邴氏早年间从事冶铁，后来"贳贷行贾遍郡国"①。与曹邴氏不同，无盐氏未见从事其他行业，《史记·货殖列传》中仅见其在吴楚七国之乱中出千金钱用于借贷子钱，待七国之乱平定后，一年内无盐氏得高利"什倍，用此富埒关中"②。诚然，西汉早期无盐氏因高利贷而获利甚多，但从其最初便可出千金钱用于高利贷初始资金可知，无盐氏也应有早期的商业资本积累。

（八）手工业

手工业所包含的内容众多，从食品加工、布艺纺织、木器漆器加工、皮革鞣制到车船制造等，乃至之前提到的酒业中的酿酒环节，应都属于手工业的范畴。普通百姓从事的手工业自然价值不高，普通棉麻纺织、坊间酿酒做酱等很多都是百姓勉强糊口度日的生计，鲜有如张氏通过卖浆小业而累积钱财千万。相对于普通的手工业活动，一些更精细、稀少的手工业利润颇多。"缛绣罗纨""素绨锦冰"等锦缎、"银黄华左搔，结绥韬杠"的马车、"麛麖狐白凫翥"等皮毛在西汉早期都可以卖到极高的价格。③

（九）榷会

西汉早期的榷会与后世榷所指的商业交易中对官方买卖的包揽不同，应是官府直接垄断日常买卖的行为。《史记·五宗世家》记录了赵王彭祖榷会一事："赵王擅权，使使即县为贾人榷会，入多于国经租税。以

---

① 司马迁：《史记》卷一二九《货殖列传》，北京：中华书局，1959年，第3279页。

② 司马迁：《史记》卷一二九《货殖列传》，北京：中华书局，1959年，第3281页。

③ 魏明孔主编，蔡锋著：《中国手工业经济通史·先秦秦汉卷》，福州：福建人民出版社，2005年，第475–476页。

是赵王家多金钱。"① 从此处记载看，赵王彭祖本身并没有令人与商人榷会的权力，因此才会称他"擅权"。从此亦可知，西汉早期，榷会应是一种不正常的商业垄断活动。

概而言之，西汉前期工商业者涉足领域广泛，其中畜牧、种植、手工业等行业利润相对较低，投资收益回报慢，而盐铁则利润丰厚，甚至称得上暴利，贩运与囤积相结合，也会产生暴利效应。西汉前期货币可以民间铸造，铸币也可能视作手工业的一种，基本可以称得上一本万利。汉武帝时期为了敛财，同时打击工商业者，直接针对的就是铸币、盐铁、贩卖几个利润最高的行业。

二、工商业者的经营内容——以饮食业为例

秦汉时期烹饪方式有所发展，时人对丰富的物产进行烹饪加工制作；同时市场里出现了坐店经营的食肆酒坊等店面，这些店面售卖各种烹饪过的主食、熟食、酒、浆、果脯、酱类、饴糖类及未烹饪的原材料等，组成了秦汉私营饮食业中的商品情况。下文将分类详述加工型商品的具体内容。

（1）主食类。秦汉时期食用最为广泛的大众食品当属饼。《释名》："饼，并也。溲面使合并也。胡饼（从胡地来的饼，类似现代的芝麻烧饼）作之大漫沍也，亦言以胡麻著上也。蒸饼、汤饼（未经发酵的死面蒸饼在水中煮成）、蝎饼（蜜、红枣汁或牛羊乳脂和面而成）、髓饼（用动物骨髓、蜂蜜和面制成）、金饼、索饼（类似现代的挂面）之属皆随形而名之也。"② 可见饼类商品极为丰富，同时饼肆也是出现较早、开设较广、类型多样的一种食肆。汉高祖刘邦即位后，将父亲接到了长安宫中居住，然而太上皇常因思慕家乡集市中屠贩、酒商、卖饼商、斗鸡者、蹴踘少年等云集的热闹，因而郁郁寡欢，了解情况后的刘邦便下令迁徙老家丰沛的故

---

①　司马迁：《史记》卷五九《五宗世家》，北京：中华书局，1959 年，第 2098 页。

②　刘熙撰，毕沅疏证，王先谦补：《释名疏证补》，上海：上海古籍出版社，1984 年，第 185–186 页。

人，设立新丰县。① 可见秦代时期沛县就有很多饼肆等饮食经营场所。经汉代发展，饼肆更为繁盛。《汉书·宣帝纪》载录了汉宣帝微时住在长安尚冠里，常常光顾饼肆的情况："每买饼，所从买家辄大雠。"② 雠即售，意即他光顾之后的饼肆，生意都特别好。非独长安饼肆兴盛，秦汉时期各地均有饼肆。据《魏略·勇侠传》记载，东汉时赵氏家族遭宦官迫害，赵岐逃至北海，"着絮巾布袴，常于市中贩胡饼"。北海有位孙宾硕，觉得赵岐不像一般人，便问他："自有饼邪，贩之邪？"赵岐答道："贩之。"孙宾硕说："买几钱？卖几钱？"赵岐说："买三十，卖亦三十。"孙宾硕说："视处士之望，非似卖饼者，殆有故！"③ 可见北海市中就有饼肆。据《太平御览》引《风俗通义》记载，汝南周翁仲的女儿"已嫁卖饼者妻"④，可知汝南亦有卖饼的商人。可见当时饼肆众多，而各类饼就是秦汉私营饮食业的重要商品；与饼类似的还有饵，二者的区别在于原料，用去麸麦粉黏合再蒸熟的称为饼，而用米粉黏合蒸熟的就叫饵。据《太平御览》引《风俗通义》的记载，汝阳县一大道旁边有一彭氏墓，墓区有一石人，某次有位"田家老母到市买数片饵以归"，回来经过墓地时，"以饵着石人头"⑤，忘记拿走。汉乐府诗《妇病行》也记云："闭门塞牖舍，孤儿到市。道逢亲交，泣坐不能起。从乞求与孤买饵。"⑥ 可见饵也是风行秦汉城市乡野、深受时人喜爱的重要商品。此外，秦汉时期的食肆餐馆还贩售各种饭类、粥食、点心。《汉书·王莽传》记载当时城中闹饥荒，王莽向负责宫中采买的王业询问情况，王业"乃市所卖粱飡肉羹，持入视莽，曰：'居民食咸如此。'莽信之"⑦，可见粱饭肉汤粥也是当时市所贩卖的常见商品。食肆餐店开门做生意，皆为求利，为吸引食客来消费，其贩卖的

---

① 司马迁：《史记》卷八《高祖本纪》，北京：中华书局，1959 年，第 387 页。
② 班固：《汉书》卷八《宣帝纪》，北京：中华书局，1962 年，第 237 页。
③ 陈寿：《三国志》卷一八《魏书·阎温传》，北京：中华书局，1982 年，第 552 页。
④ 李昉、李穆、徐铉编：《太平御览》，北京：中华书局，1985 年，第 3924 页。
⑤ 李昉、李穆、徐铉编：《太平御览》，北京：中华书局，1985 年，第 3821 页。
⑥ 郭茂倩：《乐府诗集》，北京：中华书局，1979 年，第 566 页。
⑦ 班固：《汉书》卷九九下《王莽传下》，北京：中华书局，1962 年，第 4177 页。

食品应该是多种多样的。可以想见，一地之市的食肆之中应该会售卖时人喜爱且常见的各类食品，也可想见秦汉时期私营饮食业加工类商品之丰富。

（2）熟食类。秦汉时期对制作肉类熟食已经相当熟练，《虎溪山汉简》中就有《食方》篇目专门记载烹饪方法，其中就有大量肉羹的烹饪法。例如记载有烤狗肉的制作方法为"为狗炙方先以木离杀乃刺到县之☐"①、马肉的制作方法为"为马腾方取马北膂肉和酒清涷以☐☐☐"②、牛肉粥的制作方法为"为鬻方取肥牛☐"、鱼肉粥的制作方法为"为鱼鬻方取干☐☐"③，等等。《盐铁论·散不足》记载有"今民间酒食，殽旅重叠，燔炙满案，臑鳖脍鲤，麑卵鹑鷃橙枸""今熟食遍列，殽施成市，作业堕怠，食必趣时，杨豚韭卵，狗膰马朘煎鱼切肝，羊淹鸡寒，桐马酪酒，蹇捕胃脯，胹羔豆赐，鼕膹雁羹，臭鲍甘瓠，熟粱貊炙"④。从这两则材料可见秦汉时期市场多售卖各式各样的熟食，例如煮烂的鳖肉、鲤鱼生鱼片、鹿胎、鹌鹑、烤猪肉、韭菜炒鸡蛋、狗肉细条、马鞭、煎鱼、切好的肝、腌羊肉、冷吃鸡、肉干、胃脯、煮烂的羊羔肉、雏鸟肉羹、雁肉汤、鲍鱼以及各种烤肉。其熟食菜式的丰富多样，与今日餐馆相比也不遑多让，其中一些菜式是现在很少见的，但在秦汉时期的熟食市场上很常见。

（3）酒类。秦汉时人好酒蔚然成风，今日若有人能喝上一斤高度酒或者是两三斤低度酒可以堪称海量，但秦汉时期动辄饮酒至石。《汉书·韩延寿传》记载韩延寿被天子厌恶乃至被判弃市时"吏民数千人送至渭城，

---

① 湖南省文物考古研究所：《沅陵虎溪山一号汉墓》，北京：文物出版社，2020年，第152页。

② 湖南省文物考古研究所：《沅陵虎溪山一号汉墓》，北京：文物出版社，2020年，第146页。

③ 湖南省文物考古研究所：《沅陵虎溪山一号汉墓》，北京：文物出版社，2020年，第150页。

④ 桓宽著，王利器校注：《盐铁论校注（定本）》，北京：中华书局，1992年，第351－353页。

老小扶持车毂，争奏酒炙。延寿不忍距逆，人人为饮，计饮酒石余"①；《汉书·于定国传》评价于定国"食酒至数石不乱，冬月治请谳，饮酒益精明"②。有学者考证这两则材料中所指"一石"应该是三十多斤。③ 三十多斤，确实是令人咋舌的酒量，只能解释为当时并没有蒸馏技术，囿于制酒技术的限制，秦汉时人所饮用的酒的酒精度数是极低的，大约只有酒的醇厚香气而已。但是相较于前代，秦汉时期的酿酒技术仍是在不断发展的。他们凭借着对酒的喜爱，不断钻研，因此，时人所饮的酒类品种也相当丰富。有学者根据徐海荣主编的《中国饮食史》卷二所写内容，将秦汉时期的美酒种类制成下表：

酒名	特征	出处
酎酒	两次或多次复酿的重酿酒，味道醇厚	《礼记》
酳酒	反复酿制的酒	马王堆汉墓遣策、张衡《南都赋》
酤酒	沥去酒渣的酒	马王堆汉墓遣策
醪（醴）	米酒	《周礼》《释名》等
盎酒	白酒	《周礼》、马王堆汉墓遣策
黍酒	黍米酿制	满城汉墓酒缸书文
稻酒	稻米酿制	满城汉墓酒缸书文
稗米酒	稗米酿制	《氾胜之书》
金浆	甘蔗汁酿制	《西京杂记》
青酒	也称缥酒，酒色呈淡青色	枚乘《柳赋》、曹植《酒赋》
菊花酒	菊花所制，保健酒	《西京杂记》
桂酒	桂皮泡制	《汉书》
百末旨酒	甜酒	《汉书》
椒酒	花椒酿制	《汉书》《四民月令》

---

① 班固：《汉书》卷七六《韩延寿传》，北京：中华书局，1962 年，第 3216 页。
② 班固：《汉书》卷七一《于定国传》，北京：中华书局，1962 年，第 3043 页。
③ 王辉：《秦汉的飨宴：中华美食的雄浑时代》，北京：北京日报出版社，2022 年，第 228 页。

（续表）

酒名	特征	出处
柏叶酒	柏叶酿制	《汉官仪》
马酒	马酪酿制	《汉书》
葡萄酒	来自西域的果酒	《后汉书》

除文献记载之外，考古工作中也实物出土了很多秦汉时期的美酒。例如在陕西西安西咸新区空港新城龙岩村秦人墓葬中出土的铜壶里发现了约300毫升乳白色美酒，陕西西安未央区枣园汉墓出土的鎏金凤鸟铜钟中盛放了26公斤翠色清澈的美酒。可见秦汉时期确实是个觥筹交错的饮酒时代。时人爱酒，因此也常去市场买酒，居延新简中有"出百卅沽酒一石三斗""酒二石三斗直四石六斗"①；《汉书·货殖传》中也记有"通邑大都酤一岁千酿"，可以同"岁率户二百。千户之君则二十万"相比②；《汉书·昭

西汉鎏金凤鸟铜钟，现藏于西安博物院，右图左下角为出土酒液③

---

① 马怡、张荣强主编：《居延新简释校》，天津：天津古籍出版社，2013 年，第 298、798 页。

② 班固：《汉书》卷九一《货殖传》，北京：中华书局，1962 年，第 3686-3687 页。

③ 王辉：《秦汉的飨宴：中华美食的雄浑时代》，北京：北京日报出版社，2022 年，第 209 页。

帝纪》记有"秋七月，罢榷酤官，令民得以律占租，卖酒升四钱"①。由此可见，酒是当时饮食业市场的重要商品，其利润之丰，使得官方一度将酒列到官营专卖商品之列，且当时多用粮食酿酒，为节约粮食，官方曾下过"禁酒令"，但酒是秦汉时人的重要饮品，因此关于酒的管理政策几经变换，具体将在后文详述。所以酒是秦汉时期私营饮食业中极为重要的加工型商品，毋庸置疑。

（4）浆类。秦汉时期，人们日常饮用的饮料还有浆，其概念较为广泛，一般的液体饮料都可称为浆，例如甘蔗汁被称作"柘浆"②，将蜂蜜兑水则称作"蜜浆"③。韩混吃糕糜后感到腹疼，医者对他说："至夜，可啖浆水粥，明旦疾愈。"④ 可见各种米汤也被称作浆。学者彭卫更认为浆应该是酸味米汁，只是"水是不会自行变酸的，而是需要添加某些物质（如米在水中浸泡后发酵）方可变酸"⑤。浆究竟是单指某类浆饮，还是此类饮品的统称，还有待实物考证，但浆是秦汉时寻常饮用的饮料，以及秦汉百姓饮浆成风，是毋庸置疑的。商品有需求，市场便会有所供给。卖浆的店肆在先秦时期便有出现，赵有处士薛公就曾"藏于卖浆家"⑥。至汉代，卖浆产业更加兴盛，据《汉书·货殖传》载："通邑大都酤一岁千酿，醯酱千瓨，浆千儋。"⑦ 可见，汉代出现了营业额"浆千甔"的卖浆大商，这种卖浆大商人的收入甚至可与千乘之家的收益相比拟。"卖浆，小业也，而张氏千万"⑧ 中所提到的张氏，就是这样一个年收入千万钱的卖浆大商人。不难看出，浆类商品在秦汉私营饮食业市场上的重要性。

（5）果脯类。秦汉时期果蔬栽培技术有相当的发展，甚至到了汉代，富贵之家还能享用反季节栽培作物。只是，囿于时人"不时不食"的观

① 班固：《汉书》卷七《昭帝纪》，北京：中华书局，1962年，第224页。
② 班固：《汉书》卷二二《礼乐志》，北京：中华书局，1962年，第1063页。
③ 陈寿：《三国志》卷六《魏书·袁术传》，北京：中华书局，1982年，第210页。
④ 李昉等编：《太平广记》，北京：中华书局，1961年，第1086页。
⑤ 彭卫：《汉代食饮杂考》，《史学月刊》，2008年第1期，第30页。
⑥ 司马迁：《史记》卷七七《魏公子列传》，北京：中华书局，1959年，第2382页。
⑦ 班固：《汉书》卷九一《货殖传》，北京：中华书局，1962年，第3687页。
⑧ 司马迁：《史记》卷一二九《货殖列传》，北京：中华书局，1959年，第3282页。

念，加之反季节栽培技术成本巨大①，反季产物并未普及。因此，为了满足常吃到喜爱的水果的需求，人们便将水果做成果脯（果干）一类的加工果品，使之便于贮存。《四民月令》中"四月"一条指出该月可以作"枣糒，以御宾客"②。汉代时期，谷类糒用水泡而食。只是枣不能磨成粉，学者彭卫认为，此物"大概是去核后掺以黍、粟之类物品而成的饼饵，可以泡食，也可直接食用。此或是如《齐民要术》卷四《种枣》之法将枣晒干后煮成浓汁，将汁曝干，与谷物粉混合"③。王辉则认为其制法应该是"先将米煮成熟烂的饭，晒干，经捣碎或磨碎之后，用筛子筛出细粉，再用蒸熟的枣泥拌和而成"④。总之，它是一种将鲜枣经过晒干后加工处理的果品。《齐民要术》的《种枣》一卷还谈到了枣脯的做法，即"切枣曝之，干如脯也"⑤。《柰、林檎》卷所记之柰脯的做法也同样是切开后曝干。⑥这就与现代果干果脯的做法类似了。此外，《释名·释饮食》还记载有将桃子用水渍而藏之制成的"桃滥"和"皮瓠以为脯"的瓠蓄，后者用来"蓄积以待冬月时用之也"⑦。由此可见，将不耐储存的瓜果晾晒做成果脯是秦汉时期常见的手段，亦可见时人对食用这类果脯的喜爱，否则也不至于如此费心制作，甚至写入堪称农耕指导书的"月令"一类书中。以枣脯为例，早在先秦时期，楚庄王极为喜爱一匹马，便让它"衣以文绣，

---

①　班固《汉书》载有"太官园种冬生葱韭菜茹，覆以屋庑，昼夜爇蕴火，待温气乃生，信臣以为此皆不时之物，有伤于人，不宜以奉供养，及它非法食物，悉奏罢，省费岁数千万"。（班固：《汉书》卷八九《循吏传》，北京：中华书局，1962年，第3642-3643页。）

②　崔寔著，缪启愉辑释，万国鼎审订：《四民月令辑释》，北京：农业出版社，1981年，第47页。

③　彭卫：《汉代食饮杂考》，《史学月刊》，2008年第1期，第20页。

④　王辉：《秦汉的飨宴：中华美食的雄浑时代》，北京：北京日报出版社，2022年，第96页。

⑤　贾思勰著，缪启愉校释，缪桂龙参校：《齐民要术校释》卷四《种枣》，北京：农业出版社，1982年，第184页。

⑥　贾思勰著，缪启愉校释，缪桂龙参校：《齐民要术校释》卷四《柰、林檎》，北京：农业出版社，1982年，第215页。

⑦　刘熙撰，毕沅疏证，王先谦补：《释名疏证补》，上海：上海古籍出版社，1984年，第200页。

置之华屋之下，席以露床，啖以枣脯"①，衣食住行都与人一样，以表达宠爱之情。至秦汉时，也将其作为供品使用。公孙卿建议汉武帝"今陛下可为馆如缑氏城，置脯枣"，这样就能使仙人到来。② 祭祀泰一时要使用"加醴枣脯之属，杀一牦牛以为俎豆牢具"③。当然，它也是人们经常食用且喜爱的点心，淮南厉王刘长生病，汉文帝"忧苦之，使使者赐书、枣脯"④以示慰问，可见枣脯要么是刘长喜爱的点心，要么就是病中食用易消化能温补身子。果脯类食品的贩卖情况在史料中未有明确记载，但其作为好吃、易存储、深受秦汉时人喜爱的点心，且能在一定程度上弥补部分地区水果难得的缺憾，想来在食肆和市场中亦有贩卖。秦汉史常常囿于史料匮乏难有直接证明，笔者在此处先做合理推演，确凿证据须待此后考古发现证明。

（6）酱类。先秦时期的酱主要是指咸味的醢和酸味的醯两大系列调味料的泛称。其中，醢是鱼、肉等制成的酱，醯是醋的前身，是一种酸性调料。到了西汉时期，使用大豆与面粉等加盐发酵制成的豆酱也应运而生。在此基础上，东汉时期还产生了豆酱油，东汉崔寔的《四民月令》提到在正月"可作诸酱。上旬炒豆，中旬煮之。以碎豆作末都，至六七月之交，分以藏瓜。可以作鱼酱、肉酱、清酱"⑤。其中，清酱便是现在所称之酱油。总之，秦汉时期的酱类分为动物类和植物类两个大类。动物类酱主要分为肉酱与鱼酱，秦汉时期的文献并未指明使用的是何种肉类和鱼类，但在稍后时段的《齐民要术》中有详细记载，制作肉酱的肉料包括牛、羊、鹿、兔、鱼等，制作鱼酱的鱼则以鲤鱼、鲭鱼最好，次等则有鳢鱼、鲚鱼、鲐鱼。⑥ 虎溪山汉简的《食方》中就多次提到使用肉酱，"☐☐☐骨以

---

① 司马迁：《史记》卷一二六《滑稽列传》，北京：中华书局，1959 年，第 3200 页。

② 班固：《汉书》卷二五下《郊祀志下》，北京：中华书局，1962 年，第 1241 页。

③ 班固：《汉书》卷二五上《郊祀志上》，北京：中华书局，1962 年，第 1230 页。

④ 司马迁：《史记》卷一一八《淮南衡山列传》，北京：中华书局，1959 年，第 3077 页。

⑤ 崔寔著，缪启愉辑释，万国鼎审订：《四民月令辑释》，北京：农业出版社，1981 年，第 3 页。

⑥ 贾思勰著，缪启愉校释，缪桂龙参校：《齐民要术校释》卷八《作酱》，北京：农业出版社，1982 年，第 421 页。

肉酱汁□之细切渍苴入其中合孰入其中合孰入酒盐复煮之孰缫出□□"
"和以酒上尊二斗肉酱汁二升盐二升干苴一斤""□肠之即和酒肉酱汁盐
□□□□□□□"①。植物类酱的原料也多种多样，秦汉时期多是以豆和谷
物为原料，此外还有榆仁制作的榆子酱，被称为"酟"，《释名·释饮食》
解释其为"酟，投也，味相投成也"②。由于先秦时期酱的制作还是多以肉
类为主，百姓食用酱的难度会更高，至秦汉时期豆酱被发明出来，其成本
降低，价格较为低廉，便成为百姓日常食品。同时，酱作为一种发酵食
品，其独特浓郁的风味能为百姓食用寡淡粗食时增添滋味，也使之备受百
姓喜爱。故此，秦汉时期酱类的需求大大增加，《汉书·货殖传》便记有
"通邑大都酤一岁千酿，醯酱千瓨……亦比千乘之家"③，可见酱的产业规
模之大；后文又记"张氏以卖酱而隃侈"④，能通过卖酱发家致富，可见酱
之畅销，亦可知酱为秦汉时期私营饮食业之重要商品。

（7）饴糖类。季羡林先生在《糖史》中提到，饴和饧同音，指的是
偏软、湿、稀的使用糯米或小麦、大麦制成的甜食，饧与糖相同，则指偏
硬、稠的甜食，同时前者出现时间较早，后者出现时间较晚。⑤饴在先秦
便已有了，至秦汉时更为普遍，糖在秦汉时也逐渐流行。《四民月令》记
录十月时便要"先冰冻，作凉饧，煮暴饴"⑥。《后汉书·皇后纪上》里记
载明德马皇后以"吾但当含饴弄孙，不能复关政矣"⑦之言回复汉章帝关
于加封舅舅们的提议，这便是"含饴弄孙"这一成语的由来，也可见当时
多用饴作为小孩儿的零嘴。除了饴糖以外，秦汉时流行的此类糖果甜食还

①　湖南省文物考古研究所：《沅陵虎溪山一号汉墓》，北京：文物出版社，2020年，第146-147页。
②　刘熙撰，毕沅疏证，王先谦补：《释名疏证补》，上海：上海古籍出版社，1984年，第189页。
③　班固：《汉书》卷九一《货殖传》，北京：中华书局，1962年，第3687页。
④　班固：《汉书》卷九一《货殖传》，北京：中华书局，1962年，第3694页。
⑤　季羡林：《季羡林文集》第九卷《糖史（一）》，南昌：江西教育出版社，1998年，第13页。
⑥　崔寔著，缪启愉辑释，万国鼎审订：《四民月令辑释》，北京：农业出版社，1981年，第98页。
⑦　范晔：《后汉书》卷一〇上《皇后纪上》，北京：中华书局，1965年，第412页。

有沙饧和石蜜。赵匡华等先生考证秦汉时期的沙饧应是干固的粗制红糖[①]，季羡林先生认为其名由来是因为东汉时从古印度引进的这种团状的粗制糖比较容易捣碎成沙状粉末[②]。石蜜则与沙饧一样，都是蔗糖的一种，季羡林先生考证石蜜乃是将蔗浆熬煮之后在太阳下曝晒而成的固体糖块。[③] 与柘浆相比，沙饧石蜜作为固体蔗糖，无论是贮存还是运输，都更加便宜，故而产蔗糖的南方民族乃至外域邦国常将其作为贡品进贡给汉王朝。作为舶来贡品，其在产地及与外域交易的市场多有销售。汉代杨孚《异物志》[④]记载："甘蔗，远近皆有。交趾所产甘蔗特醇好，本末无薄厚，其味至均。围数寸，长丈余，颇似竹。斩而食之，既甘，迮取汁如饴饧，名之曰糖，益复珍也。又煎而曝之，既凝而冰，破如砖棋，食之，入口消释。"[⑤] 可见在其产地多有种植、制作、销售，时人皆知。但在离甘蔗产地较远的中原腹地，则成了百姓难以享用的东西。因此，季羡林先生也认为糖类食品尤其是蔗糖，内地很少生产，广大人民未必都能享用，故被认为是"异物"。[⑥]

（8）蔬菜类。《灵枢经·五味》载有与"五谷"所对应的"五菜"，即葵、韭、藿、薤、葱[⑦]，五菜对应五行，以葵应甘，以韭对酸，以藿应咸，以薤对苦，以葱应辛，而这五菜也是秦汉时期人民餐桌上的主要菜肴，可见秦汉人民餐桌滋味之丰富。当然，秦汉时期的蔬菜不止于这五

① 卢嘉锡总主编，赵匡华、周嘉华著：《中国科学技术史·化学卷》，北京：科学出版社，1998 年，第 602-603 页。

② 季羡林：《古代印度沙糖的制造和使用》，《历史研究》，1984 年第 1 期，第 38-39 页。

③ 季羡林：《季羡林文集》第九卷《糖史（一）》，南昌：江西教育出版社，1998 年，第 36 页。

④ 《异物志》原书已佚，学界对其作者与内容是否为后人托名假写尚有争议，本文因史料有限，暂使用其为证明材料，为严谨起见，特此注明。

⑤ 杨孚撰，吴永章辑佚校注：《异物志辑佚校注》，广州：广东人民出版社，2010 年，第 131 页。

⑥ 季羡林：《季羡林文集》第九卷《糖史（一）》，南昌：江西教育出版社，1998 年，第 48 页。

⑦ 王冰注：《黄帝内经》，北京：中医古籍出版社，2003 年，第 268 页。

种，《急就篇》就记载蔬菜种类有葵、韭、葱、薤、蓼、苏、姜、芜、黄、芸、蒜、荠、芥、茱萸、菁、襄荷等①，《氾胜之书》也有瓜、瓠、芋、苴、薤、小豆、胡麻等蔬菜种类的记录②，《四民月令》则记有花椒、胡豆、苏、姜、芥、大小蒜、大小葱、蓼、薤、芜菁、襄荷、瓜、瓠、葵、芋等蔬菜类型③，可见秦汉时期蔬菜种类之繁。据学者的统计，秦汉时期，人民取食的蔬菜就有百来种，其中人工栽培的蔬菜也有将近五十种。丰富的蔬菜不仅是百姓地主自植自用，也会流通到市场以贩利。虎溪山汉简有简文"☐为菁鳌方菁十三斤☐☐""☐为齑☐方韭十斤用☐"④ 等，都表明其使用情况，而肩水金关汉简记有"薤束六"⑤，即一束薤值六钱。《氾胜之书》也载言"至五月瓜熟，薤可拔卖之"⑥，说明薤就是商品蔬菜。居延汉简中也有"二月壬子置佐迁市姜二斤""姜二升，直卅"⑦ 等内容，说明姜也是商品蔬菜。《史记·货殖列传》甚至记载"千畦姜韭：此其人皆与千户侯等"⑧，即广泛种植姜、韭的菜农，其收入能与千户侯相等。此外，肩水金关汉简有"十月四日买韭卅束直卅买葱一直十五"⑨、里耶秦简有"买蓐（耨）芋"⑩ 等，说明韭、葱、芋等菜也是能在市场上购买的商品。

---

① 史游：《急就篇》，长沙：岳麓书社，1989 年，第 133-138 页。

② 万国鼎辑释：《氾胜之书辑释》，北京：中华书局，1957 年，第 129、138、149、152、155、164 页。

③ 崔寔著，缪启愉辑释，万国鼎审订：《四民月令辑释》，北京：农业出版社，1981 年，第 2 页。

④ 湖南省文物考古研究所：《沅陵虎溪山一号汉墓》，北京：文物出版社，2020 年，第 152 页。

⑤ 甘肃简牍保护研究中心等编：《肩水金关汉简（壹）》，上海：中西书局，2011 年，第 23 页。

⑥ 万国鼎辑释：《氾胜之书辑释》，北京：中华书局，1957 年，第 152 页。

⑦ 谢桂华、李均明、朱国炤：《居延汉简释文合校》，北京：文物出版社，1987 年，第 493、604 页。

⑧ 司马迁：《史记》卷一二九《货殖列传》，北京：中华书局，1959 年，第 3272 页。

⑨ 甘肃简牍保护研究中心等编：《肩水金关汉简（贰)》，上海：中西书局，2013 年，第 153 页。

⑩ 陈伟主编：《里耶秦简牍校释》，武汉：武汉大学出版社，2012 年，第 142 页。

　　秦汉时期，有一批专门靠种植蔬菜贩卖为利的人，他们大量种植某种或某几种蔬菜，其后售卖为利。《晋书·江统传》指出："秦汉以来，风俗转薄，公侯之尊，莫不殖园圃之田，而收市井之利。"[①] 就连王侯将相也有私营蔬菜贩卖为利的行为。汉光武帝刘秀微时，在南阳贩谷，他的舅父樊重有一个很大的庄园，它生产的大量产品当然不会全供自身消费，肯定有相当数量投放市场。[②] 故史书评价樊重其人"世善农稼，好货殖"，其经营管理产业，"财利岁倍"。[③] 这种现象在东汉相当普遍。范晔《后汉书》中的《酷吏列传》记载："（周纡）征拜洛阳令。下车，先问大姓主名，吏数间里豪强以对。纡厉声怒曰：'本问贵戚若马、窦等辈，岂能知此卖菜佣？'"[④]《东观汉记》也有记载："周纡为洛阳令，见吏问大姓。吏曰：'南许里诸李。'"[⑤] 从这两条史料可以发现洛阳南许里的间里豪强中，有一李姓卖菜者靠倒卖蔬菜发财，洛阳令周纡将其称为"卖菜佣"，而这类在城市中倒卖蔬菜一类的生活物资发财的人应该不在少数。可见买卖蔬菜的利润不低，而蔬菜种类也应当很丰富，可以推想，凡是时人餐桌上常见的蔬菜都能通过市场买卖。

　　（9）蜂蜜。东汉时已出现了养蜂业，据晋人皇甫谧的《高士传》记载，汉阳上邦人姜岐"以畜蜂豕为事，教授者满于天下，营业者三百余人"[⑥]。同时，市场上也有蜂蜜出售，《东观汉记》记载光武帝刘秀"在长安时，尝与祜（朱祜）共买蜜合药。上追念之，赐祜白蜜一石，问：'何如在长安时共买蜜乎？'其亲厚如此"[⑦]。当然，买蜂蜜不只为合药，也为食用。成书于汉代的《神农本草经·上品》记有："石蜜，味甘平，主心腹邪气，诸惊痫痓，安五藏，诸不足，益气补中，止痛解毒，除众病，和

---

　　① 房玄龄等：《晋书》卷五六《江统传》，北京：中华书局，1974 年，第 1537 页。
　　② 林甘泉主编：《中国经济通史·秦汉经济卷（下）》，北京：中国社会科学出版社，2007 年，第 518 页。
　　③ 范晔：《后汉书》卷三二《樊宏列传》，北京：中华书局，1965 年，第 1119 页。
　　④ 范晔：《后汉书》卷七七《酷吏列传》，北京：中华书局，1965 年，第 2494 页。
　　⑤ 刘珍等撰，吴树平校注：《东观汉记校注》，北京：中华书局，2008 年，第 812 页。
　　⑥ 皇甫谧：《高士传》，上海：商务印书馆，1937 年，第 120 页。
　　⑦ 刘珍等撰，吴树平校注：《东观汉记校注》，北京：中华书局，2008 年，第 403 页。

百药。久服，强志轻身，不饥不老。一名石饴。生山谷。"① 后文引用《说文》的解释："蜂，甘饴也。一曰螟子，或作蜜。"② 可见秦汉时人已知蜂蜜的妙用，蜂蜜亦成为秦汉私营饮食业的重要商品。

（10）肉蛋类。秦汉时期，百姓休养生息，社会生产力得以发展，百姓吃肉机会较以前更多。《周礼·天官·膳夫》中有"膳用六牲"之句，郑玄注为马、牛、羊、豕、犬、鸡。③ 然而出于阶级差异、地理环境和生活习俗的不同，各地食用的肉食种类各有不同。有学者从各地出土的陶禽畜模型、简牍记载和壁画、画像石等材料总结，新疆、甘肃等西北地区主要饲养牛、羊、马、狗、鸡，长城沿线则盛产马、牛、羊，长江流域的牛、猪、狗是最常见的家畜，此外还有大量的鸭、鹅，岭南地区濒临南海，境内又河道纵横，所以多食用海产品和各种水生动物。④ 可见秦汉时人买卖、食用肉类的品种十分丰富。

食用马肉在现代看来很陌生，但在秦汉时期是十分常见的，当时马肉是肉类市场的重要商品。只是马匹主要担当的是运输和战争任务，秦汉王朝对马多采取严格的保护措施。居延新简中载，建武四年，东汉光武帝诏令："毋得屠杀马牛。"⑤ 因此马肉菜肴在上层阶级虽然风行，但平民百姓想要购买食用马肉，多是因为马匹病、死等情况，已丧失役力作用，故而被销售以弥补肉食资源的不足。比如敦煌悬泉汉简记载："效谷移建昭二年十月传马薄（簿）、出县（悬）泉马五匹、病死、卖骨肉、直钱二千七百。"⑥ 与马肉类似的肉类商品还有牛肉，牛主要承担的任务是耕作，因此

---

① 黄奭辑：《神农本草经》，北京：中医古籍出版社，1982年，第126页。

② 黄奭辑：《神农本草经》，北京：中医古籍出版社，1982年。，第127页。

③ 郑玄注，贾公彦疏，赵伯雄整理，王文锦审定：《周礼注疏》，北京：北京大学出版社，1999年，第80页。

④ 王辉：《秦汉的飨宴：中华美食的雄浑时代》，北京：北京日报出版社，2022年，第22页。

⑤ 马怡、张荣强主编：《居延新简释校》，天津：天津古籍出版社，2013年，第757页。

⑥ 胡平生、张德芳编撰：《敦煌悬泉汉简释粹》，上海：上海古籍出版社，2001年，第85页。

秦汉时期对耕牛极为保护，睡虎地秦简《秦律十八种·厩苑律》就有规定："其以牛田，牛减絜，治（笞）主者寸十。"① 意即耕牛如果被养瘦了，负责人就要被笞十下。但是牛如果病死，经诊断确认后，其肉就可以被买卖，睡虎地秦简《厩苑律》记有"其乘服公马牛亡马者而死县，县诊而杂买（卖）其肉，即入其筋、革、角，及索（索）入其贾（价）钱"②。里耶秦简也记有"卖牛及筋"③，岳麓秦简中还有"马牛及买者，各出廿二钱以质市亭"④。可见平民食用马肉牛肉虽少，但这种关于马、牛市场买卖的规定，也是肉类市场流通的商品的重要内容。秦汉时期已经开始大量人工饲养的禽畜首数猪，前述牛、马都有其他重要用途，羊的饲养与农业发展有冲突，而猪的供肉价值就在大型牲畜中体现出来了，直至今日，我们提到肉都是首先想到猪肉。《史记·平津侯主父列传》记载有："丞相公孙弘者，齐菑川国薛县人也，字季。少时为薛狱吏，有罪，免。家贫，牧豕海上。"⑤ 这说的就是公孙弘贫时在海边牧猪的事。不独齐地饲养猪，在河西地区，武威磨嘴子 53 号汉墓也出土了饲猪图木版画，可见当时养猪之兴盛。公孙弘贫时牧猪，可见饲养猪是有利可图的，而其价值就在于供肉，因此猪肉是秦汉时期肉类市场的重要商品。居延汉简记载有猪肉肉价"肉十斤直卅"⑥，猪油价格"出钱百七十，买脂十斤"⑦。在现代颇有争议的狗肉却是秦汉时期很受喜爱的肉类品种，《史记·樊郦滕灌列传》中记

---

① 睡虎地秦墓竹简整理小组编：《睡虎地秦墓竹简》，北京：文物出版社，1990 年，第 22 页。

② 睡虎地秦墓竹简整理小组编：《睡虎地秦墓竹简》，北京：文物出版社，1990 年，第 24 页。

③ 陈伟主编：《里耶秦简牍校释》，武汉：武汉大学出版社，2012 年，第 62 页。

④ 陈松长主编：《岳麓书院藏秦简 肆》，上海：上海辞书出版社，2015 年，第 157 页。

⑤ 司马迁：《史记》卷一一二《平津侯主父列传》，北京：中华书局，1959 年，第 2949 页。

⑥ 谢桂华、李均明、朱国炤：《居延汉简释文合校》，北京：文物出版社，1987 年，第 273 页。

⑦ 谢桂华、李均明、朱国炤：《居延汉简释文合校》，北京：文物出版社，1987 年，第 222 页。

有："舞阳侯樊哙者，沛人也。以屠狗为事，与高祖俱隐。"① 即西汉名将樊哙未举事前曾是贩卖狗肉的屠夫，可见屠狗为业是不少平民的选择，狗肉也当是秦汉时期重要肉类商品。此外，鸡、鸭、鹅是秦汉时期主要的三大家禽，不仅能食其肉，还能食其蛋，其中鸡和鸡蛋也是秦汉时人最常食用的肉蛋类食物。湖南长沙马王堆汉墓中就发现了二十二只鸡的遗骨，湖北江陵汉墓出土的大方平盘中有鸡骨、竹笥中有破碎的鸡蛋，山东济南洛庄汉墓中也出土了一批鸡蛋，甚至其中一枚保存得十分完好。可见秦汉时人对鸡肉和鸡蛋的喜爱，以至于秦汉时期的养鸡业十分兴盛。刘歆的《西京杂记》中记载了关中人陈广汉家中有"万鸡将五万雏"②，如此规模宏大的饲养绝不止于自用，而会流入市场。肩水金关汉简载有鸡在市场上的价格，即"鸡直七十"③，睡虎地秦简也载有鸡的买卖情况，即"猪、鸡之息子不用者，买（卖）之，别计其钱"④。此外，鹅和羊在当时也有大量养殖，武威市磨嘴子汉墓出土了木羊群、木鹅群的雕塑，生动展现了鹅、羊饲养的场面。

时人饲养贩卖这些动物，不仅卖其肉，还贩售其内脏，由于价格相较肉类便宜，下层百姓甚喜食各种下水。肩水金关汉简记载"卖肚、肠、肾，直钱百卅六"⑤，长沙五一广场东汉简牍载有"胃三斤直卅""牛肉五斤斤直钱十七"⑥，肉几乎是脏器的两倍之价，可见这些便宜味美的动物脏器确实是平民百姓常常购买食用的重要肉类商品。

除了常见的牲畜家禽，秦汉时人也会食用飞禽和水产品。广州象岗山

---

① 司马迁：《史记》卷九五《樊郦滕灌列传》，北京：中华书局，1959年，第2651页。

② 刘歆撰，葛洪辑录：《西京杂记》，北京：中华书局，2022年，第123页。

③ 甘肃简牍保护研究中心等编：《肩水金关汉简（壹）》，上海：中西书局，2011年，第94页。

④ 睡虎地秦墓竹简整理小组编：《睡虎地秦墓竹简》，北京：文物出版社，1990年，第35页。

⑤ 甘肃简牍保护研究中心等编：《肩水金关汉简（壹）》，上海：中西书局，2011年，第66页。

⑥ 长沙市文物考古研究所等编：《长沙五一广场东汉简牍 壹》，上海：中西书局，2018年，第248页。

南越王墓出土的三个陶罐中有大量禾花雀的骨骼，据这些骨骼推测，罐中约有两百余只禾花雀，而且这些禾花雀缺少头和爪，同时还混有炭粒，说明这些禾花雀是经过厨师烹饪成佳肴才放入罐中的，可见南越王赵眜对食用禾花雀的喜爱。此外，长沙马王堆汉墓中也出土了麻雀、斑鸠、鹧鸪等飞禽的骨骼，可见食用飞禽在当时颇为普遍。秦汉时人能大量食用飞禽，源于狩猎技法的发展。秦汉时期的狩猎技法就有雉媒、训鹰、弋射等。《西京杂记》载有"茂陵文固阳，本琅邪人，善驯野雉为媒，用以射雉""茂陵少年李亨，好驰骏狗，逐狡兽，或以鹰鹞逐雉兔，皆为之佳名"[1]，直言茂陵少年们狩猎之事。捕射高飞之鸟所需的弋射法则多在汉代的画像砖中有生动的展现，捕获的飞禽则成为时人餐桌上的美味，但是否会流入市场还有待商榷，笔者认为这是有可能的。除弋射外，秦汉时人也多用网捕鸟兽，这样大量的捕猎应不止于自用。渔猎之中的渔业则相对更为发达，居延地区 22 号房址出土的"建武三年十二月候粟君所责寇恩事"册书记载了甲渠候粟君与客民寇恩的经济诉讼：

> 建武三年十二月癸丑朔辛未，都乡啬夫宫敢言之："廷移甲渠候《书》曰：'去年十二月中，取客寇恩为就，载鱼五千头到觻得。就贾用牛一头、谷廿七石。恩愿沽出时行钱卅万，以得卅二万，又借牛一头以为韝，因卖，不肯归，以所得"就直牛"偿，不相当廿石。'《书》到，验问，治决言，前言解廷。《却书》曰：'恩辞不与候《书》相应，疑非实。今候奏记府，愿诣乡爰书是正。府录：令明处更详验问，治决言。'谨验问，恩辞：'不当与粟君牛，不相当谷廿石。又以在粟君所器物直钱万五千六百，又为粟君买肉糶三石，又子男钦为粟君作贾直廿石，皆尽偿所负粟君钱毕。粟君用恩器物币败，今欲归恩，不肯受。'爰书自证，写移爰书，叩头死罪死罪敢言之！"[2]

① 刘歆撰，葛洪辑录：《西京杂记》，北京：中华书局，2022 年，第 154 页。
② 马怡、张荣强主编：《居延新简释校》，天津：天津古籍出版社，2013 年，第 754 页。释文标点参考孔祥军：《居延新简"建武三年十二月候粟君所责寇恩事"册书复原与研究》，《西域研究》，2012 年第 4 期，第 80 页。

大致内容是：建武二年十二月，寇恩受甲渠候粟君雇佣运送五千条鱼去售卖，贩运劳务费是一头牛和二十七石谷。这批鱼物寇恩愿出估值四十万，后来在觻得只卖了三十二万，所以寇恩将甲渠候粟君借于寇恩运输的一头牛私自卖掉，不肯归还，再用甲渠候粟君给寇恩作为劳务费的牛还给甲渠候粟君，这两头牛之间差了二十石谷物的价格。粟君认为寇恩玩了偷梁换柱的把戏，使自己损失了二十石谷物，从而引发了这场官司。从这起有意思的官司可以发现，河西渔业相当发达，能出现如此数目巨大的贩鱼量，也可见秦汉时期鱼类是肉类市场中的重要商品类别。传世文献中也多有关于渔业的记载，据《史记·货殖列传》记载可查，每年"水居千石鱼陂"就可与千户侯相比拟。后文《史记正义》中对此条的解释是："言陂泽养鱼，一岁收得千石鱼卖也。"① 千石约相当于现在十二万斤，而这种规模的养鱼者，每年的利润为二十万钱。渔业养殖的繁盛，来源于鱼市贩卖利润之巨。鱼商年营业额"鲐鳖千斤，鲰千石，鲍千钧"② 也可与千乘之家比拟。《史记正义》对此条的解释是，因鲐鱼、鳖鱼体大质好，因此年净营业额千斤即可获利二十万钱。但鲰鱼、鲍鱼较小，因此年营业额千石、千钧才能获得年二十万的利润。除了这种大鱼商之外，也有一些小商贩，如任昭先，名嘏，汉末"荒乱，家贫卖鱼，会官税鱼，鱼贵数倍，嘏取直如常"③。可见其为小本经营，同时对鱼商收税，可见当时鱼类贩卖十分普遍，官方已对其进行管理。由此可见，鱼类确为秦汉私营饮食业中的重要商品。

第四节　西汉前期工商业者对皇权的威胁

一、工商业者与军功阶层的关系

西汉前期统治柱石是军功阶层，国家中央与地方的权力均被军功阶层

---

① 司马迁：《史记》卷一二九《货殖列传》，北京：中华书局，1959 年，第 3273 页。
② 司马迁：《史记》卷一二九《货殖列传》，北京：中华书局，1959 年，第 3274 页。
③ 陈寿：《三国志》卷二七《魏书·王昶传》，北京：中华书局，1982 年，第 748 页。

垄断，而工商业的兴旺不可能离开这一时期独特社会环境中的军功阶层的支持。西汉前期军功贵族阶层与工商业界的互动，很大程度上影响了工商业者群体后来的命运。

汉承秦制，汉代同样继承了秦代的军功爵制度，兼之以秦汉之际高强度的战争，西汉建国后即诞生了一大批颇具权势的军功阶层。"在西汉初年，以刘邦集团的军吏卒为主体，一个拥有强大的政治势力和经济基础，具有高等社会身份的新的社会集团形成了。"① 军功集团大体可分为两个阶层，如《张家山汉简》中简 310-312 所示：

> 关内侯九十五顷，大庶长九十顷，驷车庶长八十八顷，大上造八十六顷，少上造八十四顷，右更八十二顷，中更八十顷，左更七十八顷，右庶长七十六顷，左庶长七十四顷，五大夫廿五顷，公乘廿顷，公大夫九顷，官大夫七顷，大夫五顷，不更四顷，簪袅三顷，上造二顷，公士一顷半顷，公卒、士五、庶人各一顷，司寇、隐官各五十亩。②

在左庶长和五大夫之间存在相当明显的分层，而公乘和公大夫之间亦存在着不小的差距。学界已经注意到汉初时特别的爵级分层以及高低爵之间的隔阂。③ 左庶长及其以上的卿一级爵级，享有数十倍于一般公卒士伍也就是平民阶级的土地，显然不可能和普通农民一样亲身耕作所有的土地，并以此作为自己的主要收入。高爵级的军功贵族享有如此大量的土地，势必要引入雇佣劳作才能充分利用自己的土地，犹如《史记》中所叙灌夫"家

---

① 李开元：《汉帝国的建立与刘邦集团：军功受益阶层研究》，北京：生活·读书·新知三联书店，2000 年，第 54 页。

② 张家山二四七号汉墓竹简整理小组编：《张家山汉墓竹简〔二四七号墓〕（释文修订本）》，北京：文物出版社，2006 年，第 52 页。

③ 参见凌文超：《汉初爵制结构的演变与官、民爵的形成》，《中国史研究》，2012 年第 1 期，第 40-41 页。

累数千万，食客日数十百人。陂池田园，宗族宾客为权利，横于颍川"①。非唯灌夫，传世文献中所见公主、外戚、权贵或如修成君、田蚡之流，亦有坐享广袤田园，雇佣劳动力生产的记载，如"田园极膏腴，而市买郡县器物相属于道"②。其也明确指出，此时的军功贵族常常会通过商业来牟利。尽管军功爵制度之下，爵位与授田相关联，有爵者通过土地经营受益，但这并不是一项纯农业的事务，私人所有大地产的产出必然需要通过商业才能得以消化。除了田产以外，更容易被提及的山川林泽之业自然不需赘提，此类产出更加依赖于流通的商业。西汉前期，爵至列侯的显贵封地中常有山川林泽，武帝之前封地内的自然资源仍然归属于列侯的"私奉养"中③，这些自然资源必然需要通过商业来进行消化。战争造就的大量大地产所有者天然地助长了西汉前期商业的活跃，这些骤富的新贵必须与商业网络合作来获利。

与之相对，汉代继承了秦朝法家对商人的抑制政策，工商业者的地位虽然在政治上受到打压，但客观的政治经济环境仍然为商人的得势提供了条件。如萧何自污强买田地而请上林空地时，刘邦即首先怀疑萧何是"相国多受贾人财物，乃为请吾苑"④。这从侧面反映出此时商贾具有的影响力之大，以至于刘邦甚至怀疑百官之首的相国亦与商贾勾结。而此时的中下层官员纵使不能说是普遍与商贾勾结，但其与商贾存在利益往来这一事实在时人眼中也不是稀罕事。社会上存在这样一种矛盾的状态：财富的增加拓展了豪商富贾的影响力，但另一面，政治上的刻意歧视又让商人的地位相当低贱——至少在理论上如此。这一矛盾的处境内在地蕴含了变革的推动力：商贾为了取得与其权势相符的地位，并且保证其权势的安全，必然也会试图寻求与权力结盟；而西汉前期禁止商人入仕的政策之下，工商业

① 司马迁：《史记》卷一〇七《魏其武安侯列传》，北京：中华书局，1959年，第2847页。
② 司马迁：《史记》卷一〇七《魏其武安侯列传》，北京：中华书局，1959年，第2844页。
③ 参见秦铁柱：《两汉列侯问题研究》，南开大学博士学位论文，2014年，第199页。
④ 司马迁：《史记》卷五三《萧相国世家》，北京：中华书局，1959年，第2018页。

者无法顺利进入国家统治秩序之内，合法获得政治权利，他们拉拢、结盟的对象最终定位在军功阶层身上。

不仅仅是商人阶层与军功阶层两者之间存在互动，实际上，军功阶层对经营工商业也很有兴趣。山川林泽盐铁矿业等与工商业更有亲和力的产业天然更多地掌握在整个享有封地的军功侯手上，军功贵族因而更有能力经营工商业，也更容易向工商业者转化。董仲舒提及：汉初的新兴贵族之家"身宠而载高位，家温而食厚禄，因乘富贵之资力，以与民争利于下，民安能如之哉！是故众其奴婢，多其牛羊，广其田宅，博其产业，畜其积委，务此而亡已，以迫蹴民"①。所谓"博其产业"，反映的就是从事工商业的情况。

军功集团参与工商业的事情不只发生在高爵者当中，级别较低的吏民有爵者也相当热衷投资工商业。譬如在《岳麓书院藏秦简 叁》中，简1203即提到故大夫沛留给其遗孀的遗产有"市布肆一、舍客室一"②，又如芮盗卖公列地案中也提到大夫材"有棺列"③，同样是军功贵族参与工商业经营的例子。虽然目前所见出土文献中提及军功贵族参与工商业经营的史料大多集中在秦代，但仍然对我们了解汉初状况具有一定的参考价值：尽管秦、汉两代都存在一系列对商人的歧视政策，但是这并不妨碍"士""农"在某些程度上参与"工商"的经营。这也为汉初大量新军功显贵参与到工商业生产提供了足够良好的基础。

由于工商业者与军功阶层间杂糅的暧昧关系，西汉统治者任何企图打击工商业者的举动事实上都会触动军功阶层的利益，因此在其掣肘之下，西汉统治者不得不投鼠忌器。一定程度上可以讲，西汉前期军功阶层与工商业者是密切利益关联者，军功阶层对工商业者起到了庇护作用。

景帝以来，西汉政府成功地加强了中央集权，军功阶层渐趋衰落。

---

① 班固：《汉书》卷五六《董仲舒传》，北京：中华书局，1962年，第2520页。

② 朱汉民、陈松长主编：《岳麓书院藏秦简 叁》，上海：上海辞书出版社，2013年，第153页。

③ 朱汉民、陈松长主编：《岳麓书院藏秦简 叁》，上海：上海辞书出版社，2013年，第130页。

"景帝中元年间，汉初以来的有限皇权，其存在的外在条件已经消失……汉初以来支配汉帝国政治之汉初军功受益阶层，随着岁月之流逝和汉朝政治之变动，经历了一个自外而内，自下而上地逐渐衰落过程。"① 军功阶层中高爵者与低爵者衰落的方式有一定差异。就高爵者而言，"以职官犯罪废黜列侯成为皇帝加强专制主义中央集权的一条便捷途径"②。汉初军功阶层凭借其父辈的权势显赫，不仅坐拥大量封地人口，"流民既归，户口亦息，列侯大者至三四万户，小国自倍"③，而且封土贡赋使得其本身有极有利的发展工商业的基础。除此以外，其高爵者或如周亚夫掌权于朝中，低爵者也可以凭借爵级身份而更容易谋得较基层的官吏位置。在"联合帝国"④ 中，军功收益集团权势煊赫，自然能得到工商业从业者的青睐与投资，并建立起权力寻租关系。但而后大都"多陷法禁，陨命亡国"⑤，其后武帝朝普遍的酎金夺爵更是使得汉初的军功收益集团几乎退出了历史舞台，即便剩下少数幸存者以及新封列侯，也很难再重现汉初之盛况。汉初的功臣勋贵后代能守住祖辈基业者寥寥，班固感慨，这些功臣"子孙骄逸，忘其先祖之艰难，多陷法禁，陨命亡国，或亡子孙。讫于孝武后元之年，靡有孑遗，耗矣"⑥。

低爵者的衰落原因则在于降爵继承，《二年律令·置后律》载：

> 疾死置后者，彻侯后子为彻侯，其毋适子，以孺子□子、良人子。关内侯后子为关内侯，卿侯〈后〉子为公乘，五大夫后子为公大

① 李开元：《汉帝国的建立与刘邦集团：军功受益阶层研究》，北京：生活·读书·新知三联书店，2000 年，第 227 页。

② 秦铁柱：《两汉列侯问题研究》，南开大学博士学位论文，2014 年，第 311 页。

③ 班固：《汉书》卷一六《高惠高后文功臣表》，北京：中华书局，1962 年，第 528 页。

④ 李开元：《汉帝国的建立与刘邦集团：军功受益阶层研究》，北京：生活·读书·新知三联书店，2000 年，第 251 页。

⑤ 班固：《汉书》卷一六《高惠高后文功臣表》，北京：中华书局，1962 年，第 528 页。

⑥ 班固：《汉书》卷一六《高惠高后文功臣表》，北京：中华书局，1962 年，第 528 页。

夫，公乘后子为官大夫，公大夫后子为大夫，官大夫后子为不更，大
夫后子为簪袅，不更后子为上造，簪袅后子为公士，其毋（无）适
（嫡）子，以下妻子、偏妻子。（简 367+368）①

中低爵者两三代之后就几乎与百姓无异，其凭借爵位而获得的大量授田也
会相应被政府收回，此时他们跟寻常百姓比，除了曾利用授田多积累起来
一些财富外，身份上不再有特殊性。

随着军功阶层的逐渐衰落，导致中央与地方的权力出现空缺，权力的
分配也发生变化。在这一过程中，原本军功阶层与工商业者是主从关系，
前者给后者政治庇护，为后者的经营创造便利条件，而工商业者则给军功
阶层输送财富。随着军功阶层的势衰，工商业者凭借财力在地方迅速扩充
势力，没落的军功阶层也不得不向其低头，"封君皆低首仰给焉"。原本由
军功阶层占据、交给工商业者开发的山林川泽，军功阶层衰落之后，由于
这些山林川泽的开发难度，西汉政府往往不加以收回，而是由工商业者继
续霸占。地方上，同样由于军功阶层衰落，工商业者凭借财力开始垄断乡
里，"井田之变，豪人货殖，馆舍布于州郡，田亩连于方国。身无半通青
纶之命，而窃三辰龙章之服；不为编户一伍之长，而有千室名邑之役。荣
乐过于封君，执力侔于守令。财赂自营，犯法不坐。刺客死士，为之投
命"②。西汉前期工商业者势力的扩张与军功阶层的衰落有着密切的联系。

二、工商业者与诸侯王的关系

西汉自建国伊始，部分工商业者就与诸侯王关系密切，助长了诸侯国
对中央的离心力。无论是汉初北边诸侯王的叛逃，还是景帝时的吴楚七国
之乱，均可以看到工商业者的身影。

战国时期，工商业者除了勠力经营积累财富，在诸侯国之间纵横捭

---

① 彭浩、陈伟、工藤元男主编：《二年律令与奏谳书：张家山二四七号汉墓出土法律
文献释读》，上海：上海古籍出版社，2007 年，第 236 页。

② 范晔：《后汉书》卷四九《仲长统列传》，北京：中华书局，1965 年，第 1651 页。

阖，充分利用政治势力，创造有利条件以谋取暴利，也是十分普遍的现象。吕不韦的案例就十分具有代表性，吕不韦见到秦国质子异人，归家后与父亲展开了一段探讨：

　　（吕不韦）归而谓父曰："耕田之利几倍？"曰："十倍。""珠玉之赢几倍？"曰："百倍。""立国家之主赢几倍？"曰："无数。"曰："今力田疾作，不得暖衣余食；今建国立君，泽可以遗世。愿往事之。"①

吕不韦认为政治投资的收益远非商业投资可比，而这种心态在战国时期普遍存在于工商业者的认知当中。西汉建国后，在地方行政体制上实行郡国并行制。尽管从名义上而言，东方各诸侯国只是封国，与郡地位相当，西汉中央政府对于各诸侯国具有绝对的统辖权，但事实上，西汉初期各诸侯国具有极强的政治独立性，从《二年律令》中可以看到西汉中央政府对于关东各诸侯国明显的戒备。可以说在实际的权力形态上，汉初一定程度上恢复了战国时期诸国林立的局面。而工商业者也在这样的政治环境中找到了投资政治的土壤。

　　汉初，北部边境的工商业者游走于匈奴与北边的诸侯王之间，支持诸侯王进行走私贸易，并私通匈奴，以获取暴利。

　　刘邦初定天下，刚经历战争的西汉王朝经济残破，国势贫弱，加之国内异性诸侯王蠢蠢欲动，政局十分不稳。而于此同时，匈奴在冒顿单于的统治下实现了统一，兵强马壮，对新生的汉政权造成严重威胁。高祖入关中后，便着手修缮秦时边塞，防备匈奴犯边，高祖二年（前205）十一月，"缮治河上塞""兴关内卒乘塞"②。由于政策得当，匈奴没有从上郡侵扰边塞，而是选择了东部的代郡、云中、雁门地区。高祖五年（前202）九

---

① 诸祖耿编撰：《战国策集注汇考（增补本）》卷七《秦策五》，南京：凤凰出版社，2008年，第435页。
② 司马迁：《史记》卷八《高祖本纪》，北京：中华书局，1959年，第369、372页。

月，匈奴自东部边郡入塞犯边，大军包围马邑，韩王信叛汉。

韩王信是战国时期韩国的王族后裔，因楚汉战争中跟从刘邦征战有功封王，最初被封于颍川，后因颍川战略位置重要，于高祖七年（前200）改封马邑，同年匈奴犯边，韩王信投降，于是西汉王朝北疆门户大开，匈奴可随时长驱直入。刘邦遂于当年十月亲率三十二万大军，意图借着统一全国之势，大败匈奴，一劳永逸地解决匈奴问题。然而事与愿违，尽管最初北征小有收获，韩王信不敌，败走匈奴，但其后，韩王信的部将曼丘臣、王黄拥立战国时期赵国王族后裔赵利为王，"复收信败散兵，而与信及冒顿谋攻汉"①。而汉军轻敌冒进以及自身军力上的差距，导致刘邦被围于白登七日，险些全军覆没。自此，西汉统治者认清了形势，尽管此后匈奴不断犯边，但是西汉王朝不再试图用大规模军事手段解决匈奴问题，而是采取守势，在边境封锁匈奴。

在汉初的北边动荡中，工商业者扮演了推波助澜的角色。韩王信败走匈奴后，其部将曼丘臣、王黄活跃于政治舞台，拥立战国时期赵国王族后裔赵利，勾结匈奴反汉。直至高祖击韩王信余党于东垣，韩王信、曼丘臣、王黄逃亡，曼丘臣、王黄之流依然与匈奴势力勾结，并继续侵扰汉朝边境。《史记·韩信卢绾列传》载，"王黄、曼丘臣，皆故贾人"②。王黄在韩王信叛乱被镇压后，再次策动了陈豨叛乱，"汉十年（前197），（韩王）信令王黄等说误陈豨。……豨恐，阴令客通使王黄、曼丘臣所。及高祖十年七月，太上皇崩，使人召豨，豨称病甚。九月，遂与王黄等反，自立为代王，劫掠赵、代"③。

北边边境的工商业者之所以如此积极地策动边境叛乱，原因在于，中原农耕区与匈奴游牧区的经济互补性极强，汉匈之间的贸易可以获得暴

---

① 司马迁：《史记》卷九三《韩信卢绾列传》，北京：中华书局，1959年，第2633页。

② 司马迁：《史记》卷九三《韩信卢绾列传》，北京：中华书局，1959年，第2641页。

③ 司马迁：《史记》卷九三《韩信卢绾列传》，北京：中华书局，1959年，第2635—2640页。

利。西汉建立以后，为了防备匈奴，采取了阻断与匈奴交往的政策，必然使边境商人遭遇灭顶之灾。因此，其不惜勾结匈奴，也要使汉政府难以控制北部边疆，以便他们趁机牟利。

马邑之围后，刘邦派遣刘敬出使匈奴，遣宗室女和亲，并"岁奉匈奴絮缯酒米食物各有数，约为昆弟"①。尽管其后匈奴屡次侵扰边关，但是汉代北部边疆的局势大大缓和。随着异姓诸侯王问题的解决，汉政府对边疆的控制彻底稳固，这些北边一度兴风作浪的工商业者再难有影响力。

尽管边疆的工商业者的问题偃旗息鼓，但是西汉前期内地的工商业者依然是不稳定的因素，主要表现为他们在诸侯国之间纵横捭阖，利用西汉前期中央政府对诸侯国缺乏控制力，而一些诸侯王对工商业者广泛招揽、政策上大开方便之门的机会，趁机牟利，甚至帮助诸侯王壮大财力与中央对抗。工商业者与地方势力相互勾结，支持地方势力与中央对抗，中央政府并非对此不知情，而是鞭长莫及。

西汉前期数次诸侯王的叛乱均可见到工商业者的身影，以吴楚七国之乱中实力最强的吴国为例。吴国境内有铜山，可采铜铸钱，沿海可煮盐，"会孝惠、高后时，天下初定，郡国诸侯各务自拊循其民"②。吴王刘濞自就封始便开始开发铜、盐资源，"濞则招致天下亡命者盗铸钱，煮海水为盐，以故无赋，国用富饶"③。哪些人是"亡命者"？《盐铁论·禁耕》载："夫权利之处，必在深山穷泽之中，非豪民不能通其利。异时，盐铁未笼，布衣有朐邴，人君有吴王，皆盐铁初议也。"④通过这段文献，可见被吴王招揽的人皆是豪民，所谓西汉前期的豪民，主要是指工商业者与地方的豪强。而有资金与技术开发山林川泽，同时愿意离开乡里，投奔吴王的，显然以工商业者居多。《盐铁论·错币》载："文帝之时，纵民得铸钱、冶

---

① 司马迁：《史记》卷一一〇《匈奴列传》，北京：中华书局，1959年，第2895页。

② 司马迁：《史记》卷一〇六《吴王濞列传》，北京：中华书局，1959年，第2822页。

③ 司马迁：《史记》卷一〇六《吴王濞列传》，北京：中华书局，1959年，第2822页。

④ 桓宽著，王利器校注：《盐铁论校注（定本）》卷一《禁耕》，北京：中华书局，1992年，第67页。

铁、煮盐。吴王擅鄣海泽……山东奸猾，咸聚吴国。"① 吴王以政策吸引，大量诸侯国的工商业者齐聚吴国，吴王依靠他们积累了巨额财富，并利用这些钱收买人心，"吴王专山泽之饶，薄赋其民，赈赡穷乏，以成私威"②，顺利树立了"私威"。"私威"即包括个人威望，也包括对国内的绝对控制；"私威积而逆节之心作"③，"私威"累积则造反的心思就会萌生。吴王叛乱爆发后，汉景帝也谈及了吴王与"豪杰"间的密切关系："吴王即山铸钱，煮海水为盐，诱天下豪桀，白头举事。"④

吴国叛乱被平定后，吴国境内支持吴王的工商业者并没有被政治清算。"七国之乱"结束后，江都易王刘非"徙为江都王，治吴故国"，史载其"非好气力，治宫观，招四方豪桀，骄奢甚"⑤。所谓的"四方豪桀"，必然包括这些为吴王牟利的工商业者，一场变乱结束，其很快又能找到新的庇护者，中央政府想要控制、打击曾经叛乱的从犯，心有余而力不足。

淮南王谋反中也可以见到工商业者的身影。淮南王事发后，"吏因捕太子、王后，围王宫，尽求捕王所与谋反宾客在国中者，索得反具以闻。上下公卿治，所连引与淮南王谋反列侯二千石豪杰数千人，皆以罪轻重受诛"⑥。参与谋反者包括"豪杰"，必然有工商业者参与其中。

概而言之，西汉前期中央政府对于诸侯国的控制力比较弱，其抑商政策在各诸侯国往往没有得到很好的执行。一些诸侯国甚至对工商业者进行招揽与庇护，大力发展工商业，依仗工商业者开发境内资源，工商业者借

---

① 桓宽著，王利器校注：《盐铁论校注（定本）》卷一《错币》，北京：中华书局，1992 年，第 57 页。

② 桓宽著，王利器校注：《盐铁论校注（定本）》卷一《禁耕》，北京：中华书局，1992 年，第 67 页。

③ 桓宽著，王利器校注：《盐铁论校注（定本）》卷一《禁耕》，北京：中华书局，1992 年，第 67 页。

④ 司马迁：《史记》卷一〇六《吴王濞列传》，北京：中华书局，1959 年，第 2830 页。

⑤ 司马迁：《史记》卷五九《五宗世家》，北京：中华书局，1959 年，第 2096 页。

⑥ 司马迁：《史记》卷一一八《淮南衡山列传》，北京：中华书局，1959 年，第 3093 页。

此迅速积累财富，并将部分利润输送给诸侯王，于是二者之间利益勾连，诸侯王一旦叛乱，工商业者往往成为其坚定的支持者。此后一直到汉武帝时期，随着诸侯王的彻底衰落，中央政府的权力能够深入到各诸侯国内部，工商业者失去了庇护，西汉政府解决工商业者的时机才逐渐成熟。

三、工商业者对基层社会的侵蚀

西汉前期，工商业者势力对西汉基层社会的统治秩序侵蚀十分严重，主要表现在控制人口、侵蚀乡里社会经济秩序与败坏社会风气等几个方面。

随着工商业蓬勃发展，工商业者需要更多的人口从事生产与经营，史料中多有记载。《盐铁论·复古》载："往者，豪强大家，得管山海之利，采铁石鼓铸，煮海为盐。一家聚众，或至千余人，大抵尽收放流人民也。远去乡里，弃坟墓，依倚大家，聚深山穷泽之中，成奸伪之业，遂朋党之权，其轻为非亦大矣！"① 又如《史记·货殖列传》载："齐俗贱奴虏，而刀间独爱贵之。桀黠奴，人之所患也，唯刀间收取，使之逐渔盐商贾之利，或连车骑，交守相，然愈益任之。终得其力，起富数千万。故曰'宁爵毋刀'，言其能使豪奴自饶而尽其力。"② 工商业者在开发资源、牟利的过程中控制了流民、奴虏等大量人口，相对而言也意味着这些人口从政府的户籍中流失。编户齐民政策之下，在籍人口是政府赋税、徭役的来源，也是兵源，工商业者将这些人口"聚深山穷泽之中"，事实上就是与政府争夺财源、兵源。工商业者控制人口的另一个问题在于，其以经济实力为中心，事实上形成了有别于皇权性质的另一套统治秩序。工商业者站在自身利益立场上，对政府并非忠诚，其役使的人口也不再是帝王的子民，一旦发生变乱，这些工商业者可能就成为乱源，而其控制的人口则成为起事的资本。因此，对于西汉王朝的统治秩序而言，工商业者乃是潜在的严重

---

① 桓宽著，王利器校注：《盐铁论校注（定本）》卷一《复古》，北京：中华书局，1992 年，第 78-79 页。

② 司马迁：《史记》卷一二九《货殖列传》，北京：中华书局，1959 年，第 3279 页。

威胁。

工商业者侵蚀乡里秩序也是其危害之一。西汉前期工商业者财富渐次增长，为了进一步谋取利益，这些商业资本向社会基层流动，开始严重侵蚀乡里的经济秩序，自然经济受到冲击。贾谊曾谈到：

> 今农夫五口之家，其服役者不下二人，其能耕者不过百亩，百亩之收不过百石。春耕夏耘，秋获冬藏，伐薪樵，治官府，给繇役；春不得避风尘，夏不得避暑热，秋不得避阴雨，冬不得避寒冻，四时之间亡日休息；又私自送往迎来，吊死问疾，养孤长幼在其中。勤苦如此，尚复被水旱之灾，急政暴赋，赋敛不时，朝令而暮改。当具有者半贾而卖，亡者取倍称之息，于是有卖田宅鬻子孙以偿责者矣。而商贾大者积贮倍息，小者坐列贩卖，操其奇赢，日游都市，乘上之急，所卖必倍……此商人所以兼并农人，农人所以流亡者也。①

五口之家的编户小民经济状况十分脆弱，正常情况之下一年辛苦劳作难有积蓄，而工商业者往往趁其经济困难时低价收购其财产，或是放高利贷，农人往往因此破产成为流民，而工商业者则获得超额的利润。

西汉前期从事工商业的获利较之农业高得多，"凡编户之民，富相什则卑下之，伯则畏惮之，千则役，万则仆，物之理也。夫用贫求富，农不如工，工不如商，刺绣文不如倚市门，此言末业，贫者之资也"②，于是出现了"今法律贱商人，商人已富贵矣；尊农夫，农夫已贫贱矣。故俗之所贵，主之所贱也；吏之所卑，法之所尊也"。③ 在利益诱惑之下，大批农业人口向工商业流动，并成为一种社会风气。贾谊对这一现象颇为焦虑，遂两次上书文帝，其中一次上书如是云：

---

① 班固：《汉书》卷二四上《食货志上》，北京：中华书局，1962年，第1132页。
② 司马迁：《史记》卷一二九《货殖列传》，北京：中华书局，1959年，第3274页。
③ 班固：《汉书》卷二四上《食货志上》，北京：中华书局，1962年，第1133页。

> 今背本而趋末，食者甚众，是天下之大残也；淫侈之俗，日日以长，是天下之大贼也。残贼公行，莫之或止；大命将泛，莫之振救。生之者甚少而靡之者甚多，天下财产何得不蹶！①

盐铁会议上，贤良文学谈到了赵、中山地区百姓弃农从商的现象：

> 赵、中山带大河，纂四通神衢，当天下之蹊，商贾错于路，诸侯交于道；然民淫好末，侈靡而不务本，田畴不修，男女矜饰，家无斗筲，鸣琴在室。是以楚、赵之民，均贫而寡富。②

自商鞅变法以来，政府尤为强调"重农抑商"，其目的在于将百姓控制在土地之上。但弃农经商风气的盛行，最终造成了地方秩序稳定的隐患，农民动辄脱离土地，一方面本身构成了社会不稳定因素，另一方面造成乡里制度瓦解，政府失去了赋税来源与兵源，这是西汉统治者所不愿意看到的。打击工商业者从某种程度上可以扭转社会风气，从社会思想上配合"驱民著本"的实现。因此，从这个角度来分析，西汉统治者必然会对工商业者采取措施，以避免社会风气的恶化。

---

① 班固：《汉书》卷二四上《食货志上》，北京：中华书局，1962年，第1128页。
② 桓宽著，王利器校注：《盐铁论校注（定本）》卷一《通有》，北京：中华书局，1992年，第42页。

第六章
西汉中后期工商业者的转向

第一节　汉武帝时期工商业政策的转变

汉武帝即位初期，工商业者的势力达到极盛，"当此之时，网疏而民富，役财骄溢，或至兼并豪党之徒，以武断于乡曲"①。工商业者势力的强盛威胁着国家统治，"民大富，则不可以禄使也；大强，则不可以罚威也。非散聚均利者不齐。故人主积其食，守其用，制其有余，调其不足，禁溢羡，厄利涂，然后百姓可家给人足也"②。所谓盛极必衰，汉武帝不可能坐视有"素封"之实的工商业者侵蚀国家权力，打击工商业者只是差一个合适的契机。

随着窦太后时代的落幕，以及因战争财富消耗，导致的政府产生了增加收入的强烈需要，解决工商业者问题的契机开始出现。首先，随着黄老政治下清静无为政策的终结，日臻繁荣的西汉社会没有必要再依靠工商业者恢复社会经济，政府也不应该再继续对工商业者不加约束，任其发展；

---

① 司马迁：《史记》卷三〇《平准书》，北京：中华书局，1959 年，第 1420 页。

② 桓宽著，王利器校注：《盐铁论校注（定本）》卷一《错币》，北京：中华书局，1992 年，第 56 页。

其次，"七国之乱"平定后，诸侯王势力遭到沉重打击，工商业者已经失去了纵横捭阖的政治空间，特别是"推恩令"之后，中央政府可以对诸侯王进行打击而不受阻挠，诸侯王失去了对工商业者的庇护能力；再次，西汉武帝时期，军功阶层彻底衰落，打击工商业者不再会遭到这一阶层的强烈掣肘。另外，武帝发动对匈奴战争，需要安定国内的社会环境，而真正对政府构成威胁的大势力，工商业者首当其冲，汉武帝必须打击这一群体，为对外战争提供保障。综上，汉武帝决心着手解决渐趋恶化的工商业者问题。一方面调整官吏任用政策，将部分商人纳入到官吏队伍，实行"以商治商"的政策；另一方面，一改之前宽松的商业政策，西汉政府收回了铸币、盐铁经营之权，同时强力介入流通领域，实行平准均输。对待工商业者的态度也强硬起来，除了"算缗"克以重税外，另有"告缗"，天下中产以上免于破产者寥寥，工商业者遭遇了毁灭性的打击，这一群体的势力受到极大削弱。

一、汉武帝的"以商治商"政策

随着工商业者势力的膨胀与人数的增长，西汉政府长期将之排斥于权力体系之外终非长久之计。汉武帝在解决工商业者问题的过程中，将"分而治之"作为重要手段，允许一部分拥有特定工商业领域经营经验的工商业者进入官僚体系，以管理者身份管理工商业者群体与工商业，即实现所谓的"以商治商"。

西汉初期，工商业者入仕的渠道一直不畅通，直至汉景帝时期，西汉政府仍未打开商人入仕的路径。汉武帝执政后，正式允许工商业者入仕，并开始积极任用商人。一方面，汉武帝基于政府实际需要，特别任命了一些工商业者，将其置于权力层的顶端，成为西汉国家经济政策的制定者；另一方面，从制度层面废除商人不得入仕的旧制，不断放宽门槛，让大批工商业者可以通过向政府缴纳财物的方式获得官职，这些入仕者往往进入了官僚系统的中下层。

汉武帝时期，由于大规模对外战争而导致国库空虚，汉武帝决定通过一系列经济改革来扭转这一局面。为了贯彻自己的意志，提高官员的执行力，一些商贾被汉武帝破格提拔，居于中枢，参与相关经济决策与执行，这些商人被时人称为"兴利之臣"①，孔仅、东郭咸阳与桑弘羊是其中的代表人物。

汉武帝为了推行盐铁官营政策，启用了两位从事盐铁业的大商人，"咸阳，齐之大煮盐，孔仅，南阳大冶，皆致生累千金"②。孔仅与东郭咸阳主持盐铁事务后，进一步任命从事盐铁业的工商业者参与到相关事务的管理中，"除故盐铁家富者为吏"③，由此导致整个官营盐铁事务多被盐铁商人把持，选官制度也遭到破坏，"吏道益杂，不选，而多贾人矣"④。

桑弘羊是武帝朝财政改革的重臣，为洛阳商贾之子，擅长心算，"年十三侍中"⑤，因能"言利事析秋豪"而深得汉武帝赏识，并逐渐被委以重任，历任大农丞、大农令、搜粟都尉兼大司农等要职。武帝朝的经济改革主要是在其主持下进行的，如盐铁官营、平准均输、铸币等。桑弘羊是汉武帝"以商治商"政策下任命的最具有代表性的人物。

除了皇帝直接任命，西汉政府为了解决财政危机，还给工商业者入仕大开方便之门。在财政告急的情况下，西汉政府不得不采取一些临时手段以增加国家收入，由于工商业者"财或累万金，而不佐国家之急"⑥，这一群体遂成为西汉政府的关注点，若是政府能获得他们的巨额财富，无疑有助于填补财政亏空。为了避免激烈对抗，通过较为温和的手段引导工商业者将财富输送到国家财政之中，无疑是较为理想的方式，而"入物补官"就是重要政策之一。"入物者补官，出货者除罪，选举陵迟，廉耻相冒，武力进用，法严令具。"⑦工商业者通过向政府缴纳财物就可以补官，由于"入物补官"仅看中财力，对于"入物补官"者的身份一概不论，这样家资雄厚的商人必然成为这一政策的最大受益者。这一政策开启了西汉商人

---

① 司马迁：《史记》卷三〇《平准书》，北京：中华书局，1959 年，第 1421 页。
② 司马迁：《史记》卷三〇《平准书》，北京：中华书局，1959 年，第 1428 页。
③ 司马迁：《史记》卷三〇《平准书》，北京：中华书局，1959 年，第 1429 页。
④ 司马迁：《史记》卷三〇《平准书》，北京：中华书局，1959 年，第 1429 页。
⑤ 司马迁：《史记》卷三〇《平准书》，北京：中华书局，1959 年，第 1428 页。
⑥ 司马迁：《史记》卷三〇《平准书》，北京：中华书局，1959 年，第 1425 页。
⑦ 司马迁：《史记》卷三〇《平准书》，北京：中华书局，1959 年，第 1421 页。

合法入仕之路。接着，汉政府先后推出了一系列与之类似的政策。

西汉经营河南地，导致府库空虚，"乃募民能入奴婢得以终身复，为郎增秩，及入羊为郎，始于此"①。郎官在汉代十分重要，一般被认为是入仕者踏上仕途的起点，由于郎官经常在皇帝左右随从，容易获得皇帝的宠幸，进而获得较高的职位。因此，汉初获得郎官的途径十分有限，主要是任子、举孝廉、献赋等不多的途径。工商业者通过纳羊为郎，也就是半步踏入了仕途。

之后，随着朝廷财政的进一步恶化，汉政府又设计了武功爵制度敛财。大臣上书武帝："'请置赏官，命曰武功爵。级十七万，凡直三十余万金。诸买武功爵官首者试补吏，先除；千夫如五大夫；其有罪又减二等；爵得至乐卿：以显军功。'军功多用越等，大者封侯卿大夫，小者郎吏。吏道杂而多端，则官职耗废。"② 只要缴纳足够多的金钱，就能够获得武功爵，进而可以试用补为吏，并优先除授。在这一政策之下，西汉大批豪商巨贾踊跃购买军功爵，大者封侯或封卿大夫，小者为郎为吏，由于涌入人员过多，导致吏制杂乱多端，官员名位变轻，职任也荒废了。可见当时大量工商业者利用这一政策进入了官僚系统。

汉武帝"以商治商"的政策应时势而生。"今法律贱商人，商人已富贵矣"③，西汉社会出现了工商业者群体政治地位与财富、社会影响力倒挂的现象，这一现象在文帝时就有萌芽，晁错明确指出，"商贾大者积贮倍息，小者坐列贩卖，操其奇赢，日游都市，乘上之急，所卖必倍。故其男不耕耘，女不蚕织，衣必文采，食必粱肉；亡农夫之苦，有仟佰之得。因其富厚，交通王侯，力过吏势，以利相倾；千里游遨，冠盖相望，乘坚策肥，履丝曳缟"④。到了汉武帝时期，这种情况更为明显，"当

---

① 司马迁：《史记》卷三〇《平准书》，北京：中华书局，1959 年，第 1422 页。
② 司马迁：《史记》卷三〇《平准书》，北京：中华书局，1959 年，第 1422－1423 页。
③ 班固：《汉书》卷二四上《食货志上》，北京：中华书局，1962 年，第 1133 页。
④ 班固：《汉书》卷二四上《食货志上》，北京：中华书局，1962 年，第 1132 页。

此之时，网疏而民富，役财骄溢，或至兼并豪党之徒，以武断于乡曲"①。这种政治身份与财富、影响力的不匹配，时人称之为"素封"。随着工商业者群体影响力的增强，其参与政治的愿望更为强烈，这是汉武帝所不能忽视的，"以商治商"的政策本就是对工商业者群体的一种让步与分化，进而从内部起到分解与削弱该群体的目的。但是这一政策的负面影响可能也是汉武帝所始料未及的：一方面，大批工商业者涌入官僚队伍，官商合一的潮流就此开启；另一方面，由于工商业者可以入仕，时人对于商人的观感发生变化，官吏对于经商更是不再有政策上与心理上的障碍，纷纷涌入工商业，集官商身份于一身，这绝不是汉武帝想要见到的现象。

二、汉武帝的官商代替私商政策

由于汉武帝开边导致财政捉襟见肘，西汉政府一改汉初放任的经济政策，力求由国家直接掌握天下财富分配的主导权，控制经济命脉，以从容应对国家的重大政策与突发事变。"利出于一孔者，其国无敌。出二孔者，其兵不诎。出三孔者，不可以举兵。出四孔者，其国必亡。先王知其然，故塞民之养，隘其利途。故予之在君，夺之在君，贫之在君，富之在君。故民之戴上如日月，亲君若父母。"② 西汉政府在桑弘羊的主导下，采取以盐铁官营、平准均输为代表的干预政策，政府直接介入生产与流通领域的政策，挤压了工商业者的经营范围，而从事盐铁生产与货物贩运是这一时期工商业者的主要经营领域和获利途径。这一系列政策的实施，对工商业者群体造成了重大打击。

1. 盐铁官营

汉初"弛山泽之禁"政策下，工商业者纷纷参与到山川林泽的开发中，其中以盐、铁二业获利最丰。盐铁是百姓日常生活不可或缺的物资，

---

① 司马迁：《史记》卷三〇《平准书》，北京：中华书局，1959 年，第 1420 页。
② 黎翔凤撰，梁运华整理：《管子校注》卷二二《国蓄》，北京：中华书局，2004 年，第 1262–1263 页。

"十口之家十人食盐，百口之家百人食盐"①，"一女必有一针一刀，若其事立。耕者必有一耒一耜一铫，若其事立。行服连轺辇者，必有一斤一锯一锥一凿，若其事立。不尔而成事者，天下无有"②。而盐铁本身生产的成本低，将赋税加之于盐铁有很大的隐蔽性，"使君施令曰'吾将籍于诸君吾子'，则必嚣号。今夫给之盐策，则百倍归于上，人无以避此者，数也"③。如果君主号令加税，百姓一定喧嚷反对，而加之于盐铁，则即使君主获得百倍利益，百姓也难以逃避，同时也不会引起巨大反弹。因此，汉武帝为了解决日益紧张的财政问题，决定将盐铁之利自商人手中收回，盐铁由政府专营。

武帝元狩三年（前120），御史大夫张汤在汉武帝的授意之下提出了盐铁官营的奏议："汤承上指，请造白金及五铢钱，笼天下盐铁，排富商大贾。"④ 武帝批准此事后，经主管此事的大农领郑当时推荐，齐地的大盐商东郭咸阳与南阳的大冶铁孔仅二人被任命为大农盐铁丞，分别负责盐铁事宜。经过几年的准备，元狩六年（前117），盐铁官营的方案被正式提出：

> 大农上盐铁丞孔仅、咸阳言："山海，天地之藏也，皆宜属少府，陛下不私，以属大农佐赋。愿募民自给费，因官器作煮盐，官与牢盆。浮食奇民欲擅管山海之货，以致富羡，役利细民。其沮事之议，不可胜听。敢私铸铁器煮盐者，钛左趾，没入其器物。郡不出铁者，置小铁官，便属在所县。"⑤

① 黎翔凤撰，梁运华整理：《管子校注》卷二二《海王》，北京：中华书局，2004年，第1246页。

② 黎翔凤撰，梁运华整理：《管子校注》卷二二《海王》，北京：中华书局，2004年，第1255-1256页。

③ 黎翔凤撰，梁运华整理：《管子校注》卷二二《海王》，北京：中华书局，2004年，第1247页。

④ 班固：《汉书》卷五九《张汤传》，北京：中华书局，1962年，第2641页。

⑤ 司马迁：《史记》卷三〇《平准书》，北京：中华书局，1959年，第1429页。

根据孔仅与东郭咸阳的方案，国家的盐业官营采取的是募民煮盐的方式，煮盐的器具必须是官府提供的"劳盆"，煮成的盐必须由官府收购与销售。至于铁的生产与销售则完全被官府垄断，产铁的郡需要设置铁官，"郡不出铁者，置小铁官"①。盐铁官营之后，民间不得私铸铁器、煮盐。由于盐铁官营政策会严重损害工商业者的利益，孔仅与东郭咸阳预计，该政策一旦实行，必然遭到巨大反弹，"沮事之议，不可胜听"②。但汉武帝决意推行，"使孔仅、东郭咸阳乘传举行天下盐铁，作官府"③。为了盐铁官营能够顺利开展，汉政府还任用了一批熟悉盐铁业务的盐铁商人，"除盐铁家富者为吏"，由此获得了部分商人的支持。盐铁官营的最初几年收效明显，大大增加了政府的赋税收入，《汉书·食货志》载：

> 汉连出兵三岁，诛羌，灭两粤，番禺以西至蜀南者置初郡十七，且以其故俗治，无赋税。南阳、汉中以往，各以地比给初郡吏卒奉食币物，传车马被具。而初郡又时时小反，杀吏，汉发南方吏卒往诛之，间岁万余人，费皆仰大农。大农以均输调盐铁助赋，故能澹之。④

随着局势的发展，盐铁官营逐渐出现了一系列问题，导致汉武帝越来越不满意。一方面，孔仅与东郭咸阳在盐铁官营政策实施过程中安插了大量的盐铁商人子弟负责相关事务，这部分人素质参差不齐，"吏道益杂，不选，而多贾人矣"，严重影响了吏治，甚至有部分官员借职务之便贪赃枉法，"攘公法，申私利，跨山泽，擅官市"⑤，造成了"县官作铁器，多苦恶，用费不省"⑥的恶果。看似国家垄断了盐铁，事实上民间的盐铁业

---

① 司马迁：《史记》卷三〇《平准书》，北京：中华书局，1959 年，第 1429 页。
② 司马迁：《史记》卷三〇《平准书》，北京：中华书局，1959 年，第 1429 页。
③ 司马迁：《史记》卷三〇《平准书》，北京：中华书局，1959 年，第 1429 页。
④ 班固：《汉书》卷二四下《食货志下》，北京：中华书局，1962 年，第 1174 页。
⑤ 桓宽著，王利器校注：《盐铁论校注（定本）》卷二《刺权》，北京：中华书局，1992 年，第 121 页。
⑥ 桓宽著，王利器校注：《盐铁论校注（定本）》卷六《水旱》，北京：中华书局，1992 年，第 430 页。

在这些亦官亦商身份官员的纵容下，依然屡禁不止。

　　另一方面，在汉武帝计划将工商业者完全排除出盐铁业意图越来越明晰的情况下，孔仅等官员基于维护自身利益的需要，对于盐铁官营的态度日趋消极，甚至公开表达不满：

　　　式既在位，见郡国多不便县官作盐铁，铁器苦恶，贾贵，或强令民卖买之。而船有算，商者少，物贵，乃因孔仅言船算事。上由是不悦卜式。①

汉武帝遂于元封元年（前110）断然将孔仅、东郭咸阳一并罢免，启用桑弘羊主持盐铁事务，"桑弘羊为治粟都尉，领大农，尽代仅管天下盐铁"②。

　　桑弘羊接手盐铁事务后，开始对原有的盐铁官营体系展开整顿与扩充，进一步扩大盐铁官设置的地区，全国范围内盐铁产地均设官管理，共在全国设置了约37处③盐官，分布于27个郡，至少48处铁官，分布于40个郡。盐铁官营的管理系统与经营网络得以完善，国家增收的成效也十分显著，"今大夫君修太公、桓，管之术，总一盐、铁，通山川之利而万物殖。是以县官用饶足"④。

　　盐铁官营政策并不是一个单纯为政府财政财源的政策，其政治意义也十分重要。盐铁官营政策的全面开展完全将工商业者私产、私售的行为禁绝，利用盐铁官营，中央政府加强了对经济领域特别是关系国计民生领域的全面渗透，工商业者的势力遭受打击。桑弘羊强调了盐铁私营之害：

①　司马迁：《史记》卷三〇《平准书》，北京：中华书局，1959年，第1440页。
②　司马迁：《史记》卷三〇《平准书》，北京：中华书局，1959年，第1441页。
③　安作璋认为有35处，参见安作璋：《桑弘羊》，北京：中华书局，1983年，第38-39页；晋文认为有36处，参见晋文：《桑弘羊与西汉盐铁官营》，《江苏大学学报（社会科学版）》，2010年第4期，第39页；吴慧认为有36处，参见吴慧：《桑弘羊研究》，济南：齐鲁书社，1981年，第286页；张维华认为有38处，参见张维华：《汉史论集》，济南：齐鲁书社，1980年，第136页。
④　桓宽著，王利器校注：《盐铁论校注（定本）》卷三《轻重》，北京：中华书局，1992年，第178页。

> 浮食奇民，好欲擅山海之货，以致富业，役利细民，故沮事议者众。铁器兵刃，天下之大用也，非众庶所宜事也。往者，豪强大家，得管山海之利，采铁石鼓铸，煮海为盐。一家聚众，或至千余人，大抵尽收放流人民也。远去乡里，弃坟墓，依倚大家，聚深山穷泽之中，成奸伪之业，遂朋党之权，其轻为非亦大矣！①

而盐铁官营的意义则凸显出来："令意总一盐、铁，非独为利入也，将以建本抑末，离朋党，禁淫侈，绝并兼之路也。"② 盐铁业是工商业者经营的行业中利润最为丰厚的行业之一，盐铁官营将工商业者的巨额收入收归政府，达到了"笼天下盐、铁诸利，以排富商大贾"③ 的作用。本质上而言，"桑弘羊所把持的盐铁专卖事业中，则是官僚和一群工商豪富的合作组织。他们亦官亦商，是一个官僚商贾集团，凭借国家权力，把没有挤进这个集团的其余豪富都排斥在外"④。盐铁官营就是一个经济垄断利润再分配的过程，这一过程中普通工商业者遭受重大打击，而西汉政府分到盐铁业最大利润的同时，政治力量也借此得到强化。

2. 政府介入流通领域

西汉政府介入流通领域的具体政策是均输、平准，实施方式为设立贸易机构，直接从事商品的经营活动。

桑弘羊自元封元年（前110）任治粟都尉领大农事后，开始在全国推广均输法。何为"均输"？《史记·平准书》载："弘羊以诸官各自市，相与争，物故腾跃，而天下赋输或不偿其僦费，乃请置大农部丞数十人，分部主郡国，各往往县置均输盐铁官，令远方各以其物贵时商贾所转贩者为

---

① 桓宽著，王利器校注：《盐铁论校注（定本）》卷一《复古》，北京：中华书局，1992年，第78-79页。

② 桓宽著，王利器校注：《盐铁论校注（定本）》卷一《复古》，北京：中华书局，1992年，第78页。

③ 桓宽著，王利器校注：《盐铁论校注（定本）》卷三《轻重》，北京：中华书局，1992年，第179页。

④ 马大英：《汉代财政史》，北京：中国财政经济出版社，1983年，第128页。

赋，而相灌输。"① 另《盐铁论·本议》载："往者，郡国诸侯各以其方物贡输，往来烦杂，物多苦恶，或不偿其费。故郡国置输官以相给运，而便远方之贡，故曰均输。"② 上述史料大致指出了西汉财政方面的两个问题：其一，政府各部门在市场各自采购，无序竞争，导致物价飞涨；其二，按照西汉政府规定，各郡国诸侯需向皇帝进献地方土产，采取的方式是直接运送至京城，往往是大批贡品源源不断送至长安，政府难以接纳，且长途运输成本高昂，送至长安的贡品价值尚不及运费。为了解决上述问题，西汉政府在各郡国设立均输官，对于具体的操作方式，学界尚有一定争议，胡寄窗认为，"办法是将各郡国应缴之贡物，按照当地市价，折合为当地商人一向所贩运出境的丰饶而廉价之土产品，交缴与均输官，再由均输官将这些廉价土产品运往贵价地区出售"③。马非百则认为，"就其所应输于官者，不论其为钱为物，一律改折以当地出产最多最廉之货物输官，官为转输于其他价贵而缺乏该项货物之区售之"④。二者均肯定均输机构是具有经营功能的运输机构。原本廉价的土产品自产区向高价地区销售，是工商业者牟利的重要手段，而均输政策的实行实质上形成了与工商业者的竞争。均输机构设立后，其管理范围不仅仅局限于贡赋的转输，各郡国之间廉价货物亦在转输之列。

平准是与均输同时推行的政策，可以视为二者相互配套。何谓"平准"？桑弘羊称："开委府于京师，以笼货物。贱即买，贵则卖。是以县官不失实，商贾无所贸利，故曰平准。"⑤ 《史记·平准书》载："置平准于京师，都受天下委输。召工官治车诸器，皆仰给大农。大农之诸官尽笼天下之货物，贵即卖之，贱则买之。如此，富商大贾亡所牟大利，则反本，

---

① 司马迁：《史记》卷三〇《平准书》，北京：中华书局，1959年，第1441页。

② 桓宽著，王利器校注：《盐铁论校注（定本）》卷一《本议》，北京：中华书局，1992年，第4页。

③ 胡寄窗：《中国经济思想史》（中），上海：上海人民出版社，1963年，第99-100页。

④ 马非百：《桑弘羊年谱订补》，郑州：中州书画社，1982年，第93页。

⑤ 桓宽著，王利器校注：《盐铁论校注（定本）》卷一《本议》，北京：中华书局，1992年，第4页。

而万物不得腾踊。故抑天下物，名曰'平准'。"① 即在京师设立平准机构，总管天下运来的贡物、均输官收购并运送至京城的货物、大农诸官所掌管的物资，以及官营手工业制造的各类物资。工官另制造了大批车船与器具作为交通工具。大司农所属各个机构将各地输纳的物资都集中起来，物贵则卖出，物贱则买入。平准一端与均输相联系，另一端则连着京师市场。本质上讲，平准机构是一个管理入京物资和京师商品市场，兼具经营职能的官署，由于京师市场庞大，平准获利很厚。

尽管桑弘羊声称均输、平准是一个利国利民的政策，"平准则民不失职，均输则民齐劳逸。故平准、均输，所以平万物而便百姓，非开利孔而为民罪梯者也"②，但是他也直言不讳地承认："边用度不足，故兴盐、铁，设酒榷，置均输，蕃货长财，以佐助边费。今议者欲罢之，内空府库之藏，外乏执备之用，使备塞乘城之士饥寒于边，将何以赡之？"③ 为了应对财政用度不足，政府实行均输、平准政策的主要目的就是盈利，事实上，该政策也为政府获得了丰厚的收益，《汉书·食货志》载："一岁之中，太仓、甘泉仓满。边余谷，诸均输帛五百万匹。民不益赋而天下用饶。"④

均输、平准的另一个目的则是抑制工商业者。西汉前期工商业者经营、积累财富的重要渠道是贩运，而均输、平准本质上是官营商业将私营商业挤出了流通领域。之所以均输、平准政策实施后政府能大幅盈利，主要是因为其侵夺了原本属于工商业者的利润。从事贩运经营的工商业者在均输、平准政策之下损失惨重，不得不转换行业。

三、汉武帝的货币改革

汉武帝时期中央集权空前加强，分散的铸币权已经不符合大一统政治

---

① 司马迁：《史记》卷三〇《平准书》，北京：中华书局，1959 年，第 1441 页。

② 桓宽著，王利器校注：《盐铁论校注（定本）》卷一《本议》，北京：中华书局，1992 年，第 4 页。

③ 桓宽著，王利器校注：《盐铁论校注（定本）》卷一《本议》，北京：中华书局，1992 年，第 2 页。

④ 班固：《汉书》卷二四下《食货志下》，北京：中华书局，1962 年，第 1175 页。

的需求，因此汉武帝决定改革货币制度，直接的目的是通过货币改制敛财，"更钱造币以赡用"，进而建立中央政府对于铸币的独占权力，诚如贾山对文帝所言："钱者，亡用器也，而可以易富贵。富贵者，人主之操柄也，令民为之，是与人主共操柄，不可长也。"[1] 汉武帝货币改革的另一个目的是打击以工商业者、地方豪强为代表的与皇权对立的社会离心势力，"摧浮淫并兼之徒"[2]，西汉政府收回铸币权具有必然性。

根据《史记·平准书》的记载，汉武帝的货币改革大致可以分为四次[3]：

币改时次		内　容
第一次	元狩四年（前 119）	销毁文帝的四铢"半两"钱 更铸"文如其重"的三铢钱 造银锡合金的白金三品 造"直四十万"的白鹿皮币
第二次	元狩五年（前 118）	废三铢钱 下令各郡国铸五铢钱，即郡国五铢
第三次	元鼎二年（前 115）	由中央政府所辖之钟官铸"一当五"郡国五铢的赤侧钱，即赤侧五铢
第四次	元鼎四年（前 113）	禁止郡国等地方铸钱 由中央政府中的水衡都尉所辖的三个部门垄断铸造五铢钱，即三官五铢钱

西汉政府货币改革是一个不断试错、修正的过程，先后施行的政策中，铸白金与铸三官五铢钱两项政策对工商业的打击最大。

所谓"白金"，实质是银锡合金，二者比例不详。白金属于巨额虚币，

---

① 班固：《汉书》卷五一《贾山传》，北京：中华书局，1962 年，第 2337 页。
② 司马迁：《史记》卷三〇《平准书》，北京：中华书局，1959 年，第 1425 页。
③ 转引自张南：《秦汉货币史论》，南宁：广西人民出版社，1991 年，第 44–45 页。

"其面值价值高于其真实价值约十五至二十倍"①。将面额大、成本低的白金大批量投放到市场，与铜钱同时流通，政府一次性几乎无成本地聚敛了巨额财富。由于大面额货币大量出现，货币的购买力降低，社会原有货币的总价值随之缩水，原本最为富有、储存铜钱最多的工商业者因货币的贬值，资产快速萎缩。为了避免形势恶化，工商业者不得不多屯积实物以保值，《史记·平准书》中提到，在政府向市场投放白金之后，"商贾以币之变，多积货逐利"②。

由于中国锡矿分布广，储量丰富，盗铸的门槛较铜钱低得多，故高额的利润催发了一波白金的盗铸潮，《史记·平准书》载，"盗铸诸金钱罪皆死，而吏民之盗铸白金者不可胜数"③，又曰：

> 自造白金五铢钱后五岁，而赦吏民之坐盗铸金钱死者数十万人。其不发觉相杀者，不可胜计。赦自出者百余万人。然不能半自出，天下大氐无虑皆铸金钱矣。犯法者众，吏不能尽诛，于是遣博士褚大、徐偃等分行郡国，举并兼之徒守相为利者。④

由于盗铸行为过于猖狂，汉武帝任用义纵、王温舒等嗜杀的酷吏打击这一行为，遂"死者数十万人"，过于激进的动作容易导致社会动荡，且在巨额利润面前，严刑酷法依然不能阻止盗铸的普遍发生。盗铸者中，大中小工商业者皆有，对政府威胁最大的大工商业者固然受到打击，但是更多的是一些小工商业者甚至平民百姓，未参与者也因为手中财富严重贬值而遭到白金政策负面影响的波及。利弊相权，元鼎三年（前114）白金被弃之不用，前后行用仅六年。

汉武帝货币改革中面对的主要问题是铸币权分散、货币不统一与盗

---

①　宋叙五：《西汉货币史》，香港：香港中文大学出版社，2002年，第77页。

②　司马迁：《史记》卷三〇《平准书》，北京：中华书局，1959年，第1430页。

③　司马迁：《史记》卷三〇《平准书》，北京：中华书局，1959年，第1427页。

④　班固：《汉书》卷二四下《食货志下》，北京：中华书局，1962年，第1168页。

铸，而后两者归根到底是铸币权分散造成的。文景时期的放铸且不论，景帝"七国之乱"后，禁止民间铸钱，中央与各郡国分铸，郡国有数百之多，皆可铸钱，铸钱的形制与质量根本难以保证，而形制混乱，质量低，恰恰使盗铸有利可图。元鼎四年（前113），汉武帝在吸取之前币改教训的基础上，集中铸币权于上林三官，"于是悉禁郡国无铸钱，专令上林三官铸"。此后统一天下货币形制，"非三官钱不得行"。[1]

自上林三官钱开始铸造，民间的盗铸行为被有效遏制。官铸钱形制一致，质量高，技术复杂，只有铸钱设备好、技艺高明者才能为之，《史记·平准书》言："民之铸钱益少，计其费不能相当，唯真工大奸乃盗为之。"[2] 由于门槛太高，盗铸难以获利，只有极少数资本雄厚、手段高强者才会参与。

西汉政府还控制了铸币币材流通与铜矿的开采。武帝元鼎四年（前113），西汉政府开始将铸币的币材垄断，《史记·平准书》："诸郡国所前铸钱皆废销之，输其铜三官。"[3] 自此郡国的铸币权被取消，而且积铜之权也被收回，西汉政府真正实现了"上挟铜积以御轻重"[4]。铸币原料铜的开采也开始收归中央，《汉书·贡禹传》载贡禹在元帝时上书："今汉家铸钱，及诸铁官皆置吏卒徒，攻山取铜铁，一岁功十万人已上……宜罢采珠玉金银铸钱之官。"[5] 因为西汉自昭宣以来货币政策未发生改变，贡禹所言应是始自武帝时期，铜矿的开采均有专门的官署，民间不得私自开采。

汉武帝的货币改革之后，由于提高了技术门槛，加之垄断了币材，盗铸现象基本杜绝，同时也断绝了工商业者通过私铸积累财富的路径。自此，西汉政府与工商业者、豪强间近百年的铸币权争夺以政府的彻底胜利告终。

---

① 司马迁：《史记》卷三〇《平准书》，北京：中华书局，1959年，第1435页。
② 司马迁：《史记》卷三〇《平准书》，北京：中华书局，1959年，第1435页。
③ 司马迁：《史记》卷三〇《平准书》，北京：中华书局，1959年，第1435页。
④ 班固：《汉书》卷二四下《食货志下》，北京：中华书局，1962年，第1156页。
⑤ 班固：《汉书》卷七二《贡禹传》，北京：中华书局，1962年，第3075-3076页。

四、汉武帝对工商业者的直接打击

汉武帝时期，尽管先后推出一系列分化、限制与打击工商业者的政策，但是均相对较为温和，工商业者手中依然控制了巨额财富。在汉武帝一系列改革政策实施过程中，工商业者依仗自身的财富多次与政府对抗，阻挠施政，可以说西汉政府对工商业者的政策尚称不上完全成功。

西汉政府到了武帝的中后期开始出现巨大的统治危机，主要是流民问题与财政问题。由于战争与天灾人祸不断，造成大量农民被迫流亡。如《史记·平准书》载元狩四年（前119）"山东被水灾，民多饥乏……七十余万口，衣食皆仰给县官"的惨状，这些流民失去了赖以为生的土地，同时国家又不能及时地解决掉这一问题，社会矛盾日趋尖锐，社会经济动荡，百姓破产沦为流民成为一种常态，武帝时出现"关东流民二百万口，无名数者四十万"[1]。这些流民脱离土地与政府的控制，往往会依附于工商业者谋生，必然会导致工商业者的势力膨胀，对西汉统治构成威胁，西汉政府不得不重视这一问题。随着汉武帝的开边，西汉政府府库家底被消耗殆尽，甚至出现了"县官大空"的景象，国家财政濒临崩溃，急需增加收入，而此时社会中富可敌国的工商业者不佐国家之急，甚至趁火打劫发国难财，无疑成为政府的目标。多种原因之下，汉武帝决定在坚持打击工商业者政策的基础上采取更为刚猛的手段，粗暴掠夺工商业者的财富。具体而言，就是推行算缗令与告缗令。两项政策的实施不但获取了工商业者的财富，还彻底摧毁了这一阶层。

"缗"本义为钱贯，在《汉书》"初算缗钱"一条下注释："李斐曰：'缗，丝也，以贯钱也。一贯千钱，出算二十也。'"[2] "算缗"与"告缗"是汉武帝时期为汲取财力、巩固统治而采用的一种经济政策。这种政策的思想核心是法家的"上农除末"主张。其中，"算缗"指的是国家依

---

① 司马迁：《史记》卷一〇三《万石张叔列传》，北京：中华书局，1959年，第2768页。

② 班固：《汉书》卷六《武帝纪》，北京：中华书局，1962年，第178页。

照工商业者的财产规模进行的征税。而在其税率上，李斐注："一贯千钱，出算二十也。"① 臣瓒曰："茂陵书诸贾人末作贳贷，置居邑储积诸物，及商以取利者，虽无市籍，各以其物自占，率缗钱二千而一算。"② "告缗"指的是针对商人在缴纳"算缗"等诸多赋税时漏税瞒报的强制措施，为了鼓励人们检举告发他人隐匿财产，规定将没收财产的一半分给告发人。

汉武帝基于以上诸多困局的考量，为缓解国家财政困难、巩固封建统治，开始一改汉初"清静无为、与民休息"的措施，并对商人群体进行打压，于是在元狩四年（前119），汉武帝在诸公卿的谏言下推行算缗令与告缗令。

西汉政府在正式推出算缗令之前，曾实行过车税和缗钱。缗钱起始未知，而车税始于武帝元光六年（前129）的"初算商车"。正式推行的算缗令内容包括：其一，凡属工商业主、囤积商、高利贷者等，不论有无市籍，均需如实上报自己的财产数，并规定凡二缗抽取一算。而一般小手工业者，则每四缗抽取一算。其二，除官吏、三老和北边骑士外，凡有轺车的，一乘抽取一算；贩运商的轺车，一乘抽取二算；船五丈以上的抽取一算。武帝此次推行的算缗与先前的其他政策有着几个方面的不同。首先，征收范围的扩大：之前"缗钱"的征收只限于有市籍的商人，此次不管有无市籍，凡是从事工商业或高利贷活动的人，均在"算缗"的征收范围内。其次，征收数额的变化：据史料所载，汉代赀算通常是每万钱抽取一算，而此次规定商人二千钱出一算，相较于之前的税额增加五倍。

算缗令在执行的过程中遭到了工商业者的抵制，算缗令刚公布后，社会上就出现了"富豪皆争匿财"的现象。所以在最初，"算缗"对大商人的打压效果并不理想。在这时，河南洛阳的商人卜式的行为引起了武帝的注意。最初他只有数十头羊，却在十几年间通过自身手段使其产业增殖十

① 班固：《汉书》卷六《武帝纪》，北京：中华书局，1962年，第178页。
② 班固：《汉书》卷六《武常纪》，北京：中华书局，1962年，第178页。

倍，成为一方巨贾。在汉政府与匈奴进行战争之际，卜式上书表示愿捐出一半家产，输作边用。《史记·平准书》载武帝听闻此事颇为惊异，派遣使者问卜式所求。卜式拒绝了使者封官与便利并表示，"天子诛匈奴，愚以为贤者宜死节于边，有财者宜输委，如此而匈奴可灭也"[1]。武帝因此询问公孙弘关于卜式的任用，但公孙弘认为卜式动机不纯。于是，卜式未能得到任用。数年后，汉政府由于大量安置匈奴降人及迁徙贫民造成巨大开支。卜式随即在元狩四年（前119）又捐出二十万钱，以接济流民。武帝随后再次想到了卜式的善行，召拜卜式为中郎、赐爵左庶长、赐田十顷并布告天下。想以之为榜样，借以推行算缗令，但是最终卜式并没有对算缗令的施行起到推动作用。

武帝"算缗"征收遇到层层阻力，重要原因是没有强力措施予以保障，于是又推行告缗令以保证整体政策顺利推行。告缗令主要包含两点：其一，隐瞒不报或呈报不实的人，罚戍边一年，并没收他们的财产。有敢于告发的人，政府赏给他没收财产的一半。其二，禁止有市籍的商人及其家属占有土地和奴婢，敢于违抗法令的，即没收其全部财产。武帝元狩六年（前117）冬，朝廷任杨可主持告缗。右内史义纵借口告缗之人均为乱民并加以搜捕，告缗令难以推行。武帝发现此事后大为恼怒，使杜式治其事，将义纵处以死刑。元鼎三年（前114），大农丞桑弘羊为了继续实施告缗令，再次重申了相关令文。该告缗令持续推行了三年，造成当时中等以上的商贾之家大都被告发，国家没收了大量的财产、奴婢与田地，不少中等以上的商贾倾家荡产。随后汉政府的财政收入急速增加，国库日渐充实，武帝甚至专设了水衡官来管理相关财务。

推行算缗令与告缗令的目的是打击大商人群体势力，并借以增加国家财政中商税的收入，同时对社会矛盾进行一定程度的调节。由于"算缗"及"告缗"的影响不只局限于工商业者所拥有的钱财，还涉及其置办的土地、田产等，加之严厉的打击措施，故在当时，"算缗""告缗"对缓和社会矛盾、缩小贫富差距、抑制土地兼并、促进小农经济发展及巩固封建

---

① 司马迁：《史记》卷三〇《平准书》，北京：中华书局，1959年，第1431页。

统治等方面是有着积极意义的。但同时，这一明显不利于工商业者的法令也造成了一定的弊端。

随着法令的推行，部分官僚将其适用范围扩大化，导致部分中小手工业者的产业及财富受到了冲击。"算缗"对大商人的打压本身已经对相关产业构成一定的威胁，再对中小从业者进行打压，很容易造成产业崩溃。这也造成了后来武帝年间"商者少，物贵"的现象。由于"算缗""告缗"政策的不稳定和考量的不周全性，故对整个汉代工商业造成了不小的冲击。在算缗令推行的过程中，征税对象不断扩大，纳税人逐渐扩展到有产者之上，高税率对已经形成的"十金之家"造成了毁灭性打击。这一限制程度远远超过"抑商"之范围。而告缗令则以严格的刑罚保障配合，造成了大范围的社会恐慌。整个社会及时行乐之风气盛行，工商业萧条。"算缗""告缗"仅仅使得之前庞大的"十金之家"被消灭殆尽，变为贫民，整个民间社会呈现出"均贫"之现状，从而造成整个社会缺少中间过渡阶层，贫富差距更加明显。同时我们也可以通过一些相似的简牍律文，来考量当时告缗令的严苛程度。如《二年律令·关市律》中有"市贩匿不自占，坐所匿臧为盗，没入其所贩卖及贾钱"[1] 一条，其大致意思为：市场上的商贩有藏匿财产不自行申报的，以所藏匿的金额坐盗罪，采用相关量刑标准，并没收其所贩卖的营收及其他钱财。众所周知，在秦汉时期，"盗罪"绝对算得上是最严苛的一种罪，哪怕汉高祖入咸阳后废除诸多秦代法律，与关中之民约法三章，也提到了盗罪："杀人者死，伤人及盗抵罪。"[2] 而关于盗罪的量刑有多重，在《睡虎地秦简·法律答问》中有记载："五人盗，臧（赃）一钱以上，斩左止，有（又）黥以为城旦；不盈五人，盗过六百六十钱，黥劓以为城旦；不盈六百六十到二百廿钱，黥为城旦；不盈二百廿以下到一钱，（迁）之。"[3] 也就是说，隐匿家财超过

---

① 彭浩、陈伟、工藤元男主编：《二年律令与奏谳书：张家山二四七号汉墓出土法律文献释读》，上海：上海古籍出版社，2007年，第196—197页。

② 司马迁：《史记》卷八《高祖本纪》，北京：中华书局，1959年，第362页。

③ 睡虎地秦墓竹简整理小组编：《睡虎地秦墓竹简》，北京：文物出版社，1990年，第93页。

660 钱，就要被割鼻并成为刑徒。220-660 钱，只是刺字并成为刑徒。在 1-220 钱之间，要被流放。因此可以看出藏匿的家财不论多或者少，工商业者都会受到极为严苛的处罚，这也使得当时的社会氛围变得恐慌动荡。加之秦汉时期众多且复杂的族刑、连坐等刑罚，在处罚工商业者的同时还牵连其父母、同产同居、妻子儿女等，更使得人人自危，互相防备。很可能出现今天我家告你家、明天你家告我家这样的无限循环斗争之中。

同时，由于"告缗"本身的低风险、高收益，促使一批游手好闲、居心叵测之徒，通过揭发他人获得财富，进而助长了社会中的诸多不良风气。人民受其影响，纷纷脱离生产。不仅商品经济没有得到发展，反而进一步恶化了其发展环境，最终造成了国家秩序的动荡。因此元封元年（前110），汉武帝不得不正式下令，"民能入粟甘泉各有差，以复终身，不告缗"，进而停止在全国推行"算缗"与"告缗"。

不管算缗令税率如何，其本身就是一种打压商人的政策；更何况其过高的税率对当时工商业者的打击显然是毁灭性的。《史记·平准书》载：经过告缗，政府收获巨额财富，"民财物以亿计，奴婢以千万数，田大县数百顷，小县百余顷，宅亦如之"①，而工商业者则是"中家以上大率破"②。

综合来看，这两种政策相辅相成，通过遏制大商人的流动资金、固定财产来限制其对社会财富的进一步侵吞，进而给国家财政及平民以发展空间，同时配合相关打击措施，确保政策不会受到太多的阻碍。算缗、告缗在众多方面限制了商人的发展：在产业上，大商人不得不向更多的手工业者分成份额；在土地占有上，大商人所扩张的土地得到了限制甚至被没收，给了流民更多安置空间；在社会财富分配上，商人所侵吞的国家财产最终归入国库。在算缗、告缗推行的数年之间，国家财政一补先前由于战争、工程及流民所造成的亏空，转为盈余。

---

① 司马迁：《史记》卷三〇《平准书》，北京：中华书局，1959 年，第 1435 页。
② 司马迁：《史记》卷三〇《平准书》，北京：中华书局，1959 年，第 1435 页。

第二节 西汉后期的工商业政策

汉武帝时期，自元狩、元鼎以来，开边、兴利、改制、用法与擅赋，在数十年间导致了严重的社会危机，"天下虚耗，百姓流离，物故者半"[1]，地方社会也有失控的征兆："盗贼滋起。南阳有梅免、白政，楚有殷中、杜少，齐有徐勃，燕赵之间有坚卢、范生之属。大群至数千人，擅自号，攻城邑，取库兵，释死罪，缚辱郡太守、都尉，杀二千石，为檄告县趣具食；小群以百数，掠卤乡里者，不可胜数也。"[2] 整个汉帝国呈现了亡秦之兆，唐代司马贞为褚补《史记·孝武本纪》作《索隐·述赞》曰："孝武篡极，四海承平。志尚奢丽，尤敬神明……疲耗中土，事彼编兵。日不暇给，人无聊生。俯观嬴政，几欲齐衡。"[3] 汉武帝晚年也逐渐意识到问题的严重性，遂下轮台罪己诏：

> 前有司奏，欲益民赋三十助边用，是重困老弱孤独也……今请远田轮台，欲起亭隧，是扰劳天下，非所以优民也。今朕不忍闻……当今务在禁苛暴，止擅赋，力本农，修马复令，以补缺，毋乏武备而已。郡国二千石各上进畜马方略补边状，与计对。[4]

轮台诏中，汉武帝对自己之前的政策进行了反省，并批评桑弘羊等兴利之臣"扰劳天下，非所以优民"。轮台诏的核心内容是"禁苛暴，止擅赋，力本农，修马复令，以补缺，毋乏武备而已"[5]。从内容可知，汉武帝轮台诏的主要内容是对旧有政策展开一系列调整，对匈奴政策由攻转守，轻赋

---

① 班固：《汉书》卷七五《夏侯胜传》，北京：中华书局，1962 年，第 3156 页。

② 司马迁：《史记》卷一二二《酷吏列传》，北京：中华书局，1959 年，第 3151 页。

③ 司马迁：《史记》卷一二《孝武本纪》，北京：中华书局，1959 年，第 486 页。

④ 班固：《汉书》卷九六下《西域传下》，北京：中华书局，1962 年，第 3912-3914 页。

⑤ 班固：《汉书》卷九六《渠黎传》，北京：中华书局，1962 年，第 3914 页。

敛，重农业，与民休息。

昭帝即位，经过一场激烈的政治斗争，桑弘羊、上官桀一党落败，霍光秉政，进一步调整统制政策，恢复农业生产，稳定民生。"至于始元、元凤之间，匈奴乡化，百姓益富"①。由于对外战争结束，匈奴问题基本解决，西汉政府军费大减，遂开始讨论工商业政策大的调整。武帝针对工商业者的敛财政策近乎于竭泽而渔，武帝晚期，其负面影响随即凸显，经济失序，物价腾踊，加之官营手工业出现了诸多弊端，霍光不得不放松对民间市场的管制，出让部分工商之利，扶持一些私营工商业者发展。

西汉后期最重要的经济政策调整大讨论是盐铁会议，《汉书·食货志》载："昭帝即位六年（前81），诏郡国举贤良文学之士，问以民所疾苦，教化之要。皆对愿罢盐铁酒榷均输官，毋与天下争利，视以俭节，然后教化可兴。"② 盐铁会议最直接的影响是"罢酒酤"，《汉书·昭帝纪》载：始元六年（前81）"罢榷酤官，令民得以律占租，卖酒升四钱"③，政府自此只征酒税，准许民间私营酿酒业。至于贤良文学同样激烈反对的盐铁官营、平准均输等政策，盐铁会议后并没有直言废除，但是也发生了很多有利于工商业者的变化。

西汉后期盐铁官营制度也开始被私营工商业者侵蚀。盐铁官营之后，盐铁税成为西汉政府最为重要的税种之一，不可能轻言放弃，取消盐铁官营政策并不现实。但是昭帝之后盐铁政策有所松弛，盐铁官营本来就是政府与一部分盐铁商人合作的产物，一旦政府控制力减弱，官员跟盐铁商人很快就会中饱私囊，同时其他的商人也会借机进入盐铁领域，最典型的就是蜀中盐商罗裒。罗裒随身带有近一百万钱，他给平陵人石氏掌管钱财，颇得信任，往来巴蜀、京城之间经商，数年间谋利千万钱，"裒举其半赂遗曲阳、定陵侯，依其权力，赊贷郡国，人莫敢负。擅盐井之利，期年所得自倍，遂殖其货"④。罗裒用一半的家产贿赂曲阳侯王根与定陵侯淳于

---

① 班固：《汉书》卷八九《循吏传》，北京：中华书局，1962年，第3624页。
② 班固：《汉书》卷二四下《食货志下》，北京：中华书局，1962年，第1176页。
③ 班固：《汉书》卷七《昭帝纪》，北京：中华书局，1962年，第224页。
④ 班固：《汉书》卷九一《货殖传》，北京：中华书局，1962年，第3690页。

长，依仗其势力，独占井盐开采经营的利润。罗襄绝不是个案，经营盐铁的暴利必然吸引没资格参与到盐铁官营中的工商业者，通过以权钱交易为代表的非常规手段跻身行业当中。而这一过程中，官吏显然已经被打通关节，无视纵容，民间的盐铁业也有所恢复。

昭宣以来，西汉工商业的社会地位有了明显改善。随着政府控制力的衰落，市籍制度有名无实，加之商人与官吏身份互相渗透，从事工商业不再为人所诟病。同样，当时官府中工商业者为吏亦很常见，故遭到一些儒生出身官吏的抨击。元帝时王尊提出选吏的标准："贤为上，毋以富。贾人百万，不足与计事。"① 他认为选官以贤为上，而不能以家资。商人与官吏身份的融合改变了汉初工行业者"素封"的身份弱势。

昭宣以后，西汉政府工商业政策转向的另一重要原因是汉儒对于经学的改造。西汉中期以来，很多儒生将经学引入到重农抑商的理论中，其将重本抑末与义利之辨联系起来，抑商不仅关系到重本或者重农的问题，更关键的在于其与重义或重利的问题直接相关。盐铁会议中，贤良文学提出："窃闻治人之道，防淫佚之原，广道德之端，抑末利而开仁义，毋示以利，然后教化可兴，而风俗可移也。"而汉武帝的一系列政策，"盐、铁、酒榷、均输，与民争利"②，进而导致民风退化，"散敦厚之朴，成贪鄙之化。是以百姓就本者寡，趋末者众"，因此主张："愿罢盐、铁、酒榷、均输，所以进本退末，广利农业，便也。"③ 其另引《公羊传》："《传》曰：'诸侯好利则大夫鄙，大夫鄙则士贪，士贪则庶人盗。'是开利孔为民罪梯也。"④ 强调君主与民争利事实上是百姓犯罪的诱因。事实上，这些贤良文学从经学的角度对盐铁官营、酒榷、均输等行为做了一个定性，即其为于治民有碍的与民争利行为。

① 班固：《汉书》卷七六《王尊传》，北京：中华书局，1962年，第3228页。
② 桓宽著，王利器校注：《盐铁论校注（定本）》卷一《本议》，北京：中华书局，1992年，第1页。
③ 桓宽著，王利器校注：《盐铁论校注（定本）》卷一《本议》，北京：中华书局，1992年，第1页。
④ 桓宽著，王利器校注：《盐铁论校注（定本）》卷一《本议》，北京：中华书局，1992年，第4页。

　　有学者将贤良文学的行为视之为汉儒代"素封"言利。① 与其说贤良文学批评汉武帝打击工商营业者的相关政策是其代工商业者发声，不如讲是贤良文学对汉武帝系列竭泽而渔、穷兵黩武行为的批判。打击工商业，将重要的手工业、流通业实行官营的政策，导致了盐铁与部分日常生活物资物价飞涨，破坏了市场的正常秩序，对民生造成扰乱与伤害，这必然是贤良文学所反对的。而贤良文学的这一观点，恰好与工商业者的诉求一致。重本轻末的思想一旦被引入"贵德而贱利、重义而轻财"的儒学内涵，其对统治者的影响力就显著增加。过去如何推行重本轻末、重农抑商，只是一个政策选择问题，而涉及义利之争后，就是一个是非问题。自此，继任汉代的皇帝施行与武帝类似强势的工商业政策时，大臣必然会以"与民争利"为理由加以反对，而这套理论对于皇帝决策的干预力较之过去显著增强。元帝时，儒生即以这一理由建议皇帝取消盐铁官营政策，"在位诸儒多言盐铁官及北假田官、常平仓可罢，毋与民争利"②。汉元帝采纳了这一建议，"上从其议，皆罢之"③。自此，汉武帝以来的一系列工商业官营政策被彻底废止。

　　时至东汉，工商业政策更为宽松。东汉之初，桓谭上书光武帝：

　　　　夫理国之道，举本业而抑末利，是以先帝禁人二业，锢商贾不得宦为吏，此所以抑并兼长廉耻也。今富商大贾，多放钱货，中家子弟，为之保役，趋走与臣仆等勤，收税与封君比入，是以众人慕效，不耕而食，至乃多通侈靡，以淫耳目。今可令诸商贾自相纠告，若非身力所得，皆以臧畀告者。④

主张效仿西汉旧制，禁锢工商业者的出仕资格，但是光武帝并未采纳。之

　　① 参见马彪：《秦汉豪族社会研究》，北京：中国书店，2002 年，第 39 页。
　　② 班固：《汉书》卷二四上《食货志上》，北京：中华书局，1962 年，第 1142 页。
　　③ 班固：《汉书》卷二四上《食货志上》，北京：中华书局，1962 年，第 1142 页。
　　④ 范晔：《后汉书》卷二八上《桓谭列传》，北京：中华书局，1965 年，第 958 页。

后的统治者但凡提出类似与汉武帝时期扩张官营工商业的政策，往往遭到大臣的反对，多无疾而终。如汉章帝时曾一度恢复均输与食盐专卖，朱晖即以天子不应与百姓争利为由加以反对："王制，天子不言有无，诸侯不言多少，禄食之家不与百姓争利。今均输之法与贾贩无异，盐利归官，则下人穷怨……诚非明主所当宜行。"① 和帝即位后下诏："昔孝武皇帝致诛胡、越，故权收盐铁之利，以奉师旅之费。自中兴以来，匈奴未宾，永平末年，复修征伐。先帝即位，务休力役，然犹深思远虑，安不忘危，探观旧典，复收盐铁，欲以防备不虞，宁安边境。而吏多不良，动失其便，以违上意。先帝恨之，故遗戒郡国罢盐铁之禁，纵民煮铸，入税县官如故事。其申敕刺史、二千石，奉顺圣旨，勉弘德化，布告天下，使明知朕意。"② 章帝在临死前对于盐铁官营政策即有反思，和帝即位便将其彻底废止。

　　总而言之，昭宣以来奉行与民休息的政策，汉武帝打击工商业者的政策主旨明显转向，工商业者的从业环境明显改善，地位提升。在相对宽松的环境之下，西汉经济迅速恢复、繁荣起来，一大批富商大贾再次涌现。

第三节　西汉后期工商业者群体的重构

　　汉武帝时期，工商业者群体受到沉重打击，其势力大大削弱，大部分曾经富可敌国的商贾一蹶不振。西汉中后期，随着政府商业政策的转变，工商业渐趋复苏，又一批工商业者涌现出来。但值得注意的是，这些新兴的工商业者具有显著的时代特征。从渊源来看，他们与西汉前期工商业者的牵涉不深，可以视之为一个全新的群体。从人员构成来看，他们官商之间身份模糊，主要由两部分构成：一类是平民出身的民间工商业者，另一类则是官吏出身，以私人身份经商的官吏私营工商业者。由于民间工商业者普遍积极入仕，因此西汉中后期工商业者群体最终呈现出官商合流的样

① 范晔：《后汉书》卷四三《朱晖列传》，北京：中华书局，1965年，第1460页。
② 范晔：《后汉书》卷四《孝和帝纪》，北京：中华书局，1965年，第167-168页。

态。从经营理念上来看，他们不再专注于某一个行业并对土地表现出前所
未有的热情，既是工商业者，往往也是大地主。可以这样认为，再次振兴
的工商业者与西汉前期的完全不是同一个群体，他们是经历了重构后的一
个全新的阶层。

一、民间工商业群体的复兴

（一）民间工商业者的恢复与发展

随着昭宣以来西汉"抑商"政策趋于松弛，对外战事平息，武帝时期
被破坏严重的工商业得以迅速恢复，工商业者中再次出现富商巨贾。《汉
书·货殖传》载：

> 前富者既衰，自元、成讫王莽，京师富人杜陵樊嘉，茂陵挚网，
> 平陵如氏、苴氏，长安丹王君房，豉樊少翁、王孙大卿，为天下高
> 訾。樊嘉五千万，其余皆巨万矣。王孙卿以财养士，与雄桀交，王莽
> 以为京司市师，汉司东市令也。
>
> 此其章章尤著者也。其余郡国富民兼业颛利，以货赂自行，取重
> 于乡里者，不可胜数。故秦杨以田农而甲一州，翁伯以贩脂而倾县
> 邑，张氏以卖酱而隃侈，质氏以洒削而鼎食，浊氏以胃脯而连骑，张
> 里以马医而击钟，皆越法矣。①

从这一段记载来看，汉武帝给予工商业者的打击卓有成效，才会出现"前
富者既衰"的情况，甚至武帝之后昭、宣二朝，工商业依然没有恢复元
气。直至元帝，富商才再次涌现，但涌现的这一批工商业者与西汉前期几
乎没有关联。以关中地区为例，西汉前期"关中富商大贾，大抵尽诸田，
田啬、田兰。韦家栗氏，安陵、杜杜氏，亦巨万"②。而西汉后期则为"杜

---

① 班固：《汉书》卷九一《货殖传》，北京：中华书局，1962 年，第 3694 页。
② 司马迁：《史记》卷一二九《货殖列传》，北京：中华书局，1959 年，第 3281 页。

陵樊嘉，茂陵挚网，平陵如氏、苴氏，长安丹王君房，豉樊少翁、王孙大卿"①，前后对比无一个姓氏相同。再如巴蜀地区，《汉书·货殖传》载："程、卓既衰，至成、哀间，成都罗裒訾至巨万。初，裒贾京师，随身数十百万，为平陵石氏持钱。其人强力。石氏訾次如、苴，亲信，厚资遣之，令往来巴蜀，数年间致千余万。裒举其半赂遗曲阳、定陵侯，依其权力，赊贷郡国，人莫敢负。擅盐井之利，期年所得自倍，遂殖其货。"②

蜀中程氏与卓氏因经营盐铁而成巨富，但在汉武帝系列政策打击之下一蹶不振，一直到了成帝、哀帝时期，才有巨富再次涌现。罗裒从贩运业起家成为巨富，之后结交权贵，在其庇护之下非法经营本该由官府垄断的盐业。

从《汉书·货殖传》的记载中还可以看出，西汉中后期崛起的工商业者从事的领域十分多样，且西汉前期存在巨大差异。西汉的大工商业者从事的主要行业是盐铁、铸钱与贩运等。这些行业多关系国计民生，工商业者控制这些行业可以形成垄断收益，同时会对国家统治构成一定的威胁。汉武帝利用盐铁官营、平均均输、统一铸币等政策之后，这些重要而容易产生巨额利润的行业，私营手工业者基本被挤出。尽管西汉后期工商业政策有所松弛，但是正常情况下，私营工商业者无法染指盐铁与铸币。贩运业由于平准均输的逐渐废弛而再次兴起，开始出现西汉前期那样的大商人，"师史既衰，至成、哀、王莽时，雒阳张长叔、薛子仲訾亦十千万"③。洛阳百姓多在外经商，西汉前期商人师史资财上亿，武帝时期彻底衰落，成、哀、王莽时期，又涌现了张长叔、薛子仲等贩运巨贾。西汉后期的工商业者主要从事的是卖丹药、制豆豉、贩油脂、卖酱、修理刀剑、卖腌肉、医马等行业，这些行业均与日常生活相关，不具有垄断利润，同时单一行业本身的市场体量就不大，很难暴富。"然常循守事业，积累赢利，渐有所起"①，他们的财富需要慢慢积累，才能形成富甲一方的局面。由于他们从事的行业缺乏垄断性，收益率低，扩张前景有限，专治一业难以满足其经商需求，因此他们的财富一旦积累到一定阶段，就开始转变经营策略，投资其他领域，经济方面最主要的就是兼并土地，而政治方面则是积极入仕，获取政治权力。

（二）民间工商业者转变经营策略

汉武帝一系列政策的实施，导致工商业者的经营策略发生了重大变革。秦及汉初的几十年间，工商业者的经营方式以单一经营为主，无论从事煮盐、冶铁、畜牧、园林、鱼池、运输或是其他行业，均长期致力于某一种特定产业，甚少兼及多项。在西汉前期经营工商业的高利润让工商业者持续向单一产业投资，其中风险并非没有，司马迁在《史记》中明确指出："富无经业，则货无常主，能者辐凑，不肖者瓦解。"② 而农业尽管收益率低，但是相对而言是一种较好的避险资产，收益稳定，所谓"以末致财，用本守之"③ 就是这个道理。从资产优化组合的角度来讲，当资本积累到一定程度，向农业部分转移最为稳妥。但是西汉前期，无论是盐铁、铸钱还是贩运等行业，均是暴利，且收益十分稳定，因此工商业者对土地的需求并不强烈。尽管工商业者也兼并土地，但是并不以农业为主业，亦不以所兼并的土地为中心开展田庄式的经营，总体上手工业者与地主的界限相对分明。但是汉武帝所施行的一系列打击工商业者的制度令其伤筋动骨，如频繁的货币改革，不断导致工商业者手中的财富贬值；盐、铁、酒专卖与国家垄断大宗商品贸易的政策，导致工商业者可以经营的范围大幅度萎缩；严厉的"算缗""告缗"政策之下，工商业者更是风声鹤唳，纷纷将资本退出生产、流通领域。即使昭、宣以来营商环境优化，一些工商业者崭露头角，但是武帝时期工商业者的惨状依然历历在目，不得不使他们考虑手头资产的投资分配方式，最终导致昭、宣以来新兴

① 班固：《汉书》卷九一《货殖传》，北京：中华书局，1962 年，第 3694 页。
② 司马迁：《史记》卷一二九《货殖列传》，北京：中华书局，1959 年，第 3282 页。
③ 司马迁：《史记》卷一二九《货殖列传》，北京：中华书局，1959 年，第 3281 页。

的工商业者对兼并土地展现出极高的热情，这一结果是统治者所始料未及的。

西汉前期经营土地的收益率存在一个逐渐提高的过程。汉初田租沿袭战国时期十税一的旧制，文帝时期降为十五税一，景帝时期再次降低，"孝景二年（前155），令民半出田租，三十而税一也"①。自此，有汉一代田租率便维持在这一较低的水平上。由于经营盐铁、铸钱、贩运、沽酒等行业的收益更高，田租率的下降便不为工商业者所看中，但到了西汉后期，作为一种避险资产，此时土地的收益无疑对工商业者有一定的吸引力。投资土地的另一个特点在于收益与生产规模高度相关，控制土地面积越广，生产的组织性越强，能显现出规模优势；另外，土地面积越广，越能因地制宜，优化农业经营结构，提高收益。因此，到了西汉后期，工商业者不断在土地上追加投资，"今富者积土成山，列树成林，台榭连阁，集观曾楼"②。随着工商业者所掌控土地面积的增加，庄园式经济雏形初显。

西汉中期以来，投资、兼并土地变得更为容易，这也是这一时期工商业者热衷于土地资产的重要因素。汉初基于军功爵的授田制之下，土地交易受限；另外，汉初七十年国家安定，家给人足，鲜有农人大面积破产，背井离乡，工商业者除非强行兼并，不然不可能获得大面积的土地。而武帝以来随着战事不断，社会动荡，地方秩序瓦解，农民纷纷破产脱离土地，甚至出现"关东流民二百万口，无名数者四十万"③的极端现象。其后，尽管昭、宣时期休养生息，但难挽颓势，工商业者兼并土地变得极为容易，这无疑抬高了其积极性。

工商业者将资本向农业转移，影响十分深远。首先，土地不具有地理空间的流动性，可以完全处于政府的控制之下，工商业者通过兼并土地、

① 班固：《汉书》卷二四上《食货志上》，北京：中华书局，1962年，第1135页。
② 桓宽著，王利器校注：《盐铁论校注（定本）》卷六《散不足》，北京：中华书局，1992年，第353页。
③ 司马迁：《史记》卷一〇三《万石张叔列传》，北京：中华书局，1959年，第2768页。

经营农业，流动性消失，开始与乡里社会更紧密地结合，事实上已经主动融入了国家的基层统治秩序中，政府可以较容易地将其整合入统治秩序之内。其次，工商业者的身份逐渐淡化。随着其经营中心的转变，他们不再选择单一经营某一特定产业，而是以经营农业为中心，进而发展林、牧、渔以及与生产生活相关的各种作坊式手工业。产业的界限逐渐模糊，工商业与农业开始紧密结合，逐渐发展出混合型土地经营模式，也就是田庄。此时，工商业者与其他大土地所有者的经营形态渐趋一致，换而言之，工商业者与地主实现合流。

二、民间工商业者积极入仕

除了经营策略的转变，工商业者对于是否进入官僚系统的态度也发生了较大变化。汉初的抑商政策确实在阻止农民进入工商业方面发挥了一定作用，但是同时也阻断了工商业者进入官僚系统的通道。工商业者或者致力于致富，"不佐国家之急"，拒绝与西汉政府合作；或者进入某个诸侯国，利用财力结交诸侯、权贵，寻求更大的商业利益乃至政治特权。工商业者最终与西汉中央政府形成了离心力，成为对中央集权造成威胁的群体。

汉武帝时期，由于政府开始允许商人入仕，并对部分商人予以重用，之前有意愿与政府合作的商人，开始主动寻求成为官吏。西汉政府吸纳了一批有才干的工商业者进入官僚团队，既借助他们的经验经营官营产业，又达到以商治商的目的。在特殊时期，这一行为无疑在一定程度上缓和了政府与工商业者的矛盾，增加了政权的稳定性。

如果说之前工商业者通过政府开放的有限渠道成为官僚，属于政府主导下的偶发行为，那么经过汉武帝"告缗"之后，工商业者对于进入官僚团队表现得更为积极主动。"告缗令"导致工商业者凋零殆尽，残酷的事实让工商业者认识到，"素封"的政治身份根本无法给自己的财富带来保障，巨额财产反而被觊觎，招致祸端，唯有权力才能保障他们的安全。而部分工商业者通过进入统治阶层得以保全自身利益的成功实践，使得这一阶层充分认识到权力的重要性。这种趋势在武帝之后变得明显起来。卜式的案例很有代表性：

> 卜式，河南人也。以田畜为事……式入山牧，十余年，羊致千余头，买田宅……时汉方事匈奴，式上书，愿输家财半助边……会浑邪等降，县官费众，仓府空，贫民大徙，皆印给县官，无以尽赡。式复持钱二十万与河南太守，以给徙民。河南上富人助贫民者，上识式姓名，曰："是固前欲输其家半财助边。"乃赐式外繇四百人，式又尽复与官。是时富豪皆争匿财，唯式尤欲助费。上于是以式终长者，乃召拜式为中郎，赐爵左庶长，田十顷。①

卜式的行为得到了汉政府的认可，布告天下，尊显以风百姓。其后入仕，被统治阶层吸纳。

> 初式不愿为郎，上曰："吾有羊在上林中，欲令子牧之。"式既为郎，布衣屮蹻而牧羊。岁余，羊肥息。上过其羊所，善之。式曰："非独羊也，治民亦犹是矣。以时起居，恶者辄去，毋令败群。"上奇其言，欲试使治民。拜式缑氏令，缑氏便之；迁成皋令，将漕最。上以式朴忠，拜为齐王太傅，转为相。……"……其赐式爵关内侯，黄金四十斤，田十顷，布告天下，使明知之。"
> 元鼎中，征式代石庆为御史大夫。②

随着汉武帝时期对商人入仕规定的不断放松，越来越多的工商业者积极利用这些政策来改变社会地位，史料中不断出现"兴利之臣""善为算能商功利"③ 之臣的记载，反映的正是这一社会趋势。

---

① 班固：《汉书》卷五八《公孙弘卜式儿宽传》，北京：中华书局，1962 年，第 2624-2625 页。
② 班固：《汉书》卷五八《公孙弘卜式儿宽传》，北京：中华书局，1962 年，第 2626-2628 页。
③ 班固：《汉书》卷二四上《食货志上》，北京：中华书局，1962 年，第 1141 页。

三、官吏私营工商业者崛起

西汉中后期大量官吏参与经商，于是一种新型的工商业者群体——官吏私营工商业者兴起，这是西汉前期不曾存在的现象。

汉武帝打开了商人入仕的政策入口，使工商业者的社会地位进一步提高，社会对于工商业者的态度也有所变化。工商业者的社会地位并不完全受制于抑商的法律条文和社会对其的歧视态度。他们丰厚的家资和经济实力可以交通王侯，并且他们之中的确有很多人在武帝朝成功地进入了仕途，所有这些都在某种程度上抵消了社会对他们的消极看法，极大地提高了他们的社会声望。

武帝时期曾官至内史的宁成甚至认为："仕不至二千石，贾不至千万，安可比人乎！"① 将做高官与成为巨富并列，视之为人生成败的标准，体现的就是社会观念的变化。同时期民间还流行着这样的俗语："何以孝弟为？财多而光荣。"② 一个人唯有获得足够多的财富才能父慈子孝、兄友弟恭，才能获得别人的尊重。观念的变化推动了官吏经商的热情。桑弘羊在盐铁会议上作出如下论述：

> 余结发束修，年十三，幸得宿卫，给事辇毂之下，以至卿大夫之位，获禄受赐，六十有余年矣。车马衣服之用，妻子仆养之费，量入为出，俭节以居之，奉禄赏赐，一二筹策之，积浸以致富成业。故分土若一，贤者能守之；分财若一，智者能筹之。夫白圭之废著，子贡之三至千金，岂必赖之民哉？运之六寸，转之息耗，取之贵贱之间耳！③

桑弘羊认为自己使用官俸经商，完全是正当的行为。这一观点在当时的官

---

① 班固：《汉书》卷九〇《酷吏传》，北京：中华书局，1962 年，第 3650 页。
② 班固：《汉书》卷七二《贡禹传》，北京：中华书局，1962 年，第 3077 页。
③ 桓宽著，王利器校注：《盐铁论校注（定本）》卷四《贫富》，北京：中华书局，1992 年，第 219–220 页。

吏群体中十分流行。

西汉后期，官吏经商的现象遍及整个官僚阶层。《晋书·江统传》载："秦汉以来，风俗转薄，公侯之尊，莫不殖园圃之田，而收市井之利，渐冉相放，莫以为耻，乘以古道，诚可愧也。"[1]

一部分官员经营工商业而获利。如《汉书·张汤传》中提及张汤之子"安世尊为公侯，食邑万户，然身衣弋绨，夫人自纺绩，家童七百人，皆有手技作事，内治产业，累积纤微，是以能殖其货，富于大将军光"[2]。张安世家通过开设手工业而致富。又如霍光之子、时任大司马的霍禹经营屠宰与沽酒。《汉书·赵广汉传》："及光薨后，广汉心知微指，发长安吏自将，与俱至光子博陆侯禹第，直突入其门，廋索私屠酤，椎破卢罂，斧斩其门关而去。"颜师古注："卢所以居罂，罂所以盛酒也。"[3] 霍光死后，其子霍禹时任大司马，赵广汉体察圣意，以抓捕私自屠畜卖酒者为由，闯入霍禹家中。可见当时霍禹家族确实经营屠沽之业。

一部分官员则以权谋私。如《汉书·翟方进传》："（成帝）时起昌陵，营作陵邑，贵戚近臣子弟宾客多辜榷为奸利者，方进部掾史覆案，发大奸赃数千万。"颜师古曰："榷，专也。辜榷者，言己自专之，它人取者辄有辜罪。"也就是说，所谓"辜榷"，就是专卖，独占利益。在成帝营建陵墓与陵邑的过程中，贵戚近臣子弟借机垄断物资交易，专擅其利。

甚至有官员为了牟利铤而走险，以官钱放贷。《汉书·韩延寿传》：

延寿代萧望之为左冯翊，而望之迁御史大夫。侍谒者福为望之道延寿在东郡时放散官钱千余万。望之与丞相丙吉议，吉以为更大赦，不须考。会御史当问东郡，望之因令并问之。延寿闻知，即部吏案校望之在冯翊时廪牺官钱放散百余万。[4]

① 房玄龄等：《晋书》卷五六《江统传》，北京：中华书局，1974年，第1537页。
② 班固：《汉书》卷五九《张汤传》，北京：中华书局，1962年，第2652页。
③ 班固：《汉书》卷七六《赵广汉传》，北京：中华书局，1962年，第3204页。
④ 班固：《汉书》卷七六《韩延寿传》，北京：中华书局，1962年，第3214页。

韩延寿、萧望之二人在昭、宣时期属于良吏名臣尚且如此，其他官员的状况恐怕更为不堪。对于高官参与商业的行为，时人多有批判，董仲舒云："古之所予禄者，不食于力，不动于末，是亦受大者不得取小，与天同意者也。夫已受大，又取小，天不能足，而况人乎！此民之所以嚣嚣苦不足也。身宠而载高位，家温而食厚禄，因乘富贵之资力，以与民争利于下，民安能如之哉！"[①] 董仲舒认为既然高官厚禄者已然"受大"，获取了大利益，不应该又以富贵为倚仗而与民争利。

如果说高层官吏经商纯为牟利，那么中下层官吏则在很大程度上有被生活所迫的成分在。

汉代官吏的俸禄标准较低，崔寔在《政论》中提到：

> 昔在暴秦，反道违圣，厚自封宠，而虏遇臣下。汉兴因循，未改其制。夫百里长吏，荷诸侯之任，而食监门之禄，请举一隅，以率其余。一月之禄，得粟二十斛、钱二千。长吏虽欲崇约，犹当有从者一人。假令无奴，当复取客。客庸一月千，膏肉五百，薪炭盐菜又五百。二人食粟六斛，其余财足给马，岂能供冬夏衣被、四时祠祀、宾客斗酒之费乎？况复迎父母、致妻子哉！[②]

汉代的俸禄制度沿袭秦代，县令长及以下的令史、史等小吏俸禄微薄，崔寔所言乃东汉的情况。西汉俸禄以发钱为主，而不是半钱半谷，官吏日常所需皆要购买，西汉基层百石乃至斗石之吏仅凭俸禄，根本无法维持生计。俸禄微薄必然导致中下层官吏寻找牟利的手段。荀悦在《申鉴》中称："古之禄也备，汉之禄也轻。夫禄必称位，一物不称，非制也。公禄贬则私利生。"[③] 由于汉代俸禄太低，俸禄的数量与官员的地位

---

① 班固：《汉书》卷五六《董仲舒传》，北京：中华书局，1962年，第2520页。

② 严可均校辑：《全上古三代秦汉三国六朝文》卷四六，北京：中华书局，1958年，第726页。

③ 荀悦撰，黄省曾注，孙启治校补：《申鉴注校补·时事》，北京：中华书局，2012年，第76页。

并不相称，必然滋生私利。仲长统《昌言》中也提到这一问题："夫选用必取善士。善士富者少而贫者多，禄不足以供养，安能不少营私门乎？从而罪之，是设机置阱以待天下之君子也……夫薄吏禄以丰军用，缘于秦征诸侯，续以四夷，汉承其业，遂不改更，危国乱家，此之由也。"① 仲长统认为官吏"营私门"是不得已为之，政府将所有经商的官吏治罪并不现实，这也道出了西汉政府在官吏经营工商业这一问题上态度宽容的原因。西汉政府也曾做出过提高低俸官吏待遇的尝试，宣帝神爵三年（前 59）诏曰：

> 吏不廉平则治道衰。今小吏皆勤事，而奉禄薄，欲其毋侵渔百姓，难矣。其益吏百石以下奉十五。②

统治者无疑已经认识到问题的严重性，希望通过提升俸禄以纠偏。但是整个国家底层官吏数量庞大，将官吏待遇调整到相对富足的水平，国家财政便难以支撑，因此整个西汉后期类似诏书仅见此一例。

传世文献中，中下层官员的生活状况记载的并不多。《盐铁论·疾贪》载："今小吏禄薄，郡国繇役，远至三辅，粟米贵，不足相赡。常居则匮于衣食，有故则卖畜粥业。"③ 由于贫困，底层小吏往往衣食匮乏，面对突发状况，他们不得不卖掉牲口和产业。就经商状况而言，传世文献也不会多有涉及。幸运的是，我们从出土文献中找到大量线索。如《尹湾汉墓简牍》载：

> 开阳丞家圣九月廿一日市鱼就财物河南。④

---

① 范晔：《后汉书》卷四九《仲长统列传》，北京：中华书局，1965 年，第 1655-1656 页。
② 班固：《汉书》卷八《宣帝纪》，北京：中华书局，1962 年，第 263 页。
③ 桓宽著，王利器校注：《盐铁论校注（定本）》卷六《疾贪》，北京：中华书局，1992 年，第 415 页。
④ 连云港市博物馆、东海县博物馆、中国社会科学院简帛研究中心、中国文物研究所编：《尹湾汉墓简牍》，北京：中华书局，1997 年，第 96 页。

即丘丞周喜九月廿一市□□就□□①
厚丘右尉周亚三月五日市材。②

　　上述简文记载了开阳丞、即丘丞、厚丘右尉等下层官员经商的案例。《居延新简》中也有类似案例，《建武三年十二月候粟君所责寇恩事》就记载了一位名为粟君的官员至觻得卖鱼的案例："甲渠令史华商、尉史周育当为候粟君载鱼之觻得卖，商、育不能行，商即出牛一头，黄、特、齿八岁，平贾直六十石，与交谷十五石，为谷七十五石；育出牛一头，黑、特、齿五岁，平贾直六十石，与交谷卅石，凡为谷百石，皆予粟君以当载鱼就直。时粟君借恩为就，载鱼五千头到觻得。贾直牛一头，谷廿七石。约为粟君卖鱼，沽出时行钱卅万。"③ 这些案例琐碎，但是说明当时中下层官吏从事工商业部门十分多样，政府也习以为常，不加干涉。
　　西汉后期，再没有出现大量工商业者专治一业进而富甲一方的现象了。取而代之的是工商业者致力于经营土地，兼及其他的生产方式。与此同时，官僚、贵族等大土地所有者也在经营农业的同时，进入了林、牧、渔及手工业。于是工商业者的特征逐渐淡化，特别是当工商业者积极入仕，大量子弟成为县乡的属吏，甚至成为一方主事者，其开始与官僚、贵族等土地所有者逐渐合流，成为地方豪强的一部分。《盐铁论·刺权》载："自利害之设，三业之起，贵人之家，云行于涂，毂击于道，攘公法，申私利，跨山泽，擅官市，非特巨海鱼盐也；执国家之柄，以行海内，非特田常之势、陪臣之权也；威重于六卿，富累于陶、卫，舆服僭于王公，宫室溢于制度，并兼列宅，隔绝闾巷，阁道错连，足以游观，凿池曲道，足以骋骛，临渊钓鱼，放犬走兔，隆貏鼎力，蹴鞠斗鸡，中山素女抚流徵于

---

① 连云港市博物馆、东海县博物馆、中国社会科学院简帛研究中心、中国文物研究所编：《尹湾汉墓简牍》，北京：中华书局，1997年，第96页。
② 连云港市博物馆、东海县博物馆、中国社会科学院简帛研究中心、中国文物研究所编：《尹湾汉墓简牍》，北京：中华书局，1997年，第97页。
③ 孔祥军：《居延新简"建武三年十二月候粟君所责寇恩事"册书复原与研究》，《西域研究》，2012年第4期，第82页。

堂上，鸣鼓巴俞作于堂下，妇女被罗纨，婢妾曳绨纻，子孙连车列骑，田猎出入，毕弋捷健。"① 随着盐铁、酒榷、均输三项官营事业的兴起，大量商人进入官僚群体，并借助权力谋取私立，并大肆兼并土地，这时已经很难区分他们到底是商人、地主还是官僚。可以说，工商业者到了西汉后期，商人、官僚、地主三合一的新形态已经形成。

---

① 桓宽著，王利器校注：《盐铁论校注（定本）》卷二《刺权》，北京：中华书局，1992 年，第 121 页。

第七章
东汉工商业者的发展

　　尽管西汉末年形成的新工商业者阶层，因其兼有官僚的身份，已经摆脱了西汉前期"素封"的尴尬身份形态，政治地位与社会影响力逐渐匹配，已经从"富"而"不贵"开始转型为既"富"且"贵"的状态，但是他们希望获得更多的政治话语权，能够实现"大富大贵"。新莽时期，因王莽的拉拢，这些工商业者纷纷加入到新朝政府中。但随着新莽政权逐步稳定，工商业政策陡然变化，工商业者又加入到了"倒莽"的队伍中，并向同样反莽的刘氏宗亲迅速靠拢，通过联姻、出钱、出兵等方式，积极扶植刘氏宗亲进行政治投资，最终获得了巨大的政治收益。光武帝即位后，这些工商业者以皇亲国戚或是开国功臣的身份登上历史舞台，他们影响着中央政府工商业政策的制定。终东汉一朝，工商业政策都十分宽松，这可以视作是工商业者前期投资的政治酬庸。实现了大富大贵的工商业者们摇身一变，与豪强合流，以新的身份登上历史舞台。

　　东汉的田庄经济是这一时期最为典型的经济形态，豪强土地田连阡陌，除了致力于农业生产，副业也很发达。财力雄厚的地主田庄基本垄断了矿产、盐铁等大宗生产资料的生产，而这些领域在西汉初年都是由工商业者广泛经营，并赖此发家致富的产业。过去的研究中，学界倾向于认为由于各地田庄自给自足的经营方式，削弱了市场对大宗货物的广泛需求，甚至有学者指出，东汉时期"由于社会经济衰退，全社会商品购买力急剧下降……绝大部分家庭手工业、农副产品退出商品市场，更加剧了商品经济的衰退"①。但是从长沙五一广场汉简的内容来看，"东汉中期地方市场上商品种类繁多，商品交换异常活跃"②，这应该与田庄经济的经营多样性有关。差异化经营之下，东汉的田庄不但是商品的生产者，事实上也是商品的经营者与消费者。因此，东汉时期，豪强取代了西汉工商业者的角色，成为东汉主要的生产者与经营者。一定程度上讲，东汉的豪强是西汉后期商人、官僚、地主三合一形态的"升级"样态，其生产能力、政治影响力均进一步增强。

第一节　新莽时期工商业者与中央政府的合作与反目

新莽时期，王莽为了获得广泛的社会支持，对凭借强大财力拥有巨大社会影响力的工商业者采取了积极拉拢的态度，多任用工商业者为官，如《汉书·货殖传》载：

> 前富者既衰，自元、成讫王莽，京师富人杜陵樊嘉，茂陵挚网，平陵如氏、苴氏，长安丹王君房，豉樊少翁、王孙大卿，为天下高訾。樊嘉五千万，其余皆巨万矣。王孙卿以财养士，与雄桀交，王莽以为京司市师，汉司东市令也。③

随着西汉前期的工商业者因汉武帝的打击而渐次衰落，其后兴起者对于权力的认识更为深刻，王孙卿就是其中的代表。王孙卿利用个人财力多结交豪杰，事实上是站在中央集权的对立面，但是王莽因其社会影响力而加以

---

① 冷鹏飞：《中国古代社会商品经济形态研究》，北京：中华书局，2002年，第60-61页。

② 朱德贵：《长沙五一广场东汉简牍所见商业问题探讨》，《中国社会经济史研究》，2016年第4期，第8页。

③ 班固：《汉书》卷九一《货殖传》，北京：中华书局，1962年，第3694页。

重用，任命其为京师的东市令。王孙卿并不是个案，王莽任用工商业者为官十分普遍，《汉书·食货志》载："羲和置命士督五均六斡，郡有数人，皆用富贾。洛阳薛子仲、张长叔、临菑姓伟等，乘传求利，交错天下。因与郡县通奸，多张空簿，府臧不实，百姓俞病。"① 反映的正是在王莽表明与工商业者合作的积极态度下，工商业者纷纷入仕后官僚系统的变化。商贾进入官僚队伍成为一种普遍现象。与之对应，王莽的政策事实上引导甚至鼓励了这些富足的工商业者，让其看到利用个人财力寻求地方影响力，可以被政府看重，进而获得入仕之资，从而导致：

> 其余郡国富民兼业颛利，以货赂自行，取重于乡里者，不可胜数。②

这事实上为王莽篡汉成功后与工商业者的决裂埋下了伏笔。

王莽登基后，随着统治地位逐渐巩固，他开始着手解决严峻的社会问题。西汉后期最为尖锐的两大社会问题是土地兼并与贫民奴婢化。其中，工商业者广占田宅，蓄积奴婢，对工商业者进行打击限制具有必然性。

始建国二年（10），王莽颁布了五均赊贷之法。所谓"五均"，是指由政府对工商业经营与物价进行统制与管理，主要在长安、洛阳、邯郸、临淄、宛与成都这几个大都市施行。在这些城市中，设置五均司市师，市师下"皆置交易丞五人，钱府丞一人"③。职能主要有："诸司市常以四时中月实定所掌，为物上中下之贾，各自用为其市平，毋拘它所。"④ "万物印贵，过平一钱，则以平贾卖与民。其贾氏贱减平者，听民自相与市，以防贵庚者。"⑤ 各市根据各种商品的质量与市场价，定出上、中、下三种标准价格，如商品超过标准价格一钱，则政府就出面干预，以标准价售予百

---

① 班固：《汉书》卷二四下《食货志下》，北京：中华书局，1962 年，1183 页。
② 班固：《汉书》卷九一《货殖传》，北京：中华书局，1962 年，第 3694 页。
③ 班固：《汉书》卷二四下《食货志下》，北京：中华书局，1962 年，第 1180 页。
④ 班固：《汉书》卷二四下《食货志下》，北京：中华书局，1962 年，第 1181 页。
⑤ 班固：《汉书》卷二四下《食货志下》，北京：中华书局，1962 年，第 1181 页。

姓。政府还负责以成本价收购滞销的粮食、布帛等重要商品，"众民卖买五谷布帛丝绵之物，周于民用而不雠者，均官有以考检厥实，用其本贾取之，毋令折钱"①。另外，政府还经营贷款业务，"民或乏绝，欲贷以治产业者，均授之，除其费，计所得受息，毋过岁什一"②。

在五均赊贷之后，王莽又推行了六筦，即盐、铁、酒收归政府专卖，货币由国家铸造，山林川泽由政府管理，五均赊贷由政府操办。王莽认为，"此六者，非编户齐民所能家作，必卬于市，虽贵数倍，不得不买。豪民富贾，即要贫弱，先圣知其然也，故筦之。每一筦为设科条防禁，犯者罪至死"③。可以这样认为，六筦政策是汉武帝工商业政策的加强版，看似目的是限制工商业者过分盘剥百姓，收工商之利于国有，但从执行结果来看，其本质是一个帮助政府聚敛钱财的搜刮政策。在政策执行过程中，屡有反对声音，如天凤五年（18），时任荆州牧的费兴进言王莽："荆、扬之民率依阻山泽，以渔采为业。间者，国张六筦，税山泽，妨夺民之利，连年久旱，百姓饥穷，故为盗贼。兴到部，欲令明晓告盗贼归田里，假贷犁牛种食，阔其租赋，几可以解释安集。"④ 费兴认为王莽的六筦政策系与民争利，王莽听后大怒，将费兴免官。纳言冯常的经历类似："以六筦谏，莽大怒，免常官。"⑤ 王莽最终一意孤行，强制推行此政策。

如果说五均六筦政策尚有武帝时期的故事作为参考，那么王莽的币制改革则完全是突发奇想的信马由缰，可以视为一种完全以敛财为目的的赤裸裸的掠夺行为。新莽时期的币制改革共进行了四次，主要措施有几点：其一，黄金国有政策。"禁列侯以下不得挟黄金，输御府受直，然卒不与直。"⑥ 秦汉以来，黄金一直是法定货币的一种，作为贵金属，民间多有贮藏，而王莽将其收归国有，且不予兑换等值的五铢钱，相当于对社会进行

① 班固：《汉书》卷二四下《食货志下》，北京：中华书局，1962 年，第 1181 页。
② 班固：《汉书》卷二四下《食货志下》，北京：中华书局，1962 年，第 1181 页。
③ 班固：《汉书》卷二四下《食货志下》，北京：中华书局，1962 年，第 1183 页。
④ 班固：《汉书》卷九九下《王莽传下》，北京：中华书局，1962 年，第 4151-4152 页。
⑤ 班固：《汉书》卷九九下《王莽传下》，北京：中华书局，1962 年，第 4150 页。
⑥ 班固：《汉书》卷九九上《王莽传上》，北京：中华书局，1962 年，第 4087 页。

了一次公开劫掠。这其中，受害最深的无疑是富庶的工商业者群体。其二，屡次更改货币。五铢钱行年已久，特别是汉武帝之后，由于官铸五铢钱质量稳定，有效保证了市场的货币秩序。但王莽执政期间，先后增加大泉、契刀、金错刀、小泉与各类宝货，其共同特点是币值明显大于金属货币所含金属重量，如重 12 铢的大泉可兑换 50 枚五铢钱，相当于差价 20 倍的不等价交换。更有甚者，将早已被淘汰的龟、贝等材料拿来当货币，这些物品本身几乎毫无价值，但政府将之随意规定币值，并用来兑换金属货币，与空手套白狼无异。最终，通过一系列纷乱的操作，大量高面额而驳杂的货币流入市场，政府借机大肆搜刮社会，而百姓手中的财富迅速贬值，手握大量金属货币的工商业者损失尤为惨烈。

这些政策倒行逆施，施行过程中多有阻力，为了保证政策的执行，王莽制定了严苛的法令，导致"民摇手触禁，不得耕桑，繇役烦剧，而枯旱蝗虫相因。……吏用苛暴立威，旁缘莽禁，侵刻小民。富者不得自保，贫者无以自存，起为盗贼，依阻山泽，吏不能禽而覆蔽之，浸淫日广，于是青、徐、荆楚之地往往万数"①。在这些反抗者中，必然不乏利益受到巨大伤害的工商业者的身影。

第二节　工商业者与刘氏宗亲的政治联合

一、工商业者与刘氏宗亲的联姻

王莽改制之后，工行业阶层的处境较之武帝时更为严峻，不但财富被掠夺，主要盈利的经营领域被政府侵夺，社会动乱之下，正常的生产活动难以开展，连生命安全都无法保证。因此可以这样认为，新莽末期的倒莽潮流中，工商业阶层是最坚定的倒莽者之一。而在新莽政权中同样被打击得最为惨烈的刘氏宗亲，成为天然的同盟者。

王莽对刘氏的打击政策有两点最为致命：其一为"夺爵"。新莽始建

---

① 班固：《汉书》卷二四下《食货志下》，北京：中华书局，1962 年，第 1185 页。

国元年（9），王莽下令，"定诸侯王之号皆称公"①，二年（10），"汉诸侯王为公者，悉上玺绶为民，无违命者"②。另外，他还下令"刘氏为侯者皆降称子，食孤卿禄，后皆夺爵"③。其二为"罢黜"。始建国元年，王莽宣布"诸刘为郡守，皆徙为谏大夫"④，相当于剥夺了刘氏宗亲中实权派手中的权力，次年，王莽进一步令刘氏"其为吏者皆罢，待除于家"，颜师古注："罢黜其职，各使退归，而言在家待迁除。"⑤ 改朝换代中，刘氏宗亲失去了贵族血统，本身是一种打击。但西汉一朝两百余年，刘氏宗亲人数增长至十余万人，虽然大部分人已经边缘化，但是依然有通过个人奋斗而封爵、任官的前途，而在王莽的政策之下，这些人彻底被禁锢，完全丧失了授官封爵的机会，除非改朝换代，否则短期内他们的命运很难改变。因此，刘氏宗亲在新莽末年的倒莽洪流中态度是极为坚决的。社会思想层面，随着王莽民心渐失，百姓对刘氏的怀念与认同悄然成风："刘氏之遗恩余烈，英雄岂能抗之哉！然则知高祖、孝文之宽仁，结于人心深矣。周人之思邵公，爱其甘棠，又况其子孙哉！刘氏之再受命，盖以此乎！"⑥ 刘氏宗室成为倒莽潮流中的领导势力，具有必然性。很多工商业者正是看到这一点，纷纷向其靠拢，联姻是其重要的结盟手段。而新莽时期刘氏宗亲的地位没落，工商业者与其联姻才成为可能。

在与刘氏联姻的工商业者中，湖阳樊氏、新野阴氏与真定郭氏最具有代表性。

湖阳樊氏是光武帝刘秀的外祖家，从文献记载来看，属于西汉末年典型的工商业者家族。《后汉书·樊宏列传》：

---

①　班固：《汉书》卷九九中《王莽传中》，北京：中华书局，1962年，第4105页。

②　班固：《汉书》卷九九中《王莽传中》，北京：中华书局，1962年，第4118页。

③　范晔：《后汉书》卷一四《宗室四王三侯列传》，北京：中华书局，1965年，第561页。

④　班固：《汉书》卷九九中《王莽传中》，北京：中华书局，1962年，第4101页。

⑤　班固：《汉书》卷九九中《王莽传中》，北京：中华书局，1962年，第4119-4120页。

⑥　范晔：《后汉书》卷一二《卢芳列传》，北京：中华书局，1965年，第509页。

樊宏字靡卿，南阳湖阳人也，世祖之舅。其先周仲山甫，封于樊，因而氏焉，为乡里著姓。父重，字君云，世善农稼，好货殖。重性温厚，有法度，三世共财，子孙朝夕礼敬，常若公家。其营理产业，物无所弃，课役童隶，各得其宜，故能上下戮力，财利岁倍，至乃开广田土三百余顷。其所起庐舍，皆有重堂高阁，陂渠灌注。又池鱼牧畜，有求必给。尝欲作器物，先种梓漆，时人嗤之，然积以岁月，皆得其用，向之笑者咸求假焉。赀至巨万，而赈赡宗族，恩加乡闾。外孙何氏兄弟争财，重耻之，以田二顷解其忿讼。县中称美，推为三老。年八十余终。其素所假贷人间数百万，遗令焚削文契。责家闻者皆惭，争往偿之，诸子从敕，竟不肯受。①

樊氏开始只是乡间经营田庄的富户，到樊重时通过综合经营渐至巨富。樊氏积极与刘氏宗亲联姻，刘秀外祖樊重以女许配刘秀的父亲刘钦，其子另娶刘秀族兄刘赐的妹妹。另外，樊重的侄女嫁给了刘氏宗室刘弘。

新野阴氏是光武帝皇后阴丽华家族，光武帝年轻时曾言："仕宦当作执金吾，娶妻当得阴丽华。"更始元年（23）六月，刘秀如愿与阴丽华成婚。新野阴氏是南阳著名的富户，《后汉书·阴兴列传》载："宣帝时，阴子方者，至孝有仁恩，腊日晨炊而灶神形见，子方再拜受庆。家有黄羊，因以祀之。自是已后，暴至巨富，田有七百余顷，舆马仆隶，比于邦君。子方常言'我子孙必将强大'，至识三世而遂繁昌，故后常以腊日祀灶，而荐黄羊焉。"② 从记载中可以看到，阴氏家族在历史上并没有人格外显达，因此其"暴至巨富"应该是族人经营得当聚集的财富。尽管史料中未明确写明其经营的行业，但是其从事工商业而致富的推定应该是无误的。

真定郭氏是光武帝郭皇后的母家。《后汉书·皇后纪》载："光武郭皇后讳圣通，真定藁人也。为郡著姓。父昌，让田宅财产数百万与异母弟，国人义之。仕郡功曹。娶真定恭王女，号郭主，生后及子况。昌早卒。郭

---

① 范晔：《后汉书》卷三二《樊宏列传》，北京：中华书局，1965年，第1119页。
② 范晔：《后汉书》卷三二《阴兴列传》，北京：中华书局，1965年，第1133页。

主虽王家女，而好礼节俭，有母仪之德。更始二年（24）春，光武击王郎，至真定，因纳后，有宠。"① 从史料来看，郭氏祖辈应该也不是达官显贵人家，郭昌分家可以将田宅财产数百万让与异母的弟弟，说明郭氏十分富裕，应该也不是一个普通地主，显然也从事工商业的经营，且生财有道。

尽管通过联姻方式支持刘氏宗亲倒莽的工商业者数量有限，但是毫无疑问，他们是第一批在东汉初年完成了社会阶层跃升的人，真正实现了既富且贵。以湖阳樊氏为例，"世祖即位，拜光禄大夫，位特进，次三公。建武五年（29），封长罗侯。十三年（37），封弟丹为射阳侯，兄子寻玄乡侯，族兄忠更父侯。十五年（39），定封宏寿张侯"② 另外两家也成为东汉初年显赫的外戚。

二、工商业者与刘氏宗亲的政治联盟

除了联姻，更多的工商业者则通过出钱出力的方式支持了刘氏宗亲的反莽战争。这其中，南阳李氏很有代表性。

李通是光武起兵的始作俑者，"光武避吏新野，因卖谷于宛。宛人李通等以图谶说光武云：'刘氏复起，李氏为辅。'光武初不敢当，然独念兄伯升素结轻客，必举大事，且王莽败亡已兆，天下方乱，遂与定谋，于是乃市兵弩。十月，与李通从弟轶等起于宛，时年二十八"③《后汉书·李通列传》载："李通字次元，南阳宛人也。世以货殖著姓。"④ 可见李通所在的南阳李氏是一个拥有工商业传统的大家族。东汉建立后，南阳李氏的政治投资回报明显，李通官至大司空，还与光武帝联姻。

王丹也具有代表性，"王丹字仲回，京兆下邽人也。哀、平时，仕州郡。王莽时，连征不至。家累千金，隐居养志，好施周急。每岁农时，辄

---

① 范晔：《后汉书》卷一〇上《皇后纪上》，北京：中华书局，1965年，第402页。
② 范晔：《后汉书》卷三二《樊宏列传》，北京：中华书局，1965年，第1120页。
③ 范晔：《后汉书》卷一上《光武帝纪上》，北京：中华书局，1965年，第2页。
④ 范晔：《后汉书》卷一五《李通列传》，北京：中华书局，1965年，第573页。

载酒肴于田间，候勤者而劳之"①。从王丹的情况来看，其家族未出现烜赫人物，能够家累千金，多半与工商业有涉。王丹并没有直接投身到倒莽的军事斗争中，但是以财力支援了刘秀，"会前将军邓禹西征关中，军粮乏，丹率宗族上麦二千斛"②。因王丹支持刘秀有功，最终被征为太子少傅。

工商业者以其雄厚的资本支持了刘氏宗室的反莽战争，东汉建立后，他们相应地进入了中央政权中，实现了政治身份质的飞跃。与西汉武帝时期相比较，如果说武帝起用工商业者是一种政治分化与拉拢的手段，那么东汉初年的工商业者则是名副其实的开国元勋，二者地位不可同日而语。"'素封'则在创立东汉王朝的进程中，使整个阶层摆脱了'富'而不'贵'的两百年'羞耻'，一部'素封'历史至此也可以划上休止符了。"③

第三节　东汉的"专业性"工商业者

东汉时期有影响力的大工商业者均与豪强合流，确实也存在单纯从事工商业经营的"专业性"的工商业者存在。王符《潜夫论》称："今察洛阳，浮末者什于农夫，虚伪游手者什于浮末……天下百郡千县，市邑万数，类皆如此。"④但是其大部分是经营日常生活必需品的小工商业者，鲜能见到西汉时期专治一业的从业者，即便有经营范围受到极大限缩，多转而从事奢侈品的生产、经营者。东汉奢靡之风盛行，百姓嫁娶崇尚侈靡。"死以奢侈相高"，服饰以华贵为右，极口腹之欲，器用务以靡丽为先，广宅第、园囿。在此风气之下，社会的奢侈品需求快速膨胀，工商业也呈现出繁荣的景象。特别是东汉中后期，从事工商业的人数增加明显。但是必须看到，这一时期膨胀的专业性工商业者队伍并没有西汉前期的那种独立品格与社会活力，只是依附于权贵与豪族奢侈需求的群体罢了；其社会的

---

① 范晔：《后汉书》卷二七《王丹列传》，北京：中华书局，1965年，第930页
② 范晔：《后汉书》卷二七《王丹列传》，北京：中华书局，1965年，第931页。
③ 马彪：《秦汉豪族社会研究》，北京：中国书店，2002年，第48页。
④ 王符著，汪继培笺，彭铎校正：《潜夫论笺校正》卷三《浮侈》，北京：中华书局，1985年，第120页。

影响力与经济实力较之西汉的工商业者不可同日而语，也未形成一个新的阶层。同时，东汉时期"以末致财，以本守之"的观念广泛流行。工商业者获得商业资本，往往积极投入到土地兼并之中，变成田庄主，这是当时产业经营的常态；规模再大一些，就会发展成为新的豪强，很难再称之为工商业者了。

中编结语

秦汉时期的私营工行业群体一度拥有雄厚的财力与巨大的政治影响力，在这一时期的历史舞台上十分活跃，其后的中国历史中，再难以看到如秦汉这般工商业者如此引人注目的时期。西汉武帝时期是一个重要的分水岭，在这之前，工商业者作为一个独立的群体势力游离于西汉统治秩序之外，借助自身的财富优势侵蚀地方社会，甚至诸侯王勾结，搅动朝局。汉武帝打击工商业之后，单纯的工商业者一蹶不振。到了西汉中期，这一群体开始重构：一方面原本通过交通权贵以图生存，或是借权贵的庇护以谋取利益的工商业者反思之余开始积极入仕，成为官吏，以获得政治权力；另一方面官吏群体广泛参与到工商业经营中，成为具有工商业背景的政商。因此，西汉后期的工商业者大部分兼具官吏与工商业者的二重身份。同时新形成的工商业群体对古代最为稳定的资产——土地表现出前所未有的渴求。中国古代社会的土地本质上就是以政治权力为分配依据，这些获得政治权力的工商业者又是土地兼并中最为成功的群体之一，最终，他们具有地主的第三重身份。高层官吏与外戚等勋贵暂且不论，就地方社会来看，集官吏、工商业者与地主三种身份为一体的新型工商业者，事实上就是我们熟知的豪强。东汉时期，随着社会奢靡之风的盛行，产生了不少专门从事生产、经营奢侈品的工商业者。但是这一时期的工商业者队伍并没有西汉前期那种独立品格与社会活力，其社会影响力与经济实力较之西汉的工商业者不可同日而语。

西汉以来工商业者的转型具有历史必然性，如果说中国古代社会工商业者被控制与打压是一个常态，那么秦至汉初工商业者的活跃则是一个变态，是复杂历史背景之下的产物。工商业者以独立群体的身份登上历史舞台，恰逢春秋、战国的列国纷争时期，尚未出现统一的中央集权国家，工商业者凭借雄厚的财力在各诸侯国之间纵横捭阖，诚如王夫之在《读通鉴论》中所言："七国者，各君其国，各有其土，有余不足，各产其乡，迁其地而弗能为良。战争频，而戈甲旌旄之用繁；赂遗丰，而珠玑象贝之用亟；养游士，务声华，而游宴珍错之味侈。益之以骄奢之主、后宫之饰、狗马雁鹿袨服殊玩之日新，而非其国之所有。于是而贾人者越国度险，罗致以给其所需。人主大臣且屈意下之，以遂其所欲得，而贾人遂以无忌惮于天下。"① 工商业者势力在战国末期达到极盛，甚至出现吕不韦"建国立君"、掌控秦国朝局的案例。

商鞅变法以来，秦国建立了以战争为务的国家耕战体制与中央集权制度。在这种体制之下，广大小农尤为重要。商鞅指出："故治国者欲民之农也。国不农，则与诸侯争权，不能自持也。"② 小农是秦国争霸的基石所在。工商业者与这种耕战体制是天然对立的，《商君书》谈道："商贾之可以富家也，技艺之足以糊口也……则必避农，避农则民轻其居。轻其居，则必不为上守战也。"③ 《吕氏春秋》也论及："民舍本而事末则其产约，其产约则轻迁徙，轻迁徙则国家有患皆有远志，无有居心。"④ 小农一旦成为工商业者，必然凭借其资产从土地上剥离，进而产生流动性，形成游离于政府统治秩序的另一种非组织群体，成为一种耕战体制与中央集权制度外的"反动"力量。商鞅认为这种政治上的异己力量可以通过严厉打击来消除。但是通过秦国的行政实践来看，商鞅的主张仅停留在理论层面，争霸战争之下，固然需要厉行耕战政策，但是国家也需要通过工商业者与东

---

① 王夫之：《读通鉴论》，北京：中华书局，1975年，第48页。
② 蒋礼鸿：《商君书锥指》卷一《农战》，北京：中华书局，1986年，第24页。
③ 蒋礼鸿：《商君书锥指》卷一《农战》，北京：中华书局，1986年，第25页。
④ 许维遹撰，梁运华整理：《吕氏春秋集释》卷二六《上农》，北京：中华书局，2009年，第683页。

方六国的贸易互通有无，借助工商业者的势力开发新占领区，秦政府与工商业者最终形成了某种合作关系。秦国的工商业政策较为宽松，实为时势所迫。

汉初的状况与战国时的状况实有相似之处。郡国并行制之下，中央集权并未得到真正的贯彻，汉政府需先解决的主要几个问题是诸侯王问题、民生凋敝问题、匈奴问题，抑制工商业者并不处于靠前位置，这就为工商业者的发展提供了较大的空间；加之工商业者长袖善舞，游走于各势力之间，特别是东方各诸侯国为其经营大开方便之门，助其积累了巨额财富，其后这些工商业者开始利用手中的财富侵蚀基层社会，腐蚀官僚体制，大量控制人口，建立了一套独立于政府之外的权力、利益分配原则及价值观体系，而这是统治者绝不能允许的。至汉武帝时期，中央集权空前加强，汉初的几个问题得到解决之后，解决工商业者的问题提上了日程。自此，战国以来工商业者发展的黄金时代结束了。

汉武帝重创工商业者之后，这些工商业者认识到在中央集权制度下，扩充财富的最有效手段不是进行经济投资，而是进行政治投资，也就是入仕，投资土地是一种比投资商业更为稳妥的经营方式。一旦工商业者开始成为大地主，并进入当地的官僚系统，控制地方社会便成为一种必然，发展成为豪强是水到渠成的事情。由于工商业者进入了官僚系统，也就意味着其从一个民间崛起的无序力量，进入了国家的统治体系，其与国家形成了一种共生关系。因此东汉的经济政策中，有抑商之名而无抑商之实，豪强也正是在这样相对宽松的经济政策之下，积极经营工商业，财富迅速积累起来。

下编

豪族的形成与演变

第八章
西汉初年社会势力的游离

豪族是在汉代国家与社会整合互动过程中形成的社会阶层。豪族由各种社会势力演变而来，国家对游离于王权秩序之外的社会势力的整合是豪族形成的历史背景，而王权支配是豪族形成、演变的推动力。各种社会势力在王权支配社会的原理下不断向国家权力体系靠拢，与政治权力相结合，进而演化成"多位一体"的豪族。豪族对两汉政治、经济、文化和社会结构演变产生了重要影响。"两汉是豪族不断扩大增强的过程，两汉社会的演变，可说是逐步走向以豪族为中心的社会形态。"[①]

第一节　豪族界说

关于豪族社会阶层研究，中外学术界已有很多成果，涉及豪族阶层的各个方面。[②] 总体说来，国内学者较多从阶级属性进行经济等方面研究，国外学者则侧重从社会属性进行政治与社会等方面研究。但到目前为止，对豪族的界定尚不一致，直接影响了对豪族阶层的形成、特点、性质和形

---

① 刘增贵：《汉代豪族研究——豪族的士族化与官僚化》，台湾大学历史学研究所博士学位论文，1985 年，第 1 页。

② 崔向东：《汉代豪族研究》，武汉：崇文书局，2003 年，第 18-42 页。

态演变的认识，在此有必要先对豪族概念加以界定。

最早使用豪族概念始于日本明治维新时期的东洋史学者，此后中国学者也将这一概念用于汉代社会阶层研究。现择要加以介绍：

杨联陞先生较早使用"豪族"来研究秦汉社会阶层，他在《东汉的豪族》一文中，对两汉豪族做出分类。他认为，西汉时期的豪族包括六国旧贵族、富商地主、子钱家等。东汉的豪族分为两大类，一类是宗室、宦官与外戚，另一类是一般高官及地方豪强。① 杨文将各种社会势力均视为豪族，且将宦官亦列入豪族之列。宦官是特殊的政治势力，不能视为社会势力，这一点是值得商榷的。

劳榦先生《汉代的豪强及其政治上的关系》一文认为，汉代的豪强乃是政治上及社会上的一个问题。在文中论述时，劳榦多次使用豪族一词代替豪强。在涉及东汉社会势力的论述时则多用豪族，他认为豪族或称豪杰、强宗右姓、著姓、豪姓、大姓、豪侠、豪猾、大人等，并未明确区分诸种社会势力与豪族的差异，豪族即豪强。②

瞿同祖先生将汉代的强势家族统称为豪族，他认为这些豪族家族分为几类，即战国时期六国贵族后裔、皇族王侯、外戚家族、官僚家族、富商家族和游侠家族。③ 在论述东汉豪族时，他也将宦官视为豪族。

何兹全先生认为，豪族是两汉的重要社会势力，《汉书》中常称之为"豪杰""世家""富人""大族""并兼之家"，范晔《后汉书》中常称之为"豪族""家世衣冠""大姓"等，对这些社会阶层暂用"豪族"来概括。④ 何先生注意到两汉对社会势力称谓的微妙变化，有助于从动态视角认识豪族。

---

① 杨联陞：《东汉的豪族》，《清华学报》，1936 年第 4 期。

② 劳榦：《汉代的豪强及其政治上的关系》，收入氏著：《古代中国的历史与文化》，北京：中华书局，2006 年，第 294 页。劳榦在本文开篇说"现在本文所用的豪族或豪强出于以下各条"，但其后所列各条中均无"豪族"。

③ 瞿同祖著，邱立波译：《汉代社会结构》，上海：上海人民出版社，2007 年，第 165 页。

④ 何兹全：《两汉豪族发展的三个时期》，中国秦汉史研究会编：《秦汉史论丛》（第三辑），西安：陕西人民出版社，1986 年，第 96 页。

　　刘增贵先生在其博士学位论文《汉代豪族研究——豪族的士族化与官僚化》中，对汉代豪族进行了较为深入的研究，视角独特，颇具启发意义。他认为豪族包括各种社会势力，而社会势力来自多途。"汉代的社会势力是逐渐走向凝结的过程中"，豪族是由各种社会势力演变而来的。刘增贵先生强调豪族性质的转变，即不断官僚化与士族化，这样的豪族显然与单一的社会势力不同，由此将豪族与各种社会势力做出明确区分。①

　　王彦辉先生《汉代豪民研究》一书，对汉代非身份地主阶层豪民进行研究，他提出豪民包括工商豪民和乡里豪民，史书中所称的"豪富民""豪大家""豪强""豪右""强宗""大姓""著姓"等，都属于豪民，而闾巷游侠不在其讨论之列。② 从其豪民的涵盖来看，也包括六国贵族后裔，其所论豪民与豪族有许多相同之处，但总体上涵盖类型要少于豪族。

　　马彪先生认为，秦汉时期的豪族应包括贵族、官僚和平民的上层集团，具体而言，包括三大成分，即被称为"素封"的富商大贾、有"秩禄之俸"的儒宗官僚和有"爵邑之入"的宗室、外戚及恩宠等贵族。③

　　黎明钊先生对汉代豪族进行深入研究，他将汉代豪族大姓归纳为四大类型十三种类出身。四大类型即"其一，经济大地主型豪族大姓，包括大地主及商贾豪族大姓；其二，官吏型豪族大姓，包括士族、世家、地方郡县士大夫、掾吏等仕宦豪族大姓；其三，学术性豪族大姓，如儒宗、经学世家等豪族大姓；其四，既不属经济，又不属官吏型的豪右、豪强，如游侠等"④。在十三种类出身中，黎先生将宦官和贼帅也列入豪族，显然豪族的界定过于宽泛。

　　日本学者对汉代豪族进行了较为深入的研究，其观点值得我们注意。日本研究汉代豪族的学者主要有宇都宫清吉、镰田重雄、西嶋定生、川胜

---

　　① 刘增贵：《汉代豪族研究——豪族的士族化与官僚化》，台湾大学历史学研究所博士学位论文，1985 年。

　　② 王彦辉：《汉代豪民研究》，长春：东北师范大学出版社，2001 年，第 1-12 页。

　　③ 马彪：《秦汉豪族社会研究》，北京：中国书店，2002 年，第 7-10 页。

　　④ 黎明钊：《辐辏与秩序：汉帝国地方社会研究》，香港：香港中文大学出版社，2013 年，第 29、73 页。

义雄、鹤间和幸等。宇都宫清吉的《汉代豪族研究》分为"汉代豪族论"和"汉代的豪族"两部分。"汉代豪族论"部分梳理了中日学术界关于豪族研究的学术脉络,"汉代的豪族"部分探讨了汉代家族制。他认为,豪族不单指一个人,而是由众多同属于一个宗族的同姓家族组成,由族居而形成紧密的结合关系而具有整体的强大力量。[①] 宇都宫清吉的观点为多数学者所接受,如镰田重雄认为,豪族是同姓宗族集团,豪族以宗族为连结,族人众多。豪族拥有强大的经济势力,左右地方政治。豪族子弟世代入仕为官,形成名望家族。[②] 西嶋定生认为,豪族是同宗族的人结合为一个整体而形成的地方社会势力。[③] 川胜义雄认为,豪族是由众多的有宗族关系的小家庭相互结合而组成的宗族集团,这个集团以一个强有力的家族为核心。乡村社会是豪族产生的基础,由于农耕技术的进步和灌溉设备的完善,乡村社会生产力提高,出现富农阶层,富农的势力不断强大,发展为豪族。[④]

鹤间和幸认为,豪族指的是大姓、豪侠、冠族和富人。大姓强调宗族的结合,包括强族、名族、大家、良家子、显姓、旧族等;豪侠指以任侠关系为基础的游侠集团;冠族指世代为官的门第阶层;富人指高訾、豪富、家产千金的富豪阶层。鹤间和幸的这一看法,也是将各种社会势力泛称为豪族。[⑤]

总之,日本学者强调从社会角度去界定豪族,认为豪族是社会势力的拥有者,是以具有血缘关系的核心家庭为主的社会集团,其内部以同姓家族为联系,保持着同族的结合,其外部以拟制宗族关系凝聚了大量的徒附、宾客、奴婢和门生、故吏等,形成依附关系,是具有强大支配

---

① 宇都宫清吉:《漢代豪族研究》,《中國古代中世史研究》,東京:創文社,1977年,第351-388页。

② 镰田重雄:《漢代の社會》,東京:弘文堂,1955年,第42-46页。

③ 西嶋定生:《中國の歷史·秦漢帝国》,東京:講談社,1974年。

④ 川胜义雄:《漢代の社會と豪族の伸張》,《中國の歷史》3,東京:講談社,1974年;川胜义雄著,徐谷芃、李济沧译:《六朝贵族制社会研究》,上海:上海古籍出版社,2008年。

⑤ 鹤间和幸:《漢代豪族の地域的性格》,《史学杂志》,1978年第87编第12号。

力的家族。①

以上中日学者的看法，既有相同也有差异。中国学者多将豪族作为不同类型的地主，从阶级—经济角度加以认识，这固然有利于认识豪族的经济属性，但也造成了对豪族社会属性的忽视。同时，国内学者普遍将各种社会势力等同于豪族，有的甚至将东汉宦官这一特殊势力也列为豪族，这便抹杀了豪族与各种社会势力的界限和差异。豪族与各种社会势力有着千丝万缕的联系，但不能等同于各种社会势力。豪族是各种社会势力演化的结果，如将各种社会势力笼统称为豪族，不仅容易造成概念上的混乱，而且会忽视豪族的形成与形态演变，而这恰恰是界定豪族时尤其需要加以注意的。

日本学者注重豪族的社会性质，无疑开启了一个新视角，有助于区别豪族与贵族的概念。我们看到，汉代豪族与魏晋贵族并不相同，但在汉代豪族实际的发展过程中，尤其是东汉士族化豪族，世代拥有保持高贵性的政治权力，也就日益接近贵族。豪族具有双重属性，一是地方社会势力，二是拥有国家权力。因此，从动态看，单纯从社会层面来界定豪族，并不完全符合豪族形成发展的实际。

总体来说，国内学术界普遍把各种社会势力统称为豪族，这样概括似无不可，但问题是，汉代社会势力是多样的，它贯穿于两汉历史中，就汉初而言，包括的种类很多，如六国旧贵族、游侠、私人工商业者、豪大家、豪强等，如果都用豪族来概括，那么极容易忽视社会势力之间的差异性和形态演变，使豪族成为一个过于宽泛的概念。在汉代国家整合社会的大背景下，各种社会势力自身都发生了转变，总的趋势是由单一的社会势力演变为集官僚、地主、士人和宗族首领等多种身份于一体的社会阶层。这种"多位一体"的社会阶层已经不同于原来单一的社会势力，它是一个新的社会阶层，我们把这样的社会阶层称之为豪族。

关于豪族的性质，以往学界多倾向于将豪族视为地主阶级，但这只是

---

① 山田胜芳撰，唐宗瑜、田人隆译：《近年来的秦汉史研究——以好並隆司、谷川道雄、渡边信一郎三人的研究为中心》，《中国史研究动态》，1980 年第 11 期。

从阶级角度去认识。从豪族的性质看，豪族属于地主，具有鲜明的经济性，但豪族作为社会势力，其总的发展趋势是与政治权力日益结合，因而更具有政治性，正是政治性使豪族与一般非身份性地主有明显区别。

从豪族的形成过程看，豪族由各种社会势力发展演变而来。有学者注意到汉代各种社会势力的演变，如柳维本先生认为，到汉武帝时，汉初军功地主、宗法地主、贵族官僚地主和一般的中小地主向豪强地主转化，豪强地主是在新的历史条件下形成的一个新阶层。[①] 许倬云先生认为，西汉后期，"产生出了一个富豪、学者和权贵三位一体的单独的社会阶层"[②]。这一新的阶层是原来各种不同的社会集团相互融合的结果。陈启云也持相同的看法，认为汉代的豪族具有官僚、地主和学者三种属性，也就是政治、经济、文化三种力量交叉形成的"铁三角"。[③] 孟祥才先生在分析汉代社会势力的演变时，看到汉代地主阶级主体的变动，认为到汉武帝以后，地主阶级的主体是豪强地主，即"大官僚、大地主与富商大贾三者的结合体"。东汉以后，豪强地主演变为世族门阀。[④] 我们说，豪族是在汉代国家整合社会的背景下形成的新的社会阶层，豪族既有别于汉初的各种社会势力，也不完全等同于门阀士族。我们应当动态地考察豪族，不能把豪族视为单一的形态，否则就难以认清汉代国家的权力基础和社会阶层变化，就不能阐明社会势力在国家控制下的演变过程。

从豪族形成的时间节点上看，这一新的社会阶层大体在西汉武帝到昭、宣帝时期形成，此后不断发展壮大。豪族是在汉代国家整合社会过程中形成的，其不同于此前的社会势力。豪族的进一步发展则演化为魏晋时期的门阀士族，豪族成为魏晋士族的来源，但又不同于门阀士族。汉代豪

---

① 柳维本：《西汉豪强地主的形成和地位》，《辽宁师大学报（社会科学版）》，1984年第5期。

② 许倬云著，程农、张鸣译：《汉代农业：早期中国农业经济的形成》，南京：江苏人民出版社，2019年，第53页。

③ 陈启云：《汉晋六朝文化·社会·制度——中华中古前期史研究》，台北：新文丰出版公司，1998年，第9页。

④ 孟祥才：《论秦汉的"迁豪"、"徙民"政策》，中国秦汉史研究会编：《秦汉史论丛》（第三辑），西安：陕西人民出版社，1986年，第52页。

族还不完全合法具备魏晋门阀士族在政治、经济、军事等方面的特权，如"九品中正制""荫客制""领兵制"等，豪族还不能称为严格意义上的门阀士族。

豪族概念不应是对各种社会势力的一个简单总称，而应是对一个新的社会阶层的概括。从豪族的性质和形态看，都与单一的社会势力不同。汉初，单一的社会势力常常游离于国家秩序之外，与国家权力相对抗，因此是国家限制、打击的对象；而豪族在形成和发展的过程中不断官僚化并进而士族化，与国家权力体系联系密切，日渐成为国家权力的社会基础。尤其是东汉，豪族阶层深深影响着国家政治，呈现出豪族政治的倾向。豪族不同于单一的社会势力，尽管有的社会势力本身也是多重身份，但从形成过程看，仍不属于豪族。战国以来的各种社会势力到西汉武帝时期出现了新的变化，在国家整合背景下，演化成了多位一体的新形态。当然，这是就根本趋势而言，并不是说原来的各种社会势力就此全部消失。实际上，单一社会势力仍然存在并随时产生，但总的演变趋势是与国家权力相结合成为豪族，并进而向士族转化，应该说，这是两汉社会势力形态演进的主线索。

在西汉中期以前，国家对各种社会势力采取限制、打击政策，而豪族形成后，国家与豪族之间并非单纯的冲突，而是相互妥协。豪族形成后，在政治（如东汉建立、门生故吏、党锢之祸）、经济（东汉度田、田庄经济）、文化（官僚儒学化、士族化）和社会（社会关系网络、豪族共同体）等各方面都对国家政治和社会结构产生重大影响，体现为社会对国家的反制约。由此可以看出，豪族与其前的各种社会势力、其后的门阀士族都有联系，但又有着根本区别。因此，不能因各种社会势力是豪族的来源而将二者等同，这就犹如豪族是门阀士族的来源而不能将门阀士族称为豪族是一样的道理。

界定豪族，需要注意豪族多位一体的本质特征。豪族是在汉代国家整合背景下形成的一个新的社会阶层，它是由各种社会势力演化而来，不同于原有的社会阶层，但又与原有的社会阶层有着密切关系。各种社会势力在形态上看往往是单一的，而豪族却是多元一体的；各种社会势力未必都与国家权力有联系，而豪族一定要与国家权力密切相关。从经济属性看，豪族无疑是地主，占有土地，拥有经济实力；从政治属性看，豪族是官僚，豪族与国家权力体系紧密结合，拥有政治权力；从社会属性看，豪族根植于乡里社会，有着宗族势力。豪族的特征是多元的，它集权力—土地—文化—宗族于一体，具有国家与社会双重属性。单纯从某一角度、某一性质去界定豪族，都不足以概括豪族这一政治—社会势力之全貌。从豪族形成发展和存在形态看，经历了单一社会势力—豪族—士族化豪族这一演化过程。这一演变过程同国家与社会的整合互动密切相关，是国家整合社会和社会对国家的反作用的共同结果。

从豪族的形成和演变过程看，典型的豪族应具备如下四个特征：一是拥有权力，豪族家族不断保持与权力的结合，官僚化和世官化是豪族的本质特征，拥有权力使作为社会势力的豪族成为政治力量。二是大地产性，豪族拥有大量的土地和财富，属于"富人"。就豪族一般形态而言，豪族无疑是大地产拥有者。三是儒学化，通明经术、明经入仕是豪族与权力结合的重要方式，世代的儒学化造成了豪族士族化，导致豪族家学家教的形成，也进一步改变了豪族的精神世界。① 四是宗族依托，豪族非仅指一人，而是以一个人、一个大家族为中心组合成的豪族单位。② 这个豪族单位既包括宗族成员，也通过拟制宗族关系将非宗族成员纳入其中，因此这样的豪族单位便是重要的社会组织。上述四个特性，权力为根本，经济为保障，文化为凭借，宗族为依托，这是一个典型的豪族（士族化豪族）应该具备的基本特征。③

我们说豪族是皇权支配社会的结果，豪族主要来源于各种社会势力的转化，但也有很多平民发展为豪族。国家整合社会的制度、手段是多样化

---

① 崔向东等：《汉代豪族文化与精神世界研究》，哈尔滨：黑龙江人民出版社，2019年，第63页。

② 杨联陞说："所谓豪族，并不是单纯的同姓同宗的集团；是以一个大家族为中心，而有许多家或许多单人以政治或经济的关系依附着它，这样合成一个豪族单位。"杨联陞：《东汉的豪族》，《清华学报》，1936年第4期。

③ 参见崔向东：《汉代豪族研究》，武汉：崇文书局，2003年，第148-189页。

的，既有限制、打击，也有引导、吸纳。在国家确立了正式而稳定的察举选官制度后，考选成为自耕农上升到社会上层的一条重要途径，通经入仕而为官，世代通经入仕而家族官僚化，由文化获得权力，由权力进而扩大家族势力，循环往复，形成了一个个豪族。如萧望之家族，"家世以田为业，至望之，好学，治《齐诗》"，后为高官。萧望之有八子，其中萧育、萧咸、萧由皆为高官。萧由任安定太守、中散大夫，"家至吏二千石者六七人"[①]。又如匡衡家族，匡衡祖上世为农夫，"至衡好学"，通明经术，称为大儒。匡衡为丞相，其子昌为越骑校尉，子咸亦明经，历位九卿，"家世多为博士者"[②]，官宦不断。类似这样的豪族形成事例很多，说明豪族是伴随国家整合社会的过程而出现的一个新的社会阶层。所以用豪族笼统地概括各种社会势力，并不十分准确。

豪族是国家整合社会而形成的"复合体"。豪族来源于各种社会势力，又成为魏晋门阀士族的一个源头。有学者看到豪族形成、演变的这一过程，将豪族与一般社会势力和门阀士族区分开来，确定了豪族划分标准。如刘增贵认为，豪族的界定标准应该是多重的，他说："以财产论，百万以上是一般豪族，千万以上则是大豪族了。以宗族论，少者需数十人，多者二百余人，但宗族成员的个别势力要大到什么程度才能形成整个'族势'则很难界定。以任官而论，世代任二千石以上的算高官之族，但六百石左右的也不应忽视，'世郡吏'则是地方性的'著姓'。以世代而论，两代为官的已可称'世家'，三代以上为官则更为人们所重。"[③] 当然这是仿照六朝门阀士族的标准，汉代豪族处于向魏晋士族发展的"士族化"过渡阶段，因此不能简单地按照门阀士族的情况去生搬硬套，也不能削足适履，而应结合汉代豪族发展的历史实际而定。有些标准因时代不同也有差异，如汉代迁豪实陵，不同时期的财产标准亦不同。汉代豪族正处于发展

---

① 班固：《汉书》卷七八《萧望之传附子育子咸子由传》，北京：中华书局，1962年，第3291页。

② 班固：《汉书》卷八一《匡衡传》，北京：中华书局，1962年，第3347页。

③ 刘增贵：《汉代豪族研究——豪族的士族化与官僚化》，台湾大学历史学研究所博士学位论文，1985年，第58页。

时期，尚未如门阀士族那样固化，因此上述的确定标准也只能是一个大概的标准。"这种界限在汉代并没有那么清楚，而且也不能适用于所有豪族。豪族标准的多样化，显示汉代社会仍是相当活泼的。"①

前四史中关于社会势力的称谓是多种多样的，其中有些称谓是同义的，而有些则是各有所指，不能代替。因此，用一个称谓概念去涵盖诸多社会势力并能凸显其演变过程和特征，确实是一件很难的事。我们对前四史中与各种社会势力相关的称谓进行统计，从众多各种社会势力的称谓中选择"豪族"来指称汉代"多位一体"的新的社会阶层。在诸多称谓中，笔者认为"豪族"这一称谓能更好地反映汉代各种社会势力向"多元一体"演变的历史进程及其特征。其一，"豪族"称谓不见于《史记》《汉书》，而见载于范晔《后汉书》，说明这一社会势力经历了较长的形成、演变过程，属于新的社会阶层。其二，"豪"的词义内涵能很好地概括这种"多元一体"的新的社会阶层特征。第一点前文已有所阐述，下面就第二点加以说明。

豪为形声字，从豕，高省声。"豪"本义指身体长有坚硬毛刺的豪猪。《说文》曰："豕，鬣如笔管者，出南郡。"② 豪又指豪猪身上的毛刺，具有强而有力之义，而其引申义较多，一般解释如下：

具有杰出才能或力量。这类词语有豪杰、豪俊、豪贤、豪才、豪隽等。

统帅，首领。"豪，帅长也。"这类词语如豪帅、豪长、豪酋等。

强横勇猛。这类词语如豪侠、豪强、豪猾、豪横、豪勇、豪猛等。

气魄盛大、豪放。这类词语如豪气、豪大、豪爽、豪迈等。

豪华奢侈。这类词语如豪奢、豪忕、豪侈、豪丽等。

从《史记》《汉书》《后汉书》等有关社会势力的称谓看，人们单独用豪或豪与其他字、词组合的称谓使用频率最多③，皆有具体所指。可见，

---

① 刘增贵：《汉代豪族研究——豪族的士族化与官僚化》，台湾大学历史学研究所博士学位论文，1985年，第58页。

② 许慎撰，段玉裁注：《说文解字注》，杭州：浙江古籍出版社，2002年，第456页。

③ 参见本书第九章第四节《〈史记〉〈汉书〉〈后汉书〉社会势力相关称谓对比表》。

具有"豪"的属性是当时人们对社会势力认识的一个重要方面。在此我们对这些称谓略加分类，以便进一步理解豪的含义。

第一类："豪臣""豪贵""权豪""豪戚""豪吏"等。这类称谓中，豪与表示权力的字组合，权豪、豪贵等说明豪族拥有政治权力。

第二类："豪富""富豪""豪民""豪右""豪家""豪人"等。这类词语突出的是经济实力，豪象征着富有，豪富、豪家是经济实力强大之家。

第三类："豪族""豪宗""豪姓""豪门""强宗""大姓"等。这类词语中，豪与宗、族等相连，说明豪族宗族势力强大。

第四类："县豪""郡豪""名豪""豪侠""豪帅""豪率""大豪""豪长"等。这类称谓中的豪，表明豪族是地方社会领袖。

第五类："豪猾""豪暴""暴豪""豪奸""豪杰""豪强""豪大家""强豪""豪纵"等。这里的豪具有强力、暴力意味。瞿同祖说："概括来说，任何人，无论他是不是游侠，只要他有足够的力量可以号令一群人，可以对他们加以控制，或者可以干预政府的管理，好像都可以被称为'豪杰'。在史籍里面，这些有力量可以依恃的人经常也被称为'豪'或者'豪强'。"[1]

第六类："豪俊""贤豪""豪贤"等。这类词语突出的是文化和修养，豪族拥有社会名望。

从上述与"豪"组合成的相关词语看，豪含义丰富，具有强、雄、猛、大、盛之意，主要反映了社会势力所拥有的政治权力、经济实力、宗族势力、文化优势和社会威望等。"豪"主要突出的是"力"，即支配力和影响力。因此，各种社会势力是社会上的"有力者"，这种力包括多方面，如权力、财力、强力、武力、威望等。各种社会势力只具备某些方面的"力"，而后来形成的新的社会阶层是"多位一体"[2]，总的趋势是集各方面的"力"于一身。这些"力"和以力形成的支配秩序，通过"豪"

---

[1] 瞿同祖著，邱立波译：《汉代社会结构》，上海：上海人民出版社，2007年，第200页。

[2] 崔向东：《汉代豪族研究》，武汉：崇文书局，2003年，第125页。

来体现，"豪"最能反映社会势力的本质。因此，在具体指称社会势力时，汉人常用豪字来形容、概括。尽管有些称谓带有来自官方的贬义，但这并不妨碍人们对"豪"的看法。尤其是西汉中期以后，随着豪族的官僚化、士族化，人们对由"豪"组成的称谓的贬义减少，豪成为社会中的"秀出于众者"。我们在界定新的"多位一体"的社会阶层时，也使用汉代人们普遍使用的"豪"字。同时，在《汉书》《后汉书》中，强调家族、宗族性质的"族""宗""姓"等词语颇多，反映汉代随着豪族的形成，宗族进一步发展的事实。从《后汉书》中豪族的具体事例看，东汉豪族有宗族依托，家族宗族势力强大。为了能够突出豪族的宗族性、社会性，我们用"族"与"豪"相连，称为"豪族"。豪族不单指个人，更强调家族宗族，它与"细族""小族""小姓""单门""孤门""单家"相对而言。豪族突出家族的权势和财富，《后汉书·李通王常邓晨来歙列传》赞曰："李、邓豪赡，舍家从谶。"李贤注曰："邓晨代以吏二千石为豪，李通家富为赡也。"[1] 族指的是家族、宗族，说明豪族的社会属性。史籍中与豪族指称相关的称谓很多，但豪族这个称谓将支配力和宗族相结合，能够从国家和社会两个方面揭示豪族这一新的社会阶层的特征和本质。

在与豪族相关的众多称谓中，士族或世族与豪族形态最为相近，但这两个称谓更多适用于魏晋时期，和门阀士族社会更为契合。就两汉而言，西汉是豪族形成、发展的时期，东汉是豪族强盛和进一步士族（世族）化的时期，两汉豪族虽已有了鲜明的士族特征，但还不能称之为士族，不依国家权力而存在的士族（世族）并不存在。因此，用豪族来概括这一新的社会阶层，而不用士族或世族，显然更符合历史实际。

第二节　西汉初年社会势力的游离

从国家与社会关系角度看，西汉王朝同秦朝一样，仍处于自战国以来

---

① 范晔：《后汉书》卷一五《李通王常邓晨来歙列传》，北京：中华书局，1965年，第593页。

国家整合社会的进程中。在国家与社会的关系中，皇权支配一切，对于任何游离于皇权支配秩序之外的社会秩序都要进行控制、整合，将社会秩序纳入到国家秩序中，最终建立皇权一元支配秩序。汉初各种社会势力在国家整合控制下，从与国家权力体系游离最终实现结合，成为国家权力的社会基础。诚如许倬云所论，西汉初期呈现政治权力与社会秩序各不相涉的局面，但随着国家整合控制的加强，到汉武帝时演变为两方面激烈的直接冲突，西汉中期以后，社会秩序领袖逐渐加入政治权力结构中。西汉政权与社会势力交互作用，社会势力由与国家对抗到走向合作。[①]

汉初存在各种类型的社会势力，主要包括七大类，即"游侠""豪杰""豪猾"类，"豪富""富商大贾"类，"并兼""兼并"之家类，"名族""世家"六国贵族后裔类，"强族""强宗"类，"豪吏""世吏"官宦类和"势家""贵族"军功贵族类，分封的王、侯类。[②] 这些社会势力以其经济实力或强力暴力对基层民众进行国家支配以外的"力"的支配，在政治、经济、社会领域形成独自的支配秩序，这便是史书所谓的"豪杰役使""豪强并兼""武断于乡曲"等。

西汉初年，各种社会势力游离于皇权支配秩序之外，其原因是多方面的。首先，由于历史的惯性，战国以来的社会势力仍拥有较为强大的力量。战国时期，各国进行变法，整合传统的社会结构，加强国家对社会的控制。秦统一后，建立高度集权的君主专制制度，强化国家对社会势力的控制，确立一元支配秩序。叔孙通说："夫天下合为一家……且明主在其上，法令具于下，使人人奉职，四方辐辏，安敢有反者！"[③] 秦刻石也反映了以皇权为核心的社会秩序运行法则，"皇帝临位，作制明法，臣下修饬。……治道运行，诸产得宜，皆有法式"。这种"法式"便是社会

---

① 许倬云：《西汉政权与社会势力的交互作用》，《"中研院"历史语言研究所集刊》第35本，1964年。

② 王侯为皇帝所封，属于国家政治体系中的一部分，但汉初诸侯王有自治权，王侯具有政治与社会双重属性，对于中央而言属于地方，对于国家而言属于社会。因此，本文将其作为社会势力加以论述。

③ 司马迁：《史记》卷九九《叔孙通列传》，北京：中华书局，1959年，第2720页。

应当遵循的法则。然秦祚太短，虽有各项国家整合社会的制度措施，但各种社会势力并未被彻底整合，他们在民间社会仍有很大影响。在秦末动乱到西汉建立这段时间内，各种社会势力迅速复兴，尤其是豪杰游侠势力更为强大，"任侠"风气普遍存在于各个社会阶层内部，并成为人们相互结合的纽带。有学者认为，建立汉朝的刘邦集团就属于这种任侠集团。① 由此可见，西汉初年的各种社会势力仍沿着原来的历史轨迹延续，战国、秦以来的国家整合社会的历史进程远未完成，任重而道远。

其次，西汉初期整合社会势力的条件尚不成熟。国家政权建设直接影响着社会整合的方式和进程。在楚汉战争时期，刘邦为夺取最终的胜利，分封张耳、韩信等人为诸侯王，西汉建立后，异姓诸侯王成为国家统一和皇权专制的最大障碍，因此铲除异姓诸侯王是刘邦政权建设中的头等大事，也成为汉初历史的主要内容。直到刘邦去世，八个异姓王被铲除七个。与此同时，刘邦又错误地总结经验教训，分封同姓诸侯王。同姓诸侯王的存在，本身就是中央集权的对立物，必然是国家控制社会的障碍。汉惠帝时，诸侯王已经在自治基础上显露离心倾向，"各务自拊循其民"②，"招延四方豪桀"，笼络社会势力。显然，诸侯王国的存在，成为各种社会势力的保护伞，增大了社会整合的难度。汉惠帝时，吕后专权，培植吕氏势力，欲分封诸吕为王，导致刘氏宗室与吕氏外戚之争。吕氏企图发动兵变，后被周勃等平息，吕氏集团被消灭。汉文帝以前，政权内部斗争接连不断，皇权亟须巩固，无暇以更大精力去整合社会势力。

从陈胜起义到刘邦建汉，经历多年战争，社会经济凋敝。在此背景下，要巩固政权，当务之急是恢复发展社会经济，而私人工商业在经济恢复发展中有其不可替代的积极作用，"富商大贾周流天下，交易之物莫不通，得其所欲"③。汉初曾一度限制商人，后来又放松限制，这种控制政策

---

① 增渊龙夫著，吕静译：《中国古代的社会与国家》，上海：上海古籍出版社，2017年，第73-81页。

② 司马迁：《史记》卷一〇六《吴王濞列传》，北京：中华书局，1959年，第2822页。

③ 司马迁：《史记》卷一二九《货殖列传》，北京：中华书局，1959年，第3261页。

的调整，反映了国家对私人工商业的需要。

再次，黄老无为思想影响汉初的政治实践。秦朝因"暴政"速亡，引起汉初君臣的深刻反思。陆贾剖析秦政之失说："事逾烦天下逾乱，法逾滋而天下逾炽，兵马益设而敌人逾多。"[①] 汉初对秦政的反思批判主要集中在秦的"酷""暴""急""严""极""繁""密"上，从国家与社会关系看，这些字眼体现了国家对社会的极端控制和高度整合，社会缺乏自由空间。物极必反，在这样一种社会反思和批判思潮下，黄老思想在汉初被普遍接受。黄老思想崇尚"无为""无欲""无事""勿扰""无争""因应""因循""顺民"，主张国家不要过多干预、扰动社会，所谓"牧民之道，务在安之而已"，给社会留有自我发展的空间。《新语·至德》阐述了这一思想：

> 是以君子之为治也，块然若无事，寂然若无声，官府若无吏，亭落若无民，闾里不讼于巷，老幼不愁于庭，近者无所议，远者无所听，邮无夜行之卒，乡无夜召之征，犬不夜吠，鸡不夜鸣，耆老甘味于堂，丁男耕耘于野，在朝者忠于君，在家者孝于亲。于是赏善罚恶而润色之，兴辟雍庠序而教诲之，然后贤愚异议，廉鄙异科，长幼异节，上下有差，强弱相扶，大小相怀，尊卑相承，雁行相随，不言而信，不怒而威，岂待坚甲利兵、深牢刻令、朝夕切切而后行哉？[②]

陆贾描绘了一幅理想中的国家与社会关系景象。陆贾在此用了 8 个无、4 个不，阐明国家应该无为而治，对社会减少干预、控制，国家要"因应"而"顺民"，在社会中尽量减少国家的"身影"。社会应以自律运行，有自己的秩序规则，这近乎无政府"在场"的乡村自治。陆贾没有正面直接论述国家与社会的关系，但认为只要做到 8 个"无"、4 个"不"，便可建立理想的国家与社会关系，实现国家与社会相安和谐。

---

① 王利器：《新语校注》卷上《无为第四》，北京：中华书局，1986 年，第 62 页。
② 王利器：《新语校注》卷上《至德第八》，北京：中华书局，1986 年，第 118 页。

汉初君臣上下普遍接受黄老思想，"君臣具欲无为"，在政治实践上贵"因循"，无欲、无事、无争。萧何为丞相，"谨守管籥，因民之疾秦法，顺流与之更始"①。曹参为齐国相，遵循黄老之术，"治道贵清静而民自定"，甚勿扰民，齐国安宁。曹参代萧何为相，一切遵循萧何旧制，"尊而勿失""从民之欲，而不扰乱"。在黄老思想盛行的背景下，国家对社会的干预很少，国家整合社会的进程受到一定的制约。在黄老无为政策下，各种社会势力空前活跃。"拥资巨万的暴发户和权倾乡里的大小豪猾之所以能够发迹成长，是和黄老政治为他们开放绿灯分不开的。"②

第三节   汉初社会势力实态

在汉初国家与社会关系中，由于上述背景和原因，汉初中央政权对于地方固有的社会秩序几乎未加改变或扰动。③ 国家对社会妥协，来自国家的控制、整合松懈，"宪令宽赊，文礼简阔"，因此各种社会势力普遍发展，形成与国家秩序相游离甚至完全背离的局面。下面对各种社会势力的游离状态分别加以考察。

（1）"游侠""豪杰"类。

在《史记》《汉书》中，对游侠、豪杰有大量记载，出现的频率很高。同时还有豪侠、侠、豪杰、雄豪、大豪、名豪、奸滑、大滑、豪猾等一类称谓，大体都与任侠有关，属于游侠一类，为了叙述方便，在此仅用游侠来概称。

游侠出现于战国时期，是宗法制社会解体过程中形成的一种社会势力。一般认为，侠源于士的文武分化，侠从武士中发展演变而来。④ 战国

---

① 司马迁：《史记》卷五三《萧相国世家》，北京：中华书局，1959年，第2020页。

② 杨育坤：《略论汉初的黄老之学》，《秦汉史论丛》（第二辑），西安：陕西人民出版社，1983年，第155页。

③ 许倬云：《西汉政权与社会势力的交互作用》，《"中研院"历史语言研究所集刊》第35本，1964年。

④ 关于游侠的起源，学术界看法不一。侠源于武士说，见顾颉刚：《武士与文士之蜕化》，收入氏著：《史林杂识初编》，北京：中华书局，1963年，第89页。

列国纷争，贵族养士之风盛行，"厚遇宾客""群侠以私剑养"。游侠作为私人势力在社会上十分活跃，韩非就批评游侠"以武犯禁"。秦统一后，对游侠进行打击，游侠一时销声匿迹。西汉初年，国家对社会控制一度松弛，游侠在社会中再度复兴，司马迁在《史记》中为游侠立传，可见其作为社会势力所具有的重大影响。

从史料记载看，汉初游侠众多，活动于城市和乡村的各个角落，无处不在，所谓"郡国豪桀处处各有"。根据活动范围，游侠可分为"闻于世"的天下之侠，活动于郡、县的"州郡豪桀"和"县中豪桀"，驰骛于闾阎的"乡曲之侠"。依据势力大小，他们或被称为豪侠、大侠、轻侠和布衣之侠等。这些大小不等的游侠集团，有着各自的游侠秩序，一个豪侠群体就是一个秩序中心。各地游侠立强一方，有各自的势力范围。他们游离于国家支配秩序之外，在不同地域和不同层次影响、破坏国家秩序。《史记》《汉书》记载了汉武帝以前游侠、豪杰的所作所为，主要有：第一，藏匿亡命。如鲁地大侠朱氏，"所藏活豪士以百数，其余庸人不可胜言"。他竟敢藏匿刘邦所追捕的季布，并说服汝阴侯滕公，劝说刘邦赦免季布。第二，以"任侠"行事，广泛交接而结党。"任侠"是游侠行为准则，以此获取声誉。他们广泛交接，形成势力圈。大侠剧孟母亲死时，"客送丧车千余乘"；前述朱氏，"自关以东，莫不延颈愿交焉"。可见游侠交往规模之大。第三，对抗官府，扰乱地方秩序。游侠任侠并兼，不避法禁，与官府抗衡。郭解少时阴贼，藏命作奸，随意杀人。居里中，出入人皆回避，地方官吏亦惧其三分。宁成出行，"出从数十骑。其使民威重于郡守"[①]。第四，"周急待人""救人之难"。游侠多能不惜生命，救人于厄困，但其行事往往以破坏法制为前提。

汉初游侠作为社会势力，是国家打击的对象。我们认识汉代游侠，不能脱离秦汉大一统国家形成的历史背景。要把游侠这一历史现象置于具体的历史环境中去考察，把握汉代国家整合社会这一根本特征，才能发现历史的本质。在此，我们不妨也以郭解为例对游侠集团加以剖析。《史记·

---

① 司马迁：《史记》卷一二二《酷吏列传》，北京：中华书局，1959年，第3135页。

游侠列传》记载了郭解的事迹，从中我们可以得出如下认识：

第一，"任侠"是游侠的基本特征。所谓"任侠"，即以侠气侠行为人处事①，表现为"义""气""勇""力"。郭解的父亲以任侠闻名，郭解更超过其父亲，以至"少年慕其行"，争相依附。

第二，游侠属于私人社会集团。"私"是游侠的身份属性，即游侠是游离于王权秩序之外的社会势力。郭解集团便是典型的以"任侠"结合而成的私人集团，是支配乡里社会的重要力量。郭解不是以一己之身行侠，而是一个有组织的团体。西汉时，游侠从个体、分散的活动方式发展为群体的团聚的活动方式②，这无疑增强了游侠作为社会势力与国家的对抗性。在皇权支配社会的原理下，游侠社会势力行"私权"，以自己的是非标准、价值判断行事，这便严重影响了国家统一意识形态的建立和法律的施行，成为国家秩序的对立面，因此也使他们处于非法的地位。游侠秩序是"私"的秩序③，与皇权支配秩序相对立。钱穆说："盖自封建制度既废，贵族阶级崩坏。商贾任侠，则起而分攘往者贵族阶级之二势，一得其财富，一得其权力。皆以下收编户齐民，而上抗政治之尊严也。"④

游侠集团的依附者主要是"客"和乡里的"少年""恶少年""轻薄少年""盗贼恶少年"。"客"为大侠的追随者，为侠所养的刺客或亡命之徒⑤，可视为游侠组织的中间层。"少年""恶少年""轻薄少年"为游侠集团的基本力量。⑥他们居于闾里，受任侠之风影响而崇尚暴力，追随大

---

① 应劭曰："任谓有坚完可任托以事也。"如淳曰："相与信为任，同是非为侠。"颜师古曰："任谓任使其气力。侠之言挟也，以权力侠辅人也。"班固：《汉书》卷三七《季布传》，北京：中华书局，1962 年，第 1975–1976 页。

② 刘修明、乔宗传：《秦汉游侠的形成与演变》，《中国史研究》，1985 年第 1 期。

③ 增渊龙夫著，吕静译：《汉代民间秩序的构成和任侠习俗》，收入氏著：《中国古代的社会与国家》，上海：上海古籍出版社，2017 年，第 63–92 页。

④ 钱穆：《秦汉史》，北京：生活·读书·新知三联书店，2004 年，第 65 页。

⑤ 钱穆认为："至于任侠之所养，在当时则均目为客，或称宾客，门客，食客。而客之中有刺客。而盛养此辈门客食客刺客者则侠也。"钱穆：《释侠》，《中国学术思想史论丛（二）》，北京：生活·读书·新知三联书店，2009 年，第 131 页。

⑥ 王子今：《说秦汉"少年"及"恶少年"》，赵清主编：《社会问题的历史考察》，成都：成都出版社，1992 年，第 307–314 页。

侠，充当打手。郭解被徙后的几次人命案，都是其手下的"客"或"少年"所为。游侠集团以客和少年、恶少年为依附者，是一个有着严密组织的社会集团。

游侠形成复杂的社会关系网络，游侠之间、官侠之间相互援引勾结，"结私交以立强于世"，如郭解便与尉史勾结，为他人免除徭役。豪侠为扩大社会影响，亦互相称举以自炫耀。班固《西都赋》曰："乡曲豪举，游侠之雄。"吕延济注："豪举，谓豪侠之人自相称举以夸矜。"① 游侠与王侯、官僚等交通，看中的是他们的权力和强力，意在寻求政治庇护，而官僚、贵族则利用游侠实现自己的目的，甘愿充当"护身符"和"保护伞"。郭解被迁徙，大将军卫青居然为之说情，说明郭解的社会地位非同一般。大侠朱家能交汝阴侯滕公，可见游侠的影响绝不仅仅局限在社会层面，而是向国家权力层面渗透。

第三，游侠组织的武质性。游侠采用暴力、强力等非法手段达到目的，形成以大侠为核心的豪侠支配秩序。他们无视国家法律制度，"立气势，作威福，结私交以立强于世"②，破坏国家和社会秩序。西汉初年，游侠、豪杰势力渗透到政治、经济和社会生活的各个领域。他们建立的"个别秩序的群小世界"，具有"新型人际结合关系的性质"③。与王权支配秩序相对立，"令行私庭，权移匹庶""权行州域，力折公侯"，造成国家权力的削弱和社会秩序的二重性。对于国家秩序而言，游侠行为的最大特征即"犯禁"，违背皇权一元支配秩序。从汉代大一统国家建构的角度看，游侠的任意性违背了国家意志，其行事超出国家许可的范围，必然遭到打击，郭解的命运结局就是最好的证明。

第四，游侠不贫。西汉曾推行迁豪实陵政策，被迁徙者有一定的财产

---

① 萧统编，李善注：《文选》卷一《班孟坚两都赋二首》，北京：中华书局，1977年，第23页。

② 荀悦著，张烈点校：《汉纪》卷一〇《孝武皇帝纪一》，北京：中华书局，2002年，第158页。

③ 转引自刘俊文主编，黄金山、孔繁敏等译：《日本学者研究中国史论著选译》第三卷《上古秦汉》，北京：中华书局，1993年，第529页。

标准，都是豪富之家。游侠也属于迁徙的对象，汉武帝迁徙郭解，大将军卫青以"郭解家贫不中徙"为由为其辩护。表面看，游侠似乎并不富有，但实际并非如此。游侠剧孟母亲去世，"自远方送丧盖千乘"，所赠送钱财不在少数。游侠为人办事或报仇往往并非出于正义，更多的是有条件的"受赇报仇"。① 郭解手下"剽攻不休，及铸钱掘冢，固不可胜数"。郭解交往甚广，"邑中少年及旁近县贤豪，夜半过门常十余车，请得解客舍养之"。这需要大量财物支出。郭解被迁徙，"诸公送者出千余万"。由此看来，郭解能算是贫穷之家吗？可以说，大游侠都不是贫穷之家，否则不会有"少年""恶少年"依附，只不过他们的钱财来得快，散得也快而已。汉武帝对此十分清醒，他驳斥卫青说："布衣权至使将军为言，此其家不贫。"确实是看到了事情的本质。

从秦汉以来国家整合社会的总趋势看，游侠集团完全背离了皇权一元支配原理。有学者比较司马迁与班固对游侠的态度，认为司马迁对游侠持肯定态度。实际上，司马迁和班固对游侠都持否定态度，这是他们所处的"大一统"时代所决定的，有所不同的是，司马迁并未全盘否定。司马迁在《游侠列传》中对游侠是否定中有肯定。他首先指出游侠的行为"不轨于正义""时扞当世之文罔"。司马迁所谓"正义"，就是大一统前提下的皇权一元支配秩序，文罔即当时国家法禁。汉代承袭"秦制"，继续沿着秦王朝推行的国家控制社会的历史惯性前行，战国以来活跃的社会势力渐渐被收拢到统一国家的掌控之下，实现有秩序的"天下辐辏"。因此，汉初的游侠不可能再按照原来的"自由"轨道发展，其言行必须符合国家的"正义"，这是司马迁对游侠行为评价的大前提。当然，司马迁也看到游侠言必信，行必果，"已诺必诚"，并予以肯定，但这是在否定前提下的有限

---

① 如汉成帝时，"红阳长仲兄弟交通轻侠，臧匿亡命。……长安中奸猾浸多，闾里少年群辈杀吏，受赇报仇"。班固：《汉书》卷九〇《酷吏传》，北京：中华书局，1962 年，第 3673 页。又"洛阳至有主谐合杀人者，谓之会任之家，受人十万，谢客数千。又重馈部吏，吏与通奸，利入深重，幡党盘牙，请至贵戚宠臣，说听于上，谒行于下。是故虽严令、尹，终不能破攘断绝"。王符著，汪继培笺，彭铎校正：《潜夫论笺校正》卷四《述赦第十六》，北京：中华书局，1985 年，第 183 页。

肯定。对于司马迁的这种肯定，我们还应深入分析。司马迁所肯定的游侠行为，实际上是游侠结成私人集团所必需的"任侠"精神，没有"任侠"精神，就不能获得威望和信任，所谓"名不虚立，士不虚附"。司马迁表现出对郭解的同情，认为他与"侵凌孤弱，恣欲自快"的暴豪之徒不同。但是郭解的"任侠"同样属于"私义"的范畴，郭解的很多做法未必是出于维护公平，实际上他也未对所有人都公平。郭解的"任侠"不过是用以"养名"而已，他与那些暴豪之徒并无本质区别。司马迁记载的游侠只是游侠群体中的典型，这些游侠拥有如此大的声望和势力，绝不只凭大侠一人，而是借助私人集团，依靠的不是"私义廉洁退让"，而是强力和暴力。可见游侠作为一种社会力量，尽管有着一定的正义属性，但整体上是与"大一统"国家秩序的建立相冲突的，这一点是必须明确的。

班固同样站在国家立场上对游侠进行评价，其理论依据是国家本位。他从儒家的等级秩序阐明国家与社会的关系，认为社会势力强大不利于"大一统"，游侠私人集团造成"背公死党之议成，守职奉上之义废"，因此要"政不在大夫""上下相顺"，这显然与战国以来商鞅、韩非的国家整合社会的思想并无二致。与司马迁不同的是，班固认为游侠虽温良泛爱，振穷周急，但"惜乎不入于道德，苟放纵于末流，杀身亡宗，非不幸也"[①]，连"任侠"精神这一点也予以否定。

（2）"豪富""富商大贾"类。

"豪富""富商大贾"是以财力游离于王权秩序的一种社会力量。这些"豪富""富商大贾"的身份是民，主要包括豪民、豪人、并兼之家、豪富之家等，他们从事农业、手工业、商业和高利贷，拥有强大的经济实力，形成以财力为核心的"私"的民间支配秩序。关于汉代工商业者的发展、演变，本书上编已有专论，在此只简单加以概述。

秦在统一六国过程中，不断强化国家对社会的控制，对"豪富""富

---

① 班固：《汉书》卷九二《游侠传》，北京：中华书局，1962 年，第3699页。

商大贾"进行迁徙、打击。秦统一后，仍然推行"抑商"政策。① 汉初曾限制商贾不得衣丝乘车，"重租税以困辱之"，但为恢复社会经济，很快便采取了一系列优惠工商政策，"复弛商贾之律"，废除"盗铸钱令"，"开关梁，弛山泽之禁"，放松对私人工商业的控制。在这种宽松的自由商品经济下，私人豪富快速成长，他们活跃在社会经济生活的各个领域，从事商贸、借贷和手工制造、矿冶、煮盐、畜牧、种植等行业，各行业都出现了许多著名的人物，《史记·货殖列传》对此有详细记载。比如经营矿业的蜀卓氏，"用铁冶富……田池射猎之乐，拟于人君"。从事贳贷的曹邴氏，以冶铁起家，富至巨万，"贳贷行贾遍郡国"。无盐氏，贳贷子钱，收取高额利息，"富埒关中"。经营渔盐的商贾刀间，在齐地逐渔盐商贾之利，富至千万。贩卖粮食的师史，"转毂以百数，贾郡国，无所不至"，家财数千万。经营畜牧业的桥姚，"致马千匹，牛倍之，羊万头，粟以万钟计"。在种植业，有许多大经营者，其产业规模庞大，如"安邑千树枣。燕、秦千树栗。蜀、汉、江陵千树橘。……河济之间千树萩。陈、夏千亩漆。齐、鲁千亩桑麻。渭川千亩竹。及名国万家之城，带郭千亩亩钟之田，若千亩卮茜，千畦姜韭"。他们收益颇丰，其地位不差于千户侯。

这些私人豪富一方面活跃了社会经济，另一方面也扰乱了社会秩序。从国家与社会关系看，国家惧怕的是其游离、破坏国家秩序的一面。这种游离、破坏主要表现为以下几点：

第一，背本趋末。汉初由于放松对私人工商业的控制，私人工商业快速发展，造成民"皆背本趋末"。贾谊的《论积贮疏》，晁错的《论贵粟疏》，其背景皆是私人工商业的过度发展，社会"背本而驱末"。当时社会上流行"用贫求富，农不如工，工不如商，刺绣文不如倚市门"的观念，反映了社会的背本趋末趋势。

第二，自耕农游离土地。国家对人民的控制，主要是把百姓控制在土

---

① 有学者认为秦始皇尊奖巴寡妇清，秦实行尊崇私人工商业者政策，这一看法是不成立的。秦"急耕战之赏"，私人工商业并不发达，而秦始皇尊奖巴寡妇清有其特殊原因。见崔向东：《秦始皇尊奖巴寡妇清辨析》，《文史杂志》，2009 年第 6 期。

地上，"理民之道，地著为本"，而"豪富""富商大贾""豪强大家"的私人工商业经济需要大量劳动力，他们和国家争夺编户齐民，导致大量人口游离土地，"一家聚众，或至千余人，大抵尽收放流人民也。远去乡里，弃坟墓，依倚大家"①。"编户齐民"制与"地著"相连，自耕农脱离土地，直接动摇专制制度的经济基础。百姓贫困源于生产不足，生产不足源于未尽归农，"不农则不地著，不地著则离乡轻家"②。自耕农游离土地，背本趋末冲击了小农经济，社会流动性加大也导致了社会不稳定，不利于专制统治，严重破坏了国家政治秩序和经济秩序。因此，欲民地著则必须重农，"重农抑商"成为国家整合社会的重要手段。

第三，自耕农破产，加剧贫富分化。汉代的子钱家即放贷者，他们以高额利息放贷，"当具有者半贾而卖，亡者取倍称之息"。高利贷造成大量自耕农破产③，"于是有卖田宅鬻子孙以偿责者矣"。

私人工商业的发展加剧了贫富分化，"庶人之富者累巨万，而贫者食糟糠"。自耕农四时劳作，不得休息，仍难免冻馁，而豪富之家"男不耕耘，女不蚕织，衣必文采，食必粱肉"，形成完全不同的生活境遇，导致社会矛盾加剧。

第四，社会奢侈风气日盛，私人势力强大。国家控制、整合的社会秩序是四民秩序，要求各安本业，但背本趋末造成"浮食者众"，"淫侈之俗，日日以长"④。背本趋末和淫侈之俗是对国家支配秩序的严重破坏，与国家整合社会原理背道而驰。由于人们崇尚财富，经济实力成为另一种支配力量，"凡编户之民，富相什则卑下之，伯则畏惮之，千则役，万则仆，物之理也"。私人豪富凭借强大的经济实力，获取变相的政治地位和社会地位，"因其富厚，交通王侯，力过吏势，以利相倾"⑤，形成政治秩序之

---

① 桓宽著，王利器校注：《盐铁论校注（定本）》卷一《复古第六》，北京：中华书局，1992年，第78页。
② 班固：《汉书》卷二四上《食货志上》，北京：中华书局，1962年，第1131页。
③ 王彦辉：《汉代豪民私债考评》，《中国史研究》，1994年第2期。
④ 班固：《汉书》卷二四上《食货志上》，北京：中华书局，1962年，第1128页。
⑤ 班固：《汉书》卷二四上《食货志上》，北京：中华书局，1962年，第1132页。

外的"经济秩序",这对以皇权为核心的一元秩序是极大的挑战。

第五,扰乱市场秩序。富商大贾为了获利,囤积居奇,哄抬物价,"而不轨逐利之民,蓄积余业以稽市物"①,严重扰乱经济秩序,"不佐公家之急,黎民重困"。

私人工商业的发展,对专制国家的"本业"造成巨大冲击。私人豪富的财富获得与国家的权力支配相背离,其经济秩序与政治秩序相冲突。刘泽华先生认为,历代统治者之所以抑制私人工商业,其原因在于"工商业的发展破坏了国家赋税、徭役来源的稳定性,私人工商业者通过市场利用经济手段与国家争利,破坏了君主专制的绝对权威,工商业的发展会使国家失掉农民这个最广大的兵源,商品经济的发展会使人变得聪明而有才智,不再像过去那样愚昧无知而被任意摆布。这一切,都是和君主专制制度不相容的"②。私人豪富拥有很大势力,"大者倾郡,中者倾县,下者倾乡里",形成一个个支配中心,这是与皇权专制相违背的。对于国家而言,财富的获得不能是纯粹的经济行为,而必须依靠国家获得,受国家权力的支配,这便是战国以来的"政治经济学"。在这样的"政治经济学"中,政治权力在社会经济中起着绝对的支配作用,任何违背这一原理的社会力量都要被国家控制、整合。

(3)"并兼""兼并"之家类。

这类社会势力较为复杂,包括豪强、豪民、豪大家、大家、大豪等。豪大家、大家有时专指私人工商业者,有时也指由私人工商业者转化而来的地主豪富。这类指称较为复杂,有很多交叉。豪强、豪民、豪大家等主要是指靠兼并土地发展起来的地主。

史书多有"任侠并兼"③、"并兼豪党之徒"④、"浮淫并兼之徒"⑤、

---

① 司马迁:《史记》卷三〇《平准书》,北京:中华书局,1959年,第1417页。

② 刘泽华、汪茂和、王兰仲:《专制权力与中国社会》,长春:吉林文史出版社,1988年,第317页。

③ 司马迁:《史记·货殖列传》,北京:中华书局,1959年,第3271页。

④ 班固:《汉书·食货志》,北京:中华书局,1962年,第1136页。

⑤ 司马迁:《史记·平准书》,北京:中华书局,1959年,第1425页。

"豪强并兼之家"① 等语。"并兼"或称"兼并"，一般理解为土地兼并，但并非全指土地兼并，也指人力、财力的夺取并吞和役使，如"任侠并兼"就是。② 但总体说来，在农业社会，兼并、并兼主要还是指土地的私有吞并。

汉代的土地兼并是随着土地私有化进程而出现的。总体来说，从西汉初年到汉武帝时有愈演愈烈之势，这也反映了"兼并之家"社会势力的成长。

汉文帝以前，"未有并兼之害，故不为民田及奴婢为限"。以往人们对这条史料的重要性认识不够，随着张家山汉简《二年律令》的出土，人们认识到它涉及汉初土地占有制度及其土地所有权转化问题，对于认识兼并之家和土地兼并的形成很有帮助，在此有必要对西汉初年的土地占有制度略加阐述。

西汉初年的土地制度是"授田制"，或曰"名田制"。③ 这是基本沿袭秦朝的土地制度④，即战国以来的国家"授田制"。"授田制"下的土地是国家所有，接受田宅的民只有使用权而无所有权，接受国家授田的民被称为"公民"。⑤ 有学者把这种土地占有方式称为"国家普遍授田制"。这种

---

① 司马迁：《史记·酷吏列传》，北京：中华书局，1959 年，第 3140 页。

② 范晔《后汉书》曰："汉承战国余烈，多豪猾之民。其并兼者则陵横邦邑，桀健者则雄张闾里。"这里指的也是豪侠役使，并不全是土地兼并。范晔：《后汉书》卷七七《酷吏传》，北京：中华书局，1965 年，第 2487 页。

③ 关于汉初土地制度名称，学者们看法不一，有"授田制"（如张金光：《战国秦社会经济形态新探》，北京：商务印书馆，2013 年）、"名田（受田）制"[如朱绍侯：《论汉代的名田（受田）制及其破坏》，《河南大学学报（社会科学版）》，2004 年第 1 期]、"以爵位名田宅制度"（如杨振红：《出土简牍与秦汉社会》，桂林：广西师范大学出版社，2009 年）等，这些看法或从国家授予角度概括，或从民人占有角度概括，而且持不同观点者在论述其观点时，也常常使用其他名称论述。因此，"授田制""受田制""名田制""以爵位名田宅制度"虽有细节之差异，然无本质差异。

④ 杨振红先生认为，龙岗秦简 151 与张家山汉简《二年律令·户律》简 333 在内容和形式上都十分相像，两者之间的承继关系清晰可见，即《二年律令·户律》简 331–336 是在秦律有关规定特别是龙岗秦简 151 的基础上形成的。杨振红：《出土简牍与秦汉社会》，桂林：广西师范大学出版社，2009 年，第 173 页。

⑤ 最早提出并充分论述战国授田制的是刘泽华先生。参见刘泽华：《论战国时期"授田"制下的"公民"》，《南开大学学报（哲学社会科学版）》，1978 年 2 期。

授田制是国家掌握土地所有权，通过田宅授受，使作为主要生产资料的土地与直接生产者相结合，从而形成国家支配社会的"官社经济体制模式"。① 应该说，这一看法在解释战国、秦和西汉初年的国家支配社会方式时是有说服力的。

秦朝仍实行授田制，湖北云梦龙岗秦简就是最好的证明。简文有"从皇帝而行及舍禁苑中"的记载，其中还有"廿四年正月""廿五年四月"等纪年。② 两相结合，可知龙岗秦简适用的时间是秦统一前后至秦末。龙岗秦简中的"行田"就是"授田"，说明秦统一后实行普遍授田制。秦统一后，"使黔首自实田"，对此学界解释不一。传统解释认为是土地私有，但联系战国、秦到汉初年的土地制度的延续，"使黔首自实田"应理解为是授田制下的土地自我申报，并不意味着土地私有化。张家山汉简有吕后时期的《二年律令》，明确记载西汉的"授田制"（名田制），这种授田制仍是土地国家所有，而"汉承秦制"，似未在土地制度上做出与"授田制"完全不同的方向性调整。因此，"使黔首自实田"仍应理解为是国家土地所有制下的授田制。

秦和汉初实行"授田制"，或称"名田制"，授田由政府主持，其目的在于造就众多的"编户齐民"，置于国家直接控制之下，实现国家控制社会，这是专制国家的基础。受田者被编制在户口册上，以户口之"名"来受田，也就是"名田"，即以名占田之意。秦以前的"授田"不能买卖，秦简中有"盗田""盗徙封"的记载，但都不属于土地买卖。对于土地买卖，国家是严厉禁止的，因此在战国的史料中找不到土地买卖的记载。③ 因

---

① 张金光：《战国秦社会经济形态新探》，北京：商务印书馆，2013年，第39页。

② 湖北省文物考古研究所等：《云梦龙岗6号秦墓及出土简牍》，《考古学集刊》(8)，北京：科学出版社，1994年。

③ 战国时期有关土地买卖的记载有两条：其一，《韩非子·外储说左上》曰："王登一日而见二中大夫，予之田宅，中牟之人弃其田耘，卖宅圃而随文学者邑之半。"其二，《史记·廉颇蔺相如列传》曰："（赵括）王所赐金帛，归藏于家，而日视便利田宅可买者买之。"第一条明确区分了田和宅圃，宅圃可卖，而田却是弃。授田制下土地是国家授予，不许私自买卖，所以才会出现弃田现象，故此条不属于严格的土地买卖。第二条属于战国后期，为追述，且为孤证。

此，由秦"使黔首自实田"很难推导出土地可以自由买卖，而所谓秦始皇"尊奖并兼之人"，亦有其特殊目的，不能由此得出秦代的土地兼并已十分激烈。①

从吕后《二年律令》中土地资源配置和运作方式看，西汉初年土地所有权无疑是国有性质。授田宅分为三个层级，即有爵者，无爵的公卒、士五、庶人和有罪的司寇、隐官，所授田、宅各有等次。"其已前为户而毋田宅，田宅不盈，得以盈。宅不比，不得。""未受田宅者，乡部以其为户先后次次编之，久为右。久等，以爵先后。"②授田是由政府普遍授予，授田的基本标准是百亩。在此基础上，对于有军功爵者，根据其爵位高低而增授田宅，由此形成系统的授田制。从目前资料看，授田为土地长期占有，在一般情况下，国家一旦授出就不再收回。

西汉初年，为重新建立社会秩序，一度实施了大规模的授田活动，著名的高帝五年诏对此有详细记载。③分析高帝五年诏，主要有以下几个方面：一是令军、民归乡里，自卖为奴者免为庶人，恢复国家秩序；二是复故爵田宅，恢复社会常态；三是"法以有功劳行田宅"，依军功爵授田，且"先与田宅"；四是有军功者享受其他特权。这几项内容主要是围绕授田制展开。第一段诏文中"复故爵田宅"，指的是秦末脱离国家户籍"或相聚保山泽"之民，"复故爵田宅"指的都是秦制。第二段诏令中，刘邦说的爵是秦爵。可见汉授田制是以秦爵为据，是对秦授田制的继承。第二段诏令强调给有军功者"先与田宅"，有先与就有后与，后与者乃无军功的庶民。第一段诏令中那些"不书名数"的民，在西汉的建立过程中并无军功，而刘邦令其"各归其县，复故爵田宅"，等于承认其原来的爵位、田宅，属于普遍授田。授田中，出现"今小吏未尝从军者多满，而有功者顾不得"的现象，也说明授田原则上是普遍授予。证之以张家山汉简《户

---

①　崔向东：《秦始皇"尊奖并兼之人"辨析》，《锦州师范学院学报（哲学社会科学版）》，2002 年第 2 期。

②　张家山二四七号汉墓竹简整理小组编：《张家山汉墓竹简〔二四七号墓〕（释文修订本）》，北京：文物出版社，2006 年，第 52 页。

③　班固：《汉书》卷一下《高帝纪下》，北京：中华书局，1962 年，第 54-55 页。

律》简有"未受田宅者，乡部以其为户先后次次编之，久为右"，可见汉
初授田应为普遍授田。授田制的土地是国家所有，由官府办理，刘邦下令
有军功者可以享受优先授田宅，这可能是特殊时期的特例，未必是常态。
授田制是以爵位和田宅为依据的国家控制社会的政治—经济手段，通过授
田制建立皇权与民的联系，实现国家支配社会，重建国家与社会秩序。

秦授田制下的土地所有权为国有，土地不得买卖。但随着历史的演
变，授田制逐渐破坏，土地私有进程加快。授田制终结有多方面原因，张
金光先生总结为两大类、三条轴线相互纽结、相辅相成进行。两大类：一
类是国有土地数量的变迁，另一类是国有地权本身质的变异。三条轴线：
其一，国家授田制体系内在的背反走势造成了社会土地占有量的制度性失
衡，使爵户之家占地日益增多，而庶人则因占地不足，相对贫困。汉初对
高爵采取高额授田之法，对土地资源构成巨大压力，国有耕地不足，对普
遍授田是毁灭性的打击。授田制一旦废止，则高爵之家便成为首富。其
二，授田制在历史进程中由国有地权衍生成私有地权，授田制本身包含有
受田民对国有地权分割的因素和倾向，大致沿着使用权、占有权和处分权
的顺序依次出现。汉初授田制规定，民可在一定范围内"贸卖田宅"，而
所受田宅，"予人若卖宅，不得更受"。这种私人间的赠予、贸卖，虽未脱
离国家制度控制，但其中也透露出对国有地权的动摇、冲击，是一种地权
新因素。从使用权到处分权和转让权的出现，说明国有地权不断被分割，
一步步接近私有地权的边缘。其三，对国家授田占有越稳定，使用时间越
长，国有地权性质就越异化，越名义化，最终走向土地私有权的确立。汉
初的授田未见有还田的规定，而且政府已无统理封疆之事，说明受田的占
有逐步凝固化。《二年律令》中户人家内长序代户转授，正是适应了土地
长期占有和使用的历史趋势。[①] 除这三点外，笔者在此想补充的是，在授
田制地权私有化的历史逻辑中，还有一个看似来自外部实则也是内部产生
的推动力——土地兼并。在一定意义上讲，授田制的废止导致土地兼并，

---

① 张金光：《战国秦社会经济形态新探》，北京：商务印书馆，2013年，第210-224
页。

而土地兼并又加速了授田制的终止，二者互动共生，互为因果。在秦汉之际，萧何"贱强买民田宅数千万"，已开汉土地兼并之端。汉初的兼并之家有多方面来源，高爵之家就是其中主要来源之一。在授田制推行的过程中，他们都把目光集中于土地，豪民兼并之家既兼并小农土地，也将国家的"公田"和授予小农的"份田"占为己有，最终导致汉代第一次土地兼并高潮出现。

随着土地的私有化，汉文帝时已经出现"卖田宅、鬻子孙"的惨象。到汉武帝时期，土地兼并和私有现象日益严重，"并兼"之家拥有大量土地。[①] 各种社会势力都把手伸向土地，在兼并之家的侵夺之下，"贫民虽赐之田，犹贱卖以贾"，大量"假民公田"的土地转为兼并之家私有，小农不断失去土地，日益贫困。不仅是豪民兼并小农，"兼并之家"之间也相互吞并，前述萧何强买"民田"，而他自己也担心死后田地"为势家所夺"。武安侯田蚡以势请夺魏其侯窦婴城南良田，更为人们所熟知。武帝时期的土地兼并之盛，非武帝时期所造成，乃是自文帝以来长期积累的结果。土地兼并使大量自耕农破产失业，成为流民，为豪右、大家所"役使"，极大地破坏了"编户齐民"的社会结构和秩序。

汉文帝之后，限制"田宅逾制"，"塞并兼之路"的要求日益高涨。董仲舒上《限民名田疏》，有意借秦论汉，进而提出"限民名田，以澹不足，塞并兼之路"。通过限田以防止土地占有过度集中。汉哀帝时，师丹、孔光等再一次提出"限民名田"。西汉的限田主张并未能抑制土地兼并，相反土地兼并一浪高过一浪。究其原因，已非"授田制"被破坏这样简单，而是在这个过程中，在皇权支配下，社会势力向豪族转化，形成地主、官僚和商人等多位一体，土地兼并更多加入权力因素，因此无法遏

---

① 汉武帝通过"告缗"没收豪民土地，"大县数百顷，小县百余顷"。有学者推算，按每县100顷计，当时全国豪民当兼并土地157800顷。以每户占田100亩计，使157800户自耕农失去土地。实际上，汉代自耕农很少能占到每户百亩。根据《汉书·地理志》记载的汉平帝时户口与垦田数计算，平均每户拥有耕地不足68亩。另《居延汉简释文合校》《湖北江陵凤凰山十号汉墓出土简牍考释》等简牍材料中也反映出拥有三四十亩土地的农户为普遍现象，这些都说明汉代土地兼并的严重性。王彦辉：《汉代豪民研究》，长春：东北师范大学出版社，2001年，第111、124页。

制。豪族形成以后，政治权力和变相的政治权力在地产转移、运动中发挥重要作用，土地买卖不是纯粹经济的形式，即遵循价值规律的平等买卖，而是烙着深深的权力、强力印记。① "身宠而载高位，家温而食厚禄，因乘富贵之资力，以与民争利于下，民安能如之哉！是故众其奴婢，多其牛羊，广其田宅，博其产业，畜其积委，务此而亡已。"② 东汉时期，豪族地主的经济活动不仅是经营土地，也兼营工商业，形成豪族大地主田庄。崔寔的《四民月令》记载了典型的豪族田庄状况，这是土地兼并的必然结果，也是豪族发展的必然结果。

土地兼并主要是豪民对小农的土地吞并。有并兼，就有破业，由于授田制的瓦解，小农失去土地后，无法再获得土地，由此形成豪强对小民的压迫关系，甚至有超经济的压迫，所谓"豪桀役使"。并兼带来役使，"大家兼役小民，富者兼役贫民""并兼役使，侵渔小民，为百姓豺狼"③。大家、富人"多规良田，役使贫民"，规模庞大，常常"役使数千家"。役使的对象主要是失去土地的不占著户④和"浮食无产业民"⑤ 等，这些不占著户和浮食无产业民，显然是由土地兼并所造成的。

兼并、役使是使用财力、强力（暴力）占有他人的土地、财产，支配他人的人身，显然是非法的。汉初信武侯靳歙死后，其子亭代侯，后"坐事国人过律"。《史记索隐》刘氏云："事，役使也。谓使人违律数多也。"⑥ 江阳侯仁，"坐役使附落免"。颜师古曰："有聚落来附者，辄役使之，非法制也。"⑦ 因此，豪民兼并之家役使贫民便是非法的，而贵族也不可以超过规定。豪民兼并之家对贫民进行非法的经济控制与强力支配，由此形成一种人身依附关系。按照汉律规定，如将国家所授田宅"予人若卖

---

① 崔向东：《权力支配与汉代豪族的大地产性》，《锦州师范学院学报（哲学社会科学版）》，2003 年第 6 期。

② 班固：《汉书》卷五六《董仲舒传》，北京：中华书局，1962 年，第 2520 页。

③ 班固：《汉书》卷七六《王尊传》，北京：中华书局，1962 年，第 3234 页。

④ 班固：《汉书》卷九〇《酷吏传》，北京：中华书局，1962 年，第 3650 页。

⑤ 班固：《汉书》卷二九《沟洫志》，北京：中华书局，1962 年，第 1697 页。

⑥ 司马迁：《史记》卷九八《靳歙列传》，北京：中华书局，1959 年，第 2711 页。

⑦ 班固：《汉书》卷一五下《王子侯表下》，北京：中华书局，1962 年，第 486 页。

宅，不得更受”，这样出卖土地者则成为无地贫民，只得租种“兼并之家”的土地而进入“私门”，这便极大地破坏了国家编户齐民制度。

总之，土地“卖买由己”，“并兼”“兼并”之家“田宅逾制”，“富人名田逾限，富过公侯”①，无疑破坏了授田制度，加速了贫富分化。豪民兼并役使，使破业贫民流入“私门”，兼并之家在国家“个别人身支配”之外形成小农依附豪民的支配秩序，“是上惠不通，威福分于豪强”，破坏编户齐民制。史书中的兼并之家，常以国家秩序对抗或破坏者的形象出现，不为国家所认可，“锄豪强并兼之家”，必然受到国家的限制和打击。

（4）“名族”“世家”六国贵族后裔类。

《史记》《汉书》中，“名族”“世家”的称谓十分明确，指的是战国六国贵族后裔，他们仍保留有较强的宗族组织，是秦和汉初社会中不容忽视的社会力量。

战国时期，各国通过变法确立新的国家与社会关系，强化国家对社会的整合支配，一方面不断强化君权和国家本位，另一方面不断削弱宗族宗法制，建立新的基层社会组织。在战国七雄中，秦国做得最为彻底。秦自商鞅以来，析解大家族，民有二男以上必须分家另立户；推行郡县制，“集小都乡邑聚为县”。乡里按照“什伍”编制，打破原来的宗族血缘组织，由国家按地缘重新组织民众。与秦相比，其他六国的社会改革并不彻底，这就使秦统一后，关东和关中的宗族组织强弱不一，关东仍保留了较多的宗族组织。

统一的秦王朝国祚短暂，很多国家整合社会的制度虽然确立，但未能彻底贯彻。战国以来的六国贵族后裔，虽然失去了以往的世代享有的政治权力，但有些仍拥有强大的经济、宗族力量和社会地位，保持着传统威望，在民间有很大影响力。这可从岳麓书院藏秦简中涉及的“从人”窥知一斑。据简 013/1029 载：“叚（假）正夫言：得近（从）人故赵将军乐突弟、舍人袑等廿四人，皆当完为城旦，输巴县盐。”简文中

---

① 荀悦撰，黄省曾注，孙启治校补：《申鉴注校补·时事第二》，北京：中华书局，2012 年，第 78 页。

的"从人"即"合从""合纵"者。战国后期，面对秦的统一战争，六国不断有人"合纵"抗秦。《说文解字·从部》曰："从，随行也。""合从"又有"从亲"之说，取合从相亲之义。"从人"就是搞合纵或参与合纵的人。① 简 014/1028 载："［廿四人，故］代、齐从人之妻子、同产、舍人及其子已傅嫁者，比故魏、荆从人。"② 两简文提到代、齐、魏、荆的从人，其中的代地原属中山国，乐突的先祖乐羊被魏文侯封在代地灵寿，"其后子孙因家焉"。后中山国被赵国所灭，因此代地属于赵国。可见，简文中的故赵将军乐突，应当是战国时期著名的赵国世家将领乐毅的族人。

据史载，乐氏为世官家族。乐氏先祖乐羊，为魏文侯大将，因功封灵寿，其后子孙居灵寿（后灵寿为赵国占有）。乐氏后人有乐毅，燕昭王封其为昌国君。燕惠王时，乐毅降赵，赵封乐毅于观津，号曰望诸君。乐毅有子乐间，居燕三十余年。由此可知，乐氏宗族在赵、燕各有分支。燕王喜时，派栗腹和乐间宗人乐乘攻赵，乐间反对，燕王不听，燕被赵打败，乐乘被俘，乐间遂逃往赵国，赵封乐乘为武襄君。赵襄王曾使乐乘代廉颇为将，可见乐氏在赵国势力很大。③ 赵国乐氏后人还有乐瑕公、乐臣公及简文中提到的乐突。赵国被秦灭后，乐瑕公、乐臣公率族人逃到齐国高密。乐臣公精通黄老之学，"显闻于齐，称贤师"④。留在赵国的有乐突，从简文"故赵将军"可知，乐突在赵曾为将军。秦统一前后，乐突可能逃回祖居地代地，带领宗族进行抵抗，或战死或被俘。西汉初年，赵地乐毅后人有乐叔。高祖刘邦路过赵地，封乐毅之孙乐叔于乐乡，号曰"华成

① 关于简文"得近（从）人故赵将军乐突弟舍人诏等廿四人"的理解，学界意见不一。或谓故赵将军乐突为"从人"，或谓舍人诏等廿四人为"从人"。
② 陈松长主编：《岳麓书院藏秦简 伍》，上海：上海辞书出版社，2017 年，第 43 页。
③ 司马迁：《史记》卷八〇《乐毅列传》，北京：中华书局，1959 年，第 2436 页。
④ 太史公曰："乐臣公学黄帝、老子，其本师号曰河上丈人，不知其所出。河上丈人教安期生，安期生教毛翕公，毛翕公教乐瑕公，乐瑕公教乐臣公，乐臣公教盖公。盖公教于齐高密、胶西，为曹相国师。"司马迁：《史记》卷八〇《乐毅列传》，北京：中华书局，1959 年，第 2436 页。

君"。乐乡可能就是居于赵地的乐氏的族居地，以族为名。①

从乐氏宗族的迁徙看，应分布于代灵寿、乐乡和齐高密，从人"故赵将军乐突弟舍人衵等廿四人"分别从代、齐捕获，却作为同一个案子处理，因此简文"代、齐从人"应当指的就是分居于代、齐两地的乐氏宗族。

当时能够发动合从的从人大多出身六国贵族，有着宗族背景。简 020/1019 载："讯其所智（知）从人、从人属、舍人，末得而不在譙中者，以益譙求，皆捕论之。敢有挟舍匿者，皆与同罪。"简 019/1021 载："诸治从人者，具书末得者名族、年、长、物色、疵瑕，移譙县道。县道官谨以譙穷求，得辄以智巧籇（潜）。"前简说到与从人有关的从人属、舍人。有的简文还提到"从人家吏"和"三族从人"。因此，有学者认为从人可能是以"族"为标志的。②后简是秦有关处理"从人"的规定，要求官吏一定要详细署明"末得者"从人的名字、族姓、年龄、身高、体貌特征等，其中对于"族"的强调，可知从人的宗族背景。"这些都意味着战国秦时族的力量仍很强大，是当时的主要社会组织形态，故许多活动包括合从反秦都是以族为单位进行的。"③

综合上述简文可以做出这样的判断，"故赵将军乐突弟舍人衵等廿四人"就是一个从人集团，其中有从人乐突的亲属宗族，也有"从人家吏"和依附者舍人等。可见，"从人"有着宗族背景和依附者，属于社会势力。秦对从人的处罚，不仅仅是出于株连，更是被株连者本身就是"从人"集

---

① 《汉书·地理志》曰："信都国，景帝二年为广川国，宣帝甘露三年复故。……乐乡，侯国。莽曰乐丘。"（班固：《汉书》卷二八下《地理志下》，北京：中华书局，1962 年，第 1633 页。）

② 杨振红：《秦"从人"简与战国秦汉时期的"合从"》，《文史哲》，2020 年第 3 期。

③ 杨振红认为："由于 013-018 简从人连坐甚至不及父母，显然未达到夷三族的程度。因此岳麓和里耶秦简中的'三族从人'应当不是指夷三族的从人，而是三个族的从人，这里的'族'应就是 019 简中令诸治从人者署其族属的'族'，但到底指哪三个族则不得而知。"杨振红：《秦"从人"简与战国秦汉时期的"合从"》，《文史哲》，2020 年第 3 期。

团中的一员，本应追究法律责任。

里耶秦简中也有从人的记载：

　　制 诏 御史：闻代人多坐从以毄（系），其御史往行，□其名□所坐以毄（系）▨Ⅰ

　　县官□秦军初□□到使者至，其当于秦下令毄（系）者，衞（率）署其所坐▨Ⅱ

　　令且解（?）盗戒（械）。卅五年七月戊戌，御史大夫绾下将军，下令叚御史謷往行▨Ⅲ

　　▨下书都吏治从人者，□大□□□下校尉主军□都吏治 从 人 者 ▨Ⅳ①

从简文看，这是一次较大的从人案件。有学者认为，秦统一后代地故民与新政权一直存在冲突，在"卅五年"时出现了"从人"反秦事件。联系岳麓书院藏秦简中的从人记载，学者们都认为里耶秦简中的"代人多坐从以系"指的就是岳麓秦简中的"故代从人"，但二者是否是同一时期的同一案件，有不同的看法。不过有一点可以肯定，代地"卅五年"的从人反秦斗争，一定也与乐氏宗族有关。从时间看，各简的年代应在秦统一六国之后。代、齐两地乐氏从人联合反秦活动，充分说明当时六国旧贵族宗族联系密切，六国旧贵族以宗族为依托，是一股不可低估的潜在游离势力。

对于统一的秦王朝而言，"从人"尚未纳入国家权力体系，表现为潜在的离心力，而一旦国家动荡，则成为分裂势力。如秦末，反秦的社会势力中，六国贵族占主流，他们因世代家族地位而具有号召力和凝聚力。齐地贵族田氏，在齐地有着根深蒂固的根基，田儋兄弟"皆豪，宗强，能得人"。陈涉起义后，田儋遂自立为齐王，略定齐地。后田横与刘邦抗衡，

---

① 采自杨振红整理的简文。详情参杨振红：《秦"从人"简与战国秦汉时期的"合从"》，《文史哲》，2020年第3期。

"齐人贤者多附焉"，追随田横的宗族宾客有五百多人。① 还有的人抬出六国旧贵族，打着他们的旗号组织民众。如张耳和陈余，深知六国贵族的影响力，劝布衣出身的陈胜要"遣人立六国后"。又如陈婴起事欲称王，其母谓婴曰："自我为汝家妇，未尝闻汝先古之有贵者。今暴得大名，不祥。不如有所属，事成犹得封侯，事败易以亡，非世所指名也。"陈婴遂推举世代"名族"出身的项梁，"众从其言，以兵属项梁"。② 可见在当时人心目中，六国旧贵族仍具有很强的号召力。

（5）"强族""强宗"类。

西汉初期的宗族势力，除了六国旧贵族外，还有民间的强宗、强族和大姓，他们的身份并非来自原来的宗法贵族，但也有着宗族势力，影响着国家基层政权和社会秩序运行。

论宗族，必然涉及家庭和家族，从家庭、家族来理解宗族是认识宗族的逻辑起点。目前学术界对家族和宗族的看法众说纷纭③，而不同时期的家庭、家族和宗族规模、结构亦有变化，因此并没有统一的看法。结合汉代家庭、家族和宗族实际，总括各家之说，我们认为，以婚姻、血缘关系为维系，同居或共财称为家庭，即个体家庭；以血缘关系为维系，由父己子直系三代或多代同居的称为家族；以血缘和共祖观念为维系，五服以外同族人称为宗族。就家与族关系而论，家是构成宗族的最基本的社会单位，族则是家的扩展延伸。④ 以血缘为连系，亲者为家族，疏者为宗族。从规模来看，家庭最小，家族次之，宗族最大。就结构而言，家是单一的，以婚姻关系为基础。家族是由许多家组成的亲属集团，其中以父家长家庭为核心。宗族由家、家族组成，是一个以宗法观念为支配、以某一家

---

① 司马迁：《史记》卷九四《田儋列传》，北京：中华书局，1959 年，第 2647 页。
② 司马迁：《史记》卷七《项羽本纪》，北京：中华书局，1959 年，第 298 页。
③ 这方面的梳理、介绍，见阎爱民：《汉晋家族研究》，上海：上海人民出版社，2005 年，第 3—21 页。
④ 徐扬杰先生认为："一般说来，家庭和家族的关系，主要表现为个体和群体的关系，在以血缘关系为纽带结合而成的这类社会组织中，家庭是个体，是基础，家族则是群体，是家庭的上一级的组织形式。"徐扬杰：《中国家族制度史》，北京：人民出版社，1992 年，第 5 页。

庭（家族）为支配核心的庞大的网络式社会组织。

　　研究汉代的宗族，必须关注汉人关于宗族的表述。贾谊《新书》中关于宗族的论述最接近汉代人的看法。《新书》曰：

> 　　人之戚属，以六为法。人有六亲，六亲始曰父；父有二子，二子为昆弟；昆弟又有子，子从父而昆弟，故为从父昆弟；从父昆弟又有子，子从祖而昆弟，故为从祖昆弟；从祖昆弟又有子，子从曾祖而昆弟，故为从曾祖昆弟；从曾祖昆弟又有子，子为族兄弟，备于六，此之谓六亲。……六亲有次，不可相逾；相逾则宗族扰乱，不能相亲。①

　　贾谊所谓"二子为昆弟"，当指成年男子。"六亲"包含了父、昆弟、从父昆弟、从祖昆弟、从曾祖昆弟、族兄弟，这个范围当属于"家族""宗族"范围，也就是"宗族"以"六亲"为限。这里家族与宗族可以相互换称，但家族只能与宗族五世以内相互换称，不能与宗族五世以外相互换称。② 超出这个界线，就不属于家族，而是宗族。

　　汉代的民间宗族中，原来贵族宗族的"大宗""小宗"之别已经模糊。所谓的"大宗"只是宗族中有势力（权力或财力）的家庭或家族。我们注意到，在汉代史料中，有许多反映宗族的相关称谓如"门宗""门族""宗亲""宗党""宗从""亲族""宗人""族人""疏族""乡族"等，都是对汉代平民宗族的表述。这些表述都适用于前述的民间宗族的定义，是较为宽泛的，而不是典型的宗法制度下的宗族。

　　家庭、家族和宗族是有着内在联系的，密不可分。家族是家庭的延伸，宗族是家族的扩大。以血缘联系着的一群人，虽不同居共财，但仍结成为一体，这就是宗族。冯尔康先生认为："宗族是由父系血缘关系的各

---

　　① 贾谊撰，阎振益、钟夏校注：《新书校注》卷八《六术》，北京：中华书局，2000年，第317页。

　　② 李卿：《秦汉魏晋南北朝时期家族、宗族关系研究》，上海：上海人民出版社，2005年，第26页。

个家庭，在祖先崇拜及宗法观念的规范下组成的社会群体。"① 杜正胜先生认为，"凡同居或共财的称为'家庭'，五服之内的成员称为'家族'，五服以外的共祖族人称为'宗族'"②。我们基本同意这样的宗族界定。

经过春秋战国时期的社会变革，封建宗法宗族制度崩溃，社会基本单位由宗法宗族的大家逐渐转变为个体的小家庭，这就决定了西周时期的宗族和秦汉的宗族有很大的不同。从汉代家庭形态看，汉代家庭以五口之家的核心小家庭为主。有研究者通过统计认为，汉代家庭结构中，以一对夫妇及其未婚子女所组成的数口之家的核心家庭（小家庭）占主导地位。③从静态看，五口之家的小家庭很可能是汉代家庭的常态，但从动态看，又未必如此。④ 尤其值得注意的是，五口之家的家族形态并不能否定家族、宗族的存在。汉代初期，仍有宗族存在，只不过这时的宗族不再是西周宗法制度下的宗族，而是"编户齐民"制下的宗族。西汉初年的宗族可以从几个方面去考察：

第一，宗族的普遍存在。汉代"五口之家"的家庭形态常常给人们造成一种认识误区，以为西汉的宗族衰弱且不普遍，但事实未必如此。有学者指出："两汉时代的宗族组织已大不同于西周春秋时代，宗族组织只是以九族为限，而且宗族内部也是一家一户的'五口之家'式的小家庭，但

---

① 冯尔康等：《中国宗族史》，上海：上海人民出版社，2009 年，第 17 页。

② 杜正胜：《编户齐民——传统的家族和家庭》，刘岱总主编：《中国文化新论·社会篇：吾土与吾民》，北京：生活·读书·新知三联书店，1992 年，第 16—17 页。

③ 李卿：《秦汉魏晋南北朝时期家族、宗族关系研究》，上海：上海人民出版社，2005 年，第 44—51 页。

④ 徐复观对汉代五口之家作出更为细致的思考，值得重视。他说："五口之家的特点，是未曾把兄弟包括在里面。本来一家的人口，是不断变化的。年岁的丰凶、政治的治乱与家长的能力、性情，风俗的纯漓厚薄，都影响到一个家庭所能团聚的人数。但这中间有由血统而来的自然感情，及由生产而来的自然制约；儒家的伦理道德，皆顺应人情之自然以设教。家庭人口，虽变动不居，但在人情之自然发展，而环境又比较平稳的情形之下，在变动中亦未尝没有常态。'五口之家'，不能代表这种常态。父母死后兄弟才分居，这是伦理与人情的共同要求，现实上纵然未必完全是如此，但父母未死，兄弟之间，必维持到不能维持时始行分居，乃是一般家庭的常态。"徐复观：《两汉思想史》（第一卷），上海：华东师范大学出版社，2001 年，第 191 页。

作为宗族，仍是基本的乡村社会单位。"①

西汉民间宗族是普遍性存在的，在此以关东和关中两个核心地域来加以说明。战国至西汉前期，关东与关中是两个不同甚至对立的政治、文化区域，这种差异主要来源于秦国与山东六国发展道路的差异。② 秦统一后，其地主阶级主要由两种类型构成，即军功地主和宗法地主。二者来源不同，军功地主主要来源于秦国，宗法地主主要来源于被秦灭的六国。③ 就家族、宗族而言，秦国商鞅变法打击宗法贵族，拆散宗族组织，社会改革较为彻底，"故秦人家富子壮则出分，家贫子壮则出赘"④。秦国民间宗族势力不像山东六国那样大，也缺乏严格的宗法制，但这只是与六国相比较而言。邢义田认为，秦国的小家庭虽各自为户，但乡里大概仍以或亲或疏的宗族亲戚为多，实际上秦人仍存在一定的宗族，不能估计过低。⑤

与秦相比，关东六国宗法观念仍在很大程度上影响着人们，宗族组织普遍且强盛。⑥ 这一状况一直延续到汉初，从史料记载看，西汉初年的宗族，大多在关东地区。但我们也注意到，随着关东六国旧贵族后裔的到来，关中地区民间宗族很快发展起来，齐诸田在关中的发展便是最好的例

---

① 马新：《论两汉乡村社会中的宗族》，《文史哲》，2000 年第 4 期。

② 参见林剑鸣：《中国封建地主阶级产生的两条途径》，《历史研究》，1984 年第 4 期；《从秦人价值观看秦文化的特点》，《历史研究》，1987 年第 3 期。

③ 林剑鸣：《中国封建地主阶级产生的两条途径》，《历史研究》，1984 年第 4 期。

④ 班固：《汉书》卷四八《贾谊传》，北京：中华书局，1962 年，第 2244 页。

⑤ 邢义田：《从战国至西汉的族居、族葬、世业论中国古代宗族社会的延续》，《新史学》，1995 年第 6 卷第 2 期。

⑥ 《睡虎地秦墓竹简》中有一条抄自魏国的《奔命律》，其中提到"叚（假）门逆旅，赘婿后父，或率民不作，不治室屋，寡人弗欲，且杀之，不忍其宗族昆弟。今遣从军，将军勿恤视"。（睡虎地秦墓竹简整理小组编：《睡虎地秦墓竹简》，北京：文物出版社，1978 年，第 294 页。）大约成书于战国时期的《太公阴符》托言武王与太公的对话，说到"民宗强"。（范晔：《后汉书》志二八《百官志五》李贤注引，北京：中华书局，1965 年，第 3625 页。）"问乡之贫人，何族之别也？问宗子之牧昆弟者，以贫从昆弟者几何家？"（黎翔凤撰，梁运华整理：《管子校注·问第二十四》，北京：中华书局，2004 年，第 487 页。）这两条史料反映了齐国的情况。包山楚简有"不以情死于其州者之居处名族至（致）命"，（湖北省荆沙铁路考古队：《包山楚墓》，北京：文物出版社，1991 年，第 351 页。）反映了宗族在楚国社会政治中的影响。上述这些都说明关东六国宗族普遍存在，族类意识浓厚，势力强大。

证。《潜夫论·志氏姓》曰："汉高祖徙诸田关中，而有第一至第八氏。"①迁徙到关中的诸田，原有的宗族组织被拆分，但他们在迁徙地"以次第为氏"，发展出新的宗族。如田广孙田登为第二氏，"广孙田癸为第三氏"，"第八氏，亦齐诸田之后"②，王莽时有讲学大夫第八矫。由此可见，迁徙关中的六国旧贵族宗族演变为平民宗族。

汉初各地域民间宗族发展也有差异。日本学者提出"旧县""新县"之别③，对于认识西汉初期宗族地域发展差异性有启发意义。在春秋战国时期所设"旧县"的乡里中，同族聚居现象突出，尽管也会有异姓，但会以一个或多个姓族为主；而在秦汉所设"新县"的乡里中，则多异姓杂居。在旧县中，原来的贵族宗族虽经战国的冲击，但在西汉初年仍有影响。如太原、上党，"多晋公族子孙，以诈力相倾，矜夸功名，报仇过直，嫁取送死奢靡。汉兴，号为难治，常择严猛之将，或任杀伐为威。父兄被诛，子弟怨愤，至告讦刺史二千石，或报杀其亲属"④。从史料看，出自太原、上党的宗族还有冯氏⑤、令狐氏⑥。显然，太原、上党地区的县多数是

---

① 王符著，汪继培笺，彭铎校正：《潜夫论笺校正》卷九《志氏姓》，北京：中华书局，1985 年，第 428 页。

② 应劭撰，王利器校注：《风俗通义校注·佚文》，北京：中华书局，1981 年，第 542 页。

③ 木村正雄在论述战国秦汉专制主义形成的过程和基础时，提出旧县、新县之说。所谓旧县，是从古代原始的邑发展而来，它与第一次农地开发（春秋以前）密切相关；而新县是在第二次农地开发（汉代）中形成的。旧县的宗族组织保留较多，独立的程度较高，新县则强烈地依存于中央。（木村正雄：《中国古代专制主义的基础条件》，刘俊文主编，黄金山、孔繁敏等译：《日本学者研究中国史论著选译》第三卷《上古秦汉》，北京：中华书局，1993 年，第 699–719 页。）增渊龙夫认为，春秋时代的县保留了很多古老的社会关系和氏族秩序遗制，与秦汉时代制度下的县未必有连续性。由于地域不同，国家权力渗透的强弱也有差别。（增渊龙夫著，吕静译：《汉代郡县制各个地域之考察》，收入氏著：《中国古代的社会与国家》，上海：上海古籍出版社，2017 年，第 402–422 页。）

④ 班固：《汉书》卷二八下《地理志下》，北京：中华书局，1962 年，第 1656 页。

⑤ 《后汉书》卷二八上《冯衍列传》引《东观记》曰："其先上党潞人，曾祖父奉世徙杜陵。"（范晔：《后汉书》，北京：中华书局，1965 年，第 962 页。）可见冯氏为大族。

⑥ 《后汉书》卷二八上《冯衍列传》曰："（冯）衍为狼孟长，以罪摧陷大姓令狐略。"（范晔：《后汉书》，北京：中华书局，1965 年，第 977 页。）令狐氏源于春秋时期晋国大夫令狐氏。

由春秋以来设置的古邑延续而来，保留了相当多的宗族秩序遗存。这里父兄与子弟并提，向我们透露出汉初太原、上党地方宗族的存在。

秦末汉初"父老"与"子弟"的称呼也在一定程度上反映了宗族存在的事实。刘邦起事，召集沛县父老，劝说他们率子弟诛杀沛令。① 刘邦多次取得父老的支持，地方父老常常率子弟共同行动。汉初的父老是绝不可忽视的一种社会力量，他们能够支配、影响子弟，显然是宗族或乡里中的重要人物。"父老""父兄""子弟"之类的称呼，无疑是家族、宗族制的遗存。父老、子弟绝不是毫无血缘关系的泛称②，父老与子弟生活在同一里中，是以血缘相联系的同宗族。前举太原、上党的宗族事例也是在汉初，晋公族子孙后裔在秦末汉初已经成为编户民，但他们的宗族以新的形式依然延续。父老能够支配子弟，依靠的是与子弟的血缘关系或德望。在多姓杂居的里中，父老可能是出自占据支配地位的家族或宗族。刘邦与父老父兄的接触事例，说明汉初民间宗族的存在，只不过这种宗族不能和西周的宗法宗族完全等同。

第二，平民宗族的发展。在春秋战国的社会巨变中，封建宗法制受到巨大冲击而解体，贵族宗族日渐没落，但平民宗族仍在很大程度上存在，并延续到西汉。平民宗族不同于封建贵族宗族，从国家角度看，二者有着本质不同。春秋以前的宗族是兼具行政、财产、军事、祭祀等多项功能的共同体，属于政治单位，是国家政权赖以存在的基础；而西汉的平民宗族是国家支配下的同姓个体家庭的组合，并不具备政治单位属性。随着封建贵族的没落，"宗法由政治转移到社会"③，平民宗族逐渐扩大。

---

① 司马迁：《史记》卷八《高祖本纪》，北京：中华书局，1959年，第350页。

② 日本学者守屋美都雄对汉代父老作了详细研究，但他基本上排除了父老的宗族性质，似乎不符合秦末汉初的实际。他说："虽然称作父老或父兄，但这未必仅指有血缘关系的长上。""要之，所谓父老、父兄，是指那些应该父事或兄事的人们。"我们认为，守屋美都雄的观点似乎过于绝对，是值得商榷的。守屋美都雄：《父老》，刘俊文主编，黄金山、孔繁敏等译：《日本学者研究中国史论著选译》第三卷《上古秦汉》，北京：中华书局，1993年，第570页。

③ 徐复观：《两汉思想史》（第一卷），上海：华东师范大学出版社，2001年，第61页。

春秋时期，平民的宗族村社是兼具血缘和地域特点的社会组织。① 在这样的村社中，人们以血缘关系为主，长期聚居，形成宗族。在村社中，宗族的首领称为"父老"，一般成员称为"子弟"。宗族成员之间有着密切的联系，共同进行各种宗族活动，"出入相友，守望相助""疾病相忧，患难相救""祸灾相恤，资丧比服"。这些记载虽有理想化的成分，但基本反映了当时的实际。西汉初年，社会日趋稳定，平民宗族复兴，徐复观说："汉代对先秦的最大特色，乃在继战国平民立姓之后，继续发展，完成了平民的姓氏，即是大体上到了西汉宣、元、成时代，天下比较安定，每人皆有其姓氏。……因此，在春秋末期以前，中国社会是以贵族的氏族为骨干。自春秋末期开始，而始出现平民的'族姓'，至西汉而发展完成。西汉称族姓为'宗族'或简称为'宗'，按此仍沿宗法制度之余绪。于是概略的说，从西汉起，中国开始以平民的宗族，形成社会的骨干。这是历史演进中的大关键，也是研究我国社会史的大关键。"②

平民宗族的凝聚，除了血缘关系外，更重要的还有财富和权力。"家富则疏族聚，家贫则兄弟离，非不相爱，利不足相容也。"③ 西汉初年，富商大贾、豪强地主势力迅速发展，他们拥有凝聚宗族成员的资本，为扩张势力，自然愿意收宗合族，谋求宗族发展，而宗族成员也愿意找到宗族作为保护伞，有了宗族认同，增强安全感。"无姓则有家而无族，有姓则每人皆有族。无族之家，孤寒单薄，易于摧折沉埋。有族之家，则族成为家的郛郭，成为坚韧的自治体，增加了家与个人在患难中的捍卫及争生存的力量。"④

第三，聚族而居的传统延续与宗族意识。战国时期，社会发生了巨大变化，原来的宗法宗族制解体，这为学者们所认同，多有强调。但是也应

① 徐扬杰：《中国家族制度史》，北京：人民出版社，1992年，第125页。
② 徐复观：《两汉思想史》（第一卷），上海：华东师范大学出版社，2001年，第192页。
③ 许富宏：《慎子集校集注·慎子逸文》，北京：中华书局，2013年，第88页。
④ 徐复观：《两汉思想史》（第一卷），上海：华东师范大学出版社，2001年，第192页。

看到，古代传统具有强大的延续性，越是社会基层，对传统的延续越持久，越是具体到生活的部分，传统保持就相对完整。在宗族社会中，族是基本的社会单位，家以族为依托，人们聚族而居，聚族而葬。因此，宗法宗族制度虽然解体了，但部分生活传统被顽固地保留下来，一旦有合适的环境，便极容易向宗族复归。

战国时期的变法，关涉家庭和社会基层重组的主要是析解大家族和"集小都乡邑聚为县"。国家为加强对社会的控制，析解大家族，使人们从原来的宗族组织中分离出来，建立众多的个体小家庭，这些有着血缘关系的个体家庭一般仍是居住在同一地方，正所谓"聚族而居"。这些个体家庭贫富不一，地位不等；在众多家庭中，以一个个体家庭（家族）为核心，凝聚同族之人，使宗族以新的形式出现。

汉代宗族也是"聚族而居"，不过这种"聚族而居"不同于宗法制度下宗族的"聚族而居"。这种"聚族而居"是一个个小家庭的"聚族而居"，不像宗法制度下的宗族，依宗法制度如嫡长子继承制、大宗小宗之别等决定内部等级秩序。与宗法宗族相比，这种"聚族而居"是相对松散的，宗族内的小家庭直接隶属于国家支配，而非族长支配。

在国家支配下，宗族内的个体家庭属于国家的"编户民"，他们的关系是地域性的邻里关系，当然，血缘关系和"聚族而居"传统仍然发挥着作用。国家以血缘关系为基础制定行政组织，在旧聚落的基础上用新里制加以管理，旧聚落中血缘关系并没有彻底被打破。因此，基层社会结构中不可能是纯粹的地缘组合的异姓杂居，而是旧聚落和新里制重叠，在原有的聚落之上加上新的编组①，这样同姓聚居和异姓杂居并存，甚至地域行政组织和血缘社会关系有着相当程度的重叠。"当然，如果同姓族人已自然地聚居于某乡某里，汉帝国似乎也没有刻意分拆居民结构，况且古代的里以姓氏命名者颇多，说明同姓血缘团体与行政区划会有重叠。"② 这一看

---

① 邢义田：《汉代的父老、僤与聚族里居》，收入氏著：《天下一家：皇帝、官僚与社会》，北京：中华书局，2011 年，第 452 页。

② 黎明钊：《辐辏与秩序：汉帝国地方社会研究》，香港：香港中文大学出版社，2013 年，第 358 页。

法是成立的。战国以来推行授田制，把原来的宗族制下的民变成国家控制的"公民"，这只需对宗族加以拆散，而确认个体家庭的独立地位，未必通过大规模迁徙来实现。同时，里的得名也对族居状况有所反映。里的得名有多种原因，但以姓氏命名的里，一定是族人较多（这与移民以姓氏命名地名不同）。从汉代正史和简牍资料看，以姓氏命名的里很多，这从一定意义上折射了聚族里居的事实，如湖北江陵凤凰山汉墓简牍《郑里廪薄》①、居延敦煌汉简②等都说明这一点。在一些里中，也有异姓杂居，但有宗族为依托的族众势强的族姓，便是当地的"大姓"。这种"大姓"家庭（家族）以宗族为依托，活动范围可以是某一乡里，也可以是相邻的数个乡里或更大范围，即所谓"乡里大姓""郡著姓"。

秦末汉初，社会上主要有两种宗族势力，即六国旧贵族后裔宗族和平民宗族。前者在前文已经涉及，所谓平民宗族，是与贵族宗族相对而言，它包括一般的豪富、官僚和编户民宗族。对于汉初宗族势力，不可低估。在此，我们通过几条史料来看汉初宗族情况。楚汉之争时，张良劝刘邦勿封六国之后：

> 且天下游士离其亲戚，弃坟墓，去故旧，从陛下游者，徒欲日夜望咫尺之地。今复六国，立韩、魏、燕、赵、齐、楚之后，天下游士

---

① 1970年湖北江陵凤凰山汉墓出土了一批简牍，时代为汉惠帝至景帝时期。其中，《郑里廪薄》（乙组简）反映了汉初聚族而居的实态。《郑里廪薄》由第9号至34号共26片竹简组成一册完整的廪薄，第10号至34号简记载贷给郑里25户农民的谷种帐，每简一户，记录每户的姓名、劳动力、人口、耕种田亩和贷谷数。郑里，即以郑姓命名的里。郑里25户农民均不书其姓而只书名，对此合理的解释是这25人都姓郑，是有共同血缘关系的同一宗族。由此可知，汉初的里聚族而居是比较常见的社会现象。关于25户人名，学者释读不一，可参见弘一：《江陵凤凰山十号汉墓简牍初探》，《文物》，1974年第6期；黄盛璋：《江陵凤凰山汉墓简牍及其在历史地理研究上的价值》，《文物》，1974年第6期；李均明、何双全编：《散见简牍合辑》，北京：文物出版社，1990年，第70—72页。

② 何双全先生对居延、敦煌汉简戍卒姓名、籍贯进行研究，认为戍边士卒绝大部分来自乡里，以一里一人为多，"一里同时出二人以上者多为同姓人，可窥其当时乡里居民以姓氏家族为聚居地"。何双全：《汉代戍边士兵籍贯考述》，《西北史地》，1989年第2期。

各归事其主，从其亲戚，反其故旧坟墓，陛下与谁取天下乎？①

这里所谓"离其亲戚，弃坟墓"，则表明这些游士都有宗族，他们和族人过得是"生相近，死相迫"的聚族而居、同族而葬的生活。萧何曾率宗族数十人追随刘邦②，可见其宗族规模不小。又如石奋，四子皆任二千石高官，家族日盛。石奋家教极严，其子石庆有错，"肉袒请罪，不许。举宗及兄建肉袒"。这里的"宗"当是整个家族。史载石奋"诸子孙为吏更至二千石者十三人"，由此可推知石奋宗族人数一定不少。再如尉佗，西汉初年曾割据自立为王，吕后"尽诛佗宗族，掘烧先人冢"③。汉景帝时，齐王有幸臣桑距，有罪逃亡，齐王"因禽其宗族"。济南瞷氏，有"宗人三百余家"。这些都是汉初的事例，足以说明汉初民间宗族势力并非销声匿迹，而是在不断发展，渐趋"民宗强"。

族居、族葬和世业是古代宗族社会的传统，具有极强的延续性。④聚族而居也就聚族而葬，"族葬，各从其亲"，即便迁居异地，死后也要回葬宗族墓地。西汉初年的族葬也证明民间宗族的存在。安徽霍山县西汉初年墓葬即为家族墓地⑤，湖北萧家山发掘15座西汉前期墓葬，墓区附近有很多被破坏的墓，应为宗族墓地。南京浦口星甸园区发掘西汉墓葬，推断为汉代家族墓地。⑥最为典型的是辽阳三道壕西汉村落遗址，反映了族居与族葬的关系。⑦族居、族葬反映了汉代宗族组织的强盛。正因为"民宗强"，汉初宗族势力在社会上十分活跃，如有"宗人三百余家"的济南瞷氏，"豪猾，二千石莫能制"⑧。涿郡大姓高氏，宗族规模很大，"自郡吏

---

① 司马迁：《史记》卷五五《留侯世家》，北京：中华书局，1959年，第2041页。
② 司马迁：《史记》卷五三《萧相国世家》，北京：中华书局，1959年，第2015页。
③ 司马迁：《史记》卷一一三《南越列传》，北京：中华书局，1959年，第2970页。
④ 邢义田：《从战国至西汉的族居、族葬、世业论中国古代宗族社会的延续》，《新史学》，1995年第6卷第2期。
⑤ 杨鸠霞：《安徽霍山县西汉木椁墓》，《文物》，1991年第9期。
⑥ 《江苏南京浦口星甸发现汉代家族墓地》，《文物鉴定与鉴赏》，2018年第12期。
⑦ 李文信：《辽阳三道壕西汉村落遗址》，《考古学报》，1957年第1期。
⑧ 司马迁：《史记》卷一二二《酷吏列传》，北京：中华书局，1959年，第3133页。

以下皆畏避之，莫敢与忤，咸曰：'宁负二千石，无负豪大家。'"① 这些宗族横行于乡里，郡吏为之畏避。由此可知，凡是存在古老宗族传统的地方，一般都表现为宗族横恣，号为"难治"。前述多旧族的太原、上党，宗族势力与皇权支配相对立，说明了春秋以来宗族这种古老的社会关系在汉代郡县制体系下的相沿存续，使我们"看到了这个古老的社会关系多方制约郡县制支配的状况"。而这种现象，在汉代其他地方也是普遍发生的。"在那些虽然形式已变、但是古老的社会关系依然存在的地方，那种'难治'的现象同样多见。"② 因此，在汉帝国逐步加强国家对社会的控制时，强宗豪右的宗族势力便与皇权支配相冲突，强宗大姓被视为社会秩序的破坏者，必然成为国家限制、打击的对象。

（6）分封的王、侯类。

国家控制、整合社会，无疑也包含了中央与地方的关系。从中央与地方的对立关系而言，汉初分封的王国、侯国是社会势力的保护伞，也可视为社会势力。因此，中央对地方王国的控制，也可以理解为国家对社会的控制。

分封制与郡县制是中国古代两种政治体制，分封制早于郡县制。西周时期，封邦建国，"授民授疆土"，实行宗法分封制，以此维护贵族世袭政治权力。到春秋时期，宗法制逐渐解体，国家与社会二分，以血缘秩序为核心的政治秩序被打破，新的国家支配方式逐渐形成，在对分封制的克服过程中，县郡制度产生。③ 秦统一后，围绕实行分封制还是郡县制，曾展开激烈的辩论，这说明分封制在当时人们的观念中仍占据重要的地位。楚汉战争时，项羽、刘邦搞分封，汉初刘邦分封同姓诸侯王，都充分说明了这一点。刘邦分封诸侯王，原因是复杂的，学界看法

---

① 班固：《汉书》卷九〇《酷吏传·严延年》，北京：中华书局，1962 年，第 3668 页。

② 增渊龙夫著，吕静译：《中国古代的社会与国家》，上海：上海古籍出版社，2017 年，第 422 页。

③ 郡县制是与中央集权体制相适应的地方行政制度，最早为县郡制。春秋时期晋、楚等国先设县，后郡下辖县，成为郡县制。

不一。① 客观而言，既有历史的惯性原因，也有现实的考虑。尽管这时的分封在很多方面与西周的分封制不完全一样，但其基本精神和形式仍然呈现历史的延续。从封国的实际运行看，仍然表现为和中央集权体制的冲突。就此根本而言，汉初的分封应是专制政治下的封建问题②，不能简单地视其为只是春秋以前分封制的形式继承。

楚汉战争时，刘邦为战胜对手项羽，先后分封了几个异姓诸侯王。刘邦称帝后，迫于巩固来之不易的帝位，只得正式封功臣，序二等，"大者王，小者侯"。当时共封异姓王七人，封功臣侯一百余人。七个异姓王是楚王韩信、韩王信、赵王张耳、淮南王黥布、梁王彭越、燕王臧荼、长沙王吴芮。公元前 202 年 7 月，臧荼谋反失败，刘邦立卢绾为燕王，这样前后共分封七国八王。异姓诸侯国占据西汉广大疆域超过了半壁江山③，而汉廷和诸侯王国所直接控制的人口可能大体相当④。异姓王拥有极大的自治权，封国内的政治、经济、军事、司法大权均由诸侯王掌握⑤，他们仅是在名义上承认刘邦的"共主"地位。因此，从一开始，异姓王便是皇权

_____

① 相关学术观点介绍，可参见唐燮军、翁公羽：《从分治到集权：西汉的王国问题及其解决》，杭州：浙江大学出版社，2012 年，第 1-4 页。

② 徐复观认为，汉代的分封是专制政治下的分封，他以"汉代专制政治下的封建问题"讨论汉初封国制："汉室封建，在先是为了完成大一统专制的事实上的需要，最后则为了维护大一统专制的皇帝身份的需要；所以一方面在演变，另一方面在形式上却始终加以保持。但尽管如此，封建的存在，尤其属于诸侯王这一系统的存在，始终对专制政治的自身，成为一最大的矛盾。因为专制的最高权力，乃属于皇帝一人。"徐复观：《两汉思想史》（第一卷），上海：华东师范大学出版社，2001 年，第 103 页。

③ 据统计，当时汉廷直辖的国土面积约为 109 万平方公里，而诸侯王控制的封域面积约为 134 万平方公里，二者分别占西汉国土总面积的 45% 和 55%，诸侯王国占有的面积超过汉廷直接控制的面积。参劳榦：《两汉郡国面积之估计及口数增减之推测》，《"中研院"历史语言研究所集刊》第五本第二分，1935 年。

④ 有学者依据汉平帝元始二年（2）户、口数量对汉初郡、国户、口数进行统计推算，但从汉建立到平帝元始二年，经历 200 多年，而且秦末动荡和楚汉战争所造成的人口数变动无从考据，因此这样的推算准确性值得怀疑。从中央和封国所占实际郡县看，中央直辖 24 郡，王国直辖 22 郡，考虑边郡、内郡和郡面积大小等因素，可能中央和封国所拥有的人口数大体相当。

⑤ 唐燮军、翁公羽：《从分治到集权：西汉的王国问题及其解决》，杭州：浙江大学出版社，2012 年，第 37-38 页。

的心腹大患，必铲除而后快。刘邦自称帝直到病死，先后以各种罪名铲除、罢废了所封的七个诸侯王，唯有地处"南边"的长沙王吴芮，因"势疏而最忠"①、"不失正道"得以存续。对于铲除异姓王，历来有不同说辞，有的诸侯王的"谋反"实为刘邦的步步紧逼所造成，这也是事实，但这恰恰说明君主专制制度与封国制不可调和的矛盾，而国家控制、整合社会的动力往往来自皇权的"家天下"。

在消灭异姓王的同时，刘邦又分封同姓子弟王。刘邦分封同姓王，也有多种考虑，其中用分封同姓去打击异姓王，克服异姓分封的离心力是重要原因。② 就此而言，分封同姓王乃属当时政治形势使然。刘邦认为，秦之灭亡在于"孤立亡藩辅"。有鉴于此，刘邦分封同姓子弟为王，先后分封楚王刘交、齐王刘肥、荆王刘贾（高帝十一年，刘贾为英布所杀，刘邦以其地立吴国，立兄子刘濞为吴王）、赵王刘如意、淮南王刘长、淮阳王刘友、梁王刘恢、代王刘喜、燕王刘建九王。这同姓九国加上异姓长沙国（汉文帝七年绝嗣"国除"），共十个诸侯国。③

诸侯国分布在关东地区，其封域"分天下半"，当时全国约 54 个郡，归中央直辖的仅有 15 郡，而诸侯国则拥有 39 郡。封国大而郡小，战国以来关东与关中的对立局面仍然存在。诸侯国所在的关东地区，又是当时的核心经济区④，资源丰富，经济发达。同姓王国中，齐、楚、吴势力最强，如齐国领有 7 郡，连城数十。在政治上，诸侯国拥有行政权，诸侯王如同国君，"掌治其国"，其下设有和中央相同的政权机构，除太傅和相国（后更为丞相）由中央代置外，"时诸侯得自除御史大夫群卿以下众官"⑤，其

---

① 班固：《汉书》卷四八《贾谊传》，北京：中华书局，1962 年，第 2237 页。
② 司马迁认为："故王者壇土建国，封立子弟，所以褒亲亲，序骨肉，尊先祖，贵支体，广同姓于天下也。是以形势强而王室安。自古至今，所由来久矣。"司马迁：《史记》卷六〇《三王世家》，北京：中华书局，1959 年，第 2114 页。
③ 汉文帝时又分封了一些同姓王，如河间王、城阳王、济北王等，汉诸侯王国数目增加。
④ 冀朝鼎著，朱诗鳌译：《中国历史上的基本经济区与水利事业的发展》，北京：中国社会科学出版社，1981 年。
⑤ 班固：《汉书》卷三八《高五王传》赞曰，北京：中华书局，1962 年，第 2002 页。

他"宫室百官同制京师"①，各自纪年，诸侯王印亦称玺。在经济上，诸侯王可以征收山川园池市井等各项赋税，"皆令自置吏，得赋敛"②。从诸侯王国地域面积看，诸侯王的"公""私"收入甚至超过汉廷。在司法上，诸侯王可以"断狱治政"，军事上拥有自己的军队。③ 总体说来，汉初诸侯王享有很大的自治权。当然，汉朝也对诸侯王做出一些限定，如法令上要服从汉法，出行不得用天子仪，不得擅自发兵，不得班赐爵位和赦免死罪等。这种政治上的限定使诸侯王不是完全独立于汉中央统辖之外，而是处于半独立的状态。④ 但诸侯王所具有的政治、经济、军事、司法等权力，已俨然是一个个地方上的皇帝，他们往往置中央于不顾，突破国家的各项规定，不尊法治，我行我素，与中央分庭抗礼，成为国家的对抗力量。

分封同姓王的本意在于加强皇权，刘邦立盟誓"非刘氏而王，天下共击之"⑤。但分封制与战国以来的中央集权国家发展趋势相违背，因此违背历史规律，历史便会走向个人意志的反面。同姓诸侯王是强大的地方分权势力，他们与各种社会势力联系密切，是各种社会势力的保护伞，主要表现在如下几个方面：

第一，"不用汉法"，僭越不轨，对抗中央。汉初同姓王拥有很大的自治权，因此在封国内多以自己的意志治国，放纵不法。淮南王刘长自以为与皇帝最亲，十分骄横，"数不奉法"。"废先帝法，不听天子诏，居处无度，为黄屋盖乘舆，出入拟于天子，擅为法令，不用汉法。"⑥ 其多次驱逐朝廷派去的官吏，自置丞相。梁王"骄贵，民多豪强，号为难治"⑦。赵王

---

① 班固：《汉书》卷一四《诸侯王表》序，北京：中华书局，1962年，第394页。

② 班固：《汉书》卷一下《高帝纪下》，北京：中华书局，1962年，第78页。

③ 唐燮军、翁公羽：《从分治到集权：西汉的王国问题及其解决》，杭州：浙江大学出版社，2012年，第88—89页。

④ 柳春藩：《秦汉封国食邑赐爵制》，沈阳：辽宁人民出版社，1984年，第44—50页。

⑤ 司马迁：《史记》卷九《吕太后本纪》，北京：中华书局，1959年，第400页。

⑥ 司马迁：《史记》卷一一八《淮南衡山列传》，北京：中华书局，1959年，第3077页。

⑦ 班固：《汉书》卷七六《张敞传》，北京：中华书局，1962年，第3226页。

彭祖，多为不法，"相、二千石欲奉汉法以治，则害于王家"①。大的诸侯王或连城数十，地方千里，"缓则骄奢易为淫乱，急则阻其强而合从以逆京师"，对中央构成极大威胁。

第二，扩张势力，吸纳各种社会势力。汉初，"诸侯各务自拊循其民"，他们以各种方式招徕郡县之民，同时吸纳游侠、豪杰等，聚于王廷，以为羽翼。如有些郡县民因徭役往来长安甚苦，欲归附诸侯王，"其苦属汉而欲得王至甚，逋逃而归诸侯者已不少矣"②。文帝子梁孝王刘武招延四方豪杰，齐人羊胜、公孙诡、邹阳之属为其效力。淮南王刘长"聚收汉诸侯人及有罪亡者，匿与居，为治家室，赐其财物爵禄田宅"③。游侠、豪杰依附诸侯王，增强了诸侯王的社会势力性质，使得中央与王国关系更加复杂。在汉初社会中，游侠是一种不可低估的社会势力，游侠与诸侯王声气相通，相互勾结，成为社会不稳定因素。他们参与王国的反叛活动，给中央政权造成极大威胁。如吴王刘濞谋反时，"吴王专并将其兵，未度淮，诸宾客皆得为将、校尉、候、司马"。可以说，在诸侯王的活动中，处处有这些为汉廷忌惮打压的豪杰游侠的身影。汉初游侠遍及各郡国，反映了社会势力的活跃。从国家与社会的关系看，游侠势力越强大，国家的凝聚力就越弱。汉初游侠的强盛，一定程度上说明皇权和国家控制力的有限性，另一方面与诸侯王国的强大密不可分。

第三，养士与学术权力和社会声望。汉初承战国余绪，游士之风盛行。诸侯王厚招游学，文人会聚，以此博取名誉和声望。如邹阳、枚乘、严忌等，开始游历吴国，后来又追随梁孝王。④ 淮南王、衡山王广招四方游士，"山东儒墨咸聚于江淮之间"。从游士角度看，依附于王国的游士，只需对自己的主子负责，本来他们都是大汉的臣民，现在却在皇帝与他们之间多了一个诸侯王，形成"二重君主观"。"及至天下平定，天子功成，

---

① 司马迁：《史记》卷五九《五宗世家》，北京：中华书局，1959年，第2098页。
② 班固：《汉书》卷四八《贾谊传》，北京：中华书局，1962年，第2261页。
③ 司马迁：《史记》卷一一八《淮南衡山列传》，北京：中华书局，1959年，第3077页。
④ 班固：《汉书》卷五一《邹阳传》，北京：中华书局，1962年，第2343页。

游士们仍未接受从新政权结构出发认识事物、评价是非的角度和立场。"①
他们依靠谁，就称颂谁，游士聚集，则诸侯王名誉大扬。对于专制皇帝而
言，不仅要占有政治权力，也要占有思想文化权力和名誉声望权力。诸侯
王博得好的声望，便是对皇帝声望的压制。从思想上看，天、道、圣这些
最美好最神圣的赞誉只能为皇帝所占有，而不能是其他人。游士集于诸侯
王廷而不是天子的殿堂，增添了诸侯王的身价而不是皇帝皇冠上的光环，
这便触犯了专制的大忌，学术中心难免成为政治惨祸的酝酿地。专制皇权
对诸侯王厚招游学、博取声誉的行为十分痛恨，诸侯王的声誉不得超过皇
帝，否则就是僭越。"臣下的本体性卑贱"使得臣只能自污，方反衬皇帝
圣明，这种事例在历史上比比皆是。君臣之尊卑不能混淆，君为上称"君
上""君父""皇上"，臣为下称"臣下""臣子"。皇帝是天道、公理、伟
大、完美、聪明、真理等的载体，皇帝的代名词是"圣君""明主""天
子"；而臣是卑贱、谬误、罪过、愚昧的载体，臣下的代名词则是"愚臣"
"罪臣""粪土臣""草莽臣""牛马走"等②，这无疑是"君尊臣卑"观
念的文化心理体现。③徐复观认为："景帝时代，朝廷猜防的重点在诸侯王
的领土与职权。至武帝，则诸侯的领土与职权已不成问题；于是猜防的重
点特转向到诸王的宾客上面，尤其是转向到有学术意义的宾客上面。而能
招致才智及在学术上有所成就之士的诸侯王，其本身必有相当的才智，在
学术上也有相当的修养；而其生活行为，也多能奋发向上，可以承受名
誉。这更触犯了专制者的大忌。换言之，专制皇帝，只允许有腐败堕落的
诸侯王，而决不允许有奋发向上的诸侯王。"④淮南王刘安组织门客编写
《淮南子》，恰恰违背"诸侯名誉不当出竟（境）"，功高盖主之忌也包括

---

① 于迎春：《秦汉士史》，北京：北京大学出版社，2000年，第53页。
② 王子今先生对臣下称谓的政治文化意义进行了详细分析。参见王子今：《说汉代官吏"粪土臣"自称》，崔向东主编：《历史与社会论丛》（第三辑），长春：吉林大学出版社，2010年，第3-11页。
③ 刘泽华：《中国的王权主义》，上海：上海人民出版社，2000年，第263-279页。
④ 徐复观：《两汉思想史》（第一卷），上海：华东师范大学出版社，2001年，第107页。

名望声誉超过皇帝。淮南王刘安之狱的深层原因即在于此，而大狱牵连之广，死人之众，令人不寒而栗。

士人、学术和名誉相结合，各取所需。士人以其智识为王侯服务，使诸侯王获得思想和舆论统治权；从皇权支配看，诸侯王形成了脱离国家秩序的又一个思想舆论和名誉秩序中心。而皇权对诸侯王学术中心的摧毁，实际上也是对士人的钳制和打击。游士由向诸侯王竭诚效命必须转向对皇帝服从尽忠，这是汉初游士们的唯一出路和选择。战国以来士人的自由流动和自由思想在即将到来的汉武帝时代走到终点。

如上所述，王国与郡县共存的局面，决定了国家控制体制的二元性质。在郡国并存这种二元体制下，集权与分权、中央与地方的冲突不可避免。这种二元控制体制是难以长期维持下去的，其自身内部的矛盾冲突必将随着双方力量的消长而展开，这便决定了汉初国家整合社会、中央控制地方的基本内容和走向。

"大一统"是专制君主的追求，"大一统"不仅指疆土一统，更重要的是权力一统和社会控制一统，一统的拥有者是皇帝，而皇权具有唯一性。"大一统"的内在秩序结构是等级，根本在于"明尊卑之分"，"尊卑明而万事各得其所矣"。对此，贾谊有着清醒的认识，他多次上疏陈政事，分析天下形势，认为国家不能长治久安，其根本原因在于"本末舛逆，首尾衡决，国制抢攘，非甚有纪"①。中央与地方本末倒置，"一胫之大几如要，一指之大几如股"。汉初分封的诸侯王国，在政治、经济和文化等领域都导致对皇权的分割、对中央集权的破坏和对社会控制的削弱。诸侯王觊觎皇权，诸侯王国成为强化皇权、控制社会的阻碍，正如贾谊所言，"臣窃迹前事，大抵强者先反"，汉大一统国家格局随时都有可能崩解。因此，贾谊一再提醒皇帝对诸侯王要弱之、虚之、少其力，最终达到强本干、弱枝叶的目的。"令海内之势如身之使臂，臂之使指，莫不制从，诸侯之君不敢有异心，辐凑并进而归命天子。"② 在皇权专制不断加强的过程

---

① 班固：《汉书》卷四八《贾谊传》，北京：中华书局，1962 年，第 2230 页。
② 班固：《汉书》卷四八《贾谊传》，北京：中华书局，1962 年，第 2237 页。

中，诸侯王必然受到皇权无情的碾压。

以上论述了汉初各种社会势力、地方势力与国家的游离、对立状态，这种游离、对立的本质是二元秩序，造成皇权支配的削弱和国家控制的混乱，国家与社会处于对立二分。从战国以来国家对社会整合的历史进程看，汉初这一过程仍未完成。汉代以皇权为代表的国家要对社会进行整合、控制，建立国家秩序与社会秩序的内在联系，从而实现"天下辐辏"，各种社会势力必然在国家整合社会的过程中发生形态演变。

第九章

国家控制、整合与豪族的形成

从历史长时段看，汉代对社会势力的控制整合是战国以来皇权专制国家构建的延续。控制、整合从权力、制度和思想三个层面展开，其手段主要是打击、限制和引导、教化，最终将社会势力纳入到国家权力体系中，国家与社会由对抗转为合作，建立起国家秩序与社会秩序的内在联系。

第一节　国家控制、整合措施

西汉建立后，中央集权国家面临对社会各方面的整合，确立以皇权为中心的国家与社会秩序。这需要解决两个问题：一是社会势力与国家的分离，二是地方与中央的分权。这两个问题密切联系，相互影响，决定着汉代国家与社会的关系。

总体来说，汉代国家整合社会以汉武帝为标志，主要分为三个阶段。汉武帝以前，国家对社会势力主要采取妥协和限制、打击相结合的手段；汉武帝时期，以强力整合社会，手段上是打击、限制和引导相结合；汉武帝以后至昭宣时期，随着社会势力向豪族不断转变，国家整合社会的方式和手段也有所变化，不像汉武帝时期那样赤裸裸的强力、暴力支配，而变得温和妥协。当然，在每个不同阶段中，因国家与社会关系的变化，整合的方式和手段也随之变化。上述所言三个阶段的情况，只是就大趋势总体而言，并不是绝对的。

国家控制、整合社会，就是对社会成员、社会阶层、社会组织和社会行为实施约束而成为一体，意味着服从约束和规范，进而构成为一个统一的整体，即"大一统"。李禹阶先生认为，国家政权通过各级政府来实现对社会的管理，利用国家权力来指导和约束社会成员，以实现其目标，"它以国家规定的形式进行社会秩序的整合，并靠国家政权的控制力量来推行这种整合，是最严厉、最有效的社会控制手段"①。国家控制、整合社会主要是采用国家控制和激励机制。国家控制机制是运用各种方式控制各种社会力量，使其遵从社会规范，从而达到整合社会、维持社会秩序的目的。国家激励机制是国家按设定的标准和程序将社会资源分配给社会成员，从而引导社会成员的行为方式和价值观念，使其按照国家意志主动纳入国家秩序，其行为方式和价值观念与国家的倡导趋于一致。而国家控制机制和激励机制表现在手段上，主要是打击、限制和引导、教化，属于社会控制中的硬控制和软控制。综合汉代国家控制、整合社会势力过程，其限制、打击和引导、教化手段有多种，且软硬兼施。

一、强力限制与打击

汉代国家对社会势力的限制、打击主要有以下几个方面：

第一，继续推行"迁豪""徙民"政策。迁徙社会势力是秦、西汉国家控制社会的主要措施之一。秦的"迁豪"是伴随着统一战争进行的，秦占领六国后，将其贵族、豪富、豪杰等迁离本土②，目的在于巩固新占领区，重建地方秩序。西汉建立后，仍然延续这一措施，但在迁徙对象上有所扩大，且前后持续近 200 年。同时，西汉开疆拓土，在新占领区设置郡县，为在新占领区建立国家支配秩序，将大量内地编户民等迁往边地，以

---

① 李禹阶主编：《秦汉社会控制思想史》，北京：中国社会科学出版社，2017 年，第 6 页。

② 常璩撰，任乃强校注：《华阳国志校补图注》，上海：上海古籍出版社，1987 年，第 148 页。

乡里制度编制起来。汉代"迁豪"与"徙民"并存，目的在于控制社会势力，协调社会关系进而整合社会。

第二，任用酷吏，以暴力手段打击游侠、豪杰、豪强等社会势力。酷吏是汉代政治史上最为后代史家所诟病的一个官僚群体。认识酷吏，不能简单地以其行事风格来下结论，一定要结合当时国家控制、整合社会这一大背景加以认识。依司马迁的看法，汉景帝之前就有酷吏，但到汉武帝时酷吏独多。酷吏大量出现于武帝之时，一方面说明武帝的强势，另一方面也说明此时国家与社会势力之间的张力扩大。也就是说，酷吏的大量出现，绝非表面的"德治""刑治"这样简单，而根本在于"网漏吞舟之鱼"，社会势力所形成的支配秩序与皇权支配的国家秩序相冲突，因酷吏的出现，表明皇权对社会势力的打压态度。汉景帝时，有酷吏郅都、宁成等，他们是景帝打击地方社会势力的工具。如汉景帝以郅都为济南太守，目的十分明确，就是要打压像瞷氏这样的宗族强大、"二千石莫能制"的地方豪强。汉武帝时，酷吏颇多，说明国家对社会势力全面控制的加强，各地社会势力普遍遭到打击。在此试举数例说明：周阳由，"所居郡，必夷其豪"。张汤，专门对付豪强，"必舞文巧诋"，以各种理由致罪。[1] 义纵为河内都尉，不避权贵，族灭豪强穰氏等，后迁定襄太守，一日杀人四百，"郡中不寒而栗，猾民佐吏为治"。王温舒为河内太守，抓捕郡中豪猾，连坐千余家，"大者至族，小者乃死，家尽没入偿臧"。

昭、宣帝时，继续利用酷吏打击地方势力，当时著名的酷吏有田延年、严延年等。田延年为河东太守，"诛锄豪强，奸邪不敢发"。严延年治涿郡，郡中大姓高氏横行乡里，"自郡吏以下皆畏避之，莫敢与忤"。严延年派人调查高氏罪行，"穷竟其奸"，诛杀高氏数十人，豪强的气焰受到打击，道不拾遗。[2]

从上述酷吏事例看，酷吏打击的对象主要是社会势力，维护皇权支配秩序，通过强力整合社会，加强皇权一元秩序。

① 班固：《汉书》卷五九《张汤传》，北京：中华书局，1962 年，第 2639 页。
② 班固：《汉书》卷九〇《酷吏传》，北京：中华书局，1962 年，第 3668 页。

　　第三，设置刺史，控制封国，强干弱枝，打击地方豪强。如前所述，对于中央集权而言，汉代诸侯国属于地方势力，而诸侯王国为壮大势力，又利用地方社会势力。因此，汉代削夺控制诸侯王国，实际也等于打击社会势力，一些制度设计也将二者结合在一起，可收一举两得之效。

　　西汉自文帝时起，诸侯王国势力膨胀，已现"尾大不掉"之势。济北王、淮南王先后反叛，中央与封国矛盾公开化，刘邦以同姓子弟为屏藩以维护皇权的想法彻底破灭，血缘亲情不足为信，从此皇权与王国之间展开激烈的博弈。汉景帝时，中央和封国的矛盾日益尖锐，不可调和。晁错对当时的形势判断十分准确，他在《削藩策》中强调："今削之亦反，不削亦反。削之，其反亟，祸小；不削之，其反迟，祸大。"① 因此，他力主削藩。汉景帝三年（前154），吴王刘濞联合楚、赵等国发动"七国之乱"。景帝诛杀晁错，"不爱一人以谢天下"，但并未阻止刘濞谋夺皇权的野心。"七国之乱"平定后，汉廷加大对诸侯王的限制，贬抑诸侯王的地位，进一步"众建诸侯而少其力"。汉武帝时，继续景帝时期的打击措施，"稍侵夺"，以"推恩令"离析削弱诸侯国，淮南王、衡山王谋反。从文帝到武帝，中央不断削减诸侯王的权力和辖地，诸侯王国的封地发生了很大变化。"吴楚时，前后诸侯或以適削地，是以燕、代无北边郡，吴、淮南、长沙无南边郡，齐、赵、梁、楚支郡名山陂海咸纳于汉。"② 原来王国的封地变为中央直辖的郡县，诸侯国所辖郡县数量锐减，封域缩小。高祖末年，诸侯王国领郡数量远远超过中央辖郡，而至景帝末年，这种局面大大改变，汉中央辖郡增多，超出诸侯王国领郡18郡③，形成中央直辖郡县对诸侯王国的包围和犬牙交错钳制之势。诸侯王国衰微，拥有的封地不断缩减，不足以抗衡中央，诸侯王国郡县化，中央与地方本末倒置的局面彻底改变，强本干弱枝叶而尊卑明。

---

　　① 班固：《汉书》卷三五《吴王刘濞传》，北京：中华书局，1962年，第1906页。
　　② 司马迁：《史记》卷一七《汉兴以来诸侯王年表》，北京：中华书局，1959年，第803页。
　　③ 关于汉景帝以后中央与封国辖域变化，可参见唐赞功：《吴楚七国之乱与西汉诸侯王国》，《北京师范大学学报》，1989年第1期。

　　与此同时，汉代的开疆拓土也使汉帝国郡县数量大大增加，尤其是边郡的设置，亟须与内郡一体化，加强内在联系。而在新的郡县，社会势力也在成长，国家也需要加强控制。

　　在此背景下，汉武帝为进一步加强对地方的控制和地域社会整合，设十三州部，置刺史，对地方实行统一监管。刺史之设，意味着中央对地方郡国的管控整合，使得汉家天下内部联系更加密切，达到天下辐辏。

　　刺史制度源于秦的御史监郡制度。秦设三公，其中之一有御史大夫，"掌副丞相"，有"纠察之任"。御史大夫之下设监御史，"掌监郡"。汉初，由于郡国并行，中央对地方的监察并不完善，一般都是由丞相临时遣使巡察各地。汉惠帝时，虽然遣御史监察三辅，但并无定制。汉武帝元封五年（前106），完善监察制度，将全国分为13个监察区，也即13个州部，每州部设一部刺史，主管监察。从13个州部看，既有传统的九州之地，也包括"开地斥境"设立的新郡。① 通过13个州部，汉中央实现了对地方统一的切实有效的管控和治理。从制度设计看，就是要及时了解地方状况，加强对郡国官吏和地方势力的监察。部刺史官位不高，仅秩六百石，但权力极大，"奉诏条察州"，"以六条问事"。具体内容是：

　　　　刺史班宣，周行郡国，省察治状，黜陟能否，断治冤狱，以六条问事，非条所问，即不省。一条，强宗豪右田宅逾制，以强凌弱，以众暴寡。二条，二千石不奉诏书，遵承典制，倍公向私，旁诏守利，侵渔百姓，聚敛为奸。三条，二千石不恤疑狱，风厉杀人，怒则任刑，喜则淫赏，烦扰刻暴，剥截黎元，为百姓所疾，山崩石裂，妖祥讹言。四条，二千石选署不平，苟阿所爱，蔽贤宠顽。五条，二千石子弟恃怙荣势，请托所监。六条，二千石违公下比，阿附豪强，通行货赂，割损正令也。②

---

　　① 班固：《汉书》卷二八上《地理志上》，北京：中华书局，1962年，第1543页。
　　② 班固：《汉书》卷一九上《百官公卿表上》颜师古注引《汉官典职仪》，北京：中华书局，1962年，第742页。

从职责看，刺史是中央派出的监察官，主要是行政监督、监察和司法监察，实际上是皇帝的耳目。刺史"以六条问事"，针对性极强，中央控制地方的意图十分明显。"六条"所问之事中，第一条是针对地方强宗豪右，其余五条均是针对郡国二千石官员。尤其第六条中，专门针对郡国官员与地方豪强相互勾结。刺史巡察监督的二千石官员，明确包括郡、国，郡中的二千石大吏包括郡守、郡尉（比二千石），诸侯王国中的二千石包括太傅、相、中尉、内史等，刺史监察王国官员，意在防止官员与诸侯王相互勾结，加强皇权。"六条问事"同样适用于诸侯王，起到监督诸侯王的作用，昭帝时刺史隽不疑收捕燕王刘旦①，宣帝时刺史张敞督察广川王②，都说明了这一点。对此，王鸣盛《十七史商榷》曰："历考诸传中凡居此官者，大率皆以督察藩国为事……盖自贾谊在文帝时已虑诸侯难制，吴楚反后防禁益严，部刺史总率一州，故以为要务。"③

第四，限制打击同姓诸侯王。在汉初诸侯王控制大半疆域的情况下，限制、打击诸侯王就等于控制了社会势力，也只有真正解决了诸侯王问题，才能彻底控制社会势力。关于从汉文帝到汉武帝对于诸侯王国的限制打击措施，为学界所熟知，在此略作铺述，以便理解社会势力在王权支配下的形态转变。

对同姓诸侯王国势力加以限制、打击是从文帝开始的，而且不断升级。汉文帝采纳贾谊"众建诸侯而少其力"的建议，分割诸侯封地，"……子孙毕以次各受祖之分地"，直至地尽而止。④ 实际上这是将诸侯国

---

① 燕王刘旦"遂招来郡国奸人，赋敛铜铁作甲兵……会觟侯刘成知泽等谋，告之青州刺史隽不疑，不疑收捕泽以闻。天子遣大鸿胪丞治，连引燕王"。班固：《汉书》卷六三《武五子传·燕刺王刘旦》，北京：中华书局，1962年，第2753-2754页。

② 张敞为冀州刺史，"复奉使典州。既到部，而广川王国群辈不道，贼连发，不得。敞以耳目发起贼主名区处，诛其渠帅。广川王姬昆弟及王同族宗室刘调等通行为之囊橐，吏逐捕穷窘，踪迹皆入王宫。敞自将郡国吏，车数百两，围守王宫，搜索调等，果得之殿屋重轑中。敞傅吏皆格断头，县其头王宫门外。因勃奏广川王"。班固：《汉书》卷七六《张敞传》，北京：中华书局，1962年，第3225页。

③ 王鸣盛撰，黄曙辉点校：《十七史商榷》卷一四《刺史察藩国》，上海：上海古籍出版社，2016年，第155页。

④ 班固：《汉书》卷四八《贾谊传》，北京：中华书局，1962年，第2237页。

"剖分"，化大为小，缩减诸侯王封地，削弱其力量。后汉文帝采纳了贾谊之策，将齐国一分为六，淮南国一分为三，诸侯国数量增加，但势力被削弱，大不如从前。汉景帝时，晁错提出"削藩"政策，以各种借口削夺诸侯王国封地。吴楚"七国之乱"后，汉景帝大刀阔斧削藩，主要表现在以下几个方面：一是废除吴、赵、胶西、胶东、济南、甾川六国，只保留了楚国。将"外接胡越"的燕、代、吴、淮南、长沙等诸侯国拥有的边郡收归中央直辖，内地诸侯王国"齐、赵、梁、楚支郡名山陂海咸纳于汉"。这样，中央直辖的郡大大增加，而王国领郡减少，辖区日益缩小。景帝末年，全国共有70郡，中央辖44郡，比汉初年增加了28郡，占全国总郡数的62.9%。在24个王国中，除江都、齐拥有二郡外，其余王国皆各领一郡。汉初以来诸侯王国"跨州连郡""恃其国大，遂以作乱，几危汉室"的局面彻底得到改变，中央对地方的控制空前加强。汉武帝时，主父偃提出削弱诸侯王的推恩政策，令诸侯王将封地进一步分给子弟，即"以地侯之"，名曰"推恩"。这是打着分施恩泽的旗号来弱化诸侯王，反对者会被视为违背"仁孝之道"，而对于皇权而言，这是一把软刀子，"上以德施，实分其国，不削而稍弱矣"。汉武帝让梁王、城阳王做表率，推恩子弟，其他诸侯王只得仿效。武帝时期有王子侯国178个，其中165个是"推恩令"执行后从诸侯王国中"推恩"建立的。需要注意的是，这些新建立的侯国不再隶属于诸侯王，而是"汉为定制封号，辄别属汉郡"①。推恩分土，"不行黜陟，而藩国自析"，原来强大的诸侯王国彻底衰落，威胁中央集权几十年的诸侯国问题彻底解决。

除了缩减封地削弱诸侯王国外，汉廷还采取了其他几项制度措施，限制、打击诸侯王。汉初诸侯王"掌治其国"，拥有治民权，景帝时剥夺了诸侯王的治民权，抑损诸侯，令诸侯王"不与政事"，"令诸侯王不得复治国""令内史主治民"，实际上是剥夺了诸侯王的统治权力，将王国秩序纳入到统一的国家秩序中。进行官制改革，"天子为置吏"，降低诸侯王的政

---

① 班固：《汉书》卷五三《景十三王传》，北京：中华书局，1962年，第2425页。

治地位，减黜其官。① 规定四百石以上的官吏由朝廷任命，严令各王国要尊用"汉法"，违者必惩。史书中关于诸侯王的犯罪记载随处可见，罪名多样，其中荒淫"禽兽行"颇多②，反映了皇权对诸侯王的严厉控制，"禁网既苛，动辄得咎"③。汉武帝进一步降低了诸侯王国的地位，"损其郎中令，秩千石。改太仆曰仆，秩亦千石"，以各种借口对诸侯王夺地、削爵、除国。同时，对列侯也不放过，以所献"酎金"斤两不足或成色不好为由而削夺列侯封户、爵位，许多列侯"坐酎金"而被夺爵失国，仅元鼎五年（前112），就有106个列侯被夺爵，占当时列侯的一半多。

吴楚七国之乱后，汉景帝颁布"左官附益阿党"之法，这是针对诸侯王专设的法律。"左官犹言左道也。……汉时依上古法，朝廷之列以右为尊，故谓降秩为左迁，仕诸侯为左官也。"④ 在诸侯国为官，则其地位低于汉廷同级官职。"附益"即"背正法而厚于私家"，颜师古曰："附益，言欲增益诸侯王也。"⑤ 阿党即朋党包庇，"诸侯有罪，傅相不举奏，为阿党"⑥。汉武帝时，继续重申执行这些法律，旨在防止朝廷官吏与诸侯王交通勾结，加强皇权对社会的控制。

值得注意的是，汉武帝时期的经济改革，在很大程度上也是针对诸侯王国的。汉初诸侯王有铸币权，"即山铸钱，富埒天子"。汉武帝收回铸币权，统一币制，"诸郡国所前铸钱皆废销之"⑦，国家掌握铸币权，诸侯国经济实力严重受损。武帝还实行盐、铁、酒专营，垄断经济资源。桑弘羊等站在国家立场，特别强调山海之利等经济资源必须由国家垄断，"人君

---

① 班固：《汉书》卷一九上《百官公卿表上》，北京：中华书局，1962年，第741页。

② 赵翼：《廿二史札记》卷三《汉诸王荒乱》，北京：中华书局，1984年，第62页。

③ 马端临：《文献通考》卷二六七《封建考八》，北京：中华书局，1986年，第2123页。

④ 班固：《汉书》卷一四《诸侯王表》序注引，北京：中华书局，1962年，第396页。

⑤ 班固：《汉书》卷三八《高五王传》赞注引，北京：中华书局，1962年，第2002页。

⑥ 班固：《汉书》卷三八《高五王传》注引张晏曰，北京：中华书局，1962年，第2002页。

⑦ 司马迁：《史记》卷三〇《平准书》，北京：中华书局，1959年，第1435页。

统而守之则强，不禁则亡。……家强而不制，枝大而折干，以专巨海之富而擅鱼盐之利也"①。国家垄断经济资源，则切断了诸侯王国的经济命脉，资源由国家掌控，则诸侯易制，国家才能更有力地控制、整合社会势力。

从文帝到武帝，经过三代帝王的努力，威胁皇权的封国问题终于解决。其中，最为根本的是收夺王国的封地，变为中央直辖的"汉郡"。诸侯王国领地缩小，实力大减，加之中央对诸侯王的各种打击、限制，诸侯王失去政治、经济、军事等权力，地位一落千丈，"诸侯惟得衣食税租，不与政事"。郡国并行名存实亡，国家对社会的控制空前加强。

第五，不得族居。秦汉皇权专制国家的乡里组织是一家一户的"编户齐民"制，这种"编户齐民"制既是居住组织，也是基层行政组织。一般而言，"编户齐民"制应是打破"聚族而居"的地缘组织，但由于历史传统的延续，汉代很多"旧县"乡里仍保留"聚族而居"的传统。一些地方大姓强宗久居一地，宗族势力强大，对地方乡里行政产生制约、影响。西汉初年，迁徙各种社会势力，其中就包括六国贵族后裔。国家迁徙他们，主要是因其有强大的宗族，聚族而居，构成地方势力。汉武帝时，规定不得族居，通过迁徙强宗大姓而拆散大家族。②又如汉昭帝时，韦贤家族被析解，韦贤被迁到平陵，少子韦玄成"别徙杜陵"③，其第三子韦舜留居原地，一个强大的家族被强制拆散。

宗族观念根植于中国人心中，宗族聚居和以宗族为依托是传统的社会结构和生活方式。社会势力虽被迁徙、析解，但在徙居地仍致力于发展家族、宗族。尤其是社会势力与权力结合，更使宗族发展获得了保障。因此，我们看到，尽管汉代采取各种手段限制宗族势力，但宗族在西汉中期以后随着豪族的形成仍很快发展起来，并成为豪族的重要特征之一。

第六，以政治权力干预经济，控制资源，进行财产剥夺。社会势力之

---

① 桓宽著，王利器校注：《盐铁论校注（定本）》卷二《刺权第九》，北京：中华书局，1992年，第120页。

② 范晔：《后汉书》卷三三《郑弘列传》注引《谢承书》，北京：中华书局，1965年，第1155页。

③ 班固：《汉书》卷七三《韦贤传》，北京：中华书局，1962年，第3115页。

"强力"，很重要一点来源于经济实力。西汉初年到汉武帝时期，私人商业、手工业发展迅速，富商大贾势力膨胀，他们凭借雄厚的经济势力，破坏皇权支配秩序。古代"政治经济学"的本质在于国家权力可以干预经济。在政治权力面前，并不存在独立的经济领域。在汉代历史上，以国家权力干预经济的典型是汉武帝。汉武帝以行政手段干预、控制经济，禁止私人铸币，实行盐铁官营、平准均输、算缗告缗等。汉武帝以前，允许民间私人铸币，豪强大家大发其财。汉武帝下令铸币权收归国家，由国家统一铸币。盐铁官营即收回民间私人冶铁、煮盐的权力，由国家统一经营。平准、均输就是平抑物价、调剂运输，实际上是国家控制商品的交换买卖和物价。算缗是征收工商业者的财产税，是营业税外的变相盘剥。告缗是告发财产申报不实者，没收其财产。杨可告缗遍天下，"中家"以上大多被告发，"商贾中家以上大率破"。① 表面看来，汉武帝的措施是经济性的，但实质是强权暴力，是政治强力剥夺，这体现了皇权支配一切的古代"政治经济学"本质。汉武帝用权力干预、支配社会经济，将社会经济纳入国家政治支配秩序中，从而压抑私人社会势力的发展，达到控制"豪强并兼之家"的目的。

二、引导与教化

罗素在《权力论》中形象地论述了国家权力支配的两种方式："当一头拦腰捆起的猪嚎叫着被曳上船时，它是受到对它身体的直接物质权力的支配。另一方面，当谚语中的驴跟着胡萝卜走时，我们是在引诱它按照我们的愿望去做，而又使它相信这样做是为了它自己的利益。处于这两种情形之间的，是会表演的动物，这些动物的习惯是通过奖罚手段形成的；这也是引诱羊群上船时的情形，只是方式不同：当头羊被强行拖进舷门，其余的羊也就自愿跟了进去。"② 就手段而言，限制、打击属于禁止、堵塞，

---

① 司马迁：《史记》卷三〇《平准书》，北京：中华书局，1959 年，第 1435 页。
② 伯特兰·罗素著，靳建国译：《权力论：一个新的社会分析》，北京：东方出版社，1988 年，第 24 页。

并不能从根本上解决问题，而引导是有目的的疏通、诱惑，有利于社会整合。法家论述社会控制，除了主张强制外，还强调引导，即主张按照国家意志引导社会势力"利出一孔"。《管子·国蓄》曰：

> 利出于一孔者，其国无敌。出二孔者，其兵不诎。出三孔者，不可以举兵。出四孔者，其国必亡。先王知其然，故塞民之养，隘其利途。故予之在君，夺之在君，贫之在君，富之在君。故民之戴上如日月，亲君若父母。

《商君书·靳令》也有同样的说法：

> 利出一空者，其国无敌；利出二空者，国半利；利出十空者，其国不守。

《商君书》所谓"空"，与"孔"义同，犹言门或孔道。显然，"利出一孔"就是国家掌控各种生存资源，以君主为本位，迫使百姓按照君主的意志行事，一切利益的获得必须经由国家认可的"一孔"才能实现。君主要采用各种手段垄断社会资源，控制社会财富的分配。民只有按照国家设定的"一孔"去行事，才能获得利益和资源。荀子论秦国控制整合社会的方式和手段说："秦人，其生民也狭陋，其使民也酷烈，劫之以埶，隐之以陀，忸之以庆赏，鳛之以刑罚，使天下之民所以要利于上者，非斗无由也。"[1] "非斗无由"是"利出一孔"的另一种表述。

从政治控制上看，拥有权力是占有资源、获得利益的关键，而要拥有权力，就必须进入国家权力体系，社会势力要进入权力体系，就必须按照国家设定的选举制度而入仕。汉武帝时期，开放入仕渠道，将各种社会势

---

[1] 王先谦撰，沈啸寰、王星贤点校：《荀子集解·议兵》，北京：中华书局，1988年，第273页。

力吸引到"一孔"中来，从而实现对社会势力的控制。

社会整合中，需要一些共同的制度因素来统一、融合社会各阶层、群体对于社会的共识，从而凝聚在一个共同的空间内互动共生，这需要一系列制度来保障各个阶层、群体获得相对平等的获取利益的机会。社会整合就是要由国家设计出这种相对平等的制度，提倡共同的信仰和价值观，为社会成员所认可接受，共同遵守。从汉代社会整合看，这种共同的制度和观念即选举制度和儒家思想，而这两点都是在汉武帝时期定型的。

（一）察举选官制度沟通国家与社会

国家整合社会，最重要的是建立国家与社会的内在联系。从社会角度看，即使社会势力成为国家的社会基础，而国家吸纳社会势力的关键，在于使社会势力与权力相结合，这就需要国家开放权力体系，并以稳定的渠道使人们获得权力。

刘邦以暴力夺得天下，因此汉初形成了一个比较凝固的"军功阶层"。军功阶层追随刘邦打天下，目的就是获得荣华富贵。西汉建立后，"军功阶层"依军功大小获得不同的权力，成为汉初统治阶层。据李开元先生推算，汉初军功受益阶层约有 60 万人，约占当时人口总数（1500 万）的4%，连同其家庭人口计算，约有 300 万，则占当时总人口的20%左右。[①]汉初军功阶层垄断了国家各级权力，所谓"皆武力功臣"[②]，"吏多军功"。军功集团把持了汉朝大小权力，使得权力体系呈现垄断性、封闭性，其他社会成员被排斥于国家权力体系之外，这便造成国家与社会之间缺乏有效的联系。

汉文帝时，军功阶层在诛灭吕氏外戚和帮助文帝继承大统的过程中发挥了重要作用。因此文帝即位后，重用功臣，中央的三公九卿大多为功臣所把持，如丞相陈平、御史大夫张苍、太尉周勃、太仆夏侯婴等；郡国守

---

① 李开元：《汉帝国的建立与刘邦集团：军功受益阶层研究》，北京：生活·读书·新知三联书店，2000 年，第 54 页。

② 班固：《汉书》卷八八《儒林传》，北京：中华书局，1962 年，第 3592 页。

相也多出自军功阶层,军功阶层势力在文帝即位之初达到了顶峰。据统计,汉高祖、惠帝、吕后时期,三公九卿、王国相、郡太守等高官几乎被军功阶层及其后裔所垄断,而郡县一般官吏也以军功出身者为多。① 正如史书记载:"降自秦、汉,世资战力,至于翼扶王运,皆武人屈起。……自兹以降,迄于孝武,宰辅五世,莫非公侯。遂使缙绅道塞,贤能蔽壅,朝有世及之私,下多抱关之怨。"②

汉武帝以前,丞相必须由封侯中选出。在汉武帝任公孙弘为丞相前,仅田蚡以外戚出身封侯而为相,其余皆以军功得侯或其先世以军功得侯而为丞相。钱穆说:"非封侯不拜相,此乃汉初一种不成文法,虽无明制,实等定律。""则汉初丞相,显为军人阶级所独占。"③ 汉初军功阶层垄断各级权力,这就将其他社会阶层排斥在政权之外,而从官吏选举途径看,也缺乏较为稳定的制度化途径,国家政权缺乏广泛的社会基础,武帝以前的中央政权并不能在社会的基层扎下根。④

随着时间的推移,老一代军功阶层先后退出历史舞台,功臣子孙接替掌权,军功阶层开始出现一些变化。从汉初到汉武帝时期(前 206—前 88)的 120 年,中央三公九卿、王国相、郡太守职位中军功阶层出身者所占比例呈递减趋势。到汉武帝时,"元功宿将略尽",为选举制度改革提供了条件。武帝选举改革最为重要者有二:其一,打破封侯拜相定制。汉武帝时,丞相不再为某一社会阶层所垄断,其标志是汉武帝任公孙弘为丞相。公孙弘出身布衣,靠精通儒术而获得相位,进而封侯。其二,确立固定的察举制度,社会上所有符合标准的人都可以通过察举而入仕。这两点

---

① 汉高祖时军功阶层占 97%,惠帝、吕后时期占 81%。见李开元:《汉帝国的建立与刘邦集团:军功受益阶层研究》,北京:生活·读书·新知三联书店,2000 年,第 69-70 页。黄留珠推算公大夫以上高爵者为 8 万余人。黄留珠:《秦汉仕进制度》,西安:西北大学出版社,1985 年,第 81 页。

② 范晔:《后汉书》卷二二《朱景王杜马刘傅坚马列传》论曰,北京:中华书局,1965 年,第 787 页。

③ 钱穆:《国史大纲(修订本)》,北京:商务印书馆,1996 年,第 147 页。

④ 许倬云:《西汉政权与社会势力的交互作用》,《"中研院"历史语言研究所集刊》第 35 本,1964 年,第 267 页。

意味着国家权力向社会各阶层开放，这一进阶程序的变化是汉代政治上的一大巨变，彻底改变了军功阶层垄断国家权力的状况，为各社会阶层获得权力树立了榜样。表明国家开启了规范、引导社会势力的"孔道"，任何社会成员都可以通过选举进入国家权力体系。这便打破了社会势力与国家权力的绝缘状态，国家与社会之间建立起正常稳定的联系。"自此以来，公卿大夫士吏彬彬多文学之士矣。"

军功阶层的衰落与权力获得方式的变化密切相关，从本质上看，这是皇权专制国家整合社会的必然结果。察举制度是国家控制、整合社会的根本性制度设计。随着汉初军功阶层逐渐退出历史舞台，导致各级权力占有发生变化，这就为社会各阶层与国家权力相结合提供了可能，而使各社会阶层有机会加入权力体系的制度，便是察举制。学界不乏对汉代察举制度的研究，但大多只局限于制度本身，缺乏对察举制度所实现的国家整合社会、国家与社会互动的思考。汉文帝曾下诏"诸侯王公卿郡守举贤良能直言极谏者"，已现察举制之雏形。汉武帝元光元年（前134），"初令郡国举孝廉各一人"①，标志着察举制成为常制，确立了察举制在汉代仕进制度中的主体地位。除举孝廉外，察举还有常见特科和一般特科。常见特科如贤良方正、贤良文学；一般特科如明经、明法、有道、至孝、敦厚、尤异、治剧、勇猛知兵法等。② 元朔元年（前128），武帝再次下诏要求"兴廉举孝"，鼓励举荐人才，不举者以不奉诏、大不敬治罪。③ 察举成为汉代选举中最重要的途径，是国家与社会、中央与地方间的联系通道。"汉之得人，于兹为盛。"通过察举制，国家笼络了大批优秀人才为之效力，"遍得天下之贤人"，这也扩大了国家权力的社会基础，与各社会阶层建立起内在联系。

---

① 班固：《汉书》卷六《武帝纪》，北京：中华书局，1962年，第160页。又董仲舒建议曰："使诸列侯、郡守、二千石各择其吏民之贤者，岁贡各二人以给宿卫，且以观大臣之能；所贡贤者有赏，所贡不肖者有罚。夫如是，诸侯、吏二千石皆尽心于求贤，天下之士可得而官使也。"（班固：《汉书》卷五六《董仲舒传》，北京：中华书局，1962年，第2513页。）

② 黄留珠：《秦汉仕进制度》，西安：西北大学出版社，1985年，第176-195页。

③ 班固：《汉书》卷六《武帝纪》，北京：中华书局，1962年，第166页。

汉昭帝、宣帝以后，丞相出身多儒者，公卿朝士，名儒辈出。"盖非经术士，即不得安其高位。"① 元、成、哀帝时，丞相、御史大夫等要职皆出于大儒，"咸以儒宗居宰相位，服儒衣冠，传先王语"②。即便一般的官僚亦多儒士。汉代正式的博士弟子员额也不断增加，最初是50人，汉昭帝时增为100人，宣帝时又扩增为200人，元帝时增至1000人，汉成帝时多达3000人。同时，中央太学、郡国学和地方私学并兴，明经入仕，社会阶层与国家权力体系结合更加密切。"自此以后，地方上智术之士可以期待经过正式的机构，确定的思想，和定期的选拔方式，进入政治的权力结构中，参加这个权力的运行。纵然这时其它权力结构，如经济力量与社会力量，都已经服属在政治权力结构之下了；一条较狭，但却远为稳定的上升途径反使各处的俊杰循规蹈矩地循序求上进。于是汉初的豪杰逐渐变成中叶以后的士大夫。"③ 社会成员沿着权力、学术的引导而循序渐进，到西汉中后期，逐渐产生出一个豪富、学者、权贵三位一体的新的社会阶层。汉代国家秩序与社会秩序由原来的游离局面逐渐转为社会秩序纳入国家秩序，社会领袖加入到国家权力体系中，国家与社会势力的对抗转为合作，汉代政权也向着士人政府转变，而以新的社会阶层为基础的帝国也从此展开了一个新的时代。

（二）儒家思想对社会的整合

在社会控制中，社会规范是社会控制的重要手段，社会规范包括意识形态、思想观念、宗教、道德和习俗等，这些方面都属于引导、教化的软控制。"政治最大责任，在兴礼乐，讲教化；而礼乐和教化的重要意义，在使民间均遵循一种有秩序、有意义的生活，此即是古人之所谓'礼乐'。"④ 推行礼乐教化的软控制，手段有多种，汉代则是将教化政治化，

---

① 钱穆：《秦汉史》，北京：生活·读书·新知三联书店，2004年，第211页。

② 班固：《汉书》卷八一《匡张孔马传》赞曰，北京：中华书局，1962年，第3366页。

③ 许倬云：《西汉政权与社会势力的交互作用》，《"中研院"历史语言研究所集刊》第35本，1964年，第275页。

④ 钱穆：《国史大纲（修订本）》，北京：商务印书馆，1996年，第151页。

将教化和入仕结合起来，而教化的主要内容则是儒学。这样，学而优则仕，儒学思想便被普及开来，为全社会所接受。儒学政治化不仅是思想整合，更是由思想整合进而达到社会整合，它使上下之间有了确定的统治秩序，将各个社会阶层、各种社会势力纳入到统一的国家—社会结构中，成为一个整体，从而维护了国家与社会的稳定。

汉初信奉黄老无为思想，在无为宽松的政策下，各学派并出，学术思想多元化，官吏所学十分庞杂。汉武帝即位后，对此加以改变。丞相卫绾认为，"所举贤良，或治申、商、韩非、苏秦、张仪之言，乱国政，请皆罢"。武帝同意。此事可谓汉代学术转变的风向标，表面看是对入仕者文化背景的新要求，实际上是开启了儒学复兴之路。信奉黄老之学的窦太后去世后，汉武帝"黜黄老、刑名百家之言"，招延儒学之士，以通《春秋》的公孙弘为丞相，这对天下学士起到了引导、示范的作用。

汉武帝推崇儒学，有多方面原因，其根本在于儒学有助于教化，有利于社会秩序的建立。权力与学术相结合，规范了各个社会阶层获得功名利禄的途径，强化了对社会阶层的引导。入仕需学，而学的内容是儒家思想，作为软控制的思想规范，在国家意志下完成了对社会阶层的思想控制。自汉武帝提倡儒学，立五经博士，"设科射策，劝以官禄"，社会各阶层沿着国家开启的一孔"禄利"之路循序而进，对国家整合高度认可，其自身存在形态也发生着变化，逐渐纳入了国家控制轨道。

从国家控制、整合社会而言，学习儒术不仅是通往"禄利"之正途，而且可以借儒家（经学）思想而实现内在的"经明行修"。由"经明"而"行修"，强调的是通过对知识的学习来修身，潜移默化影响人的行为和精神世界，进而实现教化，这是更高层次的精神文化整合。汉武帝"兴起六艺，广进儒术"，六经由一般典籍上升为"王教之典籍"，六经的知识和思想完全变为教化工具。汉代儒学强调家族伦理，提倡"以孝治天下"，统治者采取多种手段宣传、推行孝道，如下诏鼓励孝悌，通过举孝廉选官，让民众读《孝经》，对孝悌者赐民爵、免徭役，家教、家训内容重视家族伦理等，由此实现孝亲、睦族、忠君。入仕忠君，在家孝亲，"以孝治天下"的实质是伦理教化与政治统治相结合，"移孝作忠"，服从皇权。儒（经）学成为人们的思想与行为的"常言""常理""恒久之至道"，具有"训世之学""不刊之鸿教"的性质。因而也就成为人们思想与行为的"成法"和"圣典"，而这种"成法""圣典"所代表的天道、人伦，恰恰是国家整合社会之所需。①

在豪族的形成过程中，社会上对儒学修养日益重视，文化成为豪族标准之一。② 儒学为皇权所提倡，皇权通过"通经入仕"使人们皈依经学，在儒学（经学）的持续规范、浸染下，儒学伦理必然会成为一种"潜意识"，社会势力接受儒学，改变自身行为方式，其精神世界也发生变化。社会势力儒学化、士族化，尤其是世代传经之家族，经学成为家族文化的重要部分，构成家族成员知识与思想的基础，其精神世界出现由武质的侠勇尚武向崇文守礼转化。延续两汉的"伏不斗"家族的例子，特别值得玩味。琅邪伏氏自西汉伏胜起，家世传学，世代受儒学影响。至东汉伏湛，少传父业，教授数百人，官至大司徒。伏湛家族传学不断，仕宦相继，由"经明行修"不断培养内在修养和道德自律，形成忠君、孝悌、仁爱、德信、礼让、谦和、谨慎等家族文化性格，伏氏一门"清静无竟"，人们称其为"伏不斗"。③ "伏不斗"合于儒学伦理纲常要求，是对其家族文化性格的生动描述。"伏不斗"家族为世所赞誉，可见儒学教化之功效。

西汉有许多游侠都经历了由任侠尚武向尊礼向学的转变，其形象由原来的武断乡曲转为乡里道德榜样，豪猾为奸变为忠厚长者，显然这是儒学

---

① 崔向东等：《汉代豪族文化与精神世界研究》，哈尔滨：黑龙江人民出版社，2019年，第61页。

② 田余庆先生说："有些雄张乡里的豪强，在经济、政治上可以称霸一方，但由于缺乏学术文化修养而不为世所重，地位难以持久，更难得入于士流。反之，读书人出自寒微者，却由于入仕而得以逐步发展家族势力，以至于跻身士流，为世望族。"田余庆：《东晋门阀政治》，北京：北京大学出版社，1989年，第354页。

③ 范晔：《后汉书》卷二六《伏湛列传》，北京：中华书局，1965年，第896—898页。

教化的结果。如鲁人朱云，"少时通轻侠，借客报仇"，后来"变节"向学，跟从萧望之学习《论语》，为世人所称赞。[1]

社会势力与儒学相结合，本质上是皇权支配社会的需要。二者结合的目的在于"崇君父，卑臣子，强干弱枝，劝善戒恶，至明至切，至直至顺"[2]。儒学政治思想和伦理思想是为皇权服务的，它使社会势力在思想上接受皇权支配，由国家秩序的对立者转化为国家秩序的服从者。而从社会势力的转变看，在权力和儒术的引导规范下，社会势力呈现出"由武质团体而兼及文章世家、由地方性人物而中央性人物、由社会性而兼具政治性、由经济性而形而上的趋向"[3]。显然，这是国家控制、整合社会的结果。

第二节　社会势力向豪族转化

汉代国家与社会势力的冲突，在汉武帝时期达到顶点，同时也是转折点。汉武帝对社会势力既限制打击又引导教化，软硬兼施，使得社会势力按照国家的意志发生变化。西汉中后期，在国家的控制整合下，各种社会势力开始向集官僚、地主、士人等多种身份于一体的"豪族"转变。

各种社会势力向豪族转化，其根本原因在于皇权支配，社会势力必须与国家权力相结合才能获得出路，即社会秩序必须服从、纳入国家秩序。因此，豪族的形成不是一个自然的过程，而是皇权支配的结果。我们从各种社会势力的转化事例来加以说明。

一、六国旧贵族后裔的转化

秦的统一过程，也是国家对原六国社会势力的控制、整合过程。"秦

---

[1]　班固：《汉书》卷六七《朱云传》，北京：中华书局，1962年，第2912页。
[2]　范晔：《后汉书》卷三六《贾逵列传》，北京：中华书局，1965年，第1237页。
[3]　毛汉光：《中国中古社会史论》，上海：上海书店出版社，2002年，第86页。

兼天下，侵暴大族，支判流迁"①，这是所有六国旧贵族的共同命运②。在汉代国家整合下，六国旧贵族无法再继续保持其原来的政治地位和社会身份，由原来的贵族向国家编户齐民转变。在皇权支配下，六国旧贵族选择向国家权力靠拢，其中一些转化为豪族，其典型者如班氏家族。据《汉书·叙传》载，班氏为楚国令尹子文之后裔，秦灭楚后，班氏被迁徙到晋、代一带。秦末社会动荡，班壹避地于楼烦，经营畜牧业，"致马牛羊数千群"。西汉初年，班壹以雄厚的财力称雄于北边，成为"素封"豪强。班壹在地方极具影响力，"故北方多以'壹'为字者"。

班壹子孺，为任侠，远近闻名，"州郡歌之"。从班壹、班孺父子看，班氏家族拥有经济实力和强力，他们在地方形成支配秩序，显然这与皇权一元支配相矛盾。《叙传》未说班孺的结局，但从《史记·游侠列传》看，汉文帝时已打击游侠，大侠郭解的父亲被文帝诛杀，由此可知，班孺应当受到限制或打击。

班氏从班孺以后，开始发生变化，最重要的是开始与国家权力结合。班孺子长，班长官至上谷太守，从此班氏不再是游离于国家权力体系之外的社会势力，而是与国家权力日渐结合，其存在形态也发生了改变。班长子回，"以茂材为长子令"。班回子况，"举孝廉为郎"，后官至上河农都尉、左曹越骑校尉。这里值得关注的是，班回、班况已经按照国家设计的途径入仕，表明社会势力已服从皇权支配，进入国家权力体系，成为国家政权的社会基础。班况生伯、斿、穉三子，从三子事迹看，班氏家族有如

---

①　《豫州从事尹宙碑》，陈延嘉、王同策、左振坤主编：《全上古三代秦汉三国六朝文》卷一○三《全后汉文》，石家庄：河北教育出版社，1997年，第962页。

②　比如：秦伐魏，置东郡，徙卫元君之支属于野王；（司马迁：《史记》卷八六《刺客列传》，北京：中华书局，1982年，第2527页。）秦兵卒入临淄……王建遂降，迁于共；（司马迁：《史记》卷四六《田敬仲完世家》，北京：中华书局，1982年，第1903页。）秦既灭韩，徙天下不轨之民于南阳；（班固：《汉书》卷二八下《地理志下》，北京：中华书局，1962年，第1654页。）赵王迁流于房陵，思故乡，作为《山水》之讴，闻者莫不殒涕；（刘安等著，何宁撰：《淮南子集释》卷二○《泰族训》，北京：中华书局，1998年，第1425页。）晋士会十世孙，战国时获于魏，遂为魏大夫。秦灭魏，徙大梁，生清，徙居沛；（欧阳修、宋祁：《新唐书》卷七一上《宰相世系表上》，北京：中华书局，1975年，第2244页。）秦灭楚，迁大姓于陇西，因居天水。（欧阳修、宋祁：《新唐书》卷七五下《宰相世系表下》，北京：中华书局，1975年，第3391页。）

下两个特征：一是三子皆博学通经，班伯学《诗》于师丹，班斿博学有俊材，"受诏进读群书"，班稺亦修儒学。① 二是三子皆仕宦，由经术而入仕。班伯为中常侍、奉车都尉，班斿为谏大夫、右曹中郎将，班稺为西河属国都尉、广平相。② 就此两点可以看出，班氏家族与国家权力体系结合密切，班氏家族自班长开始，家族存在形态已经发生巨变，完全摆脱了原来旧贵族后裔的形态，成为皇权支配下的新的"豪族"。

又如齐国贵族后裔田氏。西汉初年，田氏被迁徙到关中，大多从事工商业，所谓"关中富商大贾，大氏尽诸田，田墙、田兰"③。齐诸田分布于关中各地，他们虽然积聚了大量的财富，但仍游离于国家权力体系之外，只富不贵。关中诸田氏社会地位的改变始于与国家权力相结合。如车千秋，为高寝郎，后为丞相。阳陵人田延年，为河东太守、大司农。冯翊莲芍人田丰，王莽时为著威将军，其子田邑，为上党太守。④ 从诸田家族命运转变看，服从皇权支配，加入国家权力体系，是社会势力的根本出路。

除班氏、田氏外，其他如扶风马氏⑤、京兆廉氏⑥、魏郡王氏⑦、扶风

---

① 班稺子班彪。班彪"幼与从兄嗣共游学，家有赐书，内足于财，好古之士自远方至，父党扬子云以下莫不造门"。班嗣修儒学，"然贵老严之术"，而班彪"唯圣人之道然后尽心焉"。（班固：《汉书》卷一〇〇上《叙传上》，北京：中华书局，1962年，第4203-4207页。）由此可见，班稺亦当修习儒学。

② 班固：《汉书》卷一〇〇上《叙传上》，北京：中华书局，1962年，第4197-4203页。

③ 班固：《汉书》卷九一《货殖传》，北京：中华书局，1962年，第3694页。

④ 刘珍等撰，吴树平校注：《东观汉记校注》卷一四《田邑》，北京：中华书局，2008年，第559-560页。

⑤ 扶风茂陵人马援，"其先赵奢为赵将，号曰马服君，子孙因为氏。武帝时，以吏二千石自邯郸徙焉"。马援曾祖父通，以功封重合侯，后因何罗谋反而受牵连被诛，家族"再世不显"。马通生宾，宣帝时以郎持节，号使君。马宾生仲，仲官至玄武司马。（刘珍等撰，吴树平校注：《东观汉记校注》卷一二《马援》，北京：中华书局，2008年，第427-432页。）马仲生援，马援有三兄况、余、员，并有才能，王莽时皆为二千石。（范晔：《后汉书》卷二四《马援列传》，北京：中华书局，1965年，第827页。）

⑥ 京兆杜陵人廉范，战国赵将廉颇之后。"汉兴，以廉氏豪宗，自苦陉徙焉。世为边郡守，或葬陇西襄武，故因仕焉。曾祖父褒，成哀间为右将军，祖父丹，王莽时为大司马庸部牧，皆有名前世。"范晔：《后汉书》卷三一《廉范列传》，北京：中华书局，1965年，第1101页。

⑦ "田和有齐国，二世称王，至王建为秦所灭。项羽起，封建孙安为济北王。至汉兴，安失国，齐人谓之'王家'，因以为氏。文、景间，安孙遂字伯纪，处东平陵，生贺，字翁孺。为武帝绣衣御史。"班固：《汉书》卷九八《元后传》，北京：中华书局，1962年，第4013页。

鲁氏①等，大体都经历了相同的转变。上述这些旧贵族后裔，他们的转变经历是秦末汉初旧贵族在皇权整合塑造下转向新的社会阶层"豪族"过程的缩影。六国旧贵族后裔必须服从王权支配，将自身纳入到国家秩序中，才能改变被限制、打击的命运，进而获得新的发展。

二、游侠的转化

战国时期，任侠成为人们相互结合的纽带，游侠成为一个个社会秩序中心。秦统一后，任侠之风遭到打击。秦末社会动荡，群雄并起，任侠再度活跃，"富而豪者起而邀之，而侠遂横于天下"②。刘邦打天下，在很大程度上借助了民间游侠势力。"刘邦集团的形成过程，与此时在各地先后蜂拥而起的豪侠势力的军事势力化过程，完全是同步的。……这种军事势力化的豪侠势力相互间通过更大的强强结合，各自不断膨胀。"③因此刘邦集团具有任侠集团性质。西汉建立后，权力性质发生变化，刘邦集团由社会集团转向政治集团，要确立国家支配秩序，就必须改变自身的任侠集团性质，"从家长式的支配形态向君主式的支配形态转移"④。伴随这一形态转移，皇权要维护一元支配，需要将游侠社会势力置于国家权力控制之下，消除任侠集团造成的社会秩序的多元化，重建符合国家意志的社会秩序。

西汉自文帝始，对各地游侠、豪杰进行打击。汉武帝时期，重用酷吏，"论定律令，明法以绳天下，诛奸猾，绝并兼之徒"⑤，强行迁徙、镇

---

① 扶风平陵人鲁恭，其先出于鲁顷公，为楚所灭，迁于下邑。"世吏二千石，哀平间，自鲁而徙。祖父匡，王莽时，为义和，有权数，号曰'智囊'。父某，建武初，为武陵太守，卒官。"范晔：《后汉书》卷二五《鲁恭列传》，北京：中华书局，1965年，第873页。

② 王夫之：《读通鉴论》卷三，北京：中华书局，1975年，第58页。

③ 增渊龙夫著，吕静译：《中国古代的社会与国家》，上海：上海古籍出版社，2017年，第78-79页。

④ 增渊龙夫著，吕静译：《中国古代的社会与国家》，上海：上海古籍出版社，2017年，第81页。

⑤ 桓宽著，王利器校注：《盐铁论校注（定本）》卷三《轻重》，北京：中华书局，1992年，第179页。

压豪杰、游侠。在国家的大规模打击下，游侠豪杰开始发生转变，有的向豪族转化，其中最典型的如河内轵县大侠郭解家族。据《汉书·游侠传》载，河内轵县郭氏为任侠世家，形成任侠集团，汉武帝时郭解被迁往茂陵，后因罪被诛杀。自郭解之后，郭氏后代一度销声匿迹，未再见有任侠者。至西汉末，郭解后人复出。据《后汉书·郭伋传》载，郭梵为郭解曾孙，郭梵为蜀郡太守。可见，大约在郭解之后，郭氏已改变任侠，最晚到郭梵时，郭氏被整合、吸收到国家权力体系中，摇身一变，已由国家打击的对象，转为与国家合作。郭梵子郭伋，西汉末为渔阳都尉，王莽时为上谷大尹、并州牧。[1] 至郭伋时，郭氏已两代为官，可谓官宦世家。郭氏由游侠世家到官宦世家，经历了巨大的命运转变。从郭解"以睚眦杀人""人皆避之"到郭伋"少有志行""问民疾苦"，无疑反映了社会势力向豪族演变的历程。

游侠的武质性最强，因此与其他社会势力相比，遭受的暴力打击也最大。在国家的打击下，游侠无力抵抗国家的暴力铁拳；同时，由于诸侯王国的削弱，游侠也失去了栖身地和避风港。在此情形下，抵抗只有死路一条，转向与权力结合是游侠的最佳选择。汉武帝以后，游侠向权力靠拢，出现侠、官结合趋势。如郑庄任侠，闻名于梁、楚等地。汉武帝时，郑庄为济南太守、江都相、右内史。"庄兄弟子孙以庄故，至二千石六七人焉。"[2] 昭帝、宣帝以后的任侠者，大多自身为官，或有家族官宦背景，与汉初的游侠不同。据《汉书·游侠传》载，齐人楼护，官至天水太守、广汉太守。杜陵人陈遵，其祖父陈遂，为太原太守。陈遵任侠，初为京兆史，后任太守，其弟陈级为荆州牧。阳翟原涉，其祖父为地方豪侠而徙茂陵，原涉父为南阳太守，原涉为谷口令。淮阳黄霸，"以豪桀役使徙云陵"，后不断升迁，任丞相长史、颍川太守，治理地方"力行教化而后诛罚"。宣帝时为丞相，封建成侯。黄霸家族日益兴盛，霸子赏为关都尉，

---

① 范晔：《后汉书》卷三一《郭伋列传》，北京：中华书局，1965 年，第 1091 页。
② 司马迁：《史记》卷一二〇《汲郑列传》，北京：中华书局，1959 年，第 3113 页。

赏子辅为卫尉，"子孙为吏二千石者五六人"。① 上述事例说明，西汉中期以后，游侠逐渐与权力结合，向侠官转化，由于身份的变化，其任侠行为也与以前不同。原来游侠"驰骛于闾阎，权行州域，力折公侯"，形成以游侠为核心的社会秩序。侠官结合后，游侠更多是在国家秩序范围内活动，为王权所容纳。② 镰田重雄认为："《汉书》中的游侠和国家权力紧密地结合，在国家秩序范围内任侠行权。也就是说，他们作为官僚，主要是在官僚、贵戚、豪族中任侠驰名，这种倾向一直延续到东汉。"③ 原来游离于国家秩序之外的游侠，逐渐被纳入到国家秩序轨道。

值得关注的是，此时的游侠与儒学有了较为密切的联系，颇受儒风浸染，其精神世界也发生变化，武质性减弱，而文质性增强，呈现由武向文的转化趋势。如汲黯，"好学，游侠，任气节，内行修絜"。大侠楼护，"学经传""论议常依名节"。陈遵，"略涉传记，赡于文辞"。鲁人朱云，"受《易》颇有师道"，汉元帝喜欢《易》，"欲考其异同"，遂令少府五鹿充宗和诸《易》家辩论。朱云参加辩论，力折五鹿充宗，诸儒称赞曰："五鹿岳岳，朱云折其角。"朱云因此名声大振，被任为博士，后举方正，为槐里令。朱云敢于直言极谏，得罪权臣，后不复仕，在家传授经学，其所教弟子皆为博士。④

西汉后期，任侠者虽多，但"虽为侠而逡逡有退让君子之风"⑤。"其名闻州郡者，霸陵杜君敖，池阳韩幼孺，马领绣君宾，西河漕中叔，皆有

---

① 班固：《汉书》卷八九《循吏传·黄霸》，北京：中华书局，1962 年，第 3627-3634 页。

② "西汉后期的游侠，在本质上已不同于战国、秦、西汉前期和中期的游侠，随着封建制的演化，他们大多已转化为大地主、大官僚的社会集团，成为封建统治集团的重要组成部分。封建统治者对他们的政策，也从打击、镇压改变为怀柔、拉拢，对著名的侠更采取加官晋爵的办法予以笼络。"刘修明、乔宗传：《秦汉游侠的形成与演变》，《中国史研究》，1985 年第 1 期。

③ 镰田重雄：《漢代の社會》，東京：弘文堂，1955 年，第 51-52 页。

④ 班固：《汉书》卷六七《朱云传》，北京：中华书局，1962 年，第 2912-2916 页。

⑤ 司马迁：《史记》卷一二四《游侠列传》，北京：中华书局，1959 年，第 3188-3189 页。

谦退之风。"① 这是游侠性质的蜕变，也预示着新的社会阶层豪族的形成。与权力结合的游侠转化为豪族，成为国家权力体系中的一部分，就此而言，最迟到西汉末期，游侠作为一个社会阶层已不复存在了。②

三、私人豪富的转化

私人豪富一般指不依靠土地经营而致富的非身份性的经济富有阶层，其中最有实力者被称为"高訾富人"③，主要包括从事私人手工业、商业、渔业、牧业和贩运、高利贷等。西汉前期，在黄老无为政策下，私人豪富获得快速发展，拥有很强的社会支配力。汉武帝时，采取一系列的限制、打击措施。他以私人豪富"不佐国家之急"为借口，对私人豪富进行经济掠夺，很多私人豪富破产。面对国家强力，私人豪富意识到，只有与权力结合，才能更好地生存、发展，于是私人豪富利用各种契机谋求与权力相结合。

汉代选官有訾选一途，即以訾任郎为官。④ "左、右中郎将，秩比二千石，主谒者、常侍侍郎，以訾进。"⑤ 訾选是财富拥有者凭借经济实力获取政治权力、改变社会地位最有效便捷的途径。在两汉，訾选最主要的方式是输粟⑥、纳訾和入财。汉文帝时，堵阳人张释之便以訾得官，"以訾为骑郎"⑦。汉武帝时期，一方面为吸收社会力量进入政权以扩大统治基础，广

---

① 班固：《汉书》卷九二《游侠传》，北京：中华书局，1962 年，第 3719 页。

② 李金鲜、崔向东：《战国至西汉游侠与国家互动及游侠身份转变》，《北华大学学报（社会科学版）》，2014 年第 1 期。

③ 汉代高訾富人的财产标准因时期不同而数量不一。从西汉规定的迁徙豪富的资产标准看，有訾百万以上、訾三百万以上、訾五百万以上，据此私人豪富的资产数额最低应在百万以上。

④ 班固：《汉书》卷五六《董仲舒传》，北京：中华书局，1962 年，第 2512 页。

⑤ 孙星衍等辑，周天游点校：《汉官六种·汉旧仪》，北京：中华书局，1990 年，第 65 页。

⑥ 汉文帝时实行入粟拜爵，"令民入粟边，六百石爵上造，稍增至四千石为五大夫，万二千石为大庶长，各以多少级数为差"。班固：《汉书》卷二四上《食货志上》，北京：中华书局，1962 年，第 1134 页。

⑦ 司马迁：《史记》卷一〇二《张释之冯唐列传》，北京：中华书局，1959 年，第 2751 页。

开仕途；另一方面，为"外事征伐，内事兴作"提供财源保障，又以"入物""入谷""入粟""入羊""入财"者得补为郎官。同时，为控制经济，又不得不选用一些精明的商人为官，"除故盐铁家富者为吏"①。上述种种情况，便为私人豪富进入国家权力体系提供了契机。

对于私人豪富来说，赀选入仕是其家族重要的转折，与权力结合是其官僚化的一个起点。私人豪富家族沿着权力起点，继续升迁，不断向豪族转变。汉武帝时，任用大商人东郭咸阳、孔仅"领盐铁事"，商人桑弘羊"以计算用事"。这三人可谓当时私人工商业者代表，东郭咸阳是齐地盐业豪富，孔仅家世以冶铁为业，"南阳大冶，皆致生累千金"，桑弘羊出身商人之家，擅长商业经营和心算。此三人为武帝"言利事析秋豪"②，以工商之技售于帝王，为"兴利之臣"，后皆为高官。《汉书·卜式传》为我们提供了卜式家族更为具体的事例。河南人卜式，家世以"田畜为事"，家产规模很大，"羊致千余头，买田宅"，成为当地的豪富民。汉武帝反击匈奴，卜式捐献一半家财给国家，后又捐出二十万钱救济贫民。汉武帝拜卜式为中郎，赐爵左庶长，"布告天下，尊显以风百姓"。后卜式官任御史大夫，赐爵关内侯。③汉武帝时推行算缗、告缗政策，众多私人豪富纷纷破产，而卜式家族却安然无恙，其最根本的原因就在于与权力结合。

在汉武帝的打击下，"前富者既衰"，而昭、宣帝以后继起的豪富则具备两方面特征：一是与权力结合。西汉末年，效法汉武帝，五均六筦等"皆用富贾"，大商人与国家权力结合。平当的祖父为豪富，家訾百万，"自下邑徙平陵"，作为社会势力，是国家限制打击的对象。到平当时，家族发生变化，与国家权力结合，平当以明经为博士，先后为顺阳长、给事中，后为丞相。平当子晏，"以明经历位大司徒"。④平氏父子以明经为相，富贵结合，家族由豪富转化为豪族。二是占有土地。在向权力靠拢的同时，私人豪富也改变财富的存在形态，向不动产转移。在传统农业社会，

---

①　司马迁：《史记》卷三〇《平准书》，北京：中华书局，1959 年，第 1429 页。
②　司马迁：《史记》卷三〇《平准书》，北京：中华书局，1959 年，第 1428 页。
③　班固：《汉书》卷五八《卜式传》，北京：中华书局，1962 年，第 2625 页。
④　班固：《汉书》卷七一《平当传》，北京：中华书局，1962 年，第 3048-3051 页。

具有最大保值价值的就是土地，而随着汉代土地私有化，私人豪富大量占有土地，"以末致财，用本守之"。西汉中后期，这一趋势日渐明显，"关东富人益众，多规良田"，豪富是农而兼工商，农工商合一。西汉晁错所言"商人兼并农人"的兼并，多指以财力役使；而董仲舒以后所言兼并，多与土地不可分，指土地的集中。① 这一微妙变化，实际上反映了西汉私人豪富与土地的结合日益密切，豪富的形态向大土地所有者转化。元、成帝以后，"郡国富民兼业颛利，以货赂自行，取重于乡里者，不可胜数"②。所谓"兼业颛利"，已经是农、工、商并举。刘增贵先生认为："自武帝打击商人之后，经济重心，更向土地转移，加以耕种工具与方法之改良，灌溉设施的完善，使土地投资更加有利可图，土地的保值性、不坏性实为家族发展之基业，因此富人形态遂以地主为多。"③ 西汉末樊重家族即为典型。湖阳樊氏为乡里著姓，"世善农稼，好货殖"。樊重拥有规模庞大的田庄，是大土地拥有者。④ 到东汉时，类似樊氏庄园的大地主田庄迅速发展，大土地所有者比比皆是，财富更是以占有土地多少来衡量。田庄多种经营，农工商结合，即可自给自足，"闭门成市"，又和周边有密切的贸易往来，形成以田庄为核心的商贸网络。⑤ 仲长统对这样的豪富描绘道："豪人之室，连栋数百，膏田满野，奴婢千群，徒附万计。船车贾贩，周于四方；废居积贮，满于都城。琦赂宝货，巨室不能容；马牛羊豕，山谷不能受。妖童美妾，填乎绮室；倡讴伎乐，列乎深堂。宾客待见而不敢去，车骑交错而不敢进。三牲之肉，臭而不可食；清醇之酎，败而不可饮。睥盼

---

① 刘增贵：《汉代豪族研究——豪族的士族化与官僚化》第一章注释 105，台湾大学历史学研究所博士学位论文，1985 年，第 75 页。

② 班固：《汉书》卷九一《货殖传》，北京：中华书局，1962 年，第 3694 页。

③ 刘增贵：《汉代豪族研究——豪族的士族化与官僚化》，台湾大学历史学研究所博士学位论文，1985 年，第 43—44 页。

④ 范晔：《后汉书》卷三二《樊宏列传》，北京：中华书局，1965 年，第 1119 页。

⑤ 以往有关田庄的研究，过多强调田庄"自给自足"的自然经济，而忽视田庄的商品生产和商贸功能。反映豪族田庄经济的《四民月令》中不乏田庄商品生产和对外贸易的记载，结合东汉壁画墓、画像砖庄园中的盐井、畜牧、园林等场景，可知田庄的多种经营和货殖商贸性质。

则人从其目之所视，喜怒则人随其心之所虑。此皆公侯之广乐，君长之厚实也。"① 这样的豪富民不再是过去单一的私人工商业者身份，而是拥有大量土地的"兼业"复合型地主，土地是其最重要的财富象征。

私人豪富与权力结合，改变了原来的只富不贵，实现了富与贵结合。"素封"社会阶层从"富"到"贵"的命运演变很好地说明了这一点。马彪认为，在战国秦汉国家整合社会的大背景下，"素封"大体经历了富贵相符—富贵背离—更高层次的富贵结合的发展过程。这期间，战国为"富""贵"相符时期；秦和汉初为"富""贵"背离时期，根本特征是富而不贵，即经济上富，而社会政治地位贱，"素封"因国家的"重本抑末""重农抑商"而受到限制打击；汉武帝至东汉初，为"富""贵"新型关系形成期，"素封"按照国家意志向权力靠拢，"富"与"贵"不断结合。尤其是西汉末年社会动荡，很多"素封"参与到刘氏宗室的反王莽斗争中，获得了身份转变的新契机，形成富、贵结合的新形态，"使得'素封'这一持续二百余年的历史现象，不仅在沿革而且在逻辑上最终结束了"②。西汉前期的货殖豪富人物，在与权力和土地的结合过程中形态发生变化。诚如钱穆先生所言："于是前汉《货殖》《游侠》中人，后汉多走入《儒林》《独行》传中去。"③ 西汉中后期，私人豪富在与国家权力的密切结合中最终纳入到国家支配秩序。

四、自耕农的转化

在豪族的形成过程中，有一些平民由学而入仕，其后家族不断实现文化与权力再生产，进而演变为豪族。关于自耕农发展为豪族，本书上编第三章已有讨论，此不赘述。在此仅以匡衡、张禹、翟方进家族为例略作说明。

一般自耕农发展为豪族，既无经济实力做后盾，也无家族仕宦为背

---

① 范晔：《后汉书》卷四九《仲长统列传》，北京：中华书局，1965年，第1648页。
② 马彪：《秦汉豪族社会研究》，北京：中国书店，2002年，第48—50页。
③ 钱穆：《国史大纲·引论》，北京：商务印书馆，1996年，第21页。

景，他们所依赖的基本途径是明经入仕。东海人匡衡，"父世农夫，至衡好学，家贫，庸作以供资用"，匡衡"经学精习，说有师道""当世少双"，以明经为郎中、博士，后历任太子少傅、丞相。匡衡子昌，为越骑校尉，子咸亦明经，历位九卿，"家世多为博士者"①。张禹，"家以田为业"，至长安师从名儒学《易》《论语》，"经学精习，有师法"，为太子讲授《论语》，后为丞相，封安昌侯。张禹四子皆为官，长子宏为太常，其余三子"皆为校尉散骑诸曹"。② 翟方进，出身平民之家，世代微贱，其父翟公好学，为郡文学。翟方进幼年失父，到长安求学，受《春秋》，"以经术进，努力为诸生学问"。经过十余年努力，翟方进"经学明习……诸儒称之"。后翟方进一路晋升，官任刺史、丞相司直、京兆尹、御史大夫，最后官至丞相。翟方进长子宣，明经笃行，官任南郡太守。少子义，"少以父任为郎"，后历任太守。翟义因反对王莽而被诛杀，"夷灭三族，诛及种嗣"。③ 如果不是遭此变故，翟氏亦当为发展为世族。

各社会阶层与权力结合后，其身份地位都发生变化，他们占有土地，成为官僚地主。杜周初为廷史，家境贫寒，"有一马，且不全"。杜周后任廷尉、御史大夫，"子孙尊官，家訾累数巨万矣"。④ 又如张禹，"及富贵，多买田至四百顷，皆泾、渭溉灌，极膏腴上贾"。自耕农以与国家权力结合为起点，进而世官化、大地产化，其身份发生变化，向新的社会阶层豪族转化。

五、军功食封阶层的转化

西汉受封食邑者主要有功臣、宗室和外戚，但以功臣受封食邑为主。汉初形成了一个人数庞大的军功阶层，其中赐爵七大夫以上者为高爵，皆

---

① 班固：《汉书》卷八一《匡衡传》，北京：中华书局，1962 年，第 3347 页。

② 班固：《汉书》卷八一《张禹传》，北京：中华书局，1962 年，第 3347-3352 页。

③ 班固：《汉书》卷八四《翟方进传》，北京：中华书局，1962 年，第 3411、3424、3439 页。

④ 司马迁：《史记》卷一二二《酷吏列传·杜周》，北京：中华书局，1959 年，第 3154 页。

有食邑，成为食封贵族。汉初很多封侯都来自军功食封，"其有功者上致之王，次为列侯，下乃食邑。而重臣之亲，或为列侯，皆令自置吏，得赋敛"①。他们中的一部分人或其子孙有的转化为豪族。

西汉的食封贵族，其总的历史发展轨迹是不断走向衰败。《汉书·高惠高后文功臣表》对这些受封食邑家族的衰败有生动的记述：第一代功臣侯，大部分尚能善终。至文、景时期，功臣侯后裔子孙骄逸，违法乱纪，很多人因此受到制裁。汉武帝时，随着皇权的加强，法网控制严密，功臣侯不断遭到打击，许多列侯被废。到武帝末年，汉初所封的列侯仅存 6 个②，"余皆坐法陨命亡国""靡有孑遗"。到宣帝时，"咸出庸保之中"，其政治、社会地位骤降。汉成帝以后，"袭封者尽，或绝失姓，或乏无主……生为愍隶，死为转尸"③，完全失去了先祖的辉煌。

受封食邑家族的衰落原因有多方面，皇权打击是其根本。④ 从《史记》和《汉书》相关年表之记载看⑤，涉及的罪名可分为三类，即政治犯罪、经济犯罪和刑事犯罪⑥，但最主要的是"不奉上法"。许多封侯食邑者本人或其继承者因各种原因触犯汉律而被贬爵、削封、处死和国除，其中以"不敬""不道"等罪名被"国除"者很多。⑦ 有些食封贵族在命运的起伏

---

① 班固：《汉书》卷一下《高帝纪下》，北京：中华书局，1962 年，第 78 页。

② 梁玉绳：《史记志疑（二）》卷一一，北京：中华书局，1981 年，第 504 页。

③ 班固：《汉书》卷一六《高惠高后文功臣表》，北京：中华书局，1962 年，第 529 页。

④ 廖伯源：《试论西汉时期列侯与政治之关系》，《新亚学报》，1984 年第 14 卷。

⑤ 司马迁：《史记》之《高祖功臣侯者年表》《惠景间侯者年表》《建元以来侯者年表》《建元已来王子侯者年表》，北京：中华书局，1982 年；班固：《汉书》之《王子侯表》《高惠高后文功臣表》《景武昭宣元成功臣表》，北京：中华书局，1962 年。

⑥ 如谋反、违礼、渎职、擅出国界、杀人、殴伤人、匿死罪、盗铸金钱、欠债不还、买卖禁物、淫乱、抢掠妇女等。

⑦ 据统计，列侯亡国，绝大多数是因为触犯律令。143 位列侯中，亡国原因不明者 6 位。其余 137 位列侯，因犯法而亡国者达 111 位，占列侯总数的 81%；因无后而国除者 20 人，占列侯总数的 14.6%；还有 4 位晋封为王，2 位被他人所杀。刘德增：《子孙骄逸，殒命亡国——西汉开国功臣群体的结局》，《山东师范大学学报（人文社会科学版）》，2015 年第 6 期。

中虽然失去贵族身份，但其后裔向豪族转化，如西汉的襄城侯韩婴家族。据《汉书·韩王信传》载，韩王信因追随刘邦有功，被封为韩王。高祖六年（前201），韩王信勾结匈奴反叛，后被斩杀。汉文帝时，韩王信子颓当率其部众降汉，汉封韩颓当为弓高侯。弓高侯传子至孙，因孙无子而国绝。韩颓当孽孙嫣、说，韩嫣贵幸，名显当世。韩说因军功封侯。韩说子韩增，为龙頟侯，传子至孙国除。汉成帝时，封韩增兄子岑为龙頟侯，韩岑子持弓袭封。王莽末年，韩氏家族食封乃绝。① 东汉初年，韩颓当后裔有韩寻，官为陇西太守。韩寻子棱，"世为乡里著姓"，以孝友著称，历任下邳令②、太守、司空等，曾将先父余财数百万分给宗族昆弟。韩棱子辅，任赵相。韩棱孙演，历任太守、司徒、司隶校尉，所在"政有能名"③。从以上韩颓当家族演变历史看，韩氏在两汉之际完成了由贵族向豪族的转化。

东汉张酺家族的变化也说明了食封贵族与豪族之间的相互转化。汝南细阳张酺，乃汉初赵王张敖之后。张敖父张耳，先被刘邦封为赵王，张耳死，张敖承嗣。张敖妻为刘邦女鲁元公主，刘邦对张敖不满，怀有戒心，遂废张敖为宣平侯。张敖子寿，封细阳之池阳乡。张寿后人有张充，"充与光武同门学"④，精通《尚书》。张充是张酺从祖父，张酺少时和张充学习《尚书》，"能传其业"。此时的张氏，已是经学传家。汉明帝时，张酺以《尚书》教授，数讲于御前，"遂令入授皇太子"。张酺以明经入仕，后历任侍中、太守、太尉、司徒。张酺子蕃，"以郎侍讲"。张蕃子磐，张磐子济。⑤ 张济好儒学，明习典训，为侍讲，官至司空。张济弟喜，亦为司空。张济子根，为蔡阳乡侯。

---

① 班固：《汉书》卷三三《韩王信传》，北京：中华书局，1962年，第1857页。

② 刘珍等撰，吴树平校注：《东观汉记校注》卷一六《韩棱》，北京：中华书局，2008年，第717页。

③ 范晔：《后汉书》卷四五《韩棱列传》，北京：中华书局，1965年，第1536页。

④ 范晔：《后汉书》卷四五《张酺列传》注引《东观记》，北京：中华书局，1965年，第1529页。

⑤ 范晔：《后汉书》卷四五《张酺列传》注引《华峤书》曰，北京：中华书局，1965年，第1534页。

食封贵族与豪族既有区别又有内在联系，二者在一定条件下相互转化。豪族可以通过各种机会封侯，如东汉的开国功臣中，许多人本身是豪族，又因功封侯，具有双重身份。同时，由于累世经学，一些豪族世代与权力相结合而形成累世公卿，"及门第势力已成，遂变成变相的贵族"①，豪族的属性中又融入了贵族的性质。从一定意义上说，食封贵族和豪族之间有着内在的联系。

六、地方强宗的转化

汉代宗族经历了由被限制到快速发展的过程。徐复观先生认为，西汉时期平民立姓继续发展，出现平民的"族姓"，形成社会的骨干。② 史书中的"族姓""姓族"，是族与姓的结合，个体家庭的背后是宗族。③ 从《史记》《汉书》《后汉书》与豪族相关指称统计看，涉及族、姓的指称少数出现于《汉书》，绝大多数出现在《后汉书》中。这说明汉代宗族在西汉后期快速发展，东汉趋于强盛。

总体说来，西汉武帝以前，强宗大族多是传统的宗法宗族的余绪，具有传统的宗族色彩，大多与国家政权相对抗，扰乱地方秩序，是国家打击的对象。西汉后期平民宗族兴起④，新的强宗大族与国家权力体系联系密切，演变为豪族。在这一演变过程中，强宗大族的士族化与士大夫的家族化常常交织在一起。从豪族的权力特征看，宗族与国家权力密切结合，则宗族即豪族。一方面，强宗大姓不断士族化；另一方面，士人获得政治权

---

① 钱穆：《国史大纲（修订本）》，北京：商务印书馆，1996 年，第 186 页。

② 徐复观：《两汉思想史》（第一卷），上海：华东师范大学出版社，2001 年，第 192 页。

③ 徐复观说："无姓则有家而无族，有姓则每人皆有族。无族之家，孤寒单薄，易于摧折沉埋。有族之家，则族成为家的郭郭，成为坚韧的自治体，增加了家与个人在患难中的捍卫及争生存的力量。"徐复观：《两汉思想史》（第一卷），上海：华东师范大学出版社，2001 年，第 192 页。

④ 此时的平民宗族与传统的宗法宗族不同："尽管仍然重视宗族结合，仍有嫡庶差别，但已不复存在政治上的大宗、小宗的宗法组织，实际情况是……宗法组织已为宗族政治所代替，宗法观念已为宗族观念所取代。"史凤仪：《中国古代的家族与身分》，北京：社会科学文献出版社，1999 年，第 41 页。

力，再转而扩张家族的财势。前一种情况，是原有的宗族成员通过各种途径，尤其是明经入仕不断地与国家权力结合，使得宗族士（世）族化；后一种情况，是士人为官后，发展家族势力，并进而凝聚宗族，带动宗族向豪族转化。这两种情况是宗族转化为豪族的基本途径。两汉时期，民间宗族转化为豪族的事例颇多，考察其转化的关键，在于权力与文化。现举数例加以说明。

巨鹿耿氏为地方有名的大姓宗族。汉武帝时，巨鹿耿氏被析解，其中一支迁往右扶风茂陵，是为西汉末豪族耿弇的先人。还有一部分耿氏留居于巨鹿，其宗族组织虽受到冲击，但并未完全解体。至迟到西汉末年耿纯时，巨鹿耿氏宗族组织再度复兴，势力强大，有宗族宾客二千余人，成为当地的强族。耿弇字伯昭，耿纯字伯山，二人用字中都有"伯"字，表明为同宗族同一辈分。[1] 耿弇和耿纯分别代表了耿氏宗族在不同地域的发展。耿纯父耿艾，为王莽济平尹。耿纯"与从昆弟诉、宿、植共率宗族宾客二千余人"追随刘秀，刘秀拜耿纯为前将军，耿诉、耿宿、耿植皆为偏将军。耿氏组成宗族武装，耿纯怕宗族成员动摇，便派人回家乡焚烧了宗族房屋，以绝其反顾之心。耿氏深受刘秀器重，"凡宗族封列侯者四人，关内侯者三人，为二千石者九人"。耿纯子阜，嗣侯，后因同族连坐"国除"。汉章帝时，封耿阜子盱为高亭侯。盱无后嗣，复封盱弟腾，传封子孙。[2]

巨鹿耿氏还有耿嵩一支，据《东观汉记》载：耿嵩一支有宗家数百人，"时嵩年十二三，宗人长少咸共推令主廪给，莫不称平"。[3] 由上可推知巨鹿耿氏家族、宗族世系如下：

---

① 汉人已有排行，前四史及汉碑中多有反映。鹤间和幸在《漢代豪族の地域的性格》（《史学杂志》，1978 年第 87 编第 12 号）一文中有详论。

② 范晔：《后汉书》卷二一《耿纯列传》，北京：中华书局，1965 年，第 761–765 页。

③ 刘珍等撰，吴树平校注：《东观汉记校注》卷一〇《耿嵩》，北京：中华书局，2008 年，第 386–387 页。

耿？—耿嵩（宗家数百人）

耿？—耿歙（族人）

耿艾—耿纯————————耿阜—耿盱—耿忠—耿？—耿绪

　　　　　　　　　　　　　　—耿腾

耿？—耿䜣

　　—耿宿

　　—耿植

说明：第一，耿䜣、耿宿、耿植或为兄弟三人，或各为从兄弟，此处以兄弟处理。第二，耿嵩辈分不详，依其事迹在"王莽败"时以及年龄推测，暂定为与耿纯同辈。

再看茂陵耿氏。汉武帝时由巨鹿迁居茂陵的耿氏家族，在西汉中后期发展为豪族宗族。据《后汉书》记载，扶风茂陵人耿弇，于王莽末年发兵支持刘秀，攻占邯郸，耿弇弟耿舒为复胡将军，据守代地。东汉建立，耿氏有功，耿弇被封为建威大将军，刘秀称其"举宗为国，所向陷敌，功效尤著"。耿弇有五弟，耿舒、耿国、耿广、耿举、耿霸，"弇兄弟六人皆垂青紫"，宗族子孙官宦不断。①

又据汉碑，茂陵耿氏当还有一支耿勋家族。据《耿勋碑》载："汉武都太［守］、右扶风茂陵耿君讳勋字伯玮，其先本自［巨］鹿，世有令名。为汉建功。俾侯三国。［卿］守将帅，爵位相承，以迄于君。君敦诗说礼，家仍典［军］，［压］难和戎。"② 由此可知，耿勋家族同耿况家族一同迁居茂陵，为同一宗族。洪适认为耿勋应是耿况、耿弇之后人。③ 但碑文只是较为简单地追溯先祖，并不明确。结合《后汉书·耿弇列传》和《耿勋碑》，可推知并列出茂陵耿氏宗族世系如下：

---

① 范晔：《后汉书》卷一九《耿弇列传》，北京：中华书局，1965 年，第 703–725页。

② 高文：《汉碑集释》，开封：河南大学出版社，1985 年，第 414 页。

③ 洪适：《隶释　隶续》，北京：中华书局，1985 年，第 393 页。

耿？—耿？—耿勋

耿况—耿弇—耿忠—耿冯—耿良—耿协

　　　—耿舒—耿袭—耿宝—耿箕

　　　　　　　　—耿恒

　　　　　—耿？—耿承

—耿国—耿秉—耿冲————————耿纪（曾孙）

　　　　—耿？

　　　　—耿？

　　　　—耿夔

　　—耿广—耿恭—耿溥—耿宏

　　　　　—耿晔

—耿举

—耿霸—耿文金—耿喜—耿显—耿援—耿？—耿弘

　　从巨鹿和茂陵两支耿氏看，他们是当地的宗族大姓。巨鹿耿氏到耿艾、耿纯父子时，有宗族宾客二千余人，另一支耿氏耿嵩家族有宗家数百人。茂陵耿氏亦枝叶繁茂，"弇悉收集降卒，结部曲，置将吏"[1]，部曲中有相当一部分成员应是宗族成员。西汉末年，巨鹿和茂陵两地耿氏支持刘秀，"举宗为国"，依靠的正是宗族力量。以宗族为依托，是豪族生存的基本形态。[2]

　　西汉末年南阳宛人李通家族，"世以货殖著姓"。李通父李守，为王莽宗卿师。李守在政治上倾向于刘氏，说谶云"刘氏复兴，李氏为辅"，其企图在动荡中进行政治投机。李通"居家富逸，为闾里雄"，不愿为小吏。李通从弟轶，二人相谋支持刘秀举兵造反。李通与刘秀定计后，遂"遣从

　　① 范晔：《后汉书》卷一九《耿弇列传》，北京：中华书局，1965年，第708页。
　　② 如巨鹿昌城刘植，在西汉末年"与弟喜、从兄歆率宗族宾客，聚兵数千人据昌城"。（范晔：《后汉书》卷二一《刘植列传》，北京：中华书局，1965年，第760页。）南阳新野阴识，"及刘伯升起义兵，识时游学长安，闻之，委业而归，率子弟、宗族、宾客千余人往诣伯升"。（范晔：《后汉书》卷三二《阴识列传》，北京：中华书局，1965年，第1129页。）

兄子季之长安，以事报守"。王莽得知李通谋反，遂将李守及其在长安的家人全部诛杀，"南阳亦诛通兄弟、门宗六十四人，皆焚尸宛市"。李通有一个从兄、两个从弟，李通从兄名不详，从弟有李轶、李松。李通从兄与李轶、李松是否为亲兄弟还是从兄弟亦不详，此处以亲兄弟处理。如若非亲兄弟，则李守一辈应增加一支。李守与其兄或弟家族成员共同构成同一宗族。同宗族的人未必同居合爨共财，但仍以血缘、伦理相联系，在现实中因政治、经济和文化的利害关系而程度不同地结为一体。李通家是李氏宗族的核心，李氏宗族因李通造反而被诛"兄弟、门宗六十四人"，若以一家五口计算，应有十二家，实际上李氏宗族绝不止于此数。被杀的六十四人是留在家乡的，那些已经在外造反的李氏如李轶、李松和先前已死的李季等并没有计算在内，实际的宗族人数当更多。根据刘增贵先生的推算，汉代的宗族一般人数当在 200 人左右，东汉时期规模可能会更大些。[①]李氏从一个地方宗族著姓转化为官僚世家，无疑是在动荡中为家族捞取了政治资本，如更始政权封李通为柱国大将军，李轶为舞阴王，李松为丞相。东汉建立后，李氏宗族继续发展，从汉明帝"诏诸李随安众宗室会见"看，李氏宗族仍有一定规模。

西汉时期，樊氏世善农稼，好货殖。至樊重时，三世共财，家族、宗族日渐兴盛。樊重子宏，父子二人在宗族、乡里颇有声望，有很大影响力和号召力。樊重与南阳刘氏世为婚姻，樊重为刘秀的外祖父，樊宏与刘秀族兄刘赐结为婚姻，"赐女弟为宏妻"。西汉末年，赤眉军起义，樊宏"与宗家亲属作营壍自守，老弱归之者千余家"。刘秀即位，拜樊宏为光禄大夫，后封长罗侯。樊宏有子樊儵，嗣封侯，"谨约有父风"。樊宏少子茂，为平望侯。

樊氏宗族支脉较多，樊宏弟丹为射阳侯，兄子寻为玄乡侯，族兄樊忠为更父侯。[②] 樊儵长子氾，嗣侯。次子郴、梵，樊郴为郎官，樊梵为大鸿

---

① 刘增贵：《汉代豪族研究——豪族的士族化与官僚化》，台湾大学历史学研究所博士学位论文，1985 年，第 29 页。

② 范晔：《后汉书》卷三二《樊宏列传》，北京：中华书局，1965 年，第 1120 页。

庐。樊汜子时，嗣侯。樊时子建，嗣侯。樊建弟盼，永宁元年复封侯。盼子尚，嗣侯。樊鯈弟鲔，皇帝一次"赐鯈弟鲔及从昆弟七人合钱五千万"。樊鲔子赏。樊氏另有樊瑞，樊宏之族孙，有产业数百万。樊瑞子准，历任郡功曹、御史中丞、巨鹿太守、光禄勋等。据《后汉书·樊宏列传》，列出樊氏家族、宗族世系如下：

```
            樊？—樊寻—
            樊？……………………樊瑞—樊准
      樊氏—樊？
      樊重—樊宏—樊鯈—樊汜—樊时—樊建
                              樊盼—樊尚
                  樊郴
                  樊梵
              樊鲔—樊赏
              樊茂
         樊丹
   樊氏—樊忠……樊？（从昆弟）
            樊？
            樊？
            樊？
            樊？
            樊？
```

说明：第一，姓名中"？"，为名字不详；第二，樊瑞一系其父辈不详，也可能是樊宏兄或弟一支，故暂列于此；第三，省略号及其长串表示推测和后代不详，"赐鯈弟鲔及从昆弟七人合钱五千万"之"从昆弟"可理解为是樊鯈的从昆弟。

从以上樊氏家族、宗族传承看，樊氏在前两代已是一个很大的家族、宗族，三世共财，为乡里著姓。樊氏属于地方大宗族，樊氏宗族以樊重—

樊宏—樊儵家族为主线和核心，内部凝聚力很强。樊氏在经济上"赈赡宗族，恩加乡闾"。在樊宏以前，樊氏与国家权力体系缺乏联系。自樊宏后，樊氏与国家权力体系联系甚密，身份发生转变，由原来的乡里宗族转为豪族。由于宗族是一个血缘、利益共同体，因此在很多方面，宗族成员常共同行动，所谓"纠合宗人，共兴举之"。如萧何举宗数十人追随刘邦；阴识得知刘伯升起兵，"率子弟、宗族、宾客千余人往诣伯升"。豪族追随刘秀打天下，"越关阻，捐宗族"[1]，都是举族从征。宗族之间利害与共，休戚相关，宗族成员中有人为官，则宗族子弟飞升。如邓氏，"自中兴后，累世宠贵"，宗族中仅二千石官员就有 120 多人，其他官员不可胜数。反之，如果一人获罪，宗族子弟亦受牵连。如邓骘获罪，"宗族皆免官归故郡"。可见豪族与宗族关系之密切。

从上述所列地方宗族的转化，主要说明两个问题：其一，与国家权力结合是宗族转化为豪族的根本。汉武帝以前的宗族常受到国家的限制打击。西汉中后期，在国家权力支配下，宗族不断向国家权力靠拢，转化的关键在于与权力结合。东汉樊氏"一宗四侯"，在樊宏一辈，同族兄弟中三人封侯，樊宏兄虽未封侯，然其子樊寻受封玄乡侯。在樊氏家族、宗族中，官宦不断，如樊梵、樊准等，官至九卿。樊氏以樊宏家族为核心，构成一个庞大的豪族宗族。[2] 可见，权力的有无是宗族凝聚力强弱的关键。从汉碑材料可知，东汉时期平民家族、宗族规模要比西汉时期有所扩大。西汉初年，萧何举宗有数十人，万石君举宗大概是兄弟子侄和孙子辈成员。到西汉中后期，家族、宗族规模扩大，血缘在人群结合关系中的作用日益突出。由于核心家庭更具有凝聚力，使得原来宗族内松散的各家庭关系变得更加密切。家族、宗族世代与权力结合，因此家族宗族势力绵延不绝。原来的地方宗族转化为豪族，豪族又进一步宗族化，二者互动共生。东汉时，豪族宗族成为东汉王朝的支柱。其二，"士"与"族"的结合，

---

[1] 范晔：《后汉书》卷二五《卓茂列传》，北京：中华书局，1965 年，第 872 页。

[2] 赵沛先生认为："豪族首先是一个'族'的概念，即首先是一个大宗族……是逐步地宗族化了的豪强大族，即拥有豪强势力的大宗族。"赵沛：《两汉宗族研究》，济南：山东大学出版社，2002 年，第 112 页。

是宗族向豪族转化的保障。从地方宗族向豪族的转化看，家族、宗族成员的"士"化至关重要。上述地方宗族中，不断有成员"士"化、儒化，如耿纯"学于长安"，耿况"以明经为郎"，耿弇少学《诗》《礼》，耿勋"敦诗说礼"。樊氏宗族向豪族转化，不仅表现为与国家权力结合密切，也体现在文化、精神上的变化。樊宏自谓"书生不习兵事"，可知樊宏学习经术。樊儵精通《公羊严氏春秋》，其家学世号"樊侯学"。樊儵有从学门徒弟子三千余人，其中颍川李修、九江夏勤皆因明经而为三公。樊准亦"励志行，修儒术"，谦恭让财。在宗族文化影响下，樊氏"宗族染其化，未尝犯法"。从樊氏家族、宗族文化看，已经完全儒化，与汉初遭到国家打击的宗族形象完全不同。地方宗族向豪族转变，也可以从相关指称变化略窥端倪。《史记》中多以强宗、强族称宗族，突出强力暴力，包含有国家对强宗大族的不满情绪，东汉的史料中多以"族姓""姓族""著姓""四姓""八族"称之，体现了民间对宗族的羡慕。族姓成为标定身份的指称，其内涵的变化标志着家族、宗族的转化。有学者指出："在这些名门望族中，士所素习的学问和道德占据了引人注目的重要位置。原先地方上的大宗族，主要凭借经济实力和政治依靠而在乡土间拥有霸性势力的豪强大族，他们的强梁扰世作风，相当程度上已经蜕变成了由浸淫学问、道德而来的温文尔雅。……世家大族的存在已经拥有了文化上的深厚依据。"① 地方强宗大族向豪族转化，他们对社会的影响，不再单纯依靠其强力、暴力，而更多依靠的是文化和德望。对于这样的宗族，国家的控制手段也发生了变化，往往要采取分化与利用的政策，而不再是一味地强力杀伐。

　　以上以事例形式论述了各种社会势力向豪族的转化。在国家控制、整合下，各种社会势力很难与皇权对抗，必须与权力结合，服从皇权意志，由对抗走向与国家合作，这是汉初各种社会势力的唯一选择与出路。

---

　　① 于迎春：《秦汉士史》，北京：北京大学出版社，2000年，第438页。

第三节 多位一体豪族的形成

在皇权支配下，汉初各种社会势力发生转变，到西汉昭、宣帝以后，豪族逐渐形成。豪族不同于此前的各种社会势力，它是一个由各种社会势力演变而来，与各种社会势力有着密切联系的复合型社会阶层。这种复合型表现为不同形式，即以某一种原生形态起家，以权力获得为根本，附加其他形态，如豪富+权力+土地模式、士人+官僚+土地模式、权力+土地+豪富模式，学术界称之为"多位一体"。

论述豪族的形成时，我们更倾向于使用"多位一体"。以往学界多采用"三位一体"说，即官僚、地主和商人三结合。"三位一体"虽然是对豪族形成的基本特征的概括，但尚未全面，如士人、宗族的属性并未体现出来，而且在实际的历史演变过程中，有时"三位一体"也未必是完全的官僚、地主、商人相结合，也可能是其他方面相结合，如官僚、地主、宗族相结合等。豪族是复合型的"多位一体"①，"多位"既说明身份的复合性，也说明特性的多样性，因此我们使用"多位一体"来表述。

对于汉代"多位一体"的社会阶层，以往学术界多从经济—阶级角度考察，研究成果较多，提出官僚、地主和商人"三位一体"，并多以地主为表达主体。学者们都注意到地主阶层的演变。比如翦伯赞先生认为，西

---

① 我们主张将这种多位一体的地主表述为豪族，理由如下：第一，以往在进行社会结构、社会阶层研究时，常用"地主"这一概念来界定一些社会阶层。对一些社会阶层以"地主"来概括，主要是从阶级斗争和经济关系角度强调其对土地的占有，但它忽略了"地主"并不是单纯的经济存在，"地主"还表现为社会存在、文化存在，因此"地主"这一概念未必能全面准确地揭示某些社会阶层的本质。第二，在对地主的划分上，常常将地主的土地占有属性与其他社会属性相结合，因而也就有不同类型的地主，如官僚地主、商人地主等。这些划分有其合理之处，但均是基于强调阶级属性的一种静态划分，缺乏动态的考察。各种类型的"地主"并非像我们划分的那样简单，各类型之间是相互联系并互相转化的，尤其是在权力的支配下不断向新的形态转变。第三，从动态演进进行考察，"豪族"是由汉代各种社会势力（阶层）演变成的一个新形态。豪族不同于两汉其他类型的"地主"，它不是单一类型，而是复合类型，集权力、土地、文化和宗族等特征于一体。因此，豪族不仅仅指个体，亦指以个体为核心的家族乃至宗族的社会单位。

汉初年不同的地主类型，发展到汉武帝时渐渐混融，而这一过程贯穿于整个西汉王朝。东汉政权是商人地主政权，地主、商人和官僚"三位一体"，已无从分别。① 柳维本先生认为，汉初地主阶级由军功地主、宗法地主、贵族官僚地主和一般中小地主四部分组成。由于汉代政治、经济的发展变化，地主阶级内部结构在特定的历史环境中也发生变化，大体上在西汉中期以后，形成官僚、地主、大商贾"融合体"这种新的豪强地主。他说："'豪强地主'既非'宗法地主'，也不是'贵族宗僚地主'，更非大工商业主地主所能等同，它是地主阶级内部结构长期变化演变中，最后在新的历史条件下所形成的一个新阶层。"② 柳春藩先生认为，大体上从汉武帝以后，随着政治、经济形势的变化，出现了官僚、地主、商人的"三结合"。③ 孟祥才先生也看到社会势力向豪族的转化，认为到汉武帝以后，豪强地主的主体是大官僚、大地主和富商大贾三者的结合体。④ 上述学者都注意到了西汉中期以后社会阶层的新变化，但其分析都过于强调阶级—经济因素，忽略了国家与社会关系视角，略有缺憾。

从国家与社会关系视角看，在汉代国家整合社会背景下，各种社会势力都必须做出相应的选择，因而其存在形态也发生变化，这为各种社会势力走向"融合体"奠定了基础。有学者基于国家与社会关系对汉代社会势力演变进行分析，从而对社会势力的转变有了更为深入的揭示。许倬云把豪族定义为地方精英，认为汉武帝以后，地主阶级内部发生变化，"到了西汉的后半叶，这些不同的社会集团相互融合，产生出了一个富豪、学者和权贵三位一体的单独的社会阶层"⑤。陈启云认为，豪族在政治上得势

---

① 翦伯赞：《秦汉史》，北京：北京大学出版社，1983 年，第 408 页。
② 柳维本：《西汉豪强地主的形成和地位》，《辽宁师大学报（社会科学版）》，1984年第 5 期。
③ 柳春藩：《关于汉代官僚地主商人"三结合"问题》，《史学集刊》，1992 年第 1期。
④ 孟祥才：《论秦汉的"迁豪"、"徙民"政策》，中国秦汉史研究会编：《秦汉史论丛》第三辑，西安：陕西人民出版社，1986 年，第 52 页。
⑤ 许倬云著，程农、张鸣译，邓正来校：《汉代农业：早期中国农业经济的形成》，南京：江苏人民出版社，2019 年，第 53 页。

后，也希望成为知识分子，这样的豪族便有了士族的性质，具有地主、官僚和学者三种属性，也就是经济、政治、文教三种力量交叉形成"铁三角"，即"政治上的官吏、经济上的地主和学术文化上的儒士等力量的结合而产生的'士族'"。①

在国家控制、整合社会的情势下，社会势力必须按照国家规定的途径发展，最终演变为豪族。由于各种社会势力演变的起点不同，因而形成的模式亦有差异。豪族的形成模式是多样化的，归纳起来主要有以下几种：

A 型：士人—官僚—地主

这一模式强调的是文化因素。儒宗与官僚（儒士—儒宗—官僚士大夫）结合，形成儒宗士大夫官僚，即士人官僚豪族化。儒宗士大夫官僚是汉代豪族的重要特征，体现了学与仕、文化与权力的结合。史书中常有"儒宗"一词，如叔孙通"为汉家儒宗"②，董仲舒和师丹"为世儒宗"③。"儒宗"即"为儒者宗""为儒者所宗"④。这些儒宗家族世代传经，累世经学。在家族的累世经学中，有些是父子相继，世代不断，也有些是断续相传，前后或有中断，但总的家族经学特征未变。《后汉书·桓荣列传》记载，桓荣"少学长安，习《欧阳尚书》，事博士九江朱普。贫窭无资，常客佣以自给"。后桓荣明经入仕官任太常，族人桓元卿感叹曰："我农家子，岂意学之为利乃若是哉！"自桓荣之后，桓氏家族世代以经学入仕，与权力紧密结合。桓荣子郁，"敦厚笃学，传父业，以《尚书》教授，门徒常数百人。……常居中论经书，问以政事，稍迁侍中"。郁子焉，"能世传其家学"，官至太傅。焉孙典，"复传其家业，以尚书教授颍川，门徒数百人"，官为侍御史。⑤ 桓氏家族可谓儒学与权力结合的典型，儒学与权力

---

① 陈启云：《汉晋六朝文化·社会·制度：中华中古前期史研究》，台北：新文丰出版公司，1997 年，第 9、31 页。

② 司马迁：《史记》卷九九《叔孙通列传》，北京：中华书局，1959 年，第 2726 页。

③ 班固：《汉书》卷三六《楚元王传》，北京：中华书局，1962 年，第 1930 页。

④ 班固：《汉书》卷二七上《五行志》，北京：中华书局，1962 年，第 1317 页；范晔：《后汉书》卷六一《周举列传》，北京：中华书局，1965 年，第 2023 页。

⑤ 范晔：《后汉书》卷三七《桓荣列传》，北京：中华书局，1965 年，第 1249–1258 页。

紧密联系起来，通明经术成为获得权力的敲门砖。

从两汉整体看，自汉武帝通经入仕以后，由士人—官僚—地主三位一体而形成的"融合体"成为豪族形成的主要模式。尤其在豪族世族化过程中，文化与权力再生产，成为豪族世族化的重要途径。由于家族累世经学，因此与国家权力保持密切联系。由通经而入仕，进而发展家族经济实力，以入仕而拥有权力，因权力而获得土地。汉代儒宗、通儒、硕儒等，走的都是"通经—入仕—致富"这样的路径。在西汉后期，豪族地主田庄获得空前发展，儒宗地主经济势力庄园化①，这与"通经—入仕—致富"的豪族发展密不可分。可以说，土地兼并与豪族田庄的出现是社会势力转变为豪族的直接结果。

B 型：官僚—地主（士人）—士人（地主）

这一模式强调的是权力因素。从豪族形成的起点看，关东各种社会势力中，原本就拥有权力的家族很多，如六国贵族后裔、世吏之家、汉初的军功阶层或其他途径获得权力者。这些官僚家族通过权力占有土地，并培养士人，向豪族转化。如张汤家族，据《汉书·张汤传》记载，张汤父为长安丞，张汤为廷尉、御史大夫。张汤子安世"少以父任为郎"，后为尚书令、右将军光禄勋，封富平侯。张安世有子千秋、延寿、彭祖，"皆中郎将侍中"。安世长子千秋为中郎将，子延寿历位九卿。延寿子张勃，为散骑谏大夫。张勃子张临，亦谦俭，"尚敬武公主"。张临子张放，官为侍中、中郎将，"与上卧起，宠爱殊绝"。张放子纯，为大司空。张纯子张奋，少好学，历位太常、司空。张奋子张甫，官至津城门候。甫卒，子吉嗣。"自昭帝封安世，至吉，传国八世，经历篡乱，二百年间未尝谴黜，封者莫与为比。"②张安世兄贺，为掖庭令。张贺子早死，过继张安世子彭祖为子，赐爵关内侯。张贺孙霸，拜为中郎将，食邑三百户。张安世家族与权力世代结合而官僚化、世族化。张安世以父子封侯，家族兴盛，有家

---

① 马彪：《秦汉豪族社会研究》，北京：中国书店，2002 年，第 95—98 页。

② 范晔：《后汉书》卷三五《张纯列传附子奋传》，北京：中华书局，1965 年，第 1200 页。

僮七百人，内治产业，十分富有。张氏是典型的官僚豪族。

西北、北部边郡多以军功起家的军功官僚，如东汉凉州"三明"都是以军功起家转化为豪族，也属于由官僚—地主—士人而豪族这一模式。

C 型：高赀豪富(地主)—官僚(士人)—士人(官僚)

这一模式强调的是经济因素。自战国以来，国家一直实行"重本抑末"政策，对私人高赀豪富进行限制打击。自汉武帝以后，私人高赀豪富与国家权力体系结合日渐密切，"兴利之臣""善为算能商功利"者出任大小官职，有的后代通经入仕，长期保持与权力结合，其自身存在形态亦发生变化，高赀豪富成为官僚并向豪族转化。

上述只是对各种社会势力向豪族转化模式的静态分析，实际上社会势力向豪族转化的模式十分复杂，并非单一性，很难简单地区分。

豪族是"多位一体"的结合，"多位一体"也说明豪族特性的多样性。豪族的特性主要有四个方面，即政治权力、经济、宗族、文化。在"多位一体"中，权力是根本，文化是保障，经济是基础，宗族是依托。西汉各种社会势力向豪族的转化过程，也即"多位一体"新的社会阶层形成的过程。在这一转化、形成过程中，无论哪种模式，都必须与权力结合。西汉的社会控制、整合，在汉武帝时达到顶峰，形成"政治至上的一元结构"，在社会势力向豪族转化的条件中，最根本的是获得权力，权力支配是社会势力转化的起点，也是终点。"西汉中叶以后的士大夫显然已与察举到中央的人士及地方掾史群，合成一个'三位一体'的特殊权力社群。也就是说，士大夫在中央与地方都以选拔而参预其政治结构，构成汉代政权的社会基础。"①

社会势力与国家权力结合的途径有多种，但最直接、最被认可的是通经入仕。通经入仕获得权力，才能更好地保护已有财产并扩大财产，形成"通经—入仕—致富"的"三位一体"。通经入仕使各种社会势力按照国家的意志与权力结合，造就了新的"三位一体"的豪族。汉代推崇儒学，

---

① 许倬云：《西汉政权与社会势力的交互作用》，《"中研院"历史语言研究所集刊》第 35 本，1964 年，第 278 页。

劝以官禄，将权力、财富与学术联系在一起。汉代的官学、私学十分发达，正是学与仕结合的结果。一些地方家族日益垄断文化，世代相传，成为累世经学的士族。由于累世经学传承，这种经学世家也成为学术文化之渊薮，在东汉末日益呈现学术文化地方化和家族化。① 通经入仕的制度引导，促进了汉代学校教育的发展，也是社会势力转化为豪族的关键。在"明经取士"的背景下，我们看到两汉诸多经学传家的家族、宗族，因持续不断的学术传承而成为经学世家。经学世家不断与权力结合，进而形成"累世公卿"的世族（士族），这种世族（士族）绝不是单纯拥有文化或权力，而是文化与权力的不断循环，因此士族即世族，二者很难做出明确的区分。有学者描绘士族形成的轨迹，即士人（普通读书士子或地主豪强子弟向学者）—士大夫（官僚）—士族（儒宗地主或庄园主）。"可见士族是集三种社会角色于一身的社会单位，而士（通经）则不仅构成这一循环的起点，也决定这一循环始终具有文化属性，并以此为特征。由普通读书士子成为朝廷命官，并不只是某些个体自身角色的变换，它同时也是儒学文化理念走向社会实践的过程。"② "累世经学"产生"累世公卿"，学术优势转化为政治优势，政治优势又直接推动经济实力的发展。两汉书之《儒林传》，记载了众多儒宗地主，都属于这一模式。家学一般是代际父子相传，史书中多有"修父业""传父业""袭父业""家世相传""传家业""世世相传"等语，但并不限于此。如西汉董仲舒习《春秋》，子孙多至高官；王吉通五经，其子王骏从梁丘临受《易》；孔安国家族，汉初孔襄为孝惠帝博士，长沙太傅。孔襄子忠，孔忠生武及安国。孔武生延年，延年生霸，霸生光。安国、延年皆以治《尚书》为武帝博士。孔霸也精通《尚书》，为太中大夫，教授皇太子经。③ 平当学《尚书》，其子平晏亦明经，父子皆官至宰相。东汉时期，豪族拥有文化、政治、经济三大优

---

① 崔向东等：《汉代豪族文化与精神世界研究》，哈尔滨：黑龙江人民出版社，2019年，第118–158页。

② 陈明：《中古士族现象研究（儒学的历史文化功能初探）》，台北：文津出版社，1994年，第58页。

③ 班固：《汉书》卷八一《孔光传》，北京：中华书局，1962年，第3352页。

势，呈现出经学势力的世袭化、政治势力的家族化和经济势力的庄园化的"三化"特征。①

财富是豪族的经济基础，所有的社会势力转化都与土地占有有关。就一般形态而言，豪族无疑是大地主，占有大量土地，这也就决定了豪族的基本特征之一是大地产拥有者。西汉武帝以后，土地私有进程加快，土地日益成为人们心目中最稳定可靠的财富而被人们疯狂追逐，土地买卖造就了大地产拥有者。"豪富发展的方向既是走向土地，豪富的形态自以大土地所有者为主。"② 豪族的财富积聚主要通过经济与政治两种途径实现，相较于经济途径，政治途径是以权力致富，更为重要。豪族的大地产主要是依靠权力获得，"在一个土地是最可靠的投资对象的时代，一个连续若干代人入朝为官的家族的出现，就很可能意味着一个地主家族的出现"③。这样的地主家族，绝不是单纯靠经营致富起家，而是以政治权力为依托，权力与财富相结合。南阳郭丹为司徒，其家族"累世千石，父稚为丹买田宅居业"④。大司农郑众曾孙郑太，少有才略，私下交结豪杰，名闻山东，"家富于财，有田四百顷"，官为侍御史。可以肯定地说，汉代土地兼并的主力军是官僚，官僚凭借权力和强力并兼土地，成为官僚地主，这方面的例子不胜枚举。西汉武帝以后，儒生"通经入仕"走向政治前台，丞相逐渐由儒者担任，如汉武帝时公孙弘，汉昭帝时蔡义，汉元帝时韦贤、韦玄成、匡衡，汉成帝时张禹、翟方进、孔光，汉哀帝时平当，汉平帝时马宫，王莽新朝时平晏。这些丞相几乎都是大儒，他们精通一经或数经，如公孙弘通《公羊春秋》，蔡义通《韩诗》，韦贤和韦玄成通《礼》《尚书》《诗》，匡衡通《诗》，平当通《论语》，翟方进通《春秋》，孔光通《尚书》，马宫通《春秋》。他们拥有权力，占有土地，如匡衡"专地盗土"，

① 马彪：《秦汉豪族社会研究》，北京：中国书店，2002年，第98页。

② 刘增贵：《汉代豪族研究——豪族的士族化与官僚化》，台湾大学历史学研究所博士学位论文，1985年，第47页。

③ 许倬云著，程农、张鸣译，邓正来校：《汉代农业：早期中国农业经济的形成》，南京：江苏人民出版社，2019年，第52页。

④ 刘珍等撰，吴树平校注：《东观汉记校注》卷一四《郭丹》，北京：中华书局，2008年，第533页。

张禹多置良田，成为官僚大地主。他们既是经师，又为高官，还是大地主，是典型的"多位一体"。汉代官僚购买土地，常常被表述为"并兼""强买""请夺"等，并不是真正的平等买卖，买卖的背后都打着强力的烙印。官僚贵族以权力占有土地，身宠而载高位，乘富贵之资力，与民争利，"广其田宅，博其产业"①。王充对此有着生动的描述："一旦在位，鲜冠利剑，一岁典职，田宅并兼。"②西汉后期，社会势力转变为豪族，官僚、工商业者、地主"三位一体"，豪族成为大地产拥有者。东汉初年，刘秀进行度田，但遭到豪族的反对而失败。此后，东汉在限制土地兼并方面再没有做出任何努力，这使得豪族大土地所有制不受任何限制，豪族田庄经济获得空前发展。东汉时期，豪族的大地产性表现在田庄上，一个田庄就是一个豪族宗族。田庄"闭门成市"，形成内在的经济、社会秩序，田庄秩序越来越具有独立秩序（自律）性质，与国家支配产生隔离。豪族以田庄经济维系家族、宗族关系，史料中随处可见豪族赈济宗族、乡民等记载。同时，豪族大土地所有制的发展，吸引原来的编户民脱离国家的控制而流入到豪族门下③，与豪族形成新的依附关系。豪族势力的发展，与大土地所有制的发展相同步，一个豪族田庄就是一个经济—社会组织单位。就此而言，占有大土地是豪族形成社会支配力的经济基础。

豪族不仅仅表现为个人，更是一个宗族。豪族以宗族为依托，所以豪族也是一种社会力量。西汉末年，社会上宗族复兴，以宗族为社会背景的豪族渐成。东汉时期民间宗族日益发展，势力强大。个人与宗族的关系，可以通过族居、族葬得到说明。《汉书·韦贤传》曰："初，贤以昭帝时徙平陵，玄成别徙杜陵，病且死，因使者自白曰：'不胜父子恩，愿乞骸骨，归葬父墓。'上许焉。"说明韦氏有共同的宗族墓地。考古发现证明，西汉

---

① 班固：《汉书》卷五六《董仲舒传》，北京：中华书局，1962 年，第 2520 页。

② 王充著，黄晖撰：《论衡校释》卷一二《程材》，北京：中华书局，1990 年，第 545 页。

③ 许倬云著，程农、张鸣译，邓正来校：《汉代农业：早期中国农业经济的形成》，南京：江苏人民出版社，2019 年，第 55 页。

中后期，随着豪族的发展，豪族家族茔地兴起。① 如桓氏家族墓地，有 20 余座坟墓，时间几乎延续整个西汉，出土有桓平、桓盖之、桓乐、桓安等印章。② 弘农杨氏家族墓地南北长约 106 米，东西宽约 167 米，按辈分自东而西依次排列，分别埋葬着杨震至杨彪祖孙四代，前后沿用百年之久。③ 这种族葬是同宗"生相近，死相迫"的宗族意识的反映，说明豪族的宗族组织和宗族观念的强化。东汉时期，与豪族相关的称谓有大姓、豪门、豪族、豪宗、豪姓、族姓、姓族、五姓、著姓、高门、名德旧族、强豪之姓、豪右大姓、强宗右姓等，都是从宗族组织方面反映豪族的特性。例如，东汉初的李氏、樊氏和阴氏都是在西汉后期发展起来的地方豪族，有着强大的宗族组织。豪族宗族的迅速发展，使得个人与家族、宗族联系更加密切，士与宗族紧密地联系在一起，士人不再是战国时代的无根的游士，而有着牢固的社会根基和复杂的社会关系，因此士人也就获得了社会力量的支持。豪族士人不仅仅满足于学问、入仕，也发展着家族、宗族势力，他们成为家族、宗族的代表。如王商家族、宗族势力强大，刘向上封事曰："今王氏一姓乘朱轮华毂者二十三人，青紫貂蝉充盈幄内，鱼鳞左右。……尚书九卿州牧郡守皆出其门……兄弟据重，宗族磐互。历上古至秦汉，外戚僭贵未有如王氏者也。"④ 在豪族宗族中，经学传承是维系豪族持续发展的纽带。为了维护宗族发展，豪族田庄中设有学校，对宗族子弟进行教育。据反映豪族田庄实态的《四民月令》记载，豪族宗族子弟在每年正月、八月、十月和十一月等不同时间段接受基础教育："正月……农事未起，命成童以上入大学，学五经，砚冰释，命幼童入小学，学篇章。""八月暑退，命幼童入小学，如正月焉。""十月……农事毕，命成童入大学，如正月焉。""冬十一月砚冰冻，命幼童入小学，读《孝经》《论语》篇章。"此举在于维护宗族文化优势。同时，为巩固宗族地位，经学传承

---

① 李如森：《汉代家族墓地与茔域上设施的兴起》，《史学集刊》，1996 年第 1 期。

② 安徽省文物考古研究所、天长县文物管理所：《安徽天长三角圩战国西汉墓出土文物》，《文物》，1993 年第 9 期。

③ 王玉清：《潼关吊桥汉代杨氏墓群发掘简记》，《文物》，1961 年第 1 期。

④ 班固：《汉书》卷三六《楚元王传》，北京：中华书局，1962 年，第 1960 页。

也不完全局限于家庭父子之间，有时是在家族叔侄之间相传，甚至在宗族内部传于族子。如汉明帝曾问桓郁："子几人能传学？"桓郁曰："臣子皆未能传学，孤兄子一人学方起。"明帝曰："努力教之，有起者即白之。"①又如夏侯胜家族，最早夏侯都尉从济南张生学《尚书》，是为夏侯氏通经之始。夏侯都尉传经给族子始昌。夏侯始昌"通《五经》，以《齐诗》、《尚书》教授。自董仲舒、韩婴死后，武帝得始昌，甚重之"②。始昌又传族子夏侯胜，夏侯胜与夏侯始昌为同族，因"鲁共王分鲁西宁乡以封子节侯，别属大河，大河后更名东平，故胜为东平人"。夏侯胜"少孤，好学，从始昌受《尚书》及《洪范五行传》，说灾异"。夏侯胜又传于从父子夏侯建，夏侯建"自师事胜及欧阳高，左右采获，又从《五经》诸儒问与《尚书》相出入者，牵引以次章句，具文饰说"。史书明确记载夏侯氏传学有族子、从兄子之别，说明经学传承不局限于家庭内父子之间，也可以在家族、宗族内传承。家学可传于族子，承袭家学者不是为了个人，他身后是整个家族、宗族，家学传承关涉着家族、宗族的兴衰。同时在传承过程中，由于不同学术派别的渗入，因此夏侯氏所传《尚书》又有大、小夏侯之学之别。夏侯胜批评夏侯建"所谓章句小儒，破碎大道"。夏侯建亦"非胜为学疏略，难以应敌"。夏侯建"卒自颛门名经""专门者，自别为一家之学"③。大约在夏侯建以后，夏侯氏《尚书》在宗族内分别传授。夏侯氏宗族以明经入仕，夏侯胜官至光禄大夫、长信少府、太子太傅，夏侯建官为太子太傅。夏侯胜子兼为左曹太中大夫，孙尧为长信少府、鸿胪，曾孙蕃为郡守、长乐少府。夏侯胜"同产弟子赏为梁内史"，夏侯赏子定国为豫章太守。夏侯建子千秋，官任少府、太子少府。从夏侯氏家学渊源看，其后人应该都是明经入仕，区别只不过是大、小夏侯学之别而已。经学传承使得豪族宗族长盛不衰，而强盛的宗族又成为豪族士人的依

---

①　范晔：《后汉书》卷三七《桓郁列传》注引《东观记》，北京：中华书局，1965年，第1255页。

②　班固：《汉书》卷七五《夏侯始昌传》，北京：中华书局，1962年，第3154页。

③　班固：《汉书》卷七五《夏侯始昌传》颜师古注，北京：中华书局，1962年，第3159页。

托。士人与宗族、文化与权力紧紧地联系在一起，豪族具有宗族这种深厚的基层社会基础。因此豪族绝不是指单一的个人或家庭，而是一个家族、宗族。豪族拥有强大的经济实力，他们通过族居或由族居而形成紧密的结合关系，成为乡里社会的支配力量。豪族和地方权力联系密切，通过各种社会关系维护彼此的利益，成为地方上的支配阶层。①

豪族与各种单一的社会势力有联系亦有区别：联系在于豪族由各种社会势力演变而来，他们之间有着一定的延续性和某些共同性；区别在于豪族是"多位一体"的新形态、新阶层，具有士族（世族）性质，与国家权力体系紧密结合。这一点，从指称豪族的相关词语的结合上也可看出。西汉以后，出现"大姓冠盖""旧族冠冕"等，都是大姓强宗与权力的结合，体现出豪族士族化倾向。从历史趋势看，这恰恰体现了单一社会势力向"复合型"豪族演变的历史趋势。豪族士族在国家与社会中的地位和作用日益突出，在各社会阶层中占据主导地位，不仅汉末反莽斗争时如此，整个东汉更是如此。

对于汉代地主的"多位一体"，学界也有不同理解。有学者质疑汉代"多位一体"的普遍性。②对于"多位一体"的理解，应该注意三点：其一，各种社会阶层趋向"多位一体"是与汉代国家整合社会的历史进程相适应的，或者说是国家整合社会的结果。在这一演变过程中，地主、官僚、商人等身份的结合是逐渐形成的，是一个动态过程，不能以静止的眼光去认识。我们看到，汉代不同时期不断产生单一形态的地主，但在国家整合社会下，最终的走向是"多位一体"。其二，在理解"多位一体"时，不能简单地认为某一官僚本身未经营商业而否定"多位一体"。从汉代豪族的形成和形态演变看，豪族几乎都是大地产拥有者，尤其是东汉，豪族大地主田庄形成后，田庄本身就具有商业交换功能，豪族本身是大庄园主，他本人未必亲自从事商业活动，但田庄具有商业形态，显然豪族也

---

① 宇都宫清吉：《漢代における家と豪族》，《漢代社會經濟史研究》，東京：弘文堂，1954 年，第 438—451 页。

② 柳春藩：《关于汉代官僚地主商人"三结合"问题》，《史学集刊》，1992 年第 1 期。

就是大商人。有的学者过于强调田庄的自给自足，不必外求，只是内部有交换关系，这种认识并不全面。有学者关注田庄经营方式和汉代政策，认为田庄不是一个封闭的状态，而是既有内部的商品交换，也有外部的商品贸易。① 田庄存在着内外两个市场，二者都相当活跃。还有学者认为："田庄不但不是一个封闭式的经济实体，而且是一个商品经济活动相当活跃的经济实体。"田庄内部商品交换和外部贸易往来都非常活跃，"存在着田庄内部市场和外部市场两个并行的、关系紧密的市场。这两个市场的主要参与者、参与流通的商品、对田庄的作用是各不相同的"。田庄内部市场的主要作用是通过田庄内部交易使田庄内部互通有无，满足日常所需的生产生活用品，维持田庄的生存和发展。"与田庄内部市场的商品交易不同，田庄同外部市场进行贸易所起的主要作用不是满足田庄日常生活消费的需要，而是给田庄带来大量的货币，增加田庄的财富。"② 田庄主不但农工商兼营，还放高利贷，获取巨大利润。如樊宏"假贷人间数百万"，后令诸子焚烧凭据"文契"。其三，"多位一体"中，儒化和士族化是豪族发展的总趋势，东汉"门阀士族"的形成是其最终结果。"门阀士族"是家族、宗族与文化的结合，从思想文化角度看，儒家文化和察举制度使"多位一体"更加牢固。阎步克先生论述汉代察举"以德取人"，认为儒生官

---

① 宇都宫清吉认为，豪族田庄具有商业功能，王褒《童约》所描述的外层贸易圈可以扩延到王家周围方圆 200 公里，而内层贸易圈也有方圆 50 公里。（宇都宫清吉：《漢代社會經濟史研究》，東京：弘文堂，1954 年，第 347-365 页。）许倬云认为，《四民月令》中列举的产品除满足家庭消费外，也为了出售。《四民月令》标题中的"四民"，指的是士子、农民、手工艺者和商人，这个标题其实已意味着对市场经济的认可，与自给自足的经济大相径庭。（许倬云著，程农、张鸣译，邓正来校：《汉代农业：早期中国农业经济的形成》，南京：江苏人民出版社，2019 年，第 131 页。）王彦辉认为，以往对田庄经济的"闭门成市"的概括，是形容田庄生产的各种产品很多，达到自给程度，而非田庄不需要同外部市场联系，也不是仅把剩余产品用于交换。一些大田庄主以善于经商著称，田庄中的许多经营活动主要不是为了满足自身消费，而是为了从事货殖，田庄是一个大宗商品生产基地。（王彦辉：《汉代豪民研究》，长春：东北师范大学出版社，2001 年，第 173-174 页。）马新认为，田庄"既是商品市场的重要供应者，又是商品经济的重要经营者"，田庄是一个农、工、商相结合的经济形态，在汉代商品经济的运作中起着十分重要的作用。（马新：《两汉乡村社会史》，济南：齐鲁书社，1997 年，第 85-86 页。）

② 杜庆余：《汉代田庄研究》，济南：山东大学出版社，2010 年，第 94-98 页。

僚兼有知识分子角色，要求选官标准同时也适应于知识群体的文化特质，使得知识角色的人格美德与行政文官的职业道德互相混溶。同时，由于宗族伦理依然支配着社会生活和人际关系的主要方面，因此对于宗族伦理的强调和维护，就构成了官僚体制和亲缘社会达到沟通与整合的特殊方式。"它使官僚组织、亲缘社会和知识阶层，紧密而牢固地一体化了。"① 实际上，这正体现了士人与官僚的结合、宗族社会与国家的结合。总之，就上述几点而言，汉代豪族"多位一体"不仅是普遍的，而且是一种必然趋势。如前述西汉张安世家族，"安世尊为公侯，食邑万户……家童七百人，皆有手技作事，内治产业，累积纤微，是以能殖其货，富于大将军光"②。又如王根家族，"曲阳侯根宗重身尊，三世据权，五将秉政，天下辐凑自效。……大治室第，第中起土山，立两市"③。这二例是典型的"多位一体"。尤其王根家族，田庄之大，内部竟有两个交易市场。在此还有一例反证，《汉书·贡禹传》载，贡禹上书"欲令近臣自诸曹侍中以上，家亡得私贩卖，与民争利，犯者辄免官削爵，不得仕宦"④。其提出禁止官吏经商，则说明官僚经商已习以为常。而"家亡得私贩卖"，说明官僚本人未必亲自直接经营，而由其家族成员、宾客、奴仆经商，所谓"贵戚近臣子弟宾客多辜榷为奸利者"，与官僚本人经商无别。东汉时，豪族"多位一体"更加普遍。比如，前述樊宏家族，为乡里著姓，善农稼，好货殖，宗族成员多任高官。刘康家族，有私田八百顷，多殖财货，奴婢上千。⑤ 又如王丹家族，王丹曾入仕州郡，拥有大量土地，率领宗族能一次捐出粮食一千斛，家族能生产帛缣，所谓"出自机杼"。⑥ 王丹"家累千金"，主要

---

① 阎步克：《察举制度变迁史稿》，沈阳：辽宁大学出版社，1997年，第55页。

② 班固：《汉书》卷五九《张汤传附子张安世传》，北京：中华书局，1962年，第2652页。

③ 班固：《汉书》卷九八《元后传》，北京：中华书局，1962年，第4028页。

④ 班固：《汉书》卷七二《贡禹传》，北京：中华书局，1962年，第3077页。

⑤ 范晔：《后汉书》卷四二《光武十王列传·济南安王康》，北京：中华书局，1965年，第1431页。

⑥ 范晔：《后汉书》卷二七《王丹列传》，北京：中华书局，1965年，第930-931页。

来自农、工、商兼营，而他本人无疑是官僚、地主、商人和宗族首领的"多位一体"。"秦汉以来，风俗转薄，公侯之尊，莫不殖园圃之田，而收市井之利。"[①] 从两汉的事例看，自西汉中期以后，"多位一体"成为社会势力发展演变的主流，"多位一体"是普遍现象。史书中有"权富子弟""权富郎"，说明权与富的结合。总之，"多位一体"说明权力、文化、财富、宗族的共生互动，真实地反映了豪族的形成过程。

　　豪族的形成是皇权支配的结果。汉武帝时期，各种社会势力虽然受到国家的强力规制、打击，但这并不意味着其"历史的终结"，在国家的控制与引导下，他们获得了新的发展契机，向新的存在形态转变。西汉中后期，原来游离于皇权支配秩序之外的社会势力渐渐被融入国家权力体系中，由与国家政权相对抗而转为合作。各种社会势力向"多位一体"的新的社会阶层转化，"多位一体"的豪族阶层逐渐形成。豪族上与国家政权相连，下与民间社会相通，具有国家与社会的双重属性，因此能够在国家与社会之间建立起内在的联系，使国家秩序与社会秩序具有一致性，构成以皇权为核心、国家控制社会的一元的政治—社会结构。豪族的形成，标志着国家对各种社会势力整合的基本完成，豪族构成西汉中期以后政治势力的社会基础，并由此成为国家政权的社会基础。豪族对东汉政权产生了不可低估的影响，东汉政权为豪族所把持[②]，汉代的历史也由此展开了另一幅画面。

第四节　从称谓看豪族形成与形态演变

　　汉代豪族由各种社会势力演变而来，其形成后又进一步向士族（世族）转化。《史记》《汉书》《后汉书》中有许多与豪族相关的称谓，在一定意义上反映了豪族形成和演变的历史进程。

---

　　① 房玄龄等：《晋书》卷五六《江统列传》，北京：中华书局，1974 年，第 1537 页。
　　② 杨联陞：《东汉的豪族》，《清华学报》，1936 年第 4 期。

《史记》《汉书》《后汉书》社会势力相关称谓对比表

序号	《史记》	《汉书》	《后汉书》
1	豪杰	豪杰	豪杰
2	豪	豪	豪
3	大豪	大豪	大豪
4	豪长	豪长	豪长
5	豪强	豪强	豪强
6	豪滑	豪滑	豪滑
7	奸猾	奸猾	奸猾
8	大滑	大滑	大滑
9	豪党	豪党	豪党
10	游侠（任侠、侠）	游侠（任侠、侠）	游侠（任侠、侠）
11	强宗（宗强）	强宗（宗强）	强宗（宗强）
12	名族	名族	名族
13	名家	名家	名家
14	名士	名士	名士
15	良家（良家子）	良家（良家子）	良家（良家子）
16	兼并（并兼）	兼并（并兼）	兼并（并兼）
17	富商大贾	富商大贾	富商大贾
18	富人	富人	富人
19	滑民	滑民	
20	贤豪	贤豪	
21	县豪	县豪	
22	豪士	豪士	
23	世家	世家	
24	豪吏	豪吏	
25	人豪	人豪	
26	豪富（富豪）	豪富（富豪）	
27	豪民	豪民	

序号	《史记》	《汉书》	《后汉书》
28	势家		势家
29	豪家		豪家
30	强族		
31	贵族		
32	豪暴（暴豪）		
33		大族	
34		豪奸	
35		豪大家	
36		豪强大姓	
37		强宗大族	
38		名豪	名豪
39		权门	权门
40		大姓	大姓
41		大家	大家
42			豪贼
43			强豪
44			豪右
45			豪人
46			豪门
47			豪族
48			豪宗
49			豪姓
50			豪戚
51			权族
52			权豪
53			权贵
54			权富

序号	《史记》	《汉书》	《后汉书》
55			势族
56			大人
57			五姓
58			族姓
59			姓族
60			著姓
61			高门
62			阀阅
63			公族
64			丰室
65			丰富之家
66			历世著名
67			名德旧族
68			强豪之姓
69			豪右大姓
70			强宗右姓
71			旧族冠冕
72			大姓冠盖
73			世宗正
74			世边将
75			世掌法
76			世郡吏
77			世二千石
78			累世台辅
79			世有冠冕
80			家世冠族
81			衣冠盛门
82			家世衣冠
83			豪贤大姓
84			累世三公
85			世仕州郡为冠盖

从上述《〈史记〉〈汉书〉〈后汉书〉社会势力相关称谓对比表》中，我们可以得出以下几点认识：

第一，从《史记》《汉书》《后汉书》有关社会势力相关称谓看，可谓多样化。这些称谓可以分为五大类，即突出财富性称谓、突出宗族性称谓、突出武质性称谓、突出权力性称谓、突出门第性称谓。[①] 五类称谓反映了不同的社会势力，有些称谓反映的是单一的社会势力，如游侠；有些反映的是复合的社会势力，如豪强大姓；有的称谓则可能反映的是社会势力的某个侧面。从复合称谓的出现看，东汉明显多于西汉。复合称谓是由两个表现不同社会势力特征的词语组合在一起，形成一个新的称谓，如"衣冠盛门""大姓冠盖""豪右大姓"等。这说明作为新的社会阶层的豪族，具有不同社会阶层的诸多特征，是一个多种特征相融合的复合体。也就是说，豪族是由各种社会势力发展演变而来。

第二，从《史记》《汉书》《后汉书》相关称谓看，有些称谓在《史记》《汉书》《后汉书》中均出现，有些是在《史记》《汉书》中共同出现，有些是在《汉书》《后汉书》中共同出现。《史记》和《汉书》共同的称谓较多，而《后汉书》与《史记》共同的称谓相较而言则少很多。除去《史记》《汉书》《后汉书》中共同出现的称谓，我们看到《汉书》《后汉书》中都出现了许多新的称谓，尤其是《后汉书》，新的称谓占比达三分之二多。上述情况说明，作为单一的社会势力在两汉是一直存在的，但众多新的称谓的出现，反映了西汉各种社会势力已经发生新的变化，新的社会阶层已经形成。

第三，《史记》《汉书》《后汉书》相关称谓的变化趋势。《史记》中

[①] 日本学者宇都宫清吉在《漢代豪族研究》中将与豪族相关的词语称谓分为四类，即以豪字为要素的称谓，如豪族、豪强；以大、著为要素的称谓，如大姓、著姓；以族字为要素的称谓，如名族、姓族；其他称谓，如门宗、家世衣冠、兼并之家等。（宇都宫清吉：《中國古代中世史研究》，東京：創文社，1977年，第377页。）日本学者鹤间和幸将相关称谓分为大姓、豪侠、冠族、富人四大类。（鹤间和幸：《漢代豪族の地域的性格》，《史学雑志》，1978年第87编第12号，第9-10页。）刘增贵将相关称谓归类为豪强类、大姓类、名族类和豪富类。（刘增贵：《汉代豪族研究——豪族的士族化与官僚化》，台湾大学历史学研究所博士学位论文，1985年，第11-16页。）

的称谓突出"豪",与"豪"组合的称谓出现 16 次,占一半以上。"豪"突出的是强力,《史记》中以豪字组成的称谓,和"奸猾""滑民""大滑""游侠""兼并(并兼)"一样,带有鲜明的武质性,因此常被国家视为不法之徒,遭到打击。《汉书》相较于《史记》,出现新的称谓,主要有"大族""大姓""豪大家""强宗大族""权门"等,这些新的称谓突出的是宗族、族姓和权力,说明社会势力的变化。《后汉书》相较于《史记》《汉书》,新出现的称谓更多,用字多豪、权、门、族、世、官,新的称谓主要集中在权力、宗族、门第和文化方面,且多复合称谓,反映了社会势力转变为豪族,豪族向士族转化的发展趋势。如"强宗右姓",说明宗族强大;"权豪""权族""家世衣冠""世有冠冕""世仕州郡"等,表明权力家族化、世官化;"豪门""高门""势族""著姓""五姓""公族"等,意味着家族门第很高,说明门第观念出现。刘增贵认为:"《史记》与《汉书》中所描述的社会势力主要为豪强类和豪富类,而少大姓和名族两类。至《后汉书》中的社会势力,则豪强类与豪富类都较前减少,而大姓与名族类却增加了。"① 这种新的社会势力与国家权力紧密相连,不再像汉初那样,只是单纯的社会势力,而是拥有政治与社会双重身份的新的阶层。

第四,由武质性向文质性的转化。《史记》中多"豪强""豪猾""豪纵""豪暴(暴豪)""大猾""豪奸""猾民"等称谓,强力武质性鲜明,这是"以武断于乡曲"的豪强形象。在《后汉书》中,这类称谓仍然存在,但更多新的称谓出现,如"家世衣冠""世有冠冕""名德旧族""累世三公"等,与"豪猾""豪暴""大猾"等形象完全不同,表现出更多的文质性。

有些称谓在两汉时期一直使用,但内涵发生了明显的变化。如"名士"称谓,《史记》《汉书》中出现较少,《后汉书》出现较多。从内涵看,《汉书》中的"名士"大多指单士,而《后汉书》中的"名士"多指

---

① 刘增贵:《汉代豪族研究——豪族的士族化与官僚化》,台湾大学历史学研究所博士学位论文,1985 年,第 16 页。

有宗族背景的士人，有宗族背景的士人与权力结合而成为士大夫，这样的
"名士"也就是豪族。东汉时期，大部分名士都出身大姓、冠族。[①]"名
士"强调的是豪族的经学文化，说明豪族文质化。《史记》《汉书》《后汉
书》中相关称谓由武质性向文质性的转化趋势，无疑反映了豪族儒化、士
族化的特征和历史进程。

　　第五，国家态度的转变。称谓的变化不是偶然的，它是社会势力形态
演变在人们观念中的反映，体现了国家对社会势力态度的变化。《史记》
中的相关称谓多强力、暴力性质，含有非法的意味。此点以往学者多有关
注，宇都宫清吉注意到了称谓语气的时代性，认为有些称谓更多时候是从
汉政权的立场出发，从帝国官僚制的立场表示不满，充满了强烈的对豪族
破坏国家统治而非难排斥的语气。[②]劳榦认为："'豪强'或'豪'这个名
称，是含有一种违法的意义在内，政府的官吏是有义务和这些豪族作对
的。"[③]"因为有许多豪强都横行无忌，行事奸猾，专门从事不法活动，所
以，'豪'字经常与意为'狡猾'、'奸诈'的'猾'字连用；'豪猾'一
语也因此而带有一种贬义。"[④]这些称谓之所以具有贬义，乃"豪杰""豪
强""豪猾""豪暴""豪纵"主要通过强力、暴力行事，实际上反映了西
汉初年国家与社会势力关系的紧张。与此相反，《汉书》《后汉书》中新
出现的称谓，更多体现了国家和社会的认可、赞许，没有指责、贬低之
意，如"著姓""家世名族""衣冠盛门""世吏二千石""大人""豪贤
大姓"等，充满了尊崇、羡慕含义。这些称谓突出的是豪族的官僚性和文
质性，豪族与国家权力结合在一起，成为国家权力的社会基础，因而为国
家所认可。从国家对社会势力相关称谓语气的变化，可以看出新的社会势

---

　　① 唐长孺：《东汉末期的大姓名士》，收入氏著：《魏晋南北朝史论拾遗》，北京：中
华书局，1983年。

　　② 宇都宫清吉：《漢代豪族研究》，《中國古代中世史研究》，東京：創文社，1977
年，第378-379页。

　　③ 劳榦：《汉代的豪强及其政治上的关系》，收入氏著：《古代中国的历史与文化》，
北京：中华书局，2006年，第283页。

　　④ 瞿同祖著，邱立波译：《汉代社会结构》，上海：上海人民出版社，2007年，第
201页。

力即豪族在社会中地位的提高和国家对豪族的接纳。①

　　《史记》《汉书》《后汉书》中与豪族相关称谓的繁多，说明汉代各种社会势力的存在和活跃，即豪族来源和前期形态的多样化。相关称谓中某些称谓的消失、新称谓的出现及复合称谓的增加等变化，与汉代社会势力的演变相吻合，与国家整合、控制社会密切相关，从一个层面反映了豪族的形成和形态演变。相关称谓及其变化说明，汉初的各种社会势力（豪族早期形态）不断向士人—官僚—地主"多位一体"的豪族转化。汉初各种社会势力（豪族的前期形态）在皇权的整合下向权力靠拢，西汉中后期，新的社会势力豪族形成。从两汉比较看，"至《后汉书》则政治性的权门，家族性的豪族成为豪强的新形态。总之整个社会势力的发展是从武断乡曲，走向士族化官僚化，而社会势力的主体也由个人转向家族。……豪侠、豪富虽存，却已与官僚士族渐不可分"②。东汉时期，豪族不断士（世）族化，其最高形态已近乎门阀士族。

---

　　① 崔向东：《汉代豪族研究》，武汉：崇文书局，2003 年，第 69-70 页。
　　② 刘增贵：《汉代豪族研究——豪族的士族化与官僚化》，台湾大学历史学研究所博士学位论文，1985 年，第 16-17 页。

第十章
豪族发展与形态演变

——官僚化与士（世）族化

在国家的制度性引导下，豪族不断与权力结合，并通过多种方式实现家族的权力积累。在与权力的结合过程中，豪族通过选举优势由郡县掾属进而为地方、中央官吏，通过对地方和中央权力的世代拥有而世官化，进而形成世族。先官僚化，进而世族化，这是汉代豪族发展演变的基本过程，而不断获得权力则是其根本。

一般说来，豪族儒化与官僚化相同步，家族世代通经则累世为官；士族化与世族化相适应，豪族的士族化也就是世族化。两汉豪族的演变，西汉武帝以后主要是官僚化，东汉时期主要是士（世）族化。从文化角度看，在通经入仕引导下，豪族士人习儒通经而儒化（经学化），家族世代习儒通经进而士族化。从权力角度看，豪族加入国家权力体系成为官僚，家族世代为官则不断世族化。无论士族或世族，都是文化与权力互动循环的产物。士族强调的是文化，世族侧重的是权力。士族是世代通过文化优势而世代为官，世族是世代为官而拥有家族文化优势。从汉代士族与世族的特征看，他们都是文化、权力、财富和宗族（士与族的结合）等因素的"多位一体"。就此而言，士族与世族是同一的，士族即世族，二者在本质上很难截然分开。

第一节　豪族儒化与官僚化

儒化是豪族发展的一个重要环节，它使得豪族在形态上发生根本变化。金春峰先生注意到了豪族发展的不同阶段和不同形态，他说："汉初的强宗豪族和汉代中后期就不相同，在独尊儒术以前和独尊儒术以后就不相同。'尊儒'使豪强逐渐和经学、知识相联系，产生了'士族'。"①

西汉初年的官吏，一方面主要以军功官僚为主，另一方面是延续秦的其他选官制度而产生。在这种官僚构成中，吏多军功，儒士的比例很小。当时的各种社会势力如商贾、游侠等，其正常的仕进之途受到限制，几乎与国家权力无缘。到汉武帝时，社会势力在国家的打击与引导下，不断加入国家权力体系，向儒化和官僚化转变。大体而言，在汉武帝尊崇儒学、明经入仕以后，士人与权力紧密结合起来，在官吏身份构成上发生深刻变化，儒生与文吏日渐融合，形成"士大夫政治"②，并导致官僚成分的变化。士人与官吏结合，称为士大夫。武帝以后的士大夫，与汉初纯粹的文法吏不同，具有新的涵义。③ 这种士人不再是"游士"，他们已成为拥有深厚社会、宗族根基的"士大夫"。这种"士大夫"，是士与官的结合，并日益呈现出与家族、宗族的密切联系，集士人（文化）、权力、宗族为一体，逐渐由士大夫而走向士族。

在"通经入仕"的引导下，各种社会势力总的趋向是走向儒化。同

---

① 金春峰：《汉代思想史·自序》，北京：中国社会科学出版社，1997年，第2页。田余庆先生也说："社会上崭露头角的世族或士族，在学术文化方面一般都具有特征。有些雄张乡里的豪强，在经济、政治上可以称霸一方，但由于缺乏学术文化修养而不为世所重，地位难以持久，更难入于士流。反之，读书人出自寒微者，却由于入仕而得以逐步发展家族势力，以至于跻身士流，为世望族。"田余庆：《东晋门阀政治》，北京：北京大学出版社，1989年，第354页。

② 阎步克：《士大夫政治演生史稿》，北京：北京大学出版社，1996年，第439-454页。

③ 许倬云：《西汉政权与社会势力的交互作用》，《"中研院"历史语言研究所集刊》第35本，1964年，第261页。

样，由于"学以居位"，直接推动了豪族官僚化。"通经入仕""学以居位"，将豪族儒化、官僚化联系在一起。夏侯胜常谓诸生曰："士病不明经术；经术苟明，其取青紫如俯拾地芥耳。学经不明，不如归耕。"[①] 汉代名臣大多经历了由明经而为郎的升迁途径。公孙弘等人曾上书建议，选官重经学儒士，"自此以来，公卿大夫士吏彬彬多文学之士矣"[②]。汉昭帝以后，选丞相十分重视儒学背景，如于定国，少学法律，后来拜师学《春秋》，待人谦恭，为学士所称赞，后代黄霸为丞相，封西平侯。[③] 汉元帝时，欲拜通经大儒孔霸为丞相，孔霸为人谦退，再三辞让。可见，有习儒背景、通明经术对于任官的重要性。

西汉公卿儒者和丞相的出身变化，反映出汉代豪族的儒化过程。

西汉公卿儒者及其所占比例统计表[④]

朝代	高帝	惠帝	高后	文帝	景帝	武帝	昭帝	宣帝	元帝	成帝	哀帝	平帝
公卿总人数	21	17	19	32	38	146	41	73	53	121	55	41
公卿中儒者	1	1	2	2	1	7	4	16	13	25	13	11
儒者所占%	4.8	5.9	10.5	6.3	2.7	4.8	9.8	21.9	24.5	20.7	23.6	26.8

从上表中可以看出，总体上西汉公卿儒者身份呈逐渐增加趋势，这与西汉国家整合社会政策相适应。如果从不同时期看，从高帝到武帝，公卿中儒者出身比例较低。汉武帝时期儒者所占比例不高，属于政策调整过渡时期，是官僚儒化的起点。汉武帝以后，尊崇儒术，儒者出身的官僚比例增加。汉宣帝以后，比例一直在20%以上，反映了豪族的儒化倾向。同样，西汉丞相出身的变化也反映了豪族儒化，而且更加具体。

---

① 班固：《汉书》卷七五《夏侯胜传》，北京：中华书局，1962 年，第 3159 页。

② 班固：《汉书》卷八八《儒林传》，北京：中华书局，1962 年，第 3596 页。

③ 班固：《汉书》卷七一《于定国传》，北京：中华书局，1962 年，第 3042—3043 页。

④ 此表引自马彪：《秦汉豪族社会研究》，北京：中国书店，2002 年，第 94 页。

西汉丞相出身变化统计表①

时代	丞相	功臣	功臣子弟	外戚宗室	文法吏掾史	经学之士	其他	豪族（与前几项交叉统计）	备注
汉高祖	萧何	○							
汉惠帝	曹参	○							
	王陵	○							
	陈平	○							
	审食其	○							
汉文帝	周勃	○							
	灌婴	○							
	张苍	○							
	申屠嘉	○							
汉景帝	陶青		○						
	周亚夫		○						
	刘舍		○						
	卫绾						○		
汉武帝	窦婴			○					
	许昌		○						
	田蚡			○					
	薛泽		○						
	公孙弘				○	○			通《春秋》
	李蔡							○	
	严青翟		○						
	赵周		○						
	石庆				○				
	公孙贺			○				○	

①　本表参照许倬云：《西汉政权与社会势力的交互作用》，《"中研院"历史语言研究所集刊》第 35 本，1964 年，第 262-264 页。

（续表）

时代	丞相	功臣	功臣子弟	外戚宗室	文法吏掾史	经学之士	其他	豪族（与前几项交叉统计）	备注
	刘屈氂			○				○	
	车千秋							○	齐诸田徙长陵
汉昭帝	王䜣				○				
	杨敞				○			○	
	蔡义				○	○			明经、儒宗
汉宣帝	韦贤					○		○	明经
	魏相				○	○		○	学《易》
	丙吉				○				
	黄霸							○	学律令
	于定国				○	○		○	学《春秋》
汉元帝	韦玄成					○		○	
	匡衡					○			《诗》
汉成帝	王商			○				○	
	张禹					○		○	善《论语》
	薛宣				○				
	翟方进					○			治《春秋》
	孔光					○		○	明经
汉哀帝	朱博				○			○	
	平当					○		○	
	王嘉					○			明经
	马宫					○			治《春秋》
汉平帝	平晏					○		○	
总计		9	7	5	10	14	1	16	

西汉丞相共45人（身为二朝丞相者在此只以一朝计算）。从出身看，汉代丞相任用呈现三个不同阶段。第一阶段，为汉初高帝至汉景帝时期。

13 位丞相中，开国功臣出身 9 位，功臣子弟出身 3 位。除卫绾外，开国功臣及其子弟出身者共占 12 位，以武人为主，军功阶层垄断相位，其他社会阶层几乎无法介入。孝文帝时，"吏居官者或长子孙，以官为氏，仓氏、库氏则仓库吏之后也"①。说明世袭世业。第二阶段，为汉武帝时期。随着国家对社会的整合和军功阶层的衰落，丞相职位的军功阶层垄断被打破，丞相出身多元化。武帝朝丞相 12 人，其中功臣子弟出身 4 人，外戚宗室出身 4 人，文法吏、掾史出身 1 人，经学之士出身 1 人。12 位丞相中，家族可确认为豪族背景的 4 人。尤为值得关注的两点是：公孙弘以明经为相；李蔡、公孙贺等有豪族背景。此两点加之丞相出身多元化和拜相后封侯，体现了汉武帝时期丞相选任的新变化，说明皇权得到加强，国家政权的社会基础有所扩大，各种社会势力逐渐向豪族转化，由明经入仕而呈现官僚儒化趋势，国家与社会的联系加强。第三阶段，为汉昭帝至平帝时期。自昭帝以后，有丞相 20 人，其中外戚宗室出身 1 人，文法吏、掾史出身 8 人，占 40%，经学之士出身 13 人，占 65%，总体上呈现由文法吏向儒士过渡、儒士日渐居重的趋势。同时，伴随"多位一体"豪族的形成，豪族士人通经入仕，与国家权力结合日益密切，许多高官本身有着豪族背景。武帝以后，豪族出身的丞相通经入仕，可以基本确定其豪族背景的丞相有 16 人，占武帝以后丞相 32 人的 50%。尤其是昭帝以后，豪族普遍成长，出身豪族的丞相比例更高，而且大部分通明经术，这无疑说明了豪族的儒化。

豪族的儒化使士大夫呈现出与汉初"布衣将相"完全不同的气象。汉初布衣将相绝大多数出身贫微，既无儒学背景，也缺少宗族依托。"其君既起自布衣，其臣亦自多亡命无赖之徒。""一时人才皆出其中，致身将相，前此所未有也。"② 到汉武帝时，大力提倡儒学，官与学紧密结合起来，通经入仕，新的士大夫形成。公孙弘明经拜相，其后丞相多出自儒

---

① 班固：《汉书》卷八六《王嘉传》，北京：中华书局，1962 年，第 3490 页。

② 赵翼著，王树民校证：《廿二史札记校证》卷二《汉初布衣将相之局》，北京：中华书局，1984 年，第 36 页。

宗，如韦贤、韦玄成、匡衡、张禹、翟方进、孔光、平当、马宫等，"咸以儒宗居宰相位，服儒衣冠，传先王语"①。两相比较，精神风貌迥异。

与豪族儒化同步的是官僚化、世官化。在此，我们通过一些事例加以分析。

（1）洛阳贾氏。贾谊以能诵诗书属文称于郡中，文帝时官任太中大夫。汉武帝时，贾谊之孙二人官至郡守。"而贾嘉最好学，世其家"，昭帝时为九卿。②贾谊曾孙贾捐之，成帝时，官至部刺史。贾谊玄孙贾迪，任河东守。③（《汉书》卷四八《贾谊传》、卷六四下《贾捐之传》）

（2）广川董氏。董仲舒少治《春秋》，孝景时为博士，学士皆师尊之。武帝时任王国相。"家徙茂陵，子及孙皆以学至大官。"（《汉书》卷五六《董仲舒传》）

（3）鲁夏侯氏。夏侯始昌精通五经，传授《齐诗》《尚书》，深得汉武帝器重，后为太傅。夏侯始昌有族子夏侯胜，自幼从夏侯始昌学《尚书》，"亦以儒显名"，后为太子太傅。夏侯胜从父子建，"自师事胜及欧阳高，左右采获"，官至太子少傅。夏侯胜家族子孙为官不绝，"胜子兼为左曹太中大夫，孙尧至长信少府、司农、鸿胪，曾孙蕃郡守、州牧、长乐少府。胜同产弟子赏为梁内史，梁内史子定国为豫章太守。而建子千秋亦为少府、太子少傅"。（《汉书》卷七五《夏侯胜传》）

（4）东海翼氏。翼奉治《齐诗》，经术皆明，为博士、谏大夫。翼奉子及孙"皆以学在儒官"。（《汉书》卷七五《翼奉传》）

（5）东海匡氏。匡衡好学，通明经术，"当世少双，令为文学就官京师"，后为太子少傅、丞相。匡衡子匡昌为越骑校尉，子咸亦明经，历位九卿。（《汉书》卷八一《匡衡传》）

（6）东海于氏。于定国"少学法于父"，后"乃迎师学《春秋》，身

---

① 班固：《汉书》卷八一《马宫传》赞曰，北京：中华书局，1962年，第3366页。

② 司马迁：《史记》卷八四《屈原贾生列传》，北京：中华书局，1959年，第2503页。

③ 唐代贾洮、贾郐墓志记载相同。李献奇、赵会军：《有关贾谊世系及洛阳饥疫的几方墓志》，《文博》，1987年第5期。

执经，北面备弟子礼"。于定国官任丞相，其子永以父任为侍中中郎将，官至御史大夫。于永子恬，亦嗣位为官。(《汉书》卷七一《于定国传》)

（7）琅邪王氏。王吉少好学明经，兼通五经，先后任云阳令、刺史、谏大夫。王吉子王骏亦经明行修，官至御史大夫。"骏子崇以父任为郎，历刺史、郡守，治有能名。"后官任大司空。(《汉书》卷七二《王吉传》)

（8）兰陵萧氏。萧望之好学，治《齐诗》《论语》等，为京师诸儒所称赞，后为御史大夫、太傅，"以《论语》、《礼服》授皇太子"。萧望之有八子，其长子伋嗣为关内侯，其余诸子如育、咸、由皆至高官。萧育"少以父任为太子庶子"，后为御史、太守。萧咸为太守、中郎将、大司农。萧由历任太守、京辅左辅都尉、大鸿胪。萧氏家族"至吏二千石者六七人"。(《汉书》卷七八《萧望之传》)

（9）鲁国史氏。史恭为汉武帝时外戚，有三子高、曾、玄。汉宣帝时，拜史高为大司马车骑将军，领尚书事，史曾、史玄皆以外属旧恩封侯。史高子史丹，以父任为中庶子。元帝即位，为驸马都尉侍中。史丹有子女二十人，其中九男并为侍中，"亲近在左右"。"史氏凡四人侯，至卿大夫二千石者十余人，皆讫王莽乃绝。"(《汉书》卷八二《史丹传》)

（10）南阳杜氏。杜周明法律，为廷尉史，后位列三公。杜周有二子皆为郡守，杜周少子延年，亦通律例，汉昭帝为九卿。杜延年子缓，历任太守、太常。"缓六弟，五人至大官，少弟熊历五郡二千石，三州牧刺史，有能名，唯中弟钦官不至而最知名。"杜钦因"目偏盲"而不好为吏，但"钦子及昆弟支属至二千石者且十人"。(《汉书》卷六〇《杜周传》)

（11）巨鹿路氏。路温舒曾为狱小吏，学律令，后又受《春秋》，通大义，以文学高第任右扶风丞，后为临淮太守。"温舒子及孙皆至牧守大官"，"遂为世家"。①(《汉书》卷五一《路温舒传》)

（12）长安石氏。孝文帝时，石奋官至太中大夫，景帝时为九卿。石奋有四子建、甲、乙、庆，"皆以驯行孝谨，官至二千石"。后石庆为丞

---

① 颜师古注曰："谓子孙为大官不绝。"班固：《汉书》卷五一《路温舒传》，北京：中华书局，1962年，第2372页。

相，诸子孙为官，至二千石者十三人。(《汉书》卷四六《石奋传》)

(13) 阳陵张氏。张说为汉高祖功臣，因功封安丘侯。张说少子张欧，孝文帝时，"以治刑名侍太子"，有长者之名。景帝时为九卿，武帝时为御史大夫。张欧"子孙咸至大官"。(《汉书》卷四六《张欧传》)

(14) 狄道辛氏。辛武贤以勇武著称，为酒泉太守，破羌将军。有子辛庆忌，"少以父任为右校丞"，后迁张掖太守、左将军。辛庆忌有三子，长子通为护羌校尉，中子遵为函谷关都尉，少子茂为水衡都尉。辛氏宗族支属为官至二千石者十余人。王莽秉政，铲除异己，"遂按通父子、遵茂兄弟及南郡太守辛伯等，皆诛杀之。辛氏繇是废"。(《汉书》卷六九《辛庆忌传》)

从上述事例可以看出，豪族官僚化、世官化途径很多，主要有明经、任子、世业传家等。事例(1)-(5)，是典型的通经入仕，家族世代通过明经与权力结合。儒化的结果，是许多豪族也成为经学大师。《汉书》中许多豪族官僚被称为"名儒""大儒""硕儒""通儒""兼通五经"等，都属于"儒宗"式人物。这些儒宗都是学与官的结合，所谓"世其家""子及孙皆以学至大官""皆以学在儒官""家世多为博士者"，反映了豪族明经入仕的官僚化过程。

事例(6)-(8)，反映了由明经入仕、任子而官僚化、世官化。这些家族都先以明经入仕起家，以任子制为保障，即便后代不能靠明经入仕，也可以通过任子而接续。任子制是汉代选官途径之一，"大臣任举其子弟为官"①，"子弟以父兄任为郎"②，从而保障了官僚家族直接与权力结合，实质上是变相的世官制。西汉后期，豪族家族呈现由官僚化而世官化倾向，豪族通过举孝廉和任子世代与中央权力结合，通过家族一代代仕宦递进，不断世官化。

事例(9)-(10)，说明家族影响力有利于官僚化。家族影响力由家族

---

① 班固：《汉书》卷五〇《汲黯传》注引孟康曰，北京：中华书局，1962年，第2316页。

② 班固：《汉书》卷七二《王吉传》注引张晏曰，北京：中华书局，1962年，第3065页。

地位、声望所造成，在"官本位"社会，宦海沉浮会给家族带来诸多影响。一人升官，"宗族知友多得其力"。如郑当时为官，"昆弟以当时故，至二千石者六七人"。史丹祖父史恭为外戚，其二子曾、玄"皆以外属旧恩"而受封，史氏至卿大夫二千石者十余人。史料未言史氏家族子弟明经入仕，显然史氏为官更多依靠的是已有家族地位和影响力。官宦之家，"亲戚相推，朋党相举，父尊于位，子溢于内"①，容易获得更多的社会关系资源，形成无形的竞争力。在豪族官僚化、世官化的过程中，上述这些途径不是单一的，往往是明经、任子与家族影响相互结合，相互促进，互为因果，这在上述一些事例中可以得到证明。

事例(6)、(10)，说明起家为官和家学传承，不仅限于经学，也有一些学、传法律、术数、乐律、星历和卜祝等的家族。于定国父为县狱史，"定国少学法于父"，官为廷尉。杜周父子皆通明法律。这样的家学传承极易形成世官。"汉兴，制氏以雅乐声律，世在乐官。"② "汉来治律有家，子孙并世其业……槐衮相袭，蝉紫传辉。"③ 可见，汉代治律、治乐等家族亦常常成为"世官"豪族。

事例(6)、(10)、(11)，反映了法律世家向儒学的靠拢。于定国、路温舒都有着先学法而后明经的转变经历。杜周、杜延年均明习法律，有家学传统，但至杜延年子钦，"少好经书……征诣大将军莫府，国家政谋，凤常与钦虑之"。这说明在尊崇儒术和明经入仕背景下豪族官僚的儒化倾向。

事例(3)、(10)-(13)，说明豪族官僚化既表现为纵向的子孙世代为官，也表现在横向的家族、宗族同时多人为官。石奋与四子皆二千石，时人称为"万石君"。路温舒"子及孙皆至牧守大官"。周仁、张欧"子孙咸至大官"。这些家族官宦不断，"遂为世家"。杜周家族为官人数随着代际延续而增长。从杜周算起，第一代杜周一人为官。第二代至少有二

---

① 桓宽著，王利器校注：《盐铁论校注（定本）》卷二《刺权》，北京：中华书局，1992年，第122页。

② 班固：《汉书》卷三〇《艺文志》，北京：中华书局，1962年，第1712页。

③ 萧子显：《南齐书》卷二八《崔祖思传》，北京：中华书局，1972年，第519页。

人，杜周"两子夹河为郡守"。第三代有六人，杜缓为太常，"缓六弟，五人至大官"。第四代人数更多，杜钦"子及昆弟支属至二千石者且十人"。又如夏侯氏，宗族多人明经入仕，夏侯始昌、夏侯始昌族子夏侯胜、夏侯胜从父子夏侯建都以儒显名，宗族各支官宦不断，人数众多，宗族势力强大。

事例（8）、（14），说明皇权支配是豪族兴衰的关键。在上述这些家族中，有些家族一直延续到东汉，成为世族。我们看到，很多社会势力与权力结合，趋向豪族，但在其家族发展过程中，与皇权发生矛盾，其家族命运便发生转折，走向衰落。如萧望之为便嬖宦竖谗邪构罪自杀，幸皇帝明察而家族免难。[1] 如果萧望之有罪废绝爵邑，则其家族将是另一种命运，岂能子孙官宦不断！张汤家族"继世立朝""保国持宠"，官宦绵延达八世之久。张汤后人因无子而国除，属于自然断绝，而非外力。"自昭帝封安世，至吉，传国八世，经历篡乱，二百年间未尝谴黜，封者莫与为比。"[2] 这样的"老字号"持久不衰的秘诀在于遵规守矩，服从皇权。也就是说，汉代的豪族、世族尚不能像东晋门阀士族那样可以独立于皇权支配而生存，更不能与皇权共天下。

上述所列事例只是一些典型，从中可以看出，西汉豪族儒化官僚化是一种大趋势。西汉中后期，这样的豪族家族十分普遍，史书中称为"世官""世吏"，其家族世代官宦不断，长期把持中央或地方权力，对汉代的政治和社会影响越来越大。

第二节　豪族的士（世）族化

从权力支配角度看，士族与世族在本质上是相同的，世族化和士族化是同步的，都是权力支配的结果。"士族化或世族化就是文化与权力的互动与再生产过程。世族侧重强调的是政治权力，从世代掌握权力而言；士

① 班固：《汉书》卷七八《萧望之传》，北京：中华书局，1962年，第3289页。
② 范晔：《后汉书》卷三五《张纯列传》，北京：中华书局，1965年，第1200页。

族侧重强调的是家族文化，从世代掌握文化而言。从两汉豪族的形态演变看，豪族不断与权力、文化相结合，权力、文化又相互促进。从权力角度看，豪族不断官僚化、世族化，从文化角度看，豪族不断儒化、士族化。无论士族还是世族，都必须拥有权力和文化，文化是基础，权力是根本，二者密不可分。"① 因此，士族（世族）是文化与权力的内在结合，也是士大夫与家族的内在结合。本文所言士族化或世族化，即包含了权力、文化和家族多重含义，所谓士族化即世族化，异名同质。

东汉是豪族发展的一个新阶段，从形态演变看便是士族化。由于文化与权力的循环再生产，使得士族与世族很难区分，就汉代的豪族士族化而言，士族化即世族化。世族化的最本质特征便是世官化，世族通过垄断权力实现家族权力再生产，这个过程便是豪族世官化。

与西汉相比，东汉豪族已经进入世官化形态。因此我们可以把东汉时期的豪族称为士族化豪族，表明东汉士族与豪族的内在关系。到东汉后期，士族化豪族已经基本具备士族的性质，成为门阀士族。

东汉是豪族由士大夫（官僚）豪族走向士族（世官）化豪族即士（世）族的重要时期，"家世冠冕"的中央士大夫豪族家族和"世仕州郡"的地方士大夫豪族家族十分普遍，这在《后汉书》中也有明显的反映。《后汉书》中的官僚人物，大多有世官和宗族背景，地方孝廉出身的掾史，也大多出生于官宦豪族之家。② 有学者注意到，《后汉书》中的列传人物，似乎都是按照当时家族、宗族族谱写成，而谱牒的出现，尤其是记载家族、宗族世代为官的官谱（如《邓氏官谱》）的出现，则反映了豪族的世官化，即士族门阀的形成。一些重要的有影响的豪族家族被记录下来，而那些一般的豪族家族则被忽略。当然，仅就这些被记录的豪族史料，已足以说明豪族的形成、演变的历史趋势。这是一个十分细微、有趣的考察点，值得关注。

---

① 崔向东：《汉代豪族地域性研究》，北京：中华书局，2012 年，第 176 页。

② 邢义田：《东汉孝廉的身份背景》，收入氏著《天下一家：皇帝、官僚与社会》附录二《东汉孝廉家族仕宦表》，北京：中华书局，2011 年，第 347—354 页。

　　东汉较之西汉，更加重视儒学和明经选士。"东汉世家豪族的一重要突出的特性是知识化，或更确切地说是儒化。此亦不自东汉始，西汉后期，儒家已渐渐在政治上进取。"① 由于统治者大力提倡兴办教育，太学、郡国学生员大增，地方私学日盛，豪族田庄亦设有宗族学堂。统治者的提倡对儒学发展起到重要推动作用。光武帝刘秀尤为重视经学，"数引公卿、郎、将讲论经理，夜分乃寐"。汉明帝表现出对儒学的空前热情，尊师重教，"上亲于辟雍自讲所制《五行章句》"②。汉顺帝时，选官制度更加强调明经，左雄提出孝廉之选，诸生"专用儒学文吏"③，更加重视经术。此后黄琼虽有所调整，但只是认为"专用儒学文吏，于取士之义，犹有所遗"，"乃奏增孝悌及能从政者为四科"，这是增加途径，并不是限制"专用儒学"，不改变以儒生取士的实质。在东汉，自帝王到整个官僚阶层，都表现出对经学研习的重视。东汉官僚儒化明显高于西汉，这可从东汉开国功臣和东汉公卿儒者出身管窥。东汉开国功臣大部分都明经或有太学求学的经历，因此赵翼有"东汉功臣多近儒""光武诸功臣，大半多习儒术""诸将帅皆有儒者气象"之论。④

　　对于东汉开国功臣的儒者气象，赵翼以君臣"性情嗜好之相近"来解释，似未得其深意。东汉开国功臣中，豪族占据大多数，开国功臣的儒者气象，实由豪族儒化而来，是豪族儒学（经学）化的必然结果。东汉公卿中儒者出身所占比例很高，同样说明这一问题。

　　从两汉延续看，汉代公卿儒者出身总体呈现不断上升趋势。根据下面《东汉公卿儒者及其所占比例统计表》，西汉昭帝以前，公卿儒者出身比例较低，在10%以内；昭帝以后至汉末，公卿儒者出身比例大增，达到20%以上。东汉时期，公卿儒者出身比例大幅度提高，除汉献帝时期外，平均

---

① 何兹全：《中国古代社会》，北京：北京师范大学出版社，2001年，第333页。

② 皇甫谧等撰，刘晓东等点校：《二十五别史》第6册《东观汉记》卷一六《桓郁》，济南：齐鲁书社，2000年，第145页。

③ 范晔：《后汉书》卷六一《黄琼列传》，北京：中华书局，1965年，第2035页。

④ 赵翼著，王树民校证：《廿二史札记校证》卷四《东汉功臣多近儒》，北京：中华书局，1984年，第90-91页。

东汉公卿儒者及其所占比例统计表①

朝代	光武帝	明帝	章后	和帝	殇帝	安帝	顺帝	桓帝	灵帝	献帝
公卿总人数	54	41	32	33	7	42	45	50	71	50
公卿中儒者	20	16	14	14	3	16	21	22	25	13
儒者所占%	37	39	43.8	42.4	42.9	38.1	46.7	44	35.2	26

达到40%以上。两汉公卿儒者出身情况具有普遍性，由此可以推断，东汉其他一般官僚儒者出身趋势应与此相同。从两汉比较看，东汉公卿儒者出身明显高于西汉，说明东汉豪族儒学化（经学化）程度日深。"至于永平，明光上下，来远以文，崇德偃武，经始灵台，路寝在后，躬化正本，孝友三五。建初郁郁，增修前绪……文献之士，设于众寡。三九之辅，必乎儒雅，茂才尤异。乡举之徒，实署经行，课试图书，不论蒐狩，不讲狝苗，为日久矣。故有言穰苴孙吴之法，宋翟李牧之守者，谓之末技残工，不容于州府。"② 而依经选士，豪族儒化与官僚化密不可分。

在民间，同样普遍接受学与仕的路径。当时民间对习经趋之若鹜，很多学子奔波于求学路上。"其服儒衣，称先王，游庠序，聚横塾者，盖布之于邦域矣。"汉代铜镜铭文有"圣人周公鲁孔子，作吏高迁车生耳。郡举孝廉州博士，少不努力老乃悔"③，反映了人们重视对经学的研习，通经而入仕。东汉有许多少年早学、早仕的故事。比如，张堪年六岁，"才美而高，京师号曰'圣童'"④。任旟十二岁拜师，"学不再问，一年通三

---

① 此表参引马彪：《秦汉豪族社会研究》，北京：中国书店，2002年，第94页。

② 罗国威认为，"惟文中有'然后光武乘天机……复太祖之弘基，至于永平'，'建初郁郁，增修前绪，班固司籍，贾逵述古，崔骃颂征，傅毅巡狩'等语。永平、建初皆后汉年号，则此文当系后汉文，可补入《全后汉文》中"。许敬宗编，罗国威整理：《日藏弘仁本文馆词林校证》，北京：中华书局，2001年，第486页。

③ 陈延嘉、王同策、左振坤主编：《全上古三代秦汉三国六朝文》之《全后汉文》卷九七，石家庄：河北教育出版社，1997年，第914页。

④ 皇甫谧等撰，刘晓东等点校：《二十五别史》第6册《东观汉记》卷一五《张堪》，济南：齐鲁书社，2000年，第136页。

经"，称为"神童"。颍川杜安，少有大志，十三岁入太学，号为奇童。汉代多"智惠聪哲"的神童，与汉代"学习型社会"的文化背景有关①，更是经明行修而入仕的制度引导的结果。"神童"聪慧虽有其先天资质的一面，但更主要的是社会的期望、教育环境和早期培养，而拥有较好的教育环境和教育条件的当然是豪族家族。神童识书达理，见多识广，机敏应对，行为规范，合乎礼仪等，全赖家族早期教育，而"世家则好礼文"，显然拥有文化优势。这些聪敏早慧的"圣童""奇童""神童"，几乎都有优越的家庭教育环境和条件，这些"神童"绝大多数出身于豪族家族。汉碑资料给我们透露出这方面的信息。《童子逢盛碑》记载逢盛"至于垂髫，智惠聪哲。过庭受诫，退诵诗礼。心开意审，闻一知十"。逢盛乃"薄令之玄孙，遂成君之曾孙，安平君之孙，五官掾之长子也"②，显然出身地方豪族之家。又如《袁满来碑》记述袁满来"逸材淑姿，实天所授，聪远通敏，越韶龆在阙。明习《易》学，从诲如流。百家众氏，遇目能识；事不再举，问一及三；具始知终……允公族之殊异，国家之辅佐。众律其器，士嘉其良，虽则童稚，令闻芬芳"。袁满来乃太尉公之孙，司徒公之子。③豪族子弟都能接受很好的教育，汉章帝窦皇后六岁则"能书"；汉和帝皇后邓绥六岁"能史书"，十二岁已精通《论语》《诗经》，和兄长们一起讨论经学；汉顺帝梁皇后"九岁能诵《论语》，治《韩诗》"。这些家族的子女和普通"农家子"显然不在同一起跑线上。

　　豪族子弟拥有家族地位和教育优势，当然容易"奇伟秀出"。汉代豪族子弟少年出仕十分普遍，一般都在二十岁以下，有的在十余岁。如虞诩"年十二，能通《尚书》。……欲以为吏"。宋均年十五，"以父任为郎"。周防"年十六，仕郡小吏"。陈咸年十八，以其父陈万年任为郎。王允"年十九，为郡吏"。孔光"经学尤明，年未二十，举为议郎"。东汉的

---

①　王子今：《秦汉社会意识研究》，北京：商务印书馆，2012 年，第 423-431 页。

②　洪适：《隶释　隶续》卷一〇《童子逢盛碑》，北京：中华书局，1985 年，第 114 页。

③　陈延嘉、王同策、左振坤主编：《全上古三代秦汉三国六朝文》之《全后汉文》卷七九，石家庄：河北教育出版社，1997 年，第 731 页。

"童子郎"，亦多为豪族子弟，扬州刺史臧旻子臧洪，十五岁"以父功拜童子郎"①。司徒黄琼孙黄琬，"以公孙拜童子郎，辞病不就，知名京师"②，后为五官中郎将。司马朗年十二，"试经为童子郎"③。《后汉书》中多有"少仕州郡""少为郡吏"的记载。如天水成纪人隗嚣，"少仕州郡"；琅邪姑幕人童恢，"少仕州郡为吏"；江夏竟陵人刘焉，"少任州郡"；南阳宛人彭宠、会稽阳羡人许荆，皆"少为郡吏"。这些少年"童子郎"和"少任州郡"者，几乎全是豪族子弟。

豪族子弟少年出仕是豪族儒化和垄断选举的必然结果。豪族出身的朱穆学明《五经》，二十岁为郡督邮。太守问朱穆曰："君年少为督邮，因族执？为有令德?"④ 太守之问，意在族势，无疑反映了当时人们的普遍看法。少年出仕，应是家族文化优势、政治优势和个人知识素养的综合结果，但最关键的还是家族政治地位。"时权富子弟多以人事得举，而贫约守志者以穷退见遗。"⑤ 豪族子弟"继世郎吏，幼而宿卫，弱冠典城"⑥，从一个侧面反映了豪族世官化的政治生态。

东汉时期，随着豪族势力的发展，任子制还有扩大趋势。通过这条畅达之路，很多豪族子弟很容易成为地方、中央高官。"迨东汉之世，由于豪强地主势力的崛起，儒学化官僚地主的豪族化发展，以及二者的逐步相互结合，所以任子制度不仅没有受到什么反对，相反倒更加盛行起来，它

---

① 范晔：《后汉书》卷五八《臧洪列传》，北京：中华书局，1965年，第1885页。

② 范晔：《后汉书》卷六一《黄琬列传》，北京：中华书局，1965年，第2040页。

③ 陈寿：《三国志》卷一五《魏书·司马朗传》，北京：中华书局，1982年，第465页。

④ 范晔：《后汉书》卷四三《朱晖列传附朱穆传》注引《谢承书》，北京：中华书局，1965年，第1463页。张璠《后汉纪·桓帝纪》记载与此有所不同。"朱穆年二十，为郡督邮，迎新太守到界上，太守见穆问曰：'君年少而为督邮，将因族世，抑自有令德?' 穆曰：'郡中瞻仰明公，以为仲尼，非颜渊不敢使迎。'太守大奇其才，问曰：'贞妇孝子，隐暗未彰，言于府。'穆曰：'方今圣化大行，文武未坠于地。家有贞妇，户有孝悌，比屋连栋，不可胜记。'太守叹曰：'仆非仲尼，督邮所谓颜回者也。'"周天游辑注：《八家后汉书辑注》，上海：上海古籍出版社，1986年，第700页。

⑤ 范晔：《后汉书》卷六一《黄琬列传》，北京：中华书局，1965年，第2040页。

⑥ 洪适：《隶释 隶续》卷四《武都太守李翕西狭颂》，北京：中华书局，1985年，第52页。

与已经浸滥的察举制一起成为维护当时达官世族势力的有效工具。"① 通过任子制，一些豪族家族父子兄弟相袭，世代簪缨，循环不断，豪族由官僚化向世族化转变，家族政治地位长盛不衰。

长时期的文化积累形成家族、宗族文化优势。当然，"世世相传"不仅限于经学，还有其他学术、文化和技艺等，如法律、谶纬、天文等。士族化形成"世学之门""累世儒学""世传经学""家世传业""世世相传""传业世代""世传其家学"，以及"冠带理义之宗"②、"代修儒学"③、"传子至孙为博士"和"家世多为博士"等。史书中多称某一家学为"某氏之学"，如《诗》有"匡氏学""韦氏学""伏氏学"，《尚书》有"欧阳氏学""大小夏侯之学"，《易》有"梁丘之学""高氏学"，《礼》有"庆氏之学""大戴、小戴之学"，《春秋》有"严氏学""尹氏学"，《左传》有"郑、贾之学"等。每个"某氏之学"都是父子相传，累世相袭。这样的经学世家的文化优势又转化为政治优势，与学术的世传相对应，则是"世仕二千石""世仕州郡""累世台辅""累世台司""累世宠贵"等，不一而足。文化与权力循环往复，绵延不绝。兹举数例。

"世学之门"的孔氏。孔氏先人可追溯至秦末博士孔鲋。汉初孔襄为长沙太傅。"襄生忠，忠生武及安国，武生延年。延年生霸，字次儒（或作孺）。霸生光焉。"孔安国、孔延年精通《尚书》，并为博士，孔安国官至临淮太守。孔霸传家学，治《尚书》，宣帝时为太中大夫，元帝时赐爵关内侯。孔霸有四子，"长子福嗣关内侯。次子捷、捷弟喜皆列校尉诸曹。光，最少子也"。孔光"经学尤明"，以"名儒"著称。汉成帝时，孔光官任尚书。哀帝时为御史大夫、丞相。孔光子放嗣侯位，兄子孔永为大司马，"昆弟子至卿大夫四五人"。④

---

① 黄留珠：《秦汉仕进制度》，西安：西北大学出版社，1985 年，第 219 页。

② 洪适：《隶释 隶续》卷七《竹邑侯相张寿碑》，北京：中华书局，1985 年，第 88 页。

③ 范晔：《后汉书》卷三〇上《杨厚列传》注引《益部耆旧传》曰，北京：中华书局，1965 年，第 1048 页。

④ 班固：《汉书》卷八一《孔光传》，北京：中华书局，1962 年，第 3352-3364 页。

东汉时，孔氏家族仍经学传家，称为"世学之门"。孔奋、孔奇乃"褒成君次孺第二子之后"①。孔奋、孔奇自幼接受家学，功底深厚。孔奇"以世学之门，未尝就远方师也"。孔奋自幼师从刘歆，学《春秋左氏传》，精究其义，"以《春秋》见称当世"。孔奇常与其兄孔奋讨论经义，孔奋十分佩服，"以奇经明当仕"。后孔奋出仕姑臧长、武都太守，封关内侯，以清廉仁贤闻名。孔奇雅好儒术，专心向学，"遂删撮《左氏传》之难者，集为《义诂》"，书未著毕而去世。后由宗人孔光族曾孙孔通加以整理，凡三十一卷。②孔奋子嘉，亦通明经术，作《左氏说》，官至城门校尉。

留居鲁地的孔氏宗族也是传学与仕宦不断。据《后汉书》记载，孔安国后人世传《古文尚书》《毛诗》。孔僖游太学，习《春秋》，后拜为郎中、临晋令，曾校书东观。孔僖二子长彦、季彦，"长彦好章句学，季彦守其家业，门徒数百人"。孔霸的裔孙孔昱，少习家学，为洛阳令。自霸至昱，孔氏宗族"爵位相系，其卿相牧守五十三人，列侯七人"③。

"累世儒学"的伏氏。琅邪东武人伏湛，是秦末济南伏生的后裔。伏湛父伏理，曾向匡衡学《诗》，"别自名学"，后以《诗》教授汉成帝，为高密太傅。伏湛少传父业，经明行修，教授生徒数百人，东汉初年征拜为尚书、大司徒。伏湛有二子隆、翕。伏隆少以节操立名，后为光禄大夫。伏隆子瑗，为郎中。伏翕嗣爵，其子孙谦敬博爱，尤为好学。伏翕孙晨，晨子无忌，亦传家学，为侍中、屯骑校尉。永和元年，无忌与议郎黄景校定"五经"、诸子百家等。无忌子质，官至大司农。质子完，"尚桓帝女阳安长公主"，女为孝献皇后。④

① 陈延嘉、王同策、左振坤主编：《全上古三代秦汉三国六朝文》之《全后汉文》卷二九《春秋左氏传义诂》序，石家庄：河北教育出版社，1997年，第295页。
② 陈延嘉、王同策、左振坤主编：《全上古三代秦汉三国六朝文》之《全后汉文》卷二九《春秋左氏传义诂》序，石家庄：河北教育出版社，1997年，第295页。范晔：《后汉书》卷三一《孔奋列传》曰："(孔) 奇博通经典，作《春秋左氏删》。"即为此书。
③ 范晔：《后汉书》卷六七《党锢列传·孔昱》，北京：中华书局，1965年，第2213页。
④ 范晔：《后汉书》卷二六《伏湛列传》，北京：中华书局，1965年，第893-900页。

　　伏湛家族的另一支也是"世传经学"。据《后汉书·儒林传》记载，伏湛兄有子伏恭。伏湛弟伏黯，"以明《齐诗》，改定章句，作《解说》九篇，位至光禄勋"。伏黯无子，遂以兄子伏恭为子。伏恭"少传黯学，以任为郎"，后为太仆、司空。伏恭进一步发展"伏氏学"，"儒者以为荣"。伏恭子寿，官至东郡太守。伏氏家族"累世儒学""世传经学"，贯穿两汉四百年，亦经学传承最久者。①

　　"世传家业"的郑氏。河南开封人郑兴，精通《公羊春秋》《左氏传》，"同学者皆师之"。更始政权时，曾任凉州刺史。郑兴子众，"年十二，从父受《左氏春秋》"，兼通《易》《诗》，作《春秋难记条例》，后历任武威太守、左冯翊、大司农，所在"政有名迹"。郑众子安世，"亦传家业"，任长乐、未央厩令。② 郑众曾孙郑太，举孝廉，后为侍御史。③

　　"世传其家学"的桓氏。沛郡龙亢人桓荣，"少学长安，习《欧阳尚书》"。王莽末年，在江、淮间讲学。光武帝时，拜为少傅、太常。荣子郁，"少以父任为郎。敦厚笃学，传父业，以《尚书》教授，门徒常数百人"。桓郁教授章帝、和帝，侍讲禁中，显名于世。桓郁六子，普、延、焉、俊、酆、良，"郁中子焉，能世传其家学"。少以父任为郎，以明经笃行授安帝经，历任为侍中、太傅、太常、太尉。桓酆、桓良，"子孙皆博学有才能"。桓焉孙典，"复传其家业，以尚书教授颍川，门徒数百人"。后为侍御史、羽林中郎将、光禄勋。焉弟子鸾，少立操行，"学览《六经》，莫不贯综"，历任县令。桓焉兄子桓麟，桓帝时为议郎，亦"入侍讲禁中"，为许令。桓麟子彬，亦以文学与蔡邕齐名，拜尚书郎。桓氏家族自桓荣至桓典，"世宗其道，父子兄弟代作帝师，受其业者皆至卿相，显乎当世"④。

────────────

　　① 范晔：《后汉书》卷二六《伏湛列传》，北京：中华书局，1965年，第896-898页。

　　② 范晔：《后汉书》卷三六《郑兴列传》，北京：中华书局，1965年，第1226页。

　　③ 范晔：《后汉书》卷七〇《郑太列传》，北京：中华书局，1965年，第2257页。

　　④ 范晔：《后汉书》卷三七《桓荣列传》，北京：中华书局，1965年，第1261页。

自西汉中期以来，豪族不断向士（世）族演变。士（世）族化豪族的根本特征在于文化与权力的循环再生产，这种文化与权力的循环造就了世代官宦延续的家族，这在东汉尤为明显。刘增贵先生对东汉官僚成分进行统计分析，确认东汉官僚出身两代以上仕宦家族比例远高于西汉。现以刘增贵的研究为基础，对此问题再加阐述补充。我们先分析东汉三公九卿的家世出身。

东汉三公九卿家世统计表①

东汉三公家世统计										
官阀代数		二代	三代	四代以上	世代不明	代数总计	百分比	其他豪族	合计	百分比
三公总数173	各代数	38	31	27	4	100	57.8	21	121	69.9
	二千石之家的人数	27	29	25	1	82	47.3			
各代占总数百分比		21.96	17.9	15.6	2.3		说明：第一，世代不明包括"代有名位""世吏二千石"等，属于世官家族。第二，其他豪族包括"世为著姓""代为名族"等				
二千石之家的人数占总数百分比		15.6	16.76	14.45	0.57					
二千石之家的人数占各自代数百分比		71	93.5	92.6	25					
东汉九卿家世统计										
官阀代数		二代	三代	四代以上	世代不明	总计	百分比	其他豪族	合计	百分比
九卿总数385	各代数	73	49	63	15	200	51.9	15	215	55.8
	二千石之家的人数	52	47	61	1	161	41.8			

---

① 此表依据刘增贵《后汉三公家世统计表》的相关统计制成。见刘增贵：《汉代豪族研究——豪族的士族化与官僚化》，台湾大学历史学研究所博士学位论文，1985年，第173—176页。

	二代	三代	四代以上	世代不明	说明
各代占总数百分比	18.96	12.7	16.36	3.89	说明：第一，世代不明包括"代有名位""世吏二千石"等，属于世官家族。第二，其他豪族包括"世为著姓""代为名族"等。第三，除太常、卫尉、光禄勋、太仆、廷尉、大鸿胪、宗正、大司农、少府、执金吾外，还包括河南尹与尚书令
二千石之家的人数占总数百分比	13.5	12.2	15.8	0.25	
二千石之家的人数占各自代数百分比	71.2	96	96.8	6.66	

三公九卿家世总计									
官阀代数		二代	三代	四代以上	世代不明	总计	百分比	其他豪族	合计	百分比
三公九卿总数558	各代数	111	80	90	19	300	53.8	36	336	60.2
	二千石之家的人数	79	76	86	2	243	43.5			
各代占总数百分比		19.8	14.3	16.1	3.4					
二千石之家的人数占总数百分比		14.1	13.6	15.4	0.35	说明：三公九卿重复者并未排除计算				
二千石之家的人数占各自代数百分比		71.1	95	95.5	10.5					

从统计看，可以说明如下几点：

第一，东汉豪族世官化。东汉三公中，明确为二代至四代以上和世代不明为官者占总数的57.8%，九卿中明确为二代至四代以上和世代不明为官者占总数的51.9%。若加上其他豪族数，则三公占比为69.9%，九卿占比为55.8%，二者合计平均占比为60.2%。东汉三公九卿多为豪族出身，豪族在官僚化基础上进一步世族化，其程度非西汉可比。东汉三公九卿中，"其豪族比例都超过一半以上，几乎任一时期，其比例都比前汉为高，可见政权基础的转变"①。

第二，士（世）族地位基本确立。东汉三公中，明确为二代至四代以上为官者96人，占三公总数的55.49%；九卿中，明确为二代至四代以上为官者185人，占九卿总数的48%。这些世代为官的家族，都是文化与权力的循环再生产所造成的。这不仅说明东汉豪族士族化和世官化程度远远超出西汉，更说明士族化豪族的普遍性成长，士族在政治与社会上的地位已经确立。

第三，三公九卿的世袭倾向十分明显。据统计，东汉三公人数去除重复者为158人，出自127家，其中有22家两代以上任三公，占三公家族数的17.3%，此22家之三公总人数53人，占全部三公总人数的33.5%。若将出自"卿门"的计算在内，则家族比例达22%，人数比例达37.3%。九卿中，出自公卿之门的有37家，占全部九卿之家的14.8%，人数占九卿总人数的32.6%。② 这些三公、九卿之家"公侯传子孙"③，"世其家""累世致公卿"。世传所占比例之高，充分说明了豪族世族化和门阀化倾向。

第四，豪族士（世）族化层次。豪族可分为中央士大夫豪族和郡县士大夫豪族。从统计看，在东汉三公九卿中已经形成了中央士大夫豪族，他们"再世三公"，四世"三公"，属于"高门""甲族""世代冠冕"④，形成了重要的官职家族化。而在地方，则是众多的郡县士大夫豪族，他们

① 刘增贵：《汉代豪族研究——豪族的士族化与官僚化》，台湾大学历史学研究所博士学位论文，1985年，第177页。

② 参见黄大华《东汉三公年表》，万斯同《东汉九卿年表》（见熊方等撰，刘祐仁点校：《后汉书三国志补表三十种》，北京：中华书局，1984年，第629-640、643-684页）。刘增贵依此二表制成《后汉三公表》和《后汉九卿表》，并对三公九卿家族任官代数进行统计。见刘增贵：《汉代豪族研究——豪族的士族化与官僚化》，台湾大学历史学研究所博士学位论文，1985年，第241-255页。

③ 洪适：《隶释　隶续》卷一《孟郁修尧庙碑》，北京：中华书局，1985年，第12页。

④ 史料中多提到"冠冕""冠盖""衣冠"之族，其意相同。班固《汉书》卷六〇《杜钦传》颜师古注曰："衣冠谓士大夫也。"指的是官宦豪族。见班固：《汉书》卷六〇《杜钦传》，北京：中华书局，1962年，第2667页。

"世仕州郡"，属于地方郡县"大姓""显姓""著姓"，垄断地方长吏掾属之职，并不断由郡县士大夫豪族向中央士大夫豪族演进。不同层次的士（世）族化豪族，其活动范围有大小，影响力亦不同。

第五，世族化过程中权力占有所反映的社会活化。在三公九卿二代至四代以上家族仕宦人数中，两代为官人数普遍多于三代、四代以上家族。两代为官家族所占比例较高，恰恰说明汉代豪族处于官僚化、世官化发展的过程。一些豪族已经发展成为世族，如四代为官的家族，但尚未如魏晋世族那样凝固化。两代为官人数占多数，反映了汉代社会权力占有尚未完全被豪族所垄断。

第六，家族"世业"形成"官宦世家"。在豪族世官化进程中，家学相承造就官宦世家。"古人习一业，则累世相传，数十百年不坠。盖良冶之子必学为裘，良弓之子必学为箕，所谓世业也。工艺且然，况于学士大夫之术业乎！"[1] 汉代家学绝不仅仅是经学，法律、音乐、历法等都可形成家学，家学世传形成世家。比如兼跨两汉的"为法名家"的郭氏。颍川阳翟人郭躬，家世衣冠豪门。郭躬父弘，习《小杜律》，为决曹掾，执法公平。郭躬少传父业，"讲授徒众常数百人"，后为廷尉。躬中子晊，"亦明法律，至南阳太守，政有名迹"。郭躬弟子镇，少修家业，后为廷尉。郭镇长子贺，亦官至廷尉。贺弟祯，"亦以能法律至廷尉"。郭镇弟子禧，"少明习家业，兼好儒学，有名誉"，为廷尉、太尉。郭禧子鸿，至司隶校尉。"郭氏自弘后，数世皆传法律，子孙至公者一人，廷尉七人，侯者三人，刺史、二千石、侍中、中郎将者二十余人，侍御史、正、监、平者甚众。"[2] 又如"世典刑法"的法律世家陈氏。西汉末年，陈咸以通律令为尚书，陈咸三子参、丰、钦"皆在位"。王莽时期，陈咸父子"相与归田，敛家中律令文书壁藏之"。钦子躬，东汉初年为廷尉左监。躬子宠，"少习家法""虽传法律，而兼通经书""复以律令为廷尉监"。宠子忠，传家

<hr />

① 赵翼著，王树民校证：《廿二史札记校证》卷五《累世经学》，北京：中华书局，1984年，第100页。

② 范晔：《后汉书》卷四六《郭躬列传》，北京：中华书局，1965年，第1546页。

业，"明习法律"，为廷尉正、尚书令等，以才能甚有声誉。① 可见，"世典刑法"的法律世家也是豪族世官化的重要来源之一。

第七，世两千石家族的政治、社会地位。东汉三公、九卿多出于世两千石高官之家。其中，出自世两千石之家的三公占三公总数的 47.3%，出自世两千石之家的九卿占九卿总数的 41.8%。两项总计平均为 43.5%，这是一个相当高的比例，充分说明了世两千石家族在汉代政治中的地位。汉宣帝曾高度重视二千石官吏在治政中的作用，曾曰："庶民所以安其田里而亡叹息愁恨之心者，政平讼理也。与我共此者，其唯良二千石乎!" "故二千石有治理效，辄以玺书勉厉，增秩赐金，或爵至关内侯，公卿缺则选诸所表以次用之。" 正因如此，两千石官僚具有快速升迁的机会，容易成为世官家族。如太山平阳羊氏，羊续 "其先七世二千石卿校。祖父侵，安帝时司隶校尉。父儒，桓帝时为太常。续以忠臣子孙拜郎中，去官后，辟大将军窦武府。及武败，坐党事，禁锢十余年，幽居守静。及党禁解，复辟太尉府，四迁为庐江太守"②。从统计中看到，世二千石之家在各自代数中所占比例都相当高。三公在二代、三代、四代以上家族中所占比例分别为 71%、93.5%、92.6%，九卿在二代、三代、四代家族中所占比例分别为 71.2%、96%、96.8%。两项合计平均分别为 71.1%、95%、95.5%。三代、四代世官家族大大高于二代世官家族，这充分说明世官延续越长久，所出三公九卿越多，即世二千石之家是形成士（世）族门阀的最核心家族。从中央官僚层面看，所谓世（士）族化主要是世二千石之家族的世（士）族化。

东汉时期，地方豪族官僚化、世官化同样十分普遍，这可从多个方面考察。

第一，从豪族出仕为官看，不仅中央官僚多出身豪族，地方官僚和属吏更是为豪族所垄断。史料中常有 "家世仕郡" "世仕州郡" "历仕州郡" "继世郎吏" "仕郡右职" "股肱州郡" "常推于郡中" 等语，显示豪族出

---

① 范晔：《后汉书》卷四六《陈宠列传》，北京：中华书局，1965 年，第 1555 页。
② 范晔：《后汉书》卷三一《羊续列传》，北京：中华书局，1965 年，第 1109 页。

仕地方的普遍性。

第二，地方守令大多出身豪族官僚之家。刘增贵曾选取东汉河南、河内、河东、京兆、弘农、冯翊、扶风、汝南、颍川、南阳进行统计。这些地区属于汉代发达之地，豪族众多，发展程度高，具有代表性。同时选取南北偏远地区的九江郡和渔阳郡作为比照。其统计结果是：三河、三辅、弘农、汝颍、南阳等地太守中二代以上的仕宦之族约占 34.8%，其中二千石以上的家族占 28.3%，与无仕宦记载之豪族合计占 42.6%。而九江郡太守中出自二代以上的仕宦之族约占 28.5%，其中二千石以上的家族占 14.8%；渔阳郡出自二代以上的仕宦之族约占 57.1%，其中二千石以上的家族占 57.1%。两郡出自二代以上的仕宦之族平均占比为 40%，其中二千石以上的家族占 34.2%。上述所得结果与河南、河内、颍川、南阳等相差不大，甚至渔阳郡更高。[①] 可见，东汉时期各地域豪族在发展过程中虽表现出地域差异性，在形态演进上有快慢，但普遍成长是事实，而且总的发展趋势都朝向官僚化和世族化。[②]

第三，地方掾属多由豪族家族出任，由此造成"世仕州郡为冠盖"的世族。这有两种情况：一是地方豪族出仕地方，二是汉代地方长官可以自辟属吏，一些地方豪族之家成为"世吏之家"。地方豪族操纵乡里舆论，影响地方选举，与地方政权建立起极为密切的联系，所谓"郡县掾史，并出豪家"。汉碑中对此多有反映。比如《张迁碑》载，张迁官任荡阴令，死后故吏韦萌等为之刻石立碑。参加立碑者多为张迁的故吏，其姓氏有韦、范、氾、孙、原、驹，共 42 人，其中韦氏 27 人，范氏 10 人，氾氏 2 人，其余各 1 人。现将各姓统计如下[③]：

　　　故从事韦元雅、故从事韦元景、故吏韦元绪、故守令韦元考、故

---

① 刘增贵：《汉代豪族研究——豪族的士族化与官僚化》，台湾大学历史研究所博士学位论文，1985 年，第 182、183 页。渔阳比例高于其他地区，可能有多种原因，但汉代郡守不得由本地人充任，皆由外地调任，因此这一数据是可信的。

② 崔向东：《汉代豪族地域性研究》，北京：中华书局，2012 年，第 176-201 页。

③ 《张迁碑》，上海：上海书店出版社，2002 年，第 36-63 页。

吏韦公儁、故吏韦公逴、故吏韦公明、故吏韦伯台、故吏韦伯善、故吏韦辅节、故吏韦辅世、故吏韦孟光、故吏韦孟平、故守令韦叔远、故吏韦金石、故吏韦府卿、故吏韦闰德、故吏韦排山、故吏韦义才、故吏韦萌、故安国长韦叔珍、故从事韦世节、故从事韦少、故吏韦客人、故吏韦宣、故吏韦德荣、故吏韦武章

故督邮范齐公、故吏范文宗、故吏范世节、故吏范季考、故吏范德宝、故吏范巨、故吏范成、故吏范国方、故吏范利德、故守令范伯犀

故吏氾定国、故吏氾奉祖

故吏孙升高

故从事原宣德

故吏驺叔义

由以上统计看，上述韦氏无疑是同县同姓同族。从排行用字看，一般同辈分人用相同的字。韦氏宗族中，元字辈 3 人，公字辈 3 人，伯字辈 2 人，辅字辈 2 人，孟字辈 2 人，其余不详。从辈分用字看，似可以区分出五辈。[①] 韦氏宗族成员出仕地方，有令长，但多数在县一级任小吏，韦氏是地方有势力的大姓宗族，即豪族宗族。又如《刘熊碑》阴载有酸枣官吏 72 人，其中李、苏二姓占 24 人，可以确定李、苏二姓为地方豪族。唐长孺先生认为，东汉末年地方政权机构通常是由当地大姓、冠族控制："州郡大吏一般既由大姓、冠族充当，举自州郡吏的孝廉、茂才自然也是大姓、冠族。其实，非举自郡吏的多半也是大姓、冠族，因为主管选举的功

---

① 鹤间和幸对汉代同县内同姓是否为同宗族进行了研究，认为"同县内同姓者，经确认是迁居来的，就不是同族关系。反过来，如果使用相同的排行字，就是同宗、同族的关系"。这种排行用字有多种方式，如使用伯、仲、叔、季排行；姓名中使用同一字，如杜周三子，杜延寿、杜延考、杜延年；除姓名外，古人有字，在字中用相同的字，如袁绍三子，袁谭字显思、袁熙字显雍、袁尚字显甫；使用具有相同偏旁的字，既适用于兄弟之间，如鲍得、鲍德，都用彳旁，也适用于同宗族内同一辈分，如陈寔的三个族孙，陈瑀、陈琮、陈珪，都用王旁。鹤间和幸：《汉代豪族の地域的性格》，《史学杂志》，1978 年第 87 编第 12 号。

曹也即是这一阶层的代表人物。"① 从东汉功曹出身看，绝大多数都出自豪族之家。地方豪族出仕地方郡县，其官职虽不高，但也是"世仕"，形成地方权力家族化，而且"世仕州郡"也是进一步中央化的进身阶梯，汉代高官由地方"右职"晋升极多，此点严耕望先生论之甚明。②

　　豪族在选举中占有绝对优势，单家寒门仕进之路越来越窄。汉顺帝时河南尹田歆察举孝廉，即受到来自豪族权贵的干扰。洛阳可举六人，其中五人都是贵戚推荐，有强大的政治网络背景。田歆无法拒绝，只能按照自己的意志推举一位名士"以报国家"。田歆推举了种暠，但种暠也不是一般百姓子弟。史载种暠父为定陶令，有家财三千万，种暠父去世，"暠悉以赈恤宗族及邑里之贫者"，显然种暠出身地方有势力的家族。后种暠历任刺史、度辽将军、司徒等。种暠子种拂为光禄大夫，代荀爽为司空。东汉后期，察举孝廉几乎为豪族所控制，豪族大姓子弟"常推于郡中"，而单家寒门受到排挤、打击③，"以族举德，以位命贤"④，地方豪族不断世官化。

　　第四，东汉孝廉出身反映了地方豪族儒化、士族化和世官化。垄断选举，占有入仕优势是豪族官僚化士族化的重要保障，对此学者论述颇多亦甚详细，结论基本一致。如劳榦统计孝廉出身后认为："在一个剧烈竞争的当中，对于被举者的标准，在个人方面要因事知名，而在所属的家族要为世家大族。这两个标准的衍进，不用说对于东汉以后的历史要有很重要

---

　　① 唐长孺：《东汉末期的大姓名士》，收入氏著：《魏晋南北朝史论拾遗》，北京：中华书局，1983年。关于这方面的论述，还可参见東晋次：《後漢時代の選舉と地方社會》，《東洋史研究》，1987年46卷-2号。

　　② 严耕望：《中国地方行政制度史：秦汉地方行政制度》，上海：上海古籍出版社，2007年，第316-344页及插图《汉代地方官吏升迁图》。

　　③ "薛夏字宣声，天水人也。博学有才。天水旧有姜、阎、任、赵四姓，常推于郡中，而夏为单家，不为降屈。四姓欲共治之，夏乃游逸，东诣京师。太祖宿闻其名，甚礼遇之。后四姓又使囚遥引夏，关移颍川，收捕系狱。时太祖已在冀州，闻夏为本郡所质，抚掌曰：'夏无罪也。汉阳儿辈直欲杀之耳！'乃告颍川使理出之，召署军谋掾。"陈寿：《三国志》卷一三《魏书·王朗传》注引《魏略》，北京：中华书局，1982年，第421页。

　　④ 王符著，汪继培笺，彭铎校正：《潜夫论笺校正》卷一《论荣》，北京：中华书局，1985年，第34页。

的关系的。"① 邢义田先生对东汉孝廉进行了详细统计和研究，从家族背景、教育背景等方面进行分析，得出最有说服力的结论。邢氏统计东汉孝廉310人，其中家世可考者265人，这是目前相关研究中统计数字相对较全的。在265名家世可考的孝廉中，有139名出身于有父、祖、兄弟或其他成员仕宦的家族中，占孝廉总数达52.4%。邢氏将孝廉家族背景分为两代仕宦之族、三代仕宦之族、四代及以上仕宦之族和仕宦世代不明（如"家世二千石""家世衣冠""世仕州郡""历世卿尹"等）四大类。就出身三代以上仕宦家族统计看，总计有84人，占出身仕宦家族139人的60.4%，说明三代以上累世官宦的世族在孝廉选举上更占优势。如以二千石（包括中、比二千石）作为仕宦高下的分界，则在前三类131名孝廉中，有多达97名来自曾有官至二千石的高宦家族，占比达74%以上。而且仕宦世代愈多的家族，其家族成员官至二千石或以上的比例愈高。在第一类中，有32名孝廉来自二千石及以上高宦家族，占第一类总数的58%；在第二类中，有31人，占77%；在第三类中，除孟尝1人以外，其余35人全出自二千石以上的高宦家族。"因此，东汉家世可考的孝廉可以说不仅有一半以上来自仕宦之家，而且仕宦之家之中又绝大部分出自累世高宦之门。以上的估计并没有包括第四类仕宦世代不明的。如果再将'家世二千石'公孙瓒的家族、'历世卿尹'蔡湛的家族、'代为汉将相名臣'宗资的家族，以及'家世冠族'羊陟等人的家族都列入考虑，更可以证明累世高宦家族在东汉孝廉家世背景上的重要性。"②

孝廉的任用分为内外两途。内途是在中央先任用为郎。郎官的升迁十分顺畅，郎官可除授为尚书侍郎，再晋升为尚书侍中、侍御史乃至三公，

① 劳榦：《汉代察举制度考》，《"中研院"历史语言研究所集刊》第17本第1册，1948年，第114页。这方面的相关成果还有黄留珠：《秦汉仕进制度》，西安：西北大学出版社，1985年，第143页。唐长孺：《东汉末期的大姓名士》，收入氏著：《魏晋南北朝史论拾遗》，北京：中华书局，1983年，第27页。
② 邢义田：《东汉孝廉的身份背景》，收入氏著：《天下一家：皇帝、官僚与社会》，北京：中华书局，2011年，第308页。又见附录二《东汉孝廉家族仕宦表》，第347—354页。此文另收入氏著：《秦汉史论稿》，台北：东大图书股份有限公司，1987年，第145—214页。

所谓"台郎显职，仕之通阶"①，这条途径便于豪族直接中央化。外途为外放出职，常任官职是小县长、大县令、县尉、县丞等，由县迁升进而郡国守相，直至中央各部门乃至三公，这是孝廉升迁的一条稳定的途径。由孝廉到地方官再到中央公卿的每一级晋升中，其比例大约为1/4以上。② 从孝廉的晋升途径和官职看，豪族主要通过举孝廉而在地方为官，实现官僚化，通过"家世孝廉"而世代与地方、中央政权相结合，并由地方进入到中央，由官僚化进而世（士）族化。

从教育背景看，可考的孝廉大多数通明经学，兼习律令，其经学或传自家学，或习自太学、郡国学，或师从私学，或多种方式兼而有之，他们有的亦教授经学。③ 尚敏曾上疏陈兴广学校，论及"百官伐阅，皆以通经为名，无一人能称"。此语虽是对东汉中期"不务经学，竞于人事，争于货贿"现象的批评，但也说明入仕必须习经；选举还是要重经术，"自今官人，宜令取经学者，公府孝廉皆应诏，则人心专一，风化可淳也"④。可见，东汉孝廉不仅儒化程度很高，而且经学、仕宦和家族势力三者相互依存，互为因果，循环往复，极大地推动了豪族士族化。东汉孝廉来自贫寒之家的极少，绝大多数出身豪族官宦之家，"累世高宦之族产生最大比例的孝廉"，这便从孝廉的家族出身证明了豪族的世官化、士（世）族化。

豪族的形成和世族化都是权力支配的结果，不断与权力结合是豪族世（士）族化的关键。从本质上说，士族化就是权力与文化的不断交互循环。在王权支配下，官僚化豪族进一步世官化和士族化。东汉时期，豪族最终完成了由一代官僚向世代官宦的世族化转变和由"世仕州郡"向世代公卿的中央化转变这一双重历史进程。

---

① 范晔：《后汉书》卷五八《虞诩列传》，北京：中华书局，1965年，第1872页。

② 严耕望：《中国地方行政制度史：秦汉地方行政制度》，上海：上海古籍出版社，2007年，第333页及插图《汉代地方官吏升迁图》。

③ 邢义田：《东汉孝廉的身份背景》，收入氏著：《天下一家：皇帝、官僚与社会》，北京：中华书局，2011年，第297-301页。

④ 袁宏撰，张烈点校：《两汉纪》下册《后汉纪·孝殇皇帝纪》卷一五，北京：中华书局，2002年，第298页。

第五，汉碑中反映的地方豪族世官化。刘增贵利用汉碑考察豪族谱系、官僚化和家族结合，认为出现在碑文中的仕宦之族，绝大部分都是世家豪族。[①] 东汉后期，具有政治优势的"大姓""著姓""显姓""族姓""四姓""八族"等世家普遍存在于地方乡里社会，实际上也就是地方"士（世）族"。他们同中央化豪族一样，也是权力与文化再生产的结果。在汉碑中，追溯家族的发展史不外乎强调权力、文化与宗族，强调家族文化则是"少习家训，治严氏《春秋》""挽发传业，好学不厌""耽古好学""穷就于典籍""敦诗悦礼""通经综纬""祖述家业，修春秋经""敦《五经》之纬图""少耽七典""既综七经""治家业春秋经""世以礼乐为业""厥祖儒宗……能尊父业"；强调家族权力，则是"印绂相承""爵位相继""奕世载德""牧守相亚""累叶牧守""文武继踵""官有世功""银艾不绝""廉孝相承，亦载世德"；强调宗族结合，则是"世为著姓""笃亲于九族""宗亲怀归""九族和亲""群宗为轩""举宗欢喜""复率群宗，贫富相均""为宗所归""仲氏宗家，并受福赐""列存家序"。碑刻的出现，反映了对家族、宗族谱系的重视。碑文中这些表述难免有夸大之嫌，却是当时普遍社会意识的反映，也是地方豪族士（世）族化的结果，汉碑传达了东汉豪族世族化并进而迈入门阀社会的重要信息。

地方"世族"主要任职于郡县，但也有一些家族、宗族有子弟任职中央，他们以子弟入仕中央的多少与中央政权有着或密或疏的联系。比如汉碑中记载的雍劝家族。《赵相雍劝阙碑》曰："（雍劝）高祖父讳窦，字伯着，孝廉，河南令，侍御史，九江太守……君子望，字伯桓，右校令。望子陟，孝廉，朐忍令……陟弟朗，字仲□，孝廉，弘农令，武都太守。朗弟劝，字叔□，孝廉，成皋令，赵国相。劝子煜，字稚□，孝廉，资中长，江令，□□都尉。"[②] 雍氏宗族自雍窦至雍煜四代，五人为孝廉，世代与地方权力结合，为郡县士大夫豪族。从任官看，开始皆为地方县令、

---

① 刘增贵：《从碑刻史料论汉末士族》，《中国史新论：傅乐成教授纪念论文集》，台北：台湾学生书局，1985 年，第 341 页。

② 洪适：《隶释　隶续》卷一二《赵相雍劝阙碑》，北京：中华书局，1985 年，第 141 页。

长，继升为太守、侍御史、□□都尉等，"仕极州郡"，即地方世族，但已呈现进入中央的趋势。再看济阴城阳仲氏家族，仲氏一族仕宦人数众多，既有任职于中央的廷尉仲定，又有任职于地方的太守、掾史、从事、督邮、主吏等。① 仲氏族人主要在地方任职，仲氏属于地方郡县士大夫豪族，但又不是完全的郡县士大夫豪族。刘增贵认为："地方大姓比诸士族，声势自是不如，但二者间很难划分……士族也往往由郡县吏出身。通常是一部分族人留在地方，一部分族人进入中央。"② 这样的豪族都是世官化的地方世族，他们根植于乡里，通过宗族成员任职中央而超越地方，随着家族、宗族入仕中央人数和世代的增加，向中央士大夫豪族发展，逐渐演变成中央化的世族。

第三节　汉代豪族谱系

经过西汉的官僚化和东汉的世官化，形成许多仕宦不断的豪族家族，世代相传，贯穿两汉。日本学者鹤间和幸先生对贯穿两汉的豪族家族进行统计，制成《可以确认、推定于前后汉持续谱系的姓氏表》。③ 鹤间和幸共得出谱系贯穿于两汉的豪族213家，其中关东地域72家，关中地域40家，北部边郡地域16家，江淮地域73家，巴蜀地域10家，南部边郡地域2家。我们依据汉代各地豪族发展状况，将豪族分为关东、关中、西北、北部边郡、江淮、西南和长江以南边郡7个地域④，分别选取谱系贯穿于两汉的豪族事例进行考察。

关东南阳邓氏。南阳邓氏世为大族，家族"世吏二千石"。邓晨曾祖

---

① 洪适：《隶释　隶续》卷一《成阳灵台碑》，北京：中华书局，1985年，第14-15页。

② 刘增贵：《汉代豪族研究——豪族的士族化与官僚化》，台湾大学历史学研究所博士学位论文，1985年，第188页。

③ 鹤间和幸：《汉代豪族の地域的性格》，《史学杂志》，1978年第87编第12号。

④ 崔向东：《汉代豪族地域性研究》，北京：中华书局，2012年，第29-36页。鹤间和幸将南阳、颍川等地划入江淮地域，其地域划分与本文略有不同，但并不影响豪族地域分布的基本结论。

父隆，为扬州刺史。祖父勋，为交阯刺史。[①] 父宏，为豫章都尉。光武帝时，封邓晨房子侯。其后子孙嗣位，直至无子"国除"。[②]

邓禹追随刘秀，为大司徒，封为高密侯。邓禹弟宽，亦因功封为明亲侯。汉明帝时，"帝分禹封为三国：长子震为高密侯，袭为昌安侯，珍为夷安侯"。高密侯震子乾，为侍中。邓乾孙褒，为少府。昌安侯袭子藩，为侍中。夷安侯珍子康，先后为侍中、太仆，名重朝廷。邓禹第六子邓训，历任护乌桓校尉、张掖太守。邓禹少子鸿，章帝时为度辽将军。邓训有五子：骘、京、悝、弘、阊。邓骘为车骑将军，邓悝为虎贲中郎将，邓弘、邓阊皆为侍中。邓骘子凤，为侍中。邓骘从弟豹，官任河南尹；从弟邓遵，为乌桓校尉、度辽将军；从弟畅，为将作大匠。邓京子珍，为黄门侍郎，封阳安侯；邓悝子广宗，为叶侯；邓弘"少治《欧阳尚书》，授帝禁中，诸儒多归附之"。邓阊子忠，为西华侯。度辽将军邓遵子万世，桓帝时封为南乡侯，官任河南尹。[③]

关中杜陵张氏。张汤父为长安丞，张汤历任廷尉、御史大夫等。张汤子安世，官任尚书令、光禄大夫。张安世有子千秋、延寿、彭祖，千秋为中郎将，延寿为北地太守、太仆，彭祖为阳都侯。张安世兄贺，贺子勃，为散骑谏大夫。勃子临，尚敬武公主。临子放，为侍中中郎将。西汉时期，"安世子孙相继，自宣、元以来为侍中、中常侍、诸曹散骑、列校尉者凡十余人。功臣之世，唯有金氏、张氏，亲近宠贵，比于外戚"。

东汉初年，张放子纯"恭俭自修，明习汉家制度故事"，位至大司空。[④] 张纯子奋，官任太常、司空。纯子甫，为津城门候。甫子吉，嗣侯。张吉卒，无子，国除。"自昭帝封安世，至吉，传国八世，经历篡乱，二百年间未尝遭黜，封者莫与为比。"①

　　西北安定梁氏。安定梁氏，其先为春秋时期晋大夫梁益。西汉时有梁子都，自河东迁居北地。梁子都子桥，"以赀千万徙茂陵，至哀、平之末，归安定"。梁桥子溥，溥子延，梁延为西域司马。梁延子统，更始政权时为酒泉太守，后为武威太守。梁统子松，通明经书，"尚光武女舞阴长公主"，为虎贲中郎将、太仆。梁松子扈，敦《诗》《书》，历位卿、校尉、长乐少府。梁松弟竦，竦有三女，"肃宗纳其二女，皆为贵人"。梁竦子棠、雍，棠为大鸿胪，雍为少府。梁棠子安国，为侍中。梁雍子商，为侍中、执金吾、大将军。梁商子冀、不疑，顺帝时梁冀为大将军，梁不疑为河南尹。梁冀"一门前后七封侯，三皇后，六贵人，二大将军，夫人、女食邑称君者七人，尚公主者三人，其余卿、将、尹、校五十七人"。

　　北部边郡渔阳鲜于氏。② 东汉雁门太守鲜于璜，字伯谦。据《汉故雁门太守鲜于君碑》载，"其先祖出于殷箕子之苗裔"。西汉昭帝时，鲜于弘为汉胶东相。鲜于弘有子操，成帝时举孝廉，为"灌谒者"③。鲜于操子琦，约在哀帝、平帝时期举孝廉。鲜于琦子式，约生于哀帝初年，西汉末东汉初为督邮。鲜于式子雄，东汉初年为州从事。④ 鲜于雄子璜，举孝廉为郎中，历任度辽右部司马、赣榆令，汉殇帝时"拜安边节使，衔命二州"，安帝时任雁门太守。鲜于璜有三子，长子宽，"举有道，辟大尉府

---

① 范晔：《后汉书》卷三五《张纯列传》，北京：中华书局，1965 年，第 1200 页。
② 《汉故雁门太守鲜于君碑》，1973 年出土于天津市武清县高村公社，武清东汉时属渔阳郡。东汉有鲜于辅、鲜于银，为渔阳人。（范晔：《后汉书》卷七三《公孙瓒列传》，北京：中华书局，1965 年，第 2363 页；陈寿：《三国志·魏书》卷八《公孙瓒传》，北京：中华书局，1982 年，第 243 页。）故据此推测鲜于氏籍贯为渔阳郡。有学者认为是上郡，有误。鲜于氏祖籍渔阳，张传玺先生辨之甚明。可参见张传玺：《东汉雁门太守鲜于璜碑铭考释》，《北京大学学报（哲学社会科学版）》，1984 年第 2 期。
③ 《后汉书·百官志二》曰："初为灌谒者，满岁为给事谒者。"（范晔：《后汉书》，北京：中华书局，1965 年，第 3578 页。）《后汉书》卷八一《独行列传·雷义》注引《汉官仪》曰："谒者三十五人，以郎中秩满岁称给事，未满岁称灌谒者。"（范晔：《后汉书》，北京：中华书局，1965 年，第 2688 页。）
④ 张传玺：《东汉雁门太守鲜于璜碑铭考释》，《北京大学学报（哲学社会科学版）》，1984 年第 2 期。

掾"。中子黼, 历任郡功曹、守令、幽州别驾。小子晏, 任雁门长史、九原令。鲜于璜有孙鲂、仓、九等。

鲜于家族官宦世系表

世代	名或字	官职	明经/孝廉	任子	其他	时代
1	鲜于弘	胶东相				西汉
2	鲜于操	灌谒者	孝廉			
3	鲜于琦		孝廉			
4	鲜于式	督邮				
5	鲜于雄	州从事				东汉
6	鲜于璜	太守	孝廉			
7	鲜于宽	太尉府掾				
	鲜于黼	功曹、幽州别驾				
	鲜于晏	雁门长史、九原令	孝廉			
8	鲜于鲂					
	鲜于仓					
	鲜于九					

江淮地域会稽陆氏。据史载, 西汉时陆氏先人有陆万,"万生烈, 字伯元, 吴令、豫章都尉, 既卒, 吴人思之, 迎其丧, 葬于胥屏亭, 子孙遂为吴郡吴县人"。陆烈有二子衡、盱, 陆盱为襄贲令。陆盱子鸿, 为州从事。陆鸿子建, 为渤海太守。陆建子晔, 为州从事。陆晔子恭, 任御史中丞、京兆尹。陆恭子璜, 璜子文, 任弘农都尉。陆文子亲, 任成都令。陆亲子众,"举秀才, 除郎中"。陆众子赐, 为丞相府主簿。陆赐子闳, 任颍川太守、尚书令。陆闳子桓, 桓子续, 为扬州别驾。[①]《后汉书·独行列

---

① 欧阳修、宋祁:《新唐书》卷七三下《宰相世系表三下》, 北京: 中华书局, 1975年, 第2965—2966页。

传·陆续》曰：“陆续字智初，会稽吴人也。世为族姓。祖父闳，字子春，建武中为尚书令。”陆续有三子稠、逢、褒，“长子稠，广陵太守，有理名。中子逢，乐安太守。少子褒，力行好学，不慕荣名，连征不就”。陆褒子陆康，“康少仕郡，以义烈称”，后迁武陵太守，“转守桂阳、乐安二郡，所在称之”。后因抵抗孙策，“宗族百余人，遭离饥厄，死者将半。朝廷愍其守节，拜子儁为郎中”。陆康“少子绩，仕吴为郁林太守，博学善政，见称当时”。① 又《三国志·吴书·陆逊传》曰：“陆逊字伯言，吴郡吴人也。本名议，世江东大族。逊少孤，随从祖庐江太守康在官。袁术与康有隙，将攻康，康遣逊及亲戚还吴。逊年长于康子绩数岁，为之纲纪门户。”《三国志·吴书·陆逊传》注引《陆氏世颂》曰：“逊祖纡，字叔盘，敏淑有思学，守城门校尉。父骏，字季才，淳懿信厚，为邦族所怀，官至九江都尉。”陆氏世代为官，且有自己的族谱《陆氏世颂》，足见其宗族势力之强大。

西南犍为杨氏。约西汉元帝时，杨莽为郡功曹，后官至扬州刺史。② 杨氏为大族，杨莽后人有杨涣，顺帝时人，历任尚书、司隶校尉等，“甚有嘉声美称”③。杨涣子文方，为汉中太守。文方长子颖伯，为冀州刺史。次子颎，为官二千石。④ 文方兄子杨淮，汉安帝时为尚书令，桓帝时官任司隶校尉、将作大匠。⑤

长江以南边郡苍梧士氏。苍梧广信人士燮，其先祖原籍为鲁国汶阳。王莽时，举族避地交州。东汉桓帝时，士赐为日南太守。士赐子燮，少游

---

① 范晔：《后汉书》卷三一《陆康列传》，北京：中华书局，1965 年，第 1112-1114 页。

② 常璩撰，任乃强校注：《华阳国志校补图注》卷一〇中《广汉士女》，上海：上海古籍出版社，1987 年，第 582-583 页。

③ 常璩撰，任乃强校注：《华阳国志校补图注》卷一〇中《广汉士女》，上海：上海古籍出版社，1987 年，第 582 页。

④ 常璩撰，任乃强校注：《华阳国志校补图注》卷一〇中《广汉士女》，上海：上海古籍出版社，1987 年，第 592 页。

⑤ 常璩撰，任乃强校注：《华阳国志校补图注》卷一〇中《广汉士女》，上海：上海古籍出版社，1987 年，第 582 页。

学京师,通《左氏春秋》《尚书》,后任巫令、交阯太守。士燮有三弟壹、
䵋、武,壹为合浦太守,䵋为九真太守,武为南海太守。士燮子廞,建安
末年,为武昌太守。士燮、士壹"诸子在南者,皆拜中郎将"①。

以上列举数例贯穿于两汉的各地域豪族家族(宗族)仕宦谱系。这些
豪族虽是众多士族化豪族的一部分,但足以反映汉代各地豪族士族化和世
官化过程,从中可以看出如下几点:

第一,士(世)族化豪族成长的普遍性与差异性。从鹤间和幸的统计
看,汉代各地普遍有贯穿两汉的世家豪族。可以说,自西汉武帝加强社会
控制与整合以来,社会势力不断纳入国家权力体系,各地域豪族普遍成长
并逐渐士族化。从国家与社会关系来看,无疑有利于国家对社会的整合。
当然,我们也看到,由于政治、经济、文化等差异性和不平衡性,各地域
豪族发展水平并不平衡,士族化程度不一。关东、关中地域豪族发展最
快,巴蜀、江淮、西北地域次之,北部边郡和长江以南边郡较慢。到东汉
中后期,各地域均有世族出现,但分布极不平衡,呈现明显的地域差异
性。② 各地域豪族发展与士族化的差异性,造成各地域豪族与国家权力结
合程度的差异,也由此决定了各地域豪族在中央或地方中所发挥的作用各
异。③ 其对两汉诸多问题如土地兼并、边疆经略、区域文化发展、地方社
会整合、党锢之祸、方割据等产生的影响不同。

日本学者特别注意新县与旧县豪族成长的差异性。木村正雄认为,旧
县是从春秋传统的邑延续而来,新县是战国以来由中央集权国家新设置
的。与此相对应,农地也分为两部分。一种是西周以来陆续开发的具有小
规模水利设施的农田,称之为第一次农地;第二种是在铁器普遍使用、大
规模兴建水利的条件下新开垦的农地,称之为第二次农地。第一次农地大

---

① 陈寿:《三国志》卷四九《吴书·士燮传》,北京:中华书局,1982 年,第 1192
页。

② 汉代各地域豪族官僚化、世族化程度并不平衡。其中,关东、关中地域豪族发展
最快,世族化程度最高;江淮、西南(巴蜀)、西北地域次之;北边、长江以南边郡较为
落后。崔向东:《汉代豪族地域性研究》之《各地域豪族官僚化、世族化程度表》,北京:
中华书局,2012 年,第 145 页。

③ 崔向东:《汉代豪族地域性研究》,北京:中华书局,2012 年,第 225–305 页。

多位于旧县，氏族势力强大。第二次农地多位于新县，是皇帝统治的基础。在第二次农地，小农十分普遍，依存于中央权力的性质很明显，豪族较少而且出现较晚，发展较慢。[1] 鹤间和幸统计的贯穿两汉的家族中，关东旧县豪族占总数的 78%，新县占 22%，说明关东豪族在旧县成长这一事实。在关中，旧县豪族占 35%，而新县占 65%，这些新县豪族几乎都是从关东迁徙而来。各地域新县豪族，一是国家迁徙的旧县豪族的延续，二是在国家制度引导下由当地社会势力演变而来，无疑都是国家支配社会的结果。在各地域中，关东地域旧县豪族最多，宗族强盛，具有原发性。其他地域如关中、江东、巴蜀等贯穿两汉的豪族，更多是由关东迁徙到当地后发展起来，并逐渐士（世）族化。[2] 尤其是关中豪族，大多来源于关东，如杜陵韦氏、茂陵耿氏等。这与西汉迁徙各种社会势力密切相关。与关东相比而言，其他地域的士族化豪族出现则相对晚一些，不同地区的豪族成长表现为依次发展的时间先后和士族化程度的差异。

第二，延续时间长，族势强大。统计到的贯穿两汉的豪族家族，其先祖仕宦大多起于西汉中期，也有一部分可以追溯到西汉前期。这与汉武帝时期的社会控制与整合密切相关。汉武帝推崇儒学，明经入仕，社会势力与国家权力日益结合，儒化与士族化、官僚化与世族化成为豪族发展趋势。从前面所举贯穿两汉的豪族家族、宗族看，文化与权力的互动循环成为这些豪族家族发展延续的根本动力，这些家族由此不断士（世）族化，拥有政治、经济实力和文化优势。很多延续于两汉的豪族，并没有随着东汉帝国崩溃而消失，他们在士族化的轨道上继续前行，获得独特的社会地位和文化优势，成为魏晋时期的门阀士族。"自金、张世族，袁、杨鼎贵，委质服义，皆由汉氏，膏腴见重，事起于斯。"[3] 如博陵崔氏，他们拥有地方社会基础，又有儒学教育和礼法规矩的家族传统，宗族获得更快的发

① 木村正雄：《中国古代帝国の形成——特にその成立の基礎條件》，東京：不昧堂書店，1965 年。
② 崔向东：《汉代豪族地域性研究》，北京：中华书局，2012 年，第 94-138 页。
③ 萧子显：《南齐书》卷二三《王俭传》史臣曰，北京：中华书局，1972 年，第 438 页。

展，成为中古时代的门阀贵族。①

　　贯穿两汉的豪族家族，经过长时期仕宦不断的积累，形成强大的族势。从家族性质看，这些豪族无疑都是世族。这些家族、宗族一般都是高官之族，"累叶载德，继踵宰相"，世出二千石以上高官为其家族的基本特征。总体说来，这些家族、宗族族势大小依赖几个方面：一是与国家权力结合的层次。这些家族世代与中央权力结合，族势大于与地方权力结合的地方豪族。"邓氏自中兴后，累世宠贵，凡侯者二十九人，公二人，大将军以下十三人，中二千石十四人，列校二十二人，州牧、郡守四十八人，其余侍中、将、大夫、郎、谒者不可胜数，东京莫与为比。"② 二是与权力结合的持续性。世代与权力结合，其族势要大于间隔断续结合。如耿弇家族，自东汉建立到建安之末，始终与国家权力结合，世代仕宦绵延不绝。"大将军二人，将军九人，卿十三人，尚公主三人，列侯十九人，中郎将、护羌校尉及刺史、二千石数十百人，遂与汉兴衰云。"③ 三是家族、宗族仕宦人数多少不同，族势亦不同。如梁冀家族有七侯、三皇后、六贵人、二大将军，其余卿、将、尹、校五十七人，宗族强盛无人可比。蜀郡郫县何武，兄弟五人仕宦，何武官至大司空，封汜乡侯。何武兄霸，为属国中郎将。弟显，为颍川太守，何氏兄弟五人为官，"郡县敬惮之"④。河内郭氏，"亦世载德"。郭仲奇之父，为元城令。郭仲奇兄弟八人皆仕宦为官，长兄为竹邑侯相，二兄为尚书侍郎，三兄为济北相，郭仲奇为北军中侯，四个兄弟分别为临沂长、徐州刺史、中山相、洛阳令。⑤ 郭仲奇小弟洛阳令子郭究，官任司隶从事。⑥ 这样的家族、宗族，无论是中央化豪族还是地方

---

　　① 伊沛霞著，范兆飞译：《早期中华帝国的贵族家庭：博陵崔氏个案研究》，上海：上海古籍出版社，2011年，第46-152页。

　　② 范晔：《后汉书》卷一六《邓禹列传》，北京：中华书局，1965年，第619页。

　　③ 范晔：《后汉书》卷一九《耿弇列传》，北京：中华书局，1965年，第724页。

　　④ 班固：《汉书》卷八六《何武传》，北京：中华书局，1962年，第3482页。

　　⑤ 《北军中侯郭仲奇碑》，洪适：《隶释　隶续》卷九，北京：中华书局，1985年，第99页。

　　⑥ 《司隶从事郭究碑》，洪适：《隶释　隶续》卷一〇，北京：中华书局，1985年，第120页。

性豪族，族势皆盛大。四是拥有庞大的权力—社会网络。豪族族势之盛，不仅表现在家族、宗族为官者众多，也表现在豪族外围势力强大，形成宾客、门生、故吏圈。士族化豪族的门生、故吏、宾客数量庞大，马防"宾客奔凑，四方毕至，京兆杜笃之徒数百人，常为食客，居门下"。梁氏败亡时，"连及公卿列校刺史二千石死者数十人，故吏宾客免黜者三百余人，朝廷为空"。汉碑《刘宽碑阴门生名》和《刘宽碑阴故吏名》分别载有刘宽的门生、故吏。刘宽为太尉，家族二世为公，职高权重，门生故吏众多。《刘宽碑阴门生名》碑已残，但其所列门生总人数估计在 400 人左右。其中，担任各种官职的有 97 人，所任官有刺史、守、相、台、郎、都尉、尚书令史、令、长等，门生中很多出身名门大族，如辽西公孙瓒、茂陵骘氏、北地傅燮等。据统计，碑阴还列有无官爵者 250 多人，属于依附者。有官位者的籍贯分布 40 余郡国，以核心区域为主，边郡地区也不少，分布之广，足以反映其社会关系网络之大。《刘宽碑阴故吏名》亦残，所列故吏人数近百人，所知著名人物有汝南应劭，故吏官职有廷尉、刺史、太守、相、谏议大夫、太尉掾等。① 袁氏家族外围势力更大，伍琼曾劝董卓拉拢袁绍，说"袁氏树恩四世，门生故吏遍于天下，若收豪杰以聚徒众，英雄因之而起，则山东非公之有也"②。可见袁氏势力之大。士族化豪族有诸多依附的宾客、门生、故吏，他们之间形成密切的联系，对汉代政治、社会产生了很大影响。

　　第三，家族、宗族谱系的连续性与间断性。从贯穿两汉的豪族家族、宗族看，有些家族、宗族仕宦谱系数百年绵延不断，而有些家族、宗族仕宦谱系似乎并不连续，中间出现断代。造成家族、宗族仕宦谱系不连续的原因不外两种：一种可能是缺少宗族子弟入仕，造成仕宦谱系中断；另一种可能是史书记载删削省略。贯穿两汉的豪族家族，常以某核心家庭及其子孙仕宦为主线，而其他家族、宗族成员易被忽略，尤其是对一些仕宦级

---

① 洪适：《隶释　隶续》卷一二，北京：中华书局，1985 年，第 401-407 页。

② 范晔：《后汉书》卷七四上《袁绍列传上》，北京：中华书局，1965 年，第 2375 页。

别较低的宗族成员略而不载。上述两种情况，后一种可能性极大。如马援先祖在武帝时为二千石官吏，其曾祖父通，"以功封重合侯，坐兄何罗反，被诛"，这一变故对家族产生较大影响，《后汉书》称"故援再世不显"，即马援祖及父两代名声不显。据《东观汉记》载："（马）通生宾，宣帝时以郎持节，号使君；使君生仲，仲官至玄武司马；仲生援。"由此可知，马援祖及父并非完全不仕宦，只是官位不显而已，在家族、宗族中的地位不高。这种情况在一些豪族家族中可能经常出现。马氏到马援这一代，家族再次复兴。马援有三兄况、余、员，"并有才能，王莽时皆为二千石"。在豪族宗族延续中，为官最高的家庭常常是宗族核心家庭，而因各种原因导致的核心家庭更替更是常事。需要注意的是，这种核心家庭的轮换更替，只是核心家庭在宗族内部的转换。如南阳邓氏家族邓晨一支，曾祖父为扬州刺史，祖父为交阯刺史，父宏为豫章都尉，在宗族中占有重要地位。而同族邓禹，家族成员仕宦不显，在宗族中地位不高。后来邓禹官为大司徒、太傅，家族地位超过邓晨，成为南阳邓氏宗族的核心家族。而在邓禹家族内部，也同样随着官宦地位的变动而出现核心家庭的转换更替。邓禹第六子邓训，本人和五子皆为高官，成为邓禹家族的核心家庭；而邓训五子中，邓骘家庭又成为邓训家族的核心。这种核心家庭、家族的变动更替，也常常造成对原来核心家族记载的缺失。对比《汉书·赵充国传》和《赵宽碑》，就可知《赵充国传》中赵氏家族、宗族有多少仕宦史料被删略。在《赵充国传》中，对其先祖和赵子声一支只字未提。"书之则与日月长悬，不书则与烟尘永灭"，这便造成史学研究的困难和无奈，但不应局限我们的历史认识。历史可能失载，但失载并不能否定历史的客观存在，历史研究需要主体去不断发现客观的历史存在。

第四，贯穿于两汉的地方世族普遍存在，并在东汉获得快速发展。我们看到的贯穿于两汉的豪族，都是一些中央化的高官家族，而那些贯穿于两汉的地方郡县豪族则往往被忽略。实际上，地方上的世家大族都有很大的势力，郡县掾史之职往往为其所垄断，史书中留下"世仕州郡为冠盖""官有世功""世为郡吏""历世著名"等记载。东汉中后期，家谱、族谱盛行，各地撰修地方谱录，记录地方名士、名门和盛族，如《益部耆旧传》《陈留耆旧传》《襄阳耆旧传》《先贤行状》等，都记录了地方名望家族仕宦的情况，可惜这些谱录都已经失传，地方世族的谱系也就无从详知，但在汉碑和地方史志《华阳国志》中，我们可以从断续的谱系中看到地方世族的身影。前面例举的北边鲜于家族便是这类地方世族的典型。刘增贵先生对汉碑进行研究，认为"碑文所载，可见东汉中叶以下，世官确是普遍现象。……我们可以说，出现在碑文中的仕宦之族，绝大部分都是世家"。"不但历代为官的现象普遍，而且一族同时为官者甚多，显现了强大的族势。"① 从汉碑看，许多碑文记载了家族历任功曹等地方右职，说明地方大姓对地方权力的控制、垄断。"地方大姓比诸士族，声势自是不如，但二者间很难割分，前述士族也往往由地方掾史出身。通常是一部分族人留在地方，一部分族人则进入中央，或出典州郡"，成为全国性"名族"的一部分。②

一般说来，地方郡县士（世）族与中央权力联系相对较少，无法与中央化士（世）族相比，他们的政治、社会影响更多局限于地方。但我们也看到，正是因为与中央权力联系不如中央化士族密切，所以在政治斗争或社会动荡年代，他们受到的冲击也不如中央化士族那样大，他们具有更强的地方性，更容易保持族势，并在新的政权中获得发展，取代旧的家族成为名门望族。魏晋时期的一些门阀士族便是由地方世族发展而来的，如会稽陆氏、苍梧士氏等。

第五，皇权支配原理的一惯性，皇权决定豪族兴衰。"中国古代社会的一个重要特点是权力支配社会。因此权力的运动与整合常常会牵动整个社会。"③ 就皇权支配与豪族兴衰而言，可从两个方面理解：一方面，贯穿两汉的豪族家族的普遍存在说明，两汉皇权支配、整合社会的基本原理未

① 刘增贵：《从碑刻史料论汉末士族》，《中国史新论：傅乐成教授纪念论文集》，台北：台湾学生书局，1985 年，第 340-341 页。

② 刘增贵：《从碑刻史料论汉末士族》，《中国史新论：傅乐成教授纪念论文集》，台北：台湾学生书局，1985 年，第 345 页。

③ 刘泽华主编：《中国传统政治哲学与社会整合》，北京：中国社会科学出版社，2000 年，第 157 页。对此观点全面系统的论述，可参见刘泽华：《中国的王权主义》，上海：上海人民出版社，2000 年。

变，各地域豪族沿着士（世）族化道路发展。从列举的事例看，经学传续，世代簪缨，文化与权力互动，相辅相成，相互促进，在这样的惯性循环下，"官位宦学"① 成为士（世）族化豪族的基本形态。另一方面，凡是延续于两汉的豪族，都一定是服从皇权支配的豪族。即便在东汉，豪族势力强盛，呈现鲜明的豪族政治，但也不存在独立于皇权支配的豪族。皇权决定豪族兴衰，这可以从两汉之际豪族命运演变来说明。两汉之际是豪族升降兴亡发展的关键期，西汉中期发展起来的豪族，有的在王莽新朝销声匿迹，有的在东汉初年获得快速发展，这都与皇权支配密切相关。在王莽新朝时，豪族面临与王莽政权是对抗还是合作的选择，不同的选择直接导致家族、宗族的兴衰。王莽在走向最高权力的过程中，借助皇权打击异己，上党鲍宣、南阳彭伟等"郡国豪桀坐死者数百人"。又如史丹家族，四人封侯，至卿大夫二千石者十余人，"皆讫王莽乃绝"②。这些强大的家族之所以迅速败亡，主要是受到王莽的打击；东汉时，这些家族已默默无闻，见不到官宦谱系延续。有些豪族则选择逃避，如杨震父杨宝，拒绝与王莽合作，隐居教授，后来"遂遁逃，不知所处"。杨宝不为官，则家族不显。相反，顺从依附者，家族得以延续并显荣。比如崔篆兄崔发，"以佞巧幸于莽，位至大司空"③。又如张汤后人张纯，"以敦谨守约，保全前封"。张氏家族"经历篡乱"，仍能"保国持宠"，靠的是"敦谨守约"，其中最根本的是服从皇权意志。

政治动乱是豪族衰败的重要原因，而且贯穿两汉豪族发展演变的过程中。这样的例子很多："世为著姓"的寇恂家族盛极一时，汉桓帝时，寇荣被人"陷以罪辟，与宗族免归故郡"，寇荣上书申辩，桓帝"省章愈怒，遂诛荣。寇氏由是衰废"。④ 耿纪因曹操篡汉，遂谋起兵诛操，"不克，夷三族。于时衣冠盛门坐纪罹祸灭者众矣"。东汉外戚豪族梁氏专权，威胁

① 洪适：《隶释 隶续》卷一《孟郁修尧庙碑》，北京：中华书局，1985年，第12页。
② 班固：《汉书》卷八二《史丹传》，北京：中华书局，1962年，第3379页。
③ 范晔：《后汉书》卷五二《崔骃列传》，北京：中华书局，1965年，第1703页。
④ 范晔：《后汉书》卷一六《寇恂列传》，北京：中华书局，1965年，第627—633页。

皇权而遭到打击，邓氏则遵从皇权，"自祖父禹教训子孙，皆遵法度，深戒窦氏，检敕宗族，阖门静居。……天下称之"①。从汉代豪族家族、宗族兴衰看，皇权支配是绝对的，我们还看不到权力和地位不源于皇权，而是来自世代相承的家族势力这种现象，不存在可以摆脱皇权支配而独立存在的豪族社会势力。从通经入仕的制度渠道看，豪族要依赖皇权，他们倾向于把自己的宗族利益寄托于一姓皇朝。"所以东汉宗族虽然社会影响很大，但对于朝廷并不敢轻启觊觎之心。"② 汉代豪族并没有突破王权体系，王权是绝对的，它以其完善的体制和强化的观念控制整个社会。因此，不能将东汉的"豪族政治"理解绝对化。

第六，士族化豪族进一步分化，出现门阀世族，门第观念产生。关于这方面，将在下节详述。

第四节　门阀士族的形成

汉代豪族发展的最高形态是门阀士族的形成，"累世经学"造成"累世公卿"，形成"世仕州郡"的权力垄断和数世"三公"的官职家族化。东汉时期出现的相关称谓，反映了士族化豪族向门阀士族的转变。东汉出现以前所未有的新的称谓，如"豪族""豪姓""族姓""著姓""冠族""显姓""甲族""首族""高门""阀阅""名德旧族""家世衣冠"等，这些称谓与"寒门""细族孤门""寒家""单家""单寒""小姓""小族""细族""孤宦之族""陋宗"形成鲜明对比，标榜家族门第、德望，说明社会上门第阀阅观念逐渐形成。东汉中期，门阀士族已见雏形，东汉末年已经形成。进入魏晋，门阀士族成为最有影响的社会阶层。

对于东汉是否已形成门阀士族，人们有不同的看法。沈约主张汉代本无士庶之别。③ 裴子野则倾向于汉代已经出现士庶门第之分，只不过不像

---

① 范晔：《后汉书》卷一六《邓禹列传》，北京：中华书局，1965年，第616页。

② 田余庆：《东晋门阀政治》，北京：北京大学出版社，2012年，第325页。

③ "周、汉之道，以智役愚，台隶参差，用成等级；魏晋以来，以贵役贱，士庶之科，较然有辨。"沈约：《宋书》卷九四《恩幸列传》序，北京：中华书局，1974年，第2302页。

魏晋时期那样严格典型。① 关于门阀世族形成的原因，学者们从政治、经济、文化、制度等方面进行了探讨②，此不赘述。从豪族发展看，世族门阀是豪族士族化、世官化的结果。在形成门阀世族的各种原因中，经济基础固然重要，但权力和文化的互动循环则是关键。从史料中可以看到，有的家族虽富有，但仍被视为"单家"，而有的家族并不富裕，但仍被认为是士族。刘泽华先生提出士人—官僚—地主生态循环圈，豪族的士族化就是豪族家族反复实现这一循环圈的过程。在这个循环圈中，包括文化、政治和经济三要素，文化是基础，经济是保障，权力是根本，三者中权力最为重要。

从门阀士族的形成发展史看，门阀士族经历了较长的发展过程。从东汉豪族士族化看，门阀士族在东汉后期已经形成。东汉的世族（士族）与魏晋士族最大的不同在于后者在政治、经济、文化等各方面的利益都实现了制度化。有人认为很多魏晋士族不是东汉豪族的延续，进而认为魏晋士族与东汉豪族不存在内在联系。这一看法是值得商榷的。东汉以来，豪族发展迅速，向士族演变，一些家族演化成为魏晋士族。在东汉末年的社会动荡中，当时许多士族在动乱中难免没落，尤其是当时的一些名望家族，在动荡中受到的冲击更大，随着皇权的更替，家族没落可能更快。这些家族在魏晋士族中不再占有重要地位，这便给人们造成一种错觉，似乎魏晋士族与东汉豪族不存在内在演进关系。而我们认为，动乱时代一些家族的兴衰并不能说明豪族向士族转化的"断层"或终结，也不能否定豪族向士族演进的基本原理和路径。刘增贵说："如果从士族整体的角度来看，汉魏士族社会的发展显然是连续的，个别家族的生沉只是士族内部的变动，而其整个体制仍然延续下来，并得到进一步的发展，所以三国之创业，皆

---

① "迄于二汉，尊儒重道，朝廷州里，学行是先。虽名公子孙，还齐布衣之士，士庶虽分，而无华素之隔。有晋以来，其流稍改，草泽高士，犹厕清涂。降及季年，专称阀阅。"马端临著，上海师范大学古籍研究所、华东师范大学古籍研究所点校：《文献通考》卷二八《选举考一》，北京：中华书局，2011 年，第 819 页。

② 比如，周天游：《论东汉门阀形成的标志——东汉门阀问题研究之一》，《西北大学学报（哲学社会科学版）》，1989 年第 3 期；《论东汉门阀形成的经济因素——东汉门阀问题研究之二》，《史林》，1989 年第 1 期；《东汉门阀形成的上层建筑诸因素——东汉门阀问题研究之三》，《学术界》，1989 年第 5 期。

有赖于士族，甚至魏晋的递嬗，也不妨视为汉末士族、宦官两种不同性质家族之延续。士族的政治特权在汉代已形成，公门有公，卿门有卿已非罕见，而门户的高寒、家族的传统、礼法的强调都已出现，魏晋以下只不过进一步的发展，并将其地位制度化、法典化而已。"① 同时要注意的是，所谓魏晋时期兴起的士族，实际上也不是一时之勃兴，而是经历了东汉末年以来"默默无闻"的积累，这种"积累"一定是遵循了汉代豪族形成发展的基本原理。魏晋士族不是一夜之间形成的，而是经历了漫长的发展阶段。田余庆认为，东汉的世家大族，是魏晋士族先行阶段的形态。② 唐长孺认为，南北朝的士族家系，很多可以推到东汉乃至西汉。③ 这些看法符合皇权支配社会原理和豪族形成演变的历史实际。魏晋士族门阀有三个来源：其一是汉代的士（世）族化豪族，即世家大族延续到魏晋并持续发展；其二是汉末的大姓、著姓、姓族和世仕州郡的地方家族在魏晋时上升为士族；其三是魏晋时新兴起的士族。第一种来源说明，汉代豪族与魏晋士族有着内在联系，是延续发展。第二种来源说明，豪族发展为士族门阀的基本原理没变，他们在汉代原有的发展基础上，加之在魏晋获得了更充分的制度保障而发展为士族。第三种来源说明，在魏晋门阀士族制度保障下，一些姓族取得特殊的地位。这三种来源形成的士族只有新贵族和旧贵族之分，并无本质区别。这说明，由豪族进而发展到士族门阀的基本原理没有改变。④ 因此，从汉代豪族到魏晋士族是一种历史的延续。"如果就社会阶层演变的整体言之，魏晋士族确是东汉世家大族发展的延续。没有东

---

① 刘增贵：《汉代豪族研究——豪族的士族化与官僚化》，台湾大学历史学研究所博士学位论文，1985年，第357页。

② 田余庆：《东晋门阀政治》，北京：北京大学出版社，2012年，第315页。

③ 唐长孺：《门阀的形成及其衰落》，《武汉大学人文科学学报（历史专号）》，1959年第8期。

④ 田余庆认为，魏晋门阀士族政治是皇权政治在特殊条件下出现的变态，"它的存在是暂时的。它来自皇权政治，又逐步回归于皇权政治"。"王与马共天下"这种极端的世族政治"只是表明王马之间，也就是士族与皇权之间的关系，由于特殊的原因，暂时处于不平常和不正常的状态"。历史演进的最终结果是"门阀政治回归皇权政治"。田余庆：《东晋门阀政治》，北京：北京大学出版社，2012年，"自序"第1-2页，第324-331页。

汉世家大族的存在，就不可能出现魏晋士族阶层。"① 论魏晋门阀士族渊源，不能只限于魏晋，而应上溯到东汉，这样才能找到魏晋门阀士族发展的历史源头和内在逻辑。

一、"阀阅"含义的变化

"阀阅"原本指个人资历、功次。颜师古解释曰："伐，积功也。阅，经历也。"② 西汉时期，"阀阅"的本义没有变化。到东汉时期，"阀阅"的本义出现变化，人们用"阀阅"指称世代官宦、拥有德望的高门大族，即士（世）族。《后汉书·章帝纪》诏曰："每寻前世举人贡士，或起畎亩，不系阀阅。"③ 汉章帝所说前世举人贡士指的是西汉的情况，是针对东汉当时"选举乖实"而言。此处阀阅与畎亩相对，不是指功劳，显然是指门第。东汉时，"阀阅"门第显得更为重要，"士宜以才行为先，不可纯以阀阅"④，这里的阀阅包含有门第的含义。东汉中期，举士重家族门第日益明显，阀阅成了门第的代名词。时人王符批评选举重阀阅门第，"贡荐则必阀阅为前"⑤。这里的"阀阅"指的是家族门第官位。王符反对俗士论人之贤愚、君子小人"必以族""必以位"的门第观念，主张"论之不可必以族""不可必以位""人之善恶，不必世族"。⑥ 东汉末年，著名思想家仲长统也对选举重族姓阀阅提出批评。他认为士有三俗，其中之一就是"选士而论族姓阀阅"⑦。仲长统所说的阀阅指的就是世族门第。

由上述可见，至迟到东汉中后期，"阀阅"的含义已经发生变化，用

① 田余庆：《东晋门阀政治》，北京：北京大学出版社，2012年，第316页。

② 班固：《汉书》卷六六《车千秋传》，北京：中华书局，1962年，第2884页。

③ 范晔：《后汉书》卷三《肃宗孝章帝纪》，北京：中华书局，1965年，第133页。

④ 范晔：《后汉书》卷二六《韦彪列传》，北京：中华书局，1965年，第918页。

⑤ 王符著，汪继培笺，彭铎校正：《潜夫论笺校正》卷八《交际》，北京：中华书局，1985年，第355页。

⑥ 王符著，汪继培笺，彭铎校正：《潜夫论笺校正》卷一《论荣》，北京：中华书局，1985年，第34-36页。

⑦ 仲长统撰，孙启治校注：《昌言校注·佚文》，北京：中华书局，2012年，第423页。

来指代门第。"声荣无晖于门阀，肌肤莫传于来体"[1]，"君真识孤家门阀阅也"[2]，这些语句中，阀阅与家族结合在一起，具有门第的含义。[3]"阀阅"含义的转变说明豪族门第观念的成熟，门阀世族出现。

"阀阅"含义的转变，是以东汉豪族世官化为背景，伴随着豪族士族化而出现。东汉有很多"累世宠贵""与汉兴衰""世仕州郡""世为郡吏"的家族，这样的家族由豪族演变而来，在发展过程中不断儒化、官僚化，进而士族化或世族化。士族化或世族化的本质是文化与权力的世代结合，也是士大夫与宗族的世代结合，其最高标志便是突出政治地位和家族、宗族门第的"门阀"世族的形成，产生门第高低、士庶有别的观念和区分。这种门第高低、士庶有别的观念已经深深影响到选举制度，呈现权力的豪族垄断和某些重要官职的家族垄断。东汉中后期，这种趋势日益明显。东汉三公统领尚书之权，掌兼机密，往往左右政局，因此基本上由豪族担任。"东汉的尚书令、尚书仆射和诸尚书基本上由豪门士族或其亲信担任，在可知的三十四位尚书令中，除曹节以中常侍的资格兼领此职外，均由世族担任。……可见豪门世族已把中央的实权控制在手中。"[4]日本学者永田英正统计东汉太尉64人，其中由孝廉而为太尉者19人，占比为31%，而由孝廉为太尉者多出身于高官豪族之家。[5]也就是说，东汉近三分之一的太尉是在豪族家族中产生，显示了豪族对某些重要官职的垄断倾向。一些豪族家族世代把持三公职位，如刘恺、刘茂父子再世三公；赵典兄子谦，谦弟温，相继为三公[6]；黄琼及孙黄琬为三公；许敬、许训、许

---

① 范晔：《后汉书》卷七八《宦者列传》论曰，北京：中华书局，1965年，第2537页。

② 陈寿：《三国志》卷五三《吴书·张纮传》注引《吴书》，北京：中华书局，1982年，第1244页。

③ 刘增贵：《汉代豪族研究——豪族的士族化与官僚化》，台湾大学历史学研究所博士学位论文，1985年，第52页。

④ 周天游：《东汉门阀形成的上层建筑诸因素——东汉门阀问题研究之三》，《学术界》，1989年第5期。

⑤ 永田英正：《漢代の選挙と官僚階級》，《東方学報》，1970年第41册。

⑥ 范晔：《后汉书》卷二七《赵典列传》，北京：中华书局，1965年，第949页。

相祖孙为三公；杨震家族四世"三公"；袁绍家族"四世五公"等。东汉的公卿职位，已经出现家族垄断趋势，只是尚未完全达到"'上品无寒门，下品无世族'。高门华阀有世及之荣，庶姓寒人无寸进之路"① 的程度而已。刘增贵说："各类豪族也都向士族官僚转化，逐渐凝成中古士族的雏形，为门阀的固定化揭开了序幕。"②

二、阶层内部的等级分化

从贯穿两汉的豪族家族看，到东汉中后期，多位一体世代官宦的士（世）族与一般单一的社会势力已经有了明显的社会身份区别，世代高官的中央化豪族日益被推崇，出现"阀阅""高门""甲胄"等称谓，这些称谓都指向家族门第和德望俱高的门阀世族，士、庶之别产生。

史籍中的相关词语告诉我们，东汉时期豪族内部进一步分化的事实，如"累世二千石""世吏二千石""世为二千石""累世台辅""世位相承""世为著姓""家世衣冠""世为族姓""家世名族""代为冠族""家世冠族""家世大姓冠盖""世为豪族""世为乡里著姓""累登卿相""世代簪缨""四世五公""五世二千石""七世二千石卿校""家代为汉将相名臣""世仕州郡为冠盖"等。这些词语都突出强调家族权力的"世代""累世"延续，可见门阀的确立主要取决于政治地位，因此世代官宦不断是门阀世族的根本特征。

与门阀世族相对，则是世代单微的家族。吴郡人高彪，"家本单寒，至彪为诸生，游太学"③。朱宠自谓"吾本寒贱诸生"④。丁原"本出自寒

---

① 赵翼著，王树民校证：《廿二史札记校证》卷八《九品中正》，北京：中华书局，1984 年，第 167 页。

② 刘增贵：《汉代豪族研究——豪族的士族化与官僚化》，台湾大学历史学研究所博士学位论文，1985 年，第 59 页。

③ 范晔：《后汉书》卷八〇下《文苑列传·高彪》，北京：中华书局，1965 年，第 2649 页。

④ 朱宠：《遗令》，陈延嘉、王同策、左振坤主编：《全上古三代秦汉三国六朝文》之《全后汉文》卷五六，石家庄：河北教育出版社，1997 年，第 542 页。

家，为人粗略"①。王充出身于"细族孤门"②，为乡里不齿，其仕宦也屡
遭同僚轻视排摈，其原因主要在于"宗祖无淑懿之基，文墨无篇籍之遗，
虽著鸿丽之论，无所禀阶，终不为高"。王充强调的家族官宦、文化与德
望，正是士（世）族所具有的特征，而为单门、寒家所无。东汉末年严
幹、李义的事例更为典型：

> 严幹字公仲，李义字孝懿，皆冯翊东县人也。冯翊东县旧无冠
> 族，故二人并单家，其器性皆重厚。当中平末，同年二十余，幹好击
> 剑，义好办护丧事。冯翊甲族桓、田、吉、郭及故侍中郑文信等，颇
> 以其各有器实，共纪识之。会三辅乱，人多流宕，而幹、义不去，与
> 诸知故相浮沈，采樵自活。逮建安初，关中始开，诏分冯翊西数县为
> 左内史郡，治高陵；以东数县为本郡，治临晋。义于县分当西属，义
> 谓幹曰："西县儿曹，不可与争坐席，今当共作方床耳。"遂相附结，
> 皆仕东郡为右职。③

从此事例可知，当时已经形成鲜明的家族门第之分，冯翊东县旧无
冠族、甲族，故严幹、李义二人均出身单家。正是因为门第观念，单家
在社会上受到歧视，"不可与争坐席"，士庶不可能平起平坐。又如东汉
末薛夏的事例，也说明士庶分野。天水人薛夏，博学有才，"天水旧有
姜、阎、任、赵四姓，常推于郡中，而夏为单家，不为降屈。四姓欲共
治之，夏乃游逸，东诣京师"④。薛夏为单家，而姜、阎、任、赵四姓为

---

① 陈寿：《三国志》卷七《魏书·吕布传》注引《英雄记》，北京：中华书局，1982
年，第219页。

② 王充著，黄晖撰：《论衡校释》卷三〇《自纪篇》，北京：中华书局，1990年，第
1205页。

③ 陈寿：《三国志》卷二三《魏书·裴潜传》注引《魏略》，北京：中华书局，1982
年，第674页。

④ 陈寿：《三国志》卷一三《魏书·王朗传》注引《魏略》，北京：中华书局，1982
年，第421页。

有势力的世族①，他们排挤薛夏，在一定意义上反映了汉末士庶门第观念，说明社会阶层分化日渐加强。世族与国家权力结合密切，国家在制度上保护门阀世族的利益，社会在观念上推崇门阀世族的门第。"故法禁屈挠于埶族，恩泽不逮于单门。"② 这里的势族自有强势之族之意，但与单门相对，亦是世族。单门主要是指政治上缺少官宦，非官宦世家。如京兆人隗禧，"世单家"③。冯翊高陵人张既，"世单家……自惟门寒，念无以自达"④。与高门相对的还有"微门"⑤，与单门相同。当时的世族豪门，均以地望、官宦为标榜，而出身"家世衣冠"的尹勋，"独持清操，不以地埶尚人"⑥。杨震玄孙杨奇，亦"不以家势为名"⑦。所谓不以地势尚人，不以家势为名，恰恰反映了某些家族门第之盛，可见东汉士庶之别已经产生。

　　在豪族内部，也因任职级别和官位高低产生分化。《潜夫论》提到"京师贵戚，郡县豪家……宠臣贵戚，州郡世家"⑧，虽讲得都是豪族，但还是有层次区分。"世为二千石"和"继世郎吏"⑨ 也表现为由官职高低

---

　　① "四姓"是汉代称谓豪族世家的常用语。如"四姓，为国中名族，常与单于婚姻"。（范晔：《后汉书》卷八九《南匈奴列传》，北京：中华书局，1965 年，第 2945 页。）"永平九年，显宗为四姓小侯开学于南宫，置《五经》师。"（范晔：《后汉书》卷四五《张酺列传》，北京：中华书局，1965 年，第 1528 页。）"然公族子弟及吴四姓多出仕郡。"（《三国志》卷五六《吴书·朱治传》，北京：中华书局，1982 年，第 1305 页。）

　　② 范晔：《后汉书》卷八〇下《文苑列传·赵壹》，北京：中华书局，1965 年，第 2631 页。

　　③ 陈寿：《三国志》卷一三《魏书·王朗传》注引《魏略》，北京：中华书局，1982 年，第 422 页。

　　④ 陈寿：《三国志》卷一五《魏书·张既传》注引《魏略》，北京：中华书局，1982 年，第 473 页。

　　⑤ 陈寿：《三国志》卷一一《魏书·邴原传》注引《原别传》，北京：中华书局，1982 年，第 352 页。

　　⑥ 范晔：《后汉书》卷六七《尹勋列传》，北京：中华书局，1965 年，第 2208 页。

　　⑦ 谢承：《后汉书》卷四，收入周天游辑注：《八家后汉书辑注》，上海：上海古籍出版社，1986 年，第 89-90 页。

　　⑧ 王符著，汪继培笺，彭铎校正：《潜夫论笺校正》卷三《浮侈》，北京：中华书局，1985 年，第 137 页。

　　⑨ 洪适：《隶释　隶续》卷四《武都太守李翕西狭颂》，北京：中华书局，1985 年，第 52 页。

所决定的家族地位的区别。日本学者东晋次论及汉代豪族社会的层级性，提出以官职高低将豪族分为"士大夫豪族"和"非士大夫豪族"，认为"士大夫豪族"包括众多中央、地方官僚和郡吏；"非士大夫豪族"也包括士大夫，但为官多限于县一级。①汉碑中的一些资料也反映了这种分化。我们认为，豪族内部因形态演进程度不同而出现分化，主要呈现中央化士族和地方豪族之别。"郡县掾史，并出豪家，负戈宿卫，皆由势族"②，虽然这种区别尚不如魏晋门阀政治那样"下品无高门，上品无贱族"，但也不可低估。

　　在汉代，中央化士族和地方豪族之别主要体现在权力的大小，而文化的区分还不是十分重要。据《后汉书·酷吏列传》载："（周纡）征拜洛阳令。下车，先问大姓主名，吏数间里豪强以对。纡厉声怒曰：'本问贵戚若马、窦等辈，岂能知此卖菜佣乎？'"这是以家族官阀和权力大小区分家族的社会地位，充分说明了豪族的内部分化。马融曾对比世宦名门与一般家族出身的士人风尚，分析他们的优缺点。他将京师"列将子孙"与"州郡之士"相对③，也就是中央化士族和地方豪族之别，可见阶层分化明显。豪族内部既有分化，自然形成不同的政治社会地位，各自的理想追求也不同，豪门子弟往往出任高官，鄙视卑官微职。比如梁竦，出身豪门，自负其才，不愿为小官。"尝登高远望，叹息言曰：'大丈夫居世，生当封侯，死当庙食。如其不然，闲居可以养志，《诗》《书》足以自娱，州郡之职，徒劳人耳。'"梁竦看不上州郡之职，"后辟命交至，并无所就"。④而一般的地方郡县豪族，出仕地方则已经很满足了。

三、门第观念的形成

　　随着豪族士（世）族化，阶层内部出现分化，门第观念随之产生，并

　　① 东晋次：《後漢時代の政治と社會》，名古屋：名古屋大学出版会，1995年，第267–279页。

　　② 沈约：《宋书》卷九四《恩幸列传》，北京：中华书局，1974年，第2301页。

　　③ 范晔：《后汉书·五行志》注引《马融集》，北京：中华书局，1965年，第3366页。

　　④ 范晔：《后汉书》卷三四《梁统列传》，北京：中华书局，1965年，第1172页。

成为门阀世族维护政治、社会地位的意识形态工具。当然，东汉时期只是门阀士族的形成时期，门第观念并非十分严格，尚不能与两晋时期门阀士族相比。

古代里有里门，即闾。里中民户各有门。一般平民家的门叫"户"，为单扇的小门；士以上的贵族叫"门"，为两扇的大门，多是指有室堂庭结构单位的外门。因此"门"是家族等级地位的象征。① 东汉时期，出现许多指称豪族的新称谓，如"高门""盛门""高胄""首族""甲族""甲胄""冠族""豪族""姓族""旧族"等，强调门第与族势，与"寒门""孤门""单门""微门""单家""小家""单寒""单微""小族""细族孤门""小姓""小族陋宗""孤宦之族"相比，有了明确的门第高低区分。当时上自帝王，下到百姓，门第观念为人们普遍接受。刘秀曾诏曰："公侯子孙，必复其始，贤者之后，宜宰城邑。"② 显然这是对门第的肯定。

据《后汉书·马武列传》记载："帝后与功臣诸侯宴语，从容言曰：'诸卿不遭际会，自度爵禄何所至乎？'高密侯邓禹先对曰：'臣少尝学问，可郡文学博士。'帝曰：'何言之谦乎？卿邓氏子，志行修整，何为不掾功曹？'"刘秀"卿邓氏子"一句，显然是对邓氏高看一眼，强调的是邓氏门第。在当时人看来，邓氏家族出身者可为功曹。汉代功曹，虽为地方掾属，但功曹负责官职选任，为郡县右职，权力很大，几乎为地方豪族所垄断，非一般出身所能获得。东汉时期，凭借族势门第，豪族子弟在出仕上获得优势。东汉末年，吴郡"公族子弟及吴四姓多出仕郡，郡吏常以千数"③。豪族子弟把出仕为官视为理所应当，公孙瓒对此十分不满，他对"衣冠子弟有材秀者，必抑使困在穷苦之地。或问其故，答曰：'今取衣冠家子弟及善士富贵之，皆自以为职当得之，不谢人

---

① 刘增贵：《门户与中国古代社会》，《"中研院"历史语言研究所集刊》第 68 本 4 分册，1997 年，第 818 页。

② 范晔：《后汉书》卷二七《杜林列传》，北京：中华书局，1965 年，第 939 页。

③ 陈寿：《三国志》卷五六《吴书·朱治传》，北京：中华书局，1982 年，第 1305 页。

善也.'"① 由此可以看出，衣冠家子弟对家族门第的依恃。公孙瓒的做法反映了东汉末年豪门与单门之间的对立。东汉后期，门第观念已根深蒂固，世族门阀在政治上、德望上有着天然的优势，"夫世臣、门子，鬐御之族，天隆其祜，主丰其禄。抱膺从容，爵位自从，摄须理髯，余官委贵。其取进也，顺倾转圆，不足以喻其便；逡巡放躄，不足以况其易。夫夫有逸群之才，人人有优赡之智"②。"公侯之胄，必复其始"③，"圣贤之后，必有达者"④。在社会上，人们崇尚家族"门第"，产生世族天生贵"种"而自当优先的心理认可，这是与世族门阀的形成相适应的。

门第观念形成，小家、寒门不得不屈服于高门、豪门。"李元礼一世龙门，时同县聂季宝小家子，不敢见元礼，杜周甫知季宝贤，不能定名，以语元礼，元礼呼见，坐置砌下牛衣上，一与言即决曰'此人当作国士'，后卒如元礼言。"⑤ 高门世族掌握话语权，士庶之别有如云壤，而小家、寒门只得接受"士庶天隔"这一现实。

门第观念是门阀世族形成的反映，其最大特征是强调家族、宗族门第，而构成门第的要素主要是官阀、族势、令德和家风。

如前所述，豪族的发展趋势是官僚化、世官化，也即士（世）族化。在豪族士（世）族化过程中，权力与文化再生产是根本，尤其是权力起着决定性的作用。门阀世族是豪族发展的最高形态，从权力角度看，门阀世族与国家权力体系结合最为密切，世代拥有国家高层权力，为官至少是二千石高官。因此，论东汉门阀，首先强调的是家族、宗族官阀，家族、宗

---

① 陈寿：《三国志》卷八《魏书·公孙瓒传》注引《英雄记》，北京：中华书局，1982年，第244-245页。

② 范晔：《后汉书》卷六〇下《蔡邕列传下》，北京：中华书局，1965年，第1985页。

③ 《太尉杨震碑》，洪适：《隶释　隶续》卷一二，北京：中华书局，1985年，第136页。

④ 《先生郭辅碑》，洪适：《隶释　隶续》卷一二，北京：中华书局，1985年，第142页。

⑤ 《广博物志》卷三一引《李膺家录》。顾櫰三：《补后汉书艺文志》，二十五史刊行委员会编：《二十五史补编》（第二册），北京：中华书局，1955年，第105页。

族为高官者（中央化）世代不断且人数众多，则门第自然越高，如弘农杨震家族、颍川袁绍家族等。反之，"单家""单门"之所以门第单微，不仅在于经济实力在一般情况下无法和门阀世族相比，更在于官阀无法和门阀世族并论。有的家族经济上很富有，但仍被称单家、单门，如"世单家富，……自惟门寒"的张既。张既家富，却自认为"门寒"，这种门寒、单微、孤微感主要是因为家族无人为官或为官职位较低，家族缺少政治力量为依托。可见，是否为门阀世族不仅仅是依据经济实力之大小，更取决于政治社会地位之有无。

权力决定家族、宗族地位，门单则族孤势弱，豪门则族众势强。寒门、单微之家在选举上毫无优势，任职卑微，如颍川陈寔，出于单微，少为县吏，常给事厮役。① 而世族子弟则占尽先机，往往年少即为右职都邮，或"幼而宿卫，弱冠典城"，显然这是家族门第所造成的。寒门、单微之家子弟既无家族背景，也无社会关系依托，若要在仕途上出人头地，要比豪族子弟付出更多努力。张既出身单家寒门，只能为郡小吏，"自惟门寒，念无以自达"。为谋求晋升机会，"乃常畜好刀笔及版奏，伺诸大吏有乏者辄给与，以是见识焉"。② 张既之举，可谓用心良苦。相反，世族子弟、"衣冠子孙"出仕则"径路平易，位极州郡"③，而且"皆自以为职当得之，不谢人善也"。可见，这两种不同的为人处世态度和做法，皆由家族门第势力所造成。

门第高低与豪族家族、宗族族势大小相关，相应的豪族指称也说明了这一点。从世（士）族家族、宗族角度看，与世族相应的称谓有"甲族""首族""势族""豪族""姓族""旧族"等，这些称谓都强调家族、宗族，门第与族势相连，说明门阀世族族势强大。时人赵壹说："故法禁屈挠于执族，恩泽不逮于单门。"单门、寒门缺少官阀，无家族、宗族为依

① 详情请参见范晔：《后汉书》卷六二《陈寔列传》，北京：中华书局，1965年，第2065页。
② 陈寿：《三国志》卷一五《魏书·张既传》注引《魏略》，北京：中华书局，1982年，第473页。
③ 范晔：《后汉书》卷四八《霍谞列传》，北京：中华书局，1965年，第1616页。

恃，势单力孤，与此相对应的称谓则是"单家"①、"单寒"、"单微"、"孤宦之族"、"小族"、"细族孤门"、"小姓"、"小族陋宗"② 等。上述这些不同的称谓，表明豪门与单门、孤门、单家的门第之别，而这种门第之别与族势密切相关。门第和权力结合，官阀与族势不分，门第高低主要以官位、族势大小为标准。

门第之形成，也与家族、宗族成员德望密切相关。门第是累世官阀和累世德业的结合，在社会的普遍观念中，门第的高低取决于家族累世官位的高低，但我们也看到，家族德望对门第声望也产生了很大影响。在儒学的浸染下，豪族的家学以儒学为主，因此累世经学决定了豪族精神世界的基本风貌。③ 儒学强调伦理道德，因此符合儒学的德望为人们所看重，成为家族门第的表征。在门第观念日盛的背景下，门第越高，德望也越高；家族"令德"声望为世人所称，"有累世之美"，也能提高门第声望。

"德望"标明门第，"德望"来自门第，门第越高，声望越好，"执家多所宜，咳唾自成珠"④。汉桓帝时，尚书令陈蕃等上疏推荐徐稺、袁闳、韦著，桓帝问陈蕃曰："徐稺、袁闳、韦著谁为先后？"陈蕃对曰："闳生出公族，闻道渐训。著长于三辅礼义之俗，所谓不扶自直，不镂自雕。至于稺者，爰自江南卑薄之域，而角立杰出，宜当为先。"袁闳出身公族，韦著"为三辅冠族"，都是豪门出身，陈蕃称赞二人"不扶自直，不镂自雕"，是"王侯将相有种"，这是对门阀世族的先天"血统"的肯定。徐稺出自江南卑薄之域，无家族仕宦和宗族族势背景，却能经过努力而"角立杰出"，实属不易。因此陈蕃认为徐稺"宜当为先"。陈蕃虽然提拔了徐稺，却反映了当时寒微之门出人头地之难，人们普遍存在以门第判断德望

---

① 陈寿：《三国志·魏书·裴潜传》注引《魏略·严幹李义传》，北京：中华书局，1982年，第674页。

② 陈延嘉、王同策、左振坤主编：《全上古三代秦汉三国六朝文》之《全后汉文》卷七一，石家庄：河北教育出版社，1997年，第676页。

③ 崔向东等：《汉代豪族文化与精神世界研究》，哈尔滨：黑龙江人民出版社，2019年，第198–214页。

④ 范晔：《后汉书》卷八〇下《文苑列传·赵壹》，北京：中华书局，1965年，第2631页。

的心理和观念。《三辅决录》载张芝《与李幼才书》曰："弭仲叔高德美名，命世之才。非弭氏小族所当有，新丰瘠土所当出也。"① 同样反映了当时社会的普遍观念。在人们看来，门第越高，越具有天生应该的"高德美名"。弥氏小族，不配有高德美名，且弥氏小族与新丰瘠土对应，家族声望受门第影响，东汉"世重高门，人轻寒族，竞以姓望所出，邑里相矜"②，族势弱小，门第不高，则地望无闻，声望不盛。

门阀德望包括德、才、学、识多个方面，是家族成员素质和品质的表现。在儒学"大传统"下，德望必须符合儒家伦理道德要求。德望之形成来自两个方面，一是个人的出色表现。如会稽陆闳，"世为族姓，笃行好学，聪明有令德"③。二是家族、宗族的文化传统，要上有贤父兄、下有佳子弟的一代代积累。如杨震家族，累世经学，世代公卿，"为东京名族"④，"能守家风，为世所贵"⑤。所谓名族，包含了对门第德望的认可。弘农杨氏家族在儒学熏染下，形成德、才、学、识兼有的德望。杨氏世传经学，杨宝习《欧阳尚书》，杨震师从桓郁学习《欧阳尚书》，被称为"关西孔子"，教授生徒数十年。杨震子杨秉，少传父业，兼明《京氏易》。杨秉子杨赐，"少传家学"，教授门徒。杨赐子杨彪，亦"少传家学"。杨氏世传经学，这对家风的养成和士人精神的培养至关重要。杨震清廉公正，不受私谒，"昭令德以示子孙"。他不屈权贵，对内宠横行、朝政昏暗深恶痛绝，多次上书强谏，最后杀身成仁。杨震子孙为官，颇有杨震风骨。杨秉"自为刺史、二千石，计日受奉，余禄不入私门"，以廉洁著称。杨彪为司空、司徒，忠于汉室，"尽节卫主，崎岖危难之间，几不免于害"，显示出

① 陈延嘉、王同策、左振坤主编：《全上古三代秦汉三国六朝文》之《全后汉文》卷六四，石家庄：河北教育出版社，1997年，第614页。
② 刘知己著，浦起龙通释，王煦华整理：《史通通释》内篇卷五《邑里》，上海：上海古籍出版社，2009年，第134页。
③ 《天中记》卷二，周天游辑注：《八家后汉书辑注》之谢承《后汉书》卷五《陆续》注二，上海：上海古籍出版社，1986年，第175页。
④ 范晔：《后汉书》卷五四《杨震列传》，北京：中华书局，1965年，第1790页。
⑤ 范晔：《后汉书》卷五四《杨震列传》注引《华峤书》，北京：中华书局，1965年，第1790页。

士大夫的浩然正气。名士孔融曾评价杨氏家族曰："杨公四世清德，海内所瞻。"德望的形成既非一日之功，也非一蹴而就，需要世代传承积淀，所谓"诗书之泽，衣冠之望，非积之不可"①。杨氏家族经过历代修为，为官廉洁，对君忠诚，"先公道而后身名，可谓怀王臣之节"，处事公正，为人清白，形成极高的门第德望。这种德望不但有助于提升家族、宗族门第，保证家族、宗族世代官宦，而且德望延续，形成了世代相传的门风，成为区别于其他世族的文化、精神标志。

德望与门第相互促进，德望无疑来自家族长久的积淀，但门第也有助于提高德望。尤其在世族形成并固化以后，德望更多依赖于门第。表面看来，德望来自家族文化熏陶和个人修养，表现为一种对权力和家族地位的超越，实则不然。德望恰恰与家族政治社会地位相联系，说明门第影响甚至决定德望。族势影响人们对一个人德望的判断，族势强大，年少亦有令德，这在东汉史料记载中并不少见。东汉后期，盛行人物风谣品评，汝南俗有"月旦评"②。这种议论、品评更多是以门第定德望、品位，世族门阀在品评中占有先天优势，结果造成"位成乎私门"。门第影响德望，德望成为选举和品行德才优劣的依据，应该是当时人们的普遍观念。

家风对门第形象有很大影响。家风即门风，表现为一种家族精神文化传统。"一种精神或行为方式在某一宗族内延续三代以上，便可视为某一家族之文化传统，构成其家风。家风是世族文化的基调和底色，具有相当的稳定性，世代相承。"③ 家风是家族长时期文化积累所形成的独特风格，体现在家族成员人生理想、行业操守、道德修养、文化学识和行为规范等方面。家风、门风的形成是豪族士族化的结果，士族的特质也即在于此。"所谓士族者，其初并不专用其先代之高官厚禄为其唯一之表征，而实以家学及礼法等标异于其他诸姓。……夫士族之特点既在其门风之优美，不

---

① 文徵明著，周道振辑校：《文徵明集》卷一八《相城沈氏保堂记》，上海：上海古籍出版社，1987年，第476-477页。

② 范晔：《后汉书》卷六八《许劭列传》，北京：中华书局，1965年，第2235页。

③ 王永平：《六朝江东世族之家风家学研究》，南京：江苏古籍出版社，2003年，第343页。

同于凡庶，而优美之门风实基于学业之因袭。"① 豪族家族世代不衰，在于有持续的家学和良好的家风。钱穆说："门第之所以赖以维系而久在者，则必在上有贤父兄，在下有贤子弟。若此二者皆无，政治上的权势，经济上之丰盈，岂可支持此门第而几百年而不弊不败?"② 钱穆所言，虽针对的是门阀士族鼎盛时期，但对于门阀初立的汉代而言，也是成立的。③

四、谱牒与门第

为了强化家族门第声望，世族都追溯族源并标榜先祖仕宦，以此来炫耀门第而抬升家族宗族地位。"家族传统的形成则在标榜各家族的独特风格，这是通过祖德与家族人物的强调、氏姓追溯与谱牒之学的成立、家族道德与家族教育的重视而形成的。"④ 门第观念形成的文化表现是世家大族日益注重家传、家谱、宗谱、别录、私传、耆旧传、先贤传、碑刻的修撰，通过谱牒来标榜族姓门第，适应门阀的政治需要。东汉时期，形成世家大族编撰家族、宗族谱牒之风，如《邓氏官谱》《崔氏家传》《李膺家录》《孔融别传》等。他们通过家谱、族谱、世颂、私传等修撰，"以赞贤圣之后，班族类之祖，言氏姓之出"，强调门第。还出现了专门记述姓氏源流的篇籍，如应劭的《风俗通义·氏族》，王符的《潜夫论·志氏姓》等。这些氏姓之书为门阀把持选举、区分士庶提供了依据。郡望与家谱相结合，使得整个社会世重豪门，人轻寒微，标榜族姓，崇尚郡望。这些家传、家谱、宗谱、别录、世颂、私传、先贤传、耆旧传等，"它们既是一座座门阀的'记功碑'，也是一篇篇门阀的自供状，使我们能从这些

---

①　陈寅恪：《唐代政治史述论稿》，上海：上海古籍出版社，1997年，第69-71页。

②　钱穆：《略论魏晋南北朝学术文化与当时门第之关系》，《中国学术思想史论丛》(三)，台北：东大图书公司，1978年，第155页。

③　钱穆说："一个大门第，决非全赖于外在之权势与财力，而能保泰持盈达于数百年之久；更非清虚与奢汰，所能使闺门雍睦，子弟循谨，维持此门户于不衰。当时极重家教门风，孝弟妇德，皆从两汉儒学传来。"钱穆：《国史大纲（修订本)》，北京：商务印书馆，1996年，第309-310页。

④　刘增贵：《汉代豪族研究——豪族的士族化与官僚化》，台湾大学历史学研究所博士学位论文，1985年，第306页。

断简残篇中，寻出门阀演变的蛛丝马迹，以揭示其历史的本来面目"①。

家传和家（族）谱是门阀世族标榜门第的主要形式。家传和家（族）谱在内容上很难完全区别开来，从一定意义上说，家传也就是家谱。家传即家族人物的史传，侧重重要人物事迹，用以激励、昭示子孙后代。如"代为名族"的何敞家族有《何氏家传》②，李膺家族有《李氏家传》，称李膺"岳峙渊清，峻貌贵重"。与家传性质相同的还有"世颂"，陆逊家族有《陆氏世颂》。③《家传》《世颂》主要记载家族人物的辈分、学问、官职、事迹和品行，通过对家族内部"贤父兄佳子弟"的强调和标榜，宣扬祖德，在精神上凝聚家族成员，提高家族门第声望。

家（族）谱侧重家族世系繁衍谱系，也涉及宗族内重要人物事迹。世族化豪族十分重视编修家谱、族谱，以此区别不同的宗族门第。《潜夫论·志氏姓》表现出对族谱的重视，所记载的各氏族，大多为世代官宦的显族、大姓。高门甲族多修家牒宗谱，各成私传。④ 此外，东汉时期出现的"郡书""别传""先贤传""耆录""耆旧传"等，也都记载地方世族名士，"矜其州里，夸其士族"。这些无疑都反映了世族的发展和"高门""甲族"门第意识的加强。

汉代碑刻（墓碑）也具有家谱的性质，反映了宣扬门第的倾向。目前所见汉代碑刻（墓碑），绝大多数出现于桓帝、灵帝时期，所记内容除墓主人生平外，多为墓主人家族姓氏来源、谱系传承、家族仕宦、经学传承和官僚活动，反映了墓主人家族、宗族的结合。尤其是碑阴，记载墓主人的门生故吏，充分说明墓主人复杂的社会关系。这些具备世代官阀、强大族势、学术传承和社会关系的墓主人家族、宗族，显然属于世家大族。刘

---

① 周天游：《东汉门阀形成的上层建筑诸因素——东汉门阀问题研究之三》，《学术界》，1989 年第 5 期。

② 范晔：《后汉书》卷四三《何敞列传》注引《何氏家传》，北京：中华书局，1965年，第 1480 页。

③ 陈寿：《三国志》卷五八《吴书·陆逊传》注引，北京：中华书局，1982 年，第1343 页。

④ 刘知己著，浦起龙通释，王煦华整理：《史通通释》内篇卷九《烦省》，上海：上海古籍出版社，2009 年，第 246 页。

增贵先生认为，汉代碑刻（墓碑）"正是士族发展成熟之后的产物，是世家大族地位的最佳见证"①。

汉碑中有许多碑刻记载家族世系十分详细，有的世系达数百年。如前述《赵宽碑》，自汉初以下世系详实可信，无疑是取自家族谱牒。从西汉初年赵氏先祖赵仲况，到东汉赵璜以上，共传 9 世②，涉及赵氏家族成员 26 人，家族支系 13 支，十分庞大。碑文突出先人事迹，或文或武，彰显官阀，宣扬家族、宗族门第声望。汉碑在追寻得姓之由、铺陈先祖谱系外，重点在于祖述家族历代人物名位功德。比如《中常侍樊安碑》，记载樊氏先祖和德业："厥祖曰仲山父，翼佐周宣……亦世载德，守业不愆……以帝元舅，显受茅土，封宠五国。寿张侯以功德加位特进，其次并以高声处卿校、侍中、尚书，据州典郡，不可胜载，为天下著姓。君幼以好学，治韩诗、论语、孝经，兼通记传。"③

门第与官阀密切相关，碑文中多有称颂家族、宗族世代官宦不断之语，如"牧守相亚""银艾相继""印绂相承""文武继踵""将相不辍""宠禄传于历世，荣勋著于王室"等，此类词语不一而足，突出家族官阀势力。比如《太尉李咸碑》曰："公讳咸，字元卓，汝南西平人。盖秦将李信之后，孝武大将军广之胄也。枝流叶布，家于兹土，文武继踵，世为著姓。曾祖父江夏太守，伯父东郡太守。公受纯懿之姿，粹忠清之节……征拜将作大匠、大司农、大鸿胪、太仆。……及迁台司，位太尉。"④ 这样的"著姓"强调的是官阀世传和门第声望，显然就是门阀世族。

强调门第，一定要标榜官阀，因此世族除修撰家谱、族谱外，还专门

---

① 刘增贵：《从碑刻史料论汉末士族》，《中国史新论：傅乐成教授纪念论文集》，台北：台湾学生书局，1985 年，第 321 页。

② 有学者认为君宣（或识读为真）当为仲况孙、翁仲弟，如此则赵氏世系为 11 世。然赵充国字翁孙，按古代排行用字规律，同一辈分字同，则仲况孙字翁仲，与赵充国应为同辈分。因此，赵氏自仲况至赵璜传九世。

③ 洪适：《隶释 隶续》卷六《中常侍樊安碑》，北京：中华书局，1985 年，第 78 页。

④ 《太尉李咸碑》，陈延嘉、王同策、左振坤主编：《全上古三代秦汉三国六朝文》之《全后汉文》卷七六，石家庄：河北教育出版社，1997 年，第 717 页。

有官谱，"诏书令功臣家各自记功状，不得自增加，以变时事"①。家族官谱最有代表性的是邓氏家族修撰的《邓氏官谱》，在家族谱系中突出官阀，显示了对官阀门第的重视、强调。官阀越高，世代不断，则家族、宗族门第声望越大。在汉碑中，盛赞家族、宗族门第的词语比比皆是，如"嵩高之门""天下著姓""世为名族""世为显姓""世为著姓""神明之洪族""世有令名""奕世载德"等，还有如"旧姓""旧门""旧族"，亦为仕宦之族，保有旧门户，不失官宦。② 这些词语标榜的是门第，是门第意识和社会心理的反映。在碑文中，还多强调家族、宗族的学术传承，详列经书名称，很多家族敦诗悦礼，世传家学，"世以礼乐为业"。《刘宽后碑》曰："以嵩高之门，好谦让之操。……周览五经，泛笃《尚书》。"③《竹邑侯相张寿碑》载张寿家族"为冠带理义之宗……敦崇经雅"④。弘农杨震家族，世代传经不绝，《后汉书》本传有详细记载，与汉碑相吻合。《繁阳令杨君碑》称杨氏"世授《尚书》，为国师辅"⑤。这些"著姓""名族"在政治上、文化上以及社会上均具有很高的地位和声望，他们以"姓""族"的著名区别于一般家族，已经是门阀士（世）族。

一块块矗立的汉碑，犹如家族的阀阅，不仅是陈氏族、列祖考，不忘先祖，更在于搬出祖上先贤来强调家族的悠久与门第之盛，尤其是明官阀，这是作为门阀世族所不可缺少的。汉代碑刻（墓碑），与其说是死者的墓碑，毋宁说是家族的丰碑，从门第标榜、宣扬角度看，更多不是为了死者，而是为了生人。

---

① 刘珍等撰，吴树平校注：《东观汉记校注》卷二二《散句》，北京：中华书局，2008 年，第 922 页。

② 刘增贵：《从碑刻史料论汉末士族》，《中国史新论：傅乐成教授纪念论文集》，台北：台湾学生书局，1985 年，第 322 页。

③ 洪适：《隶释 隶续》卷一一《刘宽后碑》，北京：中华书局，1985 年，第 125 页。

④ 洪适：《隶释 隶续》卷七《竹邑侯相张寿碑》，北京：中华书局，1985 年，第 88 页。

⑤ 洪适：《隶释 隶续》卷九《繁阳令杨君碑》，北京：中华书局，1985 年，第 104 页。

五、豪族婚姻与门第观念

门第观念的形成与固化还体现在豪族的社会关系构建上，其中婚姻关系最为明显。门第观念的形成表现在婚姻关系上便是讲究门当户对。西汉无士、庶之别，在婚姻上亦不重门第，贵贱之间通婚习以为常。但豪族大姓为了家族利益，也较为重视通婚对象的政治、经济和社会地位，豪族之间通婚已为常例。"先是，颍川豪桀大姓相与为婚姻，吏俗朋党。"赵广汉采用离间的办法使之相互结仇，瓦解当地豪族间的姻党关系，使得"奸党散落，风俗大改"。这说明颍川地方豪族大姓之间的联姻，更多的是考虑家族利益，门第观念尚不强，而且在赵广汉的打击下，还有所改变。西汉豪族婚姻不过多看重门第，还可从皇后的出身得到证明。西汉的皇后多出身一般人家，家族门第不高，这与东汉截然不同。到了东汉，随着世族的形成，婚姻重门第日盛。东汉皇后出身几乎全是世族大姓，邓氏、窦氏、梁氏、马氏皆"婚姻帝室"，世代为名族。[1] 在社会观念中，强调"贵种"，而皇室婚姻也深受门第观念影响。汉桓帝废邓皇后，田贵人见幸，欲立田贵人为后，群臣均因田氏出身贫贱而反对。[2] 陈蕃认为"田氏卑微，窦族良家，争之甚固"。最终，汉桓帝在群臣的反对下"乃立窦后"。[3] 陈蕃强调窦后出身良家，这里的良家是高门大族的同意语[4]，与田氏的卑微相对，无疑强调的是家族政治社会地位。

门阀注重婚姻双方的社会地位和家族性质，强调"门当户对"。公孙瓒的事例颇值得注意。公孙瓒虽"家世二千石"，符合门阀世族的政治标准，却因母亲出身微贱非世族高门而受到歧视，遂为郡小吏。可见此时门阀世族标准日趋固化，婚姻重门第，姻亲门第不高，同样不被认可。门阀

---

① 《司徒袁公夫人马氏碑》，陈延嘉、王同策、左振坤主编：《全上古三代秦汉三国六朝文》之《全后汉文》卷七七，石家庄：河北教育出版社，1997年，第721页。

② 范晔：《后汉书》卷四八《应奉列传》，北京：中华书局，1965年，第1608页。

③ 范晔：《后汉书》卷六六《陈蕃列传》，北京：中华书局，1965年，第2169页。

④ 刘增贵：《汉代豪族研究——豪族的士族化与官僚化》，台湾大学历史学研究所博士学位论文，1985年，第55页。

士族重门第家风，仲长统说："故姓族之门不与王侯婚者，不以其五品不和睦、闺门不洁盛邪？所贵于善者，以其有礼义也；所贱于恶者，以其有罪过也。"① 所谓"姓族"，也就是士人有族望②，即士人有家族、宗族背景，这样的"姓族"即门阀士族。在仲长统看来，王侯之家及其子弟，"生长于骄溢之处，自恣于色乐之中，不闻典籍之法言，不因师傅之良教，故使其心同于夷狄、其行比于禽兽也。长幼相效，子孙相袭，家以为风，世以为俗"。因此虽王侯之家，亦为门阀世族所轻视。

豪族与单家、寒门、细族门第不同，高下悬殊，因此互不通婚。这种婚姻隔离伴随着豪族社会的成熟与豪族社会关系网络的发展而日渐严密，门第相当而通婚成为东汉豪族通婚的常态。东汉实行"三互法"，即"婚姻之家及两州人士不得对相监临"。③ "三互法"中提到婚姻之家为官需要回避对方本籍，不得交互为官，恰恰说明婚姻之家的门第对等。对于东汉世家大族婚姻重门第，刘增贵先生曾有较为详细的研究，他在《汉代婚姻制度》一书中，列举豪族和大士族的婚姻情况，认为东汉豪族婚姻关系一般限于同郡门户相当者。"有不同郡的，皆由其家门第较高，乡里无相当之故，且多为高官，已不再是地方性的豪族。"④ 突破同郡的姻家，则更多是士（世）族化豪族，即门阀世族。

豪族发展的最高形态是门阀世族。豪族由累世经学而累世公卿，积久遂成门第。"及门第势力已成，遂变成变相的贵族。"⑤ 到了这一阶段，国家与社会的关系又发生新的变化，就门阀世族与皇权的关系看，门阀世族对皇权有了更多更大的制约，皇权向门阀世族妥协。当然，这一变化的全面展开，则是到了魏晋时代，而东汉仅仅是这种变化的序幕而已。

---

① 仲长统撰，孙启治校注：《昌言校注·阙题五》，北京：中华书局，2012年，第357页。

② 朱穆说："臣闻汉家旧典，置侍中、中常侍各一人，省尚书事，黄门侍郎一人，传发书奏，皆用姓族。"本传注"姓族"曰："引用士人有族望者。"范晔：《后汉书》卷四三《朱晖列传附朱穆传》，北京：中华书局，1965年，第1472-1473页。

③ 范晔：《后汉书》卷六〇下《蔡邕列传》，北京：中华书局，1965年，第1990页。

④ 刘增贵：《汉代婚姻制度》，台北：华世出版社，1981年，第174页。

⑤ 钱穆：《国史大纲》，北京：商务印书馆，1996年，第186页。

下编结语

　　豪族是在汉代国家与社会整合互动过程中形成的新的社会阶层。豪族与各种社会势力有着千丝万缕的联系，但也有着明显的区别。豪族由各种社会势力演变而来，国家对游离于王权秩序之外的社会势力的整合是豪族形成的历史背景，而王权支配是豪族形成、演变的推动力。各种社会势力在王权支配社会的原理下不断向国家权力体系靠拢，与政治权力相结合，进而演变成集官僚、地主、士人和宗族等多种特征于一身的"豪族"。豪族的特征是多元的，它集权力、土地、文化、宗族等于一体，权力为根本，经济为保障，文化为凭借，宗族为依托。因此，豪族不仅仅指个体，亦指以个体为核心的家族乃至宗族这样的社会单位。豪族具有国家与社会双重属性，成为国家权力的社会基础。

　　从历史长时段看，汉代对社会势力的控制、整合是战国以来皇权专制国家构建的延续。汉初存在各种社会势力，如六国宗室和贵族后裔、私人豪富、强宗豪右、豪侠、封君、军功地主等。这些社会势力凭借政治、经济和宗族力量形成各自的社会秩序，常与皇权支配秩序相背离，呈现游离状态。西汉中期以前，国家从权力、制度和思想三个层面对各种社会势力进行打击、限制和引导、教化，最终将社会势力纳入到国家权力体系中，使政治权力的拥有者和社会势力的拥有者逐渐一体化，社会势力由与国家对抗转为合作，成为国家与社会的连接纽带，形成社会秩序与国家秩序的内在联系。西汉中后期，各种社会势力与权力结合日益密切，开始向"豪族"转变。

从豪族的形成发展和存在形态看，经历了单一社会势力—豪族—士族化豪族这一演化过程。汉代豪族总的演变趋势是走向士族化（世族化），在此演变过程中，主要表现为文化上的儒化、士族化，政治权力上的官僚化、世官化。从文化角度看，在通经入仕的引导下，豪族士人习儒通经而儒化，家族世代习儒通经进而士族化；从权力角度看，豪族加入国家权力体系成为官僚，家族世代为官则不断世官化。在豪族士族化（世族化）进程中，文化与权力的互动和循环再生产起着至关重要的作用。在"通经入仕"的引导下，各种社会势力逐渐走向儒化。同样，由于"学以居位"，又直接推动了豪族官僚化。"通经入仕""学以居位"，将豪族儒化、官僚化联系在一起，文化和权力相互促进，相互转化，不断循环，遂形成"累世经学""家世冠冕""世仕州郡"的士族（世族）。士族化和世族化都是文化与权力的内在结合，就此而言，士族与世族是同一的，士族即世族，只是侧重点不同而已，本质上很难截然分开。

汉代豪族儒化与士族化促进了汉代社会整合，重构了社会意识形态与豪族精神世界。豪族儒化、士族化使豪族接受儒家思想和伦理规范，儒学不仅成为其知识体系的重要组成部分，更成为其思想守则，并外化为行动上的自觉。豪族在儒学的陶染下，其精神世界也发生了由武向文的转变。同时，儒学伦理成为豪族家族、宗族文化的核心，构成豪族家学和家风的基本内容，强化了豪族门第观念，加速了豪族向士族的演变。

两汉相较而言，西汉时期豪族处于儒化、官僚化阶段，东汉时期豪族则进入士族化、世官化阶段。豪族对两汉政治、经济、文化和社会结构演变产生了重要影响，可以说是逐步走向以豪族为中心的社会形态。从贯穿于两汉的豪族家族来看，到东汉中后期，多位一体世代官宦的士族（世族）与一般单一的社会势力已经有了明显的社会身份区别。世代高官的中央化豪族日益被推崇，出现了"阀阅""高门""甲胄"等称谓，这些称谓都指向家族门第和德望俱高的门阀世族，士、庶之别产生。东汉中期，门阀士族已见雏形。到东汉后期，士族化豪族已经基本具备士族的性质，向门阀士族演进，成为魏晋门阀士族的一个源头。至魏晋时期，门阀士族发展成为最有影响力的社会阶层。

在汉代各社会阶层中，豪族的形成和演变很好地体现了国家与社会的互动关系。豪族的形成和形态演变是王权支配的结果，但豪族并非完全被动地接受国家权力支配，而是以各种方式表现出反作用或反制约，由此对国家与社会产生影响。因此，对豪族的形成和演变研究，还应进一步拓展视野。豪族的形成和士族化，对国家建构一元的政治—社会结构起到什么样的作用？豪族通过与国家互动如何重塑、重构国家与社会秩序？豪族对国家反作用或反制约的手段、方式如何？以豪族为核心的"豪族共同体"是否存在？诸如此类问题，都值得进一步思考和深入研究。

参考文献

一、历史文献和出土资料

（一）历史文献

班固：《汉书》北京：中华书局，1962 年。

蔡邕：《独断》，《四部丛刊》影印本，北京：中国书店，2020 年。

常璩：《华阳国志》，济南：齐鲁书社，2010 年。

常璩撰，任乃强校注：《华阳国志校补图注》，上海：上海古籍出版社，1987 年。

陈寿：《三国志》，北京：中华书局，1982 年。

陈子龙等：《明经世文编》，北京：中华书局，1962 年。

崔寔著，缪启愉辑释，万国鼎审订：《四民月令校注》，北京：农业出版社，1981 年。

戴圣著，杨天宇撰：《礼记译注》，上海：上海古籍出版社，2004 年。

董斯张：《广博物志》，扬州：扬州广陵古籍刻印社，1990 年。

杜佑：《通典》，北京：中华书局，1988 年。

范晔：《后汉书》，北京：中华书局，1965 年。

房玄龄等：《晋书》，北京：中华书局，1974 年。

葛洪著，杨明照校笺：《抱朴子外篇校笺》，北京：中华书局，1991 年。

顾櫰三：《二十五史补编》（第二册），北京：中华书局，1955 年。

顾炎武著，黄汝成集释，栾保群、吕宗力校点：《日知录集释（全校本)》，上海：上海古籍出版社，2006 年。

管仲著，黎翔凤撰，梁运华整理：《管子校注》，北京：中华书局，2004 年。

郭璞注，王世伟校点：《尔雅》，上海：上海古籍出版社，2015 年。

郭庆藩辑，王孝鱼整理：《庄子集释》，北京：中华书局，1961 年。

韩非：《韩非子》，北京：中华书局，2015 年。

韩康伯注：《周易注》，北京：中华书局，2011 年。

何清谷校注：《三辅黄图校注》，西安：三秦出版社，1995 年。

何休注：《春秋公羊传注疏》，上海：上海古籍出版社，2014 年。

洪适：《隶释　隶续》，北京：中华书局，1985 年。

桓宽著，王利器校注：《盐铁论校注（定本)》，北京：中华书局，1992 年。

皇甫谧等撰，刘晓东等点校：《二十五别史》，济南：齐鲁书社，2000 年。

惠栋：《周易述》，北京：中华书局，2007 年。

贾谊著，阎振益、钟夏校注：《新书校注》，北京：中华书局，2000 年。

李道平撰，潘雨廷点校：《周易集解纂疏》，北京：中华书局，1994 年。

梁玉绳：《史记志疑》，北京：中华书局，1981 年。

刘安：《淮南子》，哈尔滨：黑龙江人民出版社，2003 年。

刘安等著，何宁撰：《淮南子集释》，北京：中华书局，1998 年。

刘祁著，崔文印点校：《归潜志》，北京：中华书局，1983 年。

刘歆撰，葛洪辑录：《西京杂记》，北京：中华书局，2022 年。

刘义庆著，徐震堮校笺：《世说新语校笺》，北京：中华书局，1984 年。

刘知几著，浦起龙通释，王煦华整理：《史通通释》，上海：上海古籍出版社，2009 年。

刘珍等撰，吴树平校注：《东观汉记校注》，北京：中华书局，2008 年。

吕不韦等著，许维遹撰，梁运华整理：《吕氏春秋集释》，北京：中华书局，2009 年。

马端临：《文献通考》，北京：中华书局，1986 年。

马瑞辰撰，陈金生点校：《毛诗传笺通释》，北京：中华书局，1989 年。

孟子等撰，杨伯峻译注：《孟子译注》，北京：中华书局，2010 年。

墨翟等撰，吴毓江撰，孙启治点校：《墨子校注》，北京：中华书局，2006 年。

欧阳修、宋祁：《新唐书》，北京：中华书局，1975 年。

钱大昕著，方诗铭、周殿杰校点：《廿二史考异》，上海：上海古籍出版社，2004 年。

阮元校刻：《十三经注疏》，北京：中华书局，2009 年。

蒋礼鸿：《商君书锥指》，北京：中华书局，1986 年。

沈约：《宋书》，北京：中华书局，1974 年。

沈家本撰，邓经元、骈宇骞点校：《历代刑法考》，北京：中华书局，1985 年。

慎到著，许富宏撰：《慎子集校集注·慎子逸文》，北京：中华书局，2013 年。

司马光：《资治通鉴》，北京：中华书局，1956 年。

司马迁：《史记》，北京：中华书局，1959 年。

孙希旦撰，沈啸寰、王星贤点校：《礼记集解》，北京：中华书局，1989 年。

孙星衍等辑，周天游点校：《汉官六种》，北京：中华书局，1990 年。

孙诒让：《墨子间诂》，北京：中华书局，2001 年。

王弼著，楼宇烈校释：《王弼集校释》，北京：中华书局，1980 年。

王充著，黄晖撰：《论衡校释》（《新编诸子集成》本），北京：中华书局，1990 年。

王夫之：《读通鉴论》，北京：中华书局，1975 年。

王符著，汪继培笺，彭铎校正：《潜夫论笺校正》，北京：中华书局，1985 年。

王鸣盛撰，黄曙辉点校：《十七史商榷》，上海：上海古籍出版社，2016 年。

王先谦：《汉书补注》，北京：中华书局，1983 年。

王先谦撰，沈啸寰、王星贤点校：《荀子集解》，北京：中华书局，1988 年。

王先慎撰，钟哲点校：《韩非子集解》，北京：中华书局，1998 年。

魏收：《魏书》，北京：中华书局，1997 年。

文徵明著，周道振辑校：《文徵明集》，上海：上海古籍出版社，1987 年。

萧统编，李善注：《文选》，北京：中华书局，1977 年。

萧子显：《南齐书》，北京：中华书局，1972 年。

熊方等撰，刘祜仁点校：《后汉书三国志补表三十种》，北京：中华书局，1984 年。

徐幹：《中论》，上海：上海古籍出版社，2001 年。

许慎撰，段玉裁注：《说文解字注》，上海：上海古籍出版社，1988 年。

荀悦撰，黄省曾注，孙启治校补：《申鉴注校补》，北京：中华书局，2012 年。

荀悦著，袁宏撰，张烈点校：《两汉纪》，北京：中华书局，2002 年。

荀悦著，张烈点校：《汉纪》，北京：中华书局，2002 年。

严可均编纂，陈延嘉、王同策、左振坤主编：《全上古三代秦汉三国六朝文》，石家庄：河北教育出版社，1997 年。

扬雄著，汪荣宝撰，陈仲夫点校：《法言义疏》，北京：中华书局，1987 年。

尹吉甫采集，孔子编订，程俊英、蒋见元：《诗经注析》，北京：中华书局，1991 年。

应劭撰，王利器校注：《风俗通义校注》，北京：中华书局，1981 年。

虞世南：《北堂书钞》，北京：中国书店，1989 年。

袁宏撰，张烈点校：《后汉纪》，北京：中华书局，2002 年。

袁宏点校：《逸周书》，济南：齐鲁书社，2010 年。

赵翼：《陔余丛考》，北京：中华书局，2019 年。

赵翼著，王树民校证：《廿二史札记校证》，北京：中华书局，1984 年。

仲长统撰，孙启治校注：《昌言校注》，北京：中华书局，2012 年。

周公旦著，徐正英、常佩雨译注：《周礼》，北京：中华书局，2014年。

周天游辑注：《八家后汉书辑注》，上海：上海古籍出版社，1986年。

朱熹：《四书章句集注》，北京：中华书局，1983年。

庄周等著，曹础基注：《庄子浅注》，北京：中华书局，1982年。

左丘明著，徐元浩撰，王树民、沈长云点校：《国语集解》，北京：中华书局，2002年。

左丘明撰，杨伯峻注：《春秋左传注》，北京：中华书局，1981年。

（二）出土资料

长沙简牍博物馆、北京大学中国古代史研究中心、北京吴简研讨班编：《吴简研究（第三辑）》，北京：中华书局，2011年。

长沙市文物考古研究所、清华大学出土文献研究与保护中心、中国文化遗产研究院、湖南大学岳麓书院编：《长沙五一广场东汉简牍 壹》，上海：中西书局，2018年。

长沙市文物考古研究所编：《长沙尚德街东汉简牍》，长沙：岳麓书社，2016年。

陈松长主编：《岳麓书院藏秦简 伍》，上海：上海辞书出版社，2017年。

甘肃简牍保护研究中心、甘肃省文物考古研究所、甘肃省博物馆、中国文化遗产研究院古文献研究室、中国社会科学院简帛研究中心编：《肩水金关汉简（贰）》（中册），上海：中西书局，2013年。

甘肃简牍保护研究中心、甘肃省文物考古研究所、甘肃省博物馆、中国文化遗产研究院古文献研究室、中国社会科学院简帛研究中心编：《肩水金关汉简（壹）》（下册），上海：中西书局，2011年。

甘肃省文物考古研究所编：《敦煌汉简》，北京：中华书局，1991年。

高文：《汉碑集释》，开封：河南大学出版社，1985年。

湖北省荆沙铁路考古队：《包山楚墓》，北京：文物出版社，1991年。

湖北省荆州博物馆编著：《荆州高台秦汉墓：宜黄公路荆州段田野考古报告之一》，北京：科学出版社，2000年。

湖南省文物考古研究所编著：《里耶发掘报告》，长沙：岳麓书社，2007 年。

简牍整理小组编：《居延新简（壹）》，台北：台湾"中研院"历史语言研究所，2014 年。

李均明、何双全编：《散见简牍合辑》，北京：文物出版社，1990 年。

李均明：《居延汉简编年——居延编》，台北：新文丰出版公司，2004 年。

连云港市博物馆、东海县博物馆、中国社会科学院简帛研究中心、中国文物研究所编：《尹湾汉墓简牍》，北京：中华书局，1997 年。

孙家洲：《额济纳汉简释文校本》，北京：文物出版社，2007 年。

谢桂华、李均明、朱国炤：《居延汉简释文合校》，北京：文物出版社，1987 年。

《云梦睡虎地秦墓》编写组：《云梦睡虎地秦墓》，北京：文物出版社，1981 年。

张德芳主编：《居延新简集释（四）》，兰州：甘肃文化出版社，2016 年。
张德芳主编：《居延新简集释（六）》，兰州：甘肃文化出版社，2016 年。

张家山二四七号汉墓竹简整理小组编：《张家山汉墓竹简〔二四七号墓〕》，北京：文物出版社，2006 年。

朱汉民、陈松长主编：《岳麓书院藏秦简　叁》，上海：上海辞书出版社，2013 年。

走马楼简牍整理组编著：《长沙走马楼三国吴简·竹简〔壹〕》，北京：文物出版社，2003 年。

二、研究论著

（一）中文部分（包括译文）

安作璋、刘德增：《汉武帝大传》，北京：中华书局，2005 年。

安作璋、熊铁基：《秦汉官制史稿》，济南：齐鲁社，1985 年。

安作璋：《桑弘羊》，北京：中华书局，1983 年。

曹金华：《后汉书稽疑》，北京：中华书局，2014 年。

曾延伟：《两汉社会经济发展史初探》，北京：中国社会科学出版社，1989 年。

陈明：《中古士族现象研究（儒学的历史文化功能初探)》，台北：文津出版社，1994 年。

陈启云：《汉晋六朝文化·社会·制度——中华中古前期史研究》，台北：新文丰出版公司，1998 年。

陈寅恪：《唐代政治史述论稿》，上海：上海古籍出版社，1997 年。

陈直：《汉书新证》，天津：天津人民出版社，1979 年。

陈直：《居延汉简研究》，北京：中华书局，2009 年。

崔向东：《汉代豪族地域性研究》，北京：中华书局，2012 年。

崔向东：《汉代豪族研究》，武汉：崇文书局，2003 年。

崔向东等：《汉代豪族文化与精神世界研究》，哈尔滨：黑龙江人民出版社，2019 年。

杜庆余：《汉代田庄研究》，济南：山东大学出版社，2010 年。

杜正胜：《编户齐民：传统政治社会结构之形成》，台北：联经出版事业股份有限公司，2014 年。

冯尔康等：《中国宗族史》，上海：上海人民出版社，2009 年。

冯尔康主编：《中国社会结构的演变》，郑州：河南人民出版社，1994 年。

高敏：《秦汉史论集》，郑州：中州书画社，1982 年。

葛剑雄：《秦文化论丛》（第三辑），西安：西北大学出版社，1994 年。

葛剑雄：《中国人口史》（第一卷），上海：复旦大学出版社，2002 年。

顾颉刚：《史林杂识初编》，北京：中华书局，1963 年。

管东贵：《从宗法封建制到皇帝郡县制的演变：以血缘解纽为脉络》，北京：中华书局，2010 年。

韩树峰：《汉魏法律与社会——以简牍、文书为中心的考察》，北京：社会科学文献出版社，2011 年。

何兹全：《中国古代社会》，北京：北京师范大学出版社，2001 年。

侯旭东：《近观中古史：侯旭东自选集》，上海：中西书局，2015 年。

胡寄窗：《中国经济思想史》（中），上海：上海人民出版社，1963 年。

黄今言:《秦汉商品经济研究》,北京:人民出版社,2005 年。

黄宽重、刘增贵主编:《家族与社会》,北京:中国大百科全书出版社,2005 年。

黄留珠:《秦汉仕进制度》,西安:西北大学出版社,1985 年。

冀朝鼎著,朱诗鳌译:《中国历史上的基本经济区与水利事业的发展》,北京:中国社会科学出版社,1981 年。

翦伯赞:《秦汉史》,北京:北京大学出版社,1999 年。

金春峰:《汉代思想史》,北京:中国社会科学出版社,1997 年。

劳榦:《古代中国的历史与文化》,北京:中华书局,2006 年。

冷鹏飞:《中国古代社会商品经济形态研究》,北京:中华书局,2002 年。

黎明钊:《辐辏与秩序:汉帝国地方社会研究》,香港:香港中文大学出版社,2013 年。

李剑农:《先秦两汉经济史稿》,北京:生活·读书·新知三联书店,1957 年。

李剑农:《中国古代经济史稿》(第一卷),武汉:武汉大学出版社,1991 年。

李开元:《汉帝国的建立与刘邦集团:军功受益阶层研究》,北京:生活·读书·新知三联书店,2000 年。

李卿:《秦汉魏晋南北朝时期家族、宗族关系研究》,上海:上海人民出版社,2005 年。

李学勤:《东周与秦代文明》,上海:上海人民出版社,2016 年。

李禹阶主编:《秦汉社会控制思想史》,北京:中国社会科学出版社,2017 年。

栗劲:《秦律通论》,济南:山东人民出版社,1985 年。

林剑鸣:《秦汉史》,上海:上海人民出版社,2019 年。

刘岱总主编:《中国文化新论》,北京:生活·读书·新知三联书店,1992 年。

刘敏:《秦汉编户民问题研究——以与吏民、爵制、皇权关系为重点》,北京:中华书局,2014 年。

刘跃进：《秦汉文学地理与文人分布》，北京：中国社会科学出版社，2012 年。

刘泽华、汪茂和、王兰仲：《专制权力与中国社会》，长春：吉林文史出版社，1988 年。

刘泽华：《中国的王权主义》，上海：上海人民出版社，2000 年。

刘泽华主编：《中国传统政治哲学与社会整合》，北京：中国社会科学出版社，2000 年。

刘增贵：《汉代婚姻制度》，台北：华世出版社，1981 年。

柳春藩：《秦汉封国食邑赐爵制》，沈阳：辽宁人民出版社，1984 年。

柳诒徵：《中国文化史》，长沙：岳麓书社，2010 年。

卢云：《汉晋文化地理》，西安：陕西人民教育出版社，1991 年。

罗国威整理：《日藏弘仁本文馆词林校证》，北京：中华书局，2001 年。

罗彤华：《汉代的流民问题》，台北：台湾学生书局，1989 年。

罗彤华：《同居共财：唐代家庭研究》，台北：政大出版社，2015 年。

吕思勉：《中国通史》，北京：光明日报出版社，2013 年。

吕思勉：《中国制度史》，上海：上海教育出版社，2002 年。

马彪：《秦汉豪族社会研究》，北京：中国书店，2002 年。

马非百：《桑弘羊年谱订补》，郑州：中州书画社，1982 年。

马新：《两汉乡村社会史》，济南：齐鲁书社，1997 年。

毛汉光：《中国中古社会史论》，上海：上海书店出版社，2002 年。

孟祥才：《先秦秦代史论》，济南：山东大学出版社，2001 年。

《民国丛书》编辑委员会编：《民国丛书》第三编，上海：上海书店出版社，1991 年。

彭浩、陈伟、工藤元男主编：《二年律令与奏谳书：张家山二四七号汉墓出土法律文献释读》，上海：上海古籍出版社，2007 年。

彭卫：《汉代婚姻形态》，西安：三秦出版社，1988 年。

钱穆：《国史大纲（修订本）》，北京：商务印书馆，1996 年。

钱穆：《秦汉史》，北京：生活·读书·新知三联书店，2004 年。

钱穆：《中国学术思想史论丛（二）》，北京：生活·读书·新知三联书店，2009 年。

钱穆：《中国学术思想史论丛（三）》，台北：东大图书公司，1978 年。

秦晖：《传统十论：本土社会的制度、文化及其变革》，太原：山西人民出版社，2019 年。

瞿同祖著，邱立波译：《汉代社会结构》，上海：上海人民出版社，2007 年。

邵鸿：《商品经济与战国社会变迁》，南昌：江西人民出版社，1995 年。

沈刚：《秦汉时期的客阶层研究》，长春：吉林文史出版社，2003 年。

史凤仪：《中国古代的家族与身分》，北京：社会科学文献出版社，1999 年。

宋叙五：《西汉货币史》，香港：香港中文大学出版社，2002 年。

唐燮军、翁公羽：《从分治到集权：西汉的王国问题及其解决》，杭州：浙江大学出版社，2012 年。

唐长孺：《唐长孺文集·山居存稿续编》，北京：中华书局，2011 年。

唐长孺：《魏晋南北朝史论拾遗》，北京：中华书局，1983 年。

田余庆：《东晋门阀政治》，北京：北京大学出版社，1989 年。

仝晰纲：《中国古代乡里制度研究》，济南：山东人民出版社，1999 年。

童书业著，童教英校订：《中国手工业商业发展史》，北京：中华书局，2005 年。

万昌华、赵兴彬：《秦汉以来基层行政研究》，济南：齐鲁书社，2008 年。

王爱清：《秦汉乡里控制研究》，济南：山东大学出版社，2010 年。

王雪农、刘建民：《半两钱研究与发现》，北京：中华书局，2005 年。

王彦辉：《汉代豪民研究》，长春：东北师范大学出版社，2001 年。

王永平：《六朝江东世族之家风家学研究》，南京：江苏古籍出版社，2003 年。

王子今：《秦汉称谓研究》，北京：中国社会科学出版社，2014 年。

王子今：《秦汉区域文化研究》，成都：四川人民出版社，1998 年。

王子今：《秦汉社会意识研究》，北京：商务印书馆，2012 年。

魏明孔主编，蔡锋著：《中国手工业经济通史·先秦秦汉卷》，福州：

福建人民出版社，2005 年。

　　吴慧：《桑弘羊研究》，济南：齐鲁书社，1981 年。

　　武汉大学简帛研究中心编：《简帛（第五辑）》，上海：上海古籍出版社，2010 年。

　　西北师范大学文学院历史系、甘肃省文物考古研究所编：《简牍学研究》（第三辑），兰州：甘肃人民出版社，2002 年。

　　萧公权著，张皓、张升译：《中国乡村：论 19 世纪的帝国控制》，台北：联经出版事业股份有限公司，2014 年。

　　谢维扬：《周代家庭形态》，北京：中国社会科学出版社，1990 年。

　　邢义田：《地不爱宝：汉代的简牍》，北京：中华书局，2011 年。

　　邢义田：《秦汉史论稿》，台北：东大图书股份有限公司，1987 年。

　　邢义田：《天下一家：皇帝、官僚与社会》，北京：中华书局，2011 年。

　　邢义田：《治国安邦：法制、行政与军事》，北京：中华书局，2011 年。

　　邢义田主编：《中国史新论：傅乐成教授纪念论文集》，台北：台湾学生书局，1985 年。

　　熊铁基：《秦汉文化史》，北京：新世界出版社，2018 年。

　　徐复观：《两汉思想史》（第一卷），上海：华东师范大学出版社，2001 年。

　　徐扬杰：《中国家族制度史》，北京：人民出版社，1992 年。

　　许倬云：《求古编》，北京：新星出版社，2006 年。

　　许倬云著，程农、张鸣译，邓正来校：《汉代农业：早期中国农业经济的形成》，南京：江苏人民出版社，2019 年。

　　阎爱民：《汉晋家族研究》，上海：上海人民出版社，2005 年。

　　严耕望：《中国地方行政制度史：秦汉地方行政制度》，上海：上海古籍出版社，2007 年。

　　阎步克：《察举制度变迁史稿》，沈阳：辽宁大学出版社，1997 年。

　　阎步克：《士大夫政治演生史稿》，北京：北京大学出版社，1996 年。

　　杨宽：《杨宽古史论文选集》，上海：上海人民出版社，2003 年。

　　杨联陞：《东汉的豪族》，北京：商务印书馆，2017 年。

杨倩如编：《冉昭德文存》，济南：山东大学出版社，2014年。

杨生民：《汉武帝传》，北京：人民出版社，2002年。

杨树达：《汉代婚丧礼俗考》，上海：上海古籍出版社，2009年。

杨树达：《汉书窥管》，上海：上海古籍出版社，2007年。

杨振红：《出土简牍与秦汉社会》，桂林：广西师范大学出版社，2009年。

尹建东：《两汉魏晋南北朝时期关东豪族研究》，成都：四川大学出版社，2007年。

于豪亮：《于豪亮学术文存》，北京：中华书局，1985年。

于迎春：《秦汉士史》，北京：北京大学出版社，2000年。

俞伟超：《中国古代公社组织的考察——论先秦两汉的單—僤—彈》，北京：文物出版社，1988年。

张国刚主编：《家庭史研究的新视野》，北京：生活·读书·新知三联书店，2004年。

张弘：《战国秦汉时期商人和商业资本研究》，济南：齐鲁书社，2003年。

张金光：《战国秦社会经济形态新探》，北京：商务印书馆，2013年。

张南：《秦汉货币史论》，南宁：广西人民出版社，1991年。

张维华：《汉史论集》，济南：齐鲁书社，1980年。

赵沛：《两汉宗族研究》，济南：山东大学出版社，2002年。

赵清主编：《社会问题的历史考察》，成都：成都出版社，1992年。

中国秦汉史研究会编：《秦汉史论丛》（第二辑），西安：陕西人民出版社，1983年。

中国秦汉史研究会编：《秦汉史论丛》（第三辑），西安：陕西人民出版社，1986年。

中华书局编辑部编：《中研院历史语言研究所集刊论文类编·历史编秦汉卷》，北京：中华书局，2009年。

"中研院"历史语言研究所编著：《历史语言研究所集刊》，南京：江苏古籍出版社，1999年。

朱凤翰：《先秦史研究》，昆明：云南民族出版社，1987年。

朱凤瀚：《商周家族形态研究》，北京：商务印书馆，2022年。

朱红林:《张家山汉简〈二年律令〉集释》,北京:社会科学文献出版社,2005 年。

朱宏斌:《秦汉时期区域农业开发研究》,北京:中国农业出版社,2010 年。

朱子彦:《多维视角下的皇权政治》,上海:上海人民出版社,2007 年。

(二) 外文部分

彼德·布劳:《社会生活中的交换与权力》(孙非、张黎勤译),北京:华夏出版社,1988 年。

池田雄一:《中国古代的聚落与地方行政》(郑威译),上海:复旦大学出版社,2017 年。

川胜义雄:《漢代の社會と豪族の伸張》,《中國の歷史》3,東京:講談社,1974 年。

川胜义雄:《六朝贵族制社会研究》(徐谷芃、李济沧译),上海:上海古籍出版社,2008 年。

丹尼斯·朗:《权力论》(陆震纶、郑明哲译),北京:中国社会科学出版社,2001 年。

东晋次:《後漢時代の政治と社會》,名古屋:名古屋大学出版会,1995 年。

冨谷至:《秦汉刑罚制度研究》(柴生芳、朱恒晔译),桂林:广西师范大学出版社,2006 年。

宫宅潔:《中国古代刑制史研究》(杨振红等译),桂林:广西师范大学出版社,2016 年。

谷川道雄:《世界帝国的形成》(耿立群译),台北:稻乡出版社,1987 年。

谷川道雄:《中国中世社会与共同体》(马彪译),北京:中华书局,2002 年。

鹤间和幸:《漢代における關東·江淮豪族と關中徙民》,《中嶋敏先生古稀紀念論集》,1980 年。

鎌田重雄:《漢代の社會》,東京:弘文堂,1955 年。

罗素：《权力论：一个新的社会分析》（靳建国译），北京：东方出版社，1988 年。

马克思、恩格斯：《马克思恩格斯选集》第 4 卷，北京：人民出版社，1972 年。

守屋美都雄：《中国古代的家族与国家》（钱杭、杨晓芬译），上海：上海古籍出版社，2010 年。

尾形勇：《中国古代的 "家" 与国家》（张鹤泉译），北京：中华书局，2009 年。

五井直弘：《中国古代史论稿》（姜镇庆、李德龙译），北京：北京大学出版社，2001 年。

西嶋定生：《中国古代帝国的形成与结构——二十等爵制研究》（武尚清译），北京：中华书局，2004 年。

西嶋定生：《中国の歴史・秦漢帝国》，東京：講談社，1974 年。

伊沛霞：《早期中华帝国的贵族家庭：博陵崔氏个案研究》（范兆飞译），上海：上海古籍出版社，2011 年。

伊藤道治：《中国古代王朝的形成——以出土资料为主的殷周史研究》（江蓝生译），北京：中华书局，2002 年。

永田英正：《居延汉简研究》（张学锋译），桂林：广西师范大学出版社，2007 年。

宇都宫清吉：《漢代社會經濟史研究》，東京：弘文堂，1954 年。

宇都宫清吉：《中國古代中世史研究》，東京：創文社，1977 年。

增渊龙夫：《中国古代的社会与国家》（吕静译），上海：上海古籍出版社，2017 年。

三、学术论文

（一）中文部分

安徽省文物考古研究所、天长县文物管理所：《安徽天长县三角圩战国西汉墓出土文物》，《文物》，1993 年 9 期。

巴新生：《西汉陵县的创置与关中政治经济中心的重建》，《学术研究》，2000 年第 4 期。

卜宪群：《春秋战国乡里社会的变化与国家基层权力的建立》，《清华大学学报》，2007 年第 2 期。

曹旅宁：《秦汉法律简牍中的"庶人"身份及法律地位问题》，《咸阳师范学院学报》，2007 年第 3 期。

曾磊：《"诸侯子"小议》，《南都学坛》，2010 年第 2 期。

曾宪礼：《"民有二男以上不分异者倍其赋"意义辨》，《中山大学学报（哲学社会科学版）》，1990 年第 4 期。

陈明光：《汉代"乡三老"与乡族势力蠡测》，《中国社会经济史研究》，2006 年第 4 期。

陈爽：《走马楼吴简所见奴婢户籍及相关问题》，北京吴简研讨班编：《吴简研究（第一辑）》，武汉：崇文书局，2004 年。

崔向东：《论秦代的"迁"刑》，《广西民族大学学报（哲学社会科学版）》，2011 年第 5 期。

崔向东：《秦始皇"尊奖并兼之人"辨析》，《锦州师范学院学报（哲学社会科学版）》，2002 年第 2 期。

崔向东：《秦始皇尊奖巴寡妇清辨析》，《文史杂志》，2009 年第 6 期。

崔向东：《权力支配与汉代豪族的大地产性》，《锦州师范学院学报（哲学社会科学版）》，2003 年第 6 期。

崔向东、王金阳：《两汉南阳豪族的官僚化和士族化》，《社会科学辑刊》，2010 年第 4 期。

崔向东：《汉代豪族的儒化与士族化——以关东豪族为例》，《社会科学战线》，2011 年第 1 期。

崔向东：《论汉代西南地域的豪族大姓》，《西南民族大学学报（人文社会科学版）》，2012 年第 12 期。

崔向东：《西汉不同地域豪族与王莽新朝的灭亡》，《社会科学辑刊》，2012 年第 6 期。

崔向东：《王权支配与汉代豪族对国家与社会的重构》，《中国社会科学报》，2019 年 2 月 26 日第 7 版。

傅举有：《汉代的"家"和家史》，《考古与文物》，1984 年第 3 期；

傅衣凌：《中国传统社会：多元的结构》，《中国社会经济史研究》，1988 年第 3 期。

韩华：《从汉简资料看两汉基层官吏的选拔和调动》，《丝绸之路》，2011 年第 20 期。

何双全：《汉代戍边士兵籍贯考述》，《西北史地》，1989 年第 2 期。

弘一：《江陵凤凰山十号汉墓简牍初探》，《文物》，1974 年第 6 期。

侯旭东：《渔采狩猎与秦汉北方民众生计》，《历史研究》，2010 年第 5 期。

湖北省文物考古研究所等：《云梦龙岗 6 号秦墓及出土简牍》，《考古学集刊》（8），北京：科学出版社，1994 年。

黄今言：《汉代聚落形态试说》，《史学月刊》，2013 年第 9 期。

黄今言：《汉代三老、父老的地位与作用》，《江西师范大学学报（哲学社会科学版）》，2007 年第 5 期。

黄今言：《秦代租赋徭役制度研究》，《江西师院学报（哲学社会科学版）》，1979 年第 3 期。

黄金山：《论汉代家庭的自然构成与等级构成》，《中国史研究》，1987 年第 4 期。

黄盛璋：《江陵凤凰山汉墓简牍及其在历史地理研究上的价值》，《文物》，1974 年第 6 期。

黄士斌：《河南偃师县发现汉代买田约束石券》，《文物》，1982 年第 12 期。

贾丽英：《秦汉律简"同居"考论》，《石家庄学院学报》，2013 年第 2 期。

晋文：《桑弘羊与西汉盐铁官营》，《江苏大学学报（社会科学版）》，2010 年第 4 期。

晋文：《也谈秦代的工商业政策》，《江苏社会科学》，1997 年第 6 期。

孔祥军：《居延新简"建武三年十二月候粟君所责寇恩事"册书复原与研究》，《西域研究》，2012 年第 4 期。

赖华明：《西汉商人社会地位的演进》，《四川师范大学学报（社会科学版）》，1992 年第 6 期。

黎虎：《论"吏民"的社会属性——原"吏民"之二》，《文史哲》，2007 年第 2 期。

黎虎：《论"吏民"即"编户齐民"——原"吏民"之三》，《中华文史论丛》，2007 年第 2 期。

黎明钊：《西汉中期之三老与豪强》，《新史学》，1997 年第 2 期。

李文信：《辽阳三道壕西汉村落遗址》，《考古学报》，1957 年第 1 期。

李根蟠：《从秦汉家庭论及家庭结构的动态变化》，《中国史研究》，2006 年第 1 期。

李根蟠：《战国秦汉小农家庭规模及其变化机制——围绕"五口之家"的讨论》，张国刚主编：《家庭史研究的新视野》，北京：生活·读书·新知三联书店，2004 年。

李金鲜、崔向东：《战国至西汉游侠与国家互动及游侠身份转变》，《北华大学学报（社会科学版）》，2014 年第 1 期。

李如森：《汉代家族墓地与茔域上设施的兴起》，《史学集刊》，1996 年第 1 期。

李天虹：《居延汉简所见候官少吏的任用与罢免》，《史学集刊》，1996 年第 3 期。

李献奇、赵会军：《有关贾谊世系及洛阳饥疫的几方墓志》，《文博》，1987 年第 5 期。

李亚光：《再论"室人"与"同居"——以简牍为核心看战国秦汉时期的农业家庭》，《安徽农业大学学报（社会科学版）》，2018 年第 6 期。

廖伯源：《试论西汉时期列侯与政治之关系》，《新亚学报》，1984 年第 14 卷。

廖基添：《论汉唐间"舍人"的公职化——"编任资格"视角下的考察》，《中国史研究》，2012 年第 3 期。

林甘泉：《秦汉帝国的民间社区和民间组织》，《燕京学报》，2000 年第 8 期。

林剑鸣：《中国封建地主阶级产生的两条途径》，《历史研究》，1984年第 4 期。

林源、崔兆瑞：《从河南内黄三杨庄聚落遗址看汉代乡村聚落的组成内容与结构特征》，《中国建筑史论汇刊》，2016 年第 2 期。

凌文超：《汉初爵制结构的演变与官、民爵的形成》，《中国史研究》，2012 年第 1 期。

刘海旺、朱汝生等：《河南内黄县三杨庄汉代庭院遗址》，《考古》，2004 年第 7 期。

刘德增：《子孙骄逸，殒命亡国——西汉开国功臣群体的结局》，《山东师范大学学报（人文社会科学版)》，2015 年第 6 期。

刘磐修：《汉代河套地区的开发》，《中国经济史研究》，2003 年第 1 期。

刘睿：《四川渠县汉阙考古调查勘探简报》，《四川文物》，2014 年第 4 期。

刘修明、乔宗传：《秦汉游侠的形成与演变》，《中国史研究》，1985 年第 1 期。

刘增贵：《论后汉末的人物评论风气》，《成功大学历史学系历史学报》，1983 年第 10 号。

刘志远：《成都天回山崖墓清理记》，《考古学报》，1958 年第 1 期。

柳春藩、李贵方：《西汉人口试探》，《人口学刊》，1983 年第 6 期。

柳春藩：《关于汉代官僚地主商人"三结合"问题》，《史学集刊》，1992 年第 1 期。

柳维本：《西汉豪强地主的形成和地位》，《辽宁师大学报（社会科学版)》，1984 年第 5 期。

马新、齐涛：《汉唐村落形态略论》，《中国史研究》，2006 年第 2 期。

马新：《汉唐间乡村宗族存在形态考论——兼论中古乡村社会的非宗族化问题》，《山东大学学报（哲学社会科学版)》，2013 年第 1 期。

马新：《里父老与汉代乡村社会秩序略论》，《东岳论丛》，2005 年第 6 期。

马新：《论两汉乡村社会中的宗族》，《文史哲》，2000 年第 4 期。

马正林：《咸阳原与西汉诸陵》，《人文杂志》，1987 年第 2 期。

牟发松：《汉代三老："非吏而得与吏比"的地方社会领袖》，《文史哲》，2006 年第 6 期。

南京市考古研究院：《江苏南京浦口星甸发现汉代家族墓地》，《文物鉴定与鉴赏》，2018 年第 12 期。

聂济冬：《游学与汉末政治》，《山东大学学报（哲学社会科学版)》，2007 年第 6 期。

彭年：《秦汉"同居"考辨》，《社会科学研究》，1990 年第 6 期。

陕西省文物管理委员会：《潼关吊桥汉代杨氏墓群发掘简记》，《文物》，1961 年第 1 期。

沈刚：《战国秦汉时期舍人试探》，《南都学坛（南阳师范学院人文社会科学学报)》，2004 年第 5 期。

苏宝荣：《释"家"》，《河北师范大学学报（社会科学版)》，1992 年第 2 期。

孙家洲：《从内黄三杨庄聚落遗址看汉代农村民居形式的多样性》，《中国人民大学学报》，2011 年第 1 期。

孙闻博：《秦汉简牍中所见特殊类型奸罪研究》，《中国历史文物》，2008 年第 3 期。

汤其领：《汉代今古文之争刍议》，《徐州师范学院学报》，1991 年第 4 期。

唐刚卯：《封建法律中同居法适用范围的扩大——略论唐宋时期"随身"、"人力"、"佃客"、"雇工人"的法律地位》，《中国史研究》，1989 年第 4 期。

唐赞功：《吴楚七国之乱与西汉诸侯王国》，《北京师范大学学报》，1989 年第 1 期。

唐长孺：《门阀的形成及其衰落》，《武汉大学人文科学学报（历史专号)》，1959 年第 8 期。

陶安：《秦汉律"庶人"概念辨正》，武汉大学简帛研究中心主编

《简帛（第七辑）》，上海：上海古籍出版社，2012 年。

田余庆等：《论东晋门阀政治》，《北京大学学报（哲学社会科版）》，1987 年第 2 期。

仝晰纲：《秦汉时期的乡里豪民》，《社会科学辑刊》，1996 年第 3 期。

王辉：《汉律中"同居"及相关问题考订》，《甘肃联合大学学报（社会科学版）》，2012 年第 1 期。

王建新：《西汉后四陵名位考察》，《古代文明》，2003 年（第 2 卷），北京：文物出版社，2003 年。

王克奇、张汉东：《论秦汉的参夷法》，《山东师大学报》，1988 年第 6 期。

王素、宋少华、罗新：《长沙走马楼简牍整理的新收获》，《文物》，1995 年第 5 期。

王彦辉、徐杰令：《论东周秦汉时代的乡官》，《史学集刊》，2001 年第 3 期。

王彦辉：《汉代豪民私债考评》，《中国史研究》，1994 年第 2 期。

王彦辉：《汉代豪民与乡里政权》，《史学月刊》，2000 年第 4 期。

王彦辉：《秦汉时期的乡里控制与邑、聚变迁》，《史学月刊》，2013 年第 5 期。

王毓铨：《汉代"亭"与"乡""里"不同性质不同行政系统说——"十里一亭……十亭一乡"辨正》，《历史研究》，1954 年第 2 期。

王云渠：《西汉徙民于诸陵考》，《师大史学丛刊》，1936 年第 1 卷第 1 期。

王子今：《从"处士"到"议士"：汉代民间知识人的参政路径》，《河北学刊》，2007 年第 5 期。

王子今：《汉代军队中的"卒妻"身份》，《南都学坛（南阳师范学院人文社会科学学报）》，2009 年第 1 期。

王子今：《汉代长安乡里考》，《人文杂志》，1992 年第 6 期。

王子今：《秦汉人的富贵追求》，《浙江社会科学》，2008 年第 3 期。

王子今：《说秦汉"少年"与"恶少年"》，《中国史研究》，1991 年第 4 期。

王子今：《说秦汉"婴儿"称谓》，《南都学坛（南阳师范学院人文社会科学学报）》，2010 年第 2 期。

温铁军：《半个世纪的农村制度变迁》，《战略与管理》，1999 年第 6 期。

文霞：《秦汉"家人"之辨析》，《石家庄学院学报》，2012 年第 2 期。

吴荣曾：《监门考》，《中华文史论丛》，1981 年第 3 辑，上海：上海古籍出版社，1981 年。

吴显庆：《论〈霸言〉〈五辅〉〈君臣上〉〈形势解〉篇的成书年代和学派倾向——与〈管子新探〉作者商榷》，《南京师大学报（社会科学版）》，2000 年第 2 期。

西昌地区博物馆：《西昌河西大石墓群》，《考古》，1978 年第 2 期。

邢义田：《从战国至西汉的族居、族葬、世业论中国古代宗族社会的延续》，《新史学》，1995 年第 6 卷第 2 期。

薛洪波：《从"同居"论战国秦代家庭结构》，《吉林师范大学学报（人文社会科学版）》，2017 年第 4 期。

薛海波：《东汉颍川豪族的官僚化和士族化》，《文史哲》，2006 年第 6 期。

薛海波：《东汉豪族与乡里社会探析》，《咸阳师范学院学报》，2008 年第 5 期。

薛振恺：《试论汉武帝的敛财政策》，《北京师范大学学报（社会科学版）》，1997 年第 4 期。

严清华、方小玉：《先秦两汉商人分层之变迁及其政策分析》，《武汉大学学报（人文科学版）》，2009 年第 3 期。

杨鸿年：《汉魏"同产"浅释》，《法学评论》，1984 年第 1 期。

杨华：《战国秦汉时期的里社与私社》，《天津师范大学学报（社会科学版）》，2006 年第 1 期。

杨鸠霞：《安徽霍山县西汉木椁墓》，《文物》，1991 年第 9 期。

杨联陞：《东汉的豪族》，《清华学报》，1936 年第 4 期。

杨振红：《秦"从人"简与战国秦汉时期的"合从"》，《文史哲》，2020 年第 3 期。

杨振红：《秦汉"名田宅制"说——从张家山汉简看战国秦汉的土地

制度》，《中国史研究》，2003 年第 3 期。

伊强：《秦汉法律术语"同居"与"同居数"考辨》，《长江文明》，2015 年第 1 期。

尹成波：《传统社会家庭成员户籍与财产法律变迁——从"分异令"到"别籍异财法"的历史考察》，《河南师范大学学报（哲学社会科学版)》，2014 年第 3 期。

尹成波：《秦国赘婿法律地位辨疑》，《齐鲁学刊》，2012 年第 5 期。

尹建东：《汉代"抑豪"政策的变迁与关东豪族势力的发展》，《四川大学学报（哲学社会科学版)》，2001 年第 2 期。

于省吾：《"鄂君启节"考释》，《考古》，1963 年第 8 期。

喻曦：《西汉陵邑人物的地域分布初探》，《中国历史地理论丛》，2011 年第 2 期。

喻长咏：《西汉家庭结构和规模初探》，《社会学研究》，1992 年第 1 期。

臧知非：《"叚门逆旅"新探》，《中国史研究》，1997 年第 4 期。

臧知非：《"事末利及怠而贫者举以为收孥"试析——兼谈秦的"抑末"政策》，《徐州师范学院学报（哲学社会科学版)》，1983 年第 3 期。

臧知非：《秦汉里制与基层社会结构》，《东岳论丛》，2005 年第 6 期。

张传玺等：《东汉雁门太守鲜于璜碑铭考释》，《北京大学学报（哲学社会科学版)》，1984 年第 2 期。

张鹤泉：《东汉故吏问题试探》，《吉林大学社会科学学报》，1995 年第 5 期。

张鹤泉：《东汉时代的游学风气及社会影响》，《求是学刊》，1995 年第 2 期。

张鹤泉：《东汉宗族组织试探》，《中国史研究》，1993 年第 1 期。

张金光：《论汉代的乡村社会组织——弹》，《史学月刊》，2006 年第 3 期。

张金光：《商鞅变法后秦的家庭制度》，《历史研究》，1988 年第 6 期。

张经久、张俊民：《敦煌汉代悬泉置遗址出土的"骑置"简》，《敦煌学辑刊》，2008 年第 2 期。

张荣强：《简纸更替与中国古代基层统治重心的上移》，《中国社会科学》，2019 年第 9 期。

张世超：《秦简中的"同居"与有关法律》，《东北师大学报》，1989 年第 3 期。

赵克尧：《论西汉的限田与徙陵政策的关系》，《学术月刊》，1986 年第 5 期。

郑杰祥：《释"家"兼论我国家庭的起源》，《中州学刊》，1987 年第 2 期。

钟良灿：《"移风易俗，天下向道"：贾谊对商君变法后秦俗的批判》，《中国矿业大学学报（社会科学版）》，2016 年第 6 期。

钟良灿：《〈居延新简〉所见"寒吏"》，《南都学坛（南阳师范学院人文社会科学学报)》，2015 年第 2 期。

钟良灿：《东汉时期南方诸蛮的编户化与反编户化——以〈后汉书·南蛮西南夷列传〉为中心的考察》，待刊稿。

钟良灿：《秦汉时期的"家人"义再辨》，待刊稿。

钟良灿：《西北汉简所见吏卒家属研究》，邬文玲主编：《简帛研究二〇一七春夏卷》，桂林：广西师范大学出版社，2017 年。

周天游：《东汉门阀形成的上层建筑诸因素——东汉门阀问题研究之三》，《学术界》，1989 年第 5 期。

周天游：《论东汉门阀形成的标志——东汉门阀问题研究之一》，《西北大学学报（哲学社会科学版)》，1989 年第 3 期。

周天游：《论东汉门阀形成的经济因素——东汉门阀问题研究之二》，《史林》，1989 年第 1 期。

朱德贵：《长沙五一广场东汉简牍所见商业问题探讨》，《中国社会经济史研究》，2016 年第 4 期。

朱绍侯：《论汉代的名田（受田）制及其破坏》，《河南大学学报（社会科学版)》，2004 年第 1 期。

朱顺玲：《论西汉陵县废置的原因》，《南都学坛（南阳师范学院人文社会科学学报)》，2001 年第 4 期。

祝贺、刘海旺等：《河南内黄三杨庄汉代聚落遗址第二处庭院发掘简报》，《华夏考古》，2010 年第 3 期。

（二）外文部分

东晋次：《东汉的乡里社会及其政治的变迁》，《中国史研究》，1989 年第 1 期。

鹤间和幸：《漢代豪族の地域的性格》，《史学杂志》，1978 年第 87 编第 12 号。

木村正雄：《中国古代专制主义的基础条件》，刘俊文主编，黄金山、孔繁敏等译：《日本学者研究中国史论著选译》第三卷《上古秦汉》，北京：中华书局，1993 年。

山田胜芳：《近年来的秦汉史研究——以好并隆司、谷川道雄、渡边信一郎三人的研究为中心》（唐宗瑜、田人隆译），《中国史研究动态》，1980 年第 11 期。

守屋美都雄：《父老》，刘俊文主编，黄金山、孔繁敏等译：《日本学者研究中国史论著选译》第三卷《上古秦汉》，北京：中华书局，1993 年。

尹在硕：《睡虎地秦简〈日书〉所见"室"的结构与战国末期秦的家族类型》，《中国史研究》，1995 年第 3 期。

永田英正：《漢代の選舉と官僚階級》，《东方学报》，1970 年第 41 册。

增渊龙夫：《汉代民间秩序的构成和任侠习俗》，刘俊文主编，黄金山、孔繁敏等译：《日本学者研究中国史论著选译》第三卷《上古秦汉》，北京：中华书局，1993 年。

（三）硕博学位论文

刘桉泽：《东汉时期豪族社会关系研究》，渤海大学硕士学位论文，2015 年。

刘增贵：《汉代豪族研究——豪族的士族化与官僚化》，台湾大学历史学研究所博士学位论文，1985 年。

秦铁柱：《两汉列侯问题研究》，南开大学博士学位论文，2014 年。

营思婷：《日本汉代豪族研究学术史述评》，渤海大学硕士学位论文，

2017 年。

张超：《汉代"家"称谓的研究》，河北师范大学硕士学位论文，2005 年。

张信通：《秦汉里治研究》，河南大学博士学位论文，2013 年。